W. Schlolaut

Das große Buch vom Kaninchen

Das große Buch vom Kaninchen

Herausgegeben von
Dr. Wolfgang Schlolaut

unter Mitarbeit von Dipl.-Ing. K. Lange, Prof. Dr. K. Löhle,
Prof. Dr. H. Ch. Löliger, Prof. Dr. W. Rudolph

Mit 169 Abbildungen, zum Teil farbig und 50 Tabellen
2., überarbeitete und erweiterte Auflage

DLG-Verlag Frankfurt am Main

Die Deutsche Bibliothek – CIP-Einheitsaufnahme

Das **große Buch vom Kaninchen** : mit 50 Tabellen / hrsg. von
Wolfgang Schlolaut. Unter Mitarb. von K. Lange . . . – 2., überarb. und
erw. Aufl. – Frankfurt am Main : DLG-Verl., 1998

ISBN 3-7690-0554-6

© 1998: DLG-Verlags-GmbH, Eschborner Landstraße 122, 60489 Frankfurt am Main
     Tel. (0 69) 24 78 84 53, Fax (0 69) 24 78 84 80
     1. Auflage 1995: 4500 Exemplare

Titelbild Kaninchen: G + L Werbung + Grafik Gunter List, 61279 Grävenwiesbach
Umschlaggestaltung: G + L Werbung + Grafik Gunter List, 61279 Grävenwiesbach
Satzarbeiten: DLG-Texterfassung/Wetzlardruck GmbH
Gesamtherstellung: Wetzlardruck GmbH, 35573 Wetzlar
Printed in Germany: ISBN-3-7690-0554-6

Autoren

Dipl.-Ing. agr. Klaus **Lange**

Leiter der Abteilung Kleintierzucht an der Hessischen Landesanstalt für Tierzucht, Neu-Ulrichstein, Homberg/Ohm, seit 1964

Forschungsschwerpunkte: Versuche zur Fleisch- und Wollerzeugung sowie Leistungsprüfungen und die Entwicklung von Verfahren zur tiergerechten Haltung.

Prof. Dr. Klaus **Löhle**

Direktor des Instituts für Geflügel- und Kleintierzucht der Humboldt-Universität zu Berlin von 1966 bis 1994.

Forschungsschwerpunkte: Reproduktion bei verschiedenen Kleintierarten unter besonderer Berücksichtigung der künstlichen Besamung; endogene und exogene Einflußfaktoren auf spezielle Leistungsmerkmale sowie züchterische Maßnahmen zur Verbesserung der Produktqualität.

Prof. Dr. Hans-Christoph **Löliger**

Langjähriger Leiter der tiermedizinischen Abteilung des Instituts für Kleintierforschung der Bundesanstalt für Landwirtschaft in Celle; apl. Professor für Pathologie und Lehrbeauftragter für Pelztier- und Kaninchenkrankheiten an der Tierärztlichen Hochschule Hannover. Vorsitzender der Deutschen Sektion der World Rabbit Science Association (WRSA) von 1976–1988, Vizepräsident der WRSA von 1980 bis 1988. Ehrenmitglied der WRSA.

Forschungsschwerpunkte: Pathologie, Epidemiologie und Bekämpfung von Krankheiten der Haustiere und der Farmpelztiere sowie deren tierschutzgemäße Haltung und Betreuung.

Prof. Dr. Wolfgang **Rudolph**

Hochschullehrer an der Universität Rostock von 1966 bis 1992, Lehrfächer: Geflügel- und Kleintierzucht, Haustiergenetik.

Forschungsschwerpunkte: Genetik und Züchtung von Kaninchen sowie Zytogenetik der Haustiere. Initiator der Rostocker Kolloquien »das Kaninchen als Modelltier und Züchtungsobjekt« 1979, 1982 und 1986.

Dr. Wolfgang **Schlolaut**

Leiter der Hessischen Landesanstalt für Tierzucht, Neu-Ulrichstein, Homberg/Ohm von 1963 bis 1990.

Forschungsschwerpunkte: Fütterung, Haltung und Reproduktion sowie Angorawollerzeugung und Leistungsprüfungen.

Vorsitzender des Ausschusses für Kaninchenzucht der Deutschen Landwirtschafts-Gesellschaft (DLG) von 1972 bis 1990 sowie Vizepräsident der World Rabbit Science Association (WRSA) von 1988 bis 1996. Ehrenmitglied der WRSA.

Vorwort

In der Wohlstandsgesellschaft hat sich die Wertschätzung des Kaninchens als Nutztier um die Varianten Freizeitbeschäftigung und Heimtierhaltung erweitert. Darüber hinaus hat seine hohe Flächenproduktivität und nährstoffökonomische Überlegenheit auch zu seinem verstärkten Einsatz in den Ländern der Dritten Welt beigetragen.

Dank einer seit den 70er Jahren dieses Jahrhunderts intensivierten Forschung konnte das Wissen um die Anforderungen des Kaninchens an seine Umwelt und damit auch seine Nutzleistungen dem Niveau der anderen Nutztierarten angeglichen werden. Ausweislich der Ergebnisse statistischer Erhebungen und der Informationen aus der Beratungspraxis hat vielfach die Vermittlung der neuen Erkenntnisse an die Kaninchenhalter nicht mit dieser Entwicklung Schritt halten können.

Die Autoren des vorliegenden Handbuches haben sich die Aufgabe gestellt, dieses Informationsdefizit zum Wohle der Kaninchenhalter und ihrer Tiere zu verringern. Dieses Bemühen stützt sich auf ihre Beteiligung an der Erforschung der genetischen und umweltbedingten Optimierung der Nutzleistungen sowie auf langjährige Erfahrungen. Hierbei wurden auch die im internationalen Rahmen vorliegenden Erkenntnisse mitberücksichtigt. Dankenswerterweise hat die Gesellschaft für Technische Zusammenarbeit (GTZ) zur Förderung dieser Zielsetzung zugestimmt, das 1982 von ihr herausgegebene und in fünf Sprachen übersetzte »Kompendium der Kaninchenproduktion« miteinzubeziehen.

Die Autoren danken für die vielfältige Unterstützung, welche ihnen bei der Erfüllung der gestellten Aufgabe zuteil wurde. Besonderer Dank gilt Herrn Jakobs, Präsident des Zentralverbandes Deutscher Kaninchenzüchter (ZDK) und Herrn Dr. Zimmermann, Vorsitzender des Ausschusses für Kaninchenzucht und -haltung der Deutschen Landwirtschafts-Gesellschaft (DLG) sowie Herrn Lammers, Vorsitzender des Verbandes der Kaninchenfleisch- und -wollerzeuger.

Die bereits nach Jahresfrist erforderlich gewordene 2. Auflage war für die Autoren Motivation und Verpflichtung zugleich, durch Einarbeitung der zwischenzeitlichen Erkenntnisse und Anregungen aus der Praxis dem Anspruch eines Standardwerkes noch besser gerecht zu werden. Diesem Ziel dient auch die Erweiterung um die Kapitel »Heimtierhaltung« sowie »Standardgewichte«. Dem DLG-Verlag gebührt besonderer Dank für die Zustimmung zu dieser Komplettierung.

Zum Geleit

Die Kaninchenzucht und -haltung im vereinigten Deutschland hat in den letzten Jahren einen großen Zuspruch und Interessentenkreis gefunden. So ist es auch zu verstehen, daß die Nachfrage nach guten Fachbüchern sehr groß ist.

Ich freue mich, als Präsident des großen Zentralverbandes, daß nun, mit dem Erscheinen dieses Handbuches, der Nachfrage sicherlich entsprochen wird.

Dem Autorenteam ist es aufgrund jahrzehntelanger Erfahrung auf dem Gebiet der Kaninchenzucht und -haltung gelungen, dem Interessenten wichtige Informationen zu vermitteln. Ich danke dem Herausgeber Herrn Dr. Schlolaut und den Koautoren für diese hervorragende Leistung.

Dem Kaninchenhandbuch wünsche ich den erhofften Erfolg. Möge es einkehren in viele Züchterfamilien.

Franz Jakobs

Präsident des Zentralverbandes Deutscher Kaninchenzüchter (ZDK)

Zum Geleit

Die in den letzten Jahrzehnten intensivierte Forschung ermöglicht nunmehr auch beim Kaninchen die Ausschöpfung eines Leistungspotentials, welches es zu einem der effizientesten Nutztiere in den Bereichen Fleisch- und Wollerzeugung macht. Die Bemühungen der Kaninchenhalter, diese Fähigkeiten zu realisieren, stehen nicht selten vor dem Problem des Mangels an wissenschaftlich fundierten und aktuellen Informationsquellen.

Der DLG-Ausschuß für Kaninchenzucht und -haltung hat es sich zur Aufgabe gemacht, dieses sowohl aus der Fülle von neuen Erkenntnissen, als auch der schnellen Entwicklung resultierende Informationsdefizit zu reduzieren. Den Autoren und dem DLG-Verlag gebührt Dank für die Unterstützung der Ausschußarbeit durch die Herausgabe dieses Standardwerkes. Es wird eine wertvolle Hilfe sein. Dies um so mehr, als die Autoren diesem Zweig der Nutztierhaltung und zum Teil auch der Ausschußarbeit selbst seit langem verbunden sind. Sie haben durch eigene Forschungsarbeit maßgeblich zu den Fortschritten auf diesem Gebiet beigetragen. Darüber hinaus wurde in dankenswerter Weise auch die internationale Entwicklung auf diesem Gebiet in die praxisnahe Aufarbeitung des gegenwärtigen Erkenntnisstandes miteinbezogen.

Im Interesse einer Weiterentwicklung dieses Zweiges der Nutztierhaltung ist dem Handbuch eine weite Verbreitung unter den Kaninchenhaltern, jenen, die es werden wollen und allen, die direkt oder indirekt mit Fragen der Kaninchenhaltung konfrontiert werden, zu wünschen.

Dr. Erich Zimmermann

Vorsitzender des Ausschusses für Kaninchenzucht und -haltung der Deutschen Landwirtschafts-Gesellschaft (DLG)

Inhalt

* Im Text in Klammern gesetzte Zahlen (1) kennzeichnen die laufenden Nummern
des Literaturnachweises unter 20.1

1 Domestikation*
und geographische Verbreitung

W. Schlolaut

Abbildung 1: Mit der Gehegehaltung des Wildkaninchens begann seine Domestikation. Das Hauskaninchen erzielt auf der Weide durch die selektive Aufnahme der nährstoffreichsten Pflanzen und Pflanzenteile höhere Zunahmen als bei der Verabreichung des von der gleichen Fläche geschnittenen Futters im Stall.

Das Kaninchen gehört im zoologischen System zu der selbständigen Ordnung der Hasentiere (s. Tab. 1). Das heißt, daß es entgegen der landläufigen Meinung weder zu den Nagetieren gehört noch mit diesen entfernt verwandt ist. Von diesen unterscheidet es sich in wesentlichen anatomischen und physiologischen Merkmalen. Ähnlichkeiten, wie sie beispielsweise in den nachwachsenden Schneidezähnen bestehen, resultieren nicht aus stammesgeschichtlichen Zusammenhängen, sondern sind aus der Anpassung an die Umweltbedingungen (z. B. harte Nahrung) entstanden. Man spricht hier von sogenannten Konvergenzen. Dementspre-

chend kommen Nagezähne nicht nur bei Hasentieren und den Nagetieren vor, sondern auch bei Halbaffen und Beuteltieren (2). Die aus der Identifizierung mit Nagetieren bestehenden Vorurteile gegenüber dem Verzehr von Kaninchenfleisch entbehren somit jeder Grundlage.

Das von dem Europäischen Kaninchen (*Oryctolagus cuniculus*) abstammende Hauskaninchen ist die domestizierte Form der einzigen Art der Gattung Oryctolagus (aus dem Griechischen: oruktês = grabend; lagos = Hase). Der europäische Feldhase (*Lepus europaeus*) gehört demgegenüber zu einer der 22 Arten der Gattung Lepus (Tab. 1). Aufgrund dessen unterscheiden sich Kaninchen und Feldhase in folgenden Merkmalen:

---

* Domestikation = Umzüchtung wilder Tiere zu Haustieren

15

	Wildkaninchen	Hase
Trächtigkeitsdauer	30 bis 32 Tage	40 bis 42 Tage
Jungtiere pro Wurf	4 bis 12	1 bis 4
Jungtiere bei Geburt	nackt und blind	behaart und sehend
Jungtierverhalten	Nesthocker	Nestflüchter
Gewicht, ausgewachsen	1,5 bis 2,0 kg	5,0 bis 6,0 kg
Lebensgewohnheiten	Grabtier, Höhlenbewohner in Hecken und Waldrändern	Lauftier, Feld- und Waldbewohner
Sozialverhalten	gesellig	ungesellig
Ohrenlänge	Ohr kürzer als Kopf	Ohr länger als Kopf
Chromosomenzahl	44	48

Das hat zur Folge, daß Kreuzungsversuche zwischen Hase und Kaninchen erfolglos geblieben sind. Die in der Literatur zu findenden Angaben über die Existenz von als Leporiden bezeichneten Nachkommen aus derartigen Kreuzungen haben sich nicht bestätigen lassen. Die im Sprachgebrauch regional häufig anzutreffende fehlende Unterscheidung von Hasen und Kaninchen ist somit nicht gerechtfertigt. Die Bezeichnung des Kaninchens als Hasen ist übrigens nicht auf Süddeutschland beschränkt, sondern hat bereits bei den Chronisten des Altertums Verwirrung ausgelöst.

Zumindest Anfänge einer Domestikation scheint es auch bei dem auf Yucatan (Mexiko) vorkommenden Vulkan-Kaninchen (*Romerolagus diazzi*) gegeben zu haben, worauf Funde aus der Zeit vor 1200 Jahren hinweisen (62).

Das Wildkaninchen war in vorgeschichtlicher Zeit bereits über Europa und Teile Nordafrikas verbreitet. Durch die Eiszeit verdrängt, war es später nur noch im westlichen Nordafrika und auf der Iberischen Halbinsel anzutreffen. Von dort aus besiedelte es dann wieder Südfrankreich. Knochenfunde in Ausgrabungen von Siedlungen in der Provence deuten darauf hin, daß im 8. und 7. Jahrtausend vor der Zeitrechnung das Wildkaninchen den Hauptanteil am Fleischverzehr der dortigen Bevölkerung hatte (126). In Spanien wurde seine Existenz etwa 1000 v. Chr. erstmals von den aus dem östlichen Mittelmeer kommenden Phöniziern beschrieben. Diese verwechselten allerdings das Wildkaninchen mit dem Klippschliefer, einem in Kleinasien beheimateten kleinen Huftier, welches ebenfalls in Höhlen lebt. Dieser Verwechslung verdankt Spanien seinen Namen: Angesichts der großen Zahl von Wildkaninchen, die sich an der Mittelmeerküste tummelten, nannten sie das entdeckte Land »I-saphan-In«, d. h. Insel der Klippschliefer. Dies übersetzten dann die Römer in »Hispania« (96).

Die Römer sorgten dann auch im Rahmen ihrer Eroberungsfeldzüge für die Verbreitung der Wildkaninchen in den Anrainerländern des Mittelmeeres und insbesondere auf dessen Inseln. Wildkaninchen wurden von ihnen sowohl als unterhaltsames Jagdobjekt geschätzt, als auch als Frischfleischkonserve. Den Verzehr von Kaninchenföten und Neugeborenen (*Laurices*) übernahmen sie von den Spaniern. Sie galten auch bei ihnen als Delikatesse.

Um ihre ständige Verfügbarkeit zu gewährleisten, wurden die Kaninchen in ummauerten Gehegen (Leporarien) gehalten. Dies kann als erster Schritt zur Haustierwerdung (Domestikation) gelten. Die Wildkaninchen erwiesen sich für die Gehegehaltung besser geeignet als die bislang darin gehaltenen Hasen. Deren Bestand mußte jeweils durch Wildfänge ergänzt werden, um dann als Frischfleischkonserven und Jagdobjekte Verwendung zu finden. Bei den Kaninchen erübrigten sich die Wildfänge, da sie sich, im Gegensatz zu den Hasen, in den Gehegen fortpflanzten. Aus dieser Zeit stammen auch die ersten Berichte über Probleme, welche die sprichwörtlich hohe Vermehrungsrate der Kaninchen bereitete. Die Bewohner der Balearen, wohin die Römer gleichfalls Wildkaninchen gebracht hatten, riefen den Kaiser Augustus zur Hilfe. Angesichts der Verwüstungen sollte er Truppen entsenden oder anderes Land zuweisen (96).

Der Sicherstellung der Frischfleischversorgung diente später auch die Besiedlung von Inseln mit Wildkaninchen in anderen Teilen der Welt durch Seefahrer. Bekannt sind hier beispielsweise die Insel Porto Santo (bei Madeira) und die Kerguelen (Indischer Ozean). Durch seine schnelle Vermehrung entwickelte sich das Porto-Santo-Kaninchen schnell zu einer Plage, da es die Felder der Inselbewohner verwüstete und diese vertrieb. Das Porto-Santo-Kaninchen ist mit einem Lebendgewicht ausgewachsener Tiere von 500 g die kleinste Kaninchenrasse. HAECKEL (1874) und später auch DARWIN (1888) sahen in dieser umweltbedingten Entwicklung Anzeichen für die Entstehung einer neuen Art. Diese Vermutung wurde später von NACHTSHEIM widerlegt, der eine Häsin der Porto-San-to-Rasse erfolgreich mit einem Wildkaninchenrammler paarte.

Auf den Kerguelen vermehrten sich die Wildkaninchen trotz der strengen Winter, denen jeweils bis zu 9/10 des Bestandes zum Opfer fielen (126) so stark, daß die Vegetation nahezu vernichtet wurde. Dadurch stand den Seefahrern auch der sogenannte Kerguelenkohl nicht mehr zur Verfügung, der sie bislang vor dem Skorbut bewahrt hatte (96). Die Kerguelen-Kaninchen ernähren sich nunmehr von dem Seetang, der durch die Winterstürme an das Ufer der Insel getrieben wird und beweisen einmal mehr die außergewöhnliche Anpassungsfähigkeit dieser Spezies.

Um dem Risiko von Schäden auf den Feldern durch die ungezügelte Vermehrung der Wildkaninchen aus dem Wege zu gehen, wurden auch Inseln in Binnengewässern zur Ausübung der Jagd mit Wildkaninchen besiedelt. Bekannt ist in Deutschland die noch heute als »Kaninchenwerder« bezeichnete Insel im Schweriner See.

Über den Wandel von der Gehege- zur Käfighaltung und damit des Beginns einer kontrollierten Zuchtwahl als Voraussetzung für eine Domestikation wird erstmals von Gregor von TOURS (538–593) berichtet. Wie in anderen Zweigen der Landwirtschaft scheinen auch hier die Klöster Wegbereiter der Entwicklung gewesen zu sein, nachdem die schon von den Spaniern und Römern als Delikatesse geschätzten Föten und Neugeborenen als Fastenspeise anerkannt wurden. Hinweise darauf ergeben sich u. a. daraus, daß 1149 die ersten Hauskaninchen, als Geschenk des Abtes des französischen Klosters St. Peter zu Solignac an seinen Amtsbruder vom Kloster Corvey an der Weser, nach Deutschland kamen (96).

Einen Übergang von der Gehege- zur Käfighaltung stellte auch die seit dem Mittelalter verbreitete gemeinsame Haltung von Rindern und Kaninchen dar. Noch bis ins 20. Jahrhundert hinein in kleinbäuerlichen Betrieben anzutreffen, trug diese Haltungsform dem Kaninchen auch die Bezeichnung »Kuhhasen« ein (92). Es handelt sich hierbei quasi um eine Form der Symbiose: Die im Stall frei umherlaufenden Kaninchen suchten sich aus dem den Rindern vorgelegten und dem aus der Krippe gefallenen Futter die leichtverdaulichen Pflanzenteile heraus. Das Rind seinerseits war in der Lage, auch die zurückbleibenden cellulosereichen Stengel zu verwerten (s. Kap. 9).

Im 15. Jahrhundert erwähnt erstmals Charles von ORLEANS (1391–1465) weiße Kaninchen in einer seiner Balladen (126). Ein Jahrhundert später lassen verschiedene Veröffentlichungen darauf schließen, daß in Frankreich und England die Kaninchenhaltung ein florierender Zweig der landwirtschaftlichen Nutztierproduktion war (137). Aus dieser Zeit stammt auch bereits die später wieder in Vergessenheit geratene Empfehlung, die Kaninchen unmittelbar nach dem Werfen (wie beim Wildkaninchen der Fall) wieder decken zu lassen sowie die Erwähnung von schwarzen, weißen, gescheckten und aschgrauen Kaninchen bei AGRICOLA (1494–1555). Aus Italien berichtet ALDRORANDI (1522–1605) von Hauskaninchen, die viermal so groß wie Wildkaninchen waren. Die Zahl der Rassen stagnierte allerdings zunächst bis Mitte des 19. Jahrhunderts. 1850 waren in Großbritannien lediglich vier Rassen mit insgesamt 10 verschiedenen Farbschlägen bekannt (137). Während anfänglich nur das Fleisch als Nutzung des Wild- wie auch später des Hauskaninchens erwähnt

wird, motivierte das Vorkommen von Mutationstypen mit weißen und farbigen Fellen zu deren Verwendung für die Pelzverarbeitung, wie Hinweise aus England und den Niederlanden aus dem 17. Jahrhundert belegen. Die Dominanz der Wildfarbe wurde andererseits dazu benutzt, um mit farbigen Häsinnen durch die Anpaarung von Wildkaninchenrammlern wildfarbige Nachkommen zu erzeugen. Diese erzielten wegen des dem Wildkaninchen nachgesagten besseren Geschmacks höhere Preise als die farbigen Hauskaninchen.

Ende des 18. Jahrhunderts bemühte man sich sowohl in Preußen als auch in Thüringen um die Einführung des als »Seidenhasen« bezeichneten Angorakaninchens. Von diesem war erstmals Anfang des Jahrhunderts aus England berichtet worden. Unter Mitwirkung Goethes, der am Weimarer Hofe u. a. für das Wirtschaftsressort zuständig war, wurde in Buttstädt eine Manufaktur für die Verarbeitung von Angorawolle eingerichtet. In Oberreit (Franken) engagierte sich 1785 Pfarrer F. Ch. S. Mayer gleichfalls für die Haltung von Angorakaninchen als Nebenerwerbsquelle (91).

Da das Fleisch von Wildkaninchen als wohlschmeckender beurteilt wurde, war bis ins 19. Jahrhundert hinein die Gehegehaltung verbreitet. Die Produktivität pro Hektar und Jahr wird mit ca. 1000 Kaninchen angegeben (OLIVIER DE SORRES, n. ROUGEOT, 126).

Entscheidende Impulse erhielt die Kaninchenzucht Ende des 19. Jahrhunderts mit der Gründung von Kaninchenzuchtvereinen in Frankreich und Deutschland. Diese hatten sich die Leistungssteigerung durch die Selektion anhand von äußeren

Tabelle 1: Einordnung des Wild- (Haus-)Kaninchens (Oryctolagus cuniculus) in das zoologische System (2)

Ordnung

HASENTIERE
(Lagomorpha)

Familie

HASENARTIGE
(Leporidae)

Unterfamilie

HASENARTIGE
im engeren Sinne
(Leporinae)

Gattung

1. ECHTE HASEN
(Lepus)
22 Arten

2. ALTWELTLICHE KANINCHEN
(Oryctolagus))
1 Art: WILDKANINCHEN
(O. Cuniculus)

3. BAUMWOLLSCHWANZ-
KANINCHEN
(Sylvilagus)
12 Arten

4. ROTKANINCHEN
(Pronolagus)
3 Arten

5. BUSCHMANN-HASEN
(Bunolagus)
1 Art

6. RIU-KIU-KANINCHEN
(Pentalagus)
1 Art

7. BORSTEN-KANINCHEN
(Caprolagus)
1 Art

8. BUSCH-KANINCHEN
(Poelagus)
1 Art

9. SUMATRA-KANINCHEN
(Nesolagus)
1 Art

10. VULKAN-KANINCHEN
(Romerolagus)
1 Art

11. ZWERG-KANINCHEN
(Brachylagus)
1 Art

Das zur Gattung der altweltlichen Kaninchen gehörende Europäische Wildkaninchen hat sich als einzige Art als Haustier durchgesetzt.

Merkmalen zum Ziel gesetzt. Dadurch sollte mit Küchen- und Gartenabfällen die Versorgung der Industriearbeiter in den entstehenden Ballungszentren Europas mit Nahrung und insbesondere mit tierischem Eiweiß verbessert werden. Außerdem stellte der Verkauf von Kaninchenfellen für die Verarbeitung zu Pelzbekleidung eine willkommene Nebeneinnahme dar. Diese konnte unter günstigen Bedingungen dem Wert der Fleischerzeugung entsprechen. Der von NACHTSHEIM (96) entdeckte Erbgang verschiedener Exterieurmerkmale ermöglichte schließlich die systematische Herauszüchtung von neuen Rassen (Kap. 3 und 4).

Die Domestikation vergrößerte die Variation im Größenwuchs durch die Erhöhung des Gewichts auf bis zu über 7 kg, desgleichen der Farbe und Struktur des Felles ebenso wie der Haarlänge. Das relative Gewicht des Herzens ist beim Hauskaninchen um 37 % und das der Augen um 20 % geringer. Letzteres weist darauf hin, daß das Sehvermögen ebenso wie das Hörvermögen geringer ist. Der Einfluß des um 22 % geringeren Gewichts des Gehirns auf dessen Funktionen wird noch dadurch verstärkt, daß auch der Wassergehalt dieses Organs beim Hauskaninchen höher ist. Die Kapazität von Magen und Blinddarm ist beim Wildkaninchen größer, der Dünn- und der Dickdarm sind um einen halben Meter länger. Leichter sind auch die verschiedenen Organe (Leber, Nieren und Milz). Größer ist im Vergleich zum Wildkaninchen die durchschnittliche Wurfstärke, wobei allerdings auch beim Wildkaninchen eine Wurfstärke von bis zu 12 Tieren beobachtet wird. Es ist daher nicht auszuschließen, daß die beim Wildkaninchen beobachtete geringere durchschnittliche Wurfstärke eine Folge der schlechteren

Nährstoffversorgung ist. Nährstoffmangel wird durch die Folgen der beim Wildkaninchen üblichen Bedeckung unmittelbar nach dem Werfen verschärft. Die mit der Domestikation verbundenen Veränderungen der Anatomie und des Verhaltens sind offensichtlich so groß, daß eine Verwilderung des Hauskaninchens bislang nicht bekannt geworden ist.

Das Auftreten von Farbvarianten in freier Wildbahn auf den Inseln Borkum und Sylt ist allerdings ein Hinweis darauf, daß das Verwildern von Hauskaninchen offensichtlich von der Domestikationsstufe der Tiere und dem Vorkommen von natürlichen Feinden abhängig ist. Abgesehen davon trägt hierzu möglicherweise auch die Anpaarung von Wildrammlern bei, deren Wildfarbe sich ebenso dominant vererbt wie ihr scheues Verhalten.

Die weitere geographische Verbreitung des Haus- wie auch des Wildkaninchens erfaßte im Verlaufe des 19. Jahrhunderts auch die anderen Erdteile. Sie wurde gefördert durch die Siedler der Kolonialmächte, welche entweder Kaninchenfleisch in der Heimat als Delikatesse schätzen gelernt hatten (z. B. Frankreich) oder die Jagd auf Wildkaninchen als Freizeitbeschäftigung betrieben.

Das zuletzt genannte Motiv löste die Kaninchenplage in Australien aus. Die bereits im 18. Jahrhundert dorthin gelangten Hauskaninchen hatten keine Probleme bereitet. Sie eigneten sich jedoch weniger für die Jagd. Deshalb wurden Mitte des 19. Jahrhunderts 24 Wildkaninchen importiert und in Gehegen ausgesetzt (131). Daraus entkommene Tiere wurden dank fehlender natürlicher Feinde, eines optimalen Klimas und der dadurch begünstigten hohen Vermehrungsrate bald zur Plage, welche das Weideland von Rindern und Schafen vernichtete. Allein in Neu-Südwales mußten 2,8 Millionen Hektar Farmfläche aufgegeben werden, da bis zu über 200 Kaninchen/Hektar den Aufwuchs vernichtet hatten. Zwischen 1891 und 1903 verhungerten allein in dieser Region 36 Millionen Schafe infolge der Nahrungskonkurrenz der Wildkaninchen (5).

Diese Situation wurde noch dadurch verschärft, daß die in Europa als standorttreu geltenden Kaninchen ihr Verhalten änderten und sich schnell ausbreiteten. Bereits 20 Jahre nach ihrer Ankunft in Australien im Jahre 1859 hatten ihre Nachkommen eine Entfernung von 300 Meilen (ca. 500 km) überwunden und in den nächsten 6 Jahren weitere 350 Meilen. Der Versuch, die Wanderung der Kaninchen mit Hilfe eines 1700 km langen Zaunes quer durch Australien zu stoppen, scheiterte. Die noch bis in die Gegenwart betriebene Ausbringung vergifteten Futters brachte lediglich regional begrenzte, kurzfristige Entlastung. Selbst die bereits von Pasteur empfohlene Bestandeskontrolle durch Infizierung mit Krankheitserregern erwies sich auf die Dauer als unwirksam. Gegen die Myxomatose entwickelten sich bald resistente Stämme.

Abbildung 2: Wie in Deutschland während und nach den beiden Weltkriegen kann auch in den Ländern der 3. Welt die Kaninchenhaltung wesentlich zur Versorgung mit hochwertigem tierischen Eiweiß beitragen. Das obige Poster wirbt in Ghana für die Kaninchenhaltung mit dem Hinweis, daß ein Kaninchen mit seinen Nachkommen das gleiche Gewicht wie eine Kuh erzeugen kann.

Angesichts dessen, daß ein Kaninchenpaar theoretisch in nur 3 bis 4 Jahren zu Stammeltern von über 13 Millionen Nachkommen werden kann (5) widerstand das Kaninchen bislang allen Vernichtungsstrategien.

In diesem Zusammenhang ist darauf hinzuweisen, daß in Australien wie auch in Neuseeland und den zahlreichen anderen Fällen, in denen die Vermehrung der Kaninchen in freier Wildbahn Probleme bereitete, das Aussetzen von Wildkaninchen die Ursache war und nicht das Verwildern entkommener Hauskaninchen.

Die Anpassungsfähigkeit des Kaninchens und die damit nach den beiden Weltkriegen in Europa gemachten positiven Erfahrungen bei der Linderung der Nahrungsknappheit hat in den letzten beiden Jahrzehnten auch zu vielfältigen Initiativen geführt, die Kaninchenhaltung in den Ländern der Dritten Welt zu fördern. Auch von deutscher Seite (GTZ) wurde die Haltung von Fleisch- und Angorakaninchen in die Projekte der Entwicklungshilfe in Tunesien, Indien, Burkina Faso und in anderen Ländern integriert. Besonders zu erwähnen ist in diesem Zusammenhang, das in deutsch-chinesischer Zusammenarbeit entstandene Zucht- und Beratungszentrum für die Angorawollproduktion Jinling-Farm bei Nanjing. Darüber hinaus wurden auch von privater Seite Know-how (ZIKA) und Angorazuchttiere nach China vermittelt.

2 Nutzleistungen

W. Schlolaut

2.1 Die Bedeutung des Kaninchens als Nutztier

Die Entscheidung über die Haltung von Kaninchen als Nutztiere kann sich auf vielfältige Vorteile stützen, welche die Kaninchenfleisch- und -wollproduktion im Vergleich zu anderen Nutztierarten bietet. Insbesondere sind als positiv zu bewertende Eigenschaften hervorzuheben:

Neben dem Meerschweinchen ist das Kaninchen das kleinste Nutztier, welches aus Grobfutter (frisches oder konserviertes Grünfutter, Wurzelfrüchte) Fleisch, Fett, Wolle und Felle produziert. Im Vergleich zu den Wiederkäuern (z. B. Rind, Schaf) ist es in der Lage, Futtermittel zu nutzen, deren Menge für diese nicht ausreicht.

Es braucht kein Nahrungskonkurrent des Menschen zu sein.

Die Verwendung von Küchen- und Gartenabfällen, Unkraut, Laub u. a. Abfällen, ermöglicht die Fleisch- und Wollproduktion in Kleinhaltungen weitgehend unabhängig von dem Vorhandensein landwirtschaftlicher Nutzflächen.

Im Vergleich zu den anderen Nutztiersäugern (Schwein, Schaf, Rind), ist das Kaninchen 30 bis 60 % früher geschlechtsreif. In Verbindung mit der kürzeren Trächtigkeitsdauer ermöglicht dies ein Generationsintervall (Zeit von der eigenen Geburt bis zur Geburt der Nachkommen) von nur 140 bis 150 Tagen. Dieser Wert ist der niedrigste unter den Nutztiersäugern. Das gestattet in Verbindung mit den Mehrlingsgeburten eine schnelle Anpassung des Tierbestandes an jahreszeitliche Unterschiede im Futteranfall und in der Marktnachfrage.

Der Energieaufwand je kg Zuwachs liegt um 39 % bzw. 47 % unter dem von Schaf und Rind (22). Der Eiweißansatz ist im Altersabschnitt 6. bis 16. Lebenswoche um 45 % größer als beim Lamm (152). Dies hat im Zusammenhang mit der hohen Vermehrungsrate die höchste Flächenproduktivität aller fleischerzeugenden Nutztierarten hinsichtlich der Eiweißerzeugung zur Folge (155). Dabei repräsentiert der in der Tab. 2 genannte Wert noch nicht das volle Leistungsvermögen des Kaninchens. Bis zu über 2000 kg Lebendgewichtzuwachs/Hektar und Jahr wurden bei Weidehaltung beobachtet, was einem Wert von etwa 250 kg Eiweiß/Hektar entspricht.

Für die Erzeugung eines Kilogramms Reinwolle benötigt das Angorakaninchen nur etwa 30 % der verdaulichen Energie, verglichen mit dem Schaf und 90 %, verglichen mit der Angoraziege (s. Tab. 3).

Die familien- und mahlzeitgerechte Größe des Schlachtkörpers verursacht keine Probleme hinsichtlich der Vorratshaltung, wie sie bei größeren Tieren auftreten. Die Kaninchenhaltung diente daher bis in die neuere Zeit hinein, auch in den landwirtschaftlichen Betrieben Europas, der Versorgung mit Frischfleisch, welches die

aus Schweine- und Rindfleisch hergestellte Dauerware ergänzte.

Kaninchenfleisch ist leicht verdaulich. Es
ist daher als Diätnahrung geeignet. Darüber hinaus verfügt es noch über eine
Reihe weiterer Vorzüge in gesundheitli-
cher Hinsicht

– Der Cholesteringehalt ist insbesondere
  bei Jungmastkaninchen extrem niedrig
  (s. Tab. 8)

– Das Fett von Jungmastkaninchen hat
  einen hohen Anteil an ungesättigten
  Fettsäuren, welche vorbeugend gegen
  Erkrankungen der Herzkranzgefäße
  wirken (139, 150)

– Der Eisengehalt im Kaninchenfleisch
  ist im Vergleich zu dem Fleisch anderer
  Nutztierarten um das 2- bis 3fache
  höher (10, 154)

– Aus Kaninchenfleisch wird beim Stoffwechsel nur in geringem Umfang

Harnsäure gebildet, welche die Ursache von Gicht ist

– Das Kaninchen weist eine große Anpassungsfähigkeit an unterschiedliche
  Fütterungs- und Haltungsbedingungen
  auf

Der Marktwert von Kaninchenfleisch und
-wolle ist in vielen Ländern, im Vergleich
zu anderen Erzeugnissen der Nutztierproduktion, höher. Im Zusammenhang
mit der hohen Flächenproduktivität bzw.
der Nutzung flächenunabhängiger Futter-
quellen (Unkraut, Laub) ermöglicht die
extensive Kaninchenproduktion in einigen Länden der Dritten Welt ein Einkommen, welches meist über dem von alter-
nativen Möglichkeiten liegt.

Das Kaninchen eignet sich gut als Trai-
ningsobjekt für andere Formen der Nutztierproduktion.

Als nachteilig wirken sich insbesondere
folgende Eigenschaften aus:

**Tabelle 2: Protein- und Energieerzeugung verschiedener Feldfrüchte und Nutz-
tierarten pro Hektar (155)**

	Protein kG	Energie MJ
Körnermais	430	83 700
Kartoffeln	420	100 400
Gerste	370	62 800
Kaninchen*	180	7 400
Geflügel**	92	4 600
Schwein**	50	7 900
Lamm**	23 – 43	2 100 – 5 400
Fleischrind**	27	3 100

* Schlachtkörper
** Eßbares Fleisch

Unter den fleischerzeugenden Nutztierarten weist das Kaninchen hinsichtlich der Eiweißerzeugung die
höchste Flächenproduktivität auf. Dabei ist in dieser Berechnung die mit Hilfe moderner Produktionsverfahren mögliche hohe Reproduktionsleistung noch nicht berücksichtigt.

Tabelle 3: Aufwand an verdaulicher Energie für die Erzeugung von 1 kg Reinwolle

	Verd. Energie MJ	Relativ
Rambouillet-Schaf (41)	2 520	100
Angoraziege (41)	920	36
Angorakaninchen, weibl. (145)	629	26
Angorakaninchen, männl. (145)	791	32
Angorakaninchen, männl.-kastr. (145)	655	26

Im Vergleich zum Schaf und zur Angoraziege ist der Energieaufwand für die Wollerzeugung beim Angorakaninchen wesentlich geringer. Allerdings sind das Schaf und die Angoraziege besser in der Lage, rohfaserreiche Futtermittel zu verdauen.

Das Kaninchen ist in seiner Ernährung und der Erfüllung seiner Anforderungen an die Haltungsbedingungen allein von der Fürsorge des Menschen abhängig. Im Vergleich zu Weidetieren und extensiv gehaltenem Geflügel sind die Anforderungen an das produktionstechnische Wissen und die Sorgfalt der Betreuung größer.

Das Kaninchen benötigt einen Stall, der die Einzelhaltung der Zuchttiere und der Wollproduzenten ermöglicht. Er muß dem Nagebedürfnis des Kaninchens widerstehen können und Schutz vor Beutegreifern Witterungsunbilden und direkter Sonneneinstrahlung bieten. Das macht auch unter primitiven Bedingungen einen entsprechenden Investitionsaufwand erforderlich.

Im Vergleich zu den anderen Nutztierarten, speziell den Weidetieren, ist der Arbeitsaufwand für die Haltung von Kaninchen relativ hoch. Das gilt vor allem für die Erzeugung von Angorakaninchenwolle. Aufgrund der leichten Handhabung ist allerdings die Betreuung der Tiere durch Familienmitglieder (Kinder) möglich, die dadurch in die Lage versetzt werden, ein zusätzliches Einkommen zu erzielen.

Infolge weitgehend fehlender Lautäußerungen bei drohender Gefahr und die das Fangen erleichternde Käfighaltung, sind Kaninchen in besonderem Maße durch menschliche und tierische Räuber gefährdet.

Die Anfälligkeit, insbesondere der Jungtiere gegenüber fütterungs- und infektionsbedingten Erkrankungen des Verdauungs- und des Atmungsapparates ist relativ groß.

Die Produktivität wird durch hohe Temperaturen (> 30°C) begrenzt oder vermindert (156, 157).

Allerdings erhöhen nächtliche Temperaturabsenkungen und eine niedrige Luftfeuchtigkeit die Anpassungsfähigkeit ebenso wie der Aufenthalt in Erdhöhlen (Abb. 121, 123).

Die Jungtiere werden als Nesthocker geboren. Erst ab einem Alter von etwa 3 Wochen sind sie unabhängig von der Milchnahrung. Die Möglichkeiten, bis zu diesem Zeitpunkt die Verluste durch externe Hilfen zu reduzieren und die Jungtierentwicklung zu verbessern, sind gering.

Die Vermarktung von Fell und Wolle setzt eine Organisation voraus, welche die Erfassung professionell betreibt. Der Preis dieser Produkte unterlag in der Vergangenheit häufig spekulativer Beeinflussung, was große Schwankungen der Erzeugerpreise zur Folge hatte.

Mit Ausnahme von Israel sind keine das Kaninchen betreffenden religiösen Verzehrsvorbehalte bekannt. In einigen Ländern bestehen jedoch Vorurteile aufgrund der irrtümlicherweise angenommenen engen Verwandtschaft mit den Nagetieren sowie gegenüber weißen Rassen. Weiße Tiere sind für die Anhänger einiger Religionen heilig.

2.2 Fleisch

Marktsituation

Die Kaninchenfleischerzeugung als bedeutendste Nutzleistung des Kaninchens weist regional erhebliche Unterschiede auf (Tab. 4).

Dieses, angesichts der vielfältigen qualitativen Vorzüge des Fleisches und der Produktivität dieses Nutztieres (s. Kap. 2.1) überraschende Phänomen, ist auf folgende Ursachen zurückzuführen:

1. Im positiven Sinne

Verzehrgewohnheiten – Der höchste auf die Einwohnerzahl bezogene Kaninchenfleischkonsum und dementsprechend auch die größte Produktionskapazität ist in den Ländern anzutreffen, in denen auch das Wildkaninchen beheimatet war oder sich zuerst ansiedelte: Spanien, Frankreich, Italien. Hiervon ausstrahlend, erzielt Kaninchenfleisch auch in den ehemaligen französischen Kolonien die höchsten Preise.

Konsumförderung durch *Mangelsituationen* – ist beispielsweise in Deutschland

der Fall gewesen, in der Industrialisierungsphase während der 2. Hälfte des 19. Jahrhunderts sowie während und nach den beiden Weltkriegen und in der ehemaligen DDR. Analog hierzu gab es ebenfalls staatliche Programme zur Förderung der Kaninchenzucht in Großbritannien und der ehemaligen Sowjetunion (137). Diese auf die Selbstversorgung beschränkten Aktivitäten erloschen jedoch weitgehend mit der Beendigung der Mangelsituation, da eine professionelle Absatzförderung der in den Kleinstbeständen anfallenden Schlachttiere fehlte und sich größere Bestände nicht etablierten. Allenfalls die Haltung von Kaninchen aus ideellen oder sozialen Motiven (Heimtiere) wurde fortgesetzt. Nicht selten behinderte aber auch das mit der Mangelsituation verbundene negative Image (»Essen für arme Leute«) eine Weiterentwicklung des Konsums in der Wohlstandsgesellschaft. Nahrungsmangel bildet auch die Ausgangsbasis für die Förderung der Kaninchenfleischerzeugung in den Ländern der 3. Welt. Sie hat dort sowohl lokale Aktivitäten zur Förderung der Kaninchenfleischerzeugung ausgelöst (z. B. Ghana), als auch die Einbeziehung des Kaninchens in Entwicklungshilfeprojekte (z. B. Tunesien, Burkino Faso, Mexiko).

Förderung des *monetären Einkommens* – bei kleinbäuerlich strukturierter Landwirtschaft oder als Ergänzung einer auf Selbstversorgung ausgerichteten Erzeugung. Derartige Überlegungen lagen in neuerer Zeit beispielsweise der Förderung der Kaninchenfleischerzeugung in Ungarn, China und in der Dhauladar-Region (Indien) zugrunde. Das Einkommen stammt hierbei aus dem Export von Kaninchenfleisch, aber auch von Angorawolle und Fellen. Nahezu ausschließlich exportorientiert ist die Kaninchenfleischerzeugung in den rationell organisierten Großbeständen der Niederlande und Dänemarks.

2. Im negativen Sinne

Religiöse Vorbehalte – Gegen den Genuß von Kaninchenfleisch bestehen in Israel und gegen den Fleischverzehr überhaupt bei einigen Hindusekten in Indien Vorbehalte.

Soziale Diskriminierung – Die Propagierung der Kaninchenfleischerzeugung in Notzeiten und für sozial unterprivilegierte Teile der Gesellschaft (»Arme-Leute-Essen«) haben zum Teil eine Ablehnung des Kaninchenfleisches bei Besserung der Situation zur Folge gehabt. Dies insbesondere dann, wenn die Haltung von Kaninchen in der Familiengemeinschaft als Heimtier fortgesetzt wurde. Andererseits wurde der Verzehr von Kaninchenfleisch in den ehemaligen französischen Kolonien als Delikatesse übernommen.

Ungerechtfertigte *Vorbehalte* – Aus der irrigen Ansicht heraus, das Kaninchen

Tabelle 4: Kaninchenfleischproduktion in den wichtigsten Erzeugerländern*

| | Insgesamt | davon | | Verzehr pro Kopf |
| | | intensiv | extensiv | |
	t	t	t	kg
Italien	300 000	250 000	50 000	5,3
Frankreich	150 000	100 000	50 000	2,9
GUS	150 000	50 000	100 000	1,0
China	120 000	70 000	50 000	0,11***
Spanien	120 000	80 000	40 000	3,0
Tschechoslowakei	30 000	3 000	27 000	2,0**
Polen	25 000	5 000	20 000	0,6***
Deutschland	20 000	10 000	10 000	0,25
Belgien	20 000	15 000	5 000	2,6
Portugal	20 000	4 000	16 000	2,0
Ungarn	19 000	5 000	14 000	1,9***
Rumänien	18 000	8 000	10 000	0,75**
Philippinen	18 000	1 000	17 000	0,3**
USA	17 000	1 000	7 000	0,07**
Ägypten	15 000	2 000	13 000	0,3***

   * Schätzung von Lebas und Colin (71)
  ** Errechnet entsprechend Einwohnerzahl
 *** Hoher Export

Die Weltproduktion insgesamt wird auf 1,2 Millionen Tonnen (Schlachtkörper) geschätzt. Davon stammen 675 000 t aus intensiver Produktion und die restlichen 525 000 t aus extensiver Erzeugung. Wenn man ein durchschnittliches Schlachtkörpergewicht von 1,2 kg unterstellt, dann werden jährlich weltweit etwa eine Milliarde Kaninchen geschlachtet. Die Schwerpunkte der Produktion und des Pro-Kopf-Verzehrs liegen in Italien, Frankreich und Spanien. Hierbei können Italien und Frankreich ihren Bedarf nicht aus eigener Produktion decken. Sie importieren jährlich weitere 20 000 bzw. 10 000 t.

Tabelle 5: Einfluß von Mastendgewicht und Fütterungsmethode auf die Gewichtsentwicklung und die Mastleistung (146) (Neuseeländer, weiß)

Mastendgewicht		2,2 kg		2,6 kg		3,0 kg	
Fütterungsgruppe		Allein-futter	Grün-futter	Allein-futter	Grün-futter	Allein-futter	Grün-futter
Alter bei Mastende	Tage	70	122	79	147	92	166
Tageszunahme	g	40	18	41	17	39	18
Nüchterungsverlust	%	5,9	6,7	6,0	5,6	6,7	4,6
Schlachtkörpergew.	kg	1,19	0,99	1,38	1,20	1,61	1,44
eßbare Innereien	kg	0,12	0,11	0,13	0,14	0,14	0,16
Schlachtausbeute (Schlachtkörper u. eßb. Innereien)	%	60	53	60	53	61	56
tägl. Nettozunahme*	g	23	8	23	8	23	9
Alleinfutter pro kg Zuwachs	kg	3,28		3,46		3,64	

* Schlachtkörper und eßbare Innereien, abzüglich 330 g entsprechend deren Gewicht bei Versuchsbeginn

Gemessen an den Tageszunahmen werden bei beliebiger Aufnahme von Grünfutter (hier Klee und Raps) von den Jungtieren einer mittelschweren Rasse nur etwa 40 – 50 % der Nährstoffmenge aufgenommen, wie von einem Alleinfutter. Die Schlachtausbeute erhöht sich mit zunehmendem Schlachtendgewicht. Da Tageszunahmen und Schlachtausbeute niedriger sind, ist die Nettozunahme bei Grünfütterung um 60 – 70 % im Vergleich zum Alleinfutter geringer. Etwa in gleichem Umfang verschlechtert sich auch die Nährstoffverwertung (s. Tab. 9).

Tabelle 6: Einfluß von Mastendgewicht und Fütterungsmethode auf den Nährstoffgehalt der eßbaren Teile des Schlachtkörpers* und der Innereien (146) (Neuseeländer, weiß)

Mastendgewicht		2,2 kg		2,6 kg		3,0 kg	
Fütterungsgruppe		Allein-futter	Grün-futter	Allein-futter	Grün-futter	Allein-futter	Grün-futter
Wasser	%	67	74	65	74	63	73
Rohprotein	%	19	21	19	21	18	20
Rohfett	%	12	3	14	3	17	4

* ohne Knochen und Sehnen

Der Eiweißgehalt im Schlachtkörper wird durch die Fütterungsmethode und das Mastendgewicht kaum beeinflußt. Das gleiche gilt hinsichtlich des Mastendgewichtes für den Wasser- und den Fettgehalt bei Grünfütterung. Am stärksten verändern sich der Fett- und der Wassergehalt mit zunehmendem Mastendgewicht bei Verabreichung von Alleinfutter. Dabei hat der höhere Fettanteil aufgrund des hohen Gehaltes an ungesättigten Fettsäuren im Fett von Jungmastkaninchen auch positive Aspekte.

gehöre zur Familie der Nagetiere und wäre somit mit Ratten und Mäusen verwandt.

Unvorteilhafte *Präsentation* von geschlachteten Kaninchen – Schlachtkörper mit Kopf einschließlich der Augen, häufig auch noch mit Pfoten (z. B. Italien, Spanien), um dem Betrug mit geschlachteten Katzen vorzubeugen.

Fehlende Notwendigkeit von *Frischfleischkonserven* – als Folge der Einführung der Tiefgefriertechnik.

Ungünstiges *Klima* – Tropische und subtropische Klimazonen ohne nächtliche Abkühlung auf Temperaturen unter 25 °C sind ebenso wie Regionen mit hohen Niederschlägen weniger für die Kaninchenhaltung geeignet.

Produktion

Mangels Ergebnissen von Bestandserhebungen sind die Angaben über das Produktionsvolumen mit erheblichen Unsicherheiten belastet. Die Kaninchenfleisch-Weltproduktion wird von LEBAS und COLIN (71) auf etwa 1,2 Millionen Tonnen (Schlachtkörper) geschätzt (Tab. 4). Das für Deutschland mit 20.000 Tonnen geschätzte Produktionsvolumen wird nach anderen Schätzungen (164) mit etwa 34.000 Tonnen veranschlagt. In der früheren DDR lag die Erzeugung 1988 mit über 20.000 Tonnen über derjenigen der Bundesrepublik, die auf 15.000 Tonnen geschätzt wurde. Etwa 10 % der Produktion stammen nach WALLHEIMER (164) aus professionellen Mastbetrieben, 20 % werden importiert, und 70 % kommen aus der Rassekaninchenzucht und aus nebenerwerblichen Kleinhaltungen. Die obige Verzehrschätzung würde einem durchschnittlichen Verbrauch von 0,4 kg pro Jahr/Einwohner entsprechen, der zu 82 % aus der Selbstvermarktung stammt.

Hinsichtlich der Vermarktung der erwerbsorientierten Erzeugung haben sich regionale Schwerpunkte um die vorhandenen Schlachtbetriebe in Südwestdeutschland, im Rheinland sowie in Niedersachsen und Sachsen entwickelt.

Die Erzeugerpreise variieren unter dem Einfluß von Einfuhren aus Polen, Tschechien und Ungarn, da Kaninchenfleisch nicht der EG-Marktordnung unterworfen ist. Diese Einfuhren stören den einheimischen Markt auch dadurch, daß diese Ware meist von älteren Tieren (6 bis 8 Monate alt) stammt und somit die Gefahr besteht, das Negativimage von Kaninchenfleisch wieder zu verstärken.

Probleme bereitet ferner die starke saisonale Schwankung der Nachfrage mit dem Schwerpunkt im Winterhalbjahr, die zu Überschüssen im Sommer führt.

Qualitätsmerkmale

Als Fleisch im eigentlichen Sinne ist lediglich die Muskulatur anzusehen. Diese Definition ist jedoch beim Kaninchen insofern problematisch, als infolge der relativ kleinen Muskeln und der bislang überwiegenden Vermarktung unzerteilter Schlachtkörper eine Trennung von Muskeln, Fett und Sehnen bei der Vermarktung und Zubereitung praktisch nicht erfolgt. Dementsprechend werden diese Gewebe nachfolgend mit in die Erörterung einbezogen, sofern sie nicht ausdrücklich ausgenommen sind.

Die handelsübliche Definition des *Schlachtkörpers* umfaßt in Deutschland das geschlachtete Kaninchen mit Kopf und Nieren, jedoch ohne eßbare Innereien. Die Schlachtausbeute bezieht sich auf das Schlachtkörpergewicht nach vorhergehender 18stündiger Nüchterung. Tiere aus gewerblichen Schlachtungen werden vielfach ohne Kopf gehandelt. Der mit dessen Enthäuten verbundene Arbeitsaufwand ist höher als der für den Kopf zu erzielende Erlös. Diese Handhabung erscheint auch im Hinblick auf das verbreitete Auftreten von Pasteurellose (Schnupfen) aus hygienischen Gründen gerechtfertigt. Allerdings muß in Deutschland der Kopf zur Fleischbeschau am Schlachtkörper verbleiben.

Die *Schlachtausbeute* errechnet sich aus dem Gewicht des Schlachtkörpers nach der Schlachtung (Schlachtausbeute warm) oder nach 24stündiger Kühlung. International ergeben sich jedoch hinsichtlich des Begriffs Schlachtausbeute infolge unterschiedlicher Handhabung erhebliche Unterschiede. So werden im Mittelmeerraum die nicht aus gewerblicher Schlachtung stammenden Tiere häufig mit Pfoten gehandelt. In einigen afrikanischen Ländern erfolgt die Vermarktung einschließlich der Haut. Die Haare werden vor der Zubereitung abgesengt oder gebrüht (gleiche Handhabung wie beim Schwein). Schließlich werden in die Schlachtausbeute zum Teil auch die eßbaren Innereien miteinbezogen. Die Tab. 45 demonstriert die sich aus dieser unterschiedlichen Handhabung ergebenden Unterschiede in der Schlachtausbeute.

Die Schlachtausbeute erhöht sich mit zunehmendem Alter und Gewicht sowie steigenden Tageszunahmen. Sie ist bei der Alleinfuttermast höher als bei Grün- oder kombinierter Fütterung (s. Tab. 5 und 45). Bei letzterer sind auch die altersbedingten Unterschiede kleiner. Die Erhöhung der Schlachtausbeute kompensiert teilweise sowohl den steigenden Erhaltungsbedarfsanteil älterer (schwererer)

Tiere, als auch den höheren Energiebedarf für den altersbedingt gleichfalls steigenden Fettansatz.

Sofern der Verbraucher schwere Schlachtkörper toleriert, kann es daher wirtschaftlich sinnvoll sein, ein hohes Mastendgewicht anzustreben, weil sich dadurch die anteiligen Kosten für die Haltung der Elterntiere reduzieren. Das gilt besonders für die Fleischerzeugung unter extensiven Bedingungen, da der Fettanteil im Schlachtkörper bei niedrigen Tageszunahmen mit höherem Mastendgewicht nur unerheblich zunimmt (Tab. 5) und die Reproduktionsleistung bei diesem Produktionsverfahren geringer ist.

Der eßbare Anteil des Schlachtkörpers ohne Kopf nimmt mit höherem Gewicht um so mehr zu, je höher die Tageszunahmen sind (Tab. 46). Die Zunahme resultiert einmal aus dem abnehmenden Knochenanteil und zum anderen aus dem höheren Fettanteil bei Konzentratfuttermast. Der Knochenanteil wird durch die unterschiedlichen Gewichte der verschiedenen Rassen nur in geringem Umfang beeinflußt.

Im *Nährstoffgehalt* weist das Kaninchenfleisch im Vergleich zu den anderen Nutztierarten einen relativ hohen Eiweiß- und einen niedrigen Fettgehalt auf. Bemerkenswert ist ferner der im Vergleich zum Fleisch anderer Nutztierarten hohe Eisengehalt (Tab. 7), da das im Fleisch enthaltene Eisen für den Menschen wesentlich besser aufgenommen wird als das in den Pflanzen (29).

Hinsichtlich des *Fettgehaltes* ist jedoch zu berücksichtigen, daß derselbe in engem Zusammenhang mit dem Gehalt an Wasser steht und großen Schwankungen unterworfen ist. Hierfür sind im einzelnen folgende Ursachen in Betracht zu ziehen:

Alter und Gewicht – Die Entwicklung von Muskeln und Fett variiert altersbedingt. Von einer reichlichen Nährstoffversorgung profitiert und unter einer Mangelernährung leidet jeweils das Gewebe, (z. B. Muskel- oder Fettgewebe) am meisten, dessen Hauptentwicklung in dem betreffenden Altersabschnitt erfolgt.

Bis zum Beginn der Geschlechtsreife überwiegt daher der Eiweißansatz und damit das Muskelwachstum. Was sich in dieser Zeit infolge Mangelernährung nicht entwickeln konnte, ist später nicht mehr nachzuholen. Mit fortschreitendem Alter stagniert der Eiweißansatz bzw. nimmt er relativ ab, der Fettansatz nimmt zu.

Hinsichtlich des Eiweiß- und des Fettansatzes ist der Einfluß des Alters größer als der des Gewichtes. Das heißt beispielsweise, daß in der Jugend unzureichend ernährte und deshalb klein gebliebene Tiere bei reichlicher Ernährung nach dem Eintritt der Geschlechtsreife ebenso weniger Eiweiß und nunmehr überwiegend Fett ansetzen (fette Zwerge) wie gleichaltrige optimal ernährte schwere Tiere. Ein Wachstumsrückstand kann bei alten Tieren nicht mehr durch nunmehr reichliche Ernährung wettgemacht werden. Angaben über die Schlachtkörperzusammensetzung müssen daher im Zusammenhang mit dem Alter und der Fütterungsintensität beurteilt werden. Das Gewicht ist von untergeordneter Bedeutung und daher kein Maßstab für den Fettansatz.

Das Fehlen von Handelsklassen, die eine Deklarierung des Alters vorschreiben, ist ein erhebliches Problem und führt zu Irritationen des Verbrauchers, wenn die Tiere aus Ländern mit extensiv betriebener Kaninchenfleischproduktion (z. B. Polen, China) stammen. Die gezielte Werbung mit den geschmacklichen und diätetischen Vorzügen von Jungmastkaninchen wird dadurch unterlaufen. Die Schlachtkörper alter Tiere lassen sich anhand der stärkeren Verknöcherung der Köpfe der Röhrenknochen (Epiphysen) erkennen (166).

Fütterung – Die Ausschöpfung des beim Kaninchen besonders hohen Eiweißansatzes erfordert in der Zeit vor der Geschlechtsreife (etwa in den ersten 3 Lebensmonaten) eine reichliche Nährstoffzufuhr zur Erzielung hoher Tageszunahmen. Zur Reduzierung des Fettansatzes sollte demgegenüber nach dem Beginn der Geschlechtsreife (etwa 10. Lebenswoche) die Nährstoffzufuhr begrenzt werden.

Bei mittelschweren Rassen und beliebiger Aufnahme eines pelletierten Alleinfutters liegen die zu erzielenden Tageszunahmen zwischen 35 und 45 g. Bei Grünfuttermast betragen sie selbst unter optimalen Bedingungen nur zwischen 15 bis 20 g/Tag (Tab. 5). Das heißt, die Nährstoffversorgung reicht bei dieser Futtergrundlage in der Zeit der Entwicklung vor der Geschlechtsreife nicht für einen maximalen Eiweißansatz aus. Allein mit Grünfutter gefütterte Tiere mittelschwerer und großer Rassen erreichen daher ausgewachsen nicht das gleiche Gewicht wie bei beliebiger Aufnahme eines pelletierten Alleinfutters vor der Geschlechtsreife. Das erschwert die Einhaltung der im Rassenstandard vorgeschriebenen Höchstgewichte. Gemessen an der Nährstoffaufnahme bei beliebigem Mischfutterverzehr, entsprechen die bei kombinierter Fütterung oder ausschließlicher Verabreichung von Grünfutter zu erzielenden Tageszunahmen und die Schlachtkörperzusammensetzung etwa einer Reduzierung der Futteraufnahme um 40 bis 60 % (vgl.

Tab. 6 u. 9). Je höher die Tageszunahmen bis zur Geschlechtsreife sind, desto höher ist die Eiweißerzeugung je Flächeneinheit. Die Begrenzung der Nährstoffversorgung vor der Geschlechtsreife ist Nährstoffverschwendung.

Geschlecht – Die geschlechtsbedingten Unterschiede im Größenwuchs (Geschlechtsdimorphismus) sind beim Kaninchen, im Gegensatz zu den anderen Nutztiersäugern, bei denen die männlichen Tiere schwerer sind, durch ein um bis zu 15 % höheres Gewicht der ausgewachsenen weiblichen Tiere gekennzeichnet. In dem Umfang der geschlechtsbedingten Unterschiede bestehen Rassenunterschiede. Besonders ausgeprägt ist die Geschlechtsdifferenz zugunsten der weiblichen Tiere bei den Weißen Riesenkaninchen und den Großchinchilla. Der Gewichtsunterschied zwischen den Geschlechtern hat zur Fol-

Tabelle 7: Eisengehalt im Fleisch verschiedener Nutztiere

	mg Eisen/ 100 g Muskelfleisch
Huhn*	18
Pute*	15
Rind*	19
Schwein*	10
Lamm*	16
Reh*	30
Kaninchen (Keule)**	42
* (154) ** (10)	
Aufgrund der hohen Verdaulichkeit der im Fleisch enthaltenden Eisenverbindungen hat der hohe Eisengehalt im Kaninchenfleisch eine besondere ernährungsphysiologische Bedeutung.	

Tabelle 8: Mittlerer Cholesteringehalt wichtiger Lebensmittel tierischer Herkunft

	Gesamt-cholesterin in mg/100 g
Milch	28
Schellfisch	43
Kaninchenfleisch	45
Thunfisch	52
Kalbfleisch	85
Hühnerfleisch	93
Schweinefleisch	98
Rindfleisch	116
Butter	187
Eier	1 862
Lang (63)	
Angesichts der Beachtung, welche der Cholesteringehalt im Fleisch bei gesundheitsbewußten Verbrauchern findet, sind die niedrigen Werte im Kaninchenfleisch ein Werbeargument.	

ge, daß mit zunehmendem Alter (Gewicht) und somit zunehmenden Einfluß der Sexualhormone sich die geschlechtsbedingten Unterschiede vergrößern. Durch Kastration der männlichen Tiere werden die geschlechtsbedingten Unterschiede verringert (s. a. Tab. 12). Allerdings darf die Kastration von über 2 Monate alten Tieren laut Tierschutzgesetz nur unter Betäubung von einem Tierarzt durchgeführt werden. Nach dem Entwurf für eine Neufassung des Tierschutzgesetzes soll eine Kastration ohne Betäubung auch bei jüngeren Tieren nicht mehr erlaubt sein.

Die männlichen Tiere sind bei hohem Mastendgewicht und beliebiger Kraftfutteraufnahme in der Regel fetter als die weiblichen und weisen einen niedrigeren Eiweißgehalt im Schlachtkörper auf

Tabelle 9: Mastleistung und Nährstoffgehalt des Schlachtkörpers in Abhängigkeit von der Fütterungsintensität und dem Geschlecht (144)

(Neuseeländer, weiß; Mastalleinfutter, Mastendgewicht 3,2 kg)

Versuchsgruppe		1		2		3	
Geschlecht		m	w	m	w	m	w
tägl. Futteraufnahme	g	128	126	104	103	81	81
in % v. Gruppe 1		Alleinfutter beliebig		81	82	63	64
Tageszunahme	g	35	37	28	30	20	21
Futter/kg Zuwachs	kg	3,72	3,45	3,76	3,51	4,03	3,96
Schlachtausbeute, warm	%	60	58	57	56	56	55
Gehalt im Schlachtkörper:							
Wasser	%	60	62	66	66	67	67
Rohprotein	%	18	19	19	20	19	21
Fett	%	19	14	10	10	6	5

Die Rationierung des Alleinfutters verringert etwa in gleichem Maße die Tageszunahmen. Der Futteraufwand je kg Gewichtszuwachs wird erst bei stärkerer Rationierung (40 %) erhöht. Die Futterrationierung ist somit eine Möglichkeit, den Fettgehalt im Schlachtkörper ohne Erhöhung des Futteraufwandes zu senken. Weibliche Tiere haben bei beliebiger Aufnahme von Alleinfutter eine bessere Futterverwertung, höhere Tageszunahmen und einen geringeren Fettgehalt im Schlachtkörper. Dieser entspricht in Gruppe 3 etwa demjenigen bei beliebiger Aufnahme von Grünfutter (Tab. 5 und 6).

(Tab. 9). Diese Unterschiede vergrößern sich mit zunehmender Fütterungsintensität. Dementsprechend sind bei Nährstoffmangel oder niedrigem Mastendgewicht keine Gewichtsunterschiede in der Mastleistung und der Schlachtkörperqualität zu beobachten.

Fett – Die Angaben über den Fettanteil im Schlachtkörper variieren erheblich. Die im allgemeinen niedrigen Werte stammen hierbei entweder von sehr jungen Tieren mit niedrigen Mastendgewichten oder von mit Grünfutter gefütterten. Der Fettanteil steht in direktem Zusammenhang mit dem Wassergehalt des Schlachtkörpers. Das heißt, je höher der Fettanteil, desto geringer der Wassergehalt. Der Fettanteil steigt unter dem Einfluß zunehmenden Alters und einer höheren Fütterungsintensivität (Tab. 6 und 9). Die Farbe

des Fettes ist normalerweise Weiß. Gelbfärbung wird durch die Verfütterung von Grünfutter, nicht jedoch von daraus hergestelltem Trockengrün gefördert. Verstärkt wird diese Tendenz durch das Fehlen eines das Xantophyll (fettlöslicher Naturfarbstoff) abbauenden Enzyms. Dieser Mangel wird rezessiv vererbt.

Das Fett von Jungmastkaninchen (10 bis 12 Wochen alt) weist mit 18 % einen relativ hohen Anteil an ungesättigten Fettsäuren auf. Im Vergleich hierzu beträgt der Anteil ungesättigter Fettsäuren beim Schwein nur 9 % sowie beim ausgewachsenen Rind und Schaf jeweils 2 % (139, 150). Zu den ungesättigten Fettsäuren gehören die sogenannten Omega-3-Fettsäuren, denen bei der Vorbeugung von Erkrankungen der Herzkranzgefäße diätetische Bedeutung zukommt. Relativ niedrig ist bei jungen Tieren ferner der Cholesteringehalt (Tab. 8). CHEEKE (21) führt dies auf das im Mischfutter häufig enthaltene Luzernegrünmehl zurück, dessen hoher Saponingehalt das Cholesterin im Fettgewebe reduziert.

Ein höherer Fettgehalt im Schlachtkörper ist im Hinblick auf den höheren Anteil an ungesättigten Fettsäuren und auf deren diätetischen Wert durchaus positiv zu bewerten. Allerdings gilt dies insbesondere für Jungmastkaninchen, da der Anteil an ungesättigten Fettsäuren mit zunehmendem Alter abnimmt.

Beim Fettansatz überwiegt das sogenannte Depotfett in der Körperhöhle (Nierenfett) und unter der Haut. Depotfett dient als Energiespeicher. Es wird abgebaut, wenn infolge von Nährstoffmangel der Energiebedarf nicht mit dem Futter gedeckt werden kann. Beide Fettablagerungen sind relativ leicht zu entfernen. Demgegenüber ist der Anteil des zwischen den Muskelfasern und in den Muskeln eingelagerten inter- und intramuskulären Fettes relativ gering. FISCHER und RUDOLPH (131) stellten bei 105 Tage alten Kaninchen einen Fettgehalt von nur 6 % in der Keulenmuskulatur und von 1,6 % im Rückenmuskel fest. Der mit zunehmendem Alter steigende Fettansatz kann durch eine Rationierung des Futters ab einem Alter von ca. 10 Wochen (Beginn der Geschlechtsreife) reduziert werden (s. Kap. 9.5).

Aufgrund der überwiegenden Ablagerung des Depotfettes in der Körperhöhle besteht zwischen dem Gewicht des Becken- und des Nierenfettes und dem Fettgehalt in der Trockenmasse des Schlachtkörpers ein enger Zusammenhang (r = 0,81–0,92). Dieser Zusammenhang ist um so größer, je älter die Tiere

sind. Darüber hinaus wurden auch Formeln konstruiert, mit denen sich der Fettgehalt im Schlachtkörper errechnen läßt.

Eiweiß – Der Eiweißgehalt des Kaninchenschlachtkörpers ist mit 17 bis 25 % im Vergleich zum Schwein um 30 bis 40 % und zum Rind um 15 bis 20 % höher. Der Eiweißgehalt steigt mit sinkendem Fett- und Wassergehalt, so daß magere Alttiere den höchsten Wert aufweisen. Der Eiweißgehalt des Schlachtkörpers von Jungmastkaninchen variiert demgegenüber in relativ engen Grenzen:

Altersbedingt – Zunahme mit steigendem Alter (Tab. 9)

Geschlechtsbedingt – um 2 % höhere Werte bei weiblichen Tieren (Tab. 9)

Das Eiweiß im Fleisch von Kaninchen hat im Vergleich zu dem von Schwein und Rind eine relativ hohe Wertigkeit, d. h. es besitzt einen hohen Anteil von Eiweißbausteinen (Aminosäuren), die vom Menschen nicht selbst synthetisiert werden können, sondern ihm mit der Nahrung zugeführt werden müssen (essentielle Aminosäuren).

Mastendgewicht – Das heißt, das Gewicht vor dem Schlachten nach vorhergehender Nüchterung (Entzug von Futter, jedoch nicht von Wasser) ist abhängig von nachstehenden Einflüssen:

Dem *Gewicht ausgewachsener Tiere* der betreffenden Rasse – Bei beliebiger Aufnahme eines pelletierten Alleinfutters beträgt das hinsichtlich des Fettansatzes optimale Mastendgewicht etwa 60 % des Gewichtes ausgewachsener Tiere der betreffenden Rasse. Der gleiche Fettansatz wird erzielt bei etwa 80 % des Gewichtes ausgewachsener Tiere, wenn die durchschnittlichen Tageszunahmen um

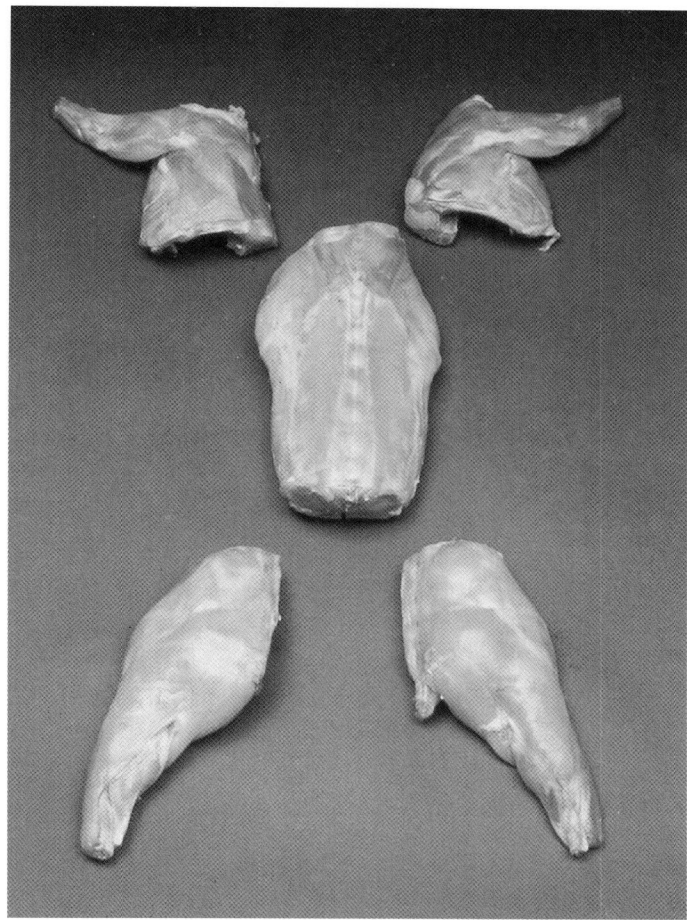

Abbildung 3: Die Vermarktung von Teilstücken ermöglicht die Erhöhung des Mastendgewichtes und damit eine Senkung der anteiligen Kosten für die Haltung der Elterntiere sowie für die Schlachtung und Fleischbeschau.

etwa 1/3 unter den Werten bei beliebiger Mischfutteraufnahme liegen.

Der *Fütterungsintensivität* – Je höher, desto niedriger das Mastendgewicht, um einen zu hohen Fettansatz zu vermeiden.

Dem *Geschlecht* – Sofern geschlechtsbedingte Unterschiede im Größenwuchs bei der betreffenden Rasse vorhanden sind.

Den *Verzehrgewohnheiten* der Verbraucher – d. h. ob Teilstücke oder unzerteilte Schlachtkörper bevorzugt werden.

In Anbetracht des überragenden Einflusses der Fleischerzeugung je Häsin und Jahr auf die Wirtschaftlichkeit der Kaninchenfleischerzeugung bringt ein möglichst hohes Mastendgewicht wirtschaftliche Vorteile. Da der Akzeptanz hoher Schlachtkörpergewichte bei unzerteilter Vermarktung Grenzen gesetzt sind, bietet die Teilstückzerlegung die Chance, das Mastendgewicht zu erhöhen. Neben der Vermarktung portionsgerecht zerlegter großer Schlachtkörper kann über die dadurch mögliche bessere Verwertung begehrter Teilstücke (Keulen, Rücken) ein höherer Preis insgesamt erzielt werden, sofern es gelingt, die weniger bevorzugten Teilstücke problemlos mitzuvermarkten (s. Kap. 12.1 und 13).

2.3 Angorawolle

Marktsituation

Nächst der Fleischproduktion hat die Erzeugung von Angorakaninchen-Wolle die größte wirtschaftliche Bedeutung, nachdem die Verwendung von Kaninchenfellen für Pelzbekleidung zurückgegangen ist.

Weltweit wird die Erzeugung von Angorakaninchen-Wolle im Jahre 1989 auf etwa 10.000 t/Jahr geschätzt (71). Hiervon wurden allein 9.000 t in der VR China erzeugt. In Deutschland fällt zur Zeit nur noch die Wolle des Zuchttierbestandes der Rassekaninchen-Züchter an. Das derzeitige Produktionsvolumen wird auf weniger als 5 t jährlich geschätzt.

Die schon seit jeher durch Modetrends bedingten Nachfrage- und daraus resultierenden Preisschwankungen haben sich Ende des 20. Jahrhunderts noch verschärft. Am Anfang der 20er Jahre hatte die Entwicklung neuer Spinntechniken die Verfeinerung der Garne und damit den Einsatz von Angorawolle bei der Herstellung von Tuchen und feiner Unterwäsche ermöglicht. Der dadurch ausgelöste Nachfrageboom hatte eine Steigerung des Preises auf bis zu DM 300,-/kg (Frankreich) im Jahre 1984 zur Folge. Die darauf folgende Ausweitung der Produktion, aber auch die Weiterentwicklung synthetischer Fasern ließ die Preise auf ein Niveau sinken, welches nunmehr unter dem Vorkriegsstand liegt.

An der weltweiten Steigerung der Produktion war wesentlich der Export deutscher Angorakaninchen beteiligt. Trotz der erheblichen Steigerung des Einsatzes von Angorakaninchen-Wolle in der Textilverarbeitung ist ihr Anteil an den tierischen Textilfasern nach wie vor relativ gering: Den 10.000 t Angorakaninchen-Wolle steht etwa die 300fache Menge an Schafwolle gegenüber. Die Weiterverarbeitung erfolgt hauptsächlich in Italien und Japan mit jeweils 2.000 t und Deutschland (weniger als 500 t). In steigendem Umfang wurde in den letzten Jahren auch in China und Indien die Verarbeitung aufgenommen.

Qualitätsmerkmale

Das Angorakaninchen gehört mit dem Fuchskaninchen zu den Langhaarrassen. Anders als beim Fuchs- und den Normalhaarkaninchen ist das Angorahaar nicht dem jahreszeitlichen Haarwechsel unterworfen. Das Wachstum der Haare von Fuchs- und Normalhaarkaninchen erstreckt sich nur über einen Zeitraum von 8 bis 10 Wochen. Das Haar des französischen Angorakaninchens wächst dagegen im Durchschnitt 15 Wochen lang (127). Bei Tieren der deutschen Population wurde dagegen eine Wachstumsdauer von bis zu über einem Jahr mit Haarlängen von bis zu über 30 cm beobachtet (28). Diese Unterschiede sind auf die Selektion bei unterschiedlichen Methoden der Haargewinnung (Rupfen oder Scheren) zurückzuführen (Genotyp-Umwelt-Interaktion).

Die im Vergleich zum Angorakaninchen kürzere Zeitspanne des Haarwachstums beim Fuchs- und den Normalhaarkanin-

Abbildung 4: Idealtyp des Deutschen Angorakaninchens. Der Verzicht auf eine starke Bewollung von Kopf und Ohren erleichtert die Regulierung der Körpertemperatur und vermindert den Anfall von kurzer und damit minderwertiger Wolle.

chen hat bei diesen Rassen zur Folge, daß die Haarfollikel im geschorenen Fell erst wieder beim nächsten jahreszeitlichen Haarwechsel aktiviert werden und damit neue Haare nachwachsen können (s. Kap. 2.4). Im Vergleich zu Schafwolle unterscheidet sich die Angorakaninchen-Wolle durch folgende Eigenschaften:

Die Wollhaare haben mit einem Durchmesser von durchschnittlich 10 bis 14 Mikron (1 Mikron = Mikrometer = 1/1.000 mm) einen geringeren Durchmesser als die Wollhaare des Schafes. Deren Durchmesser schwankt zwischen 18 bis 20 Mikron bei den Feinwoll-Merinoschafen und 35 bis 45 Mikron bei den rauhwolligen Rassen (z. B. Milchschaf, Bergschaf, Heidschnucke). Der geringere Haardurchmesser der Angorawolle hat einen besseren Tragekomfort zur Folge. Mit steigendem Anteil von Angorawolle fühlen sich die Textilgewebe weicher an. Allerdings sind in Australien auch Schafe gezüchtet worden, deren Wollhaardurchmesser dem von Angorakaninchen-Wollhaaren entspricht.

Das Warmhaltevermögen von Angorawolle ist um das 2- bis 3fache größer. Dies ist einmal darauf zurückzuführen, daß die Feinheit der Haare im Faden und im Gewebe größere Lufteinschlüsse zur Folge hat. Zum anderen wird das Warmhaltevermögen dadurch unterstützt, daß sich in den Angorahaaren selbst Luftkammern befinden (s. Abb. 7).

Unter Verwendung von Angorawolle hergestellte Textilgewebe nehmen besser die von der Haut abgesonderte Feuchtigkeit (Schweiß) auf als Schafwolle und synthetische Fasern. Das vermindert den Abkühlungseffekt bei feuchter Haut.

Angorakaninchenhaar ist um ein Mehrfaches stärker elektrostatisch aufgeladen als beispielsweise Katzenfell. Bei unter Verwendung von Angorawolle hergestellten Geweben ist diese Eigenschaft allerdings auch von der Begleitfaser abhängig. Hierbei wirkt sich die Kombination mit Synthetikfasern (z. B. Acryl) besonders positiv aus.

Der größere Tragekomfort in Verbindung mit dem durch den Grannenhaaranteil bedingten Flauscheffekt begünstigt den Einsatz von Angorawolle bei der Herstellung modischer Damenoberbekleidung. Das große Wärmehaltungsvermögen

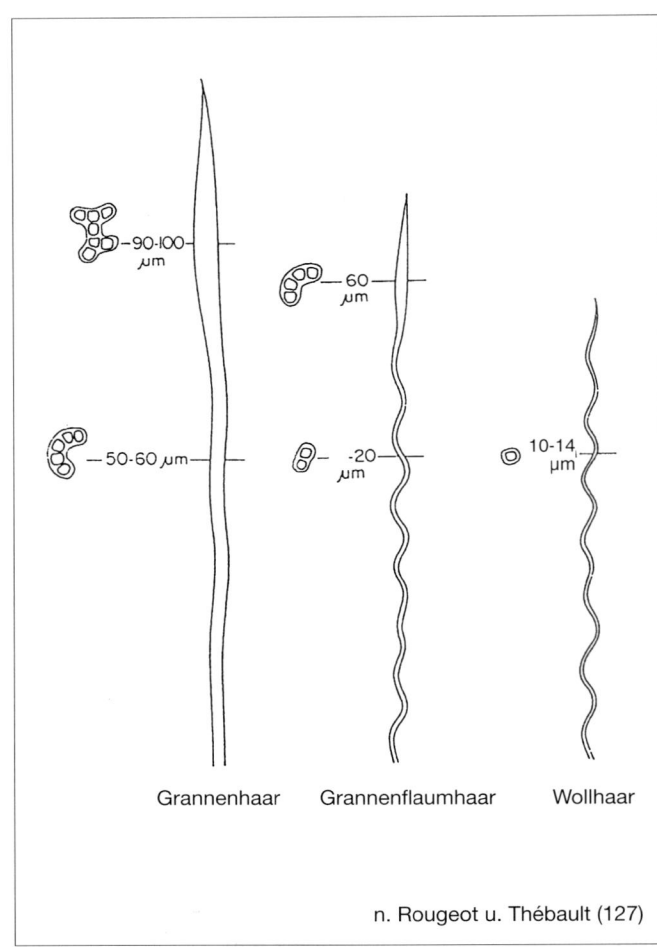

Abbildung 5: Die vorherrschenden Haartypen im Fell bzw. Wollvlies des Kaninchens. Das Grannenflaumhaar weist insbesondere im oberen Teil zwei Markkanäle auf. Da das Wachstum des Grannenhaares sich über ein Schurintervall hinaus erstreckt, hat es im geschorenen Vlies des Angorakaninchens häufig keine Spitze.

Grannenhaar   Grannenflaumhaar   Wollhaar

n. Rougeot u. Thébault (127)

a   c   b

Abbildung 6: Elektronenmikroskopische Vergrößerung der Haare im Vlies des Angorakaninchens. a = Wollhaar, b = Grannenflaumhaar, c = Grannenhaar.

macht, in Verbindung mit der feuchtigkeitsabsorbierenden Eigenschaft, die Angorawolle besonders geeignet für die Herstellung von Unterwäsche. Im Gegensatz zur Oberbekleidung ist hierfür ein geringer Grannenhaaranteil erwünscht (größerer Tragekomfort). Die hohe elektrostatische Aufladung schließlich fördert in Verbindung mit den anderen genannten Eigenschaften den Einsatz von Angorawolle für die Herstellung von sogenannter Gesundheitswäsche zur Linderung der Beschwerden bei rheumatischen Muskel- und Gelenkserkrankungen.

Die relativ glatte Oberfläche des Angorakaninchenhaares und seine geringe Kräuselung (nur 6 -7 Bogen je Zentimeter) haben eine geringe Haftung des Haares im Verbund des gesponnenen Fadens zur Folge. Aus diesem Grund wird Angorakaninchenwolle zusammen mit anderen Textilfasern versponnen, wie z. B. Wolle, Seide und Synthetikfasern. Im Hinblick darauf, daß sich mit steigendem Anteil von Angorahaaren die Reißfestigkeit des Fadens verringert und die Haarlässigkeit erhöht, ist ein höherer Anteil an Angorawolle hinsichtlich der Haltbarkeit des Gewebes kein Qualitätsvorteil.

Aufgrund der relativ geringen Festigkeit des Fadens ließ sich früher Angorawolle nur zu relativ dicken Fäden, d. h. bis maximal 40 tex, verspinnen. 1 tex entspricht hierbei 1 g Wolle auf 1.000 m Faden. Neue Spinnverfahren und die gemeinsame Verspinnung mit synthetischen Fasern ermöglichen inzwischen die Erzeugung von Fäden von bis zu 7 tex. Stärkere Fäden werden nach wie vor für die Herstellung modischer Damenoberbekleidung verwendet. Zur Erzielung eines optimalen Flauscheffektes sind hierfür lange Haare mit einem möglichst hohen Grannenhaaranteil erwünscht.

Feingarne werden für Unterwäsche und Tuche verwendet. Für diese Spinnverfahren (Core-Verfahren) sind zum Teil kürzere Haare besser geeignet als lange. Erwünscht ist hierbei ein möglichst geringer Anteil an Grannenhaaren. Diese sind, da dicker und nicht gekräuselt, nur schwer in einen dünnen Faden einzubinden und verringern dadurch die Reißfestigkeit des Garnes. Grannenhaare färben sich außerdem aufgrund der Vielzahl von Luftkammern schwerer als Wollhaare. Schließlich verringern Grannenhaare den Tragekomfort von Unterwäsche, da sie empfindliche Haut reizen.

Wollertrag

Die vom Angorakaninchen erzeugte Wollmenge wird im allgemeinen auf den Wollertrag pro Jahr bezogen. Die von einer Schur stammenden Ergebnisse von Leistungsprüfungen werden hierbei, entsprechend der Dauer des Schurintervalles, auf ein Jahr umgerechnet.

Die von einem Tier erzeugte Wollmenge ist einmal von der *erblichen Veranlagung* des Tieres abhängig. Die Schätzungen des Erblichkeitsgrades (s. Kap. 5.4.1) lassen auf einen relativ großen Einfluß der genetischen Veranlagung auf die erzeugte Wollmenge schließen. Dies erklärt die großen Fortschritte, welche hinsichtlich der Steigerung des Wollertrages durch die Selektion von Tieren mit überdurchschnittlichen Leistungen erzielt werden konnten. Hinweise darauf ergaben sich aus den Ergebnissen der Stationsprüfungen für Angorakaninchen (ALP). Sie wurden in Deutschland erstmalig in Kiel-

Steenbeek ab 1935 und am Tierzuchtinstitut der Universität Halle durchgeführt. Bei der letzteren Prüfung betrug der durchschnittliche Jahreswollertrag bei den Rammlern 330 g (263 bis 395) und 422 g (236 bis 512) bei den Häsinnen (28). Die bislang höchste an einer Station (Neumühle) ermittelte Jahresleistung betrug über 2,2 kg.

Die deutsche Angorakaninchenpopulation besitzt damit weltweit die höchste Leistungsveranlagung. Allerdings haben sich aufgrund des umfangreichen zwischenzeitlichen Exports von Zuchttieren die Leistungsunterschiede zwischen den regionalen Populationen zum Teil egalisiert. Wie die Ergebnisse der Angorakaninchen-Leistungsprüfungen an der Hess. Landesanstalt für Tierzucht, Neu-Ulrichstein (Tab. 10), ausweisen, ist der Trend der Steigerung des Wollertrages bislang ungebrochen. Allerdings ergeben sich insofern zunehmend Probleme, als die Fruchtbarkeit (Libido, Spermaqualität, embryonale Sterblichkeit u. a.) und die Regulierung der Körpertemperatur durch eine hohe Wolleistung negativ beeinflußt werden (Merkmals-Antagonismus).

Als Grundlage für genetisch bedingte Leistungsfortschritte sind angesichts des erreichten Leistungsniveaus allein die Ergebnisse objektiv durchgeführter Leistungsprüfungen geeignet. Bei hohem Leistungsniveau lassen sich keine Leistungsunterschiede mehr durch eine subjektive Exterieurbeurteilung (z. B. durch Preisrichter) ermitteln. Der als Schönheitsideal angesehene starke Kopf- und Ohrenbehang (sog. Pudelkopf) steht in negativem Zusammenhang zum Wollertrag (r = - 26). Ferner erfordern die am Kopf wachsenden Haare einen höheren Arbeitsaufwand bei der Schur, die

Tabelle 10: Entwicklung der Wolleistung in der deutschen Angorakaninchen-zucht*

1. Methode	1959 – 1971	1972 – 1993
Höchstalter bei Prüfungsbeginn Dauer der Prüfung Schurintervalle/Prüfung	7 Monate 39 Wochen 3	2 1/2 Monate 13 Wochen*** 1

2. Ergebnisse

Prüfungs-jahr	Wollertrag in Gramm/Jahr					
	Rammler			Häsinnen		
	geprüfte Tiere	Durch-schnitt	Variation	geprüfte Tiere	Durch-schnitt	Variation
1935**	–	330	263 – 395	–	422	236 – 512
1959	52	625	476 – 845	69	693	448 – 921
1964	45	715	528 – 1052	75	771	513 – 968
1969	39	867	631 – 1107	48	1064	778 – 1409
1974	122	919	516 – 1316	116	1115	569 – 1484
1979	112	974	656 – 1260	110	1158	776 – 1456
1984	159	1086	716 – 1452	93	1248	828 – 1664
1989	148	1174	652 – 1716	115	1388	860 – 2036
1993	84	1243	920 – 1840	61	1430	1028 – 2008

* Ergebnisse der Stationsprüfungen an der Hessischen Landesanstalt für Tierzucht, Neu-Ulrichstein
** 1. Stationsprüfung am Tierzuchtinstitut der Universität Halle (28)
*** Ab 1994 beträgt die Dauer des Prüfungsschurintervalls 12 Wochen

Bislang ist der Trend zur Erhöhung der Leistungen in der deutschen Angorakaninchenpopulation nahezu ungebrochen. Die sprunghafte Erhöhung des Wollertrages im Jahre 1969, im Vergleich zu den vorherigen Leistungen, ist vor allem auf den Einsatz eines pelletierten Alleinfutters zurückzuführen. Hiervon profitierten die besser veranlagten Häsinnen in stärkerem Maße als die Rammler.

Wolle ist minderwertig, da zu kurz, und die Abgabe der beim Stoffwechsel anfallenden Wärme wird behindert. Das führt zu einer geringeren Futteraufnahme. Diese Begleiterscheinungen sind auch im Hinblick auf tierschutzrechtliche Bestimmungen (§ 11 b) bedenklich, nach denen das Wohlbefinden der Tiere nicht ohne zwingenden Grund beeinträchtigt werden darf (Qualzucht). In diesem Zusammenhang ist auch das durch den Kopfbehang begünstigte Auftreten von Bindehautentzündungen am Auge sowie die verstärkte Aufnahme von Haaren zu nennen, welche zur Haarballenbildung im Magen führt.

Hinsichtlich der zwischen verschiedenen Populationen bestehenden Leistungsunterschiede wird auf die Tab. 11 verwiesen.

Aufgrund der vielfältigen Umwelteinflüsse auf die Wolleistung sind absolute Leistungsangaben irreführend, wenn Hinweise auf die Bedingungen fehlen, unter denen sie erzielt wurden (Durchschnittsleistung der gleichaltrigen und gleichge-schlechtlichen Stallgefährten).

Umweltbedingt ist die *Höhe der Woll-leistung* von folgenden Einflüssen abhän-gig:

Geschlecht – Weibliche Tiere erzeugen bis zu 30 % mehr Wolle als männliche (145). Die Höhe dieser Differenz ist davon abhängig, inwieweit die Nährstoffversor-gung ausreicht, um die höhere Leistungs-veranlagung weiblicher Tiere auszu-schöpfen. Dementsprechend vergrößern sich die geschlechtsbedingten Unter-schiede mit der Verbesserung der Nähr-stoffversorgung (s. Tab. 12). In Frankreich werden für die Wollerzeugung überwie-gend nur die weiblichen Tiere eingesetzt.

Bei der dort praktizierten Form der Woll-ernte (s. Epilation oder Rupfen) sind die geschlechtsbedingten Unterschiede (Ge-schlechtsdimorphismus) besonders groß. Das geringere Haarwachstum bei den Rammlern ist auf den Einfluß der männlichen Geschlechtshormone (An-drogene) zurückzuführen. Die Kastration der männlichen Tiere halbiert daher etwa die Unterschiede im Vergleich zu den weiblichen Tieren. Die Energieverwertung für die Wollerzeugung männlicher Kastra-ten entspricht etwa der der weiblichen Tiere. Bei der Selektion auf hohen Woll-ertrag besteht die Gefahr, daß bei den männlichen Tieren die Fruchtbarkeit, d. h. Decklust (Libido) und die Spermaqualität, negativ beeinflußt werden. Es ist deshalb notwendig, bei der Auswahl männlicher

Tabelle 11: Einfluß der Haargewinnungsmethode beim Angorakaninchen auf Wollmenge und -qualität (32)

		Französische Population		Deutsche Population		Kreuzungen D x F	
		gerupft	ge-schoren	gerupft	ge-schoren	gerupft	ge-schoren
Wolle insgesamt	g	159	127	235	228	195	139
1. Sorte	%	70	61	82	81	68	59
Filz	%	4,4	10,2	0,2	1,3	1,1	3,4
Durchschn. Haarlänge	cm	6,8	6,2	6,8	6,7	6,4	6,3
Grannenhaaranteil (nach Anzahl)	%	2,5	1,4	2,7	2,8	2,4	1,8
Haardurchmesser:							
– Wollhaare	Mikron	11,7	12,2	14,6	14,7	14,0	12,8
– Grannenhaare	Mikron	37,2	34,8	47,9	35,6	37,2	37,8

Bei den Tieren der französischen Angorakaninchen-Population hat eine genetische Anpassung an die in Frankreich übliche Methode der Haarernte mittels Rupfen stattgefunden (Genotyp-Umwelt-Interaktion). Beim Scheren sind bei diesen Tieren die Wollmenge sowie der Grannenhaaranteil geringer, der Filzanteil höher und die Haarlänge kürzer. Demgegenüber ist bei den Tieren der deutschen Population bei diesen Merkmalen praktisch kein Unterschied festzustellen. Die deutschen Tiere ließen sich nur rupfen, nachdem der Haarsitz mit Hilfe von Mimosin gelockert wurde. Im Grannenhaaranteil bestand zwischen den beiden Rassen kein Unterschied.

Tabelle 12: Einfluß der Fütterungsintensität und des Gehalts an Methionin auf die Wolleistung und den Futteraufwand von Angora-Kaninchen (146)

	Rammler		Häsinnen		männl. Kastraten
	ohne Meth.	mit Meth.	ohne Meth.	mit Meth.	mit Meth.
Futteraufnahme 5 Std./Tag:					
Schurertrag g	188	197	193	246	214
kg Futter/kg Wolle	70,2	64,7	67,9	50,5	60,1
tägl. Alleinfutterverzehr g	123	130	123	123	123
Futteraufnahme beliebig:					
Schurertrag g	203	198	231	252	226
kg Futter/kg Wolle	80,9	77,7	73,8	60,2	65,4
tägl. Alleinfutterverzehr g	177	165	185	164	159

Der durch den Zusatz von Methionin von 0,42 % auf 0,77 % erhöhte Gehalt an schwefelhaltigen Aminosäuren verbesserte die Wolleistung bei den zu höherer Wolleistung veranlagten Häsinnen stärker als bei den Rammlern. Der Futteraufwand wurde dadurch ebenfalls in größerem Ausmaß verringert. Die Unterschiede sind bei beliebiger Futteraufnahme geringer. Die rationierte Fütterung hatte somit eine größere Verbesserung der Futterverwertung zur Folge. Die Leistungen der männlichen Kastraten liegen etwa zwischen den beiden Geschlechtern.

Zuchttiere neben der Wolleistung auf Hodengröße und Libido sowie möglichst auch auf die Spermaqualität zu achten.

Nährstoffversorgung – Die Nährstoffversorgung beeinflußt über die Zahl der Haarfollikel die Zahl der Haare je cm^2 Körperoberfläche (59). In geringerem Maße sind hiervon auch die Haarlänge und der -durchmesser betroffen. Mit zunehmender Haarlänge im Verlauf des Schurintervalls wird die Wärmeisolierung vergrößert und die Regulierung der Körperwärme erschwert. Dies führt im ersten Drittel des Schurintervalls wegen der kurzen Haare zu einem Anstieg der Futteraufnahme (s. Abb. 109). Ein großer Teil der aufgenommenen Nährstoffe dient hierbei als thermische Energie der Erhaltung der Körpertemperatur. Im letzten Drittel des Schurintervalls ist jedoch, infolge beeinträchtigter Wärmeabstrahlung über die Haut, die Beseitigung der beim Stoffwechsel entstehenden Abfallwärme erschwert. Die Futteraufnahme muß daher gesenkt werden. Daraus ergibt sich, daß im gemäßigten und mehr noch subtropischen Klimabereich im letzten Drittel des Schurintervalls der Nährstoff- und insbesondere der Eiweißbedarf für das Wollwachstum nicht gedeckt werden kann. Die Verkürzung des Schurintervalls erleichtert die Regulierung der Körpertemperatur. Dies hat eine höhere Futteraufnahme und damit auch einen höheren Wollertrag zur Folge. Begrenzt wird das Wollwachstum ferner durch eine Unterversorgung mit den am Aufbau des Haares beteiligten schwefelhaltigen Aminosäuren Cystin und Methionin. Dies gilt insbesondere für Zuchthäsinnen und wachsende Tiere. Bei den Erstgenannten konkurriert der Eiweißbedarf für das Haarwachstum mit demjenigen für die

Jungtierproduktion (Foeten, Milch) und bei letzteren für das Wachstum.

Die an den Prüfungsstationen erzielten Leistungen (s. Tab. 10) basieren auf der beliebigen Aufnahme eines pelletierten Alleinfutters. Auf Grünfutterbasis allein können Jahresleistungen von maximal etwa 800 bis 900 g erzielt werden. Das entspricht im Vergleich zu pelletiertem Alleinfutter einer etwa 30 %igen Minderleistung (s. Kap. 9.5.3). Damit reagiert die Wollerzeugung in geringerem Maße auf eine Verringerung der Nährstoffversorgung als die Fleischerzeugung.

Futterverwertung – Der Futteraufwand je kg Wolle verringert sich mit zunehmender Wolleistung. Bei Verabreichung eines pelletierten Alleinfutters zur beliebigen Aufnahme und einer durchschnittlichen Jahreswolleistung von 1.430 g wurden durchschnittlich 46,08 kg (34,3 kg bis 63,6 kg) Alleinfutter je kg Wolle benötigt. Bezüglich des Aufwandes an verdaulicher Energie wird auf die Tab. 3 verwiesen.

Länge des Schurintervalls – Da die abnehmende Futteraufnahme im Verlauf des Schurintervalls zu Nährstoffmangel und damit zu einer Beeinträchtigung des Wollwachstums führen kann, ist die Verkürzung des Schurintervalls mit einer Steigerung der Wolleistung verbunden. Bei niedrigen Temperaturen hat (s. Kap. 12.2) das eine Verschlechterung der Nährstoffverwertung zur Folge. Hohe Umgebungstemperaturen unmittelbar nach der Schur senken dagegen den Futteraufwand zur Erhaltung der Körpertemperatur. Das Jungtierwachstum wird durch kurze Schurintervalle beschleunigt. Dies ist insbesondere bei im Sommer geborenen Jungtieren und unter subtropischen Bedingungen von Vorteil, da sonst die Tiere zu klein bleiben.

Alter – Die Wolleistung je kg Körpergewicht steigt bis zu einem Alter von 60 bis 70 Wochen an, um dann jährlich um 10 bis 15 % abzusinken. Die altersbedingte Verminderung der Wolleistung ist bei den männlichen Tieren größer als bei den weiblichen. Auf das Tier bezogen, wird das Absinken der Wolleistung durch das höhere Gewicht älterer Tiere teilweise kompensiert. Die erste Schur sollte spätestens im Alter von 6 bis 8 Wochen erfolgen (Nestschur), sonst beeinträchtigt die erschwerte Regulierung der Körpertemperatur die Futteraufnahme und damit das Wachstum. Für die Zuchtwertschätzung eignet sich am besten die Schur im Alter von etwa 30 bis 35 Wochen. Zwischen der hierbei erzielten Wolleistung und der bis zu einem Alter von 3 Jahren besteht ein enger Zusammenhang (r = 0,77). Im Interesse einer frühen Selektionsentscheidung wird auch empfohlen, bereits die Schur im Alter von 20 Wochen als Information zu nutzen (Zimmermann, pers. Mitt.). Die durchschnittliche Nutzungsdauer für die Wollerzeugung beträgt unter Berücksichtigung der Verluste und der abnehmenden Wolleistung 3 bis 4 Jahre.

Haardichte – Die Zahl der Haare je mm^2 schwankt in den vorliegenden Untersuchungen zwischen 126 und 227 (59). Zwischen der Haardichte und dem Wollertrag besteht eine Korrelation von r = + 0,6. Die Haardichte ist auf den Schultern und den Keulen am größten. Aufgrund des engen Zusammenhanges der Haardichte an diesen Körperstellen und dem Wollertrag (r = + 0,8), läßt sich der Wollertrag hier mit der größten Sicherheit schätzen. Der Einfluß anderer Merkmale (Haarlänge und

-durchmesser) auf die zwischen den Tieren bestehenden Unterschiede in der Wolleistung ist somit vergleichsweise gering. Die Haardichte wird, abgesehen von der erblichen Veranlagung, vor allem durch die Fütterung beeinflußt (s. o.).

Jahreszeit und Temperatur – Im gemäßigten Klima sind die durch die Temperatur und die Dauer der Lichteinwirkung bedingten jahreszeitlichen Unterschiede gering. Bei Stationsprüfungen lagen die Ergebnisse der Juni- und der Septemberschur nur um weniger als 5 % unter denen der Dezember- und Märzschur. Allerdings sind die jahreszeitlichen Unterschiede beim Scheren geringer als beim Rupfen der Wolle. Das ist dadurch bedingt, daß beim Scheren das gleiche Haar mehrmals geschoren wird, die Haarwurzel jedoch erhalten bleibt. Beim Rupfen ist Letzteres nur in geringem Maße der Fall. Dadurch kommen jahreszeitliche Einflüsse stärker zum Tragen. Sie können hier bis zu 30 % betragen (127). Infolge der höheren Futteraufnahme steigt die Wolleistung bei niedrigen und sinkt bei höheren Temperaturen. Da bei letzteren die Futteraufnahme in stärkerem Maße abnimmt als die Wolleistung, verringert sich der Futteraufwand je kg Wolle (s. Tab. 13).

Zusammensetzung des Wollvlieses

Wollhaare (auch Unter- oder Flaumhaare) besitzen einen Markkanal. Der Durchmesser dieses Haartyps beträgt in der deutschen Population 9 bis 14 Mikrometer und ist bei den männlichen Tieren kleiner als bei den weiblichen. Der Haardurchmesser wird im Verlauf des Haarwachstums während eines Schurintervalls weniger durch die Nährstoffversorgung beeinflußt, als dies bei der Schafwolle der Fall ist. Desgleichen bestehen keine altersbedingten Unterschiede, wie sie bei der Angoraziege beobachtet werden. Die Spitze jungfräulicher (juveniler), d. h. noch nicht geschnittener, Haare hat einen um 4 bis 9 Mikrometer größeren Durchmesser als die Haarbasis. Dünne Haare neigen in stärkerem Maße zum Verfilzen. Dabei wird die Festigkeit des Haares nicht nur durch seinen Durchmesser, sondern vor allem auch von der Stärke der Haarrinde (Cortex) bestimmt. Ein geringer Haardurchmesser ist sowohl erblich, als auch die Folge unzureichender Nährstoffversorgung.

Der Markkanal ist teilweise mit Luftkämmerchen ausgefüllt (medulliert). Diese sind beim Wollhaar insbesondere in der

Tabelle 13: Relativer Einfluß der Temperatur auf die Leistungen des Angorakaninchens sowie die Futter- und Wasseraufnahme (156)

	5 °C/80 %	18 °C/70 %	30 °C/60 %
Wolle	106	100	86
1. Sorte	78	80	75
Futteraufnahme	116	100	68
Wasseraufnahme	92	100	105
Futter/kg Wolle	109	100	79

Verglichen mit einer Temperatur von 18° steigt die Futteraufnahme bei niedrigerer Temperatur in stärkerem Maße als die Wollmenge. Die Futterverwertung verschlechtert sich. Demgegenüber sinkt bei höheren Temperaturen die Futteraufnahme stärker als der Wollertrag. Es wird daher weniger Futter je kg Wolle benötigt.

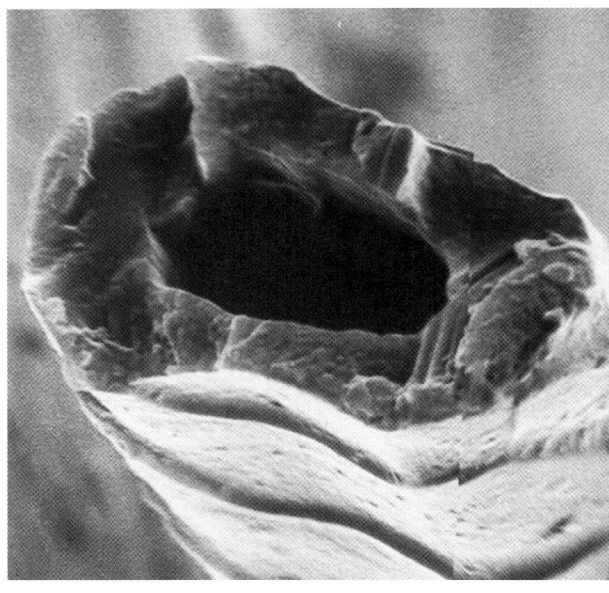

Abbildung 7: Schnitt durch ein Wollhaar mit Markkanal unter dem Elektronenmikroskop.

Spitze des wachsenden Haares anzutreffen. Da ein Wollhaar bis zu über 20 cm lang werden kann und sich sein Wachstum somit über mehrere Schurintervalle erstreckt, ist die Schwankungsbreite des Anteils der Haare mit Luftkammern bei den einzelnen Schuren sehr groß (6 bis 96 %). Entgegen der vielfach vertretenen Meinung ist die bessere Wärmeisolierung des Angorakaninchenhaares weniger durch den Anteil der Haare mit Luftkammern bedingt, als durch die von der Feinheit der Haare abhängigen Lufteinschlüsse im Faden und Gewebe. Die Wollhaare weisen eine korkenzieherförmige Kräuselung auf. Diese ist jedoch weniger als bei Feinwollschafen ausgeprägt. Je Zentimeter Haarlänge befinden sich nur durchschnittlich 6 bis 7 flache Bogen.

Grannenhaare

Sie weisen 3 bis 8 nebeneinanderliegende Markkanäle bei einem Haardurchmes-

ser (Bandbreite) von 25 bis 100 Mikrometer auf, ohne gekräuselt zu sein. Sie haben für die Wollhaare die Funktion von Leit- und Schutzhaaren. Die Filzbildung wird jedoch von ihnen nur teilweise beeinflußt. In stärkerem Maße ist daran der Durchmesser der Wollhaare beteiligt. Der auf die Zahl der Haare bezogene Grannenhaaranteil schwankt zwischen 0 und mehr als 10 %. Er beträgt bei der deutschen Angorapopulation 2 bis 3 %. Teilweise wird der Grannenhaaranteil auch auf das Gewicht bezogen angegeben (Frankreich). Da der Durchmesser der Grannenhaare jedoch um ein Mehrfaches größer als der der Wollhaare ist, ist der gewichtsbezogene Anteil höher als der aus der Zahl der Haare berechnete. Daraus erklären sich teilweise die unterschiedlichen Zahlenangaben (s. Tab. 47). Der Grannenhaaranteil ist bei weiblichen Tieren größer als bei männlichen und nimmt vom Kopf zu den Keulen hin ab. Häsinnen haben die meisten Grannen-

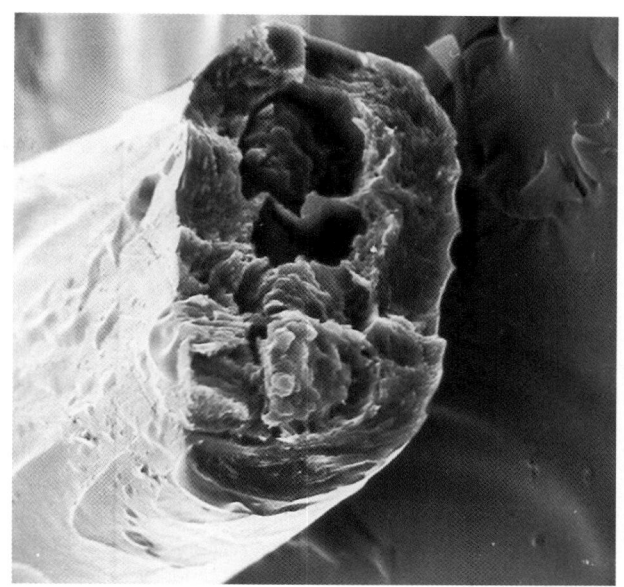

Abbildung 8: Schnitt durch ein Grannenhaar mit 3 nebeneinanderliegenden Markkanälen.

haare am Bauch, Rammler auf dem Rücken (55). Er ist ferner im Winter geringer als im Sommer, da im Sommer die Wollhaardichte abnimmt.

Grannenflaumhaare

Besitzen 1 bis 2 Markkanäle bei einem Durchmesser von 20 bis 30 Mikrometer. Bei der Eignungsbeurteilung von Wollmustern für die industrielle Verarbeitung werden Haare ab zwei Markkanälen zu den Grannenhaaren gezählt. Objektive Unterschiede zu den Wollhaaren sind, wenn geschoren wird, nur am Beginn ihres Längenwachstums festzustellen, d. h. wenn sie am Beginn ihres Wachstums geschoren werden. Dadurch erklären sich die großen Unterschiede bei den Angaben zum Anteil der Grannenflaumhaare. Je 100 mg Wolle wurden bei deutschen Angorakaninchen 36 bis 107 Grannenflaumhaare gezählt (59). Die lanzenartige Verdickung der Haarspitze des jungfräuli-chen Haares weist einen Durchmesser von 30 Mikron auf (s. Abb. 5). Sie überragt, wie die Grannen, das Vlies. Im weiteren Verlauf ihres Wachstums verringert sich der Haardurchmesser auf etwa 20 Mikron bei gleichzeitiger Kräuselung. Nach WUCHERER und NATHUSIUS (zit. n. 59) handelt es sich bei den Grannenflaumhaaren um keinen speziellen Haartyp, sondern um verschiedene Entwickungsstadien des Wollhaares. Der größere Durchmesser und der lanzenartige Schaft entspricht hierbei dem Anfang des Haarwachstums. Nach Entfernung desselben bei der Schur ist das Grannenflaumhaar dann nicht mehr von einem Wollhaar zu unterscheiden. Deshalb sind zeitweilig im Vlies überhaupt keine Grannenflaumhaare anzutreffen.

Die unterschiedliche Zahl der Markkanäle bei den verschiedenen Haartypen des Angoravlieses hat im Vergleich zur Schafwolle eine uneinheitliche Lichtreflektion bei der Färbung zur Folge.

Wollqualität

Die Wollqualität wird durch folgende objektive Kriterien in der Reihenfolge ihrer Bedeutung bestimmt:

Haarlänge – Das Vlies des Angorakaninchens besteht aus Haaren unterschiedlicher Länge. Bei den Angaben über die Haarlänge für die verschiedenen Sortierklassen handelt es sich um subjektive Schätzungen der durchschnittlichen Haarlänge. Dementsprechend bestehen in den Angaben über die durchschnittliche Haarlänge des gleichen Wollmusters erhebliche personenbedingte Unterschiede. So variierte in den deutschen Stationsprüfungen der Anteil der ersten Sorte um mehr als 20 %.

Diese Unsicherheit der Qualitätsbeurteilung wird vielfach zu Preismanipulationen beim Ankauf der Wolle mißbraucht. Objektiver Maßstab für die durchschnittliche Haarlänge und der ihr zugrundeliegenden Schwankungsbreite ist das mit Hilfe des Stapelziehgerätes nach ZWEIGLE ermittelte Stapeldiagramm (Abb. 151). Es gibt den Gewichtsanteil der Haare in einer Stichprobe in den sich um jeweils 0,5 cm unterscheidenden Längenklassen an. Die daraus errechnete durchschnittliche Haarlänge resultiert hierbei aus folgenden Einflüssen:

Unterschiedliches Längenwachstum der Haare an den verschiedenen Körperstellen. An Schultern und Keulen wächst die längste, an Bauch und Brust die kürzeste Wolle (55). Die Wollhaare im Bereich der Schulter wachsen durchschnittlich 0,5 bis 0,8 mm/Tag. Der höhere Wert gilt hierbei für die ersten 3 Wochen nach der Schur, der niedrigere für die 12. bis 15. Woche des Schurintervalls. Grannenhaare wachsen schneller. Ferner werden vom Haarwechsel nicht alle Haare gleichzeitig erfaßt. Das Vlies besteht daher, wenn die Wolle durch Scheren gewonnen wird, aus Haaren unterschiedlichen Alters und somit auch verschiedener Länge.

Im Längenwachstum der Haare bestehen individuelle Unterschiede von Tier zu Tier. Bei einer Länge des Schurintervalles von 91 Tagen (1/4 Jahr) können daher die Mittelwerte der Haarlänge innerhalb einer Rasse zwischen 4 bis 10 cm schwanken und dementsprechend der Anteil der Haare über 6 cm Länge zwischen 0 bis 96 %. Die Wolle weiblicher Tiere ist länger als die der männlichen. Hohe Temperaturen reduzieren das Längenwachstum.

Die Handhabung des Scherens beeinflußt die Haarlänge insofern, als bei der Entfernung stehengebliebener Haarstoppeln weniger als 10 mm lange Nachschnitte (Schnippel) anfallen. Diese schwächen den Fadenverbund und reduzieren damit die Reißfestigkeit des Fa-

Tabelle 14: Haarertrag von Jungmastkaninchen

Rasse oder Kreuzung	Haare Gramm
Neuseeländer, weiß[1])	47
Rex, weiß[1])	20
Fuchskaninchen[2])	55
Angora x Neuseeländer[1])	48
Angora x Rex[1])	33
Neuseeländer x Rex[1])	27

[1]) Mastendgewicht 2,5 kg
[2]) Mastendgewicht 2,2 kg

Die Felle von Jungmastkaninchen lassen sich nicht für die Pelzverarbeitung nutzen. Die Haare können geschoren und für die Beimischung zu Textilgeweben oder die Filzherstellung verwendet werden.

dens und können zu Verdickungen (Noppen) im Faden führen.

Reißfestigkeit – Sie wird in kg/mm^2 bzw. in cN/tex (continewton/tex) gemessen. Das Haar von weiblichen Tieren ist mit Werten von mehr als 30 kg/mm^2 reißfester als das von männlichen. Diese Unterschiede stehen im Zusammenhang mit dem geringeren Durchmesser bei gleichzeitig höherem Luftkammeranteil und geringerer Wandstärke in den Haaren der männlichen Tiere. Die Beobachtung, daß die Reißfestigkeit mit zunehmender Wollleistung steigt und bei kombinierter Fütterung (geringere Nährstoffaufnahme) niedrigere Werte zu verzeichnen sind, deutet auf Fütterungseinflüsse hin. Niedrigere Werte weist auch die Wolle der Nestschur auf.

Reißdehnung – Ist Maßstab für die Elastizität des Haares. Sie gibt an, um wieviel Prozent seiner Länge es gedehnt werden kann, bis es reißt. Die Normalwerte liegen im Bereich von 30 bis 40 %. Durch unsachgemäße Lagerung (nicht genügend getrocknet, in zu festen Ballen verpackt) kann die Reißdehnung herabgesetzt werden.

Dichte – Mit 1,23 (1,15 bis 1,27) ist die Angorawolle eine der leichtesten Naturfasern. Vergleichsweise beträgt die Dichte von Schafwolle 1,30 (1,28 bis 1,32) und die von Baumwolle über 1,54 (1,53 bis 1,55).

Reinwollgehalt – Er beträgt im Durchschnitt über 97 % (Schafwolle 45 % bis 60 %). Die bei Schafwolle übliche Entfernung des Wollfettes oder eine Reinigung vor der Verspinnung ist bei Angorawolle normalerweise nicht erforderlich. Die Verunreinigungen bestehen in erster Linie aus Haarschuppen. Eine unsachgemäße Haltung der Tiere kann jedoch zu einer Verschmutzung mit Pflanzenteilen (Heu, Stroh) führen. In gleicher Weise wirkt sich die Verwendung ungeeigneten Verpackungsmaterials (Jute, Sisal, Hanf) aus.

Farbe – Entsprechend den Regeln der Farbvererbung (s. Kap. 5) sind zahlreiche der bei Normalhaarkaninchen auftretenden Farbvarianten auch auf das Angorahaar zu übertragen. Mit Hilfe der Färbung weißer Haare ist jedoch eine gleichmäßigere Qualität zu erreichen als durch züchterische Maßnahmen.

Filz – Die Entstehung von Filz, das sind miteinander verwobene Haare, wird einmal durch einen kleinen Haardurchmesser und zum anderen durch eine zu geringe Stärke der Haarwand begünstigt. Nur zum Teil ist auch ein geringerer Grannenhaaranteil daran beteiligt. Verfilzungen der Haare treten insbesondere im Nacken und am Hinterteil des Körpers auf (Pressung beim Sitzen). Sein Vorkommen konnte durch Selektion und eine Verbesserung der Nährstoffversorgung (größerer Durchmesser der Haare und deren Wandstärke) weitgehend reduziert werden. Sogenannter schmutziger Filz entsteht durch Durchfall und Verunreinigung mit Pflanzenteilen (z. B. Gersten- oder Roggengrannen). Das Vorkommen von Filz gilt als schwerwiegender Qualitätsmangel, obwohl sich sauberer Filz bei der Verarbeitung (Kardieren) weitgehend entwirren läßt, bei allerdings teilweiser Verkürzung der Haarlänge.

Alter – Altersbedingte Unterschiede bestehen lediglich hinsichtlich der Nestschur, bei welcher der Anteil der Grannenhaare und die Dicke der Haarwand geringer sind. Letzteres trifft auch für die Wollhaare zu.

2.4 Fell

Marktsituation

Anfang des 20. Jahrhunderts wurde in Deutschland etwa 70 % der Pelzbekleidung aus Kaninchenfellen hergestellt. Damals stammten die Felle der sogenannten Edelpelztiere (Nerz, Fuchs u. a.) nahezu ausschließlich aus Wildfängen. Die daraus hergestellte Pelzbekleidung zählte daher aufgrund ihrer relativen Seltenheit zu den Luxusgütern. Das Kaninchenfell war somit eine preiswerte und nahezu beliebig zu vermehrende Alternative für den Normalverbraucher. Dabei entsprach der Erlös für qualitativ gute Kaninchenfelle vielfach demjenigen, welcher für den Schlachtkörper des Kaninchens erzielt wurde.

Begünstigt wurde die Verwendung des Kaninchenfelles für die Pelzbekleidung auch durch die neuen Erkenntnisse in der Vererbungslehre. Die Ende des 19. Jahrhunderts durch Gregor MENDEL entdeckten und später von NACHTSHEIM für das Kaninchen interpretierten Vererbungsgesetze ermöglichten es nunmehr, gezielt Rassen zu entwickeln, deren Fell den modischen und qualitativen Anforderungen der Verbrauchernachfrage besser Rechnung tragen konnte. Neben der Züchtung kaninchenspezifischer Struktur- und Farbvarianten (z. B. Satin, Schecken, Blaue Wiener) galt das Interesse vor allem aber auch der züchterischen Imitation von Edelpelztierfellen. Diesem Bestreben verdanken Rassen wie das Fuchs- und das Marderkaninchen sowie das Feh- und das Chinchilla-Kaninchen ihre Entstehung. Zuchttiere des 1919 erstmals in Frankreich vorgestellten Castorrex-Kaninchens, welches das Fell des Bibers (lat. *Castor fiber*) imitieren sollte, erzielten geradezu astronomische Preise. Die anfängliche Euphorie wurde jedoch bald durch die dieser Rasse damals anhaftenden Nachteile (geringere Vitalität, Stoffwechselstörungen u. a.) gedämpft.

Parallel zu den züchterischen Aktivitäten machte die technische Imitation von Edelpelztierfellen durch Färben, Scheren u. a. schnelle Fortschritte. Auf diese Weise lassen sich in Farbe und Struktur ausgeglichenere Fellkollektionen zusammenstellen, als dies mit naturbelassenen Fellen möglich ist. Da sich weiße Felle (z. B. Weiße Wiener, Widder und Neuseeländer) leichter färben und bearbeiten lassen, erzielen sie nunmehr zum Teil höhere Preise als naturfarbige Felle.

Die Domestikation der Edelpelztiere hat die Verwendung des Kaninchenfelles für die Herstellung von Pelzbekleidung in den Industrieländern zurückgedrängt. Demgegenüber besteht in Asien (China, Indonesien) ein zunehmendes Interesse an der Verwendung von Kaninchenfellen für Kürschnerzwecke.

Es ist allerdings nicht auszuschließen, daß das Kaninchenfell in Europa von den Kampagnen der Tierschutzbewegung gegen das Tragen von Pelzbekleidung profitiert, die von Edelpelztieren aus der Farmhaltung oder aus Wildfängen stammt. Da das Kaninchenfell auch als Abfallprodukt der extensiven Fleischerzeugung anfallen kann, treffen zumindest die gegen die Haltung von Edelpelztieren vorgebrachten Argumente nicht zu.

Bislang allerdings ist in Deutschland der Anteil der Kaninchenfelle an der Herstellung von Pelzbekleidung mit etwa 1 % sehr gering. Für neue Initiativen fehlt somit vorerst noch jegliche Motivation. Abgesehen davon ist angesichts des hohen Kostenniveaus für Arbeit, Fütterung und Haltung der frühere Preisvorteil des Kaninchenfelles im Vergleich zu dem der nunmehr domestizierten Edelpelztiere weitgehend verlorengegangen. Schließlich muß auch das Pelzkaninchen mindestens 6 bis 7 Monate alt sein, um einen qualitativ hochwertigen Pelz zu liefern. Darüber hinaus kommen für die Pelzgewinnung nur die Monate November, Dezember und Januar in Frage. Es können daher nur die Jungtiere aus 1 bis 2 Würfen/Jahr für die Pelzerzeugung herangezogen werden. Dies erhöht zwangsläufig auch die Belastung mit den Kosten für die Haltung der Elterntiere.

Da bei der kommerziellen Fleischerzeugung aufgrund der hohen Tageszunahmen die Jungtiere bereits im Alter von 10 bis 12 Wochen geschlachtet werden, sind deren Felle für die Herstellung von Pelzbekleidung ungeeignet. Anders ist allerdings die Situation der Kaninchenhaltung unter extensiven Bedingungen, z. B. in der Rassekaninchenzucht und in den Entwicklungsländern. Hier werden die Jungtiere bei durchschnittlichen Tageszunahmen von 10 bis 15 g ohnehin erst im Alter von 6 bis 8 Monaten geschlachtet, und die Häsin wirft ebenfalls nur ein- bis zweimal im Jahr. Für die Erzeugung von Fellen für die Pelzbekleidung sind somit gute Voraussetzungen gegeben. Es müssen lediglich die Merkmale der Fellqualität in die Selektion einbezogen und durch die darauf Rücksicht nehmende Haltung und Fütterung sowie die Behandlung der Felle nach dem Schlachten

ergänzt werden. Dementsprechend erfreuen sich die Produktschauen anläßlich der Rassekaninchen-Ausstellungen reger Beteiligung.

Die vom Fell geschorenen *Haare* wurden früher in erster Linie zu Haarfilz verarbeitet, der u. a. das Ausgangsmaterial für die Hutfabrikation ist. Dieser Verwendungszweck hat, aufgrund des modisch bedingt rückläufigen Tragens von Hüten, an Bedeutung verloren und zu einem Rückgang der Preise für Kaninchenhaare geführt. In den letzten Jahren finden Kaninchenhaare auch als Beimischung zu Geweben aus synthetischen Fasern Verwendung. Dies macht diese Gewebe hautfreundlicher und verbessert deren Wasserhaushalt. Ferner knittert das Gewebe weniger. Schließlich erzielen die Grannenhaare modische Struktureffekte (Stichelhaare). Der Gewichtsanteil der beigemischten Kaninchenhaare variiert zwischen 10 und 20 %. 1988 wurden in die Bundesrepublik Deutschland 130 t Kaninchenhaare importiert.

Die enthaarte *Haut* wurde bislang zu Handschuh-, Futter- und Fensterleder verarbeitet. Neuerdings konnten Zurichtungsverfahren entwickelt werden, welche auch die Verwendung für die Herstellung von Lederbekleidung ermöglichen. Die Haut älterer Tiere findet auch bei der Herstellung von Damenschuhen Verwendung.

Anatomie des Felles

Das Fell ist die behaarte Haut des Kaninchens. Die Grundlage der Haut (Cutis) ist die Lederhaut (Corium). Wie der Name sagt, findet sie, durch die Gerbung haltbar gemacht, als Leder Verwendung. Von ihr aus wird die darüberliegende Oberhaut (Epidermis) über die in sie hineinragenden Blutgefäße der Lederhaut ernährt. Die Oberhaut ist auch der Sitz von Farbeinlagerungen. Mit dem Körper (Muskeln, Knochen) ist die Lederhaut durch die Unterhaut (Subcutis) verbunden. Diese ist bei guternährten Tieren auch der Sitz von Fetteinlagerungen (z. B. Speck beim Schwein). Die Unterhaut schützt außerdem die die Leder- und die Oberhaut versorgenden Blutgefäße und Nerven. Sie wird bei der Fellzurichtung für die Pelzverarbeitung meist entfernt, um das Fell dünner und geschmeidiger zu machen. Die Haare sind Produkte der Oberhaut. Es werden wie beim Angorakaninchen folgende Arten unterschieden:

Grannen-   = mehr als 2 Mark-
haare (auch   kanäle; Haardurchmes-
Deckhaare)   ser 25 bis 60 Mikron;
    4 bis 5 cm lang,
    Anteil beim Normalhaar-
    kaninchen bis zu 10 %.
Grannen-   = 1 bis 2 Markkanäle;
flaumhaare   Haardurchmesser ca.
    20 Mikron; kürzer als
    Grannenhaare
Wollhaare   = 0 bis 1 Markkanal; Haar-
    durchmesser 12 bis 17
    Mikron; 2 bis 3 cm lang,
    das Haar ist länger bei
    schweren Rassen als bei
    leichten.

Die Grannenhaare haben die Aufgabe, die Wollhaare vor Verschleiß, Verschmutzen und Nässe sowie als Leithaare vor dem Verfilzen zu schützen. Sie sind mit einem Muskel versehen, der es ermöglicht, ihre Neigung zur Haut zu verändern. Um beispielsweise die Wärmeabgabe bei niedrigen Temperaturen zu verringern, werden die Grannenhaare und damit auch die sie umgebenden Wollhaare

senkrechter gestellt (Sträuben der Haare). Hierdurch vergrößert sich der Luftraum auch zwischen den Wollhaaren und damit auch die wärmeisolierende Wirkung des Felles. Diese Muskeln sind auch noch in der haarlosen Haut des Menschen erhalten geblieben und verursachen bei deren Abkühlung durch ihre Kontraktion das Erscheinungsbild der »Gänsehaut«.

Die Grannenhaare wachsen schneller als die Wollhaare und überragen diese beim Normalhaarkaninchen um 10 bis 15 mm und beim Angorakaninchen um mehrere Zentimeter. Beim Rex-Kaninchen sind die Grannenhaare etwa gleichlang wie die Wollhaare, bei teilweise reduziertem Anteil. In der Literatur wird davon berichtet, daß Rex-Kaninchen überhaupt keine Grannenhaare haben. Dies konnte bei eigenen Untersuchungen an Weißrex-Kaninchen nicht bestätigt werden. Bei diesen bestanden keine Unterschiede im Grannenhaaranteil im Vergleich zu den weißen Neuseeländer-Kaninchen. Durch die Verkürzung können die Grannenhaare beim Rexfell ihre Schutzfunktion gegenüber den Wollhaaren nicht wahrnehmen. Dies hat eine geringere Haltbarkeit und die Neigung zum Verfilzen zur Folge.

Die Haare stecken in als Haarfollikel bezeichneten röhrenförmigen Taschen der Oberhaut, welche in die Lederhaut hineinragen. Das Haarwachstum geht von der Haarpapille aus. Diese wird von der Haarwurzel umfaßt und verleiht der als Haarkolben bezeichneten rückgebildeten Haarwurzel des ausgewachsenen Haares in der Ruhe-Phase im Follikel Halt, wenn sich derselbe von der schrumpfenden Haarzwiebel löst (s. Abb. 10 und 11). Der Follikel ragt in dieser Phase nur noch in

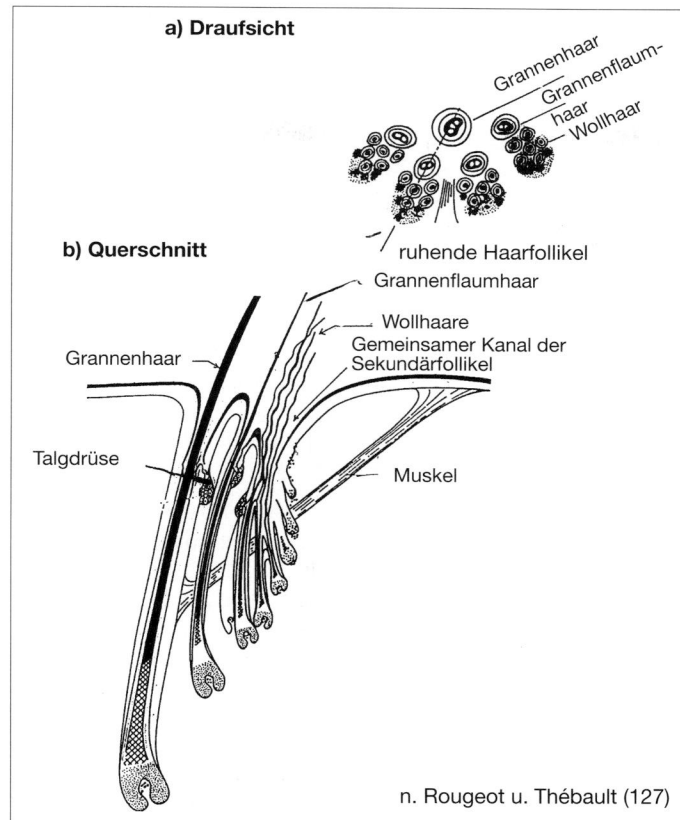

a) Draufsicht

Grannenhaar
Grannenflaum-
haar
Wollhaar

b) Querschnitt

ruhende Haarfollikel

Grannenflaumhaar

Wollhaare
Gemeinsamer Kanal der
Sekundärfollikel

Grannenhaar

Talgdrüse

Muskel

n. Rougeot u. Thébault (127)

Abbildung 9: Haarfollikelgruppe. Um das als Leithaar dienende Grannenhaar sind die Grannenflaum- und die Wollhaare angeordnet. Die Zahl der Follikel ist von der genetischen Veranlagung und ihre Realisierung von der Ernährung sowie beim Normalhaarkaninchen auch von der Jahreszeit (im Sommer weniger und im Winter mehr) abhängig.

die obere Hälfte der Lederhaut hinein. Dies ist der optimale Zeitpunkt für die Pelzung.

Mit dem Beginn des Haarwechsels in der sogenannten telogenen Phase schrumpft der Haarfollikel noch mehr. An seinem unteren Ende bildet sich eine neue Haarpapille, von welcher dann das Wachstum eines neuen Haares ausgeht. Beim Haarwechsel im Frühjahr und bei Nährstoffmangel wird ein Teil der alten Haare abgestoßen, ohne daß sich neue Haare bilden. Von der Follikelruhe sind vor allem die Wollhaarfollikel betroffen und weniger die der Grannenhaare. Sie werden erst wieder im Herbst bzw. bei Verbesserung der Nährstoffversorgung aktiviert.

Wenn das alte Haar durch ein neues ersetzt werden soll, vergrößert sich der Follikel sowohl hinsichtlich seines Durchmessers, als auch in seiner Länge. Er ragt auf dem Höhepunkt des Haarwachstums schließlich bis in die Unterhaut hinein. Wird das Tier zu diesem Zeitpunkt gepelzt, dann verlieren die Haare nach der Entfernung der Unterhaut bei der Fellbearbeitung ihren Halt und fallen aus (Haarlässigkeit). Derartige minderwertige Felle sind daran erkennbar, daß die Haarpapillen pigmentierter Rassen auf der weißen

53

Lederhaut als flächenhaft verteilte dunkle Punkte zu sehen sind. Beim Fell weißhaariger Rassen ist dagegen der falsche Zeitpunkt der Pelzung schwieriger nachzuweisen. Die das wachsende Haar wasserabweisend einfettende Talgdrüse wird mit dem Abschluß des Haarwachstums zurückgebildet.

Fellqualität

Die für die Eignung des Felles zur Pelzverarbeitung entscheidenden Qualitätsmerkmale sind in der Reihenfolge ihrer Bedeutung folgende:

1. Die *Größe* des Felles wird in Deutschland und Frankreich beim Aufkauf der getrockneten Rohfelle anhand des Gewichts bewertet. Dies vereinfacht und beschleunigt die Beurteilung. Nachfolgend zwei Beispiele für die Klassifizierung:

I a sogenannte Oberköpfe, extra große Felle mit weißem Leder, gut behandelt

I wie Ia, jedoch etwas kleiner, d. h. normal große Rassen bis zum Blauen Wiener

II kleinere Felle, mittlere Rassen, abwärts bis etwa Weiße Wiener

III Große Übergangsfelle und Winterfelle kleiner Rassen

IV Unerwachsene Tiere (d. h. unter einem Dreivierteljahr alt)

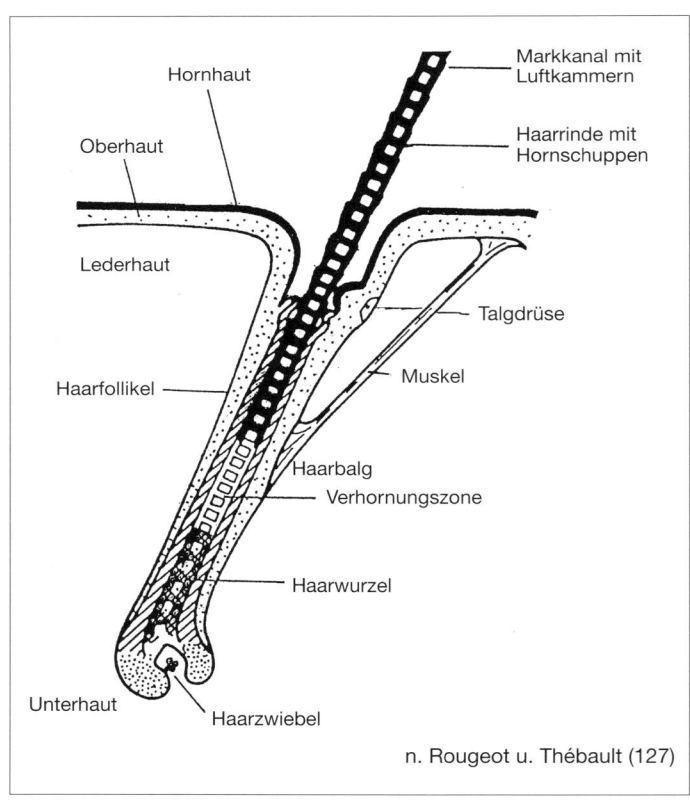

Abbildung 10: Schnitt durch ein Grannenhaar. Der Muskel am Haarfollikel ermöglicht durch die Vergrößerung oder Verkleinerung des Luftraumes zwischen den Haaren die Anpassung der Wärmedämmung des Felles an die Wärmeproduktion des Tieres sowie die Außentemperatur und damit auch die Regulierung der Körpertemperatur.

Hornhaut
Oberhaut
Lederhaut
Haarfollikel
Unterhaut
Haarzwiebel
Haarwurzel
Verhornungszone
Haarbalg
Muskel
Talgdrüse
Haarrinde mit Hornschuppen
Markkanal mit Luftkammern

n. Rougeot u. Thébault (127)

54

V Futterkanin, gut behandelte Jungtier-
felle (ein viertel bis ein halbes Jahr alt)

VI Lederkanin, starke Sommerfelle und
starke, schlecht behandelte Felle

VII Schneidekanin, unbehandelte Felle

Übersichtlicher und einfacher erscheint
das in den USA angewandte Klassifizie-
rungsverfahren:

Klasse 1: Keine Beschädigungen, dichtes Unterhaar, geeignet für die
Pelzverarbeitung

Klasse 2: Geringe Haardefekte und
Mängel in der Stärke des Leders, kurzes Unterhaar. Geeignet für minderwertige Pelze
und als Schneidekanin

Klasse 3: Größere Mängel als unter 2,
nur noch als Schneidekanin
und für die Verarbeitung als
Spielzeug geeignet

Klasse 4: Nicht für den Ankauf geeignet,
allenfalls Schneidekanin.

Für die Verarbeitung zu Pelzbekleidung
sind nach französischen Angaben (69)
weniger als die Hälfte der anfallenden
Felle geeignet. Dabei blieben die aus der
professionellen Fleischerzeugung stammenden Felle offensichtlich bereits unberücksichtigt. Diese Tiere sind zu jung
und ihre Felle allenfalls für die Verarbeitung als Schneidekanin geeignet.

Die Klassifizierung nach dem Gewicht ist
zwangsläufig ungenau. Sie berücksichtigt nicht den Alterseinfluß auf die Stärke
des Leders, wobei jedoch ein dünnes
Leder mehr erwünscht ist als ein dickes
(beeinflußt das Gewicht der Pelzbekleidung). Außerdem wird das Fellgewicht
vielfach dadurch verfälscht, daß die Rohfelle mit Kopffell angeboten werden, der

sowohl für die Pelzverarbeitung als auch
für die Haargewinnung wertlos ist.

Die Beurteilung der Größe des Felles anhand seiner Länge, wie sie beim Nerz,
aber auch beim Fuchs und anderen Edelpelztieren üblich ist, würde somit den
Qualitätsanforderungen besser entsprechen, zumal bei der Pelzverarbeitung
häufig auch die Bauchpartien nicht mit-
verwendet werden. Bei der Bewertung
der Länge wäre diese dann vom Hals- bis
zum Schwanzansatz zu erfassen.

2. Das *Alter* der Tiere bei der Pelzgewinnung beeinflußt die Fellqualität insofern,
als im Verlauf des Wachstums sowohl der
Anteil der verschiedenen Haararten sowie die Haardichte und die Stärke des Leders Veränderungen unterworfen sind.
Hierbei werden folgende Phasen unterschieden (69):

I Säugling – Entwicklung des
Haarkleides im Alter
von 4 Wochen abge-
schlossen.

II Kind – bis ca. 11 Wochen alt

III Halbwüchsig – 11 bis 24 Wochen alt

IV Erwachsen – Mehr als 24 Wochen
alt

Die Altersangaben stellen nur Anhalts-
werte dar, da der Haarwechsel an den
verschiedenen Körperpartien nicht
gleichzeitig erfolgt. Außerdem ist er auch
von der Nährstoffversorgung sowie der
rassebedingten Früh- oder Spätreife und
der Jahreszeit abhängig. Es ist deshalb
insbesondere bei mittelschweren und
schweren Rassen sinnvoll, davon auszugehen, daß das Erwachsenenstadium
erst ein bis zwei Monate später, d. h. im
Alter von ca. 8 Monaten, bei allen Tieren
erreicht ist. Nach dänischen Untersu-

chungen (117) bei Rex-Kaninchen erreichten deren Felle erst im Alter von 8 Monaten zu 90 % die höchste Qualitätsstufe. Dabei ist offensichtlich das Alter das entscheidende Kriterium, denn trotz gleichem Gewicht war die Fellqualität (Haarlänge und Ausgeglichenheit der Farbe von Castor-Rex-Kaninchen) bei acht Monate alten Tieren besser als bei den sieben Monate alten. Der Haarwechsel zwischen den einzelnen Altersabschnitten erfolgt unabhängig von der Jahreszeit. Bis zum halbwüchsigen Stadium (III) unterscheidet sich die Qualität der Felle hinsichtlich ihrer Haarstruktur und anderer Qualitätskriterien voneinander. Beispielsweise sind die Grannenhaare in der Phase IV um 25 % länger als in II und III. Die Grannenhaarspitzen sind um etwa 30 % stärker (69).

Erst das Fell erwachsener Tiere bietet somit hinsichtlich der Haarlänge und der Beschaffenheit des Leders die Voraussetzungen für eine optimale Fellqualität.

3. Der *Haarwechsel* beeinflußt die Fellqualität einmal aufgrund der unterschiedlichen Haarlänge während dieser mindestens sieben Wochen dauernden Phase und zum anderen wegen des in diesem Zeitabschnitt lockeren Sitzes der alten Haare. Außerdem ragen die Haarwurzeln in die Unterhaut und haben Farbflecken sowie Haarlässigkeit beim Bearbeiten des Felles zur Folge.

Die jahreszeitlich bedingte Erneuerung der Haare findet, photoperiodisch (Dauer der Tageslänge) gesteuert, zweimal im Jahr statt:

Im Frühjahr werden die Winterhaare abgeworfen und das Sommerfell gebildet. Dieses weist eine geringere Haardichte und kürzere Wollhaare auf. Der Frühjahrshaarwechsel wird durch eine zunehmende Tageslänge ab etwa Ende Februar ausgelöst. Er erstreckt sich über einen längeren Zeitraum als die Bildung des Winterfelles beim herbstlichen Haarwechsel. Die Qualität des Sommerfelles ist deshalb, auch abgesehen von der geringeren Haardichte, aufgrund der dadurch bedingten Haarlässigkeit weniger gut.

Der Haarwechsel im Herbst, der die Entwicklung des Winterfelles vorbereitet, wird demgegenüber durch eine abnehmende Tageslänge ausgelöst. Er konzentriert sich auf einen kürzeren Zeitraum als der Frühjahrshaarwechsel. Im September beginnend, ist er bis zum November weitgehend abgeschlossen. Das Winterfell bleibt dann bis Januar, Anfang Februar erhalten. Diese Angaben beziehen sich auf mitteleuropäische Verhältnisse, d. h. gemäßigtes Klima. Es ist nicht bekannt, in welchem Ausmaß sich der Zeitpunkt des Haarwechsels und die Fellqualität in Abhängigkeit vom Breitengrad sowie von klimatischen Einflüssen verändert.

Da sich die Abstoßung der alten und das Wachstum der neuen Haare über einen Zeitraum von ca. 8–10 Wochen erstrecken, ist sowohl die Länge der Woll- als auch vor allem der Grannenhaare in diesem Zeitraum unausgeglichen. Noch schwerwiegender ist der ungenügend feste Sitz der Haare, der auch nach der Gerbung zu einem ständigen Haarverlust des Felles führt. Dieser Qualiätsmangel wird vielfach als spezifische Eigenschaft des Kaninchenfelles angesehen. Er ist jedoch vor allem die Folge davon, daß der Zeitraum der Schlachtung vielfach nicht von der Pelzqualität, sondern vor allem von dem Fleischbedarf oder der Futtergrundlage bestimmt wird.

Der Haarverlust bei im Haarwechsel befindlichen Fellen resultiert einmal aus der

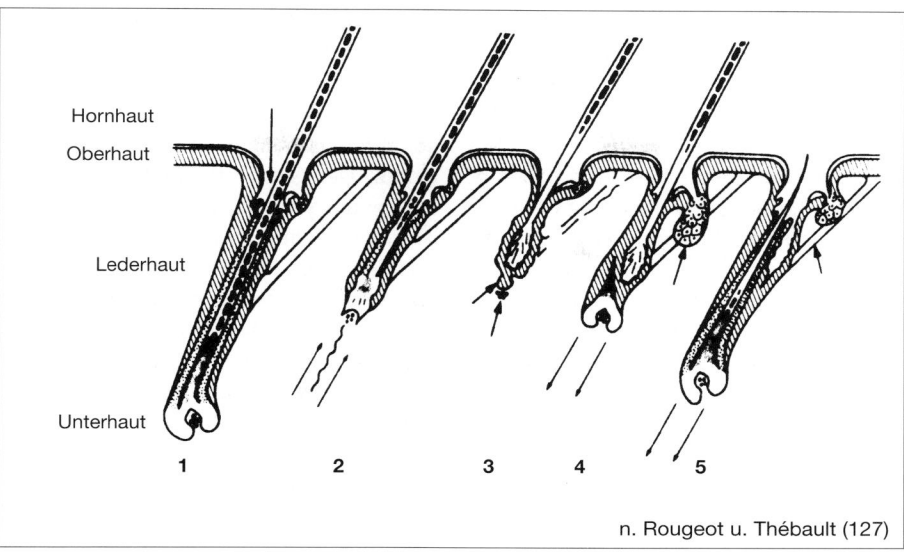

Hornhaut
Oberhaut
Lederhaut
Unterhaut

1   2   3   4   5

n. Rougeot u. Thébault (127)

Abbildung 11: Phasen des Haarwachstums und des Haarwechsels. Wenn nach dem Abschluß des Haarwachstums (1) die Haarzwiebel nicht mehr in die Unterhaut hineinragt (2) ist der optimale Zeitpunkt für die Gewinnung von Kürschnerfellen gekommen (Mitte November bis Mitte Januar). Später (3–5) beginnt sich der Haarsitz zu lockern, die Haare fallen aus, die Haardichte verringert sich, und die Haarlänge wird unausgeglichen.

Abstoßung der alten Haare. Zum anderen reichen die Haarfollikel in der Phase des Haarwachstums bis in die bindegewebige Unterhaut hinein. Diese wird bei der Pelzzubereitung entfernt, um das Fell leichter und geschmeidiger zu machen. Bei der Entfernung der Unterhaut werden dann die Haarwurzeln beschädigt und an der hellen Lederseite als graue Flecken sichtbar. Der Haarsitz lockert sich. Diese grauen Flecken sind somit ein sicheres Zeichen für Qualitätsmängel. Da für die Pelzverarbeitung vor allem der Rückenteil des Felles von Bedeutung ist, ist ihr Vorkommen in diesem Bereich als besonders schwerwiegend zu beurteilen. Im übrigen sind Grannenhaare aufgrund ihrer längeren Follikel von diesem Mangel stärker betroffen als die Wollhaare.

4. Die Haardichte und -länge und vor allem deren Ausgeglichenheit an den verschiedenen Körperpartien wird im wesentlichen subjektiv beurteilt. Objektive Meßverfahren sind zwar möglich. Sie erfordern jedoch einen relativ hohen zeitlichen und apparativen Aufwand. Bei der Beurteilung wird in das Fell geblasen. Je weniger von der Oberhaut (Epidermis) sichtbar wird, desto dichter ist das Fell. Um auch die Ausgeglichenheit der Haardichte beurteilen zu können, ist die Überprüfung sowohl am Rücken als auch an den Seitenpartien erforderlich. Bei Zuchttieren läßt sich die Haardichte durch Scheren einer definierten Fläche und Wiegen der Haare objektiv meßbar bestimmen.

Die Beurteilungswerte am lebenden Tier und am getrockneten Fell weichen in der Regel voneinander ab. Bei dänischen Untersuchungen (117) wurde zwischen den beiden Werten lediglich eine Korrelation von $r = 0,26$ gefunden. Der Unterschied ist darauf zurückzuführen, daß das Fell beim Trocknen auf dem Fellspanner, in Abhängigkeit von seiner Größe, in unterschiedlichem Maße gedehnt wird. Das kann dann zu einer Verfälschung der am lebenden Tier ermittelten Werte führen. Dieses Phänomen ist besonders bei der Beurteilung der Nachkommenschaft von Zuchttieren zu beachten. Hierfür sollten nur die am lebenden Tier ermittelten Werte zugrundegelegt werden. (Hinsichtlich der Beurteilung von Ausstellungstieren wird auf Kapitel 17 verwiesen.)

5. Der *Glanz des Felles* resultiert vor allem aus der Lichtreflexion, insbesondere der markhaltigen Grannen- und Grannen-flaumhaare. Diese besitzen zwei und mehr nebeneinanderliegende Luftkanäle (Abb. 5 und 8), sind dicker, haben auch eine größere Oberfläche. Beide Eigenschaften verstärken die Reflexion des Lichts. Der Glanz des Felles ist um so stärker ausgeprägt, je mehr die Haare am Körper anliegen. Daher wird der Glanz des Felles am lebenden Tier auch durch seinen Gesundheitszustand (kranke Tiere haben ein stumpfes Fell) sowie durch die Fütterung beeinflußt. Das Fell unterernährter Tiere reagiert darauf in gleicher Weise wie das von kranken. Der Grund hierfür ist u. a. darin zu suchen, daß die beim Stoffwechsel anfallende Abfallwärme infolge zu geringer Futteraufnahme

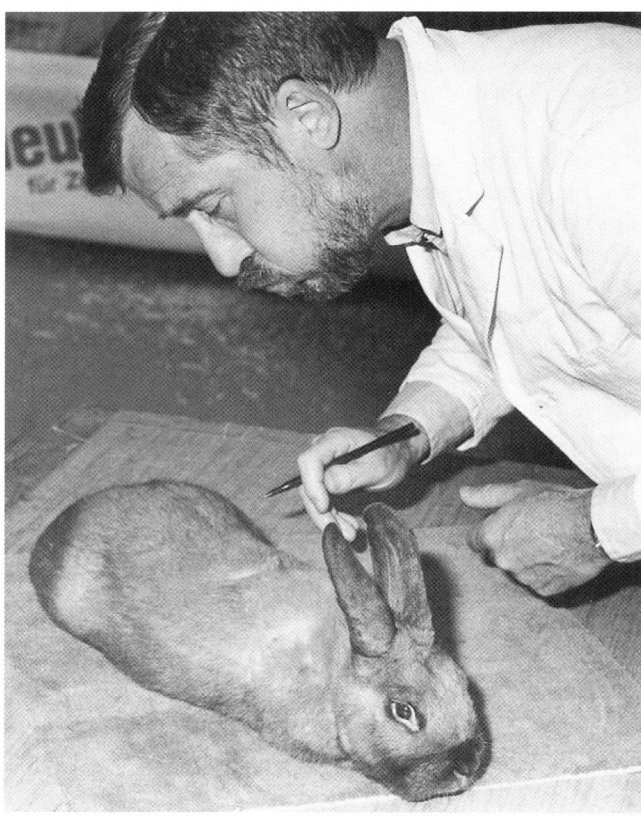

Abbildung 12: Zur Beurteilung der Haardichte im Fell oder im Vlies sowie der Abgrenzung der Farbzonen und deren Farbintensität wird in das Fell hineingeblasen.

zur Erhaltung der Körpertemperatur nicht ausreicht oder diese erhöht ist (Fieber). Zur Verbesserung der Wärmeisolierung des Felles sträuben sich die Haare, wodurch sich die isolierende Luftmenge zwischen den Haaren vergrößert und die Lichtreflexion vermindert. Positiv beeinflußt wird der Glanz auch durch Futterkomponenten. Bekannt ist der positive Einfluß von Ölsaaten (besonders Lein) und deren Preßrückständen aus der Ölgewinnung.

Negativ beeinflußt wird der Glanz des Felles auch durch eine unsachgemäße Gerbung. Die Beurteilung des Glanzes erfolgt ausschließlich subjektiv, am besten durch Vergleich mit Standardfellen und bei natürlichem Licht im Schatten.

6. Die Ausgeglichenheit der *Haarstruktur* und der *Farbe* bei farbigen Fellen bezieht sich beim Einzelfell auf rassetypische Merkmale und möglichst geringe Abweichungen zwischen den verschiedenen Körperpartien. Es sei denn, daß, wie beispielsweise beim Schwarzloh-Kaninchen, Unterschiede in der Färbung von Rücken- und Bauchpartie erwünscht sind. Besonders schwierig gestaltet sich die Beurteilung bei Rassen mit speziellen Zeichnungen (Schecken) und mit unterschiedlichen Farbabstufungen des Haares (z. B. Chinchilla). In allen Fällen ist die Ausgeglichenheit genetisch bedingt und somit durch eine entsprechende Selektion der Zuchttiere zu fördern.

2.5 Sonstige Nutzleistungen

Der sprichwörtliche Einsatz des Kaninchens als *Versuchsobjekt* sowie für die Prüfung von Impfstoffen, Arzneimitteln und Kosmetika hat in Deutschland erheblich an Bedeutung verloren. Ende der 70er Jahre wurde der Bedarf für diese Zwecke noch auf etwa 300.000 Kaninchen pro Jahr veranschlagt, was etwa dem derzeitigen Umfang in Japan entspricht. Nach dem dem Deutschen Bundestag 1992 vorgelegten Tierschutzbericht (7) waren es demgegenüber 1991 nur noch 70.228 Kaninchen. Das entspricht nur einem Anteil von 2,9 % aller Versuchstiere insgesamt in diesem Jahr, bei abnehmender Tendenz gegenüber den Vorjahren. Der größte Teil der Kaninchen (43.663) diente der Entwicklung und Prüfung von Arzneimitteln.

In steigendem Maße wird das Kaninchen in der Grundlagenforschung und hier insbesondere der Genforschung eingesetzt. Es gilt hierfür als besonders geeignet, da über das Kaninchen bereits umfangreiches Datenmaterial über genetische, biochemische und endokrinologische Parameter vorliegt und es die Erzeugung von speziellen Genprodukten in genügender Menge ermöglicht. Nach STRANZINGER et al. (158) erweist sich in diesem Zusammenhang die Rassenvielfalt als Vorteil, da sie eine große Auswahl von Markern eröffnet, die in gezielten Experimenten genutzt werden können.

Verbreitet ist der Einsatz des Kaninchens beim Transport von Embryonen anderer Tierarten. Hierbei wird die in den ersten Teilungsstadien befindliche Eizelle (beispielsweise vom Rind) in die Gebärmutter einer Häsin verpflanzt, aus der zuvor die arteigenen Eizellen herausgespült wurden. Die Embryonen der anderen Tierart können dann in der Häsin über mehrere Tage hinweg transportiert werden.

Die *Exkremente* (Kot und Harn) können als Dünger genutzt werden. Die anfallende Menge und der Gehalt an Pflanzennährstoffen ist stark von dem verabreichten Futter abhängig. Beispielsweise betrug bei einer Alleinfutteraufnahme von 115 g/Tag der durchschnittliche tägliche Anfall von Kot 84 g und Harn 231 g. Der Nährstoffgehalt des Hartkotes variiert entsprechend den Angaben in Tab. 15. Bei Einstreuhaltung ist mit einem Stallmistanfall von jährlich 2 bis 3 dt zu rechnen (75). Bei Verabreichung eines Alleinfutters ist ein jährlicher Kotanfall von 60 bis 80 kg je Häsin und 30 kg pro Mastplatz zu veranschlagen. Allgemein beträgt, bezogen auf die aufgenommene Futtertrockenmasse und in Abhängigkeit von der Verdaulichkeit des Futters, die Ausscheidung von Hartkot 50 bis 70 % bei Jungmastkaninchen und 70 bis 90 % bei säugenden Häsinnen. Die höheren Werte bei Häsinnen ergeben sich aus dem geringeren Trockensubstanzgehalt des Hartkotes (Tab. 15).

Die Ausscheidung von Harn variiert bei Pelletfütterung und beliebiger Wasseraufnahme von 0,1 bis 0,2 l/Tag bei Mastkaninchen (2,0 kg Lebendgewicht) und 0,4 bis 0,6 Liter/Tag bei säugenden Häsinnen. Bei Grünfütterung betragen die entsprechenden Werte 0,7 bis 0,9 l/Tag bei den Mastkaninchen und 1,0 bis 1,2 l/Tag bei den säugenden Häsinnen. Die letztgenannten Werte entsprechen 40 bzw. 25 % des Gewichtes der Tiere! Bei hohen Temperaturen ist die Harnausscheidung geringer. Zur Regulierung der Körperwärme wird dann ein größerer Teil Wassers als Kühlmittel über die Atemluft ausgeschieden.

Aufgrund des relativ hohen Rohfasergehaltes im Kot (bei Grobfutter mehr und bei Alleinfutter weniger) zersetzt sich Kaninchenmist verhältnismäßig langsam. Seine Überführung in Dauerhumus wird

Tabelle 15: Nähr- und Mineralstoffgehalt von Hartkot bei unterschiedlicher Fütterung

	Jungtiere		Häsinnen
	Pellet. Alleinfutter %	Grobfutter* %	Pellet. Alleinfutter %
Trockenmasse	67,5	55,3	44,6
davon Rohasche	8,5	8,6	9,6
Rohprotein	12,7	10,0	17,2
darin Stickstoff	2,0	1,6	2,8
Rohfett	1,6	3,0	2,3
Rohfaser	30,9	37,7	32,0
N-freie Extraktstoffe	43,6	40,7	38,9
Phosphor	1,3	0,4	1,1
Kalium	0,4	1,0	0,5
Calcium	1,7	0,6	1,6
Schwefel	0,2	0,2	0,4
* F.-Rüben und Wiesenheu			
Die Fütterung beeinflußt insbesondere den Gehalt an Trockenmasse bzw. Wasser im Kot.			

Abbildung 13: Angorakaninchenstall eines chinesischen Bauern. In vielen kleinbäuerlichen Betrieben Chinas bilden die Exkremente von Kaninchen und Menschen die Grundlage der Bodenfruchtbarkeit.

durch die Kompostierung unter Verwendung von Kompostwürmern (*Eisenia foetida*) beschleunigt. Dieses Verfahren eröffnet darüber hinaus noch eine Reihe von weiteren Vorteilen und Möglichkeiten:

– Reduzierung der Ammoniak- und der Geruchsentwicklung sowie der Fliegenbelästigung

– Mengenreduzierung, sofern der Kot nicht als Dünger eingesetzt werden kann und anderweitig entsorgt werden muß

– Erzielung zusätzlichen Einkommens durch den Verkauf von Kompostwürmern als Ansatz für die Kompostierung von Bio-Müll oder an Angler

– In Verbindung mit der Hühnerhaltung oder Fischkulturen können Kompostwürmer als Eiweißquelle genutzt werden, da sie mehr als 40 % Roheiweiß in der Trockenmasse enthalten

Die Anlage einer Wurmkultur kann entweder in einem Komposthaufen oder bei einstreuloser Haltung auch unter den Käfigen durchgeführt werden. Bei letztgenanntem Verfahren ist für einen schnellen Harnabfluß Sorge zu tragen und die Harnkonzentration durch wöchentlich mehrmaliges Übergießen mit Wasser zu reduzieren, da ein hoher Harnanteil durch Ammoniakbildung giftig wirkt.

Sofern die Anlage einer Wurmkultur unter den Käfigen nicht realisierbar ist, wird sie in Gestalt eines Komposthaufens an einem schattigen Platz oder in Kästen angelegt. Folgende Voraussetzungen müssen geschaffen werden:

– Ein Abwandern der Würmer in die Erde ist durch die Befestigung des Untergrundes zu verhindern (Betonieren, Pflastern, Abdeckung mit Plastikfolien)

– Stauende Nässe, durch die Ansammlung von Urin oder Regenwasser beeinträchtigt die Entwicklung der Würmer. Sie wird durch eine auf den Boden geschüttete Drainageschicht (Kies, Borkenrinde, Samenhülsen, Plastikflocken) vermieden. Das zwischenzeitliche Aufstreuen von Stroh oder Laub (ca. 5 % des Kotanteils) fördert bei fortlaufender Beschickung die Durchlüftung. Zur Beschleunigung der Wurmaktivität (mechanische Zerkleinerung), wird etwa 1 bis 2 % des Kotanteils als feiner Sand oder Boden beigegeben

– Erhitzung und Schimmelbildung haben den Tod der Würmer zur Folge und werden durch entsprechendes Anfeuchten verhindert

– Das Eindringen von Nagetieren, Maulwürfen und Laufkäfern sollte verhindert werden, da diesen die Würmer als Nahrung dienen

Sobald sich auf der Drainageschicht etwa 10 cm Kot angesammelt hat (gleichmäßig verteilen und mit Stroh sowie Boden vermischen), werden je qm etwa 2.000 ausgewachsene Würmer eingesetzt. Die Entnahme der Würmer erfolgt durch Umgraben mittels einer Grabgabel oder durch Sieben des Substrats. Die Würmer sammeln sich ferner an der Oberfläche, wenn diese mit einer schwarzen Folie abgedeckt wird. Sofern die Würmer dem Geflügel als Futter dienen sollen, überläßt man den Hühnern das Nährsubstrat zum Durchscharren, nachdem vorher eine genügende Zahl von Würmern als Zuchtansatz entnommen wurde. Die optimale Temperatur für die Entwicklung der Würmer liegt im Bereich von 22 bis 26 °C. Sie sind nicht frosthart und überwintern im Innern des Komposthaufens.

Pro Jahr erzeugt ein ausgewachsener Kompostwurm etwa 1.000 Nachkommen. Tropische Wurmarten übertreffen die Produktivität des hiesigen Kompostwurmes. Zum Beispiel erzeugt die afrikanische Art (*Eudrilus eugeniae*) die dreifache Menge an Nachkommen und die asiatische Art (*Eisenia asiatica*) jährlich das Zweihundertfache ihres Gewichtes.

Die Bemessungsgrundlage für die steuerrechtliche Einstufung einer erwerbsorientierten Kaninchenhaltung als landwirtschaftlicher oder Gewerbebetrieb ist u. a. die sogenannte Dungeinheit. Sie ist ein Maßstab, welcher die Belastung des Bodens mit den Ausscheidungen der verschiedenen Nutztierarten vergleichbar macht. Bislang gibt es in den Bundesländern keinen einheitlichen Maßstab hierfür. Vom Bundesverband der Kaninchenfleisch- und -wollerzeuger werden 16 bis 18 Häsinnen einschließlich der Nachzucht (50 Nachkommen je Häsin und Jahr) vorgeschlagen.

3 Rassekaninchenzucht

W. Schlolaut

Zielsetzung

Der Tierbewertung auf Schauen oder im Züchterstall lag in der Anfangsphase der Rassekaninchenzucht die auch in der Großtierzucht verbreitete Ansicht zugrunde, daß sich im äußeren Erscheinungsbild einer Rasse auch deren besondere, sie von anderen Rassen unterscheidenden Leistungseigenschaften widerspiegeln. Diese Ansicht war beim Kaninchen allerdings auch insofern gerechtfertigt,

als das Fell, früher mehr als jetzt, eine Nutzleistung darstellt, deren Qualität in wesentlichem Umfang nur durch eine subjektive Beurteilung abzuschätzen ist.

In der Annahme, daß die körperlichen Merkmale weitgehend erblich bedingt sind, dient die vergleichende Beurteilung der Tiere von verschiedenen Züchtern auf Schauen der Auswahl der für die Erreichung des gestellten Zuchtzieles am besten geeigneten Zuchttiere. Darüber hin-

Abbildung 14: Die auf lokaler, überregionaler und internationaler Ebene durchgeführten Wettbewerbe anläßlich von Kaninchenausstellungen sind Höhepunkte des züchterischen Schaffens. Über eine Million Tiere stellen sich allein in Deutschland alljährlich der Preisrichterkritik. Im Bild eine Halle der Bundesschau 1989 auf dem Killesberg in Stuttgart. Mit über 40.000 Tieren war sie eine der größten Veranstaltungen dieser Art.

aus dokumentieren die anläßlich derartiger Veranstaltungen am besten beurteilten Tiere, aber auch die fachliche Qualifikation des betreffenden Züchters. Das fördert nicht nur dessen persönlichen Prestigewert, sondern ist gleichzeitig auch ein Hinweis für die Möglichkeit, den Idealvorstellungen entsprechende und damit auch leistungsfähige Zuchttiere zu erwerben. Tierschauen fördern somit nicht nur die züchterische Weiterentwicklung durch die Möglichkeit einer vergleichenden Beurteilung. Durch die Möglichkeit des Zuchttieraustausches dienen sie auch der Vereinheitlichung des Rassenbildes.

Die Beurteilung des äußeren Erscheinungsbildes zwecks Bewertung von Nutzleistungen, die auch durch Maß und Zahl (quantitativ) erfaßt werden können (Fleischleistung, Futterverwertung), hat im Laufe der Zeit erheblich an Bedeutung eingebüßt. Dies ist auf folgende Ursachen zurückzuführen:

– Leistungsunterschiede zwischen verschiedenen Tieren sind mit um so größerer Sicherheit anhand äußerer Merkmale abzuschätzen, je niedriger das Leistungsniveau innerhalb einer Rasse ist.

– Die Durchführung von Leistungsprüfungen hat gezeigt, daß sich die Leistungen, von denen die Wirtschaftlichkeit der Kaninchenhaltung bestimmt wird (z. B. Aufzuchtleistung), nur in geringem Maße mit Hilfe einer subjektiven Beurteilung bestimmen lassen (z. B. Zitzenzahl).

– In Unkenntnis der Zusammenhänge wurden und werden vielfach Merkmale zum Ideal erhoben, welche im Gegensatz zu den im Zuchtziel verankerten Nutzleistungen stehen.

Letzteres ist beispielsweise bei der häufig angestrebten »walzenförmigen« oder »blockigen« Körperform der Fall, die als Kennzeichen einer guten Fleischleistung gilt. Tatsächlich sind jedoch bei derartigen Tieren Körperpartien besonders ausgeprägt (Schulter, kurzer Rücken) welche den Anteil wertvoller, d. h. hochbezahlter Teilstücke, nämlich Rücken und Keule, reduzieren. So ist der Anteil von Rücken und Keule bei dem relativ schlanken Hasenkaninchen größer als beim walzenförmigen Neuseeländerkaninchen. Die im Zuchtziel vieler Normalhaarrassen angestrebte gute Fellqualität verschlechtert die Schlachtausbeute. Beim Angorakaninchen ist ein ausgeprägter Kopf- und Ohrenbehang (Pudelkopf) nicht nur kein Hinweis auf eine hohe Wolleistung, sondern ein Irrweg der Zucht (Qualzucht).

Abgesehen von diesen Unsicherheitsfaktoren und Widersprüchen hat auch mit zunehmendem Wohlstand die wirtschaftliche Motivation der Rassekaninchenzucht an Bedeutung verloren. Den Vorrang in der Zielsetzung hat nunmehr die Übereinstimmung der sich dem Wettbewerb stellender Tiere mit dem im Rassenstandard (170) vorgegebenen äußeren Erscheinungsbild der betreffenden Rasse.

Dabei schließen derartige Aktivitäten auch den Erfahrungsaustausch über die Verbesserung der Umweltbedingungen mit ein, da sie die Voraussetzung für die Realisierung der Erbanlagen schaffen.

Historische Entwicklung

Der historische Ursprung der organisierten Rassekaninchenzucht fällt in der zweiten Hälfte des 19. Jahrhunderts mit den gleichen Bestrebungen im Bereich der Großtierzucht zusammen. Auch hier führten die vorstehenden Überlegungen zur Gründung von Züchtervereinigungen und der Durchführung von Tierschauen.

Beim Kaninchen wurde die Gründung von Züchtervereinigungen darüber hinaus noch durch die besondere Eignung des Kaninchens gefördert, von anderen Nutztieren nicht zu verwertendes Futter zur Verbesserung der menschlichen Ernährung zu nutzen. Dank dieser Eigenschaften erschien das Kaninchen besonders geeignet, Ende des 19. Jahrhunderts in den Hinterhöfen und Schrebergärten der entstehenden Ballungsräume zur Ernährung des dortigen Industrieproletariats beizutragen.

Bis zu diesem Zeitpunkt war die Haltung von Kaninchen in Deutschland vor allem in kleinbäuerlichen Betrieben anzutreffen. Hier belebten sie als mahlzeitengerechte Frischfleischkonserve die Monotonie des Speisezettels, der sonst nur geräucherte oder gepökelte Fleischwaren aus der Schlachtung von Großtieren kannte. Anspruchslos als »Kuhhasen« im Rinderstall frei umherlaufend (92), verwerteten die Kaninchen die aus der Krippe fallenden hochverdaulichen Blatteile des Futters (s. auch Kapitel 9.6.1).

Initiativen für den Einsatz des Kaninchens im städtischen Bereich erwuchsen in Deutschland auch aus den Eindrücken von Rückkehrern aus dem deutsch-französischen Krieg 1870/71, die von der Wertschätzung des Kaninchenfleisches in der französischen Küche berichteten. Dies und die Notsituation in den Mietskasernen der Industriegebiete führte dann in verschiedenen Regionen zu Vereinsgründungen und Kaninchenschauen (28, 52):

1874 Erste Kaninchenausstellung in Bremen

1874 »Blätter für Kaninchenzucht« erscheinen in Hildesheim

1880 Gründung des ersten Kaninchenzuchtvereins in Chemnitz

Um den Zuchttieraustausch auch über die Vereinsgrenzen hinweg zu ermöglichen, erwies sich eine Vereinheitlichung des Zuchtzieles der verschiedenen Rassen als notwendig. So wurde 1892 der »Bund Deutscher Kaninchenzüchter«, Sitz Leipzig, als überregionaler Zusammenschluß von lokalen Zuchtvereinen gegründet. Dieser erließ 1893 die ersten Vorschriften für die Beurteilung folgender Rassen: Riesen-, Widder-, Angora-, Silber-, Normandiner-, Russen- und Deutsche Kaninchen.

1895 folgte als weiterer überregionaler Zusammenschluß die Gründung des »Bundes Westdeutscher Kaninchenzüchter«.

Neben den die Züchter aller Rassen einschließenden örtlichen und überregionalen Vereinigungen bildeten sich bald auch Spezialklubs, deren Mitglieder sich der Zucht nur einer Rasse widmeten. So beispielsweise der 1906 gegründete »Älteste Deutsche Riesenscheckenzüchter-Club«, Sitz Chemnitz (52).

In den Notzeiten während und nach dem 1. Weltkrieg erlebte die nunmehr bereits fest etablierte Kaninchenhaltung ihre große Bewährungsprobe. Die Zucht von Rassekaninchen profitierte in dieser Zeit nicht zuletzt auch von der verstärkten Nachfrage nach Kürschnerfellen. Stammten doch über 70 % der Pelzbekleidung vom Kaninchen. Das motivierte zu Versuchen, Edelpelztierfelle zu imitieren. Gefördert durch die Erforschung der Vererbung von Farbe, Haarstruktur usw., entstanden neue Rassen mit Edelpelztierdekor. So beispielsweise die:

Marburger Feh (1916)

Castor-Rex (1919)

Opossum-Kaninchen (1920)

Normannen-Rex (1927)

Fuchs-Kaninchen (1930)

Dabei beschränkte sich die Neuzüchtung von Rassen nicht nur auf Deutschland. Sie erstreckte sich, wie beispielsweise bei den Rex-Kaninchen, auch auf Frankreich und andere europäische Länder. Weltweit sind mehr als 400 Rassen bekannt (137).

Organisatorisch wurden die beiden zuvor erwähnten Vereinszusammenschlüsse 1924 durch den *Reichsbund der Kaninchenzüchter* vermehrt, der sich bald zum größten der drei Verbände entwickelte. Die zwischen den nunmehr drei Verbänden herrschenden Querelen waren der Förderung der Kaninchenzucht und insbesondere des Images der Vereine in der Öffentlichkeit nicht gerade dienlich. Immerhin gelang es mit der Herausgabe einer gemeinsam erarbeiteten Bewertungsvorschrift für Ausstellungen, eine Vereinheitlichung der Zuchtziele herbeizuführen (52).

Zwischen 1933 und 1945 wurde auch das Kaninchen in den Dienst der »Erzeugungsschlachten« gestellt. Die zuvor genannten drei demokratischen Zusammenschlüsse von Kaninchenzuchtvereinen wurden aufgelöst. An ihre Stelle trat die Reichsfachgruppe Kaninchenzüchter im Reichsverband der Kleintierzüchter. Die aus der Freude an der kreativen Gestaltung, aber auch aus wirtschaftlichen Motiven heraus entstandene Rassenvielfalt, wurde durch die Herausstellung sogenannter Wirtschaftsrassen eingeschränkt. Hierzu gehörten Deutsche Widder, Blaue und Weiße Wiener, Großchinchilla, Helle Großsilber, Klein-Chinchilla und Weiße Angora.

Auf diese konzentrierte sich fortan auch die Durchführung von Ausstellungen. Dabei stand die Förderung von großen und mittelschweren Rassen im Widerspruch zu dem Ziel, das Kaninchen vorwiegend für die Verwertung von Garten- und Küchenabfällen einzusetzen. Eine Aufgabe, der kleine Rassen besser gerecht werden als mittelschwere, welche zu ihrer Leistungsentfaltung in stärkerem Maße der Beifütterung von Kraftfutter bedürfen.

Ein besonderer Schwerpunkt war die Förderung der Zucht des Angorakaninchens. Das große Warmhaltevermögen der Angorawolle sollte für die Herstellung von Unterwäsche für Piloten der damaligen Luftwaffe genutzt werden. Zur Steigerung der Wolleistung wurden am Tierzuchtinstitut der Universität Halle und an der Lehr- und Versuchsanstalt für Kleintierzucht in Kiel-Steenbeck Angoraleistungsprüfungen durchgeführt (s. Kap. 2.3 und 6.3). Diese Leistungsprüfungen, welche später durch Schurkontrollen im Züchterstall ergänzt wurden, schufen die Grundlage für die spätere Spitzenstellung der deutschen Angorakaninchenpopulation.

Mehr noch als im 1. Weltkrieg trug, da nunmehr von offizieller Seite gefördert, die Kaninchenhaltung auf Balkonen und in Kellern, in Hinterhöfen und Gärten in den letzten Kriegs- und den ersten Nachkriegsjahren zur Verbesserung der kärglichen Lebensmittelrationen bei. Der 1,7 kg schwere Schlachtkörper eines 3 kg schweren Kaninchens entsprach etwa der Fleischzuteilung für eine Person für den Zeitraum von ca. 4 Wochen! 1944 wurde der Kaninchenbestand in

Abbildung 15: Der ZDK-Präsident Jakobs als Preisrichter (Mitte), zusammen mit seinen Kollegen Schmidt aus Österreich und Van Hommerich aus den Niederlanden.

Deutschland auf über 40 Millionen geschätzt.

Gleichfalls aus der Not geboren, erfuhr die Kaninchenhaltung eine ähnliche Förderung in Großbritannien und Rußland.

Bedingt durch die politische Teilung Deutschlands, etablierten sich nach dem 2. Weltkrieg zwei zentrale Organisationen. In der sowjetischen Besatzungszone am 15. 1. 1946 der

Zentralverband der Kleintierzüchter und in den drei westlichen Besatzungszonen der

Zentralverband Deutscher Kaninchenzüchter (ZDK) im März 1948 in Northeim.

In ersterem waren die Kaninchen als eine der sieben Fachabteilungen vertreten und blieben es auch nach der im November 1959 erfolgten Umbenennung in »Verband der Kleingärtner, Siedler und

Kleintierzüchter«. Gemeinsam mit den Rassekatzenzüchtern (!) waren die Rassekaninchenzüchter in der dritten Fachsparte vertreten.

Der trennenden Zonengrenze zum Trotz, gelang es bereits 1953, den noch heute verbindlichen deutschen Einheitsstandard zu schaffen, der fortan für die Beurteilung der Rassekaninchen auf Schauen im geteilten Deutschland Geltung hatte.

Trotz dieser Gemeinsamkeiten war die Zielsetzung der Rassekaninchenzucht, bedingt durch die unterschiedliche wirtschaftliche Situation in den beiden Regionen, verschieden:

– In **Ostdeutschland** stand nach wie vor die Förderung der Nutzleistungen im Vordergrund. Sie wurde nicht zuletzt durch hohe Aufkaufpreise der staatlichen Erfassungsstellen motiviert. Diese betrugen beispielsweise 1988 je kg

Abbildung 16: Europäische Zusammenarbeit bestimmt auch die Rassekaninchenausstellungen, wie hier in Verona (Italien).

Lebendgewicht bis zu 12,– MDN (Lebendgewicht mehr als 3,5 kg). Als Folge der hohen Aufkaufpreise wurden bereits 1985 mehr als 33.000 t lebende Kaninchen von den Erfassungsstellen (VEAB) aufgekauft, eine Menge, die in den folgenden Jahren noch höher lag. Unter Berücksichtigung der Schlachtausbeute entsprach diese Menge nahezu der gesamten Kaninchenfleischerzeugung in Westdeutschland.

– Demgegenüber verlor in **Westdeutschland** die wirtschaftliche Motivation der Rassekaninchenzucht mehr und mehr an Bedeutung. In tierzüchterischer Hinsicht liegt sie nunmehr in der Erhaltung und Förderung der Rassenvielfalt als Kulturgut und als Genreserve für die aus wirtschaftlichen Motiven betriebene Erzeugung von Kaninchenfleisch und -wolle. Beispielsweise wurde in letzter Zeit wiederholt auf das hier

vorhandene Erbanlagenpotential bei der Züchtung von Kaninchenhybriden zurückgegriffen. Angesichts der Absatzprobleme bei Angorawolle wird die Erhaltung der deutschen Angorakaninchenpopulation allein vom züchterischen Ehrgeiz der Angorakaninchenzüchter getragen. Das gleiche gilt für die Zucht von Rassen, die sich für die Erzeugung von Kürschnerfellen eignen.

Die nunmehr überwiegende gesellschaftliche Bedeutung der Rassekaninchenzucht liegt in ihrer sozialen Funktion. Angesichts der Monotonie der Arbeitsprozesse in der Industriegesellschaft ermöglicht die Beschäftigung mit den biologischen Problemen der Tierhaltung den kreativen Ausgleich und die persönliche Entfaltung. Das Engagement in der Interessengemeinschaft eines Vereins fördert den Gemeinsinn und das Demokratieverständnis. Die Erkenntnis dieser Zusammenhänge hat die Mitgliederzahl im Zentralverband Deutscher Kaninchenzüchter auf 217.000 im Jahre 1994 anwachsen lassen, die sich auf über 4.000 Ortsvereine verteilen (128). Damit ist der Zentralverband weltweit der größte Zusammenschluß von Kaninchenzüchtern.

Zur Zeit werden 56 Rassen und deren Farbschläge zuchtbuchmäßig betreut. Diese stellen sich alljährlich in über 10.000 Ausstellungen auf lokaler und überregionaler Ebene mit über einer Million Tieren der Preisrichterkritik.

Entsprechend einer Stichprobenerhebung innerhalb eines Landesverbandes werden Normalhaarrassen mit einem Anteil von ca. 85 % bevorzugt gezüchtet. Hiervon entfallen auf mittelschwere Rassen über 40 %, gefolgt von kleinen Rassen (25 %) und großen (12 %) sowie Zwergkaninchen (6 %). Kurzhaarrassen haben einen Anteil von 13 % und Langhaarrassen von 2 %. Die züchterischen Aktivitäten bei den Normalhaarrassen konzentrieren sich hierbei auf lediglich 10, meist einfarbige Rassen, mit denen sich über die Hälfte der Rassekaninchenzüchter befassen. Das enge Geschlechtsverhältnis von 1:2,2 und die geringe Zahl von durchschnittlich 5 aufgezogenen Jungtieren aus 1,2 Würfen pro Jahr ist ein Hinweis darauf, daß die Haltung von Rassekaninchen nicht von wirtschaftlichen Motiven bestimmt wird, sondern allein auf die Beschickung von Ausstellungen ausgerichtet ist. Dies bestätigt den steuerlichen Status der Gemeinnützigkeit der Züchtervereinigungen.

Die Durchführung von Tierschauen ist hierbei nicht nur der Höhepunkt züchterischen Schaffens mit der Möglichkeit, sich als Züchter zu profilieren. Sie ist auch der Prüfstein für das Organisationstalent der Vorstandsmitglieder und das Engagement der Mitgliedschaft des die Schau ausrichtenden Vereins insgesamt. Einbezogen in die Vereinsarbeit sind Frauengruppen, die sich der Weiterverarbeitung von Erzeugnissen der Rassekaninchenhaltung (Felle, Wolle und Fleisch) widmen. Großes Interesse findet die Arbeit der Jugendgruppen (ab dem 6. Lebensjahr). Der Anteil der Jugendlichen an der Mitgliederzahl betrug 1988 14 %.

Über den organisatorischen Aufbau des ZDK, die Anschriften der Vorstandsmitglieder von Zentralverband und Landesverbänden sowie von Kreis- und Ortsvereinen, den Spezialclubs und des Deutschen Preisrichterverbandes informiert das jährlich erscheinende »Blaue Jahr-

Tabelle 16: Täto-Kurzbezeichnungen der Landesverbände im Zentralverband Deutscher Kaninchenzüchter (ZDK)

Baden	C
Bayern	B
Berlin-Mark Brandenburg	D
Bremen	HB
Hamburg	HH
Hannover	F
Hessen Naussau	H
Kurhessen	K
Mecklenburg-Vorpommern	M
Rheinland	R
Rheinland-Nassau	RN
Rheinland-Pfalz	P
Saar	SR
Sachsen	S
Sachsen-Anhalt	G
Schleswig-Holstein	U
Thüringen	T
Weser-Ems	I
Westfalen	W
Württemberg-Hohenzollern	Z

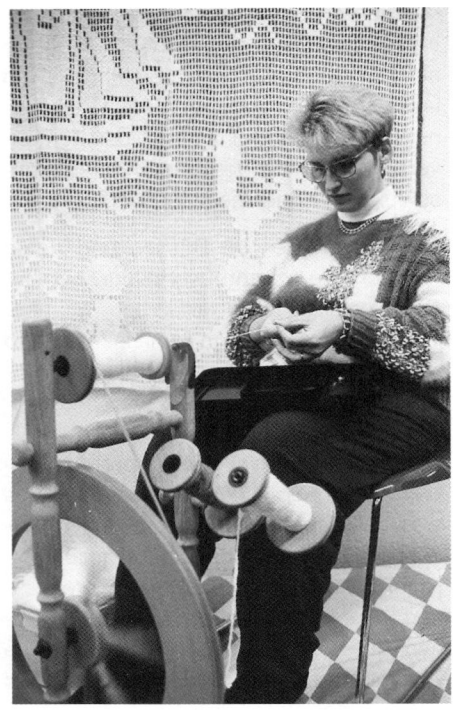

Abbildung 17: Die von den Frauengruppen im Zentralverband Deutscher Kaninchenzüchter gestalteten Produktschauen (s. Kapitel 16) demonstrieren den vielfältigen Einsatz des Kaninchens als Nutztier.

Abbildung 18: Das Verspinnen der Angorawolle gehört zu den Aktivitäten der Frauengruppen des ZDK. Es schafft die Voraussetzungen für die Herstellung von hochwertiger Strickbekleidung und die Beteiligung an einer Produktschau.

buch«, welches vom Verlag Oertel & Spörer, Postfach 16 42, 72706 Reutlingen, zu beziehen ist. Darin sind auch die Anschriften der Kaninchenzuchtverbände in den anderen europäischen Ländern zu finden (s. auch Kapitel 18).

Der gewandelten Zielsetzung der Rassekaninchenzucht Rechnung tragend, haben sich die erwerbsorientierten Züchter und Halter im »Bundesverband der Kaninchenfleisch- und -wollerzeuger« zusammengeschlossen.

Diskussionsforum für alle Bereiche dieses Fachgebietes ist in Deutschland der »Ausschuß für Kaninchenzucht und -haltung« der Deutschen Landwirtschafts-Gesellschaft (DLG).

Der an der Förderung der Forschung über das Kaninchen interessierte Personenkreis ist in der Deutschen Gruppe der 1976 in Dijon gegründeten »World Rabbit Science Association« (WRSA) organisiert, was frei übersetzt etwa »Weltvereinigung für Kaninchenwissenschaft« entspricht. Diese veranstaltet in zweijährigem Turnus wissenschaftliche Vortragstagungen am Institut für Kleintierforschung, Celle, der Bundesforschungsanstalt für Landwirtschaft.

4 Die Kaninchenrassen

W. Rudolph

4.1 Entstehung und Einteilung der Rassen

Die meisten Kaninchenrassen und -farbschläge sind im Verlauf der letzten 120 Jahre entstanden. Einige von der wildgrauen Färbung abweichende Farbtypen waren schon um die Mitte des 16. Jh. bekannt (schwarze, gelbe, blaue, weiße und gescheckte Kaninchen). Aus noch früherer Zeit gibt es keine verläßlichen Angaben. Die Geschichte der Rassenbildung wurde vor allem von NACHTSHEIM (96) im Laufe seiner umfangreichen Studien zur Vererbung von Merkmalen bei Kaninchen aufgehellt. Ausführliche Angaben zur Entstehung von Rassen und Farbschlägen sind in weiteren Quellen enthalten (27, 28, 37, 39, 52, 93, 103, 104, 127, 137, 141, 165).

Um 1700 waren bereits 7 Mutationstypen vorhanden (Albino, Gelb-, Braun- und Blauwildfarbig, Schwarz, Silberfarben und Holländerscheckung). Angorakaninchen sind für 1708 erstmals belegt. Bis 1850 kamen das Russenkaninchen und die Englische Schecke hinzu. Im folgenden Halbjahrhundert erschienen weitere Mutationstypen: Schwarzloh, Japaner und der eisengraue Farbschlag. Diesen folgten bis 1950 die Weißen Wiener, Chinchilla, die Kurzhaar-Kaninchen, Marder (Siamesen) und schließlich das Satinkaninchen. Seit Ende des vorigen Jahrhunderts ist die Rassenbildung vor allem auch durch Kombinationszüchtung, auf der Grundlage jeweils schon vorhandener Rassen, vorangetrieben worden. Solche »Neuzüchtungen« wurden auf Ausstellungen vorgestellt und dann zum großen Teil als Rasse oder Farbschlag anerkannt. In heutiger Zeit sind solche Vorhaben leichter als in der Vergangenheit zu verwirklichen, da zur Vererbung der Fellfärbung, Haarstruktur- und Körpermerkmale schon umfangreiche Erkenntnisse vorliegen, die dann für die Züchtungsplanung genutzt werden können (vgl. 5.1). Von 1890 bis 1920 entstanden folgende Rassen durch Kombinationszüchtung: Blaue Wiener, Thüringer, Havanna, Marburger Feh und Luxkaninchen. Beispiele aus der neueren Zeit sind die Rassen Sachsengold, Mecklenburger Schecke, Rhönkaninchen, Schwarzgrannen, Separator, Kleinschecken, Deutsche Klein-Widder und andere.

In den Bewertungsbestimmungen (Einheitsstandard) des Zentralverbandes Deutscher Kaninchenzüchter (170) sind insgesamt 70 Rassen aufgeführt, die zum großen Teil noch in Farbschläge untergliedert werden. Unter Rasse wird eine mit einem Namen versehene Population, eine mehr oder weniger geschlossene Fortpflanzungsgemeinschaft innerhalb einer Art verstanden, die sich durch eine charakteristische Merkmalsausprägung auszeichnet. Der Rassebegriff wird jedoch nicht einheitlich interpretiert. Zuweilen sind die Rasse und die ihr untergeordneten Farbschläge vom Begriffsinhalt her nicht immer klar abgegrenzt, wie sich am Beispiel der Kleinsilberkaninchen oder der Rexkaninchen zeigt: im Standard wird vermerkt, daß die Farbschläge des Kleinsilberkaninchens als gesonderte Rasse zu gelten haben. In der Tat hatten sie früher die Position einer Rasse inne. Man hätte dies so belassen sollen. Andererseits sind die aufgeführten 16 Rassen des Rexkaninchens im Prinzip teilweise als Farbschläge anzusehen.

International unterscheidet man Normalhaar-Rassen (mittlere Haarlänge: 3 bis 4 cm), Kurzhaar- und Langhaar-Rassen (Haarlänge: rd. 2 cm bzw. über 6 cm). Der Einteilung liegen hauptsächlich die Haarlänge und die Körpergröße (große, mittelgroße, kleine Rassen) zugrunde. Große Kaninchen müssen mehr als 5,5 kg Körpergewicht haben (keine Höchstgrenze), mittelgroße sollen 3,25 bis 5,5 kg, kleine 2,25 bis 3,00 kg, Zwergkaninchen 1,1 bis 1,4 kg aufweisen, wenn sie die höchste Punktzahl für die Position Gewicht bei der Bewertung auf Ausstellungen erreichen sollen.

Die genannten Rassengruppen weisen Vorzüge und Nachteile auf, die beim Aufbau einer Kaninchenzucht beachtet werden sollten. Große Rassen haben meist hohe Reproduktionsleistungen und eine den Anforderungen voll entsprechende Fellgröße und -qualität. Aber auch die Spätreife und der beträchtliche Futteraufwand sind zu erwähnen. Die mittelgroßen Rassen sind frühreifer und zeichnen sich in der Regel durch bemerkenswerte Fruchtbarkeit (Wurfgröße, Wurfzahl), aber auch ansprechende Masteigenschaften aus. Von besonderer Bedeutung ist, daß sich die gegenwärtigen Ansprüche der Verbraucher an Fleischkaninchen (2,0 bis 2,5 kg Lebendgewicht) mit einigen mittelgroßen Rassen bei intensiven Haltungsbedingungen voll erfüllen lassen. Die kleinen Rassen sind für ihr rasches Wachstum bekannt. Die Wurfgröße ist mitunter geringer als bei mittelgroßen Rassen, je-

doch gibt es hier zwischen den Rassen und Herkünften bedeutende Unterschiede. Zwergkaninchen, die man zu den kleinen Rassen rechnet, haben vor allem als Heimtiere viele Liebhaber gefunden. Von den Langhaar-Rassen hat das Angorakaninchen durch die beachtliche Steigerung der Wolleistung eine Sonderstellung erlangt. Kurzhaar-Kaninchen gibt es seit rd. 75 Jahren. Sie weisen Besonderheiten des Felles auf. Nur erfahrene Züchter sollten sich mit ihrer Haltung befassen.

Kaninchenzüchter stellen ihre Tiere auf Ausstellungen vor. Die Bewertung wird nach den verbindlichen Bestimmungen des Einheitsstandards vorgenommen. Die Beurteilung der Tiere beruht auf der Vergabe von Punkten für Positionen wie Gewicht, Körperform und -bau, Fell bzw. Wolle, Kopf-, Rumpfzeichnung, Farbe sowie Pflegezustand (vgl. Kap. 5.3). Die Nutzleistung muß eine feste Konstitution einschließen und sollte bei allen züchterischen Bestrebungen nicht außer acht gelassen werden.

Über das Kaninchenherdbuch oder spezielle Leistungsprüfungen ist es möglich, eine vergleichende Bewertung der Herkünfte und Zuchten vorzunehmen (vgl. Kap. 5.6). Die einseitige Betonung von Farbe und Zeichnung führt zum Formalismus, der sich nachteilig auf Leistungseigenschaften, wie Fruchtbarkeit und Vitalität, auswirken kann, wie nicht wenige Züchter bestätigen.

4.2 Entscheidungshilfen für die Rassenwahl

Wer mit der Kaninchenzucht beginnt und sich züchterische Aufgaben stellt, hat unter der Vielzahl von Rassen eine Auswahl zu treffen. Im Einheitsstandard (170) sind die Musterbeschreibungen der anerkannten 4 großen, 25 mittelgroßen, 21 kleinen, 16 Kurzhaar- und 4 Langhaar-Rassen verzeichnet. Es empfiehlt sich, zunächst mit Tieren nur einer Rasse zu beginnen. Diese sollte möglichst keine außergewöhnlichen Anforderungen an die Färbung, Zeichnung oder andere Körpermerkmale stellen. Erst mit zunehmenden Fachkenntnissen sowie Erfahrungen in der Aufzucht der Jungtiere, beim Verwirklichen des Zuchtziels sowie bei der Ausstellung von Kaninchen auf Schauen sollte man sich ggf. auch für anspruchsvollere Rassen entscheiden. Im allgemeinen findet man innerhalb der meisten Rassen eine beachtliche Variationsbreite von Körpermerkmalen und Leistungseigenschaften, mitunter größer als zwischen gleichgroßen Rassen. Deshalb sollte man nur Kaninchen aus solchen Zuchten erwerben, die sich im Hinblick auf die Konstitution der Tiere, ihre Fruchtbarkeit und die Erfüllung der Standardanforderungen einen Namen gemacht haben. In jedem Fall ist es ratsam, einem Verein beizutreten, um den Erfahrungsaustausch mit Züchtern zu pflegen und Anerkennung (einschl. Dokumentation und Kennzeichnung) für die eigenen Tiere zu erhalten. Ausstellungen und Schauen zu veranstalten, ist wichtiges Anliegen des Zentralverbandes Deutscher Kaninchenzüchter, der ihm angeschlossenen Landesverbände und örtlichen Vereine.

Ehe man Tiere erwirbt, sollte man sich ausreichend über Vorzüge und Nachteile von Rassen und Typen informieren. Man muß Vorstellungen haben, ob man das Hauptgewicht auf Züchtung standardgerechter Tiere für Ausstellungen legen möchte oder das Ziel verfolgen will, den Nutzwert einer Rasse zu steigern, wobei dann Fruchtbarkeit, Fleischertrag, Fellqualität oder Wolleistung (Angorakaninchen) entsprechende Selektionsmerkmale sind. Besonders reizvoll ist die Zucht von Farb- und Zeichnungsrassen (z. B. Schecken, Weiße Hotot, Japaner, Fehkaninchen, Weißgrannen, verschiedene Rassen silberfarbiger Kaninchen, Russen, Lohkaninchen). Zunehmende Beachtung finden Rexkaninchen. Nicht zuletzt sind »Sportzüchtungen« begehrt (Englische Widder, Hasenkaninchen, Zwergkaninchen). Einige Züchter entsprechen mit der Zucht von Widderzwergen, Hermelin und Farbenzwergen der lebhaften Nachfrage nach Heimtieren. Die Nutzleistung einer Rasse sollte aber stets im Auge behalten werden.

Wenn man vor der Wahl steht, sich für eine oder mehrere Rassen zu entscheiden, sollte man sich auch über ihren Anteil an der Kaninchenpopulation informieren. Im Laufe weniger Jahrzehnte hat sich die Struktur der Bestände anerkannter Rassen bedeutend gewandelt. Inzwischen gibt es eine Reihe sog. seltener (oder gefährdeter) Rassen, die nur noch eine geringe Tierzahl aufweisen. Ihre Erhaltung ist besonders geboten, droht doch dann meist durch Inzucht (Inzuchtdepressionen, Zunahme der Erbkrankheiten) die Gefahr des Auslöschens solcher Zuchten. Als Ursachen für den in vielen Ländern bei einzelnen Rassen beobachteten Bestandsrückgang sind vor allem anzusehen:

– zeitweilige Bevorzugung bestimmter Rassen (»Moderassen«)

– die zunehmende Verbreitung von Hybridkaninchen und Verdrängung lokaler Typen und seltener Rassen

– Spätreife und hoher Futterverbrauch bei großen Rassen

– die mitunter unzureichende Reproduktionsleistung bestimmter Rassen oder Herkünfte

– die Auswirkungen der vom Markt abhängigen Erzeugerpreise für Schlachtkaninchen, Felle sowie Angorawolle

– sich wandelnde Verbraucherwünsche sowie Anforderungen der Verarbeitungsindustrie

– Bevorzugung von kleinen Rassen, die sich als Heimtiere eignen

Als Beispiel für den gravierenden Einfluß solcher Faktoren, die einzeln oder im Komplex wirken, soll das Angorakaninchen dienen. Noch vor 10 Jahren gingen vom hohen Weltmarktpreis für Angorawolle bedeutende Impulse zur Entwicklung von Zuchten dieser Rasse aus. So entstanden damals z. B. in Ungarn neue Betriebe, die sich ausschließlich den Angorakaninchen widmeten. Doch die in chinesischen Zuchten aufkommende Massenproduktion von Angorawolle führte zu einem rapiden Preisverfall. Gegenwärtig ist ein Tiefpunkt der Angorakaninchenzucht erreicht. Sich einer solch gefährdeten Rasse anzunehmen, ist eine lohnende Aufgabe.

Weltweit ist zu beobachten, daß einige leistungsfähige Zuchtbetriebe eine zunehmende Zahl von Hybridkaninchen erzeugen, die Absatz in Industrie- und Entwicklungsländern finden und dort die lokalen Bestände verdrängen. Dies wiegt besonders schwer in jenen Klimazonen, in denen im Laufe der Jahrhunderte Populationen mit hoher Anpassung an die gegebene Umwelt entstanden sind (vgl. Kap. 5.5).

Rassekaninchenzüchter können entscheidend dazu beitragen, den Genbestand seltener Rassen zu bewahren. Wie für andere Haustiere, haben einige Autoren auch für Kaninchen auf die Problematik der Erhaltung von Genreserven hingewiesen (69, 85, 131, 133, 135). Die Bemühungen um eine genetische Datenbank für Kaninchen, die der Erfassung, Bewertung und Erhaltung von Genreserven dient, sind von der EU 1996 gebilligt worden (11). Die Sperma- und Embryokonservierung sind vielversprechend (51). So sind die Aufgaben abgesteckt, mit denen sich Züchter und Zuchtverbände befassen sollten. Besonderes Augenmerk verdienen dabei jene Rassen, die durch Mutationen der Gene für Haarfarbe und -struktur entstanden sind (z. B. Japaner, Weiße Hotot, Siamesen, Satin, Deutsche Riesenschecken; vgl. Kap. 4.3–4.5). Sie wären nicht zu ersetzen, sollten sie nicht erhalten werden können, es sei denn, das gleiche Merkmal tritt zufällig als Neumutation wieder auf. Die aus Kombinationszüchtung hervorgegangenen Rassen wären dagegen prinzipiell wieder reproduzierbar, wenn auch eine Wiederholung früherer Züchtungsergebnisse infolge der unterschiedlichen Selektion und Umweltbedingungen kaum als gesichert erscheint.

4.3 Normalhaar-Rassen[1])

4.3.1 Große Rassen

Deutsche Riesen, grau (DR grau)
Erbformel: ABCDG

Deutsche Riesenkaninchen stammen aus Flandern und wurden um 1885 nach Deutschland eingeführt, damals nur 4 bis

---

1) Hier werden die typischen Erbformeln angegeben. Für Farbschläge vergl. Tab. 17. Punkte repräsentieren beliebige Allele der vier Pigmentgene.

6 kg schwer und meist noch mit weißen Abzeichen. Später steigerte man das Lebendgewicht auf 7 bis 9 kg, bei einer Körperlänge von 72 cm und mehr. Eine Überzüchtung muß vermieden werden. Verlangt werden kräftige Konstitution, ein gestreckter Körper mit breitem und tiefem Rumpf, bei starkem Knochenbau. Die Hinterläufe sind wie die Vorderläufe breitgestellt. Erwünscht ist ein genügend großer Abstand der Bauchpartie vom Boden, aber kein Hasentyp. Als Farbschläge wurden anerkannt: Wildgrau, Hasengrau, Dunkelgrau, Eisengrau, Hasenfarbig. Es sind auch andere Farben zugelassen: Schwarz, Blau, Blaugrau, Chinchillafarbig und Gelb (es gelten dann die Farbanforderungen der entsprechenden Rasse).

Deutsche Riesen, weiß (DR weiß)
Erbformel: aBCDG oder a . . . .

Weiße Riesen, aus einer Kombination von Riesenkaninchen mit weißen Rassen (Albinos) hervorgegangen, sind seit 1904 auf Ausstellungen vertreten. Sie entsprechen im Typ den grauen Riesenkaninchen, jedoch bei einem Normalgewicht von 6,5 kg, wobei die Körperlänge 72 cm betragen sollte (Höchstgewicht und Länge nicht begrenzt, doch ist Überzüchtung zu vermeiden). Die Deck- wie auch die Unterfarbe sind Weiß. Die Augen haben die für Albinos typische blaßrote Farbe.

Deutsche Riesenschecken (DRSch)
Erbformel: ABCDgK/ABCDgk

Hervorgegangen aus gescheckten Landkaninchen, sind Riesenschecken vermutlich Ende des 19. Jh. in Frankreich und Belgien durch Einkreuzung von Riesenkaninchen entstanden. Es bleibt dahingestellt, ob die Punktscheckung (auch englische Scheckung genannt) bereits im 16. oder 17. Jh. als Mutation bei Kaninchen vorhanden war. Riesenschecken wurden um 1900 in Deutschland eingeführt (Standard 1908). Für Körperform und -bau gelten gleiche Anforderungen wie bei Riesenkaninchen (aber: Normalgewicht über 6,5 kg). Die Kopfzeichnung besteht aus dem sog. Schmetterling (schwarze Schnauzenpartie), den schwarzen Augenringen, Backenpunkten und pigmentierten Ohren. Die Rumpfscheckung wird durch Aalstrich und Seitenzeichnung gebildet (6 bis 8 gleichmäßig verteilte, rd. 3 cm große Flecken auf Hüfte und Schenkel). Die Grundfarbe ist Weiß. Als Farbschläge werden gezüchtet: Schwarz-Weiß, Blau-Weiß, Havannafarbig-Weiß. Die Vererbung der mischerbigen Scheckenzeichnung wird unter 5.1.1 erläutert.

Deutsche Widder (DW)
Erbformel: ABCDG

Kaninchen mit Hängeohren gibt es seit rd. 200 Jahren. Es bleibt aber offen, wann dieses Merkmal, das als Parallelbildung auch bei anderen Haustieren vorkommt (z. B. veredeltes Landschwein, Hängeohrziege, zahlreiche Hunderassen wie Tiroler Bracke, Teckel), erstmals auftrat. Widderkaninchen wurden 1869 aus Frankreich nach Deutschland eingeführt und fanden zunehmend bei Züchtern Anklang. Verlangt wird ein gedrungener, breiter und massiger Körper im Nutztyp (Normalgewicht über 5,5 kg). Der Widderkopf muß in beiden Geschlechtern ausgeprägt sein, bei breiter Schnauzenpartie, typischer Ramsnase und kräftigen Backen. Der Behang (Länge 38–45 cm; Schallöffnung nach innen) ist an den Ohransätzen durch starke Wülste gekennzeichnet. Deutsche Widder werden in den grauen Farben (wie deutsche Riesen) gezüchtet. Jedoch sind auch alle einfarbigen Fellfarben und Thüringerfarbe zugelassen, mit Ausnahme von Silberfarben, Punkt- und Plattenscheckung, Hotot, Russen, Kalifornier, Weiß- und Schwarzgrannen, Japaner, Loh, Separator, Rhön und Jamora. Für gescheckte Deutsche Widder gelten spezielle Anforderungen.

4.3.2. Mittelgroße Rassen

Meißner Widder (MW)
Erbformel: $ABCDgP_1P_2 \ldots$

Meißner Widder sind im Jahre 1900 erstmals vorgestellt worden (Kombination von Englischen und Französischen Widdern mit Grausilberkaninchen zur Entwicklung eines Prototyps des Meißner Widders). Diese Rasse ist weniger verbreitet als die meisten mittelgroßen. Meißner Widder haben mit 4,5 kg ein geringeres Normalgewicht sowie einen leicht gestreckten, weniger gedrungenen Rumpf als Deutsche Widder, bei ausreichender Breite und mittelhoher Stellung des Körpers. Der widderartige, kräftige Kopf trägt einen Behang von 38 bis 42 cm Länge. Anerkannt sind Farbschläge, die beim Kleinsilberkaninchen vorkommen (Schwarz, Blau, Gelb, Braun und Havanna). Gleichmäßige Silberung der Deckfarbe und reichlicher Glanz sind erwünscht.

Helle Großsilber (HGrS)
Erbformel: $ABCDgP_1P_2 \ldots$

Die als Mutation aufgetretene Silberung des Felles war schon vor 1700 bekannt, und Silberkaninchen wurden besonders in Frankreich gezüchtet, das als Ursprungsland für Helle Großsilber-Kaninchen angesehen wird. In Deutschland ist diese Rasse um 1910 eingeführt worden. In den letzten Jahrzehnten wurde mehrfach versucht, Helle Großsilber in Kreuzungsprogrammen zu nutzen, die für die Fleischkaninchen-Produktion aufgestellt wurden. Das Normalgewicht der Tiere beträgt 4,5 kg. Sie haben einen gedrungenen, breiten, walzenförmigen Körper im Nutztyp. Die kräftigen, breitgestellten Läufe sind von mittlerer Länge. Die Unterfarbe ist Dunkelblau, die Deckfarbe Silberfarben (bläulichweiß). Schwarze Stichhaare sind gleichmäßig in der Deckfarbe verteilt. Die Silberung muß sich über den ganzen Körper erstrecken. Jungtiere werden blauschwarz geboren. Erste Anzeichen der Silberung zeigen sich nach 6 Wochen. Erst nach 6 bis 7 Lebensmonaten ist sie voll ausgebildet.

Großchinchilla (GrCh)
Erbformel: $a^{chi}BCDG$

Von den weltweit verbreiteten chinchillafarbenen Kaninchenrassen sind zuerst die Kleinchinchilla (vgl. Kap. 4.3.3) entstanden, und zwar 1913 in Frankreich. Der Name geht auf das in Südamerika lebende Chinchilla zurück, das schiefergraublaue Färbung aufweist. Bei Kaninchen ist die Chinchilla-Färbung als Mutation von Wildgrau anzusehen, denn in den Farbzonen der Haare ist ein weißlicher Streifen an die Stelle eines gelbbraunen getreten (Farbverlust). Der Erbgang wurde nach 1920 aufgeklärt (vgl. Kap. 5.1). Großchinchilla sind in England unter Nutzung des Kleinchinchilla-Kaninchens und einiger mittelgroßer Rassen gezüchtet und dann seit 1920 in Deutschland bekannt geworden. Körperform und -bau zeichnen sich durch gestreckten, breiten, walzenförmigen Rumpf aus (Normalgewicht 4,5 kg). Als Deckfarbe ergibt sich ein lichtes, bläulich getöntes Aschgrau mit flockiger Schattierung, am stärksten auf dem Rücken. Die Zwischenfarbe ist Grau-Weiß bis Weiß, die Unterfarbe am ganzen Körper Dunkelblau (erfaßt 2/3 der Haarlänge).

Mecklenburger Schecke (MSch)
Erbformel: ABCDgK/ABCDgk

In den letzten Jahrzehnten auf Ausstellungen vorgestellt, entstand diese Rasse aus einer Kombination von Blauen Wienern, Alaska, Deutschen Riesenschecken und gescheckten Widdern. Es wird ein Normalgewicht von 4,50 kg, ein gedrungener und walzenförmiger Körper gefordert. Bei dieser Rasse ist die sogenannte Mantelzeichnung ausgeprägt. Dies bedeutet Pigmentierung des Kopfes (weißer Stirnfleck) und der Ohren, des Rückens (von den Schultern an) und der Flanken. Brust und Vorderläufe sind weiß, Hinterläufe und Bauch überwiegend weiß. Als Grundfarbe gilt Weiß, als Zeichnungsfarbe sind Schwarz, Rot oder Blau anerkannt.

Englischer Widder (EW)
Erbformel: entsprechend Farbschlägen

Englische Züchter selektierten aus Widderkaninchen Mitte des 19. Jh. einen Typ, mit extrem großem Behang, der als Liebhaber-Züchtung eine Zeitlang viel Anklang fand und um 1880 auch in Deutschland bekannt wurde. Zeitweise übertrieb man die Selektion auf Behanggröße (Spannweite über 70 cm, Ohrenbreite von 16 cm), wobei man die Tiere in geschützten, bisweilen erwärmten Räumen hielt, wodurch das Wachstum der Ohren gefördert wird. Die Rasse verkörpert einen feingliedrigen Widdertyp (Normalgewicht 4,25 kg). Die fleischigen Ohren (keine ausgeprägte Wulstbildung) werden, mit der Schallöffnung nach vorn gerichtet, am Körper schlaff herabhängend getragen (Behanglänge 58–65 und darüber, Breite 12 bis 15 cm). Für Farbe und Zeichnung gelten die gleichen Anforderungen wie bei Deutschen Widdern.

Deutsche Großsilber (DGrS)
Erbformel: $ABCDgP_1P_2$ . . .

Die Deutschen Großsilber sind um 1910, unter Verwendung von verschiedenen mittelgroßen Rassen und Kleinsilber-Kaninchen, in Deutschland gezüchtet worden, aber weniger verbreitet als die Hellen Großsilber, denen sie in Größe und Körpergewicht annähernd entsprechen (Normalgewicht 4,25 kg). In der Fellfarbe gibt es jedoch bedeutende Unterschiede. Es überwiegt am ganzen Körper eine dunkle Deckfarbe. Der Grad der Silberung macht entweder eine helle, mittlere oder dunkle Fellfarbe aus (alle zugelassen). Die gleichmäßige Silberung rührt von weißgespitzten Grannenhaaren her. Die Unterfarbe ist bei Schwarz-Silber und Havanna-Silber ein mittleres Blau, ein wenig heller bei den Blau-Silbern und kräftig gelb bei den Gelb-Silberfarbigen. Anerkannte Farbschläge: Schwarz-Silber, Blau-Silber, Gelb-Silber, Havanna-Silber, Braun-Silber.

Burgunder (Bu)
Erbformel: $AbCDGy_1$ . . .

Diese in jüngerer Zeit anerkannte mittelgroße Rasse hat einen walzenförmigen, relativ hochgestellten Körper (Normalgewicht 4,25 kg). Die sich über den ganzen Körper erstreckende, durch mutierte Allele bewirkte Deckfarbe ist ein warmes Gelbrot (Unterfarbe etwas heller), wohingegen Nase, Augen- und Kinnbackeneinfassung sowie die Bauchfarbe cremefarbig erscheinen.

Blaue Wiener (BlW)
Erbformel: ABCdg

Diese Rasse – ein Kombinationstyp – stammt aus Österreich, wurde dort um 1890 gezüchtet und in Wien 1895 erstmalig auf einer Ausstellung gezeigt. Das Körpergewicht betrug damals rd. 6 kg. Anfang des Jahrhunderts begann die Zucht in Deutschland. Vor dem II. Weltkrieg als Wirtschaftsrasse anerkannt, hat sie sich durch bemerkenswerte Leistungseigenschaften (Wachstum, Fruchtbarkeit, Fellqualität, Robustheit) einen guten Ruf erworben und wurde mitunter auch in Zuchtprogrammen berücksichtigt. Die Tiere haben ein Normalgewicht von 4,25 kg, bei walzenförmigem, gedrungenem Körper. Die Rasse stellt an die Haltung besondere Anforderungen, da die blaue Farbe nicht lichtbeständig ist. Direkte Einwirkung der Sonne auf die Tiere ist zu vermeiden, und eine Gehege- oder Freilandzucht erweist sich deshalb als problematisch. Die Deckfarbe ist ein gleichmäßiges Mittel- bis Dunkelblau, mit auffallendem Glanz, die Unterfarbe ein wenig heller.

Blaugraue Wiener (BlgrW)
Erbformel: ABCdG

Körperbau und Fellqualität entsprechen den Blauen Wienern, die Deckfarbe ist Blaugrau (blauwildfarbig, in den Abtönungen hell, mittel und dunkel). Der mittleren Tönung wird der Vorzug gegeben.

Schwarze Wiener (SchwW)
Erbformel: ABCDg

Seit 1925 als Rasse gezüchtet, entsprechen die Schwarzen Wiener in Gewicht, Körperbau und Fellqualität voll den Blauen Wienern. Die Deckfarbe ist am gesamten Körper ein glänzendes, tiefes Schwarz. Als Unterfarbe wird ein möglichst intensives Dunkelblau gefordert.

Weiße Wiener (WW)
Erbformel: ABCDGx oder A x

Weiße Wiener sind eine weitverbreitete, durch Genmutation (hellblaue Augen; Leuzismus; vgl. Kap. 5.1) entstandene Rasse, die in Österreich 1907 vorgestellt wurde. Im Hinblick auf die Einkreuzung von Holländerkaninchen sind sie nicht ganz so schwer wie Blaue Wiener und haben ein Normalgewicht von 4 kg. Die Walzenform des Körpers ist besonders ausgeprägt und schafft einen Nutztyp, der sich durch beachtliche Leistungseigenschaften auszeichnet. Die Ohren sind kürzer als bei Blauen Wienern. Das Fell ist durch dichte Unterwolle gekennzeichnet, bei weißer Deck- und Unterfarbe.

Graue Wiener (GrW)
Erbformel: ABCDG

Diese Rasse, ehedem aus grauen Landkaninchen hervorgegangen, wurde vor dem II. Weltkrieg als Wirtschaftskaninchen propagiert und hat einen Kreis interessierter Züchter gefunden. Graue Wiener entsprechen vom Körperbau her weitgehend dem Wiener-Typ (Normalgewicht 4 kg). Anerkannt sind die Farbschläge Hasengrau, Wildgrau und Dunkelgrau.

Weiße Hotot (WH)
Erbformel: ABCDgKs$_1$s$_2$ . . ./
ABCDgks$_1$s$_2$ . . .

In Frankreich 1912 vorgestellt, haben sich Weiße Hotot als sehr fruchtbare Rasse erwiesen. Die schwarze Einfassung der Augen beruht auf dem Wirken von Punkt- und Plattenscheckungsgenen. Gefordert wird ein gestreckter, walzenförmiger Körper, ähnlich dem der Weißen Wiener (Normalgewicht 4 kg). Die schwarzen Augenringe sollen eine Breite von 3 bis 5 mm haben (sie variieren wegen der aufspaltenden Erbanlagen, doch zeigen die Nachkommen dieses Merkmal überwiegend standardgerecht). Anerkannt ist der schwarz-weiße Farbschlag.

Rote Neuseeländer (RN)
Erbformel: $AbCDGy_1y_2 \ldots$

In Kalifornien um 1910 gezüchtet – sie galten dort lange Zeit als ausgesprochene Fleischkaninchen –, gelangten Rote Neuseeländer um 1930 nach Deutschland (sie haben mit Neuseeland nur den Namen gemein). NACHTSHEIM und STENGEL (96) werteten diese Rasse als Mutationstyp (gelbwildfarbig, Gelbverstärker). Das Normalgewicht beträgt 4 kg. Auch die Tiere dieser Rasse weisen einen walzenförmigen Körper auf. Die Deckfarbe wird in gleichmäßig sattem Rot und glänzend gefordert, die Unterfarbe ähnlich in der Tönung, nicht mit weißen Haaren durchsetzt. Die Jungkaninchen sind frühzeitig nach intensiver Färbung auszuwählen. Auffallende Farbabweichungen gelten als fehlerhaft.

Weiße Neuseeländer (WN)
Erbformel: $aBCDG$ oder $a \ldots$

Diese in Größe und Gewicht den Roten Neuseeländern ähnelnde Rasse wurde gleichfalls in Kalifornien gezüchtet. Sie verkörpert wie kaum eine andere den Typ des Fleischkaninchens. In der kommerziellen Kaninchenfleisch-Produktion kommt den Weißen Neuseeländern, in Reinzucht oder als Hybriden, große Bedeutung zu (vgl. Kap. 5.5). In Deutschland 1960 erstmalig ausgestellt, haben sie auch bei Rassekaninchenzüchtern viel Anklang gefunden. Sie zeichnen sich durch hohe Fruchtbarkeit, Frühreife und rasches Wachstum aus. Ihr Normalgewicht beträgt 4 kg, bei blockigem, kurzem, breitem und vollbemuskeltem Körper. Die Deckfarbe ist Weiß, die Augen sind blaßrot (Albino).

Große Marder (GrM)
Erbformel: a^mBCDg/a^nBCDg

Eine in neuerer Zeit gezüchtete Rasse (geht auf den Mutationstyp Marder zurück), deren Normalgewicht 4 kg beträgt. Es wird ein leicht gedrungener, walzenförmiger Körper gefordert. Es ist nur der braune Farbschlag anerkannt (helle bis mittlere Tönung), nicht aber die dunklen, annähernd einfarbigen Tiere. Deckfarbe ist ein lichtes Braun, das zu den Flanken und Seiten hin heller wird, wobei Hinterschenkel und Schultern eine dunklere Schattierung haben. Über den Rücken zieht sich ein 8 bis 10 cm breiter dunkler Streifen.

Kalifornier (Kal)
Erbformel: a^nBCDg

Nach 1920 in den USA als Kombination aus Weißen Neuseeländern, Chinchilla- und Russenkaninchen entstanden, ist die Zucht dieser Rasse in Europa erst Mitte der 60er Jahre aufgenommen worden. Kalifornier sind sehr fruchtbar, frühreif und wegen des raschen Wachstums zur Mast besonders geeignet. Es werden daher ähnliche Forderungen an den Rassetyp wie bei den Weißen Neuseeländern gestellt. Die Zeichnung entspricht der von Russenkaninchen. Die Grundfarbe ist Weiß. Zugelassen sind der schwarze, blaue und havannafarbene Farbschlag. Dieser Teilalbino hat blaßrote Augen.

Japaner (J)
Erbformel: $Ab^iCDg(G)$

In Frankreich 1889 zur Weltausstellung vorgestellt, ist über die Entstehung dieser

Rasse nichts bekannt. Japanerkaninchen gelangten um 1900 nach Deutschland und fanden über die Jahrzehnte einen kleinen Kreis von Interessenten, der sich beharrlich dieser Rasse annahm (Normalgewicht 3,75 kg). Der Körper ist gedrungen und walzenförmig (Nutztyp). Japaner sind zweifarbig (Mutation). Die Kopf- und Rumpfzeichnung ist, bei jedem Tier in Schwarz und Gelb wechselnd, über den ganzen Körper unregelmäßig verteilt. Es wird Streifenzeichnung gefordert. Auf jeder Seite sind wenigstens drei Farbenfelder erwünscht.

Rheinische Schecken (RhSch)
Erbformel: Ab^iCDgK/Ab^iCDgk

Rheinische Schecken, auch Dreifarbenschecken genannt, sind 1905 erstmals auf einer Ausstellung gezeigt worden. Sie entstanden aus der Kreuzung von Japanern und grau-weiß gescheckten Kaninchen. Ihr Normalgewicht beträgt 3,75 kg, bei leicht gestrecktem, walzenförmigem Körper. Wie bei allen Schecken spalten die Nachkommen in der Färbung auf. Dies stellt hohe Ansprüche an die Selektion standardgemäßer Tiere. Die charakteristische Kopfzeichnung besteht aus dem sog. Schmetterling, den Augenringen, den Backenpunkten und den pigmentierten Ohren. Die Rumpfzeichnung wird durch Aalstrich und 6 bis 8 Seitenflecken gebildet. Alle Zeichnungsmerkmale sollen die Farben Schwarz und Gelb haben, ausgenommen die Backenpunkte, die einfarbig sein können. Die Grundfarbe ist Weiß. Zur Zucht vergl. 5.1.1.

Thüringer (Th)
Erbformel: $AbCDg$

Um die Jahrhundertwende in Thüringen zufällig aus der Kombination von Russen-, Schwarzsilber- und Riesenkaninchen entstanden und später züchterisch verbessert, wurde diese Rasse 1908 anerkannt und wegen ihrer typischen Färbung zunächst als gemsfarbige Thüringer bezeichnet. Das Normalgewicht beträgt 3,5 kg. Der Nutztyp ist bei gedrungenem Körper gegeben. Die sattbraune Deckfarbe und das einen rußigen Schleier bildende dunkelbraune Grannenhaar machen die charakteristische Färbung aus. Am Kopf fallen die rußartige Maske sowie die entsprechend gefärbten Ohren auf. Ein rußartiger Streifen zieht sich auch entlang der Seiten und der Hinterschenkel.

Weißgrannen (WG)
Erbformel: $a^{chi}BCDg^o$

Im Jahre 1928 wurde eine aus Kleinchinchilla hervorgegangene Neuzüchtung (Mutationstyp) unter dem Namen Deutsches Silberfuchskaninchen in Berlin ausgestellt. Erst in den 50er Jahren folgte die Anerkennung als Rasse, mit der Bezeichnung Weißgrannen. Verlangt wird ein Normalgewicht von 3,5 kg bei gedrungenem, walzenförmigem Körper und beachtlicher Fellqualität. Die Deckfarbe ist ein tiefglänzendes Schwarz, Blau oder Braun, entsprechend den drei anerkannten Farbschlägen, die Unterfarbe in allen Fällen Dunkelblau. Die Bauchdecke, die Innenseite der Läufe sowie die Unterseite der Blume sind weiß. Es ergibt sich im wesentlichen eine Zeichnung wie bei Lohkaninchen, doch fehlt die Lohe. Lange, weißgespitzte Grannen sollen an den Seiten bis in Höhe der Rumpfmitte gleichmäßig verteilt sein. Sie machen das typische Erscheinungsbild dieser Rasse aus.

Hasen (Ha)
Erbformel: $ABCDGy_1y_2 \ldots$

In Belgien wurden um 1860 Hasenkaninchen als Rasse vorgestellt. Später haben

Bildtafeln

Die anerkannten* Kaninchenrassen

* (170)

Abbildung 19: Deutsche Riesen, grau

Abbildung 20: Deutsche Riesen, weiß

Abbildung 21: Deutsche Riesenschecke,
schwarz-weiß

Abbildung 22: Deutsche Widder, eisengrau

Abbildung 23: Meißner Widder, havannafarbig   Abbildung 24: Helle Großsilber

Abbildung 25: Großchinchilla   Abbildung 26: Mecklenburger Schecke, schwarz-weiß

Abbildung 27: Englische Widder, weiß

Abbildung 28: Deutsche Großsilber, blau

Abbildung 29: Burgunder

Abbildung 30: Schwarze Wiener

Abbildung 31: Weiße Wiener

Abbildung 34: Graue Wiener

Abbildung 32: Blaue Wiener

Abbildung 35: Weiße Hotot

Abbildung 33: Blaugraue Wiener

Abbildung 36: Rote Neuseeländer

Abbildung 37: Weiße Neuseeländer

Abbildung 38: Kalifornier

Abbildung 39: Japaner

Abbildung 40: Rheinische Schecken

Abbildung 41: Thüringer

Abbildung 42: Weißgrannen

Abbildung 43: Hasenkaninchen

Abbildung 44: Satin, rot

Abbildung 45: Alaska

Abbildung 46: Havanna

Abbildung 47: Kleinschecken, schwarz-weiß

Abbildung 48: Separator

Abbildung 49: Deutsche Klein-Widder, blau

Abbildung 50: Kleinchinchilla

Abbildung 51: Deilenaar

Abbildung 52: Marburger Feh

Abbildung 53: Sachsengold

Abbildung 54: Rhönkaninchen

Abbildung 55: Luxkaninchen

Abbildung 56: Perlfeh

Abbildung 57: Kleinsilber, gelb

Abbildung 58: Englische Schecken, blau-weiß

Abbildung 59: Holländer, schwarz-weiß

Abbildung 60: Lohkaninchen, schwarz   Abbildung 61: Marder

Abbildung 62: Siamesen, gelb   Abbildung 63: Russen, schwarz-weiß

Abbildung 64: Widderzwerge, schwarz

Abbildung 65: Hermelin, Rotaugen

Abbildung 66: Farbenzwerge, lohfarbig

Abbildung 67: Castor-Rex

Abbildung 68: Angorakaninchen

Abbildung 70: Fuchskaninchen, fehfarbig

Abbildung 69: Fuchszwerge, weiß

Abbildung 71: Jamora, (Jam) harlekinfarbig

94

Züchter in England diese Tiere zum heutigen Formentyp entwickelt. Das Normalgewicht beträgt 3,5 kg, obwohl großer Wert auf extremen, langgestreckten, »hasenähnlichen« Körperbau gelegt wird, mit langen Läufen, typisch hoher Stellung und vergleichsweise zierlichem Kopf. Die Deckfarbe ist ein intensives Rotbraun, das seitlich bis zu den Flanken herabreicht. Kinn, Bauch und Unterseite erscheinen in der Tönung von Lohfarbe. Die Unterfarbe ist Blau. Hasenkaninchen sind auch in Weiß (Albino) anerkannt. Das lebhafte Wesen der Hasenkaninchen ist ein Ergebnis der sportlich orientierten Zucht. Diese Rasse ist nicht aus einer Bastardierung von Hasen und Kaninchen hervorgegangen. Solche Bastarde sind bis heute nicht nachgewiesen und im Hinblick auf die biologischen Unterschiede beider Arten auch nicht zu erwarten.

Satin-Kaninchen (Sa)
Erbformel: ABCDgsa

Diese aus Havanna-Kaninchen entstandene Rasse ist in den letzten beiden Jahrzehnten in Deutschland verbreitet worden. Die auffallend veränderte Haarstruktur (seidenartiges, dünnes Haar) beruht auf einer Genmutation (1934 in den USA erstmals aufgetreten), die offenbar auch die Konstitution ungünstig beeinflußt. Deshalb ist bei der Selektion besonders auf die Vitalität der Tiere zu achten. Das Normalgewicht beträgt 3,25 kg, bei leicht gedrungenem Körperbau. Das mittellange Fell soll dicht und weich sein, wobei die besondere Haarstruktur (Verdünnung, seidenähnlicher Glanz) deutlich ausgeprägt sein muß. Es sind folgende Farbschläge anerkannt: Satin-Elfenbein, Satin-Schwarz, Satin-Blau, Satin-Havanna, Satin-Rot, Satin-Feh, Satin-Hasenfarbig, Satin-Thüringer, Satin-Chinchilla, Satin-Siamesen, Satin-Castor, Satin-Lux, Satin-Kalifornier.

Alaska (Al)
Erbformel: ABCDg

Das Alaska-Kaninchen, von Thüringer Züchtern entwickelt, ging aus einer Kombination von Holländer-, Russen-, Havanna- und Silberkaninchen hervor und ist seit 1907 bekannt. Das Normalgewicht beträgt 3,25 kg. Gefordert wird ein blockiger Körper im Nutztyp. Die Deckfarbe, die sich über den ganzen Körper erstreckt, ist ein glänzendes Tiefschwarz, die Unterfarbe ein intensives Dunkelblau. Um eine Verfärbung des Felles zu vermeiden, sollen die Tiere nicht dem Sonnenlicht ausgesetzt werden.

Havanna (Hav)
Erbformel: ABcDg

Diese Rasse geht auf grauweiße holländische Tiere zurück, deren Scheckenzeichnung um 1900 nur noch als Abzeichen vorhanden war. Später folgte, auch in Frankreich und der Schweiz, Einkreuzung mit braungefärbten Kaninchen. In Deutschland wurden Havanna 1906 erstmals ausgestellt. Als leichtere Mittelrasse beträgt ihr Normalgewicht gegenwärtig 3,25 kg. Wie beim Alaska-Kaninchen wird ein gedrungener Körperbau verlangt. Die Deckfarbe ist satt Dunkelbraun, glänzend, am ganzen Körper gleichmäßig getönt. Die blaue Unterfarbe erstreckt sich bis auf den Haarboden.

4.3.3 Kleine Rassen

Kleinschecken (KlSch)
Erbformel: wie DRSch

Diese Rasse wurde Ende der 70er Jahre von deutschen Züchtern geschaffen, um auch bei kleinen Kaninchen Tiere mit der Zeichnung von Riesenschecken zur Verfügung zu haben. Das Normalgewicht beträgt 3 kg, der Körper ist gedrungen und walzenförmig. Kopf- und Rumpfzeichnung sowie die anerkannten Farbschläge entsprechen den für Riesenschecken gemachten Angaben (vgl. Kap. 4.3.1). Zu Genetik und Zucht vergl. Kap. 5.1.1.

Separator (Sep)
Erbformel: Abcdg(G)

Diese erst kürzlich anerkannte Rasse, vordem schon von Nachtsheim gezüchtet und als sandfarbige Kaninchen bezeichnet, ist ein Ergebnis der Kombinationszüchtung und als rezessivster Typ in bezug auf die Erbformel ausgewiesen (96, 104). Deshalb eignet sie sich für Reinerbigkeitsprüfungen im Hinblick auf Farbgene (vergl. Kap. 5.1.3). Separator-Kaninchen gehören zu den größeren Kleinkaninchen (Normalgewicht 3 kg). Auch hier ist ein walzenförmiger Körper gefordert. Als typische Deckfarbe wird ein helles, sandfarbenes Gelbbraun mit fahlblauem Anflug verlangt, der an Kopf, Ohren, Läufen und Unterseite vorherrscht. Die Unterfarbe ist gelblich bis cremefarbig.

Deutsche Kleinwidder (DKIW)
Erbformel: wie DW und andere Rassen

Mit dieser Rasse wurde in den 50er Jahren ein Kleinkaninchen im Typ des Deutschen Widders geschaffen. Das Normalgewicht beträgt 3 kg. Für Körperbau, Kopfbildung und Behang, Farbe und Zeichnung gelten weitgehend die bei Deutschen Widdern genannten Forderungen (vgl. Kap. 4.3.1). Nicht zugelassen sind z. B. die Zeichnungen von Rassen mit Punktscheckung, des Japaner-, Holländer- und Lohkaninchens.

Kleinchinchilla (KlCh)
Erbformel: $a^{chi}BCDG$

Kleinchinchilla (Mutationstyp) sind französischer Herkunft, erstmals 1913 vorgestellt. In Deutschland seit 1920 weit verbreitet, zählten sie in den 30er Jahren als einziges Kleinkaninchen zu den anerkannten Wirtschaftsrassen (Normalgewicht 2,75 kg, bei gedrungenem Körper im Nutztyp). Deckfarbe und Schattierung, Zwischenfarbe sowie Unterfarbe entsprechen weitgehend den bei Großchinchilla genannten Forderungen.

Deilenaar (DL)
Erbformel: $ABCDGy_1y_2\ldots$

Diese in Holland seit 1940 gezüchteten Kaninchen wurden in Deutschland als Rasse 1975 anerkannt. Sie entsprechen im Typ den Kleinchinchilla. Ihr Normalgewicht beläuft sich auf 2,75 kg. Als Deckfarbe ergibt sich ein kräftiges Rotbraun. Es wirkt durch schwarze Grannenhaare flockig schattiert (besonders auf dem Rücken), mit Ausnahme von Brust und Vorderläufen. Kinn, Bauch und Unterseite der Blume sind hell (getönt). Die rost- bis braunrote Zwischenfarbe, 6-8 mm breit, ist abgegrenzt. Die blaue Unterfarbe umfaßt 2/3 der Haarlänge.

Marburger Feh (MF)
Erbformel: ABcdg

Dies ist eine weitverbreitete, in der Färbung sehr ansprechende Kaninchenrasse (Kombinationstyp). Sie geht vor allem auf Havanna-Kaninchen zurück. Als Deckfarbe zeichnet sich das helle Blau mit bräunlichem Schimmer ab, eine insgesamt für das Auge angenehme Tönung. Bereits vor dem Ersten Weltkrieg fand man solche Tiere unter den Nachkommen von Havanna-Zuchten. Marburger Feh-Kaninchen wurden in Deutschland als Rasse 1916 anerkannt. Sie entsprachen im Typ und Färbung schon damals den heutigen Anforderungen. Der Körper ist leicht gedrungen, das Normalgewicht bei 2,75 kg erreicht. Die Unterfarbe kommt der Deckfarbe ziemlich nahe und geht in diese über.

Sachsengold (SaG)
Erbformel: $AbCDGy_1y_2 \ldots$

Eine in der Nähe von Meißen durch Kombinationszüchtung entstandene Kleinkaninchenrasse, die 1952 erstmalig in Leipzig auf einer Schau vorgestellt und Anfang der 60er Jahre als Rasse anerkannt wurde. Ausgangspunkt waren ein Kreuzungstier und eine weitgehend gelbe Japanerhäsin, später wurden weitere Rassen (Gelbsilber, Hasen, Lohkaninchen) eingekreuzt. Das Normalgewicht beträgt 2,75 kg, bei gedrungenem Körper im Nutztyp. Die Deckfarbe ist ein gleichmäßiges Rotgelb, die Unterfarbe hat eine hellere Tönung.

Rhönkaninchen (Rh)
Erbformel: $a^{chi}b^iCDGg^o(g)$

Dieser erst in den 70er Jahren entstandene Kombinationstyp trägt die Gene für Chinchilla- und Japanerfärbung. Im Standard wird zur Zeichnung des Felles erwähnt, sie entspreche dem Aussehen eines Birkenstammes. Graufarbige bis schwarzgraue Flecken, Streifen und Spritzer sind über den ganzen Körper verteilt, womit die Zeichnung im Grundmuster vom Japanerkaninchen abweicht. Als Grundfarbe ist Weiß anzusehen, die insgesamt vorherrschen soll, wohingegen eine graue bis schwarzgraue Zeich-

nung erwünscht ist. Auch diese Rasse wird im Nutztyp, bei gedrungenem Körper, gezüchtet (Normalgewicht 2,75 kg).

Luxkaninchen (L)
Erbformel: ABcdG

Hervorgegangen aus einer Kreuzung von Marburger Feh und Perlfeh – später kamen noch Genanteile von Schwarzloh hinzu –, wurden Luxkaninchen um 1920 erstmalig vorgestellt. Sie weisen einen leicht gedrungenen Körper auf, bei einem Normalgewicht von 2,50 kg. Die hellsilberblaue Deckfarbe hat auf der Körperoberseite einen braunroten Anflug. Bauch, Innenseite der Läufe sowie Unterseite der Blume sind wesentlich heller. Die braunrote Zwischenfarbe setzt sich gegen die weiße Unterfarbe ab. Die eigenartige Färbung der Luxkaninchen hat sich als beständig erwiesen. Manche Züchter vertreten die Ansicht, der Rasse die Bezeichnung »Luchskaninchen« zu geben, da mit diesen Kaninchen ursprünglich die Färbung von Luchsen imitiert werden sollte.

Perlfeh (Pf)
Erbformel: ABCdG

Bemühungen, Kaninchen mit einer Fellfarbe zu züchten, die der von sibirischen Feh-Eichhörnchen entspricht, hat es mehrfach gegeben. Beim Marburger Feh-Kaninchen war dieses Ziel noch nicht erreicht worden. Mit der Züchtung des Perlfeh-Kaninchens, von verschiedenen Züchtern in Gang gebracht, wurden die Vorstellungen bedeutend besser realisiert. Durch Zusammenführung mehrerer Zuchtrichtungen dieses Mutationstyps wurde das Perlfeh-Kaninchen in den 50er Jahren geschaffen. In Form und Fellqualität stimmt es weitgehend mit den Marburger Feh überein, erreicht jedoch als

Normalgewicht nur 2,5 kg. Als blauwildfarbiges Kaninchen ist die Deckfarbe Blaugrau. Die Perlung, über den ganzen Körper gleichmäßig verteilt, kommt durch hellgraue und dunkelgespitzte Grannenhaare zustande. Die bräunliche Zwischenfarbe ist nicht scharf abgegrenzt. Als Unterfarbe findet man Blaugrau (rd. 2/3 der Haarlänge).

Kleinsilber (KlS)

Erbformel: $ABCDgP_1P_2\ldots$

Schwarzsilber-Kaninchen gehören zu den ältesten Rassen (Mutationstyp). Bereits Mitte des 17. Jh. in Spanien, Frankreich und England vorherrschend – damals Grausilber genannt –, begann die Zucht vor rd. 200 Jahren. Hervorzuheben ist die bis heute erhaltene Widerstandskraft und Anspruchslosigkeit. Aus England nach Deutschland eingeführt, gab es für Kleinsilber bereits 1880 einen Standard. Man kannte schon drei Schattierungen der Silberung (hell, mittel und dunkel). Nach 1900 züchtete man neue Farbschläge. Das Normalgewicht beträgt 2,5 kg. Wie die meisten Kleinrassen weisen auch die Kleinsilber einen gedrungenen, walzenförmigen Körper auf. Ursache der Silberung, die nicht flockig erscheinen darf, sind weißgespitzte Grannenhaare. Die Farbe ist je nach Anteil weißer oder schwarzer Haarspitzen (bei Hellsilbern) heller oder dunkler. Deckfarbe und Silberung sind gleichmäßig am ganzen Körper verteilt (die mattere Bauchdeckfarbe bei Schwarz-, Blau-, Hell- und Havannasilber ausgenommen). Anerkannt sind folgende Farbschläge (entsprechend dem Standard haben sie als gesonderte Rasse zu gelten): Schwarzsilber (Deckfarbe Schwarz), Gelbsilber (Deckfarbe sattes Gelb), Braunsilber (Deckfarbe Graubraun), Blausilber (Deckfarbe sattes Blau), Havannasilber (Deckfarbe tiefes Braun), Hellsilber (Deckfarbe bläuliches Weiß, silberartig, wird von schwarzen Stichhaaren überragt). Die Silberung entwickelt sich nach der Nestzeit (Ausprägung bis zur Zuchtreife; frühzeitige Zuchtauswahl vermeiden).

Englische Schecke (ESch)

Erbformel: wie DRSch

Gescheckte Hauskaninchen (Mutationstypen) sind seit Jahrhunderten bekannt. Sind Riesenschecke und Rheinische Schecke in Deutschland entstanden, so gelten Englische Schecken als englische Zuchtprodukte und älteste Punktscheckenrasse. Erste Tiere wurden 1885 ausgestellt. In Deutschland 15 Jahre später eingeführt, ist in den folgenden Jahrzehnten ein hoher Stand der Zucht erreicht worden. Verlangt wird ein leicht gestreckter Körper (nicht so gedrungen wie bei Kleinsilber) mit einem Normalgewicht von 2,5 kg, bei mittelhoher Stellung. Die typische Kopfzeichnung wird durch den sog. Schmetterling (pigmentierte Schnauzenpartie), die Augenringe, die Backenpunkte und die Ohrzeichnung gebildet. Aalstrich, Seitenflecken und die beiderseitigen Ketten (feine Flecken, die seitlich hinter den Ohrwurzeln beginnen und bis zu den Flanken reichen, wo sie den Übergang zu den Seitenflecken herstellen), machen die Rumpfzeichnung aus. Grundfarbe ist Weiß. Farbschläge: Schwarz-Weiß, Blau-Weiß, Dreifarbig-Weiß und Thüringerfarbig-Weiß. Zu Genetik und Zucht vergl. Kap. 5.1.1.

Holländer (H)

Erbformel: $ABCDgs_1s_2\ldots$

Hervorgegangen aus mittelgroßen Brabanter Kaninchen, wurden Holländer-Kaninchen später in England gezüchtet, wo auch Wert auf die Ausbildung der heute anerkannten Zeichnung gelegt wurde. Kaninchen mit Plattenscheckung (Gürtelscheckung) – eine der frühesten Mutationen – sind bereits auf Gemälden des 17. Jh. abgebildet. Um 1890 in Deutschland vorgestellt, erfreuen sie sich seitdem, auch wegen meist hoher Fruchtbarkeit, großer Beliebtheit. Ihr Normalgewicht beträgt 2,5 kg (Körper kurz und gedrungen). Die Kopfzeichnung ergibt sich durch die pigmentierten Seiten und Ohren. Die Rumpfzeichnung bedeckt die hintere Hälfte des Körpers und die Hinterläufe (bis zur Mitte). Die Grundfarbe ist Weiß, die Zeichnungsbilder sind pigmentiert. Zugelassene Farbschläge: Schwarz-Weiß, Blau-Weiß, Grau-Weiß, Thüringerfarbig-Weiß, Gelb-Weiß, Havannafarbig-Weiß, Japanerfarbig-Weiß, Fehfarbig-Weiß, Chinchillafarbig-Weiß. Die Zeichnung variiert in der Nachzucht. Somit stellt die Selektion von standardgerechten Tieren einige Anforderungen.

Lohkaninchen (Loh)
Erbformel: $ABCDg^oy_1y_2 \ldots$

Entsprechend gefärbte Kaninchen, die in England auf Gehegekaninchen zurückzuführen waren, wurden nach 1887 mit Hasenkaninchen gekreuzt, um die Lohfärbung zu verstärken. Nach 1900 sind Lohkaninchen besonders in Sachsen gehalten und danach stark verbreitet worden. Die Beliebtheit dieser Rasse hielt bis in die Gegenwart an. Gefordert wird ein leicht gedrungener, walzenförmiger Körper, bei einem Normalgewicht von 2,5 kg. Als wichtige Rassenmerkmale sind die Kopf- und Rumpfzeichnung zu nennen (Nasenlöcher, Kinnbackeneinfassung lohfarbig, Ohren lohfarbig eingefaßt; lohfarbig sind auch Brust, Bauch, untere

Körperseiten und Innenseiten der Läufe). Als Farbschläge sind anerkannt: Schwarzloh, Blauloh, Braunloh.

Marderkaninchen (M)
Erbformel: a^mBCDg/a^nBCDg

Mitte der 20er Jahre in Deutschland nach Kombination verschiedener Rassen und Anpaarung von Chinchilla gezüchtet, sind Marderkaninchen auch in anderen Ländern zur gleichen Zeit aufgetreten (Mutationstyp). Die Färbung spaltet bei den Nachkommen auf (reinerbige, dunkle Tiere nicht anerkannt), was Kenntnisse bei der Auswahl standardgerechter, mischerbiger Tiere voraussetzt (vgl. Kap. 5.1). Das Normalgewicht beträgt 2,5 kg, bei gedrungenem Körper. Die Deckfarbe ist Braun oder Blau in heller bis mittlerer Abtönung, nach den Flanken zu heller. Über den Rücken zieht sich ein etwa 8 cm breiter, seitlich nicht deutlich abgegrenzter dunkler Streifen. Die Schnauzenpartie (Maske) ist dunkel (bis in Augenhöhe), wie auch Ohren, Läufe und Blume. Anerkannt: brauner und blauer Farbschlag.

Siamesen (Si)
Erbformel: a^mbCDg/a^nbCDg

In neuerer Zeit wurde die Zucht von Siamesen, die als Neuzüchtung 1934 erstmals ausgestellt worden waren, wieder aufgenommen. Diese Rasse ist aus der Marderzucht hervorgegangen, wobei sehr helle Tiere selektiert wurden. Das Normalgewicht beträgt 2,5 kg. Der Körper ist leicht gedrungen, die Läufe mittelstark. Bei den Gelbsiamesen ist eine hellgelbliche, bei den Blausiamesen eine hellcremefarbige Deckfarbe gefordert, nach den Seiten hin aufgehellt. Die dunklen Abzeichen (Rückenstreifen, Maske, Ohren, Läufe und Blume) entsprechen denen der Marderkaninchen. Sie sind bei den Blausiamesen dunkler getönt als bei Gelbsiamesen.

Schwarzgrannen (SchGr)
Erbformel: $a^{chi}bCDG(g^o)$

Anfang der 60er Jahre in Celle entstanden, verkörpert diese Rasse ein typisches Kleinkaninchen (Kombinationstyp) mit ansprechendem Körperbau und ausgezeichneter Fellqualität. Das Normalgewicht beträgt 2,5 kg (Körper gedrungen und walzenförmig). Die Deckfarbe ist Weiß. Schwarzgespitzte Grannen überragen das Deckhaar, so daß ein rußiger Anflug auf dem Weiß entsteht (mit Ausnahme von Bauch, Unterseite der Blume, Innenseite der Läufe, Kinnbackeneinfassung, Augenringe, Nackenkeil).

Russen (R)
Erbformel: a^nBCDg

Schon von DARWIN 1868 ausführlich beschrieben, gelten die Russen-Kaninchen als Mutationstypus der ersten Hälfte des vorigen Jahrhunderts und als eine der ältesten Rassen (in Deutschland seit 1885 anerkannt). Das weiße Fell (Teilalbino) zeigt pigmentierte Partien an den »Körperspitzen« (Maske am Kopf, Ohren, Blume, vordersten Teil der Vorder- und Hinterläufe), was als Akromelanismus bezeichnet wird. Sie färben sich beim Jungtier erst nach einigen Wochen aus. Die Schwärzung wird durch Kälte gesteigert (vgl. Kap. 5.1). Als Normalgewicht werden 2,25 kg gefordert, bei leicht gedrungenem Körper. Anerkannt sind die Farbschläge: Schwarz-Weiß und Blau-Weiß.

Widderzwerge (WZw)
Erbformel: wie entsprechende Rassen

In den Niederlanden 1964 vorgestellt und bei uns seit 1973 als Rasse anerkannt, haben Widderzwerge rasch Anklang, auch als Heimtier, gefunden. Sie gingen aus der Kreuzung von Deutschen Widdern mit Farbenzwergen hervor. Das Normalgewicht beträgt 1,4 kg, so daß sich diese Rasse in der Größe deutlich von den Deutschen Kleinwiddern (3 kg) unterscheidet. Der Körper, mit typischem Widderkopf, ist kurz gedrungen. Die Länge des Behanges beträgt 24 bis 28 cm. Was die Färbung und Zeichnung angeht, so gelten ähnliche Bedingungen wie bei den DW.

Hermelin (He)
Erbformel: a . . . . oder A x

Aus England nach 1900 in Deutschland eingeführt, wurde das Hermelin-Kaninchen hier seit dem 1. Weltkrieg umgezüchtet. Es trat die kurzohrige Zuchtform auf, die dann weiterverbreitet wurde. Ergänzend zu den rotäugigen Hermelin wurden 1916 in Sachsen auch blauäugige erstmals ausgestellt. Seit dieser Zeit gibt es beide Varianten. Das Normalgewicht sollte zwischen 1,1 bis 1,35 kg liegen. Eine weitere Verzwergung ist, auch wegen Minderung der Fruchtbarkeit, nicht anzuraten. Der Körper soll walzenförmig und gedrungen ausgebildet sein. Es wird ein kurzes Fell verlangt, mit gleichmäßig feiner Begrannung. Die Ohren sollen eine Länge von 5,5 cm nicht überschreiten.

Farbenzwerge (FbZw)
Erbformel: wie entsprechende Rassen

Vor über 50 Jahren in Holland entstanden, haben auch deutsche Züchter unabhängig davon vor rd. vier Jahrzehnten Farbenzwerge vorgestellt. Diese Zwergkaninchen fanden, vor allem auch als Heimtier, rasch Anklang. Im Typ dem Hermelin ähnelnd, soll das Normalgewicht der Tiere 1,1 bis 1,35 kg betragen. Durch Einkreuzung von Wildkaninchen wiesen einige Herkünfte beachtliche Fruchtbarkeit auf. Es sind 22 Farbschläge anerkannt.

Die in letzter Zeit gegen die Zucht von Zwergkaninchen vereinzelt vorgebrachten Argumente, wonach der Körperbau dieser Tiere mit den Forderungen des Tierschutzes nicht zu vereinbaren sei, sind nicht solide zu begründen. Proportionierter Zwergwuchs, wie bei Zwergkaninchen, wird durch spezifische Gene (Dw oder nan oder zw) hervorgerufen, deren Wirkung durch sinnvolle Paarung in die wünschenswerten Bahnen gelenkt werden kann. Diese Gene dürfen nicht mit jenen verwechselt werden, die disproportionierten Zwergwuchs (Achondroplasie, Chondrodystrophie, vergl. Tab. 20) verursachen. Diese sind als schwerwiegende genetisch bedingte Defekte zu werten und können bei allen Kaninchenrassen gelegentlich vorkommen. Die Zucht der Zwergkaninchen hat eine lange Tradition. Erfahrene Züchter stehen dafür ein, daß den Forderungen des »Standards '97« (170) entsprochen wird.

Man sollte allgemein dazu übergehen, Zwergkaninchen (Dw/dw) mit »Nichtzwergen« (dw/dw) zu verpaaren, die man in der eigenen Zwergenzucht laufend in der Nachzucht erhält. So entstehen als Nachkommen 50 % Zwergkaninchen (Dw/dw) und 50 % »Nichtzwerge« (dw/dw), aber keine Kümmerer (Dw/Dw).

tur der Castor-Rex entstanden. Später kamen noch das Deutsche Kurzhaar (1926) sowie das Normannen-Kurzhaar (1927) hinzu, die dem Castor-Rex in Körperform und Haarstruktur gleichen, jedoch einen anderen Genotyp haben (vgl. Kap. 5.1) und in neuerer Zeit von geringerer Bedeutung sind. Von Kurzhaar-Kaninchen versprach man sich Vorteile für die Fellverarbeitung. Das Interesse ließ jedoch bald wieder nach. In jüngster Zeit ist in einigen Ländern ein Aufschwung der Rex-Zucht zu bemerken. Je nach Rasse gibt es Gewichtsanforderungen im Bereich zwischen 3 bis 3,5 kg, von den Rex-Zwergen abgesehen (1,2 bis 1,4 kg). Die von allen Rassen geforderte Körperform entspricht dem Castor-Rex. Das Kurzhaar bringt die Körperumrisse stärker zum Vorschein. Der Körper ist leicht gestreckt. Das Fell hat kürzere Wollhaare und Deckhaare (17 bis 20 mm) als die Normalhaar-Rassen. Das Grannenhaar schließt mit den Wollhaaren ab. Die Fellhaare sollen über genügende Stabilität verfügen. Es sind 15 Rex-Rassen und die Rex-Zwerge anerkannt. Farbe und Zeichnung entsprechen jeweils weitgehend dem Standard der Normalhaar-Rassen. Die früher in der Rex-Zucht beobachtete Konstitutionsschwäche, verbunden mit hohen Aufzuchtverlusten, wird heute, nach entsprechender Selektion, in den Zuchten kaum noch angetroffen.

4.4 Kurzhaar-Rassen[1])

Rexkaninchen (Rex)
Erbformel: $ABCDGrexy_1y_2 \ldots$

Als Urtyp des Rexkaninchens ist 1919 in Frankreich durch Mutation der Haarstruk-

---

1) Hier werden die typischen Erbformeln angegeben. Für Farbschläge vergl. Tab. 17.

4.5 Langhaar-Rassen[1])

Angorakaninchen (A)
Erbformel: $a \ldots v$

Angorakaninchen zeichnen sich durch hohe Wolleistung aus. Ihr beachtlicher Nutzwert wird durch den Fleischertrag noch gesteigert. Nach bisherigen Erkenntnissen ist bereits 1708 von weißen Langhaar-Kaninchen (Mutationstyp) aus England berichtet worden. Wenig später (1723) gelangten Angorakaninchen aus der Türkei (Provinz Angora) nach Bordeaux, und die französischen Kaninchenzüchter widmeten sich von dieser Zeit an intensiv der Entwicklung dieser Rasse (127), die dann seit 1777 auch in Deutschland vorhanden war (Albinos). Zeitweise waren auch farbige Angorakaninchen verbreitet. Die seit 1934 in Kiel-Steenbeck und seit 1935 in Halle sowie später an weiteren Orten eingerichteten Angora-Leistungsprüfungen trugen entscheidend dazu bei, die Wolleistung dieser Rasse auf ein nicht gekanntes Maß zu steigern. Es wurden Spitzenleistungen von mehr als 2000 g Wollertrag erreicht. Das Zuchtziel sieht mittelgroße Tiere im Wirtschaftstyp vor, mit ausgeprägten Rassemerkmalen (Behänge an Kopf, Ohren und Füßen). Sie sollen ausreichende Fruchtbarkeit aufweisen. Gefordert wird ein walzenförmiger Körper mit breitem und kurzem Kopf und gleichmäßig sehr dichtem Wollvlies (Wolle, Grannenflaum, Grannenhaar) am ganzen Körper. Die Wollänge (Stapel) soll bei Ausstellungen mind. 3,5 cm betragen. Die Wollqualität wird vor allem durch die Dichte der Wollhaare bestimmt. Außer den vorherrschenden weißen Angorakaninchen sind alle einfarbigen Tiere zugelassen.

Fuchskaninchen (Fu)
Erbformel: ABCDgv

Um 1920 von schweizerischen und deutschen Züchtern gemeinsam vorgestelltes Langhaarkaninchen, das auf Kreuzung von Angorakaninchen mit anderen Rassen zurückgehen soll. Seit Ende der 20er Jahre waren Fuchskaninchen in Deutschland auf Schauen vertreten. Die Züchter wollten mit dieser Rasse ein dem Blaufuchs ähnelndes Fell erreichen, was aber an der fehlenden festen Begrannung scheiterte. Dennoch hat sich ein kleiner Kreis von Züchtern bis heute zu Recht diesen ansehnlichen Tieren gewidmet. Sie sind mittelgroß und haben einen gedrungenen, gut bemuskelten Körper. Das Normalgewicht beträgt 3 kg. Dichte, volle und gleichmäßige Behaarung (Haarlänge 5 bis 6 cm), bei kräftigen Grannen, ist charakteristisch für das Fell. Kopf, Ohren und Läufe sind normal behaart. Anerkannte Farbschläge: Weiß (rote und blaue Augen), Schwarz, Blau, Fehfarbig, Havannafarbig, Chinchillafarbig, Silberfarbig, Gelb. Die Deckfarbe muß stets rein und am ganzen Körper verteilt sein, die Unterfarbe abgegrenzt in Erscheinung treten. Die Besonderheiten der Vliesstruktur sowie der saisonale Haarwechsel deuten darauf hin, daß sich das Fuchskaninchen im Genotyp vom Angorakaninchen möglicherweise unterscheidet. Hierzu fehlen aber bisher ausführliche genetische Analysen (104).

Jamora (Jam)
Erbformel: Ab^{i}CDgv

Gedrungener, walzenförmiger Körper mit einem Normalgewicht von 2 kg. Langhaarkaninchen, doch sind Kopf, Ohren und Läufe normal behaart. Die Tiere haben eine dichte Unterwolle, bei einer den Angorakaninchen ähnelnden Begrannung. Als Farben sind Schwarz und Gelb über den Körper unregelmäßig verteilt. Die für das Japanerkaninchen typische Abgrenzung der Farbfelder ist hier durch das Langhaar verwischt.

Fuchszwerge (FuZw)
Erbformel: A v

Diese vor nicht allzu langer Zeit gezüchtete Zwergrasse hat ein Normalgewicht von 1,1 bis 1,35 kg, bei gedrungenem, walzenförmigem Körperbau. Die Haarlänge beträgt am ganzen Körper 3,5 bis 5 cm, mit kräftigen Grannen. Wie bei Fuchskaninchen sind Kopf, Ohren und Läufe normal behaart. Anerkannt wurden vorläufig die Farbschläge Weiß (Rot- und Blauaugen) und Havannafarbig.

5 Grundlagen der Zuchtwahl

W. Rudolph

Die Zuchtwahl gründet sich auf die Erfahrung, daß Körpermerkmale und Leistungseigenschaften in unterschiedlichem Grade vererbt, aber auch mehr oder minder durch die Umwelt beeinflußt werden. Dem Studium dieser Zusammenhänge widmen sich die verschiedenen Zweige der Vererbungslehre (Genetik) und Züchtungsforschung. Rassekaninchenzüchter sollten sich um gediegene Kenntnisse dieser theoretischen Grundlagen bemühen, wenn sich auf Dauer Erfolge in der Züchtung einstellen sollen.

Die Vererbung bestimmter Merkmale beruht auf der Übertragung entsprechender Erbanlagen (Gene) von den Eltern auf die Nachkommen. Die gesamten Erbanlagen eines Individuums bezeichnet man als sein Erbgut. Es umfaßt die genetische Information, die in Nukleinsäuren, vor allem der DNA (Desoxyribonukleinsäure) enthalten ist. Die Gene sind in gleichen oder verschiedenen Zustandsformen – man nennt sie Allele – als Abschnitte auf der DNA in den Erbträgern angeordnet. Als die wichtigsten Erbträger gelten die Chromosomen, die Bestandteil des Zell-

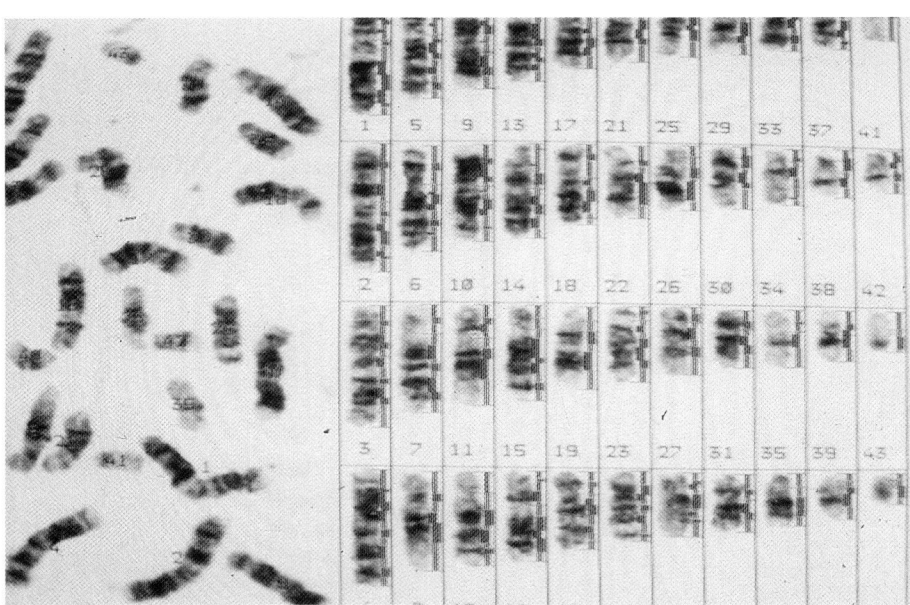

Abbildung 72: Chromosomen des Kaninchens unter dem Lichtmikroskop. Links: Nach spezifischer Färbung ergibt sich bei jedem Chromosomenpaar eine typische Position der »Banden«. Rechts: mit Hilfe der Software UNICHRO vom Computer nach Größe und Bandenposition geordnete Chromosomenpaare. Die Säule rechts neben jedem Chromosom markiert die »Banden«, deren Ausdehnung gemessen wird.

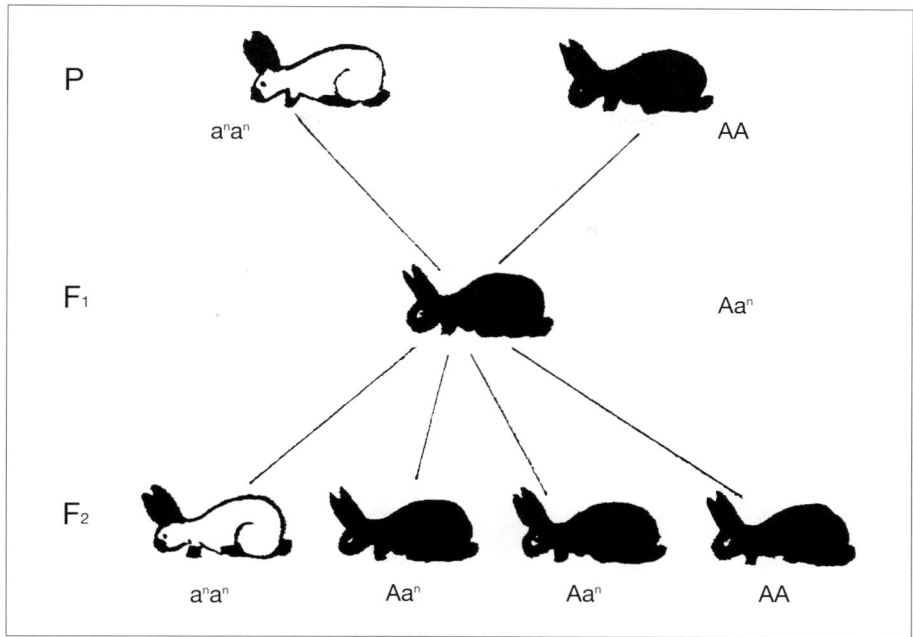

Abbildung 73: Monohybride Kreuzung bei Paarung von Russenkaninchen (Genotyp: a^n BCDg) und Alaskakaninchen (Genotyp: ABCDg). Dominanter Erbgang, Aufspaltung im Verhältnis 3:1 (vereinfachte Erbformeln $a^n a^n$, Aa^n, Aa^n, AA)

kerns sind. Kaninchen weisen in ihren Körperzellen je 22 Chromosomenpaare auf (darunter die Geschlechtschromosomen X und Y; die anderen 21 Paare werden als Autosomen bezeichnet), die jeweils zur Hälfte von einem der beiden Eltern stammen. Chromosomen können mit speziellen Färbemethoden unter dem Lichtmikroskop sichtbar gemacht werden. Mit Hilfe eines Computerprogrammes wurden in der Arbeitsgruppe des Verfassers (14) neue Erkenntnisse zum Chromosomensatz des Kaninchens gewonnen (Abb. 72). Die Gesamtheit der in den Chromosomen vorhandenen Gene bezeichnet man als den Genotyp. Das sich durch das Erbgut unter den konkreten Umweltbedingungen ergebende Erscheinungsbild eines Organismus ist der Phänotyp.

Merkmale und Leistungseigenschaften werden entweder durch einzelne Hauptgene (monogene Vererbung) oder, bei bedeutendem Umwelteinfluß, von einer großen Anzahl Erbanlagen bestimmt, die jeweils nur geringe Geneffekte haben (polygene Vererbung). Die Analyse von Erbgängen gelingt dabei nur bei solchen Merkmalen, die von einem oder wenigen Genen bedingt sind. Hierbei handelt es sich um die Vererbung qualitativer Merkmale. Diese haben keinen Mengencharakter (z. B. Fellfarben, Haarstruktur, bestimmte Erbkrankheiten, Blutgruppen) und werden durch die Umwelt in der Regel nicht beeinflußt. Solche Erbgänge bleiben überschaubar, und bei züchterischen Vorhaben sind meist sichere Voraussagen zu den betreffenden Merkmalen der Nachkommen möglich. Im Ge-

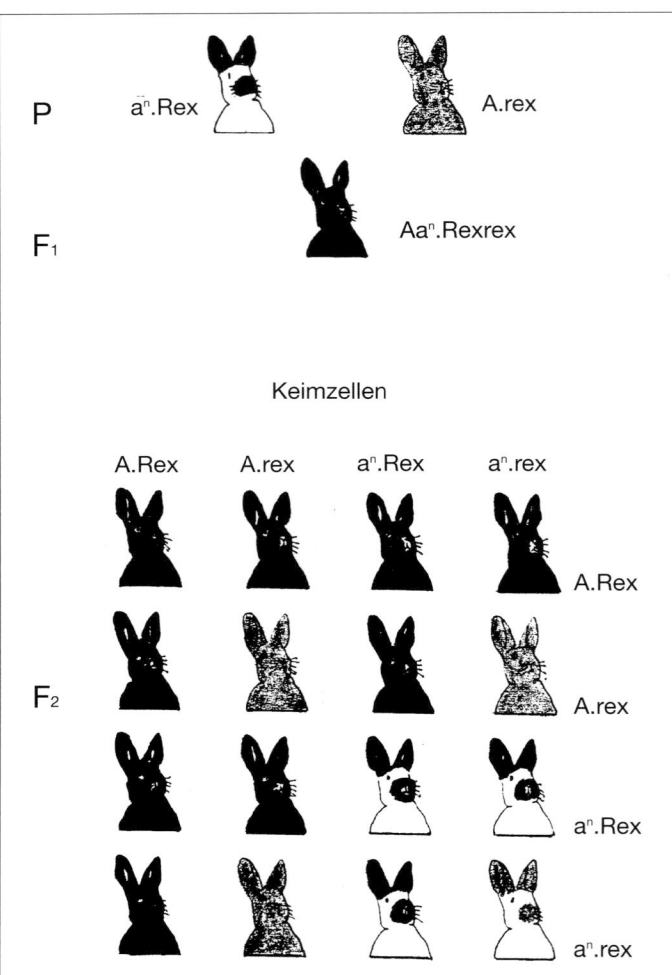

P a^n.Rex   A.rex

F₁   Aa^n.Rexrex

Keimzellen

A.Rex   A.rex   a^n.Rex   a^n.rex

F₂   A.Rex
     A.rex
     a^n.Rex
     a^n.rex

Abbildung 74: Dihybride Kreuzung bei Paarung von normalhaarigen Russenkaninchen (Genotyp: a^n BCDgRex) und Schwarzrex (Genotyp: ABCDgrex). Phänotypische Aufspaltung im Verhältnis 9:3:3:1 (vereinfachte Erbformeln entsprechend den Keimzellen). Es entstehen folgende Genotypen: je einmal: AARexRex; AArexrex; a^{n}a^n.RexRex, Aa^n.rexrex je – zweimal: AARexrex; Aa^n.RexRex, Aa^n.rexrex; Aa^n.Rexrex – je viermal: Aa^n.Rexrex. schwarz = normalhaarig grau = kurzhaarig

gensatz hierzu werden die meßbaren und ständiger Veränderung unterliegenden quantitativen Merkmale (Fruchtbarkeit, Säugeleistung, Wachstum u. a.) polygen vererbt. Somit verbietet sich hier eine Analyse des Erbgangs. Unter bestimmten Voraussetzungen läßt sich aber ihr Erblichkeitsgrad (Heritabilität) schätzen. Man spricht dann auch von der genetischen Veranlagung (genetischen Disposition) für solche quantitativen Merkmale (vgl. 5.4).

Die Genkartierung ist auch für Kaninchen begonnen worden, um die molekulare Natur einiger Hauptgene aufzuhellen und Selektionsstrategien zu unterstützen (94).

Erbanlagen können durch Mutation verändert werden. Die betroffenen Organismen bezeichnet man als Mutanten. Eine Modifikation ist hingegen eine durch innere oder äußere Umwelteinflüsse hervorgerufene phänotypische, nicht erbliche Veränderung des betreffenden Merkmals. Die Vererbung einzelner Erbanlagen (Hauptgene) vollzieht sich nach den Mendelschen Regeln. In Abb. 73 wird gezeigt, daß bei einer monohybriden Kreuzung der für ein bestimmtes Merkmal reinerbigen (homozygoten) Eltern in der Nachkommengeneration (F_1 genannt) Kaninchen gleichen Geno- und Phänotyps entstehen (1. Mendelsche Regel). Kreuzt man die mischerbigen (heterozygoten) Bastarde untereinander, so spalten die Nachkommen (F_2-Generation) entsprechend der 2. Mendelschen Regel im Verhältnis 1:2:1 (intermediärer Erbgang) oder 3:1 (dominanter Erbgang) auf. Bei der dihybriden Kreuzung (Abb. 74) sind die reinerbigen Eltern in den Allelen zweier Gene verschieden. Dabei werden die Erbanlagen unabhängig voneinander vererbt, so daß sich in der 2. Generation eine größere Anzahl von Geno- und Phänotypen ergibt (3. Mendelsche Regel). Unterscheiden sich die Eltern in drei Merkmalen, so führt dies theoretisch zu 64 Möglichkeiten der Gestaltung des Genotyps (trihybride Kreuzung). Drei oder noch mehr Merkmale berücksichtigen zu wollen, ist Rassekaninchenzüchtern nicht anzuraten, denn die Kombinationsmöglichkeiten sind kaum überschaubar, und für die Nachzucht benötigt man eine immense Aufzuchtkapazität.

Die Allele werden durch die sog. Gensymbole dokumentiert, wobei dominante Allele mit großen Buchstaben, rezessive mit kleinen bezeichnet werden. Seit den grundlegenden Arbeiten von NACHTSHEIM (96) ist es bei uns zur Gewohnheit geworden, die von diesem Autor verwendeten Gensymbole bei der züchterischen Arbeit zu berücksichtigen. Der Verfasser hat jedoch schon vor längerem den Standpunkt vertreten (131), daß es im Sinne der internationalen Zusammenarbeit vorteilhafter wäre, die weltweit anerkannten Gensymbole (39), die sich z. T. von den bei uns angewandten unterscheiden, auch unserer Tätigkeit zugrunde zu legen. Das würde bedeuten, die Gensymbole von jenen Autoren zu übernehmen, die die Mutanten erstmals beschrieben haben. Auf diese Weise würde die Vergleichbarkeit genetischer Analysen international erleichtert, auch im Hinblick auf analoge Fellfärbungen bei anderen Haustieren (109). Im deutschen Schrifttum (28, 52, 103, 104, 141, 165) sind aber für Fellfarben und Haarstruktur nach wie vor überwiegend die von NACHTSHEIM geprägten Gensymbole in Gebrauch, und sie werden deshalb auch für dieses Handbuch verwendet. In Tab. 18 sind zum Vergleich auch die von FOX (39) zusammengestellten Gensymbole aufgeführt.

5.1 Vererbung von Fellfarben und Haarstruktur

5.1.1 Fellfärbung und -zeichnung

Die Fellfärbung ergibt sich durch das Wirken mehrerer Farbzonen des Deckhaares. Es sind für jedes Haar 3 bis 4 Zonen vorhanden, wobei die Unterfarbe meist 2/3 der Haarlänge ausmacht; Zwischen- und Deckfarbe folgen. Beim Wildkaninchen ist die Unterfarbe Dunkelblau, die Zwischenfarbe Gelbbräunlich, und die Deckfarbe zeigt schwarze, braune und gelbliche Haarspitzen. Die Pigmentierung einzelner Farbzonen kann durch Mutationen beeinflußt werden, so daß sich die Gesamtfärbung des Felles mitunter entscheidend verändert.

Tabelle 17: Genotyp der Kaninchenrassen und Farbschläge

Rasse	Farbschlag	Genotyp
DR grau	wildgrau	ABCDG
	dunkelgrau	ABCDG
	hasengrau	$ABCDGy_1 \ldots$
	hasenfarbig	$ABCDGy_1y_2 \ldots$
	eisengrau	$AB^eCDG/ABCDG$
DR weiß	weiß	aBCDG oder a . . . .
DRSch	schwarz-weiß	ABCDgK/ABCDgk
	blau-weiß	ABCdgK/ABCdgk
	havannafarben-weiß	ABcDgK/ABcDgk
DW	wildgrau	ABCDG
	Farbschläge:	entsprechende Rassen
MW	schwarz-silber	$ABCDgP_1P_2 \ldots$
	andere Farbschläge:	wie KlS
HGrS	schwarz-silber	$ABCDgP_1P_2 \ldots$
GrCh	chinchilla	$a^{chi}BCDG$
MSch	schwarz-weiß	ABCDgK/ABCDgk
	rot-weiß	$AbCDGKy_1/AbCDGky_1$
	blau-weiß	ABCdgK/ABCdgk
EW	Farbschläge:	entsprechende Rassen
DGrS	schwarz-silber	$ABCDgP_1P_2 \ldots$
	andere Farbschläge:	wie KlS
Bu	gelbrot	$AbCDGy_1 \ldots$
BlW	blau	ABCdg
SchwW	schwarz	ABCDg
WW	weiß	ABCDGx oder A x
GrW	wildgrau	ABCDG
	andere Farbschläge:	wie DR grau
WH	schwarz-weiß	ABCDgK/ABCDgk oder
		$ABCDgKs_1s_2/ABCDgks_1s_2$
RN	rot	$AbCDGy_1y_2 \ldots$
WN	weiß	aBCDG oder a . . . .
GrM	braun	a^mBCDg/a^nBCDg
Kal	schwarz-weiß	a^nBCDg
	blau-weiß	a^nBCdg
	havannafarben-weiß	a^nBcDg
J	schwarz-gelb	$Ab^jCDg(G)$
RhSch	schwarz-weiß-gelb	Ab^jCDgK/Ab^jCDgk
Th	gelbbraun	AbCDg
WG	schwarz	$a^{chi}BCDg^o$
	blau	$a^{chi}BCdg^o$
	braun	$a^{chi}BcDg^o$

Fortsetzung Tabelle 17

Rasse	Farbschlag	Genotyp
Ha	rotbraun	$ABCDGy_1y_2$ ...
Sa[1]	schwarz	$ABCDgsa$
Al	schwarz	$ABCDg$
Hav	dunkelbraun	$ABcDg$
KlSch	Farbschläge:	wie DRSch
Sep	sandfarben	$Abcdg(G)$
DKlW	Farbschläge:	wie DW und andere Rassen
KlCh	chinchilla	$a^{chi}BCDG$
DL	rotbraun	$ABCDGy_1y_2$ ...
MF	hellblau	$ABcdg$
SaG	rot	$AbCDGy_1y_2$ ... $(AbCDg^{\circ}y_1y_2)$
Rh	schwarz-weiß	$a^{chi}b^{i}CDGg^{\circ}$ (oder g)
L	bläulich-grau	$ABcdG$
Pf	blauwildfarben	$ABCdG$
KlS	schwarzsilber	$ABCDgP_1P_2$ ...
	gelbsilber	$AbCDGP_1P_2$ ...
	braunsilber	$ABcDGP_1P_2$ ...
	blausilber	$ABCdgP_1P_2$ ...
	havannasilber	$ABcDgP_1P_2$ ...
	hellsilber	$ABCDgP_1P_2$ ...
ESch	Farbschläge:	wie DRSch
H	schwarz-weiß	$ABCDgs_1s_2$ ...
	blau-weiß	$ABCdgs_1s_2$ ...
	grau-weiß	$ABCDGs_1s_2$ ...
	andere Grau-Typen:	wie DR grau s_1s_2
	thüringerfarben-weiß	$AbCDgs_1s_2$ ...
	gelb-weiß	$AbCDGs_1s_2$ ...
	havannafarben-weiß	$ABcDgs_1s_2$ ...
	japanerfarben-weiß	$Ab^{i}CDgs_1s_2$ ...
	fehfarben-weiß	$ABcdgs_1s_2$ ...
	chinchillafarben-weiß	$a^{chi}BCDGs_1s_2$ ...
Loh	schwarz-lohfarben	$ABCDg^{\circ}y_1y_2$ ...
	braun-lohfarben	$ABcDg^{\circ}y_1y_2$ ...
	blau-lohfarben	$ABCdg^{\circ}y_1y_2$ ...
M	braun	$a^{m}BCDg/a^{n}BCDg$ $(a^{m}$ .... $/a$ ....$)$
	blau	$a^{m}BCdg/a^{n}BCdg$ $(a^{m}$ .... $/a$ ....$)$
Si	gelb	$a^{m}bCDg/a^{n}bCDg$
	blau	$a^{m}bCdg/a^{n}bCdg$
SchGr	weiß	$a^{chi}bCDG$ (g°)
R	schwarz-weiß	$a^{n}BCDg$
	blau-weiß	$a^{n}BCdg$
WZw	Farbschläge:	entsprechende Rassen

Fortsetzung Tabelle 17

Rasse	Farbschlag	Genotyp
He	weiß (rote Augen)	a . . . .
	weiß (blaue Augen)	A x
FbZw	Farbschläge:	entsprechende Rassen
Rex[2]	Castorrex	$ABCDGrexy_1y_2$ . . .
	Dalmatiner-Rex:	
	schwarz-weiß	ABCDgKrex/ABCDgkrex
	blau-weiß	ABCdgKrex/ABCdgkrex
	havanna-weiß	ABcDgKrex/ABcDgkrex
	dreifarbenschecke	$Ab^iCDgKrex/AB^iCDgkrex$
	Gelb-rex	$AbCDGrexy_1y_2$ . . .
	Blaugrau-Rex	ABCdGrex
A	weiß	a v
Fu	schwarz	ABCDgv
		(vergl. S. 101)
FuZw	weiß (rote Augen)	A v
	weiß (blaue Augen)	A xv
	havannafarben	ABcDgv

(1) Die Erbformel der nicht aufgeführten Satin-Farbschläge entspricht den jeweiligen Normalhaar-Rassen und ist mit dem Allel . . . . . sa zu ergänzen.
(2) Die Erbformel der nicht aufgeführten Rex-Rassen entspricht den jeweiligen Normalhaar-Rassen und ist mit dem Allel . . . . . rex zu ergänzen.
(3) Punkte repräsentieren beliebige Allele der vier Pigmentgene.

Tabelle 18: Gensymbole für Fellfärbung und Haarstruktur (39, 96; vergl. S. 107)

Merkmal	Gensymbole	
	deutsch	international
Volle Ausbildung d. Pigments	A	C
Dunkelchinchilla	a^d	c^{ch3}
Chinchilla	a^{chi}	c^{ch2}
Marder	a^m	c^{ch1}
Russe	a^n	c^H
Albino	a	c
Dunkeleisengrau	B^{ee}	E^D
Eisengrau	B^e	E^S
Schwarz	B	E
Japaner	b^j	e^J
Gelb	b	e
Schwarz	C	B
Braun	c	b

Fortsetzung Tabelle 18

Merkmal	Gensymbole	
	deutsch	international
Schwarz	D	D
Blau	d	d
Wildfarbig	G	A
Lohfarbig	g^o	a^t
Nichtwildfarbig	g	a
Nichtsilberung	p	Si
Silberung	$P_1 \ldots 3$	si
Punktscheckung	K	En
Nichtscheckung	k	en
Nichtscheckung	S	Du
Gürtelscheckung (Holländer)	$s_1 \ldots 3$	$du^d \ldots du^w$
Volles Pigment	X	V
Leuzismus (Weiße Wiener)	x	v
Band (normal)	W	W
weites Band (Wildfärbung)	w	w
Gelb (normal)	Y	
Gelbverstärker	$y_1 \ldots 3$	*
Normalhaar	Rex	R^1
Rex-Kurzhaar	rex	r^1
Normalhaar	Dek	R^2
Deutsch-Kurzhaar	dek	r^2
Normalhaar	Nok	R^3
Normannen-Kurzhaar	nok	r^3
Normalhaar	V	L
Langhaar	v	l
Normalhaar	Sa	Sa
Seidenhaar (Satin)	sa	sa

* kein Äquivalent vorhanden

Die für eine Rasse oder Farbschlag typische Fellfärbung oder -zeichnung entsteht beim Kaninchen durch das Zusammenwirken mehrerer Gene. Für die Fellfarbe des wildgrauen Kaninchens gilt die Erbformel ABCDG/ABCDG, wobei die Allele jeweils zu gleichen Teilen von den beiden Eltern auf die Nachkommen weitergegeben werden (sind die Allelreihen gleicher Zusammensetzung, wird wegen leichterer Lesbarkeit meist nur eine der beiden vermerkt). Es können bei anderen Farbschlägen noch modifizierende Erbanlagen hinzukommen, wie weiter unten erläutert wird. Insgesamt folgt die Vererbung der Fellfärbung den Mendelschen Regeln.

Die folgende Übersicht gibt darüber Aufschluß, welche Bedeutung die fünf Erbanlagen ABCDG für die Fellfärbung haben.

A — Allel für Pigmentbildung; a — pigmentlos (wenn homozygot, werden Wirkungen anderer Farballele unterdrückt; somit aa – Albino)

G — Pigmentverteilung auf dem Haar (Zonenbildung), g keine Zonenbildung, einfarbig (gg – schwarz)

D, C, B — Allele für Pigmentbildung; d, c, b bewirken Aufhellung der Farbe (von d bis b zunehmend)

Einige Gene können sich, als Auswirkung von Mutationen, zu mehr als zwei unterschiedlichen Allelen verändern; eine Erscheinung, die man als multiple Allelie bezeichnet. Das erste Beispiel für Kaninchen und für die Genetik überhaupt war die bereits 1905 von Castle (20) analysierte Fellfärbung des Russenkaninchens, wonach das Allel a^n dem Gen A

zuzuordnen ist, das bisher sechs Allele umfaßt, die man als Albinoserie bezeichnet:

A-pigmentiert; a^d – dunkelchinchilla; a^{chi} – chinchilla;

a^m – (dunkel) marderfarben; a^n – russenfarben; a – albino

Sie zeigt eine vom Allel A fortschreitende Aufhellung des Pigments, bis hin zum Teilalbino (Russenkaninchen) und zum völlig weißen Albino. Jedes Allel ist über das ihm nachfolgende dominant (A » a^d » a^{chi} » a^m » a^n » a). Als Beispiele weiterer Erbformeln aus dieser Reihe seien genannt:

a^mBCDg/a^nBCDg – Braunmarder; a^mBCdg/a^nBCdg – Blaumarder;

a^nBCDg – Russe, schwarz-weiß; a^nBCdg – Russe, blau-weiß

Zur Färbung des Russenkaninchens muß noch hinzugefügt werden, daß außer den genetischen Faktoren auch Umwelteinflüsse wirken. Kälte hat eine dunklere Pigmentierung zur Folge (131).

Das autosomal-rezessive Allel x, das als leuzistischer Faktor bezeichnet wird, führt bei reinerbigen Tieren (xx) zur Pigmentlosigkeit (weiß), auch wenn dominante Farballele vorhanden sind (z. B. ABCDGx). Mit Albinismus (Allel a) hat der Leuzismus jedoch genetisch nichts zu tun. Albinos haben rote Augen, in denen das Pigment in der Regenbogenhaut (Iris) fehlt. Beim leuzistischen Kaninchen ist nur die vordere Schicht der Iris ohne Pigment, die hintere dagegen nicht. Die Blutgefäße im Augenhintergund werden somit nicht sichtbar; das Auge erscheint blau (Weiße Wiener).

Multiple Allele kommen auch bei den Genen B und G vor (B- und G-Serie). Das Allel B kann außer zu b zu drei weiteren Allelen mutieren: B^{ee} (dunkeleisengrau), B^e (eisengrau), b^j (Japaner). Die Dominanzreihe ist hier: B^{ee} » B^e » B » b^j » b. Das Allel B^e führt, wenn als B^e/B vorhanden, zum Farbschlag Eisengrau. Solche Tiere sind dunkler als die wildgrauen. Bei Reinerbigkeit (B^e/B^e) ergeben sich schwarze Kaninchen, mit unterschiedlicher Anzahl von dunkelbraunen Leithaaren. Die Zonenbildung der Haarfärbung (Gen G) ist fast völlig aufgehoben. Die Japanerfärbung (Schwarz und Gelb, unregelmäßig verteilt) zählt zu den ansprechendsten, aber stark variierenden Fellfärbungen.

Treten bei Gelbwildfarbigkeit (AbCDG) im Erbgut modifizierende rezessive Allele y$_1$

y$_2$... für Rotfärbung hinzu (y-Faktoren), so verstärkt sich die gelbe zur rötlichen Färbung (Rote Neuseeländer, Sachsengold). Hingegen ergeben dominante Allele für Silberung (P$_1$P$_2$...) z. B. die für Gelbsilber-Kaninchen typische Fellfärbung (AbCDGP$_1$P$_2$...). P- und y-Allele können somit die Fellfärbung beträchtlich beeinflussen (vgl. Erbformeln der Rassen, Tab. 17).

Die G-Serie besteht aus drei Allelen: G-wildfarbig, g^0-lohfarbig, g-nichtwildfarbig (einfarbig). Das Allel g^0 findet sich z. B. bei Lohkaninchen und Weißgrannen. Es bewirkt eine Aufhellung der Körperunterseite. Die »Lohe« rührt von y-Allelen her. Als Dominanzreihe ergibt sich hier: G » g^0 » g.

Züchterisch bedeutsam sind die Scheckungsgene. Wir unterscheiden die

Abbildung 75: Variationsbreite der Gürtelscheckung beim Kaninchen, vom schwarzen bis zum fast weißen Tier (weitere Zwischenstufen nicht eingezeichnet)

Beispiel für die Ableitung von Erbformeln zur Fellfärbung bei Kaninchen

homozygot (reinerbig)	Wildkaninchen (wildgrau) $\underline{ABCDG}$ ABCDG

	Allele für		
durch Mutation entstandene Heterozygote (Mischerbige)	Pigment-bildung	Pigment-faktoren	Pigment-verteilung
	A	B C D	G
	aBCDG AbCDG ABcDG ABCdG ABCDg ABCDG ABCDG ABCDG ABCDG ABCDG		
	wildgrau wildgrau wildgrau		

durch Paarung Heterozygoter entstehen u. a. folgende Homozygote	aBCDG AbCDG ABcDG ABCdG ABCDg aBCDG AbCDG ABcDG ABCdG ABCDg		
	ohne Pigment	schwarzes Pigment aufgehellt	Pigment-verteilung unterbleibt
	Albino	gelb- braun- blau- w i l d f a r b i g	schwarz

durch Paarung Homozygoter entstehen u. a. folgende Homozygote	AbCDg AbCDg	ABcDg ABcDg	ABCdg ABCdg
	gelb- (braun)	braun-	blau-
	Thüringer	Havanna	Bl. Wiener

Gürtelscheckung (Plattenscheckung) von der Punktscheckung (Englische Scheckung). Erstere beruht auf der Wirksamkeit des autosomal-rezessiven Allels (Holländerfaktor). Es wirkt im Sinne von Verstärkergenen (s_1s_2...). Je nach Genotyp prägt sich somit die Gürtelscheckung, das Rassenmerkmal der Holländerkaninchen, sehr unterschiedlich aus. Bei einer Häufung von s-Allelen erscheinen die Holländer-Kaninchen fast weiß. Die Variationsbreite der Scheckung geht aus Abb. 75 hervor. Man sieht, daß auch die Hotot-Kaninchen dieser Reihe anzugehören scheinen (vergl. S. 78). Das erklärt, weshalb die Zucht von Holländer-Kaninchen besondere Anforderungen stellt.

Die Punktschecken (Deutsche Riesenschecke, Englische Schecke u. a.) rühren vom unvollständig dominanten Allel K her. Beim reinerbigen Genotyp K/K treten die sog. Weißlinge auf, die eine nur schwach angedeutete Zeichnung haben. Sie kommen im Mittel zu 25 % unter den Nachkommen aus Schecke x Schecke (K/k x K/k) vor und sind in der Regel nicht vital. Paart man jedoch Schecken (K/k) mit Nichtschecken (k/k), so erhält man in der Nachzucht 50 % Schecken (K/k) und 50 % Nichtschecken (k/k), aber keine Weißlinge (K/K). Dem gelegentlichen Vorwurf, daß die Zucht von Schecken eine Qualzucht (§ 11 b Tierschutzgesetz) ist, kann somit vorgebeugt werden. Im Standard wurden nur die spalterbigen Genotypen K/k anerkannt. Jedoch ist das Zeichnungsmuster sehr variabel. Die Zucht von Rassen mit Scheckung ist eine fesselnde Aufgabe.

Die Vielzahl der Allele ist Ursache für einige Besonderheiten der Fellfärbung (96, 103, 141, 165). Weiße Kaninchen können einen sehr unterschiedlichen Genotyp haben. Wir lernten bereits den Albino (a....) und den Weißen Wiener (A....x) kennen. Weiße Kaninchen entstehen auch in der Nachzucht (frühestens in der 2. Generation) von Chinchilla – (a^{chi}BCDG) und gelb-wildfarbigen Kaninchen, z. B. Sachsengold (AbCDGy_1y_2....). Sie haben den Genotyp a^{chi}bCDG. Die beiden Chinchilla-Allele dieser reinerbigen Tiere unterdrücken somit das Gelb (Allele b/b) des anderen Genotps. Weiße Kaninchen erhält man aber auch aus der Kreuzung von Weißen Wienern (A....x) mit Russenkaninchen (a^nBCDg). Frühestens in der 2. Generation treten anteilig weiße Albinos der Erbformel a^n...gx auf.

Auch für die schwarze Fellfarbe gibt es mehrere Genotypen. Die Rassen Schwarze Wiener und Alaska haben die Erbformel ABCDg. Bei der Erläuterung der B-Serie wurde bereits auf schwarze Kaninchen hingewiesen, die homozygot für die Allele B^e/B^e sind. Schließlich läßt sich Schwarz als Fellfarbe auch durch den Genotyp a^{chi}BCDg erzeugen. Es versteht sich von selbst, daß sich eine beträchtliche Aufspaltung der Fellfärbung ergibt, wenn man die weißen oder schwarzen Kaninchen der genannten Genotypen miteinander kreuzt.

5.1.2 Haarstruktur

Auch die Haarstruktur wird bei Kaninchen durch mendelnde Gene vererbt. Außer dem Normalhaar sind Langhaar (Allel v), Kurzhaar (Allele rex, dek, nok) und Seidenhaar (Satin, Allel sa) von Bedeutung. Unter Kap. 5.2 ist von pathologischen

Tabelle 19: Entsprechend den Mendelschen Regeln zu erwartende Ergebnisse bei Paarungen von Merkmals- (M) und Anlageträgern (A)

Autosomal-rezessiv:

    rezessives Allel, nicht geschlechtsgebunden:

    (M) x (M) = (M); (A) an Töchter ergibt 1/8 (M);

    (A) x (A) ergibt 25 % (M), bei 50 % (A);

    Merkmal kann eine oder mehrere Generationen überspringen.

Autosomal-dominant:

    dominantes Allel, nicht geschlechtsgebunden:

        homozygoter (M) x (N) = 100 % (M);

        heterozygoter (M) x (N) = 50 % (M) usw.;

    Merkmal in allen Generationen vorhanden.

Geschlechtsgebunden-rezessiv:

    Allel auf X-Chromosom;

        (M) je nach Erbanlage der Eltern. Merkmal kann eine oder mehrere Generationen überspringen

Geschlechtsgebunden-dominant:

    Allel auf X-Chromosom;

        wenn ein Elter (M), dann immer auch (M)-Nachkommen

        (Verteilung auf die Geschlechter je nach Erbanlagen der Eltern)

Haarveränderungen die Rede, die als Erbkrankheiten (genetisch bedingte Defekte) einzustufen sind.

Kurzhaar trat als Merkmal 1919 in Frankreich auf (Castorrex). Später kamen zwei andere Kurzhaartypen hinzu, die dem Rexkaninchen im Erscheinungsbild gleichen. Sie haben jedoch einen anderen Genotyp (Deutsch-Kurzhaar, Allel dek; Normannen-Kurzhaar, Allel nok), was man leicht durch Kreuzung solcher Tiere mit Rexkaninchen feststellen kann. Es ergeben sich dann in der F_1 stets normalhaarige Nachkommen. Wäre der Genotyp dieser drei Kurzhaarherkünfte identisch, müßte die F_1-Generation auch kurzhaarig sein.

Der Langhaarfaktor (Allel v) ist bekannt durch das Angorakaninchen. Es gibt unterschiedliche Auffassungen zu der Frage, ob auch das Fuchskaninchen dieses oder ein anderes Allel für Langhaarigkeit trägt. Das rezessive Allel v ist Ursache dafür, daß die Nachzucht (F_1) aus der Paarung von Angora- und normalhaarigen Kaninchen (Allel V) stets normalhaarig ist (in diesem Fall spalterbig: V/v).

Das Satinkaninchen, Anfang der dreißiger Jahre in den USA entstanden, hat mit seinem Seidenhaar großen Anklang gefunden. Auch diese Mutation wird rezessiv vererbt (Allel sa), wie bereits 1936 ermittelt wurde. Ausführliche Hinweise zur Vererbung dieses Merkmals, in Kombination mit unterschiedlicher Fellfärbung, sind von anderer Seite veröffentlicht worden (83).

5.1.3 Reinerbigkeitsprüfungen (Heterozygotietests)

Mitunter ist es wünschenswert und nötig, die Reinerbigkeit eines bestimmten Merkmals (Fellfärbung, Haarstruktur) zu testen oder den Nachweis zu führen, daß die Tiere keine Anlage für Erbkrankheiten (genetisch bedingte Defekte) tragen. Solche Prüfungen, auch Heterozygotietests genannt, sind jedoch sehr aufwendig und lohnen sich, wenn überhaupt, nur für wertvolle Rammler. Man kann mit solchen Tests rezessive Allele aufspüren, die sich im Phänotyp nicht ausprägen. Folgende Möglichkeiten sind gegeben:

a) Anpaarung an die eigenen Nachkommen (Inzuchttest)

b) Anpaarung an einen bekannten Anlageträger

c) Anpaarung an eine Stichprobe der Population (diese Methode ist für Kaninchenzüchter kaum geeignet).

Tritt bei solchen Anpaarungen in der Nachzucht mindestens ein Träger des fraglichen Merkmals auf, ist das zu testende Tier mit hoher Wahrscheinlichkeit ein Anlageträger gewesen. So läßt sich durch Anpaarung von Angorakaninchen (a. . .v) nachweisen, ob die fraglichen Tiere das v-Allel tragen (in der Nachzucht dann vorhandene v/v-Genotypen sind langhaarig). Auf analoge Weise kann man genetisch bedingte Defekte (Erbkrank-heiten) aufdecken, die sich rezessiv vererben (vgl. Kap. 5.2).

Es sei jedoch hervorgehoben, daß Heterozygotietests nur für Merkmale in Betracht kommen, deren Erbgang auf mendelnden Genen beruht. Auch dies ist nicht völlig problemlos (z. B. prägt sich manches Merkmal nicht immer bei jedem Tier aus, selbst wenn es sich genetisch um Merkmalsträger handelt). Bei polygener Vererbung sind solche Tests nicht möglich. Somit bleiben in der Regel auch all jene Fellfärbungen von solchen Analysen ausgenommen, die auf einer Vielzahl modifizierender Gene fußen (Scheckungsgene, Gelbverstärker, Silberung usw.), ganz zu schweigen von quantitativen Merkmalen wie Körpergewicht und Leistungseigenschaften (Wachstum, Fruchtbarkeit, Vitalität).

Für die nach den Mendelschen Regeln verlaufenden Erbgänge gibt es vier Modelle, wobei wir für Merkmalsträger (M), für bekannte Anlageträger (A) und für Nicht-Merkmalsträger (N) als Abkürzungen gewählt haben (Tab. 19).

5.2 Erbkrankheiten

Erbkrankheiten (auch als genetisch bedingte Defekte oder Anomalien bezeichnet) kommen bei allen Haustieren vor. Beim Kaninchen sind die Kenntnisse hierzu trotz vieler Wissenslücken recht umfangreich, doch muß mancher Befund mit Hilfe moderner Methoden präzisiert werden. Viele der bisher bekannten erblichen Anomalien haben Modellcharakter für die Human- und Haustiergenetik, denn sie treten mit gleichen oder ähnlichen Symptomen auch bei Nutztieren oder Menschen auf (35, 38, 95, 129). Aus züchteri-

Tabelle 20: Die wichtigsten Erbkrankheiten des Kaninchens

Körperteil	Hauptmerkmale	Bezeichnung	Erbgang	Gen-symbol
Schädel	Wasserkopf	Hydrocephalus	aut.-rez. oder unv. dom. (?)	hy
Kiefer	Oberkiefer-verkürzung	Brachygnathia superior	aut.-rez.; unv. Penetr.	mp
	Verschiedene Anomalien an Zähnen	Zahnanomalien	versch. E.	I2/I2; I2/i2; isup
Augen	»Ochsenauge« Glaukom	Buphthalmie; Hydrophthalmie	aut.-rez.	bu
	grauer Star (unterschl. Trübung)	Katarakt (2 Formen)	aut.-rez. bzw. unv. dom.	cat-1; Cat-2
	Verschmelzung d. Augenhöhlen; Einäugigkeit	Zyklopie	aut.-rez.; Trisomie 13. Chromo-somenpaar	cy
Wachstum	disproportionierter Zwergwuchs	Achondroplasie; Chondrodystrophie	aut.-rez., versch. E.	ac; cd
	proportionierter Zwergwuchs	Nanasomie	aut.-rez.; semidom.	nan; zw Dw
Rumpf	unvollkommene Beckenbildung	Beckenhypoplasie	aut.-rez.	hyp
	Deformation des Hüftgelenks	Hüftluxation	aut.-rez. (?)	lu
	Verbiegung der Wirbelsäule	Skoliose (Kyphose)	polygen	
	offener Wirbelkanal	Spina bifida	aut.-rez.; letal	sb
	Marmorknochen	Osteopetrosis	aut.-rez.	os
	Zwerchfellbruch	Zwerchfellhernie	dihybr. E. (?)	dh-1, dh-2
Extremitäten	Kurzzehigkeit	Brachydaktylie	aut.-rez.	br

Körperteil	Hauptmerkmale	Bezeichnung	Erbgang	Gen-symbol
	»Spreizer«; mangelnde Fortbewegung	Subluxation der Hüftgelenke	unklar	
	Mißbildung der Beckensymphyse, Schienbein und Fußknochen; mangelnde Fortbewegung; partiell Langhaar	Multilokuläre Mißbildung des Hintergliedmaßenskeletts	unklar, aut.-rez. (?)	
Haut	Hautversteifung	Akromegalie	unklar	
	verminderter Haarwuchs; Haarlosigkeit	Hypotrichosis; Alopezie	aut.-rez.; z. T. letal; versch.Gene	n; f
Organe	unterentw. Geschlechtsorgane	Dysgenese d. Gonaden (Hypogonadismus)	aut.-rez.	hg
	Fehlen einer Niere	Nierenagenesie	aut.-rez.	na
	Färbung des Körperfettes	Gelbfett	aut.-rez.	y
Blutkreis-lauf	Anomalie der Neutrophilenkerne	Pelgeranomalie	semidom.	Pg
	Veränderungen an Arterien	Arteriosklerose	polygen(?)	
Nerven-system	zeitweise Fortbewegung auf Vorderläufen	Akrobat (12)	aut.-rez	s^{am}
		(39)		ak
	Störung der Bewegungskoordination	Ataxie	aut.-rez.; semiletal	ax
	Schüttellähmung	Tremor	aut.-rez.	tr
	Schüttelbewegung und Bewegungslähmung	paralytischer Tremor	g.-geb. rez.	pt

Erläuterung der Abkürzungen
aut.-rez. = autosomal rezessiv (nicht geschlechtsgebunden); unv. dom. = unvollständig dominant; semidom. = semidominant (»halbdominant«); Genommut. = Genommutation (Änderung der Chromosomenzahl); unv. Penetr. = unvollständige Penetranz (Manifestierungshäufigkeit); unterschl. = unterschiedlich; g.-geb. = geschlechtsgebunden; versch. E. = verschiedene Erbgänge; dihybr. E. = dihybrider Erbgang; genet. Disp. = genetische Veranlagung (Disposition)

scher Sicht verdienen erbliche Defekte zum Teil große Aufmerksamkeit. In Tab. 20 können aber aus Raummangel nur die bedeutendsten mit ihren hauptsächlichen Merkmalen, dem jeweiligen Erbgang und den von FOX (39) 1994 aktualisierten Gensymbolen angegeben werden, zumal für den Züchter die den Körperbau betreffenden Vorrang vor solchen der inneren Organe oder des Stoffwechsels haben. Zum eingehenderen Studium wird auf ausführliche Übersichten verwiesen (12, 38, 73, 74, 95, 103, 123, 131, 171).

Für den Züchter sind Erbkrankheiten der Kaninchen lästig, richtet sich doch die Selektion auf rassetypische Merkmale sowie Leistungseigenschaften, die hohen Anforderungen entsprechen sollen. Erbliche Anomalien mindern zumeist die Fruchtbarkeit und Vitalität sowie das Wachstum. Für die Selektion ist bedeutsam, daß die Defektanlagen in den Teilpopulationen mit sehr unterschiedlicher Häufigkeit vorkommen. Eine von solcher Erblast freie Population ist denn auch – Ausnahmen bestätigen die Regel – eine Illusion, da Anlageträger häufig nicht zu erkennen sind, Paarungen mit einem anderen Anlageträger aber, entsprechend den Mendelschen Regeln, neben weiteren Anlageträgern zumeist auch Merkmalsträger hervorbringen. Somit ist es wünschenswert, Zuchttiere zur Verfügung zu haben, die möglichst wenige Anlagen für Erbkrankheiten tragen.

Man kann aus genetischer Sicht drei Gruppen von Anomalien unterscheiden. Es sind dies

(a) die durch einzelne Gene (monogen) bedingten Defekte

(b) die durch Veränderungen der Chromosomenstruktur oder -satzes hervorgerufenen und

(c) die jeweils durch eine Vielzahl von Genen (polygen) vererbten Anomalien.

Die meisten Erkenntnisse konnten bisher zu monogen bedingten Defekten gewonnen werden, deren Erbgang den Mendelschen Regeln folgt. Es herrschen rezessive, nicht geschlechtsgebundene Erbgänge vor. Chromosomal bedingte Anomalien wurden erst wenige beschrieben. Es ist eine Reihe von polygen vererbten Defekten bekannt. Ihr Anteil ist wesentlich geringer als der von mendelnden Anomalien, doch dürfte es hierbei wegen methodischer Schwierigkeiten eine beträchtliche »Dunkelziffer« geben. Zudem können während der Embryonalentwicklung oder nach der Geburt durch Umwelteinflüsse nichterbliche Mißbildungen entstehen, die den erblichen Defekten im Erscheinungsbild oft sehr nahekommen.

Genetische Analysen werden durch die Komplexität der zu berücksichtigenden Faktoren oft erschwert. Dies zeigte sich auch bei der vom Verfasser und Mitarbeitern versuchten Analyse einer bisher nicht beschriebenen Mißbildung des Hintergliedmaßenskeletts (136, Tab. 20, Abb. 76). Sie trat bei Grauen und Blauen Wienern in sächsischen Zuchten auf. Alle Merkmalsträger erwiesen sich im hinteren Körperbereich als langhaarig, im vorderen dagegen als normalhaarig (nach unserem Überblick wurde eine solch »geteilte« Behaarung im Schrifttum bislang nicht erwähnt). Anlageträger und anlagefreie Tiere waren normalhaarig. Im Hinblick auf die bei den Merkmalsträgern gegebenen Paarungsschwierigkeiten gelang es wegen zu geringer Nachzucht bisher nicht, den Erbgang der beiden Merkmale komplex zu klären (die Anomalie scheint einem rezessiven Erbgang zu folgen, doch bleibt die Ursache des Zu-

Abbildung 76: Mißbildung der Hintergliedmaßen sowie partielle Langhaarigkeit bei einem Grauen Wiener (links). Das Vergleichstier ist normalhaarig.

sammenhangs zur Langhaarigkeit noch im dunkeln).

Ein weiteres Problem ist die mitunter nicht hinreichende Erkennbarkeit der Anomalie, obwohl entsprechende Anlagen vorhanden sind. So stellte sich z. B. bei der erblichen Oberkieferverkürzung heraus (36, 53), daß rd. 20 % der Tiere diesen Defekt nicht ausbilden, obwohl sie reinerbig für diese Anlage sind und im Grunde Merkmalsträger sein müßten (Abb. 77).

Die Analyse von Erbgängen wird auch dann erschwert, wenn sie nur auf Daten einer geringen Tierzahl beruht. Es ist dann mitunter nicht auszuschließen, daß die Mißbildungen auch durch innere und äußere Umwelteinflüsse entstanden sein können (Abb. 78). Treten Erbkrankheiten in einer Population auf, so lassen sich Pedigree-Analysen (Stammbaum), Analyse von Familiendaten sowie Zuchtversuche (Segregationsanalysen) anwenden. Dabei vergleicht man die Zuchtergebnisse mit den vier Modellen der von den Mendelschen Regeln her bekannten Aufspaltung der Merkmale in der Nachkommenschaft (Tab. 19): rezessiver Erbgang, dominanter Erbgang, geschlechtsgebunden-rezessiver Erbgang, geschlechtsgebunden-dominanter Erbgang. Tests zur Ermittlung von Anlageträgern können sich anschließen, um Tiere, die Defekte vererben, aus der Zucht zu entfernen. Hierfür gibt es eine Reihe von Testverfahren (Reinerbigkeitsprüfungen, vgl. Kap.

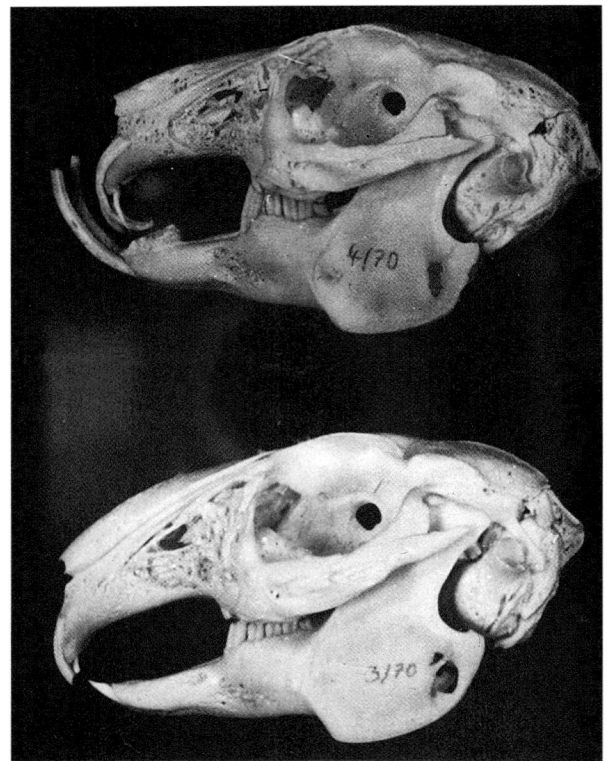

Abbildung 77: Schädel eines Kaninchens mit Oberkiefer-verkürzung (oben) und normaler Ausbildung des Gebisses (unten)

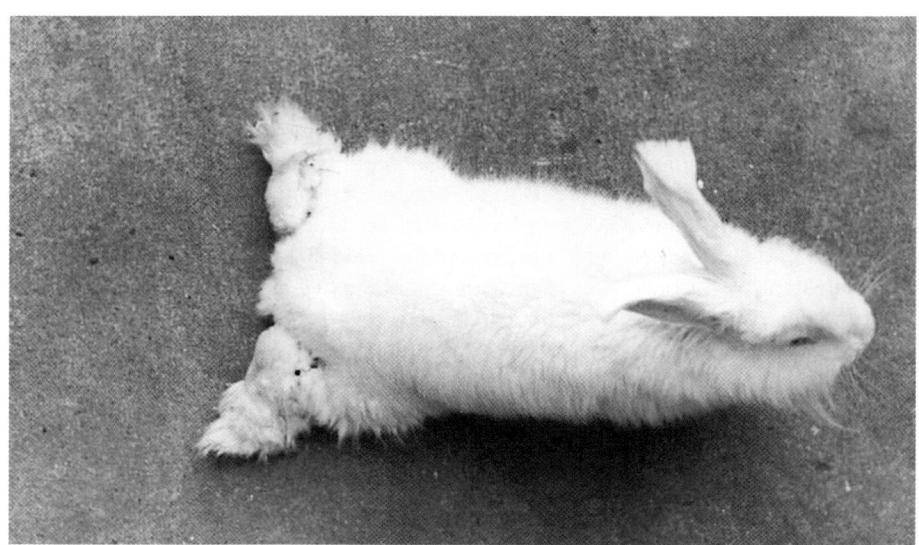

Abbildung 78: Jungtier mit Bewegungsstörungen (»Spreizer«)

5.1.3). Es muß dabei jedoch genügend Aufzuchtkapazität für eine angemessene Zahl von Nachkommen zur Verfügung stehen. Weitreichendere Verfahren lassen sich nur in wissenschaftlichen Institutionen oder größeren Zuchtbetrieben anwenden: biochemische Tests, Untersuchungen an den Chromosomen, Analysen an Genen (6). Die verstärkte Nutzung molekulargenetischer Methoden erklärt denn auch, weshalb das Interesse in letzter Zeit besonders biochemischen und physiologischen Defekten gegolten hat.

Ist der Erbgang der betreffenden Anomalie geklärt, so können die Ergebnisse der Selektion zugrunde gelegt werden. Gelingt es, die Anlageträger zu ermitteln, läßt sich dieser Defekt im Tierbestand tilgen. Sind die Anlageträger nicht bekannt, ist dennoch das Wissen um den Erbgang für die Züchtungsplanung von großem Nutzen.

5.3 Bewertung der Rassemerkmale und des Körperbaus

Die Beurteilung der Rassemerkmale und des Körperbaus, entsprechend den im Einheitsstandard niedergelegten Kriterien, ist für jeden passionierten Rassekaninchenzüchter eine wichtige Voraussetzung, um mit seinen Tieren bei Tischbewertungen und Schauen den Anforderungen voll entsprechen zu können. Ohne einem übertriebenen »Formalismus« das Wort reden zu wollen, ist die gediegene Körperbeurteilung der Tiere doch einer der Gründe für das hohe Niveau der Rassekaninchenzucht. Sie trägt entscheidend dazu bei, die Zucht von Kaninchen mit hervorragender Konstitution und typischen Rassemerkmalen zu fördern. Man muß diese Bestrebungen unterstützen, obwohl nach bisherigen Erkenntnissen bei einer Reihe von Merkmalen ein Zusammenhang zu bestimmten Leistungseigenschaften nicht gegeben ist. Richtungsweisend für künftige Aufgaben sind jedoch die von JOPPICH (52) vor drei Jahrzehnten geäußerten Gedanken zur Ergänzung der Formbeurteilung durch die Bewertung von Leistungseigenschaften (Genotyp, Abstammung, Erbwertermittlung, Eigenleistung, Nachzucht).

Die Beurteilung der Tiere wird durch erfahrene Zuchtrichter vorgenommen, die das Erscheinungsbild der Kaninchen mit den Forderungen des Standards vergleichen. Dabei werden, unterschiedslos bei allen Rassen, Körpergewicht, Körperform und -bau, Fell bzw. Wolle, besondere Rassemerkmale sowie der Pflegezustand durch Vergabe von Punkten (insgesamt 100 Punkte) bewertet. Es werden Wertnoten vergeben:

97 – 100	Punkte	vorzüglich
93 – 96,5	Punkte	sehr gut
89 – 92,5	Punkte	gut
85 – 88,5	Punkte	befriedigend
< 85	Punkte	nicht befriedigend

Es wird eine Bewertungsurkunde für jedes Tier ausgestellt, die Aufschluß über die für die Körpermerkmale vergebenen Punkte gibt. Sie wird auch am Ausstellungskäfig angebracht.

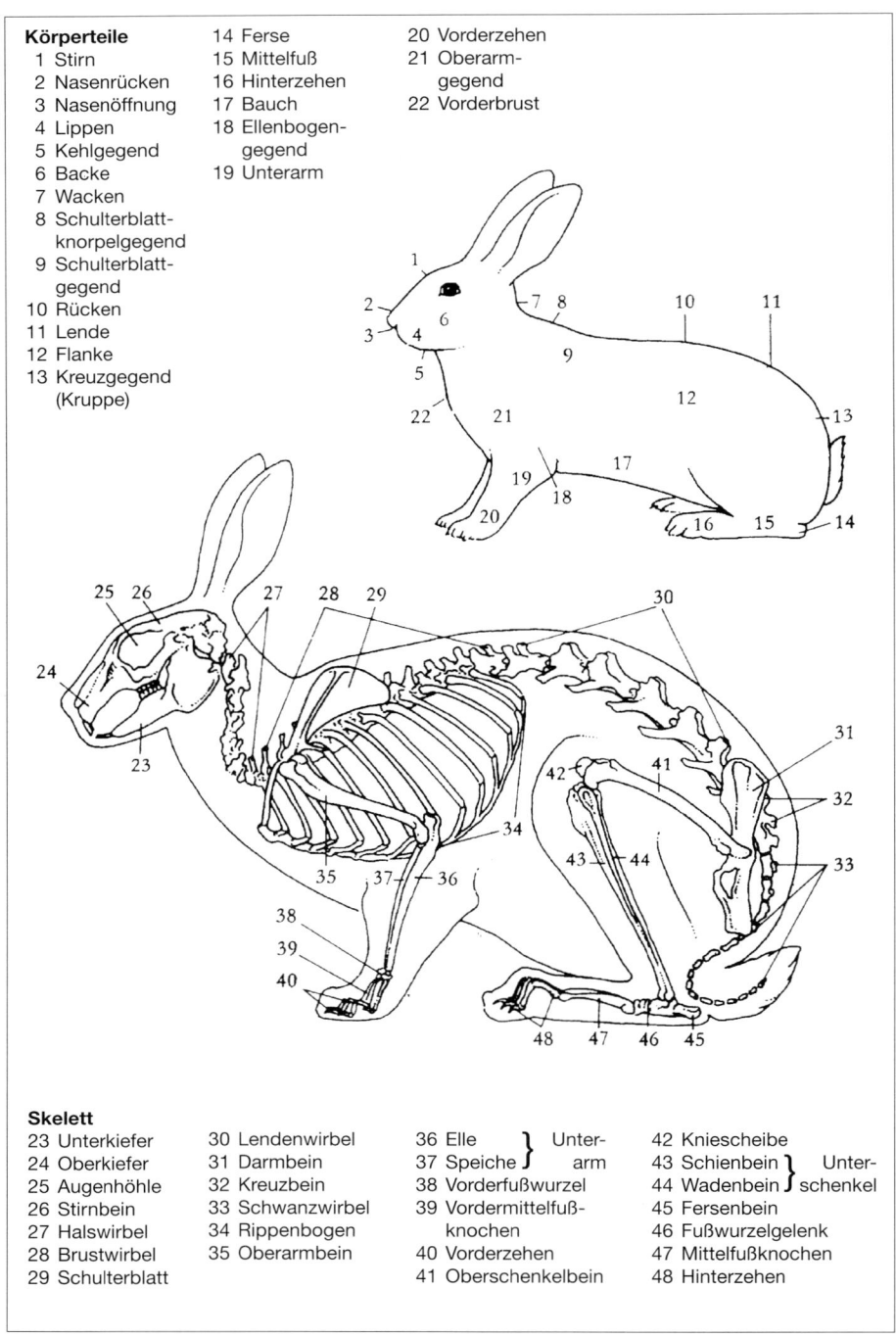

Körperteile
1 Stirn
2 Nasenrücken
3 Nasenöffnung
4 Lippen
5 Kehlgegend
6 Backe
7 Wacken
8 Schulterblatt-
 knorpelgegend
9 Schulterblatt-
 gegend
10 Rücken
11 Lende
12 Flanke
13 Kreuzgegend
 (Kruppe)

14 Ferse
15 Mittelfuß
16 Hinterzehen
17 Bauch
18 Ellenbogen-
 gegend
19 Unterarm

20 Vorderzehen
21 Oberarm-
 gegend
22 Vorderbrust

Skelett
23 Unterkiefer
24 Oberkiefer
25 Augenhöhle
26 Stirnbein
27 Halswirbel
28 Brustwirbel
29 Schulterblatt

30 Lendenwirbel
31 Darmbein
32 Kreuzbein
33 Schwanzwirbel
34 Rippenbogen
35 Oberarmbein

36 Elle } Unter-
37 Speiche } arm
38 Vorderfußwurzel
39 Vordermittelfuß-
 knochen
40 Vorderzehen
41 Oberschenkelbein

42 Kniescheibe
43 Schienbein } Unter-
44 Wadenbein } schenkel
45 Fersenbein
46 Fußwurzelgelenk
47 Mittelfußknochen
48 Hinterzehen

Abbildung 79: Bezeichnung der Körperteile und des Skeletts

124

Neben dem Körpergewicht werden vor allem Merkmale des Körperbaus beurteilt. Man bevorzugt heute bei den meisten Rassen einen walzenförmigen, gleichmäßig breiten Rumpf, der sich im vorderen Bereich nicht wesentlich verjüngen darf. Der Geschlechtstyp zeigt sich vor allem im massigen Rammler- oder feinen Häsinnenkopf. Wammenbildung ist in der Regel unerwünscht. Ist sie zugelassen, so sind Doppel-, Zottel- und Schiefwammen zu beanstanden (s. Kap. 16).

Als schwere Fehler gelten vor allem vollständige Abweichungen vom Rassetyp. Was die »Rückenlinie« angeht, so sind abschüssiger Rücken, aufgeworfener Fischrücken, eingefallener Senkrücken, steilrückiges Becken sowie hochstehende Schultern fehlerhaft. Es wird eine korrekte Stellung der Läufe verlangt. Kuhessige Hinterläufe, O- und X-Beine, durchgedrückte Läufe werden »gestraft«. Mangelnder Geschlechtstyp, Hängeohren (auch einseitig) – Widder ausgenommen –, körperliche Mißbildungen, Biß- oder Rißwunden sowie schiefe Blume führen gleichfalls zum Ausschluß.

Bei der Bewertung des Fellzustandes sind Normalhaar-, Kurzhaar- und Langhaarrassen zu unterscheiden. Es gelten jeweils spezifische Anforderungen. Normalhaarige Kaninchen müssen ein dichtes Fell (dichte Unterwolle) aufweisen. Die Begrannung soll über den ganzen Körper gleichmäßig verteilt sein. Bei vielen Rassen bestehen für die Fellgüte zudem noch spezielle Forderungen. Als schwere Fehler gelten vor allem: spärliche Unterwolle, starke Haarung, Kahlstellen, Langhaar (bei Normalhaarrassen) und fehlende Spürhaare.

Bei Kurzhaarrassen ist die Dichte der Wollhaare für die Qualität des Felles von großer Bedeutung. Die Grannenspitzen dürfen über die Wollhaare nicht mehr als 1 mm herausragen.

Bei Angorakaninchen ist die Wollhaardichte ebenfalls vorrangiges Kriterium. Sie bestimmt, in Verbindung mit dem Grannenflaum und den Grannenhaaren, die Wollmengenleistung und den Wert der Wolle. Als durchschnittliche Mindestwollänge wird bei Ausstellungen eine solche von 3,5 cm gefordert. Zur Bewertung sind auch Jungtiere, Häsinnen mit Jungtieren sowie Neuzüchtungen zugelassen, letztere jedoch nur auf großen Schauen (Landes- und Zentralverbandsschauen).

5.4. Vererbung von Leistungseigenschaften

5.4.1 Genetische Kennwerte (Parameter)

Wie unter Kap. 5.1 erörtert, wird die phänotypische Ausprägung der Fellfarben und der Haarstruktur durch einzelne Gene bestimmt, die entsprechend den Mendelschen Regeln auf die folgende Generation übertragen werden. Den quantitativen Merkmalen, worunter man die mit Hilfe geeigneter Kennwerte meßbaren Leistungseigenschaften (Vitalität, Fruchtbarkeit, Mast- und Schlachtleistung, Wollmenge u. a.) einzuordnen hat, liegen dagegen die Wirkungen einer großen Zahl von Genen und Umwelteinflüssen zugrunde. Sie sind im Tierbestand durch ihre jeweilige Variabilität zu charakterisieren, wie man an den unterschiedlichen Leistungen der Kaninchen in der eigenen Zucht feststellen kann.

Für die Züchtungspraxis ist deshalb die Anwendung populationsgenetischer

Tabelle 21: Erblichkeitsgrad (Heritabilität) für ausgewählte Leistungseigenschaften bei Kaninchen – nach (69), ergänzt –

gering $0,01 < h^2 < 0,20$	mittel $0,20 < h^2 < 0,40$	stark $0,40 < h^2 < 0,60$
Wurfgröße (bei Geburt und Absetzen)	Indiv. Gewicht (ab 35. Lebenstag)	Schlachtertrag
Vitalität der Jungtiere	Tägliche Gewichtszunahme (nach Absetzen)	Teilstücke des Schlachtkörpers
Absetzgewicht/Tier	Futterverwertung (nach Absetzen)	Gewebeanteile (Fleisch, Fett, Knochen)
Absetzgewicht/Wurf		Wollertrag (Angora-Kaninchen)
Fruchtbarkeit und Säugeleistung	Wachstum und Futterverwertung	Schlachtleistung Wolleistung

Grundsätze unerläßlich. Dabei werden, unter Nutzung populationsgenetischer Grundmodelle, genetische Kennwerte (Parameter) zur Charakterisierung der genetischen Struktur einer Population ermittelt. »Man geht dabei von der Annahme aus, daß sich die quantitativen Leistungsmerkmale eines Zuchttieres aus verschiedenen Komponenten zusammensetzen, und zwar aus der Durchschnittsleistung der jeweiligen Tiergruppe, aus der das betreffende Tier stammt, dem individuellen Anteil als Differenz zum Durchschnitt sowie dem umweltbedingten Anteil, mit dessen Weitervererbung nicht gerechnet werden kann« (141). Die erblichen Komponenten können dabei nur für die Tiergruppe, nicht für das Einzeltier, abgeschätzt werden. Die Ermittlung genetischer Parameter ist durch Selektionsexperimente möglich. Dieses Vorgehen gestattet auch den Vergleich von theoretischen Vorhersagen und den im Tierbestand erreichten Ergebnissen

(93). Es werden aus ihnen Schlüsse für die Wahl der Selektionsmethoden gezogen. Ein wichtiger genetischer Kennwert ist der Grad der Erblichkeit (*Heritabilität*) eines Merkmals. Er ergibt sich als Schätzwert aus dem Verhältnis der genotypischen zur phänotypischen Varianz, d. h. zur gemessenen Variation des Merkmals. Der Heritabilitätskoeffizient wird mit h^2 bezeichnet. Er kann einen Wert zwischen 0 und 1 annehmen. Ein hohes h^2 bedeutet dann, daß der genetische Anteil an der Merkmalsbildung groß ist. In diesem Falle kann man relativ zuverlässig von der Leistung auf den Genotyp schließen, und die Selektion auf der Grundlage von individuellen Leistungen der Tiere erscheint als erfolgversprechend. Bei geringem h^2 ist hingegen der Umwelteinfluß beträchtlich. Leistungssteigerungen sind in diesem Fall vor allem zu erreichen, wenn die Umweltbedingungen verbessert werden, während Auslese nach der Leistung des Einzeltieres nicht anzuraten ist. Als Ausweg bietet sich die Familienselektion an, wobei dann z. B. Geschwisterleistungen für die Selektion auszuwerten sind. Es gibt eine Reihe von Gründen, weshalb das geschätzte h^2 jeweils nur für die betreffende Population und zum Zeitpunkt der Ermittlung gilt. Wenn sich die Zusammensetzung des Tierbestandes oder die Fütterungs- und Haltungsbedingungen ändern, so bleibt dies nicht ohne Einfluß auf diesen genetischen Kennwert. Eine Übersicht über durchschnittlich zu erwartende h^2-Werte für verschiedene Leistungseigenschaften wird in Tab. 21 gegeben.

Des weiteren müssen die genetisch bedingten Beziehungen (genetische Korrelationen) zwischen den Merkmalen beachtet werden. Quantitative Merkmale beeinflussen einander, und solche Beziehungen sind bisher nur zum Teil aufgeklärt. Wird auf ein bestimmtes Merkmal selektiert, so wirkt sich das somit mehr oder weniger auch auf andere Leistungseigenschaften aus. Wenn man z. B. ausschließlich die Zunahme des Körpergewichts als Zuchtziel verfolgt, so gehen in der Regel die Fruchtbarkeitsleistungen zurück (man bezeichnet dies als genetischen Antagonismus). Eine andere negative Korrelation findet man zwischen Wurfgröße und Einzelgewicht der Jungtiere, eine positive Beziehung hingegen z. B. zwischen Wurfgewicht und Wurfgröße sowie zwischen Masttagszunahme und Futteraufnahme (69). Deshalb muß bei der Zuchtauslese auch an unerwünschte Nebenwirkungen gedacht werden. Hierbei sind vor allem verminderte Belastbarkeit und größere Krankheitsanfälligkeit zu nennen, denn sie stehen mit einer Reihe anderer Leistungsmerkmale in Beziehung.

5.4.2 Vererbung von Reproduktionsleistungen

Bei den Reproduktionsleistungen ist der h^2-Wert in der Regel nicht besonders hoch; eine Erscheinung, die wir auch aus anderen Zweigen der Tierzucht kennen. Dies hat Konsequenzen für die Selektion. Zuchtfortschritte sind deshalb am ehesten auf der Basis von Vorfahren- und Geschwisterleistungen zu erwarten. Verschiedene Autoren haben unterstrichen, daß die Beziehungen zwischen der kumulativen Aufzuchtleistung (abgesetzte Jungtiere) bis einschl. 3. Wurf einer Häsin und der Gesamtleistung eng genug sind, um sie für eine »Frühselektion« nutzen zu können. Die Einbeziehung der Zwischenwurfzeit hatte eine höhere Sicherheit der Aussage zur Folge. Es hat sich gezeigt, daß die Wurfanzahl eine entscheidende Bedeutung für die Reproduktionsleistung einer Häsin hat.

Der Einfluß des Muttertieres auf die Aufzuchtleistung ist nicht zu unterschätzen, wenngleich große Unterschiede von Rasse zu Rasse und von Tier zu Tier bestehen. Die mütterlichen Komponenten haben einen hohen Anteil an der Gesamtvariation dieses Merkmals. Die Aufzuchtergebnisse werden daher auch aus genetischer Sicht wesentlich von der Säugeleistung bestimmt.

5.4.3 Vererbung von Wachstum und Schlachtkörperqualität

Genetische Studien zur Vererbung der Körpergröße setzten schon in der Frühzeit der klassischen Genetik ein. Es wurde erkannt, daß Wachstum und Körpergröße beträchtlichen genetischen Einflüssen unterliegen, eine Vererbung nach den Mendelschen Regeln aber auszuschließen ist. Genetische Parameter des Wachstums und der Schlachtkörperqualität wurden vor allem erst in den letzten 20 Jahren geschätzt. Dies hängt zweifellos mit dem Umstand zusammen, daß die dafür benötigten größeren Tierbestände in der Rassekaninchenzucht nicht vorhanden waren. Es zeigt sich, daß für das Wachstum (einschl. Körpergewicht) ein mittlerer Erblichkeitsgrad angenommen werden kann, wogegen für Merkmale der Schlachtleistung meist ein hoher geschätzt wird (vergl. Tab 21).

Auch die Futterverwertung, worunter man das Verhältnis der aufgewandten Futtermenge (in kg) zur Zunahme des Körpergewichts (in kg) versteht, unterliegt genetischen Einflüssen. Es ist dabei jedoch zu berücksichtigen, daß zwischen den Rassen und Tierbeständen bedeutende Unterschiede in diesem Leistungsmerkmal festzustellen sind. Für den Rassekaninchenzüchter genügt es, durch Selektion das Wachstum zu fördern, wobei dann auch indirekt die Futterverwertung verbessert wird. Es bleibt künftigen Studien an größeren Tierbeständen überlassen, ob diese indirekte Methode zur Verbesserung der Futterverwertung am effektivsten ist oder eine direkte Selektion auf dieses Merkmal angestrebt werden sollte.

Eine Selektion auf Steigerung des Schlachtertrages ist wegen des hohen h^2-Wertes lohnend. Es scheint sogar möglich zu sein, auf Änderung der morphologischen Zusammensetzung des Schlachtkörpers bei gleichem Schlachtalter oder gleichen Mastendgewicht zu selektieren. Züchterische Fortschritte zur Verbesserung der Fleischleistung sind bei Anwendung effektiver Selektionsmethoden relativ schnell zu erhalten (vgl. Kap. 5.5). So ist es sinnvoll, in der kommerziellen Kaninchenzucht neben Linien für die Reproduktion auch solche Linien zu züchten, die auf Merkmale der Mast- und Schlachtleistung selektiert werden. Dabei ist aber zu berücksichtigen, daß auch bei Kaninchen die Merkmale der Fruchtbarkeit und Mastleistung als genetische Antagonismen gelten. Somit sollten Linien, die vornehmlich auf Mast- und Schlachtleistung selektiert werden, in jedem Fall auch Mindestanforderungen an die Reproduktionsleistungen erfüllen, will man die Ökonomie des Zuchtbetriebs nicht in Frage stellen.

5.5 Zuchtmethoden

In diesem Beitrag teilen wir die Zuchtmethoden, in Anlehnung an die ältere, aber den Rassekaninchenzüchtern vertraute Systematik, in Reinzucht und Kreuzungszucht ein. In neuerer Zeit werden hierfür auch die Begriffe Auslesezüchtung und Hybridzüchtung gebraucht. Eine Zwischenstellung nimmt die Kombinationszüchtung ein, wozu die Veredlungskreuzung (Meliorationszucht), Verdrängungskreuzung (Absorptionszucht), Rassenbildung sowie Züchtung von synthetischen Linien gehören. Jede Zuchtmethode ist mit Selektion und Verpaarung von Tieren verbunden.

Die Zuchtmethoden, durch unterschiedlich vorherrschende Genwirkungsweisen charakterisiert, spiegeln das methodische Grundanliegen wider, das durch verschiedene Zuchtverfahren umgesetzt werden kann. So sind für Reinzucht vornehmlich die Ausschöpfung additiver Geneffekte (additives Zusammenwirken der Gene), für die Kreuzungszucht dagegen nichtadditiver Genwirkungen (durch Dominanz und andere Wechselwirkungen geprägtes Verhältnis der Gene) bestimmend. Das Zuchtziel, die Spezifika der Selektionsmerkmale sowie das Verpaarungssystem sind entscheidend für die Wahl der Zuchtmethode. Wenn es ein Zuchtprogramm erfordert, können sowohl Reinzucht wie auch Kreuzungszucht, aufeinander abgestimmt, genutzt werden. Reinzucht ist die Grundlage für die Kreuzungszucht.

5.5.1 Reinzucht

Reinzucht wird hier als Zucht innerhalb einer Rasse oder Farbschlags verstanden. Es sind dabei Zuchtverfahren in Anwendung, die auf Verpaarung gleicher oder verwandter Kaninchen beruhen. So lassen sich Familien-, Gruppen-, Linien- und Inzuchtlinienzucht unterscheiden, wobei die Homozygotie (Reinerbigkeit; gleichstrukturierte Allele) an unterschiedlichen Genorten in dieser Reihenfolge zunimmt.

In der Kaninchenzucht ist besonders die **Linienzucht** verbreitet. Sie wird hier im Zusammenhang mit dem Problemkreis Inzucht-Inzuchtlinienzucht erörtert, da sie gleichfalls mehr oder minder mit einer Zunahme des Inzuchtgrades verbunden ist.

Unter **Inzucht** ist ein Verpaarungssystem zu verstehen, bei dem die verpaarten Tiere untereinander enger verwandt sind als der Durchschnitt der Population. Ingezüchtete Tiere sind somit solche, bei denen die Eltern einen oder mehrere ge-

meinsame Ahnen haben. In geschlossenen oder kleinen Tierbeständen ist die Inzucht früher oder später unvermeidlich. Man kann ihr durch eine auf wesentliche Leistungsmerkmale gerichteten Selektion sowie durch geeignete Paarungspläne entgegenwirken. Enge oder mäßige Inzucht läßt sich aber auch umgehen. Betreibt man Inzucht, so muß man vor allem die Zuchtgeschichte des betreffenden Bestandes beachten. Der Inzuchtkoeffizient F_X gibt Aufschluß über den Inzuchtgrad:

enge Inzucht $\qquad$ $F_X > 25\ \%$

mäßige Inzucht $\qquad$ $F_X\ 10-25\ \%$

schwache Inzucht $\qquad$ $F_X < 10\ \%$

Bei ein oder zwei Generationen Vollgeschwisterpaarung sind $F_X = 25\%$ bzw. $37,5\%$ erreicht, bei Halbgeschwisterpaarung entsprechend $12,5\%$ und $21,8\%$. Der F_X-Wert gibt jeweils die durchschnittliche Steigerung der Homozygotie an. Für die Kaninchenzucht empfiehlt sich in der Regel »schwache Inzucht«, wenn man nicht generell die Inzucht meiden will. Für Züchtungsvorhaben mit höherem Inzuchtgrad werden im folgenden Angaben gemacht.

Wer Inzucht anwendet, sollte über die Anfangsgründe der Kaninchenzucht hinaus sein. Man setzt oft auf diese Verpaarungsmethode falsche Hoffnungen. Mit Inzucht geht man stets ein Risiko ein, da bislang keine verläßlichen Voraussagen über ihre Effekte auf die Nachkommen möglich sind. Mit Inzucht ist eine Zunahme der Homozygotie verbunden, doch hängt es stets vom Zufall ab, welche Gene davon betroffen sind. Ohne Zweifel sind bei günstigen Voraussetzungen züchterischer Fortschritte zu erwarten, die in einer Festigung erwünschter Erbanlagen bestehen können. Ist die Population aber durch Defektgene (vgl. Kap. 5.2) belastet, so ist mit Inzuchtdepressionen (Minderung vor allem von Leistungen mit niedrigen Erblichkeitsgrad) zu rechnen, und es werden sich erbliche Anomalien bei steigendem Inzuchtgrad häufen.

Es sollen vier Möglichkeiten für eine Anwendung der Inzucht aufgezeigt werden, die für die Rassekaninchenzucht und auch für größere Zuchtbetriebe von Bedeutung sind (121). In der Regel steht nur ein begrenzter Zuchttierbestand zur Verfügung, es sei denn, eine Züchtergemeinschaft oder eine Einrichtung widmen sich umfangreicheren Zuchtvorhaben.

Linienzucht

– Konzentration wertvoller Erbanlagen leistungsfähiger Individuen in ihren ingezüchteten Nachkommen

Wenige Zuchtpaare stehen zur Verfügung. Häufig versucht man dann über einen »Stammrammler«, der sich bewährt hat, eine Linie zu begründen, indem man in verstärkt zur Zucht verwendet, auch durch Verpaarung mit Nachkommen. In den folgenden Generationen läßt sich, je nach Bestandsgröße, durch Anpaarung an verwandte oder nicht verwandte Tiere (Zukauf) ein Linienaufbau erreichen, der durch nur langsam steigenden Inzuchtgrad gekennzeichnet ist. Unter Nutzung additiver Genwirkungen kann die Erbsicherheit bestimmter Merkmale gefestigt werden. Diese Art der Anwendung von Inzucht hat vor Jahrzehnten in der Großtierzucht eine bedeutende Rolle gespielt. Heutzutage betrachtet man diese Handhabung der Zucht mit Skepsis, da die bei einer Reihe von Merkmalen abnehmende genetische Variation weniger Möglichkeiten für die Selektion bietet. Rassekanin-

chenzüchter gehen aber bewußt oder unbewußt den aufgezeigten Weg, wenn sie nicht beabsichtigen, in einer Züchtergemeinschaft mitzuwirken. Mit der Zeit steigt dabei der Inzuchtgrad des Tierbestandes an, was dazu führen kann, den ingezüchteten Nachkommen die Erbanlagen für die selektierten Merkmale weiterzugeben. Auf der anderen Seite muß aber auch mit Inzuchtdepressionen (vor allem Fruchtbarkeit und Vitalität betreffend) und genetisch bedingten Defekten gerechnet werden. Es sind dies die zwei Seiten der Inzucht. Erkenntnisse über den Genotyp der zu verpaarenden Tiere, Informationen zur züchterischen Entwicklung des Bestandes sowie umfangreiche Erfahrungen in Zucht und Selektion sind für die Anwendung der Inzucht nützlich.

Diese Art von Linienzucht ist von der geschlossenen Linie zu unterscheiden, bei der ein großer Tierbestand nach Zuchtschließung (ohne Zukauf fremder Tiere) durch geeignete Verpaarungssysteme zu einer homogenen, aber ausreichend genetischen Variabilität aufweisenden Linie entwickelt wird (bei nur unbedeutender Steigerung des Inzuchtgrades). Die Verpaarungssysteme sind dabei so ausgelegt, daß man die Rammler in jeder Generation »rotieren« läßt, d. h. an einen anderen Stamm von Häsinnen anpaart, entsprechend einem vorgegebenen Paarungsplan zur Vermeidung von Inzucht. Dieser Linienaufbau kommt für Zuchtbetriebe und Züchtergemeinschaften in Betracht, die wenigstens 50 Häsinnen halten können. Je größer der Zuchttierbestand, desto geringer ist der je Generation zu erwartende Anstieg des Inzuchtgrades. Es sind viele Varianten solcher »Rotationssysteme«, vor allem in der Geflügel- und Schweinezucht, angewandt worden.

Topcross-Verfahren

Hierbei werden ingezüchtete Vatertiere mit Muttertieren verpaart, die weder mit ihnen verwandt noch selbst ingezüchtet sind. Der Inzuchtkoeffizient sollte wenigstens 37,5 % betragen, was Nachkommen aus zwei Generationen Vollgeschwisterpaarung oder 4 Generationen Halbgeschwisterpaarung entspricht. Die Risiken der Inzucht beziehen sich dann nur auf die Vatertiere und halten sich somit vergleichsweise in Grenzen. Bisher gibt es nur wenige Informationen zur Nutzung des Topcross-Verfahrens bei Kaninchen. Aus anderen Tierzuchtzweigen liegen aber vielversprechende Resultate vor, so daß anzunehmen ist, daß dieses Paarungsverfahren auch für die Kaninchenzucht in Betracht kommt.

Testung von Individuen auf rezessive Gene

Zur Testung von Individuen auf rezessive Gene (Erbkrankheiten) kann man auf verschiedene Verfahren zurückgreifen, wie unter Kap. 5.1.3 erläutert wurde. Dabei läßt sich auch die Inzucht zur Aufdeckung unerwünschter Gene anwenden (z. B. Paarung eines Rammlers mit seinen Töchtern). Der Inzuchttest ist aber sehr aufwendig. Weiterhin ist zu bedenken, daß nicht alle Defekte von wirtschaftlicher Tragweite sind. Es kommt noch hinzu, daß sich in den ersten Generationen des Inzuchttests die Anomalien häufen, so daß man sie u. U. nicht alle durch Selektion eliminieren kann. Andererseits ist es ein Irrtum zu glauben, daß dabei sämtliche vorhandenen unerwünschten Erbanlagen bereits nach den ersten Inzuchtpaarungen als entsprechende Defekte entdeckt werden. Ein Inzuchttest gibt nichtsdestoweniger einen aufschlußreichen Einblick in die genetische Belastung eines Zuchttierbestandes oder einer Population. Insofern hat dieser Test für bestimmte Vorhaben einen Sinn. Aus den genannten Gründen ist aber eine »Reinigung der Population von unerwünschten Genen« schwieriger, als man zunächst glaubt.

Inzuchtlinienzucht

– Zucht von Linien mit hohem Homozygotiegrad

Das Zuchtverfahren, das im Rahmen der Reinzucht auf enger und engster Verwandtschaft beruht, ist die Inzuchtlinienzucht. In der Kaninchenzucht wurde bisher wenig Gebrauch davon gemacht, da der Aufwand hierfür zu hoch, die Wahrscheinlichkeit, geeignete Kombinationspartner zu finden, sehr gering und mit geschlossenen Linien ein rascherer Erfolg zu erzielen ist. Inzuchtlinien im Sinne der Versuchstierzucht sind solche, die wenigstens einen Inzuchtgrad von 98,6 % aufweisen (z. B. 20 Generationen fortgesetzte Schwester-Bruder-Paarung). Für den Rassekaninchenzüchter ist, wie in der Tierzucht üblich, von einer Inzuchtlinie bereits bei einem bedeutend niedrigeren Inzuchtgrad (37,5 %) die Rede. Die Entwicklung von Inzuchtlinien ist mit Inzuchtdepressionen verbunden. So sind vor allem Fruchtbarkeit und Vitalität betroffen. Durch Inzucht werden die Nachkommen der Ausgangspopulationen genetisch differenziert, so daß in jeder Inzuchtlinie bestimmte Gene häufiger als in anderen homozygot werden. Man kann nicht voraussagen, welche Gene in welcher Generation betroffen sind und ob Linien nach kurzer Zeit wegen der genetischen Belastung ausfallen. Im allgemeinen wird man den Aufbau solcher Linien meiden, es sei denn, man verfolgt das Ziel, durch ihre

Kreuzung verstärkt Hybrideffekte (Heterosis) zu nutzen. Heterosis, bei der die Nachkommen höhere Leistungen erreichen, als im Mittel ihre durchgezüchteten Eltern aufweisen, ist sozusagen der Gegenspieler der Inzuchtdepression. Es sind wenige Beispiele für solche Kreuzungseffekte veröffentlicht worden, da die meisten Zuchtprogramme und ihre Ergebnisse nicht zugänglich gemacht werden. Heterosis tritt bei Merkmalen auf, die durch niedrigen Erblichkeitsgrad gekennzeichnet sind, und zwar besonders bei genetisch stark differenzierten Genotypen (Linien). Doch ehe man solche Hybrideffekte nutzen kann, müssen erst durch langwierige Zuchtarbeit kombinierbare Inzuchtlinien gefunden werden, und das ist sehr schwierig, da viele Linien vorzeitig ausscheiden.

5.5.2 Kreuzungszucht

5.5.2.1 Kombinationszüchtung

Die Zuchtverfahren der Kreuzungszucht kann man in solche der Kombinationszüchtung und jene der Kombinationskreuzung (Züchtung von Hybriden) unterteilen. Erstere dienen der Ausnutzung additiver Genwirkungen, wie bei der Reinzucht erörtert, doch werden Einkreuzungen anderer Rassen oder Farbschläge vorgenommen. Im Gegensatz dazu sind die Verfahren der Kombinationskreuzung auf die Nutzung der nichtadditiven Genwirkungen ausgerichtet.

Kombinationszüchtung ist angeraten, wenn die für die Selektion erforderliche genetische Variation ausgeschöpft ist oder um bestimmte Zuchtziele zu erreichen, für deren Realisierung die entsprechenden Gene im Tierbestand fehlten.

Durch Einkreuzung wird der additive Genbestand erweitert und für selektive Maßnahmen nutzbar. Veredlungskreuzung (Meliorationszucht) bedeutet ein höchstens zweimaliges Einkreuzen einer fremden Rasse oder eines anderen Farbschlages. Als Beispiel hierfür kann die »Veredlung« französischer Angorakaninchen durch Gene des deutschen Angoratyps gelten.

Wird die Einkreuzung über drei und mehr Generationen fortgesetzt, so nimmt der Tierbestand zunehmend die Merkmale der eingekreuzten Rasse an. Als Modellfall für eine Verdrängungskreuzung (Absorptionszucht) ist in die Geschichte der Tierzucht das Beispiel der Einkreuzung von Wildschweinen in Hausschweine eingegangen, mit dem vor rd. 50 Jahren CLAUSEN in Dänemark überzeugend die gegebenen Möglichkeiten der Änderung des Genbestandes aufgezeigt hat. So läßt sich auch in der Kaninchenzucht der Genotyp auf diesem Wege in relativ kurzer Zeit wesentlich beeinflussen. Manche »reinerbige« Rasse trägt denn auch Gene, die früher durch Einkreuzung verdrängt wurden, aber immer noch einen geringen Anteil des Genbestandes ausmachen. Hin und wieder prägt sich dies unerwünscht im Erscheinungsbild der Tiere aus.

Ein in der Kaninchenzucht häufig angewandtes Verfahren der Kombinationszüchtung ist die Rassenbildung durch Zusammenführung von Merkmalen mehrerer Rassen in einer neuen Rasse. Ein großer Teil unserer Kaninchenrassen ist auf diesem Wege im Laufe der letzten hundert Jahre entstanden (z. B. Blaue Wiener, Thüringer, Alaska, Marburger Feh, Mecklenburger Schecke, Rheinische Schecke, Sachsengold, Separator; vgl. Kap. 4.3). Am Beispiel der Rassenbildungszüchtung wird deutlich, daß nach

Tabelle 22: Beispiele für Zwei- und Dreirassenkreuzungen (147)

1. Zweirassen-Kreuzungen		
	Mutterrasse	Vaterrasse
Eigenschaften	klein- bis mittelrahmig (niedriger Erhaltungsfutteranteil)	mittel- bis großrahmig
	überdurchschnittliche Fruchtbarkeit und Aufzuchtleistung	durchschnittliche Fruchtbarkeit
	durchschnittlicher Schlachtwert	überdurchschnittlicher Schlachtwert
	durchschnittliche Tageszunahmen	hohe Tagzunahmen
Rassenbeispiele	Holländer oder Weiße Neusseeländer oder Kalifornier oder Russen	Helle Großsilber oder Großchinchilla oder Riesen oder Deutsche Widder

2. Dreirassenkreuzungen 2.1 Kreuzung zur Erzeugung von Kreuzungshäsinnen (F_1-Mütter) mit höherer Aufzuchtleistung bei relativ niedrigem Erhaltungsfutterbedarf		
	Großmutter-Rasse	Großvater-Rasse
Eigenschaften	klein- bis mittelrahmig überdurchschnittliche Fruchtbarkeit und Aufzuchtleistung	klein- bis mittelrahmig
	durchschnittlicher Schlachtwert	überdurchschnittlicher Schlachtwert
	durchschnittliche Tageszunahmen	hohe Tagzunahmen
Rassenbeispiele	Holländer oder Kalifornier oder Russen	Hasen oder Helle Großsilber oder Weiße Neuseeländer

2.2 Kreuzung zur Erzeugung von Masttieren		
	F_1-Mutter	Vaterrasse
Eigenschaften	hohe Fruchtbarkeit und Aufzuchtleistung (liegen über den Ausgangsrassen, da durch Heterosiseffekte beeinflußt)	großrahmig, überdurchschnittlicher Schlachtwert, hohe Tagzunahmen
	Rahmen liegt zwischen den Paarungspartnern, an der unteren Grenze des mittleren Rahmens	überdurchschnittliche Futterverwertung
Rassenbeispiele	Kreuzung siehe 2.1	Weiße Neuseeländer (schwerer Schlag) oder Deutsche Riesen oder Deutsche Widder

einer Kreuzungsphase dann wieder zur Reinzucht übergegangen wird, um die Merkmale zu konsolidieren (Nutzung der additiven Genwirkungen).

Die Züchtung synthetischer Linien beruht auf den gleichen Prinzipien, wobei Linien einer Rasse in einer neuen Population zusammengeführt werden, um diesen Genbestand für Züchtungsvorhaben früher oder später nutzen zu können.

5.5.2.2 Kombinationskreuzung

Die als Kombinationskreuzung (Züchtung von Hybriden) bezeichneten Zuchtverfahren haben vornehmlich die Nutzung nichtadditiver Genwirkungen zum Ziel. Sie sind in der Rassekaninchenzucht zumeist nur in Form der »Gebrauchskreuzungen« anzuwenden, die ohne vorherige Zuchtschließung vorgenommen werden. Bei Auswahl geeigneter Kreuzungspartner lassen sich bei den Nachkommen durchaus Hybrideffekte (Heterosis) erzielen, besonders im Hinblick auf Fruchtbarkeit und Vitalität. Jedoch kann man mit solchen Kaninchen nicht weiterzüchten. Man benötigt somit stets wieder die Ausgangspopulationen, um eine neue Generation von Kreuzungstieren zu erzeugen. Entsprechende Beispiele für Zwei- und Dreirassenkreuzungen sind in Tab. 22 wiedergegeben.

Die Züchtung von Hybriden für die Fleischerzeugung ist eine Aufgabe der kommerziellen Kaninchenzucht. Es lassen sich Zuchtverfahren der Kombinationskreuzung mit oder ohne vorherige Zuchtschließung anwenden. Doch herrscht die geschlossene Linie als Basis für die Kreuzungsverfahren vor, denn nur auf diese Weise ist die Wiederholbarkeit herausragender Leistungen gesichert. In geschlossenen Linien bleibt der Genbe-

stand erhalten, so daß mit der Kreuzung solcher Populationen bei den Hybriden Ergebnisse erzielt werden, die weitgehend den Leistungen der im Zuchtbetrieb getesteten Kreuzungstiere entsprechen. Eine gleichbleibende Qualität der Masthybriden aufrechtzuerhalten, ist denn auch die wesentliche Aufgabe bei der Nutzung solcher Zuchtverfahren, unter denen sich vor allem diskontinuierliche Kreuzungen bewährt haben. Dabei werden die Hybriden nicht wieder zur Anpaarung eingesetzt. Hierzu zählen die 2-, 3- und 4-Wege-Kreuzung. Kontinuierliche Kreuzungen, die auf einem Rotationsprinzip der verwendeten Linien beruhen (Rotationskreuzung), sind weniger gefragt, da mit geringeren Hybrideffekten zu rechnen ist.

Es bleibt abzuwarten, ob kompliziertere Zuchtverfahren der Kombinationskreuzung, denen wiederholte Selektion auf Kombinationseignung zugrunde liegt, Bedeutung in der Kaninchenzucht erlangen werden. Bei solchen Verfahren werden sowohl die additiven Genwirkungen (Eigenleistung in den Linien) wie auch die nichtadditiven (Kombinationseignung der Linien) bei der Selektion berücksichtigt (RS: rückläufige Selektion; RRS: reziprok rückläufige Selektion). Wie die Erfahrungen aus der Wirtschaftsgeflügelzucht besagen, sollte man solche vielschichtigen und aufwendigen Zuchtverfahren nur dann in Erwägung ziehen, wenn mit »einfacheren« Möglichkeiten der Kombinationskreuzung keine Leistungssteigerung mehr zu erreichen ist.

5.6 Leistungsbewertung
W. Schlolaut

Beim Kaninchen, als Nutztier, sind unter Leistungen die Menge und Qualität der

Abbildung 80: Die seit 1935 in Deutschland durchgeführten Stationsprüfungen für Angorakaninchen schufen die Voraussetzungen für das hohe Leistungsniveau der deutschen Population. Im Bild der Prüfungsstall an der Hessischen Landesanstalt für Tierzucht, Neu-Ulrichstein.

von ihm erzeugten Produkte zu verstehen. Hierzu gehören einmal die zahlenmäßig zu erfassenden sogenannten quantitativen Leistungen, wie beispielsweise Gewicht, Zahl der geborenen oder aufgezogenen Jungtiere je Wurf und Jahr, Fleisch-, Fett- und Wollmenge, Teilstückanteil und Futteraufwand je Kilogramm Zuwachs (Futterverwertung). Zum anderen unterscheidet man qualitative Leistungen wie beispielsweise die Fellfarbe, Merkmale des Körperbaues, Libido und Widerstandsfähigkeit gegenüber Krankheiten.

Anhand der Leistungsbewertung erfolgt die Auswahl von Zucht- und Nutztieren. Bei Angorakaninchen ist die Erfüllung von Mindestleistungen zum Teil die Voraussetzung für die Teilnahme an Ausstellungswettbewerben für leistungsgeprüfte Tiere. Für den Nutzwert haben die quantitativen Merkmale die größte Bedeutung.

Dementsprechend gilt ihrer züchterischen Verbesserung seit jeher das größte Interesse. Wie bei den anderen Nutztierarten wurde früher zunächst davon ausgegangen, daß zwischen den Merkmalen des äußeren Erscheinungsbildes und den wirtschaftlich interessanten, quantitativen Leistungsmerkmalen enge Zusammenhänge bestehen. Man glaubte daher, auf die arbeitsaufwendige Erfassung der Leistungen selbst verzichten zu können. Dieser Überlegung lag die Beurteilung der Zuchttiere auf Körungen und Schauen zugrunde und war einst die Begründung für die Durchführung von Ausstellungswettbewerben, wobei man mit den verschiedenen Rassen auch die Vorstellung spezifischer Leistungseigenschaften verband. Tatsächlich jedoch traf dies nur in relativ wenigen Fällen zu (z. B. Größenwuchs – erzeugte Fleischmenge, Haardichte – Wollertrag, Fellfarbe – Fellqualität).

Abbildung 81: Die Überbetonung des Wollbehanges an Kopf und Ohren (sogenannter Pudelkopf) ist ein züchterischer Irrweg. Er beeinträchtigt das Wohlbefinden der Tiere durch das eingeschränkte Sehvermögen sowie die erschwerte Regulierung der Körpertemperatur in der zweiten Hälfte des Schurintervalls und erhöht den Anteil an minderwertiger Wolle. Die Ausprägung des Kopfbehanges ist kein Hinweis auf eine hohe Wolleistung.

Selbst in den wenigen Fällen, in denen sich aus dem äußeren Erscheinungsbild Rückschlüsse auf das Leistungsvermögen ziehen lassen, reicht die subjektive, von Einzelpersonen abhängige Beurteilung zum Teil nur aus, um größere Unterschiede im Leistungsvermögen festzustellen. Je höher jedoch die Leistungen und je geringer die Leistungsunterschiede wurden, desto mehr versagte das Auge des Menschen.

Die Problematik der Leistungsbeurteilung anhand von Exterieurmerkmalen wurde darüber hinaus noch dadurch verschärft, daß die Phantasie positive Zusammenhänge vermutete, wo keine bestanden oder diese sich sogar negativ auswirkten. Als Beispiel sei in diesem Zusammenhang auf die starke Bewollung von Kopf und Ohren beim Angorakaninchen hingewiesen (s. Kap. 2.3). Obwohl die Problematik dieses Merkmals seit langem bekannt ist, sind Tiere mit einer derartigen Mißbildung noch immer auf Ausstellungen vertreten. Ihr Einsatz in der Zucht verstößt gegen § 11 b (Qualzüchtung) des Tierschutzgesetzes.

Die Zahl der die Nutzleistungen des Kaninchens beeinflussenden Einzelfaktoren ist groß (s. Kap. 2, 4, 5 und 7). Die Bestrebungen um eine züchterische Verbesserung der Nutzleistungen stehen daher vor dem Problem, daß sich der züchterische Fortschritt um so mehr verlangsamt, je mehr Eigenschaften bei der Auswahl der Zuchttiere berücksichtigt werden sollen. Dies ist einer der Gründe, weshalb Tiere aus der Rassekaninchenzucht wegen der dort vorrangigen Berücksichtigung äußerer Merkmale geringere Leistungen erzielen als die unter Beschränkung auf die wirtschaftlich wichtigsten Leistungseigenschaften gezüchteten Tiere kommerzieller Zuchtunternehmen. Die Unterschiede werden hierbei noch dadurch vergrößert, daß von letzteren auch die Vorteile von Heterosiseffekten bei Rassen- und Linienkreuzungen genutzt werden. In diesem Zusammenhang sind auch die Angorakaninchen zu nennen, bei denen die Konzentration der Selektion auf eine hohe Wolleistung zu einer Verschlechterung der Fortpflanzungsleistung führte.

Abgesehen davon ist der Erfolg der Zuchtauslese (Selektion) hinsichtlich der Verbesserung von Leistungseigenschaften darüber hinaus noch von den folgenden Voraussetzungen abhängig:

1. Die Schwankungsbreite der zu verbessernden, erblich veranlagten Leistungseigenschaften (genetische Variation) muß innerhalb der Rasse groß genug sein, damit züchterische Maßnahmen erfolgversprechend sein können. Ist dies nicht der Fall, kann versucht werden, die Variationsbreite durch die einmalige Einkreuzung einer anderen Rasse (Veredlungs- oder Meliorationskreuzung) mit besserer Veranlagung zu vergrößern. Dieser Weg wird in der Rassekaninchenzucht beispielsweise zur Verbesserung der Haardichte relativ häufig beschritten.

Tabelle 23: Genauigkeit der Zuchtwertschätzung für die Mastleistung und den Schlachtkörperwert

Art der Leistungsprüfung	Zahl der zusätzlich in der Station geprüften Halbgeschwister	Genauigkeit in % 100 = absolut sichere Schätzung
Eigenleistungs-Feldprüfung	–	37
Eigenleistungs-Feldprüfung	2	41
Eigenleistungs-Feldprüfung	4	44
Eigenleistungs-Feldprüfung	8	47
Eigenleistungs-Stationsprüfung	–	53
Eigenleistungs-Stationsprüfung	2	56
Eigenleistungs-Stationsprüfung	4	57
Eigenleistungs-Stationsprüfung	8	59
Nachkommen-Stationsprüfung	–	
4 Nachkommen	–	49
8 Nachkommen	–	61

Dargestellt an den für Schweine errechneten Werten (44)

Die Stationsprüfung ermöglicht wegen der geringeren Umweltbeeinflussung der Leistungen eine größere Genauigkeit der Zuchtwertschätzung und damit einen schnelleren züchterischen Fortschritt. Die größere Genauigkeit der Nachkommenprüfung wird durch den Nachteil des erst nach dem Zuchteinsatz vorliegenden Ergebnisses und des größeren Platzbedarfs weitgehend aufgewogen.
Die Genauigkeit der Zuchtwertschätzung anhand von den Eltern erzielten Leistungen liegt unter den hier angegebenen Werten.

2. Der Erblichkeitsgrad (Heritabilität), d. h. der von der Vererbung abhängige Anteil des Leistungsunterschiedes zwischen Tieren der gleichen Rasse bestimmt den Erfolg der züchterischen Bemühungen. Je höher der Erblichkeitsgrad ist, desto weniger kann die betreffende Leistung durch die Umwelt (z. B. Nährstoffversorgung, Haltung) beeinflußt werden. Andererseits kann der Erblichkeitsgrad erhöht werden, wenn die Leistungen in einer Prüfungsstation erzielt werden und nicht unter unterschiedlichen Umweltbedingungen in den Ställen verschiedener Züchter (Feldprüfung s. Tab. 23). Dies war einst der Grund für die Einrichtung von Stationsprüfungen für Angorakaninchen. Allerdings ist der Erblichkeitsgrad der Wollmengenleistung mit

$$h^2 = 0{,}6 - 0{,}7$$

bereits verhältnismäßig hoch (138), so daß hier auch Feldprüfungen relativ sichere Informationen für die Zuchtauslese liefern. Der Vorteil der Stationsprüfungen liegt allerdings darüber hinaus in der Erfassung der Futterverwertung sowie in der Möglichkeit einer objektiven Beurteilung der Wollqualität und von Merkmalen der Fruchtbarkeit bei den Rammlern (Libido, Spermaqualität u. a.).

3. Je mehr Tiere für die Auswahl des besten Zuchttieres zur Verfügung stehen, desto günstiger ist wegen der größeren Selektionsschärfe die Chance, ein Tier mit überdurchschnittlicher Leistungsveranlagung herauszufinden bzw. desto größer ist der Leistungsabstand (Selektionsdifferenz) zum Rassendurchschnitt. Die künstliche Besamung bietet hier die Möglichkeit, den Zuchtfortschritt dadurch zu beschleunigen, daß weniger Rammler benötigt werden. Die geringen Bestandesgrößen und das enge Verhältnis von Rammlern:Häsinnen behindern andererseits den Zuchtfortschritt in der Rassekaninchenzucht. Aufgrund des hier anzutreffenden engen Verhältnisses von Rammlern:Häsinnen bleibt das Herausfinden einer optimalen Paarungskombination mehr dem Zufall überlassen als einer systematischen Zuchtarbeit.

4. Vorhandensein erblicher Zusammenhänge zwischen den Leistungsmerkmalen, die durch züchterische Maßnahmen verbessert werden sollen (genetische Korrelationen). Ein positiver Zusammenhang ist beispielsweise vorhanden, wenn sich die Futterverwertung mit der Erhöhung der Tageszunahmen verbessert oder beim Angorakaninchen der Anteil langer Wolle mit der Erhöhung der Wollmengenleistung vergrößert. Eine negative Korrelation besteht dagegen zwischen dem bereits erwähnten stark ausgeprägten Kopf- und Ohrbehang und dem Anteil an langer Wolle sowie der Höhe des Wollertrages überhaupt. Das gleiche gilt für den gedrungenen (blockigen) Körperbau und den geringeren Anteil wertvoller Teilstücke, da der Rücken kürzer ist.

5. Der Genauigkeit, mit der die Fähigkeit eines Zuchttieres die Leistungen seiner Nachkommen zu verbessern, geschätzt werden kann (Zuchtwertschätzung). Dies ist um so zuverlässiger möglich, je höher der Erblichkeitsgrad der betreffenden Leistung ist und je mehr genaue Informationen von Verwandten über die Ausprägung der

betreffenden Eigenschaft vorliegen. Wie die Tab. 23 zeigt, läßt sich anhand der vom Tier selbst erbrachten Leistung (Eigenleistung), selbst bei Eigenschaften mit relativ hohem Erblichkeitsgrad, anhand der Ergebnisse einer Feldprüfung nur mit 37%iger Genauigkeit darauf schließen, inwieweit diese Eigenschaften auch vererbt werden. Wesentlich genauer kann der Zuchtwert geschätzt werden, wenn die Leistungen unter einheitlichen Umweltbedingungen in einer Prüfstation ermittelt wurden. Dies erklärt ebenfalls die große Bedeutung der Stationsprüfungen für den Leistungsfortschritt in der Angorakaninchenzucht. Bei Kreis- und Vereinsschurkontrollen kann allerdings die geringere Genauigkeit der Zuchtwertschätzung teilweise durch die größere Selektionsschärfe kompensiert werden, da mehr Tiere geprüft werden können.

Der Informationswert der Vorfahrenleistungen ist geringer zu veranschlagen als der der Geschwisterleistungen. Die Schätzung des Zuchtwertes anhand der Nachkommenleistungen ist zwar der sicherste Weg (Tab. 23). Die Er-

HESSISCHE LANDESANSTALT
für Tierzucht
NEU-ULRICHSTEIN
6313 HOMBERG/OHM 1

Prüfungszeugnis

WOLL-LEISTUNGSPRÜFUNG für
ANGORA-KANINCHEN
(nach den DLG-Richtlinien, gültig ab 1984)

PRÜFUNG : 31/87 vom: 31.08.87 bis: 30.11.87

BESCHICKER : HELMUT BUSCHNER; MARTIN LUTHER Str.7 ; 5450 NEUWIED 13

TÄTO : R19/05.7.109 Geschlecht: Haesin geb.:5.05.87

I. SCHURERGEBNISSE und FUTTERVERBRAUCH je kg WOLLE

	Wollertrag (Sorte) 1.	2.	Filz	ges.	Jahreswollertrag (errechnet) 1.	2.	Filz	ges.	Futterverbr. je kg Wolle (kg)
absolut(g)	340	153	13	506	1360	612	52	2024	37.35
relativer Anteil der einzelnen Wollsortierungsklassen (%)					67.2	30.2	2.6		
Durchschnittl. Leistungen der gleichgeschlechtlichen Stallgefährten absolut(g)					1013	320	19	1352	50.04
Durchschnittl. Leistungen der gleichgeschlechtlichen Stallgefährten relativ(%)					74.7	23.9	1.4		
Abweichung vom gleichgeschlechtlichen PRÜFUNGSDURCHSCHNITT absolut								+672	-12.69
Abweichung vom gleichgeschlechtlichen PRÜFUNGSDURCHSCHNITT relativ								150	75

II. GEWICHTSENTWICKLUNG

	Anlieferung (kg)	Vorschur (kg)	Prüfungsschur (kg)
	2.23	3.74	4.63
Durchschnittliches Lebendgewicht der gleichgeschlechtlichen Stallgefährten	1.86	3.27	3.94
Abweichung vom gleichgeschlechtlichen PRÜFUNGSDURCHSCHNITT		absolut	+0.69
		relativ	118

NEU-ULRICHSTEIN den, 30.12.87

i.A. LANGE

Abbildung 82: Prüfungszeugnis mit den Ergebnissen der Stationsprüfung. Die absolute Leistungshöhe ist in wesentlichem Umfang von den Umweltbedingungen abhängig. Hinweise auf die Leistungsveranlagung des Tieres gibt erst der Vergleich mit den zur gleichen Zeit und unter den gleichen Bedingungen geprüften Stallgefährten.

gebnisse hieraus liegen jedoch erst wesentlich später vor als vom Tier selbst oder den Geschwistern. Außerdem müssen wesentlich mehr Tiere geprüft werden. Das begrenzt zwangsläufig die Zahl der geprüften Tiere, welche für die Zuchtauslese zur Verfügung stehen und verringert somit die Selektionsschärfe.

Grundsätzlich sollten bei der Auswahl von Zucht- oder Nutztieren nur Leistungen miteinander verglichen werden, die unter den gleichen Umweltbedingungen ermittelt wurden. Die genaueste Information liefert hier der Leistungsvergleich von Tieren, welche zum gleichen Zeitpunkt und unter den gleichen Bedingungen gehalten wurden (Stallgefährtenvergleich). Entscheidend ist nicht die absolute Leistungshöhe, sondern die prozentuale Abweichung der erzielten Leistung vom Durchschnitt der gleichzeitig geprüften Tiere (s. Prüfungsbericht der ALP, Abb. 82). Insofern ist es falsch, bei der Auswahl von Zuchttieren den Vergleich der Leistungen von Feld- und Stationsprüfungen zugrunde zu legen. Selbst zwischen den Prüfungsstationen bestehen erhebliche umweltbedingte Unterschiede, wie die Ergebnisse der Wollsortierung zeigen (s. Kap. 2.3). Das gleiche gilt selbstverständlich auch für den Vergleich der Leistungsangaben von Tieren verschiedener Zuchtunternehmen oder Rassen. Daraus resultiert die Bedeutung der an Prüfstationen durchgeführten Nutzwertprüfungen.

In der Großtierzucht und beim Kaninchen auch in kommerziellen Zuchtunternehmen wird der Vielzahl der bei der Leistungsbewertung von Zuchttieren zu berücksichtigenden Gesichtspunkte durch die Verwendung eines Selektions- oder Zuchtwertindex Rechnung getragen. Dieser ermöglicht einen objektiven Vergleich bei der Auswahl von Zuchttieren. Er errechnet sich aus

– dem vom Tier selbst und /oder von seinen Verwandten (Eltern, Voll- und/oder Halbgeschwister) erbrachten Leistungen bei den Leistungsmerkmalen (Zuchtwertteilen), welche bei der Selektion berücksichtigt werden sollen (z. B. Wachstum, Futterverwertung, Fortpflanzung, Wollertrag u. a.)

– dem Erblichkeitsgrad

– dem Umfang, in welchem diese Leistungen die Wirtschaftlichkeit beeinflussen

Als Vergleichsmaßstab dient der Durchschnitt der Indexwerte aller in den Vergleich einbezogenen Tiere (z. B. Rammlerjahrgang, Stallgefährten im Prüfungsdurchgang einer Station). Der Durchschnitt entspricht 100. Tiere mit einem Indexwert unter 100 liegen in ihrem Zuchtwert unter dem Durchschnitt. Liegt der Indexwert darüber, dann ist mit großer Wahrscheinlichkeit anzunehmen, daß das betreffende Tier die wirtschaftlich relevanten Leistungen verbessert.

6 Hilfsmittel für Zucht und Management

W. Schlolaut

6.1 Kennzeichnung

Die Kennzeichnung beschränkt sich beim Kaninchen in der Regel auf die Zuchttiere, um in Verbindung mit dem Zucht- oder Stallbuch eine schnelle und sichere Identifizierung zu ermöglichen. Sie schafft die Grundlage für züchterische Maßnahmen und die Leistungskontrolle zwecks Überwachung der Wirtschaftlichkeit, sofern die Kaninchenhaltung zu Erwerbszwecken erfolgt.

Folgende Verfahren sind in Anwendung:

Tätowieren – Mittels einer Tätowierzange werden Löcher, als Zahlen oder Buchstaben angeordnet, in die Oberhaut an der Ohrinnenseite gestanzt. In diese wird eine hierfür bestimmte Tätowierfarbe eingerieben, die dann bei der Vernarbung einwächst. Als Beispiel für die Anordnung der Zahlen oder Buchstaben wird auf das Kennzeichnungsschema des Zentralverbandes Deutscher Kaninchenzüchter verwiesen (Tab. 24).

Vorteile: Die Tätowiernarben sind, in Abhängigkeit von der Arbeitsqualität, bei weißer Hautfarbe problemlos lesbar und dauerhaft.

Nachteile: Die Lesbarkeit ist bei pigmentierter Haut erschwert. Die Tätowierung

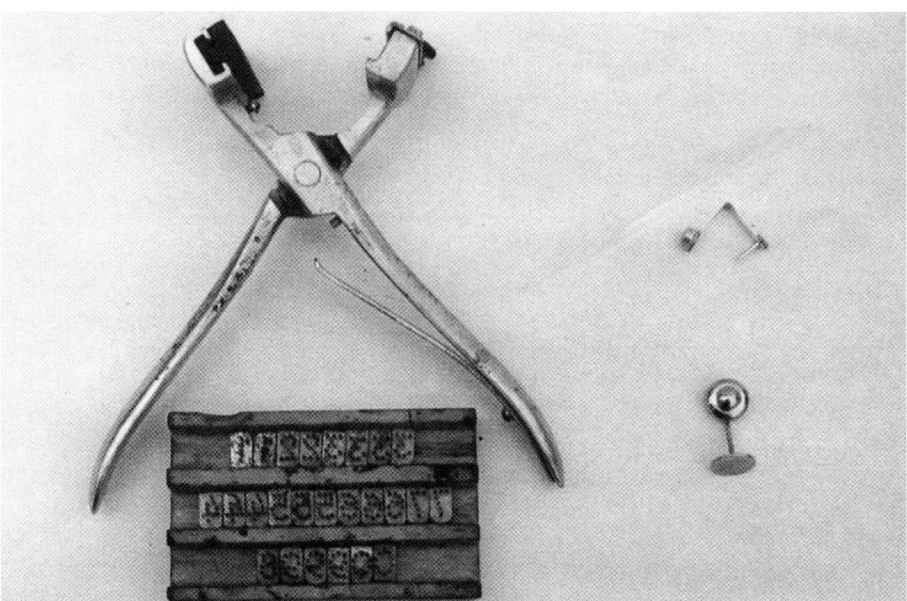

Abbildung 83: Geräte für die Kennzeichnung: Links Tätowierzange mit Zahlen. Rechts (oben): Klammer- und (unten) Knopf-Ohrmarke

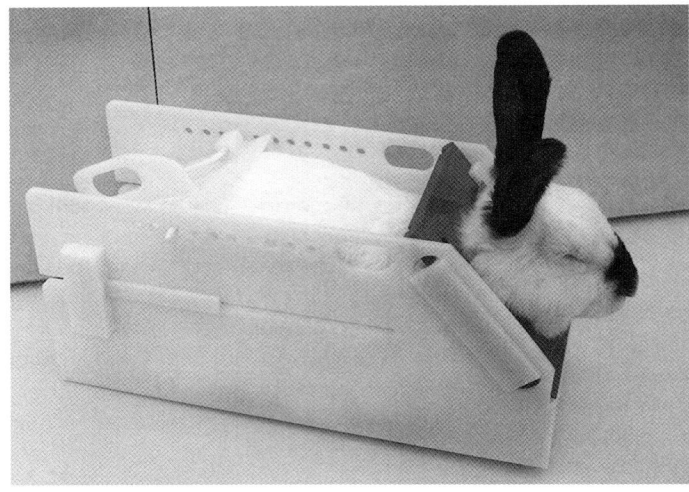

Abbildung 84: Tätowierungsbox für die Fixierung bei der Tätowierung und bei Behandlungen.

erfordert einen relativ großen Aufwand an Arbeitszeit. Für die Fixierung der Tiere ist eine zweite Person erforderlich oder eine der Größe der Tiere anzupassende Fixierungsbox.

Ohrmarken – Knopf- oder klammerförmige Marken aus Metall oder Kunststoff werden in der oberen oder unteren Hälfte des Ohres an dem nach hinten zeigenden Ohrrand angebracht bzw. bei Knopfmarken in der Mitte des Ohres, neben der zentralen Ohrvene.

Vorteile: Die schnelle Durchführung der damit verbundenen Arbeiten ist auch einer Person allein möglich. Leicht lesbar.

Nachteile: Die Ohrmarken können verlorengehen, insbesondere durch Ausreißen,

Tabelle 24: Kennzeichnungsschema bei Tätowierung*

Linkes Ohr			
Zahlenfolge:	Geburtsmonat	Jahrgangsendzahl	Eintragungsnummer in Jungtierregister
Beispiel: Tätowierung:	März 3	1981 1	50 50
Rechtes Ohr			
	Buchstabe des Bundeslandes		Vereinsnummer
Beispiel: Tätowierung:	Hessen-Nassau H		Verein Stadtallendorf 521
* Entsprechend Handhabung beim Zentralverband Deutscher Kaninchenzüchter (ZdK)			

wenn das Tier damit am Drahtgeflecht des Käfigs oder an der Fütterungs- und Tränkeinrichtung hängenbleibt. Einwachsen der klammerförmigen Marken, wenn beim Einziehen bei Jungtieren nicht das Wachsen der Ohren berücksichtigt wird.

Farbe – Wasserlösliche Farbe, wie sie auch zur Kennzeichnung der Schafe gebräuchlich ist, wird mit Hilfe von Sprühgeräten oder Kennzeichnungsstiften auf das Fell aufgetragen. Wird beispielsweise zur Kennzeichnung von Schlachttieren eingesetzt.

Vorteile: Die Tiere brauchen nicht unbedingt eingefangen zu werden.

Nachteile: Keine dauerhafte Kennzeichnung möglich. Die Farbskala ist begrenzt. Daher ist nur eine beschränkte Differenzierung möglich.

6.2 Stallkarten und Zuchtbuch

Die eine schnelle Information ermöglichende Erfassung der Daten aus dem Einsatz der Zuchttiere und der Überwachung des Betriebsablaufes schafft die Voraussetzungen für den züchterischen ebenso wie für den wirtschaftlichen Erfolg.

Überwachung der *Fortpflanzungsleistung* – Der Datenerfassung bei den Zuchttieren dienen die an den Käfigen angebrachten Stallkarten (s. Abb. 85 – 88). Sofern ein entsprechendes Programm vorhanden ist, tritt in größeren Betrieben an deren Stelle das mobile Datenerfassungsgerät, welches die direkte Übertragung in den Datenspeicher eines PC ermöglicht.

Abbildung 85: Die Stallkarten für die Häsinnen können oberhalb der Käfige aufgehangen werden. Farbige Plastikklammern unterhalb derselben weisen auf durchzuführende Maßnahmen hin, wie z. B. Decken, Trächtigkeitskontrolle, Absetzen, Behandlungen oder Merzen (System Zika).

Zika-Basiszucht
Stallkarte für Häsinnen

Häsin:		geb. am		Vater:		Mutter:			
	gedeckt			Anzahl					Bemerkungen
lfd. Nr.	am	von Rammler	Wurftag	lebend	tot	zugesetzt (+) weggesetzt (–)	abgesetzt	Datum	
1									
2									
3									
4									
5									
6									

Zika-Basiszucht
Kontrolliste für Häsinnenbestand

Reproduktionsleistungen für Zeitraum von:					bis:			
Deck- oder Besamungs-datum	♀ in Zucht	♀ ge-deckt	Würfe gesamt	Junge			Absetz-datum	Bemerk.
				lebend geb.	tot geb.	abge-setzt		

Abbildung 86: Beispiele für eine Stallkarte für Zuchthäsinnen sowie eine Liste zur Überwachung des Häsinnenbestandes.

Muster einer
Mastkontrolliste   **Stall-Nr.**

| Tiere eingestellt am: _____ Alter: ___ Tage ___ Gewicht b. Mastbeg. insges. ___kg |
| Anfangstierzahl: _____   Gewicht b. Mastende insges. ___kg |
| Tierbestand Mastende ___ Alter: ___ Tage ___ Gewicht b. Mastende/Tier ___kg |

Verluste			Futterzuwage		Bemerkungen
Datum	Stück	Durchschn. Gewicht kg	Datum	Ge- wicht kg	Behandlungen Befunde

Abbildung 87: Mastkontrolliste

Käfig/Box-Nr.: _____ Rasse: _____

geb.: _____ Kennz. r.: _____ l.: _____

Vater: _____ Mutter: _____

Kontrollkarte für Rammler   **Ka 3**

gedeckt am	Häsin Nr.	Wurf am	Wurfzahl		gedeckt am	Häsin Nr.	Wurf am	Wurfzahl	
			lebend	tot				lebend	tot

Abbildung 88: Beispiel einer Stallkarte für Rammler

Im Produktionsbetrieb kann die Zahl der bei den Häsinnen und Rammlern erfaßten Daten so weit eingeschränkt werden, daß lediglich eine Entscheidung über die weitere Verwendung oder Merzung ermöglicht wird.

Mastkontrolle – Bei den Masttieren kann sich die Datenerfassung darauf beschränken, bei Stichproben das Gewicht der Tiere in einzelnen Käfigen bei der Einstallung und vor dem Schlachten sowie die zugeteilte Futtermenge festzuhalten. Um letzteres zu ermöglichen, ist das Futter sack- oder kübelweise in einem Plastikbehälter vor der betreffenden Bucht/Käfig aufzustellen. Dadurch erübrigt sich eine häufige Zuwaage. Für die Wirtschaftlichkeitskontrolle reicht es aus, wenn lediglich für den jeweiligen Stall insgesamt das Mastfutter und die Schlachtgewichte registriert werden.

Ausstellungstiere – Bei Ausstellungstieren kommt es darauf an, daß sich zur Zeit der Ausstellungsperiode das Gewicht innerhalb des Bereiches von Optimalgewicht (Höchstpunktzahl) und Maximalgewicht bewegt. Die am Käfig/Bucht befestigte Stallkarte dient der Registrierung der bei der Gewichtskontrolle festgestellten Gewichte und der Menge der Kraftfutterzuteilung.

6.3 Leistungs-, Zucht- und Nutzwertprüfungen

Leistungsprüfungen in der Tierproduktion sind Untersuchungen, die der Beurteilung von Zucht- und Nutztieren sowie von Produktionsmitteln dienen. Im einzelnen werden unterschieden:

Zuchtwertprüfungen

Zweck: Schaffung von objektiven Kriterien für die Selektion von Zuchttieren, um im Rahmen der Reinzucht die Leistungen der Nachkommen zu verbessern (s. Kap. 2, 4 u. 5).

Wegen der größeren Nachkommenzahl von männlichen Zuchttieren und dem mit Zuchtwertprüfungen verbundenen Aufwand werden zur Beschleunigung des Zuchtfortschrittes bevorzugt Jungrammler geprüft.

Bei den der Selektion von künftigen männlichen Zuchttieren dienenden Zuchtwertprüfungen wird davon ausgegangen, daß im Rahmen der Reinzucht die bei den Prüfungstieren ermittelten Leistungen in Abhängigkeit von dem Verwandtschaftsgrad auch auf die Nachkommen übertragen werden bzw. auch bei den Geschwistern anzutreffen sind (s. Kap. 5.6). Die sicherste Aussage über den Zuchtwert ermöglicht die Prüfung der Nachkommen selbst. Hierzu ist der zu prüfende Rammler an mindestens 4 weder mit ihm noch miteinander verwandte Häsinnen anzupaaren. Bei Mastleistungsprüfungen sind aus jedem Wurf jeweils 2 weibliche Jungtiere im Alter von 4 Wochen für die Prüfung aufzustallen. Je älter die Tiere bei Prüfungsbeginn sind, desto weniger sind die ermittelten Leistungen erblich bedingt. Wegen der für Nachkommenprüfungen notwendigen relativ großen Zahl von Prüfungstieren aus verschiedenen Müttern ist dieses Verfahren jedoch mit einem großen Kostenaufwand belastet. Es werden deshalb, wo dies möglich ist, Eigenleistungsprüfungen bevorzugt. Die geringere Genauigkeit der Zuchtwertschätzung wird hierbei durch die Möglichkeit der Prüfung einer größeren Zahl von Tieren bzw. die Hinzuziehung von Ergebnissen verbessert, welche von Geschwistern stammen (Tab. 23). Zuchtwertprüfungen bei Kaninchen auf Fleisch- und Mastleistung werden wegen des damit verbundenen relativ hohen finanziellen Aufwandes und des geringen öffentlichen Interesses an Leistungssteigerungen beim Kaninchen nicht an staatlichen Prüfungsstationen durchgeführt. Abgesehen davon wäre auch das hygienische Risiko von Eigenleistungsprüfungen verhältnismäßig groß, da zumindest die überdurchschnittlichen Rammler nach der Prüfung in die Zuchtbetriebe zurückgehen und Krankheiten verbreiten könnten.

Zuchtwertprüfungen werden daher in der Regel im Zuchtbetrieb selbst durchgeführt (Feldprüfung), da der züchterische Erfolg dem Züchter wirtschaftliche Vorteile bringt. Ausnahme beim Kaninchen: Angorakaninchen-Leistungsprüfungen (ALP) (26). Zur Zeit der Einführung dieser Prüfungen bestand ein öffentliches Interesse an der Leistungssteigerung (s. Kap. 2.3), und die Bestandesgrößen waren für eine wirksame Schätzung des Zuchtwertes zu klein. Angesichts der derzeitigen Gefährdung der deutschen Population sind die Zuchtwertprüfungen im Rahmen der ALP ein Beitrag zur Erhaltung dieser Rasse. Erste Prüfungen auf Mastleistung und Schlachtwert wurden in Deutschland 1963 am Tierzuchtinstitut in Göttingen und 1964 am Tierzuchtinstitut in Halle durchgeführt (s. Kap. 2.3). Eine lange Tradition haben auf diesem Gebiet auch die in Dänemark durchgeführten Prüfungen.

Tabelle 25: Mastleistung und Schlachtwert verschiedener Kaninchenrassen

		Deutsche Riesen weiß	Deutsche Widder grau	Groß-Chinchilla	Helle Groß-silber	Blaue Wiener	Neuseeländer weiß	Holländer	Klein-Chinchilla	Kleinsilber gelb
Mastendgewicht	kg	4,31	3,69	2,97	2,94	2,85	2,67	1,67	1,84	1,67
Tageszunahme	g	49	37	40	38	31	41	31	25	27
Futter/kg Zuwachs	kg	3,3	3,5	3,2	3,5	3,6	3,1	2,9	3,5	3,4
Schlachtausbeute	%	59,2	57,8	57,1	57,7	59,6	57,4	56,5	56,3	56,6
Anteil am Schlachtkörper:										
Rücken und Keule	%	7,1	7,8	7,6	7,4	7,6	7,9	8,1	8,6	8,7
Kopf	%	48,6	49,1	48,4	49,0	49,8	47,6	48,2	47,6	48,7

Wie die Ergebnisse einer Vergleichsprüfung verschiedener Kaninchenrassen in Neu-Ulrichstein demonstrieren, bestehen in der Mastleistung zwischen den Rassen erhebliche Unterschiede. Den Unterschieden im Gewicht wurde hierbei in der Weise Rechnung getragen, daß das Mastendgewicht auf 60 % des Gewichts der ausgewachsenen Tiere der betreffenden Rasse begrenzt wurde. Der Vergleich zwischen den Blauen Wienern und den Weißen Neuseeländern zeigt, daß die letzteren trotz eines geringeren Gewichts um 30 % höhere Tageszunahmen als die Blauen Wiener haben. Auch bei der Futterverwertung gibt es Hinweise dafür, daß die Mastleistung einer Rasse nicht immer von deren Größe abhängig ist.

Tabelle 26: Ergebnisse einer Nutzwertprüfung auf Reproduktions- und Mastleistung (66)

		Zika Hybriden	Hyla Hybriden	Rassen-kreuz. R x WN	Neuseel. weiß
Reproduktionsleistungen:					
Alter b. 1. Besamung	Tage	115	113	115	114
Konzeption bei 10 Besamungen im Abstand v. 33 Tagen	%	81	74	84	79
Zwischenwurfzeit	Tage	39	43	39	42
Geborene Jungtiere/Wurf	Stück	8,4	9,3	9,4	8,0
Abgesetzte Jungtiere/Wurf	Stück	7,3	8,1	8,3	7,1
Alleinfutter/Jungtier b. z. Absetzen m. 25 Leb.tag	kg	2,02	1,89	1,63	1,92
Mastleistung:		DR x (R x WN)			
Gewicht bei Mastende	kg	3,04	2,83	2,9	2,68
Tägl. Zunahme	g	48	41	40	38
Mastdauer	Tage	51	55	59	59
Tägl. Alleinfutteraufnahme	g	143	138	141	125
Alleinfutter/kg Zuwachs	kg	3,00	3,39	3,52	3,34

Bei der Fortpflanzungsleistung sind die Hybriden und die Rassenkreuzungen den reinrassigen Weißen Neuseeländern überlegen, wobei sich die Kreuzungshäsinnen den Hybriden als ebenbürtig erwiesen.

Nutzwertprüfungen

Zweck: Vergleichende Untersuchung von Tieren verschiedener Rassen oder Endprodukte von Kreuzungszuchtverfahren sowie von Produktionsmitteln (Mischfutter, Futterzusätze, Stalleinrichtungen) zwecks objektiver Information der Erzeuger bzw. Kaninchenhalter.

Nutzwertprüfungen werden in unabhängigen (meist staatlichen) Einrichtungen durchgeführt. Sie sind mit der Aufgabe von Materialprüfungen und Warentests im industriellen Bereich vergleichbar.

Über den vorrangigen Zweck beider Prüfungsarten hinaus sind diesen folgende Begleiteffekte gemeinsam: Das bei Zucht- und Nutzwertprüfungen von Tieren anfallende Datenmaterial ermöglicht über den eigentlichen Zweck der Prüfungen hinausgehend die Durchführung von Populationsanalysen hinsichtlich des Erblichkeitsgrades der erfaßten Leistungen (bei Reinzuchttieren) sowie des Futterbedarfes und der -verwertung, ferner der Produktqualität. Die Diskussion mit den Beschickern derartiger Prüfungen motiviert zur Untersuchung von Maßnahmen, die der Optimierung der Umweltbedingungen als Voraussetzung für die Ermittlung von Leistungsunterschieden dienen. Nutzwertprüfungen fördern die Markttransparenz und den wirtschaftlichen Erfolg der sonst nur auf die Aussagen einer absatzorientierten Werbung angewiesenen Erzeuger. Sie erfüllen somit die gleiche Funktion wie Warentests und Materialprüfungen im gewerblichen Bereich oder die Sortenprüfungen bei Nutzpflanzen.

Auf dem Gebiet der Kaninchenhaltung wurden bislang in Deutschland folgende Nutzwertprüfungen durchgeführt:

1. Rassenvergleichsprüfungen auf Zucht- und Mastleistung (Tab. 25)

2. Vergleichsprüfungen von Rassenkreuzungen und Linienhybriden auf Zucht- und Mastleistung sowie Schlachtwert (Tab. 26)

3. Futterwertleistungsprüfungen von Handelsmischfutter und Futterzusatzstoffen

4. Prüfung von Stalleinrichtungen

Für die Prüfungen unter 1 und 2 gelten die Richtlinien der Deutschen Landwirtschafts-Gesellschaft (DLG) vom 12. 10. 1979 in der neuen Fassung vom Dezember 1995. Die detaillierten Ergebnisse der Prüfungen unter 1 bis 3 liegen bei der Hessischen Landesanstalt für Tierzucht, Neu-Ulrichstein, vor. In der Kategorie 4 wurden bislang verschiedene Rostböden vom Institut für Tiermedizin und Tierhygiene, Universität Hohenheim, geprüft.

7 Fortpflanzung

K. Löhle

Der züchterische und wirtschaftliche Erfolg der Kaninchenhaltung hängt wesentlich von der Zahl aufgezogener Jungtiere ab. Bei nur wenig Nachkommen ist die Selektionsbasis eingeschränkt, und es ergibt sich die Notwendigkeit, auch Rammler und Häsinnen für die Reproduktion einzusetzen, die dem Zuchtziel bzw. den gewünschten Produktionseigenschaften nicht entsprechen. Außerdem stehen weniger Schlachttiere zur Verfügung. Es gilt weiter zu bedenken, daß eine große Jungtierzahl die Haltungs- und Fütterungskosten sowie den Arbeitsaufwand – bezogen auf das Produkt – erheblich verringert.

Im allgemeinen kann festgestellt werden, daß die Haustiere unter der Obhut der Menschen mehr Nachkommen bringen als ihre wild lebenden Vorfahren; das gilt besonders für Schweine und Geflügel. Diese Tatsache beruht auf günstigen Umweltbedingungen und züchterischer Arbeit.

Das europäische Wildkaninchen, die Stammform unseres Hauskaninchens, bringt pro Häsin und Jahr im Durchschnitt 4 bis 6 Würfe, wobei 4 bis 8 Jungtiere pro Wurf durchaus als normal angesehen werden können. Das ist insgesamt gesehen eine beachtliche Reproduktionsleistung, besonders wenn man bedenkt, daß in den Wintermonaten »Fortpflanzungsruhe« besteht. Es gilt zu berücksichtigen, daß sich natürlich auch die Nachkommen vermehren; durch die geometrische Progression entstehen kaum glaubhafte Populationserweiterungen. Unter ganzjährig sehr günstigen Bedingungen, wie in Australien, könnten von einem Kaninchenpaar innerhalb von 3 Jahren theoretisch 13 Mio. Nachkommen erzeugt werden (5). Diese Zahlen werden durch viele natürliche Feinde und Krankheiten erheblich unterschritten; es ist daher mit hohen Verlusten zu rechnen.

Umfragen haben ergeben, daß in Rassekaninchenzuchten pro Häsin und Jahr meist nur 1,5 bis 3 Würfe erzielt werden. Diese Limitierung erfolgt allerdings durch den Züchter. Eine Rolle spielt die termingebundene Beschickung von Ausstellungen. Aufgrund von Mangelernährung bei kombinierter Fütterung (s. Kap. 9.7.2) besteht vielfach Scheu vor Überlastungen der Tiere. Außerdem ist man geneigt, menschliche Empfindungen auf die Tiere zu übertragen.

Daß unsere Hauskaninchen zu beträchtlich höheren Fruchtbarkeitsleistungen befähigt sind, ist bekannt: 8 bis 10 Würfe pro Häsin und Jahr sowie gute Aufzuchtergebnisse werden in gewerblich orientierten Betrieben erzielt. Diese Leistungen sind jedoch nur unter optimalen Bedingungen, insbesondere bei Deckung des Nährstoffbedarfs, möglich.

7.1 Geschlechtsorgane

Beim Rammler liegen die Keimdrüsen (Hoden, Testikel) als samenbildende Organe in der Leistengegend. Einen Hoden-

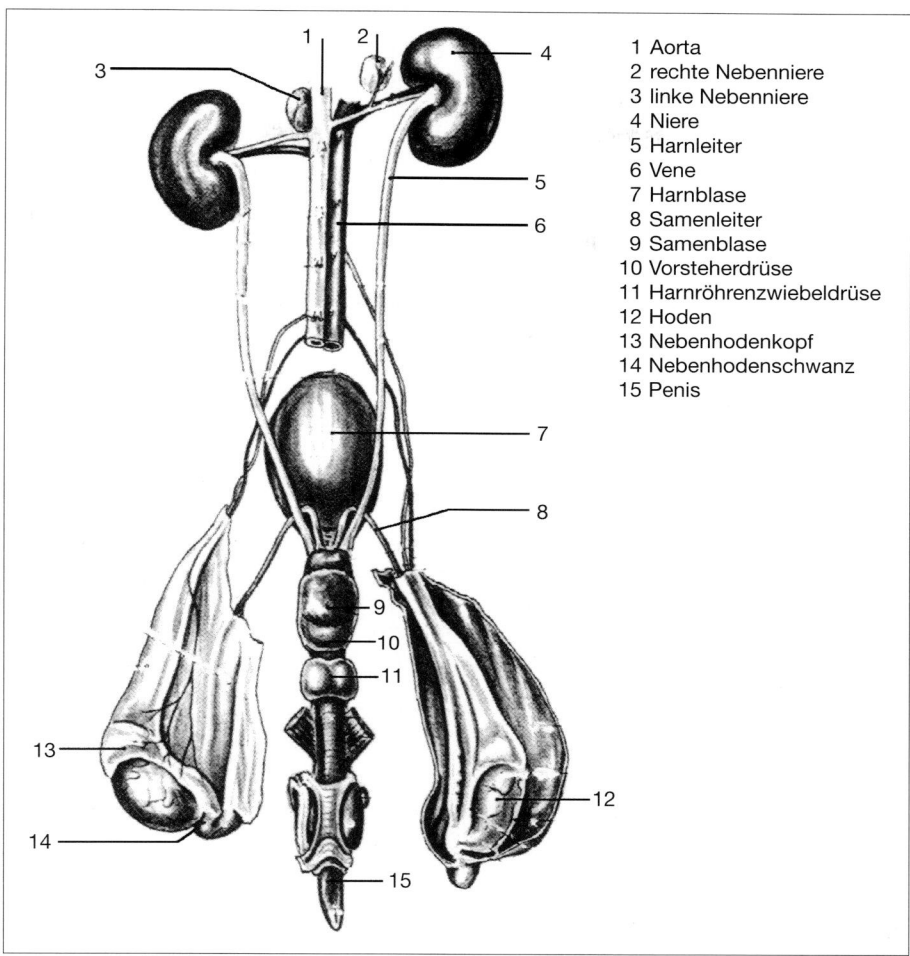

1 Aorta
2 rechte Nebenniere
3 linke Nebenniere
4 Niere
5 Harnleiter
6 Vene
7 Harnblase
8 Samenleiter
9 Samenblase
10 Vorsteherdrüse
11 Harnröhrenzwiebeldrüse
12 Hoden
13 Nebenhodenkopf
14 Nebenhodenschwanz
15 Penis

Abbildung 89: Harn- und Geschlechtsorgane des Rammlers (nach Barone und Mitarb., aus Koch 1981 – veränderte Bezeichnungen).

sack im eigentlichen Sinne, wie er bei vielen Säugetierarten üblich ist, besitzen Kaninchen nicht. Es handelt sich hierbei vielmehr um »taschenähnliche Gebilde« (Skrotalsäcke). Auffällig sind die Länge und geringe Breite der Hoden (3:0,8), was ihnen spindelförmiges Aussehen verleiht. Insofern unterscheiden sich die Hoden in ihrer Form von den mehr oval gestalteten Keimdrüsen anderer männlicher Säugetiere.

Die Hodengrößen der Rammler sind rasseabhängig; Zwergkaninchen haben naturgemäß kleinere als große Rassen. Die Länge variiert von 2 bis 5 cm; die Breite von 0,5 bis 1,2 cm. Außerdem bestehen noch beträchtliche individuelle Unterschiede. Da enge Beziehungen zwischen Samenproduktion und Hodengröße nachgewiesen wurden, kann eine Selektion auf letztgenanntes Merkmal durchaus vorteilhaft sein. Mit Hilfe jeweils ei-

151

nes gut ausgebildeten Muskels (Kremaster) ist der Rammler in der Lage, bei Erregung oder zwecks Temperaturregulation die Hoden in die Bauchhöhle (Leistenkanal) hochzuziehen. Diese Tatsache gilt es bei der Kastration zu berücksichtigen. Wird mit der flachen Hand Druck auf den Unterbauch ausgeübt, gelingt es in den meisten Fällen, die Testikel wieder in die Skrotaltaschen zurückzubefördern. Dem Hodenkörper, in dem die Samenzellen

gebildet werden, schließt sich der Nebenhoden an; hier erfolgt die Lagerung der Spermien. Weiterhin sind die Samenleiter sowie die sogenannten Geschlechtsanhangsdrüsen zu nennen, deren Sekrete bei der Ejakulation den Samenzellen beigemischt werden; sie sind für die Befruchtungsfähigkeit bedeutungsvoll. Der gelegentlich im Sperma gefundene »Gallertpfropf« sollte entfernt werden, da bei der künstlichen Be-

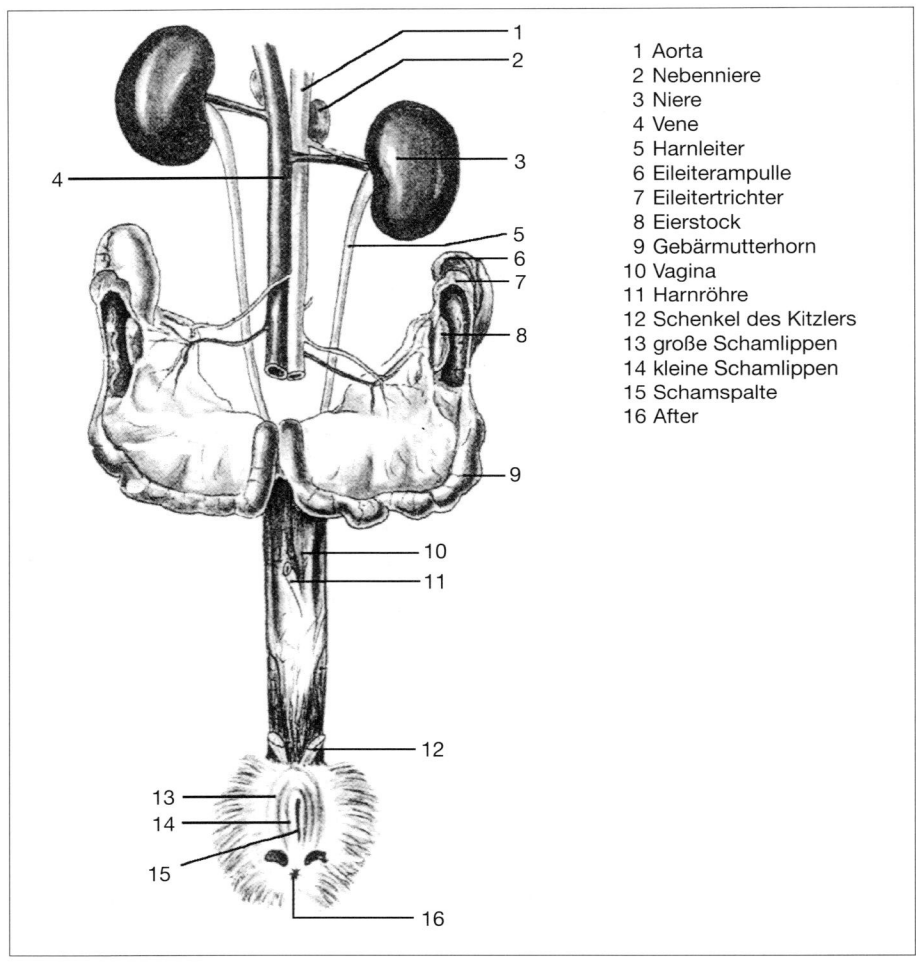

1 Aorta
2 Nebenniere
3 Niere
4 Vene
5 Harnleiter
6 Eileiterampulle
7 Eileitertrichter
8 Eierstock
9 Gebärmutterhorn
10 Vagina
11 Harnröhre
12 Schenkel des Kitzlers
13 große Schamlippen
14 kleine Schamlippen
15 Schamspalte
16 After

Abbildung 90: Harn- und Geschlechtsorgane der Häsin (nach Barone und Mit., aus Koch 1981 – veränderte Bezeichnungen).

samung verdünntes Sperma infundiert wird.

Den Endteil des männlichen Geschlechtsapparates bildet der Penis, der meist nur bei sexueller Erregung sichtbar ist. In der inaktiven Phase liegt er nach hinten gerichtet in der Vorhaut. Seine Form ist zylindrisch mit etwas dünnerem Ende. Im versteiften Zustand hat er eine Länge von 3 bis 5,5 cm.

Die Häsin besitzt paarig angelegte Eierstöcke (*Ovarien*) in denen die Eizellen gebildet werden, und zwar in den sogenannten Graafschen Follikeln (*Eibläschen*). Beiden Eierstöcken schließt sich je ein trompetenartig erweiterter Eileiter an (*Tuba uterina*), der danach etwa stricknadelähnliche Dicke sowie eine Länge von 10 bis 15 cm besitzt und in die Hornspitze der Gebärmutter (*Uterus*) einmündet. Die beiden identischen Hörner vereinigen sich scheinbar vor dem Gebärmutterhals (*Cervix*). Bei genauer Betrachtung ist aber festzustellen, daß sie weiterhin getrennt bleiben, so daß letztlich zwei Öffnungen in die Scheide (*Vagina*) einmünden und sich zapfenartig vorwölben. Der äußerlich sichtbare Teil der Scheide wird als Scheidenvorhof, Scham oder Vulva bezeichnet. Im bauchseitigen (ventralen) Winkel befindet sich der Kitzler (*Klitoris*).

7.2 Physiologie der Fortpflanzung

Die Paarungsbereitschaft der Häsin und der nachfolgende Deckakt werden durch das sogenannte Sexualzentrum, das im Zwischenhirn liegt, gesteuert und zwar auf hormonellem Wege. Beim Rammler wird durch ein kompliziertes Zusammenspiel auch mit anderen Hormonen, die im Hoden (*Testosteron*) und der Schilddrüse (*Thyroxin*) gebildet werden, die Deckbereitschaft (*Libido*) ausgelöst. Zahlreiche weitere Faktoren beeinflussen die Vorgänge entscheidend wie Lichteinwirkung, Umgebungstemperatur, Anwesenheit paarungswilliger Häsinnen usw. Die Lichteinwirkungsdauer beeinflußt unter natürlichen Verhältnissen die Paarungsbereitschaft und die Befruchtungsquote in der Weise, daß in den Monaten mit kurzen Nächten (gleichzeitig zunehmende Tageslänge) die höchsten Werte zu beobachten sind. Bei ganzjährigem Zuchteinsatz wurden bei einer gleichbleibenden Lichteinwirkung von täglich 16 Stunden die besten Ergebnisse erzielt. Die Lichteinwirkungsdauer sollte 14 bis 16 Stunden nicht unterschreiten. Bei den Rammlern brachten allerdings 12 Stunden bessere Ergebnisse. Der Geschlechtsgeruch brünstiger Häsinnen stimuliert die Deckfreudigkeit der Rammler. Mit Hilfe eines speziellen Geruchsorgans (*Jacobsonsches Organ*), das sich zwischen Nasen- und Mundhöhle befindet und viele Rezeptoren besitzt, werden die weiblichen Duftstoffe geortet. Dabei kann man gelegentlich das sogenannte Flehmen beobachten, eine bestimmte Atemtechnik, die äußerlich durch das Hochziehen der mit einem Spalt versehenen Oberlippe erkennbar ist. Der sexualspezifische Geruch (*Pheromone*) wird von besonderen in der Leistengegend angeordneten Drüsen, aber auch mit dem Harn abgegeben. Bei Kaninchen spielt die Orientierung nach dem Geruch eine große Rolle; die Fläche ihrer Riechschleimhaut ist mit ca. 9 cm^2 um ein Mehrfaches größer als die der Menschen. Die Zahl der Riechzellen pro cm^2 der genannten Schleimhaut beträgt < 120.000 (141).

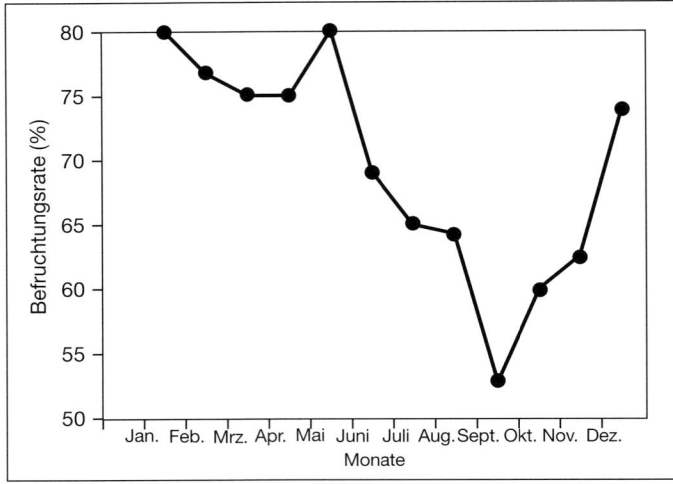

Abbildung 91:
Beziehungen zwischen der Jahreszeit und Fruchtbarkeit von Häsinnen (nach Angaben von Hagen) (aus 100).
Es ist ersichtlich, daß die Fruchtbarkeitsleistung in den Sommer- und Herbstmonaten deutlich niedriger liegt als in anderen Jahreszeiten. Dieser Einfluß wird durch die Ovulationsauslösung vor der Besamung ausgeschaltet.

Sind die Vatertiere geschlechtlich erregt, erhöht sich ihre ortsbewegliche (lokomotorische) Aktivität. Die für die Paarung erforderliche Versteifung des männliches Gliedes wird durch erhöhten Zufluß arteriellen Blutes und Minderung des Abflusses bewirkt. Das stellt eine Voraussetzung für die Ejakulation dar.

Einige Autoren machten die Beobachtung, daß die Spermaqualität bei Normalhaar- und Angorakaninchen annähernd gleich ist; sie wird nicht durch die Länge des Vlieses beeinflußt (125). Andere Autoren kamen zu gegensätzlichen Ergebnissen (15). Längere Wolle verminderte die Spermamenge und erhöhte den Anteil morphologisch veränderter Samenzellen. Die differenten Auffassungen beruhen vermutlich auf unterschiedlichen Klimabedingungen, unter denen die Kaninchen gehalten wurden.

Übereinstimmung besteht darin, daß durch höhere Umgebungstemperaturen nachteilige Effekte zu verzeichnen sind. Im Sommer liegt die Zahl abnormer Spermien beträchtlich höher als zu anderen

Jahreszeiten; es wurden genotypische Unterschiede beobachtet.

Bei nichttragenden, geschlechtsreifen Häsinnen befinden sich an den Eierstöcken jederzeit Graafsche Follikel unterschiedlicher Größe. In ihnen entwickeln sich die für die Befruchtung erforderlichen Eizellen. Das geschieht unter maßgeblichem Einfluß bestimmter Hormone der Hirnanhangdrüse (Hypophyse), die auch für die spätere Bildung des sogenannten Gelbkörpers verantwortlich sind. Außerdem fördern sie die Produktion weiblicher Sexualhormone (Östrogene) am Eierstock.

Die Follikel füllen sich zunehmend mit Flüssigkeit, wobei ihre Wandungen immer dünner werden. Der Reifungsprozeß dauert ca. 18 Tage. Die Follikel bleiben noch eine Woche bestehen, dann schließt sich eine Rückbildungsphase an. Gleichzeitig reifen andere Eibläschen heran. Die Zahl der reifen Follikel am Ovar variiert im Verlauf des Jahres. Sie ist in den Monaten Dezember bis Juni erhöht und sinkt während der heißen Sommermonate (47). Kommt es aufgrund bestimmter Einflüsse zum Platzen der Bläschen (*Ovulation*), gelangen die Eizellen in den trichterförmigen Teil des jeweiligen Eileiters. Durch Flimmerepithel wird das Ei weiterbefördert. Im oberen Teil des Eileiters (*Ampulle*) findet dann die Befruchtung statt, sofern der Deckakt oder die künstliche Besamung erfolgreich verliefen. Einen Sexualzyklus, wie er beim Rind oder Schwein üblich ist, besitzen Häsinnen nicht. Das für die Ovulation erforderliche Hormon wird kontinuierlich produziert und in die Blutbahn abgegeben, allerdings in kleinen Mengen, die für eine Freigabe des Eies nicht ausreichen. Um diesen Vorgang einzuleiten, bedarf es größerer Hormonmengen, die dann erst durch Reizwirkung beim Deckakt freigesetzt werden. Die notwendigen Reize entstehen nicht nur bei Einführung des männlichen Begattungsorgans in die Scheide, sondern verschiedentlich bereits beim Vorspiel, vor allem beim Aufsprungs- und Umklammerungsreflex. Deshalb kann auch durch das sogenannte Reiten zweier Häsinnen eine Ovulation provoziert werden. Bisweilen treten danach auch Symptome einer Trächtigkeit auf; da naturgemäß eine Befruchtung nicht stattgefunden hat, handelt es sich nur um Scheinträchtigkeit.

Die Auffassung, daß Häsinnen keinen Brunstzyklus, sondern Dauerbrunst besitzen, blieb nicht unwidersprochen (161). Einige Autoren sind der Auffassung, daß ein saisonal (jahreszeitlich) bedingter Östruszyklus besteht. Die Angaben über die Länge variieren in den meisten Fällen zwischen 5 und 16 Tagen. Zur Klärung der Verhältnisse sind weitere wissenschaftliche Untersuchungen am Ovar und an Zelltypen von Vaginalabstrichen erforderlich. Für den Züchter ist die Problematik vor allem in bezug auf die Paarungsbereitschaft der Häsinnen von Interesse.

Die Tatsache, daß einige Häsinnen den Rammler ablehnen und andere wiederum stets paarungsbereit sind, beruht offenbar darauf, daß in Kaninchenpopulationen die Sexualhormonmengen einer Normalverteilungskurve entsprechen. Ein Teil der Gruppe ist mit den Hormonen mangelhaft, ein anderer größerer Anteil normal und ein dritter im Überfluß ausgestattet.

Die Häsinnen der erstgenannten Gruppe lehnen den Rammler ab bzw. nehmen ihn nur selten an. Der größere Teil der Population läßt sich jederzeit decken. Tiere der letztgenannten Gruppe besitzen mehr Sexualhormone als erforderlich; dadurch kann der Eisprung bereits durch Berührung der Tiere oder Transport ausgelöst werden. Das führt u. U. zu Scheinträchtigkeit; diese Häsinnen nehmen ebenfalls keinen Rammler an (118).

Der Zeitpunkt, zu dem die Hoden bzw. Eierstöcke funktionstüchtig werden und sich allmählich die sogenannten sekundären Geschlechtsmerkmale einstellen, kann stark variieren. Der Beginn dieses als Geschlechtsreife bezeichneten Lebensabschnittes der Tiere hängt von vielen Faktoren ab. Dazu gehören Rasse, Geschlecht, Lichtregime, Fütterungsverhältnisse und Geburtsmonat. So sind kleine Rassen eher geschlechtsreif als mittlere oder große Rassen. Tiere mit hoher Wachstumsintensität bzw. vorrangig auf Fleischleistung gezüchtete Rassen oder Genotypen zeichnen sich ebenso wie Kreuzungstiere durch Frühreife aus. Bei Häsinnen tritt die Geschlechtsreife eher ein als bei Rammlern. Ähnliches ist im Vergleich zu den im Frühjahr geborenen Häsinnen bei Muttertieren der Fall, die aus Herbstwürfen stammen. Die Erblichkeitsgrade für »Frühreife« liegen im niederen bis mittleren Bereich. Durch systematische Zuchtwahl ist es möglich, den Beginn des Reproduktionsvermögens vorzuverlegen; das trifft für alle Rassen zu. Die Geschlechtsreife tritt bei ausschließlicher Konzentratfütterung einige Wochen früher ein als bei extensiver Ernährung.

Rammler machen bereits im Alter von 50 bis 70 Lebenstagen erste Deckversuche. Mit 100 Tagen erfolgen Paarungen, wobei allerdings die Spermaqualität noch unbefriedigend ist. Häsinnen lassen sich bisweilen schon im Alter von 10 bis 12 Wochen decken; Ovulationen finden aber noch nicht statt (69).

Aufgrund der großen Variabilität des Merkmals Geschlechtsreife ist es problematisch, Durchschnittswerte zu nennen. Die publizierten Daten können lediglich als Orientierungshilfe dienen.

In der neueren Fachliteratur werden Angaben über den Eintritt der Geschlechtsreife gemacht, die mehrere Wochen bis zu einigen Monaten früher liegen als in älteren Publikationen. Die Differenzen sind im Selektionsfortschritt in Verbindung mit zweckentsprechender Fütterung begründet. Handelt es sich um Tiere mit nicht ausgeschöpftem Wachstumsvermögen, beginnt die Geschlechtsreife bei kleinen Kaninchenrassen und Kreuzungen (Hybriden) mit 3 bis 4, bei mittleren mit 4 bis 5 und bei großen Rassen mit 7 bis 8 Monaten. Nur bei beliebiger Aufnahme von Alleinfutter ist es empfehlenswert, gleich bei Eintritt der Geschlechtsreife die Kaninchen zur Reproduktion einzusetzen. Anderenfalls sollte es erst bei der später folgenden Zuchtreife geschehen. Prinzipiell sind aber bei optimalen Aufzuchtbe-

dingungen die Zeitdifferenzen zwischen Geschlechts- und Zuchtreife nur gering.

Der Begriff Zuchtreife schließt vor allem die durch die Fütterung bedingte körperliche Verfassung der Tiere ein. Sie unterliegt denselben Einflußfaktoren wie die Geschlechtsreife und beträgt bei kleinen und mittelgroßen Rassen 6 bis 8 Lebensmonate, bei großen 5 bis 10 Monate, sofern extensiv oder kombiniert gefüttert wurde. Als Faustregel gilt, daß die Kaninchen dann zur Zucht benutzt werden können, wenn sie 75 bis 80 % ihres rassetypischen Normalgewichts erreicht haben. Bei beliebiger Aufnahme von Alleinfutter kann das Gewicht nur 60 % betragen. In diesem Zustand ist weder für die Häsinnen bzw. Rammler noch ihre Jungtiere mit körperlichen Nachteilen zu rechnen. Die gebildeten Körperreserven können später für die Milchproduktion genutzt werden. Bei einem zu spät gewählten Erstbedeckungsalter und der häufig damit verbundenen Mastkondition steigt die Zahl erfolgloser Paarungen erheblich an.

In der gewerblichen Fleischkaninchenproduktion mit Fütterungs- und Haltungsbedingungen, die das Wachstumsvermögen der Tiere voll ausschöpfen, werden die Kaninchen bereits in einem Alter von 120 bis 140 Tagen zur Zucht eingesetzt. Bei speziellen Linienhybriden erfolgt das schon mit 90 bis 110 Tagen.

In Abwesenheit von Vatertieren ist die Deckbereitschaft der Häsinnen nicht immer leicht erkennbar. Verschiedentlich deuten unruhiges Verhalten, Durchwühlen der Einstreu und häufige Harnabgabe diesen Zustand an. Relativ sichere Zeichen sind Anschwellen und rötliche bzw. blaurötliche Verfärbung der Schamlippen. Untersuchungen haben ergeben, daß sich von Häsinnen mit geröteter Vulva 90% und mit nicht geröteter nur ca. 10% decken ließen und befruchtet wurden (69). Natürlicherweise gibt es auch Ausnahmen. Streicht man einer deckwilligen Häsin mit der Hand über den Rücken und zwar im Gegenstrich der Haare, dann leistet sie keinen Widerstand und hebt ihre Hinterpartie an. Wird die Häsin zum Rammler gebracht, dann ist ihre Paarungsbereitschaft deutlicher feststellbar. Liegt diese vor, läßt sie sich ohne Widerstand vom Vatertier beschnuppern und duldet durch ihr Sitzenbleiben den meist kurz danach erfolgenden Aufsprung, wobei sie in gestreckter Lage ihre Hinterpartie anhebt und dadurch den Paarungsvorgang unterstützt. Häsinnen, die sich in eine Ecke drücken und mit nach unten gerichteter Blume ducken sowie mit den Hinterläufen auf den Boden schlagen, sind meist nicht hitzig.

Der Deckakt sollte nie erzwungen werden, Zwangsmaßnahmen sind unangebracht. Selbst wenn es doch noch zu einer Paarung kommen sollte, bleibt vielfach die Befruchtung aus. Unter diesen Umständen wird das Sexualzentrum der Häsin gehemmt und keine Ovulation ausgelöst. Nichts ist dagegen einzuwenden, wenn bei aggressiven Muttertieren deren Kopf festgehalten wird. Auf diese Weise können die Vatertiere vor Bißverletzungen geschützt werden; andernfalls ist damit zu rechnen, daß die Deckfreudigkeit (Libido) der Rammler leidet, besonders wenn es sich um jüngere, noch unerfahrene Tiere handelt.

Abbildung 92: Die Haltung des Rammlers im Rundkäfig beschleunigt den Deckakt. Die zum Decken zugesetzte Häsin kann nicht in einer Stallecke Zuflucht suchen. Wenn sie 2–3 Tage vorher mit dem Rammler Sicht- und Geruchskontakt hatte, ist die Befruchtungsrate höher.

Kommt eine Paarung nicht zustande, sollte die Häsin herausgenommen und in eine Bucht unter oder neben der des Rammlers gebracht werden. Geruchs- und Sichtkontakte wirken vielfach anregend, und manche vorher abweisende Muttertiere lassen sich danach bereitwillig decken.

7.3 Natürlicher Deckakt

Im natürlichen Zuchtbetrieb ist, in Abhängigkeit von der Länge des Wurfintervalls, ein Rammler für 10 bis 20 Häsinnen ausreichend. Aus Sicherheitsgründen sollte noch ein Reservetier vorgesehen werden. Empfohlen wird, Jungrammler anfänglich nur ein- bis zweimal wöchentlich zu verpaaren; später ist eine viermalige Zuchtbenutzung pro Woche möglich. Bei stärkerer Beanspruchung sind Ruhepausen von 6 bis 8 Tagen zu gewähren. Es soll aber auch darauf hingewiesen werden, daß sich sowohl übermäßige als auch zu geringe Sexualbeanspruchungen der Vatertiere, wie das in der Rassekaninchenzucht der Fall ist, nachteilig auswirken können. Mehrmonatige Ruhepausen führen bei entsprechendem Futterangebot zur Verfettung, mindern die Decklust und verschlechtern die Spermaqualität.

Die Paarung sollte stets in der Bucht bzw. im Käfig des Rammlers erfolgen; die Vatertiere sind in ihrer gewohnten Umgebung deckfreudiger. Außerdem wird die Häsin durch den typischen Geruch des Rammlerkäfigs sexuell stimuliert. Bringt man hingegen den Rammler zur Häsin, wird er abgelenkt und beschnuppert Einstreu sowie Futtertröge; die Häsin bleibt gewisse Zeit unbeachtet. Der Rammler streicht bisweilen mit seinem Kinn über im Stall befindliche Gegenstände. Mit dem Sekret einer zwischen den Unterkieferknochen der Kaninchen und Hasen befindlichen Kinndrüse (Submandibulardrüse) wird das Terrain markiert. Im günstigen Fall kommt es zu einem verzögerten Deckakt, meist sind Beißereien die Folge.

Die eigentliche Paarung geht schnell vonstatten. Es folgen Aufsprung und Umklammerung; unter rhythmischen Bewegungen des Hinterkörpers versucht das Vatertier, mit seinem versteiften Begattungsorgan die Vagina zu finden. Ist das der Fall, werden die Friktionsbewegungen fortgeführt, bis durch plötzliches Zusammenziehen der Samenleitermuskulatur die Ejakulation in den vorderen Scheidenraum erfolgt. Äußerlich erkennbar ist das durch den kräftigen Nachstoß. Der Vorgang wird begleitet durch Kontraktionen besonders der Beckenmuskulatur. Außerdem erhöhen sich Atemfrequenz und Herztätigkeit. Danach läßt sich der Rammler seitlich von der Häsin herabfallen, er verweilt häufig im engen Kontakt zu ihr in dieser Lage. Untersuchungen haben ergeben, daß auch bei Kaninchen Orgasmus eintreten kann. Bei Häsinnen äußert sich das in Kontraktionen von Scheide und Gebärmutter in Intervallen von 0,8 sec.

Der Kitzler vergrößert sich dabei, er kann eine Länge von 3 bis 4 mm erreichen. Durch die rhythmischen Muskelbewegungen des Genitaltraktes werden die Spermien schneller in den Eileiter transportiert, als das sonst bei ausschließlicher Eigenbewegung der Samenzellen mit Hilfe ihrer Schwänze möglich wäre. Die Paarung dauert nur wenige Minuten; sie ist vom Züchter oder Halter unbedingt zu überwachen. Keinesfalls dürfen sich die Tiere selbst überlassen bleiben. Eine

Tabelle 27: Der Einfluß des Doppelsprunges auf die Abstammung der Nachzuchttiere (160)

Deckintervall vom 1. zum 2. Sprung (Stunden)	Abstammung der Jungtiere vom	
	1. Rammler (%)	2. Rammler (%)
0	46,4	53,6
2	67,2	32,8
4	74,3	25,7
6	74,8	25,2
8	93,1	6,9
24	100,0	0,0

Wurden Häsinnen von 2 Rammlern unmittelbar nacheinander gedeckt, stammen mehr als 50 % der Jungtiere vom 2. Rammler ab. Mit zunehmendem Deckintervall wurde der Einfluß des 1. Rammlers immer größer. Erfolgte das Nachdecken 24 Stunden nach der 1. Paarung, blieb der Einsatz des 2. Rammlers in bezug auf Nachzucht erfolglos.

Tabelle 28: Spermaqualitätsmerkmale von Kaninchenrammlern

Autor	Ejakulatvolumen ml	Spermienkonzentration Millionen pro Mikroliter (µl)	Spermienanteil mit Vorwärtsbeweglichkeit %
Schütze (1973)	0,75	0,3	50
Kuttner u. Mit. (1975)	0,55	0,8 – 1,3	50 – 75
Horvath (1980)	0,2 – 2,0	0,2	50 – 70
Paufler (1985)	0,2 – 1,5	0,2 – 0,3	60 – 80
Schilling u. Mit. (1986)	0,5 – 0,7	0,5 – 0,6	50 – 60

Die Daten stellen Orientierungshilfen dar. Sie werden von zahlreichen Faktoren beeinflußt wie Rasse, Lebensalter, Absamrhythmus, Haltung und Fütterung.

Ausnahme bildet die Gruppenhaltung. Nach erfolgtem Deckakt ist die Häsin sofort wieder in ihren Stall umzusetzen. Unmittelbar aufeinanderfolgende Doppelsprünge bringen keine Verbesserung der Trächtigkeitsverhältnisse. Sie sollten deshalb unter bleiben, besonders wenn es sich um stark beanspruchte Rammler handelt. Sicht- und Geruchskontakt mit dem Rammler einige Tage vor dem Decken fördern die Paarungsbereitschaft der Häsin.

Es empfiehlt sich, bei der Zuchtplanung so zu verfahren, daß mehrere Muttertiere in einem eng begrenzten Zeitraum gleichzeitig werfen. Wenn auch im Normalfall mit durchschnittlich 5 bis 8 Jungtieren zu rechnen ist, bestehen doch große individuelle Schwankungen in der Zahl geborener Jungtiere (1 bis 18 Tiere). Man kann dann Überzählige den Muttertieren mit kleineren Würfen zusetzen.

Viele Züchter bringen die Häsin etwa 10 bis 14 Tage nach erfolgter Paarung erneut zum Vatertier; aus ihrem Verhalten läßt sich mit gewisser Wahrscheinlichkeit, jedoch nicht in jedem Fall, die Diagnose »trächtig oder nicht« stellen. Weicht die Häsin dem Rammler mit Klagelauten aus oder versucht sie, ihn durch aggressives Anspringen abzuwehren, liegt meist Trächtigkeit vor. Sehr selten tritt der Fall ein, daß das Muttertier tragend ist und sich trotzdem decken läßt. Es kann dann beim zweiten Deckakt zur erneuten Befruchtung kommen. Dieses Phänomen beruht auf Besonderheiten des weiblichen Geschlechtsapparates bei der Gattung Kaninchen und Hasen. In beiden Gebärmutterhörnern können sich Embryonen bzw. Föten von zeitlich unterschiedlichen Paarungen unabhängig voneinander entwickeln. Man bezeichnet das als Doppelträchtigkeit, Überbefruchtung oder Superfötation.

Die Konsequenz ist, daß ca. 4 Wochen nach dem 1. Decktermin Jungtiere geboren werden und ein 2. Wurf 14 Tage danach erfolgt; die Jungtiere sind in beiden Fällen normal ausgebildet. Bisweilen kommt es aber auch vor, daß beim Werfen nach der 1. Paarung die 14 Tage alten Feten, die aus der 2. Verpaarung stammen, mit ausgestoßen werden. Die Doppelträchtigkeit tritt nur selten auf. 10 bis 14 Tage nach dem Decken kann man daher die Häsin erneut zum Rammler bringen. Bei Paarungswilligkeit besteht im Regelfall Nichtträchtigkeit, deshalb ist ein Nachdecken am nächsten Tag ratsam.

Einige Autoren (69) halten allerdings das Verfahren für wenig erfolgversprechend, sie empfehlen ausschließlich eine Trächtigkeitsdiagnose durch Palpation (vgl. Kap. 7.5).

Werden Häsinnen kurze Zeit nach dem ersten Deckakt mit einem zweiten Rammler verpaart, dann können die aus einer Ovulationsperiode stammenden Eier von den Samenzellen beider Vatertiere befruchtet werden (Überschwängerung oder Superfecundatio). Die Folge ist, daß einige der am gleichen Tag geborenen Jungtiere von dem einen, der Rest vom anderen Vatertier abstammen. Jahreszeitliche und andere umweltbedingte Einflüsse auf das Reproduktionsgeschehen lassen sich wesentlich verringern (Tab. 27).

7.4 Künstliche Besamung

Bei Kleinbeständen wird das Fortpflanzungsgeschehen der Kaninchen fast ausnahmslos durch den natürlichen Deckakt bestimmt. Dieses Verfahren bereitet im allgemeinen wenig Probleme, es erfordert einen geringen Aufwand. Bei der Kaninchenproduktion im Großbetrieb kommt der Künstlichen Besamung größere Bedeutung zu. Aus hygienischen, arbeitsökonomischen und anderen Gründen werden die Tiere meist in Käfigen gehalten; dadurch wird der natürliche Deckakt erschwert. Durch die Künstliche Besamung kann den modernen Produktionsverfahren entsprochen werden. Die veterinärhygienischen Vorteile liegen in verbesserter Tiergesundheit durch Unterbrechung des Infektionsweges Vatertier/Muttertier. In Großanlagen, die in jedem Fall effektiv arbeiten müssen, wird

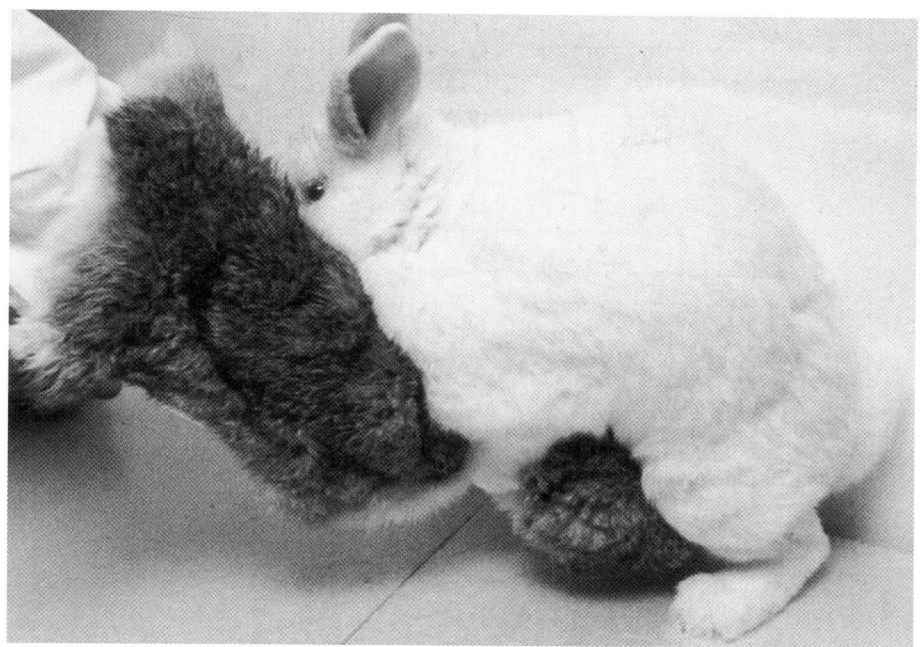

Abbildung 93: Spermagewinnung für die künstliche Besamung. Über dem Unterarm des Entsamers liegt ein Fell. In der Hand wird die künstliche Scheide gehalten.

die künstliche Besamung auch deswegen durchgeführt, weil zahlreiche Häsinnen die Rammler nicht annehmen und bestehende Deckungsunlust auch bei Vatertieren häufig Probleme bereitet. Der Zeitaufwand bei natürlicher Verpaarung würde unvertretbar hoch sein. Wie beim Wildkaninchen üblich, ist auch beim Hauskaninchen die Wiederbedeckung der Häsin 1–2 Tage nach dem Werfen durchführbar. Voraussetzung für den Erfolg dieser Maßnahme ist die Begrenzung der Säugezeit auf weniger als 28 Tage und die beliebige Aufnahme eines Mischfutters mit hoher Nährstoffkonzentration (s. Tab. 34). Weitere Gesichtspunkte, die den Einsatz der Künstlichen Besamung (KB) bei Kaninchen aller Haltungsformen rechtfertigen, sind die gleichen wie bei anderen Tierarten. Zu nennen sind züchterische Aspekte; es ist möglich, von

zuchtwertgeprüften, hochwertigen Vatertieren eine große Nachkommenzahl zu erzeugen. In Frankreich wurden zu diesem Zweck Besamungsstationen eingerichtet. Von einem Rammler kann wöchentlich so viel Sperma gewonnen werden, daß nach entsprechender Verdünnung ca. 100 Häsinnen damit besamt werden können; pro Jahr wären dies 5.000 weibliche Tiere mit 25.000 bis 30.000 Nachkommen, die von einem einzigen Vatertier abstammen.

Theoretisch ließen sich bei einer sehr guten Spermaqualität, die eine Spermaverdünnung von 1 : 20 zuläßt, sogar bis zu 100.000 Nachkommen von einem Rammler erzeugen oder, anders ausgedrückt, können 25.000 Inseminationen je Bock und Jahr durchgeführt werden (114). Aus vielerlei Gründen lassen sich

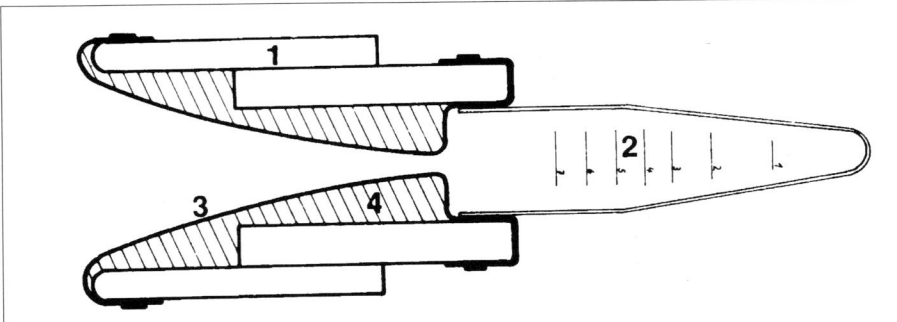

1 Äußeres Hartgummirohr. In dieses Rohr ist ein kleineres eingeschoben und an den Kontaktstellen verklebt worden.
2 Samenauffangglas
3 Dünner, weicher Innenschlauch
4 Mit Flüssigkeit (Glyzerin) gefüllter Innenschlauch zur Aufrechterhaltung der Temperatur von ca. 45 °C und zur Regulierung des Druckes

Abbildung 94: Schnitt durch eine künstliche Vagina zur Samenentnahme bei Rammlern (147), entsprechend dem Konstruktionsprinzip auf dem Markt befindlicher Fabrikate.

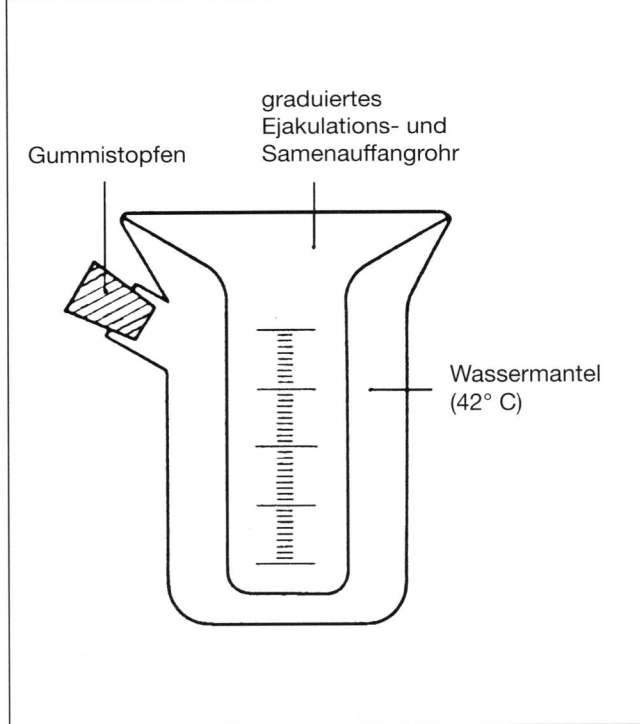

Gummistopfen

graduiertes
Ejakulations- und
Samenauffangrohr

Wassermantel
(42° C)

Abbildung 95:
Schnitt durch eine aus Glas gefertigte künstliche Vagina mit integriertem Samenauffangglas (6). Im doppelwandigen Glaskörper sind Ejakulationsraum und Samenauffangglas vereint. Das erleichtert die Reinigung und ermöglicht eine wirksame Sterilisierung.

diese Zahlen aber praktisch nicht erreichen. Ungeachtet dessen sind auch bei einer geringeren Sexualbeanspruchung Leistungsverbesserungen durch Künstliche Besamung in einem Ausmaß möglich, das durch den natürlichen Deckakt nicht realisierbar ist. Natürlich muß darauf hingewiesen werden, daß auch das Erbgut leistungsschwacher bzw. mit Anlagen für Erbkrankheiten ausgestatteter Rammler durch die KB weit verbreitet werden kann. Deshalb sollten die Vatertiere vor ihrem Einsatz zuchtwertgeprüft sein und weit über dem Durchschnitt liegende Leistungen aufweisen. Die Künstliche Besamung ermöglicht eine ganzjährige Nutzung der Zuchttiere; saisonbedingte Einflüsse können reduziert werden.

Die Spermagewinnung erfolgt fast ausschließlich mit Hilfe einer künstlichen Scheide. Sie wird von der Mehrzahl aller Rammler gut angenommen. Die Samenflüssigkeit kann vollständig und von Ausnahmen abgesehen, ohne Verschmutzung erhalten werden. Die Spermagewinnung setzt Deckfreudigkeit der Vatertiere voraus. Es gibt zahlreiche Modelle von künstlichen Scheiden. Sie bestehen meist aus einem äußeren Mantel aus Kunststoff, Hartgummi oder Glas. Ein entsprechender Gummi- oder Plastikschlauch wird durch den Mantel geschoben und fixiert. An der hinteren Öffnung befestigt man das Samenauffangglas, durch die vordere Öffnung kann der Rammler beim Deckakt den Penis einführen. Der Zwischenraum zwischen äußerem Mantelrohr und Innenschlauch wird mit einer wärmespeichernden Flüssigkeit (Glyzerin oder Wasser) gefüllt (Abb. 94, 95). Bewährt hat sich auch eine künstliche Vagina aus Glas, die aus einem modifizierten Samenauffangglas besteht, das mit einem Glashohlkörper umgeben ist, in den die wärmehaltende Flüssigkeit eingebracht wird. Auf diese Weise entfällt der Innenschlauch. Die Öffnung der Vagina muß gut abgerundet sein, damit beim Suchreflex und beim Einführen des Penis keine Verletzungen entstehen.

Die Temperatur der künstlichen Scheide soll 42° bis 45° C betragen. Führt der Rammler seinen Penis ein und Friktionsbewegungen durch, ohne daß es zu einer Ejakulation kommt, entspricht die Vaginentemperatur in der Regel nicht den Anforderungen, sie ist dann meist zu niedrig. Zur Samengewinnung wird die künstliche Vagina mit einer Hand umfaßt und ein handschuhartig zusammengenähtes Kaninchenfell so über den Arm gezogen, daß die Einführungsöffnung der künstlichen Scheide ein wenig das Fellende überragt (Abb. 93). Die Mehrzahl der Rammler nimmt ein solches Phantom an, besonders wenn durch Bewegungen des Armes das Verhalten der Häsinnen während des natürlichen Deckaktes imitiert wird.

Häufig wird aber auch zum Rammler ein anderes Kaninchen, am besten Häsin, gebracht, das die Aufmerksamkeit des Vatertieres auf sich lenkt. Kommt es zum Aufsprung, wird das zugesetzte Tier mit einer Hand fixiert und unter dessen Bauch die künstliche Vagina geschoben. Es erfolgen Umklammerungs- und Suchreflex und schließlich die Ejakulation. Vor dem Einsatz von Rammlern empfiehlt sich ein Training. Bei Jungtieren verbessern sich in der Regel Spermavolumen und -qualität je nach Rasse bis zum Alter von 8 bis 10 Monaten. Tiere mit mehrfach unbefriedigender Qualität sind von der Künstlichen Besamung auszuschließen.

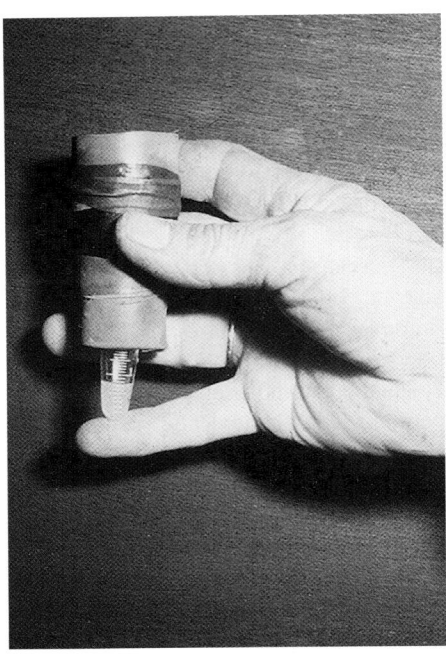 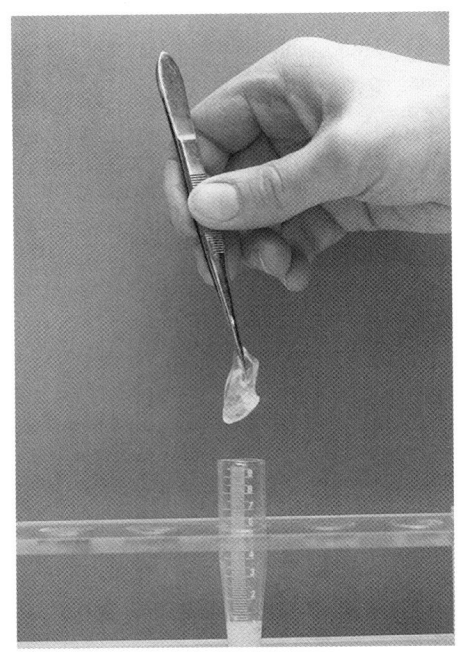

Abbildung 96: Künstliche Vagina mit Ejakulat.

Abbildung 97: Der, insbesondere nach längerer Deckpause, im Ejakulat anzutreffende Schleimtropf wird vor der Verdünnung des Spermas entfernt.

In Tab. 28 sind Angaben über Spermamenge und Spermienkonzentration enthalten. Man kann aber bereits grobsinnlich auf Grund der Konsistenz des Ejakulates Schlüsse auf die Zahl der darin enthaltenen Spermien (Dichte) ziehen; bei wäßrigen Ejakulaten ist in der Regel die Zahl der Spermien ungenügend. Milchige Samenflüssigkeit hat meist eine befriedigende, dickrahmige eine sehr gute Dichte. Ein wesentliches Qualitätsmerkmal ist die Vorwärtsbeweglichkeit der Samenzellen. Mehr als 60 % im Blickfeld des Mikroskopes sollen eine derartige Bewegungsform aufweisen. Auch der Anteil formmäßig abnormer Samenzellen gibt Hinweise auf die zu erwartende Befruchtungsfähigkeit. Bei mehr als 20 % veränderten Spermien (Mißbildungen am Kopf,

Mittelstück oder Schwanzteil) muß mit verminderter Fortpflanzungsfähigkeit gerechnet werden. Selbstverständlich ist zu prüfen, ob Bewegungsstörungen, veränderte Formen der Spermien usw. nachträglich durch unsachgemäße Behandlung des Ejakulates entstanden sind.

Zur Kontrolle der Reproduktionsmerkmale beim Rammler (Libido, Spermamenge, -dichte und -beweglichkeit) sollten einmal wöchentlich 2 Ejakulate innerhalb von 15 Minuten entnommen und geprüft werden (114).

Am besten bewährt hat sich die Besamung mit Frischsperma. Die Reproduktionsergebnisse sind im allgemeinen mit einer Konzeptionsrate von 70 – 80 %

164

recht gut. Um eine entsprechende Portionierung der Samenflüssigkeit vornehmen zu können und um schädliche Produkte des Spermienstoffwechsels zu »puffern«, empfiehlt sich eine Verdünnung der Ejakulate. Die zugegebenen Medien dienen gleichzeitig der Ernährung und dem Schutz der Samenzellen. Es gibt eine Vielzahl von »Fertigverdünnern« für Kaninchensperma, die sich bewährten und im Handel angeboten werden. Verwendung finden aber auch physiol. Kochsalzlösung mit 15 % Eidotter oder H-Milch (1,5 % Fett) + 15 % Eidotter und Antibiotika (100 IE Penicillin und 0,1 g Streptomycinsulfat). Eingesetzt werden kann auch »normale« Milch, die über 5 Min. auf 95° C erhitzt wurde. Bei kurzer Aufbewahrung sollten die Portionen nicht stark abgekühlt, sondern bei 15 bis 20° C und im Dunkeln gelagert werden (150).

Der Verdünnungsgrad richtet sich nach der Spermiendichte und dem Spermabedarf; im allgemeinen wird 1 : 1 bis 1 : 10 verdünnt. Eine Lagerung des verdünnten Spermas kann bis zu 2 oder 3 Tagen im Kühlschrank erfolgen. Die Abkühlung sollte langsam vorgenommen werden. In den letzten Jahren wurden in verstärktem Maße Untersuchungen über Langzeitkonservierung (Spermatiefgefrierung bei − 196° C) durchgeführt, um auch in der Kaninchenzucht die damit verbundenen Vorteile einer Spermalagerung über mehrere Jahre nutzen zu können. Die von der Praxis gestellten Erwartungen sind noch nicht voll erfüllt worden, obwohl zunehmend bessere Reproduktionsergebnisse erzielt wurden. Da die Methoden aufwendig sind und nur in kleinem Umfang praktiziert werden, wird hier auf eine Wiedergabe verzichtet.

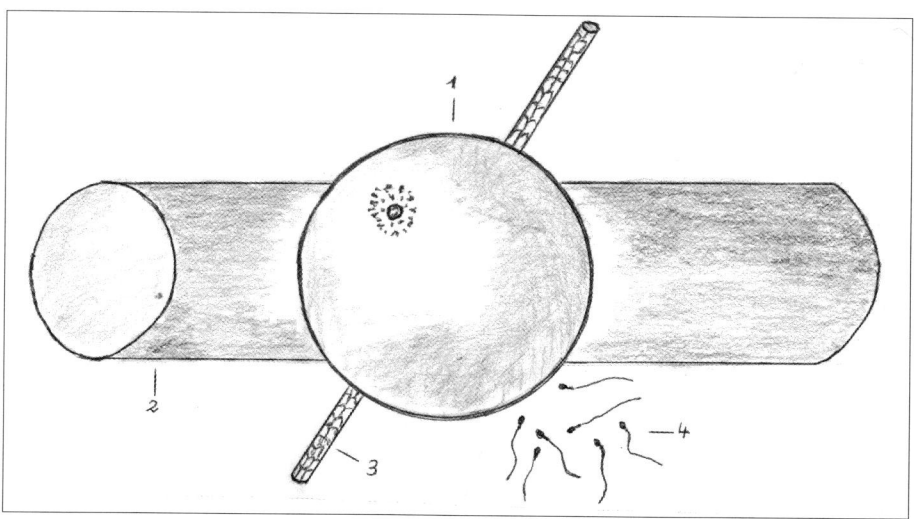

Abbildung 98: Größenverhältnisse zwischen
1. Kanincheneizelle (Ø 150 µm)
2. Menschenhaar (Ø 100 µm)
3. Angorakaninchenwollhaar (Ø 10 µm)
4. Kaninchenspermien (Länge 55 µm)
In der Abbildung werden die beträchtlichen Größenunterschiede zwischen Ei- und Samenzelle verdeutlicht. Vergleiche zum Menschenhaar und Wollhaar (Angorakaninchen) sollen zur Verbesserung des Vorstellungsvermögens dienen.

Sollen Häsinnen künstlich besamt werden, kann der Follikelsprung durch den Deckakt eines unfruchtbaren aber deckfähigen Rammlers ausgelöst werden. Dazu ist natürlich ein Vatertier nicht fähig, dem die Hoden entfernt worden sind; es zeigt keinerlei Geschlechtslust. Unterbindet man aber lediglich die Samenleiter, dann werden zwar im Hodengewebe die für die Deckfreudigkeit verantwortlichen Hormone gebildet, es kommt aber nicht zu einer Spermaabgabe. Aus vielerlei Gründen (veterinärhygienische Gesichtspunkte, Zeitaufwand bei Beobachtungen des Deckaktes usw.) hat sich besonders bei größeren Tierbeständen diese Verfahrensweise nicht bewährt. Deshalb wurde der Applikation bestimmter Hormone an Häsinnen der Vorzug gegeben; dazu

gehört das HCG (Humanes Chorion-Gonadotropin). Nachteilig ist, daß dieses Hormon in die Ohrvene injiziert werden muß und daß bei den Häsinnen Antikörperbildung auftreten kann; nach mehrmaliger Besamung sinken die Reproduktionsraten beträchtlich.

Einen wesentlichen Fortschritt in bezug auf die Ovulationsauslösung beim Kaninchen brachte die Applikation synthetischer Gn-RH-Präparate (115). Neben verbesserten Fruchtbarkeitsergebnissen, Ausbleiben von Immunitätserscheinungen bei mehrfacher Anwendung und der leicht durchzuführenden intramuskulären Injektion (Schenkel- oder Lendenmuskulatur) verringern sich jahreszeitlich und individuell bedingte Schwankungen der

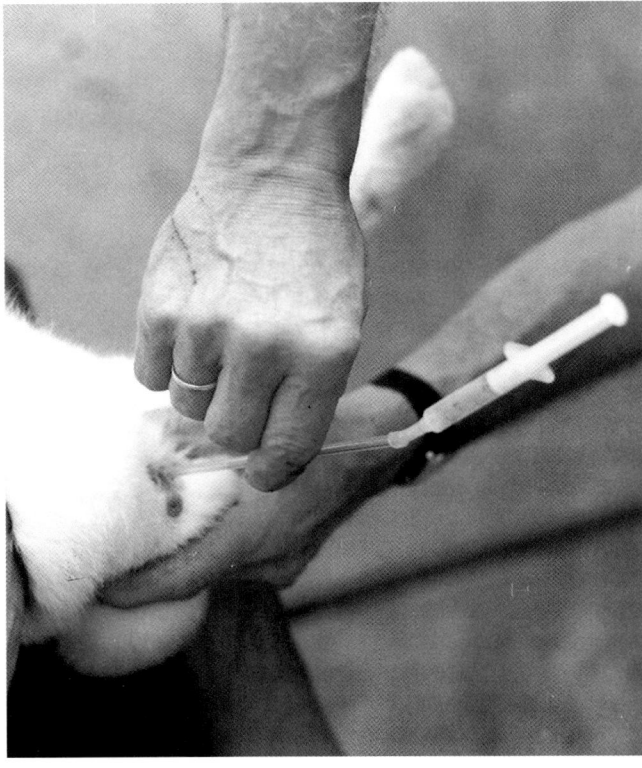

Abbildung 99: Einführung der Besamungspipette in die Vagina.

166

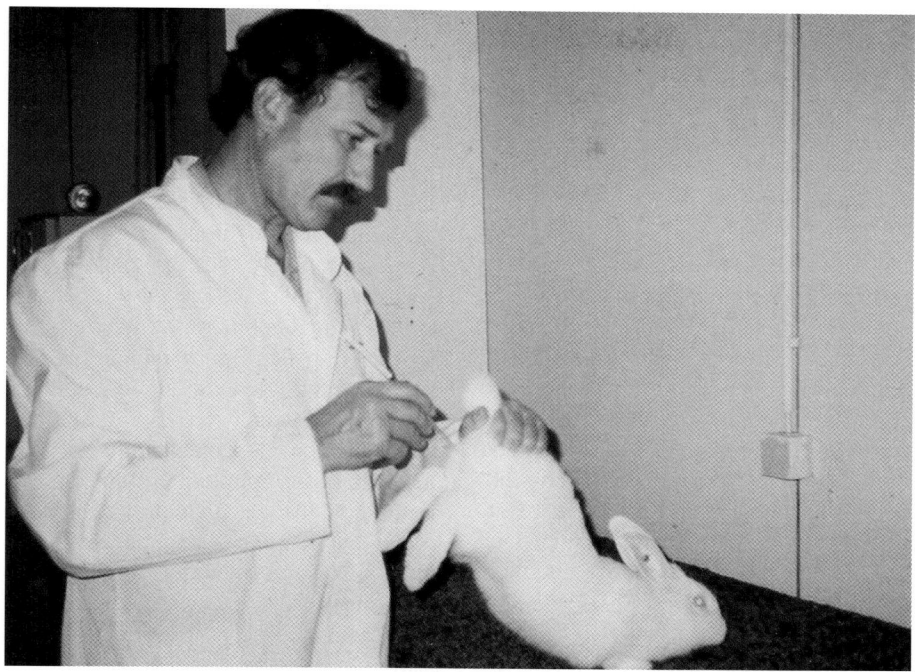

Abbildung 100: Mit einiger Übung und Geschicklichkeit läßt sich die Besamung auch von einer Person durchführen. Vielfach wird die Häsin in seitlicher Lage mit dem linken Arm fixiert.

Konzeptionsraten. Die Hormonverabreichung erfolgt bei Junghäsinnen 2 Std. vor und bei Alttieren zum Zeitpunkt der Besamung. Auf alle Fälle sind die von den Herstellern empfohlenen Anwendungsvorschriften zu beachten.

Die Zeitdifferenz zwischen Hormongabe und Samenübertragung beträgt in den meisten Fällen 0 bis 6 Stunden. Zur Insemination ist eine Person ausreichend (Abb. 100). Das Muttertier wird auf einen etwas erhöhten Tisch gesetzt und das Hinterteil wenig angehoben; der Kopf sollte dabei mit dem Arm fixiert werden. Die vorher mit der Spermaportion durch Unterdruck gefüllte Pipette wird langsam etwa 8 bis 15 cm in die Scheide eingeführt und die Samenflüssigkeit abgesetzt. Ist ein Rückfließen zu beobachten, muß

die Besamung wiederholt werden. Die Spermadosis beträgt 0,5 bis 1,0 ml. Sie sollte nicht unter 0,3 ml liegen und mehr als 20 Mio. Spermien enthalten.

Die Künstliche Besamung wird im Stallgebäude oder bei frei aufgestellten Kaninchenställen in einem in der Nähe gelegenen Raum durchgeführt. Die Pipetten sollen hygienisch einwandfrei in verschließbaren oder mit sterilen Tüchern abgedeckten Behältern aufbewahrt werden. Bei jeder Besamung ist eine vorher sterilisierte oder eine Einweg-Pipette zu verwenden. Die Angaben über den Zeitaufwand für eine Besamung einschließlich Spermagewinnung und -verdünnung schwanken zwischen 3 und 5 Minuten. Dabei muß es sich aber um gut eingearbeitete Kräfte handeln. Die Besamung ist ein gynäkologischer Eingriff. Peinliche Sauberkeit und fachgerechte Durchführung sind nicht nur unerläßliche Voraussetzungen für den Erfolg und die Gesundheit der Häsin, sie tragen auch den Forderungen des Tierschutzgesetzes Rechnung.

Die Befruchtungsergebnisse bei Einsatz von Frischsperma liegen meist über denen der natürlichen Paarung; das betrifft sowohl die Befruchtungsrate als auch die Zahl der Jungtiere pro Wurf. Bei Vergleichen ist zu bedenken, daß bei der natürlichen Verpaarung nur die Häsinnen in die Auswertung einbezogen werden, die sich decken ließen, während bei der KB-Statistik alle Muttertiere berücksichtigt werden, die für die Zucht oder die Vermehrung vorgesehen waren.

Mit zunehmender Lagerzeit flüssigkonservierter Ejakulate ist in den meisten Fällen ein Absinken der Befruchtungsfähigkeit zu verzeichnen. Einflußfaktoren sind weiterhin Verdünnermedien, das Verdünnungsverhältnis und die Zahl der insgesamt infundierten Spermien. Von großer Bedeutung sind die zur Ovulationsauslösung verwendeten Hormone. Durch Einsatz synthetischer Releasing-Hormone und eine terminorientierte Besamung konnte der Erfolg in den letzten Jahren erheblich verbessert werden. Die an einer größeren Tierzahl erzielten Befruchtungsergebnisse mit Frischsperma oder bei Kurzzeitlagerung schwanken zwischen 65 und 85 % (76). Bei Verwendung von Gefriersperma beträgt die Befruchtungsquote etwa 40 %. Hierbei bestehen hinsichtlich der Spermaeignung für dieses Verfahren erhebliche Unterschiede zwischen den Rammlern. Sie lassen eine Selektion auf diese Eigenschaft erfolgversprechend erscheinen.

7.5 Befruchtung und Trächtigkeit

Mit jedem Ejakulat werden – gesunde Rammler vorausgesetzt – viele Millionen Spermien abgegeben. Kaninchen gehören zu den mehrgebärenden Tieren. Es müssen ca. 1. Mio. Spermien in den Eileiter gelangen, wo die Verschmelzung von Ei- und Samenzelle stattfindet. Vorher gehen in den Spermien komplizierte biochemische Veränderungen vor sich, die einen Aufenthalt von 6 bis 10 Stunden im weiblichen Geschlechtsapparat voraussetzen (Kapazitation) und für die Befruchtungsfähigkeit bedeutungsvoll sind. In den Kopfkappen der Samenzellen befindet sich ein bestimmtes Ferment (Hyaluronidase); es ist in der Lage, die das Ei umgebende Zellschicht (corona radiata) sowie die darunterliegende Membran zu durchdringen. Dieser Vorgang wird durch einige 10.000 »Helferspermien« unterstützt. Erst dann wird der »Verschmelzungsprozeß« ermöglicht. Die Befruchtung der einzelnen Eizelle erfolgt jedoch durch jeweils nur ein Spermium. Das Vielfache an Samenzellen ist aber erforderlich, um die genannten Voraussetzungen zu schaffen. Die befruchtete Eizelle entwickelt sich durch Zellteilungen und -differenzierung weiter. Bereits 24 Stunden nach dem Deckakt findet die erste Zellteilung statt. Nach verschiedenen Zwischenstufen setzt sich ca. eine Woche nach der Befruchtung der »frühe Embryo« an der Uterusschleimhaut fest; durch den »Mutterkuchen« (Plazenta) wird eine enge Verbindung der Fruchthäute mit der Gebärmutter hergestellt; dadurch erfolgt die Ernährung der Embryonen bzw. Feten. Außerdem werden auch Antikörper der Häsin auf die Feten übertragen.

In der embryonalen Phase, die beim Kaninchen etwa bis zum 15. Trächtigkeitstag dauert, werden die Organe gebildet; in dem danach folgenden fetalen Zeitabschnitt entwickeln sich die Organfunktionen. Für das Fortbestehen einer Trächtigkeit sind mindestens 2 Feten oder 2 Plazenten erforderlich. Werden die Zahlen unterschritten, kommt es zum Absterben der Früchte. Das schließt nicht aus, daß auch Einlingsgeburten auftreten können. Verluste erfolgten vorher durch Resorption oder Verwerfen. Bemerkenswert ist die Tatsache, daß die Embryonen bzw. Feten in den ersten 3 Wochen der Trächtigkeit sehr langsam wachsen. In der noch verbleibenden kurzen Zeit von wenigen Tagen bis zum Werfen erfolgt dann eine beträchtliche Zunahme (Abb. 101).

Die kurze Trächtigkeitsdauer und hohe Wachstumsgeschwindigkeit der Feten besonders im letzten Trächtigkeitsabschnitt stellt an den Stoffwechsel der Häsin große Anforderungen, die es in bezug auf Fütterung, Haltung und Behandlung zu berücksichtigen gilt. Hohe Umgebungstemperaturen, Unterversorgung mit Eiweiß, Vitaminen und Mineralstoffen sowie unsachgemäßes Umgehen (Verletzungen durch Stöße usw.) können zu Fehlgeburten (*Abort*) führen. Besonders bei Hitze wird die Sekretionsrate einiger Hormone vermindert. Dadurch erfolgt eine Funktionsbeeinträchtigung der Uterusschleimhaut, die Verwerfen zur Folge haben kann. Das ist bei Häsinnen mit geringer Fetenzahl häufig am 17. bis 24. Trächtigkeitstag der Fall.

Die embryonale Sterblichkeit bei Kaninchen liegt höher, als allgemein angenommen wird. Die vorgeburtlichen Verluste betragen in der Präimplantationsphase (bis 7. Tag) 11 bis 14 %, im frühen Postimplantationsstadium (7. bis 14. Tag) 13 % und danach 5 %. Bei ca. 5 % aller Häsinnen sterben alle Embryonen bzw. Feten ab (47). Bei Normalhaarkaninchen kann insgesamt mit 40 % gerechnet werden, bei Angorakaninchen werden sogar 50 bis 60 % veranschlagt. Offenbar wirkt sich hier die erschwerte Wärmeregulation nachteilig aus, denn bei Angoras mit kurzem Haar liegt die embryonale Mortalität 10 % niedriger als bei denen mit langem Haar (16). Es ist deshalb empfeh-

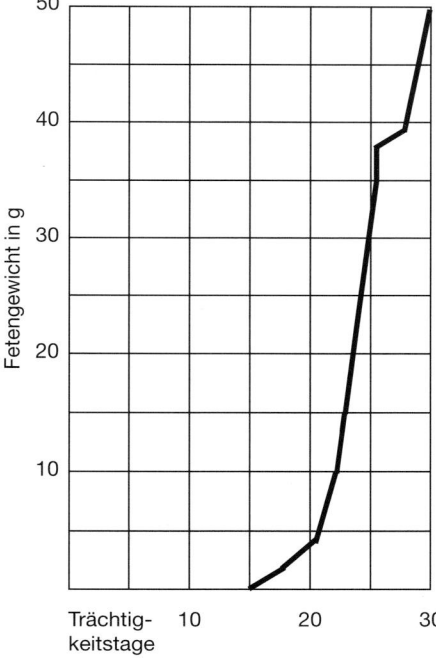

Abbildung 101: Fetale Entwicklung während der Trächtigkeit (131). In den letzten Tagen der Trächtigkeit nehmen die Jungtiere ca. 60 % ihres Geburtsgewichtes zu. Die Fütterung muß in dieser Zeit den hohen Nährstoffansprüchen Rechnung tragen, zumal, wenn die Häsin gleichzeitig säugt. Das Absinken der Laktationskurve ab der 3. Trächtigkeitswoche trägt dem höheren Nährstoffbedarf Rechnung (s. Abb. 109).

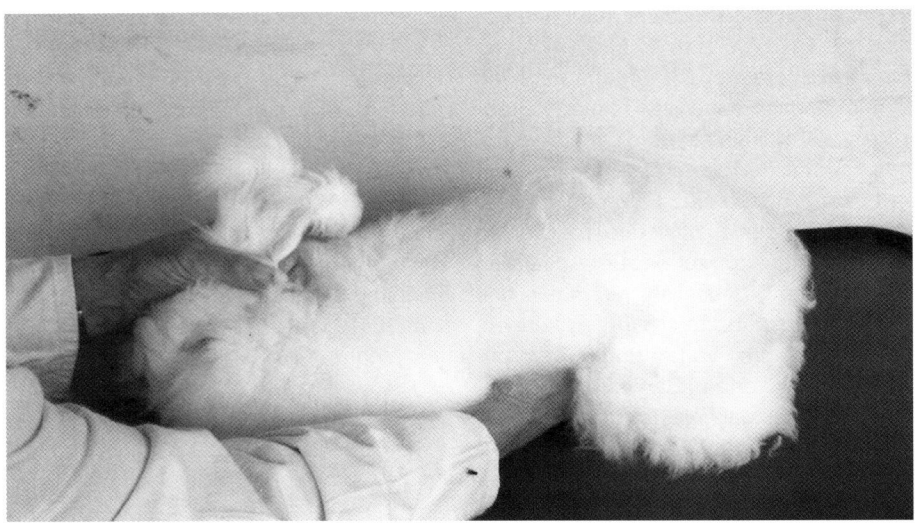

Abbildung 102: Ab 14 Tage nach dem Decken/Besamen läßt sich durch vorsichtiges Betasten der hinteren Partie des Bauches der Häsin feststellen, ob diese tragend ist.

lenswert, die Zuchthäsinnen vor dem Decken zu scheren.

Naturgemäß hat nicht jede Paarung Trächtigkeit zur Folge. Häsinnen, die sich bereits 14 Tage nach dem Decken Haare aus der Bauchregion rupfen und mit dem Nestbau beginnen, sind meist nicht trächtig. Trotzdem treten verschiedentlich Milchdrüsenschwellung und Milchsekretion auf. Diese durch hormonelle Fehlsteuerung bedingte »Scheinträchtigkeit« dauert etwa 16 bis 19 Tage; bisweilen sind die Muttertiere in dieser Zeit paarungswillig; es kommt aber fast nie zur Befruchtung, wenn der Deckakt vor dem 16. Tag stattfindet. Wurde er danach durchgeführt, sind die Prognosen günstiger.

Scheinträchtigkeit ist auch bei Häsinnen zu beobachten, die nie mit einem Rammler zusammen waren. Durch gegenseitiges Bespringen weiblicher Tiere untereinander oder durch taktile Reize beim Transport, Scheren u. a. können Ovulationen erfolgen. In jedem Fall entstehen Gelbkörper am Ovar, die ein Hormon bilden, das die weitere Eireifung unterbindet; sie besitzen allerdings nicht die Größe wie die bei normaler Trächtigkeit. Auch die abgegebene Hormonmenge ist etwas geringer. Auf alle Fälle gibt es aber Ähnlichkeiten mit den Verhältnissen bei normaler Trächtigkeit. Deshalb ist es schwer, die beiden Trächtigkeitsarten voneinander zu unterscheiden.

Wie bereits ausgeführt, kann man mit gewisser Sicherheit am Verhalten einer Häsin, die 14 Tage nach der Paarung wieder einem Rammler beigegeben wird, feststellen, ob Trächtigkeit vorliegt oder nicht. Eine genauere Diagnose ist aber durch vorsichtiges Abtasten der hinteren Bauchpartie des Muttertieres möglich, allerdings erst ab 14 Tage nach erfolgter Befruchtung. Zu einem früheren Zeitpunkt dürften Untersuchungen kaum erfolgreich sein, da die Embryonen bzw.

Feten in den ersten 14 Tagen der Trächtigkeit noch sehr klein sind. Die Palpation wird erleichtert, wenn das Muttertier mehrere Stunden nicht gefüttert wurde. Es empfiehlt sich, die Häsin mit dem Kopf zum Untersuchenden gewendet auf einen Tisch zu setzen. Eine Hand umfaßt die Beckenregion einschließlich Hinterläufe, die andere tastet mit gespreizten und leicht gebeugten Fingern die Nabelgegend und danach die Beckenunterseite ab. Die Feten liegen im vorderen und seitlichen Teil der Bauchhöhle, sie sind mit ihren Eihäuten in den meisten Fällen als perlschnurartige Vorwölbungen deutlich fühlbar. Verwechslungen mit den im Endabschnitt des Darmes liegenden kleineren Kotballen dürften bei einiger Übung kaum vorkommen (Abb. 102).

Die gegen Ende der Trächtigkeit eintretende Vergrößerung der Milchdrüsen gibt ebenfalls Anhaltspunkte zur Beantwortung der Frage, ob der Deckakt erfolgreich verlief oder nicht. Es gilt jedoch zu berücksichtigen, daß auch bei Scheinträchtigkeit solche Symptome auftreten.

Neuerdings erfolgen Trächtigkeitsbestimmungen mit Hilfe des Ultraschalles. Bereits 8 Tage nach dem Deckakt kann mit entsprechenden Geräten die Zahl der Embryonen bestimmt werden (47). Größere praktische Bedeutung hat die Methode bisher allerdings noch nicht erlangt.

Wieviel Würfe pro Häsin und Jahr gebracht werden sollten, hängt von der Zielsetzung ab, die in der Rassekaninchenzucht mit jährlich nur 1 bis 3 Würfen erheblich von der erwerbsorientierten Kaninchenfleischerzeugung abweicht. Abgesehen davon reicht bei der hier vorherrschenden kombinierten Fütterung auch die Nährstoffversorgung nicht für die Realisierung der beim Kaninchen veranlagten Fruchtbarkeit aus.

Das Kaninchen besitzt die fortpflanzungsphysiologischen Voraussetzungen, bis zu 11 Würfe pro Jahr zu bringen. Hohe Paarungsbereitschaft zeigen sowohl Wild- als auch Hauskaninchen bereits 1 bis 2 Tage nach dem Werfen; man bezeichnet das als »Wurfhitze«. Beim Wildkaninchen, aber auch bei anderen Säugetieren, die in Gemeinschaft leben (z. B. Sumpfbiber), werden die Muttertiere meist zu diesem Zeitpunkt gedeckt. Noch säugende Häsinnen sind dann schon wieder tragend. Da, wie bereits erwähnt, das Wachstum der Feten in den ersten drei Trächtigkeitswochen nur sehr langsam vor sich geht, ist die Doppelbelastung der Muttertiere offenbar nicht so groß, wie vielfach angenommen wird. Spätestens ab der 4. Trächtigkeitswoche kann jedoch die Häsin den Nährstoffbedarf für die gleichzeitige Produktion von Milch und die sich schnell entwickelnden Feten (s. Abb. 101), selbst bei beliebiger Aufnahme eines pelletierten Mischfutters, nicht mehr decken. Die Häsin muß daher um so mehr von ihrer Körpersubstanz für die Milchproduktion verwenden, je länger sie säugt (s. Kap. 9.7). Das schwächt ihre Widerstandskraft, verringert das Körpergewicht und die Entwicklung der Feten. Im Extremfall müssen diese wieder resorbiert werden (embryonaler Fruchttod) oder die Jungtiere werden lebensschwach geboren. Da die Nährstoffe des Futters vorrangig von der Häsin für die Milchbildung verwendet werden, ist allerdings bei ungenügender Fütterung damit zu rechnen, daß die Feten unterversorgt werden oder absterben und kleinere Geburtsgewichte zu verzeichnen sind. Die negativen Auswirkungen der Trächtigkeit bei gleichzeitiger Milcherzeugung sind daher um so größer, je länger die Säugezeit über den 21. Lebenstag hinaus ausgedehnt wird.

Der 2. Höhepunkt der Paarungsbereitschaft tritt beim Hauskaninchen nach dem Absetzen der Jungtiere auf. Die Erfahrung hat gezeigt, daß bei langen Wurfintervallen die Häsinnen häufig verfetten und viele »güst« bleiben. Werden Muttertiere nur selten zur Reproduktion genutzt, müssen sie durch Einschränkung der Nährstoffversorgung in Zuchtkondition gehalten werden.

Ein entscheidendes Merkmal für die Fruchtbarkeitsleistungen ist die Länge der Zwischenwurfzeit (Wurfintervall), sie wird durch den Wiederbedeckungszeitpunkt nach dem Werfen beeinflußt. Daraus ergeben sich wiederum Konsequenzen in bezug auf die Länge der Säugeperiode. In der Rassekaninchenzucht betragen die Zwischenwurfzeiten meist 120 bis 170 Tage. In der intensiv betriebenen Mastkaninchenproduktion liegen sie erheblich niedriger. Hier wird häufig die permanente Zuchtbenutzung angewendet, bei der die Häsinnen spätestens am 3. Tag nach dem Werfen gedeckt oder besamt werden. In einigen Anlagen erfolgt die Wiederbedeckung am 10. bis 15. Tag nach dem Werfen. Das Verfahren wurde eingeführt, weil gelegentlich Fruchtbarkeitsstörungen bei Häsinnen nach permanenter Zuchtbenutzung auftraten. Dadurch bedingt waren die Zwischenwurfzeiten trotz früher Bedeckung nicht kürzer als nach einer später erfolgten (101).

8 Geburt und Säugeperiode

W. Schlolaut

Abbildung 103: Das Zusammentragen von Nestmaterial kündigt bereits 1–3 Tage vorher die Geburt an. Wird dieses Verhalten bereits etwa ab dem 14. Tag nach dem Decken beobachtet, ist dies ein Zeichen für Scheinträchtigkeit.

Die durchschnittliche *Trächtigkeitsdauer* beträgt 31 Tage bei einer Variation von 29 bis 34 Tagen. Sie ist bei großer Wurfstärke kürzer und bei Einlingsgeburten am längsten. Die Geburt kündigt sich bereits 1 bis 3 Tage vorher durch Veränderungen des Verhaltens der Häsin an: Sie wird unruhiger und trägt Nestbaumaterial zusammen. Diesem Verhalten ist durch die Bereitstellung von Nestbaumaterial bei einstreuloser Haltung und den Zugang zum Wurfkasten spätestens ab dem 28. Tag nach dem Decken Rechnung zu tragen. Die hormonell bedingte Lockerung des Haarsitzes einen Tag vor und bis zu 2 Tagen nach dem Werfen erleichtert der Häsin das Rupfen der Haare und deren Verwendung als Nestbaumaterial. Dabei werden auch die Zitzen freigelegt. Das erleichtert in Anbetracht der kurzen Dauer des Säugens den Jungtieren den schnellen Zugang zu denselben beim Säugen.

Der Anstieg des Östrogens am Ende der Trächtigkeit begünstigt die Bereitstellung des Oxytocins, welches die Kontraktion insbesondere der Bauchmuskulatur und damit die Wehen auslöst. Diese erfolgen kurz hintereinander so lange, bis alle Jungtiere geboren sind. Die gekrümmte

Haltung der Häsin begünstigt hierbei den Verlauf der Geburt ebenso, wie die Aufnahme der Nachgeburt. Gelegentlich zu beobachtende Hautverletzungen bei den Jungtieren deuten darauf hin, daß der Geburtsvorgang durch das Erfassen der Jungtiere mit den Zähnen unterstützt wird.

Ebenso wie die auf natürlichem Wege erfolgende Bereitstellung des Oxytocins die Wehen auslöst, kann dies auch durch die Injektion von 2 IE* synthetischem Oxytocin erfolgen. Man bedient sich dieser Möglichkeit, um den Zeitpunkt des Werfens auf eine Zeitspanne von 1 bis 2 Tagen zu konzentrieren. Hierbei werden alle Häsinnen behandelt, die bis zum 33. Tag nach dem Decken oder Besamen noch nicht geworfen haben, aber aufgrund der Trächtigkeitskontrolle tragend sind. Die Auslösung der Geburt ist mit einer Reihe von Vorteilen verbunden:

---

* Internationale Einheiten

Wiederbesamung/-Bedeckung des gesamten Häsinnenbestandes innerhalb des für die Konzeption optimalen Zeitpunktes von 1 bis 2 Tagen nach dem Werfen; Vereinfachung der Arbeitsorganisation beim Decken/Besamen, der Geburtskontrolle sowie beim Absetzen und dem Verkauf der Masttiere zum Schlachten; unproblematischer Ausgleich der Wurfstärke.

Voraussetzung für eine derartige Maßnahme ist das Vorhandensein vorbereiteter Nester sowie die Überwachung der Geburt. Die Geburt erfolgt kurze Zeit nach der Injektion des Oxytocins. Da die Häsin mitunter nicht das Nest aufsucht, ist es wichtig, daß außerhalb des Nestes liegende Jungtiere schnellstmöglich in das Nest gelegt werden, damit sie nicht unterkühlen.

Erstmals gebärende Häsinnen, reagieren, insbesondere wenn sie temperamentvollen Rassen angehören (z. B. Helle Groß-

Abbildung: 104: Bei der Haltung auf Einstreu legt die Häsin das Nest in einer Stallecke an.

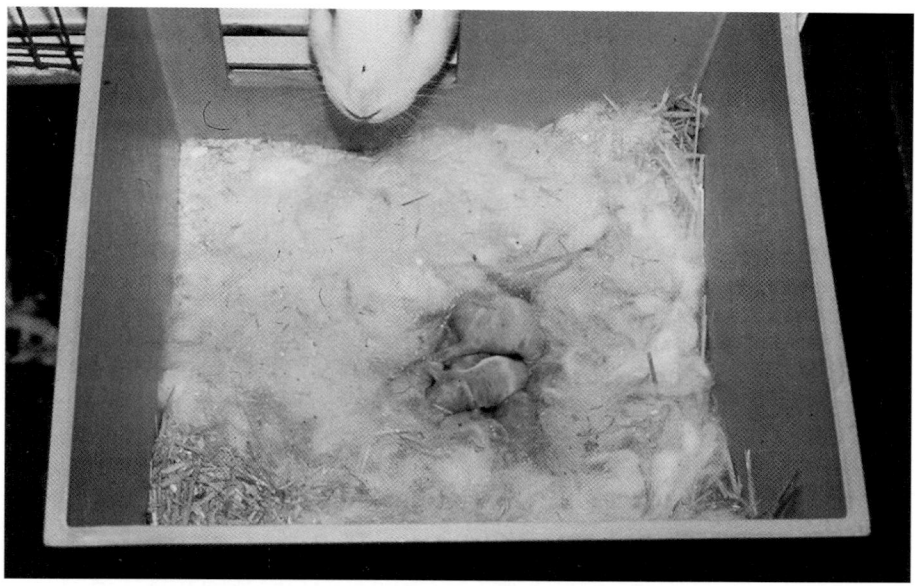

Abbildung 105: Bei einstreuloser Haltung muß ein Wurfkasten mit zumindest wärmeisoliertem Boden und Einstreumaterial 3–4 Tage vor dem voraussichtlichen Wurftermin bereitgestellt werden.

silber, Kleinsilber), auf Störungen verschiedenster Art mit außerhalb des Nestes verstreuten Jungtieren oder mit Kannibalismus. Es empfiehlt sich in diesem Fall, die Häsin nach der Geburt zumindest für einige Stunden von den wieder in das Nest gelegten Jungtieren zu trennen und die Häsin anschließend unter Kontrolle säugen zu lassen.

Das Wildkaninchen legt sein Nest, bestehend aus trockenen Grashalmen und Haaren, in einer sogenannten Satzröhre an. Diese wird nach dem Werfen in der Regel nur noch einmal täglich zum Säugen aufgesucht und anschließend wieder mit Erde zugescharrt. Geschlossene Wurfkästen (s. Kap. 10.5.1) entsprechen somit den verhaltensbedingten Anforderungen des Kaninchens am ehesten. Verwerfen und Kannibalismus wird bei derartigen Konstruktionen weniger beobachtet als bei offenen Nestern. Abgesehen von

dem optischen Schutz bieten sie auch eine ausgeglichenere Temperatur, vorausgesetzt, sie werden aus Holz oder einem anderen wärmeisolierenden Material hergestellt und die Luftzufuhr ist gewährleistet. Anderenfalls bildet sich bei niedrigen Außentemperaturen Kondenswasser an Deckel und Wänden, und hohe Temperaturen wirken ohne Verzögerung unmittelbar auf die Tiere ein. Dies beeinträchtigt die Akzeptanz des Nestes durch die Häsin und mindert das Wohlbefinden der Jungtiere.

Verglichen mit dem als Nestflüchter geborenen Hasen, ist das unbehaarte, blinde und zur Vorwärtsbewegung nicht fähige neugeborene Kaninchen ein Nesthocker und sowohl physiologisch als auch anatomisch eine Frühgeburt. Da ihm in den ersten Wochen der Schutz des Haarkleides fehlt, ist die Wärmeisolierung des Nestbodens und der Einstreu von ausschlaggebender Bedeutung für die Überlebenschancen. Als Nesteinstreu eignet sich die im Handel erhältliche Weichholzraspel (z. B. Pappel), schimmelfreies Heu und gerissenes Hafer- oder allenfalls Weizenstroh. Weniger geeignet ist Roggen- und Gerstenstroh wegen der Grannen.

Die *Wurfstärke* schwankt zwischen 1 bis 24. Sie beträgt bei mittelschweren Rassen im Durchschnitt 7 bis 8 Jungtiere. Kleine Rassen und Angorakaninchen liegen unter diesen Werten. Bei Kreuzungstieren (Hybriden) bzw. Würfen aus Rassenkreuzungen sind die Würfe um durchschnittlich 1 bis 2 Tiere größer (s. Tab. 26). Die Wurfstärke erreicht im Alter von 2 Jahren den höchsten Wert. Das entspricht bei einer Bedeckung/Besamung unmittelbar nach der Geburt (post partum) und einer Erstbedeckung im Alter von 4 Monaten etwa dem 14.

Wurf, um anschließend abzunehmen. Im 2. Nutzungsjahr ist daher die Aufzuchtleistung um ca. 15 % niedriger. Im Vergleich zur Bedeckung 1 bis 2 Tage nach dem Werfen, wie sie beim Wildkaninchen üblich ist, ist die Zahl der geborenen Jungtiere bei längerem Wurfintervall um bis zu 10 % größer. Beim Angorakaninchen wird die Wurfstärke durch eine hohe Wolleistung negativ beeinflußt (Merkmals-Antagonismus), sofern nicht die Schurintervalle verkürzt werden.

Die *Aufzuchtverluste* erhöhen sich mit zunehmender Wurfstärke, insbesondere, wenn diese die Zahl der Zitzen übersteigt. Diese beträgt in der Regel 8, seltener 10 und maximal bis zu 12 Zitzen. Die Häsin säugt die Jungtiere in der Regel nur einmal täglich für 3 bis 5 Minuten. Bei hoher Milchleistung infolge beliebiger Mischfutteraufnahme und gefördert duch die bei Käfighaltung fehlende Möglichkeit der

Abbildung 106: Die Unterkante der Schlupföffnung des vor dem Häsinnenkäfig vorgelagerten Wurfkastens schneidet mit dem Käfigboden ab. Der Boden des Wurfkastens liegt etwa 10 cm tiefer. In den Käfig gelangte Jungtiere können dadurch allein zurückkriechen.

176

Abbildung 107: Wenn der Wurfkasten in den Häsinnenkäfig gestellt wird, sollte der Käfigboden mit der Oberkante des Wurfkastens abschließen, damit die Jungtiere zurückkriechen können.

Häsin den drängenden Jungtieren auszuweichen, wird nach Untersuchungen in Neu-Ulrichstein häufiger (bis zu 5 mal täglich) gesäugt. Die hohe Milchaufnahme verzögert die Gewöhnung an festes Futter. Die separate Haltung der Jungtiere und das nur einmal tägliche Zusetzen der Häsin zum Säugen ab der 3. Lebenswoche, kann daher das frühzeitige Absetzen mit den damit verbundenen Vorteilen fördern (s. S. 184). Wenn mehr Jungtiere geboren werden, als Zitzen vorhanden sind, besteht für mindergewichtige Jungtiere nur eine geringe Chance, Milch zu erhalten. An 2, maximal 3 aufeinanderfolgenden Tagen nicht gesäugte Jungtiere gehen ein. Die Zitzenzahl kann durch züchterische Maßnahmen erhöht werden. Bei der Zuchtwahl muß sich die Berücksichtigung der Zitzenzahl sowohl auf die Häsin als auch den Rammler erstrecken. Jungtiere aus Rassen- oder Linienkreuzungen (Hybriden) sind vitaler, die Aufzuchtverluste geringer, das Wachstum schneller.

Infolge der beim Kaninchen fehlenden Mutter-Kind-Beziehung können die Jung-

tiere aus großen Würfen während der ersten Tage nach der Geburt problemlos kleinen Würfen anderer Häsinnen zugesetzt werden. Es empfiehlt sich jedoch, die Ammenhäsin zumindest für einige Stunden nach dem Zusetzen der fremden Jungtiere von dem Nest fernzuhalten. Wenn die Möglichkeit des Wurfstärkenausgleichs nicht besteht, sind überzählige Jungtiere bereits am 1. Lebenstag zu töten, um eine ausgeglichene Entwicklung des Wurfes zu gewährleisten. Die Auswahl erfolgt entweder aufgrund ihres Gewichtes oder des Geschlechtes. Letzteres kann bereits am Tage nach der Geburt festgestellt werden (s. Abb. 108) Später ist dies erst wieder nach der dritten Lebenswoche möglich.

Durchschnittlich 6 – 8 % der geborenen Jungtiere werden bei der Nestkontrolle nach der Geburt tot vorgefunden. Als Ursachen kommen in Frage: Geringes Geburtsgewicht, Kannibalismus, Verzögerung der Geburt bei Einlingen, Unterkühlung sowie infektiöse Erkrankungen (z. B. Listeriose und Salmonellose). Beim Angorakaninchen ist der Anteil der Totge-

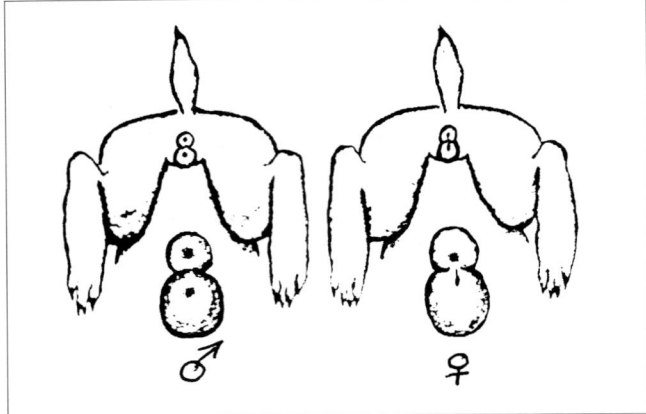

Abbildung 108: Schematische Darstellung der Geschlechtsteile beim neugeborenen Kaninchen. Am 1. Lebenstag sind die Geschlechter besser zu unterscheiden als in den folgenden drei Wochen.

burten höher (geringere Vitalität, erschwerte Regulierung der Körpertemperatur bei der Häsin) und bei Kreuzungshäsinnen geringer als bei reinrassigen. Totgeborene Jungtiere weisen, abgesehen von Einlingen, in der Regel ein niedrigeres Geburtsgewicht als lebendgeborene auf. Normalerweise beträgt das durchschnittliche Geburtsgewicht bei einer Wurfstärke von 6 bis 8 Jungtieren weniger als 50 g bei leichten, 50–60 g bei mittelschweren und mehr als 70 g bei großen Rassen. Das Geburtsgewicht ist niedriger bei größerer Wurfstärke, unzureichender Ernährung der Häsin im letzten Drittel der Trächtigkeit (s. Abb. 99) und bei Erstlingswürfen. Tote Jungtiere gehen bald in Verwesung über und sind beim Verbleib im Nest eine Infektionsquelle für die lebenden Wurfgeschwister. Sie sind daher bei der unmittelbar nach der Geburt folgenden und danach täglich zu wiederholenden Nestkontrolle zu entfernen.

Das Kaninchen ist in den ersten 3 Lebenswochen hinsichtlich der Förderung seiner Überlebenschancen weitgehend der menschlichen Einflußnahme entzogen. Es sind zwar Verfahren zur künstlichen Aufzucht entwickelt worden (141).

Tabelle 29: Durchschnittliche Zusammensetzung der Kaninchenmilch im Vergleich zu Kuh- und Schafmilch

	Tr.-Subst.	Fett	Eiweiß	Milchzucker	Asche
Kaninchenmilch	30,7	14,8	12,7	0,9	2,3
Kuhmilch	12,9	4,0	3,5	4,6	0,8
Schafmilch	18,7	6,8	6,0	5,0	0,9

Der vergleichsweise hohe Fett-, Eiweiß- und Mineralstoffgehalt in der Kaninchenmilch trägt dem fehlenden Wärmeschutz bei nur einmaligem täglichen Säugen ebenso Rechnung, wie dem schnellen Wachstum in den ersten Lebenswochen. Dabei ist insbesondere der Fettgehalt im Verlauf der Säugeperiode großen Schwankungen unterworfen. Am Ende der Laktation erreicht er bei entsprechendem Anstieg auch des Trockensubstanzgehaltes 25 – 30 % (141). Angesichts des niedrigen Milchzuckergehaltes ist das Jungkaninchen besser in der Lage, Fett und Eiweiß als Kohlehydrate zu verdauen. Das hat Probleme (Dysenterie) zur Folge, wenn das Absetzfutter einen hohen Stärkegehalt (> 10 %) hat.

178

Diese sind jedoch sehr arbeitsaufwendig: Die Jungtiere werden beim Suchen der Zitzen nur durch den Geruch von Lockstoffen (Pheromone) und nicht vom Tastsinn gelenkt. Es ist daher notwendig, sie zumindest bis zum Öffnen der Augen (ca. 12. Lebenstag) an die Gummizitzen anzusetzen und auch während der Aufnahme der Milchaustauschertränke zu halten. Der Milchaustauscher sollte in seiner Zusammensetzung weitgehend der Kaninchenmilch entsprechen (s. Tab. 29). Erst ab der 2. Lebenswoche können die Jungtiere mit im Verhältnis 1:1 verdünnter, ungesüßter Kondensmilch überleben (141). Angesichts dieser Probleme ist die Milchaustauscheraufzucht von Jungtieren nur für die Begründung eines Bestandes sinnvoll, der frei von bestimmten Krankheiten ist (z. B. Pasteurellose, Räude, Mastitis). Man spricht hier von einem SPF-Bestand (specific pathogen free). Dadurch bleiben die Jungtiere frei von Krankheiten, welche während des Säugens von der Häsin übertragen werden können. Das Risiko der Übertragung von Krankheitserregern von der Häsin auf die Jungtiere (z. B. Kokzidiose) wird bereits durch die getrennte Unterbringung der Jungtiere nach dem Werfen erheblich verringert. Die Häsin wird hierbei nur einmal täglich zum Säugen zugesetzt.

Im Verlauf der Säugeperiode erreicht die tägliche Milchleistung zwischen dem 18. bis 23. Tag nach dem Werfen ihr Maximum. Zu diesem Zeitpunkt wird die Milchmenge vor allem von der Nährstoffversorgung der Häsin, aber auch von der Zahl der Jungtiere bestimmt. Bei kleinen Würfen ist die Milchmenge je Jungtier zwar größer, insgesamt jedoch geringer. Andererseits wird bei ausreichender Nährstoffversorgung und großen Würfen insgesamt mehr Milch erzeugt, pro Jungtier jedoch weniger. Dies hat ein geringeres Gewicht beim Absetzen zur Folge.

Bedingt durch die kurze Zeitspanne des meist in den Morgenstunden erfolgenden Säugens und den Wettbewerb zwischen den Wurfgeschwistern um die ergiebigste Zitze, variiert die täglich von den einzelnen Jungtieren aufgenommene Milchmenge erheblich. Schwache Jungtiere sind hierbei benachteiligt. Im günstigsten Falle wird täglich eine Milchmenge aufgenommen, die bis zu 30 % des Jungtiergewichtes beträgt. Bei Milchmangel drängen die Jungtiere, nachdem sich die Augen geöffnet haben, auch außerhalb der Säugezeit zu den Zitzen der Häsin.

Der hohe Energie- und Eiweißgehalt der Kaninchenmilch ermöglicht eine schnelle Gewichtsentwicklung der Jungtiere. Bereits 5 – 7 Tage nach der Geburt verdoppeln die Jungtiere ihr Geburtsgewicht. Bis zum Ende der 3. Lebenswoche werden im Durchschnitt 1,7 bis 2,0 kg Kaninchenmilch je kg Zuwachs benötigt. Bis zu einem Alter von 18 Tagen ist daher bei gleicher Wurfstärke der Zuwachs der Jungtiere ein geeigneter Maßstab für den Vergleich der Milchleistung verschiedener Häsinnen (Zuchtwertschätzung).

Ab der 4. Lebenswoche, d. h. dem Beginn der Aufnahme festen Futters durch die Jungtiere, sinkt die Milchleistung der Häsin, unabhängig von deren Nährstoffaufnahme, stark ab (s. Abb. 109). Sie beträgt 6 Wochen nach dem Werfen nur noch 30 bis 40% der nach drei Wochen gemessenen Höchstmenge. Da mit zunehmendem Alter der Jungtiere auch deren Verzehr von festem Futter steigt, ist der Anteil der Milch an der Nährstoffversorgung der Jungtiere noch geringer. Der Verlauf der Laktationskurve wird davon bestimmt, daß beim Wildkaninchen die

Wiederbedeckung bereits 1 bis 2 Tage nach dem Werfen erfolgt und die Jungtiere spätestens ab einem Alter von 28 Tagen nicht mehr gesäugt werden. Bei bereits tragenden Häsinnen, die unmittelbar nach dem Werfen wieder gedeckt wurden, erfolgt der Abfall der Milchsekretion noch schneller, um bis zum 28. Tag nach dem Werfen nahezu ganz zu versiegen. Dies ist bei nichttragenden Häsinnen erst nach 7 bis 8 Wochen der Fall.

Je geringer die Milchleistung der Häsin ist, desto früher wird von den Jungtieren festes Futter aufgenommen. Bei einer Wurfstärke von 6 Jungtieren, die beliebig pelletiertes Futter aufnehmen konnten, entwickelte sich der Anteil der Milch an der Energieaufnahme der Jungtiere in den jeweiligen Altersabschnitten wie folgt (143):

1. und 2. Lebenswoche = 100 %
3. Lebenswoche   = 83 %

4. Lebenswoche   = 55 %
5. Lebenswoche   = 40 %
6. Lebenswoche   = 27 %

Dabei sind die Jungtiere bereits ab einem Alter von 21 Tagen in der Lage, sich allein von festem Futter zu ernähren. Bis zu einem Alter von 12 Wochen bestehen dann bei beliebiger Mischfutteraufnahme keine Gewichtsunterschiede mehr im Vergleich zu den mit 6 Wochen abgesetzten Jungtieren.

Im einzelnen ist die Höhe der Milchleistung der Häsin abhängig von:

Der *Fütterung* – Bei beliebiger Aufnahme eines pelletierten Alleinfutters betrug die durchschnittliche tägliche Milchleistung einer mittelschweren Häsin mit 6 bis 8 Jungtieren etwa 200 bis 250 g (143), während einer vierwöchigen Säugezeit. Bei kombinierter Fütterung mit 80 g/Tag Kraftfutter und beliebiger Aufnahme von

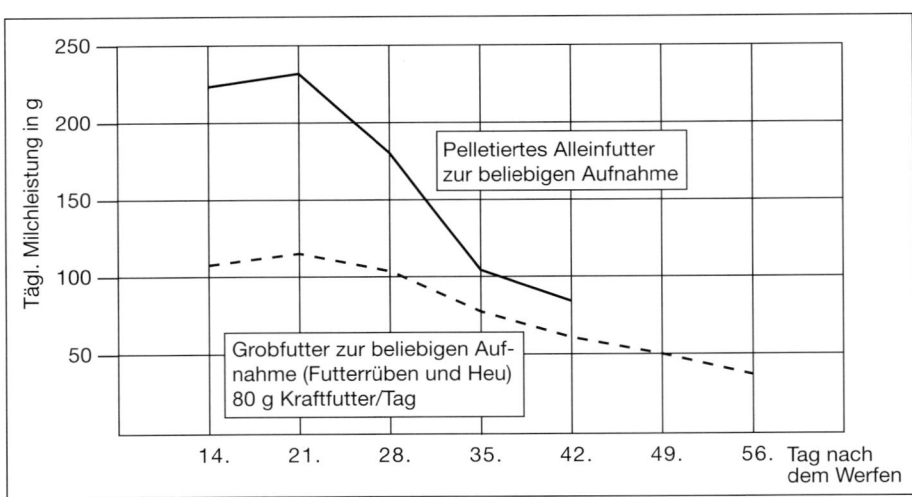

Abbiildung 109: Verlauf der Laktationskurve bei Häsinnen einer mittelschweren Rasse in Abhängigkeit von der Nährstoffversorgung (143).
Wenn ein pelletiertes Alleinfutter zur beliebigen Aufnahme angeboten wird, ist die Milchleistung bis zum 21. Tag nach dem Werfen etwa doppelt so hoch wie bei Verabreichung von Grobfutter und rationierter Kraftfuttergabe. Unabhängig von der Nährstoffversorgung sinkt jedoch nach der 3. Woche die Milchleistung stark ab.

Grobfutter betrug die durchschnittliche Milchleistung in der gleichen Zeit nur etwa 100 g/Tag (Abb. 109). Selbst bei beliebiger Aufnahme eines pelletierten Alleinfutters kann in der 2.–4. Woche nach der Geburt die Häsin ihren Nährstoffbedarf für die Milcherzeugung nicht decken. Sie ist daher gezwungen, Körpersubstanz (Fett, Eiweiß, Mineralstoffe) für die Milcherzeugung zu verwenden und verliert an Gewicht (111, 168). Dies ist insbesondere beim 1. Wurf von Junghäsinnen und bei gleichzeitig tragenden Häsinnen der Fall. Die Begrenzung der Säugezeit auf die für die Entwicklung der Jungtiere unbedingt notwendige, artgerechte Dauer von 3–4 Wochen (wie beim Wildkaninchen) ist daher erforderlich, um die Häsin gesund zu erhalten.

Mit höheren Außentemperaturen sinkt die Futteraufnahme und damit die Milchleistung.

Der Verfügbarkeit von *Körperreserven* für die Milcherzeugung – Bei unzureichender Nährstoffversorgung der Häsin, bei kombinierter Fütterung oder rationiertem Kraftfutter, ist die Säugeleistung beim ersten Wurf des Jahres höher als beim zweiten.

Der *Zahl* der *Jungtiere* – Mit der Zahl der Jungtiere steigt bis zu 6 Jungtieren/Wurf die Milchleistung insgesamt.

Dem *Alter* der *Häsin* – Bei Besamung/Bedeckung 1 bis 2 Tage nach dem Werfen und beliebiger Aufnahme von Mischfutter steigt die Milchleistung bis zu einem Alter von 16 Monaten (7. – 8. Wurf) und bleibt bis zu einem Alter von 25 Monaten auf etwa gleicher Höhe.

Dem *Gewicht* der *Häsin* – Häsinnen großer Rassen geben mehr Milch.

Der *Haarlänge* bei Angorahäsinnen – Mit der Zunahme der Haarlänge verringert sich die Futteraufnahme und damit die Milchleistung. Unter subtropischen und tropischen Klimabedingungen kann die Schur im Sommer auch bei Normalhaarrassen die Futteraufnahme und dadurch auch die Milchleistung erhöhen.

Agalaktie (Fehlen der Milchsekretion) – Durch hormonelle oder psychische Störungen (Streß, Lärm, Erschrecken) sowie durch infektiöse Erkrankungen des Gesäuges (Streptokokken- oder Coli-Mastitis) bedingt (s. Kap. 14.1.).

Die Verluste der lebendgeborenen Jungtiere von der Geburt bis zur Aufnahme von festem Futter im Alter von 3 Wochen betragen unter optimalen Verhältnissen im Durchschnitt weniger als 10%. Schlechte Haltungsbedingungen (Nestkonstruktion, schlechte Betreuung) und hoher Infektionsdruck durch kranke Häsinnen sowie gemeinsame Haltung von Alt- und Jungtieren in einem Stall lassen die Verluste auf bis zu über 30% ansteigen (69). Die Verlustursachen sind in der Reihenfolge ihrer Bedeutung:

Unzureichende *Ernährung* der Jungtiere – infolge zu geringer Milchleistung, die Zahl der Zitzen übersteigende Wurfstärke, Behinderung des Säugens durch sperrige Nesteinstreu

Unterkühlung durch Wärmeableitung über den nichtisolierten oder unzureichend mit Nestmaterial bedeckten Boden des Wurfkastens, feuchte Neststreu

Verstreuen der *Jungtiere* – Außerhalb des Nestes unmittelbar nach dem Werfen oder dem Säugen

Diesen Ursachen kann durch folgende Maßnahmen begegnet werden:

Verwendung von schlecht wärmeleitendem Material für den Boden des Wurfkastens wie z. B. verbißfester Schaumstoff, Weichholz, Preßstrohmatte

Einsatz von wärmeisolierender saugfähiger Einstreu, die gewährleistet, daß der Boden bedeckt bleibt (z. B. Weichholzraspel)

Frühzeitige (4–5 Tage vor dem Werfen) Bereitstellung des Wurfkastens und des Nestbaumaterials

Ausgleich der Wurfstärke nach dem Werfen entsprechend der Zitzenzahl

Gestaltung des Nestbodens als flache Mulde, welche die Jungtiere des Wurfes und die Nesteinstreu zusammenhält

Getrennte Haltung von Jungtieren und Häsinnen, bei täglich einmaligem Zusetzen der Häsin zum Säugen der Jungtiere

Strikte Beachtung hygienischer Grundsätze (s. Kap. 15)

Im Sommer Scheren der Angorahäsinnen vor dem Decken oder nach dem Werfen

Die Häsinnen, welche erst spät nach dem Werfen mit dem Auspolstern des Nestes beginnen, sind auszumerzen. Es bestehen positive Zusammenhänge zwischen einem guten Nestbau und einem frühen Beginnen damit; einer großen Zahl von am ersten Tage nach der Geburt gesäugten Jungtieren und der Ablage der Jungtiere in das vorbereitete Nest.

Die Bedeutung der Vitalität der Jungtiere für deren Überlebenschancen wird durch die um 30 bis 50 % geringeren Aufzuchtverluste von Jungtieren aus Linien- und Rassekreuzungen unterstrichen. Kreuzungstiere (Hybriden) sind offensichtlich besser in der Lage, den durch schlechte Umweltbedingungen verursachten Streß zu überwinden.

Kannibalismus (Häsin frißt die eigenen Jungtiere) ist rassenbedingt bei pigmentierten Rassen häufiger zu beobachten als bei albinotischen. Erstlingswürfe sind davon stärker als die folgenden betroffen. Die Bereitstellung eines geschlossenen Wurfkastens vermag das Auftreten von Kannibalismus zu reduzieren, da dieser dem Schutzinstinkt besser Rechnung trägt.

Bei der Nestkontrolle ist die Häsin vom Nest fernzuhalten.

Sofern die Neigung zu Fehlverhalten (Kannibalismus, Verstreuen der Jungtiere im Käfig oder Benässen derselben mit Urin) beobachtet wird, sollte die Häsin in der ersten Woche nur zum Säugen einmal täglich zu den Jungtieren gelangen können. Die getrennte Haltung von Häsinnen und Jungtieren während der gesamten Säugezeit hat sich auch als vorbeugende Maßnahme gegen das Auftreten von Kokzidiose bewährt, deren Erreger von der Häsin ausgeschieden werden. Der Jungtierkäfig muß hierbei jedoch vor dem Werfen nach vorheriger Reinigung mit einem gegen Oocysten wirksamen Desinfektionsmittel (s. Kap. 14.3) desinfiziert werden. Die mütterliche Fürsorge, d. h. rechtzeitiger Beginn und gute Qualität des Nestbaues, verbessert sich mit zunehmender Geburtenzahl.

Der Zeitpunkt des Absetzens wird beim Wildkaninchen aufgrund der bei ihm üblichen Bedeckung 1 bis 2 Tage nach dem Werfen von der herannahenden Geburt des nächsten Wurfes bestimmt. Dies hat sowohl ein schnelles Absinken der Laktationskurve in der 4. Woche nach dem Werfen zur Folge (s. Abb. 107), als auch

Tabelle 30: Einfluß der Wasseraufnahme auf den Alleinfutterverzehr und die Gewichtsentwicklung gesäugter Jungtiere*

	Wasser beliebig		ohne Wasser	
	Gew./Jungtier g	Futteraufn. g	Gew./Jungtier g	Futteraufn. g
15. Lebenstag	287	–	295	–
17. Lebenstag	332	1	340	1
19. Lebenstag	361	2	372	2
21. Lebenstag	390	6	393	6
23. Lebenstag	431	17	410	10
25. Lebenstag	487	35	429	18

* Die Häsin wurde einmal täglich 10 Minuten lang zum Säugen den Jungtieren zugesetzt. Diese konnten beliebig Alleinfutter aufnehmen.

Der Wasserbedarf gesäugter Jungtiere wird vielfach unterschätzt. Bereits ab dem 21. Lebenstag führt die fehlende Wasseraufnahme zu vermindertem Wachstum. Da die Muttermilch den Wasserbedarf nicht mehr deckt, wird nur noch halb soviel Futter aufgenommen. Dabei war die Milchleistung der Häsinnen, welche beliebig Alleinfutter fressen konnten, etwa doppelt so hoch wie bei kombinierter Fütterung.

die Motivierung der Jungtiere zur Aufnahme festen Futters.

Bei der allgemein praktizierten gemeinsamen Haltung von Häsinnen und Jungtieren in einer Bucht/Käfig sind, bei kombinierter Fütterung und daher begrenzter Bereitstellung von Konzentratfutter, die Jungtiere nicht in der Lage, genügend Nährstoffe aufzunehmen. Mit zunehmendem Abstand von der Geburt erhält die Häsin mehr Nährstoffe, als sie aufgrund der abnehmenden Milchleistung benötigt. Es empfiehlt sich daher, bei begrenzter Konzentratfuttergabe (kombinierte Fütterung) mindestens ab dem 18. Lebenstag die Häsin von den Jungtieren zu trennen und das Kraftfutter zuerst den Jungtieren zu geben. Erst was diese nicht fressen, erhält am nächsten Tag die Häsin.

Bei ständiger Verfügbarkeit eines pelletierten Mischfutters ist darauf zu achten, daß die Selbsttränken auch für die Jungtiere problemlos erreichbar sind. Es muß davon ausgegangen werden, daß etwa die doppelte Menge Wasser wie Trockenfutter aufgenommen werden muß. Das in der relativ geringen Milchmenge enthaltene Wasser reicht, wegen des hohen Trockensubstanzgehaltes der Milch (Tab. 29), nicht aus, um eine den ausreichenden Trockenfutterverzehr ermöglichende Flüssigkeitsaufnahme zu gewährleisten (s. Tab. 30).

Der Verzehr von festem Futter beginnt frühestens ab dem 17. Lebenstag. Bis dahin ist die Verfügbarkeit von Muttermilch lebensnotwendig. Bei geringer Wurfstärke und entsprechend reichlicher Milchaufnahme verzögert sich der Beginn des Trockenfutterverzehrs. Wie das Beispiel des Wildkaninchens zeigt, sind die Jungtiere ab dem 20. Lebenstag auch bei ausschließlicher Aufnahme von Grünfutter in der Lage, auf die Muttermilch zu verzichten. Allerdings kann das junge

Wildkaninchen sich hierbei die leichtverdaulichen und eiweißreichen Pflanzen und Pflanzenteile heraussuchen. Dies gilt auch für mit 25 Tagen abgesetzte Hauskaninchen (WN) bei Weidegang, wie Versuche in Neu-Ulrichstein zeigten. Demgegenüber ist dies beim im Käfig gehaltenen Hauskaninchen von der Menge und der Art des bereitgestellten Futters abhängig.

Wenn die Häsin anschließend nicht wieder gedeckt wird, ist es bei kombinierter Fütterung ab der 4. Lebenswoche sinnvoller, das Konzentratfutter bei begrenzter Verfügbarkeit den Jungtieren und nicht der Häsin zu verabreichen. Damit werden die mit der Milchbildung verbundenen Veredlungsverluste vermieden.

Die Verlängerung der Säugezeit über die 4. Lebenswoche hinaus hat nur dann einen positiven Einfluß auf die Entwicklung der Jungtiere, wenn weder die Qualität (zu rohfaserreich, geringer Eiweißgehalt) noch die Menge des verfügbaren Futters zur Deckung des Nährstoffbedarfes ausreichen. Doch selbst unter diesen Bedingungen bringt eine über 6 Wochen hinausgehende Säugezeit keine Vorteile mehr, zumal unter derartig ungünstigen Verhältnissen auch die Milchleistung der Häsin stärker absinkt (s. Abb. 109). Eine lange (> 4 Wochen) Säugezeit ist nicht artgerecht.

Abgesehen von den die Nährstoffversorgung betreffenden Gesichtspunkten sind auch die mit der Verlängerung der Säugezeit verbundenen anderweitigen Nachteile zu berücksichtigen:

– Wenn ein pelletiertes Alleinfutter für Häsinnen (Tabelle 34) verfüttert wird, kann dieses auch von den Jungtieren in um so größeren Mengen mitgefressen werden, je länger die Säugezeit ist. Die Jungtiere sind jedoch noch nicht in der Lage, dieses hochverdauliche sowie stärke- und eiweißreiche Futter vollständig zu verdauen. Die dadurch bedingten Darmentzündungen (Enteritis, Enterotoxämie) verursachen dann Entwicklungsstörungen und Verluste. Diese Gefahr ist um so geringer, je früher die Jungtiere ein ihren Bedürfnissen besser entsprechendes (geringerer Energie- und Stärkegehalt) Absetzfutter erhalten (s. Tab. 34).

– Mit der Dauer der gemeinsamen Haltung von Häsinnen und Jungtieren wächst das Risiko, mit Krankheitserregern infiziert zu werden, die von der Häsin auf die Jungtiere übertragen werden, z. B. Kokzidiose, Pasteurellose.

– Die Milchaufnahme schränkt den Verzehr von festem Futter in stärkerem Maße ein, als es dem Nährstoffgehalt der Milch entspricht. Dadurch ist die Nährstoffaufnahme der gesäugten Tiere insgesamt geringer als die der abgesetzten Jungtiere.

– Die die Umstellung auf festes Futter anregende Bildung der Verdauungsenzyme bei den Jungtieren wird verzögert.

– Die Häsin wird durch die Milchbildung stärker beansprucht als durch die Trächtigkeit.

– Das Trockensubstanzgewicht eines Wurfes mit 8 Jungtieren entspricht mit 70 bis 80 g dem von etwa 250 g Milch. Das ist etwa die Milchproduktion von nur 1 bis 2 Tagen auf dem Höhepunkt der Laktation (s. Abb. 109). Es ist daher sinnvoller, das Leistungspotential der Häsin durch die Verkürzung der Zwischenwurfzeit für die Jungtierproduktion und nicht für die Milcherzeugung zu nutzen.

– Damit die Häsin den ab der 2. Woche der Säugezeit erlittenen Verlust an Körpersubstanz zur Erhaltung ihrer Gesundheit ausgleichen kann, sollten die Jungtiere, wie beim Wildkaninchen der Fall, etwa eine Woche vor der Geburt des nächsten Wurfes abgesetzt werden. Dies gilt auch dann, wenn ein pelletiertes Alleinfutter beliebig aufgenommen werden kann. Diese Ruhepause muß um so länger sein, je schlechter die Nährstoffversorgung und je länger die Säugezeit ist.

Mit dem Absetzen werden die Jungtiere in ein vom Häsinnenstall getrenntes Stallabteil gebracht, welches vor der Neubelegung gründlich gereinigt und desinfiziert wurde (s. Kap. 15.6). Die gemeinsame Haltung von alten und jungen Tieren ist ebenso wie die ständige Ergänzung leergewordener Käfige im besetzten Stall eine der Hauptursachen für die im Vergleich zu den anderen Nutztierarten höheren Verluste von Jungtieren und Häsinnen. Die Beachtung allgemeingültiger Grundsätze der Stallhygiene ist um so wichtiger, je größer der Bestand ist. Auf die weitere Entwicklung der Jungtiere hat die Umstallung keinen Einfluß, wenn die Tiere eines Wurfes zunächst zusammenbleiben.

In Abhängigkeit von der Zielsetzung und der Qualität der Umweltgestaltung, insbesondere der Nährstoffversorgung, werden folgende Varianten des Fortpflanzungsrhythmus unterschieden:

1. Wiederbedeckung(-besamung) 1–2 Tage nach dem Werfen (entsprechend dem Fortpflanzungsrhythmus beim Wildkaninchen).

Anwendungsbereich: Gewerbliche Erzeugung von Zucht- und Masttieren. Das 33tägige Deckintervall ermöglicht bis zu 11 Würfe pro Jahr. Bei einer durchschnittlichen Befruchtungsquote von 70 – 80 % sind bei künstlicher Besamung 7–9 Würfe/Jahr realisierbar.

Voraussetzungen: Beliebige Aufnahme eines optimal zusammengesetzten Alleinfutters; Begrenzung der Säugezeit auf 25 Tage;

Lichteinwirkungsdauer 14–16 Stunden/ Tag;

Einjähriger Zuchteinsatz der Häsinnen (im 2. Nutzungsjahr ist die Zahl der aufgezogenen Jungtiere infolge geringerer Wurfstärke um 15 – 20 % geringer);

Kreuzungshäsinnen (Hybriden) sind für dieses Verfahren wegen ihrer besseren Vitalität geeigneter als Reinzuchttiere. Ab dem 2. Tag nach dem Werfen verringert sich zunächst die Befruchtungsquote. Sie erreicht erst in der 2. Woche nach dem Werfen gleiche Werte wie bei der Bedeckung in den ersten zwei Tagen.

Nachteile: Infolge der Trächtigkeitsdauer von durchschnittlich 31 Tagen muß an unterschiedlichen Wochentagen (d. h. auch Sonn- und Feiertagen) gedeckt und abgesetzt werden; mit größeren Schwankungen der Befruchtungsquote ist zu rechnen.

Vorteile: Bei durchschnittlich 70- bis 80%iger Befruchtungsquote erübrigt sich, auch im Interesse des Arbeitsaufwandes, die Trächtigkeitskontrolle und bei Nichtträchtigkeit das Nachdecken. Arbeitsteilige Trennung von Jungtiererzeugungs- und Mastbetrieben.

2. Wiederbedeckung ~ 11 Tage nach dem Werfen (Deckintervall 42 Tage).

Anwendungsbereich: Gewerbliche Erzeugung von Zucht- und Masttieren, sofern abweichend von den natürlichen Verhältnissen eine längere Säugezeit (bis zu 35 Tagen) für erforderlich gehalten wird oder die Arbeiten im Zusammenhang mit dem Decken (Besamen), Werfen und Absetzen an den gleichen Wochentagen durchgeführt werden sollen. Das 42tägige Deckintervall ermöglicht maximal 8 Würfe/Jahr. Bei durchschnittlich 75%iger Befruchtungsquote und Trächtigkeitskontrolle 14 Tage nach dem Decken sind 5–6 Würfe/Jahr zu veranschlagen. Die im Vergleich zum erstgenannten Verfahren geringere Zahl der Würfe wird hinsichtlich der Zahl aufgezogener Jungtiere zum Teil durch eine höhere Befruchtungsquote bzw. Zahl an aufgezogenen Jungtieren/Wurf kompensiert. Sie liegt trotzdem um 10–20 % niedriger.

Voraussetzungen: Sie entsprechen im wesentlichen den unter 1 genannten. Die Säugezeit wird häufig auf bis zu 35 Tage verlängert. Dadurch wird allerdings die Erholungsphase für die Häsin wieder verkürzt.

Vorteile: Die Durchführung der Arbeiten an gleichen Wochentagen ist ebenso möglich, wie längere Erholungsphasen für die Häsin, sofern die Säugezeit auf maximal 28 Tage begrenzt wird, damit die Verluste an Körpersubstanz ausgeglichen werden können.

Nachteile: Geringere Nachkommenzahl je Häsin und Jahr.

Stärkere Beanspruchung der Häsin, wenn die Säugezeit, wie häufig üblich, auf bis zu 35 Tage ausgedehnt wird.

Größeres Risiko von Darmentzündungen bei den Jungtieren, da sie längere Zeit das Häsinnenfutter mit höherer Nährstoffkonzentration aufnehmen können.

Trächtigkeitskontrolle ist erforderlich.

3. Beschränkung der Zuchtsaison auf das Frühjahr (1–3 Würfe/Jahr).

Anwendungsbereich: Erzeugung von Ausstellungstieren in der Rassekaninchenzucht oder Fleischerzeugung bei unzureichender Nährstoffversorgung infolge vorwiegender oder ausschließlicher Verfütterung von Grobfutter.

Voraussetzungen: Kombinierte Fütterung, nicht erwerbsorientierte Kaninchenhaltung, Trächtigkeitskontrolle.

Vorteile: Anpassung der Zuchtsaison an Vegetationsperiode. Längerer Zeitraum zwischen den Würfen vermindert die Nachteile der Mangelernährung bei der in der Rassekaninchenzucht verbreiteten kombinierten Fütterung. Die gleichfalls übliche artwidrige Verlängerung der Säugezeit beeinträchtigt jedoch diesen Effekt, da die Häsin für die Milcherzeugung mehr Körpersubstanz zusetzen muß.

Nachteile: Geringere Möglichkeiten für die Auswahl von Zucht- oder Ausstellungstieren infolge geringerer Nachkommenzahl. Zu lange Zuchtruhe verringert die Befruchtungsquote und die Wurfstärke.

Geringere Geburtsgewichte und niedrigere Milchleistung. Höhere Jungtierverluste, da Krankheitsübertragung von der Häsin auf die Jungtiere durch die lange Säugezeit begünstigt wird. Höhere ökonomische Belastung der Jungtiere mit den anteiligen Kosten für die Haltung der Elterntiere infolge geringerer Nachkommenzahl.

9 Fütterung

W. Schlolaut

Für das Hauskaninchen ist die Deckung des Nährstoffbedarfes durch eine tiergerechte Fütterung derjenige Umweltfaktor, welcher den größten Einfluß auf seine Kondition, als Ausdruck seiner Leistungsfähigkeit hat.

Die Gestaltung dieses Kapitels wurde daher davon bestimmt, daß die Deckung des Nährstoffbedarfs einmal die Voraussetzungen für die Realisierung der im Erbgut des Hauskaninchens veranlagten Leistungen schafft. Zum anderen beträgt in der erwerbsorientierten Kaninchenfleisch- und -wollerzeugung der Anteil der Futterkosten mehr als 60 % der Gesamtkosten. Die Fütterung hat somit einen wesentlichen Einfluß auf die Wirtschaftlichkeit dieses Betriebszweiges (s. Kap. 13). Die Mangelernährung des Hauskaninchens war lange Zeit und ist in der nicht erwerbsorientierten Kaninchenhaltung bis heute der Grund dafür, daß im Gegensatz zu den anderen Nutztierarten die Fruchtbarkeit und das relative Wachstumsvermögen unter den beim Wildkaninchen zu beobachtenden Werten liegt.

Dabei reduziert zwar der Einsatz von Handelsmischfuttermitteln das Problem einer der erwarteten Leistung angepaßten Nährstoffversorgung auf die Befolgung der Empfehlungen des Mischfutterherstellers. Es galt jedoch, auch der großen Zahl derjenigen Kaninchenhalter das erforderliche Wissen über die Ernährung der ihnen anvertrauten Tiere zu vermitteln, welche bei der Fütterung ihres Tierbestandes in mehr oder weniger großem Umfang Feldfrüchte und Gartenabfälle von dem eigenen Grundstück nutzen. Abgesehen davon, daß die kombinierte Fütterung bei Rassekaninchenzüchtern nach wie vor überwiegt, ist die Verwertung von Grobfutter auch die Domäne des Kaninchens, welches hinsichtlich seiner Produktivität von keinem anderen pflanzenfressenden Nutztier übertroffen wird (s. Kap. 2.1). Jedoch stellt die Verwertung von Grobfutter höhere Anforderungen an das Wissen, den Arbeitsaufwand und die Sorgfalt der Betreuung, wenn die Tiere gesund und leistungsfähig erhalten werden sollen. Schließlich sind die meisten der nicht infektiösen Krankheiten auf Ernährungsfehler zurückzuführen (167).

Daraus resultiert das Problem, der Vielfalt der eingesetzten Futtermittel sowie der unterschiedlichen Leistungserwartungen und Motivationen gerecht zu werden, welche die Entscheidung für die Haltung von Kaninchen begründen.

Neben der Behandlung der ernährungsphysiologischen Grundlagen und der Besonderheiten der zur Verfügung stehenden Futtermittel wurde besonderer Wert auf die Erläuterung des in den Futterwerttabellen und Bedarfsnormen verfügbaren Zahlenmaterials gelegt. Letzterem Rechnung tragend, basiert die Behandlung der Nährstoffe auf den bei der Weender Futteranalyse anfallenden Angaben über den Gehalt an Rohnährstoffen. Damit soll die Zusammenstellung und Überprüfung von tier- und bedarfsgerechten Rationen erleichtert werden. Dies erscheint insofern besonders wichtig als, wie der Vergleich

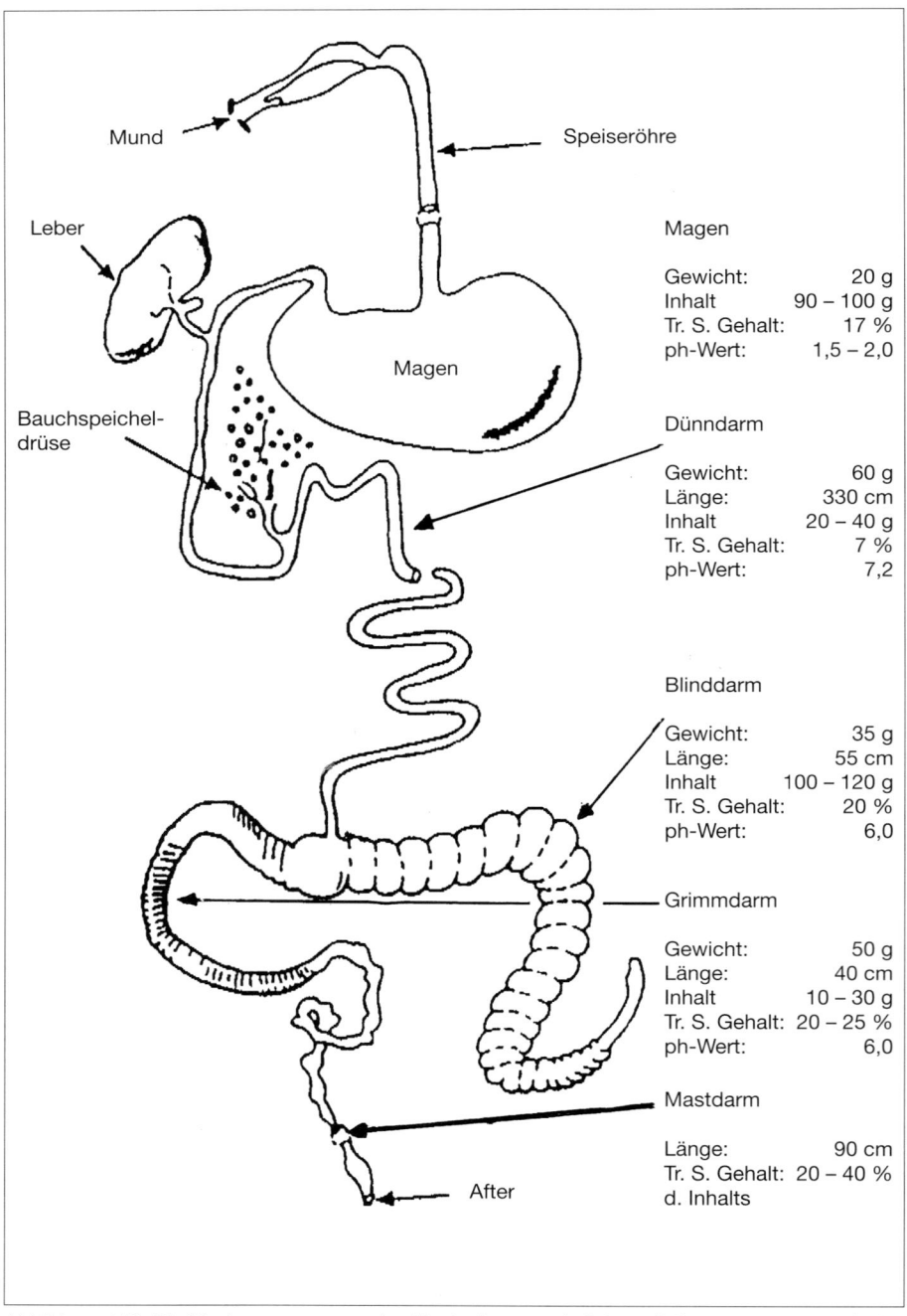

Mund

Speiseröhre

Leber

Bauchspeichel-
drüse

Magen

Magen

Gewicht: 20 g
Inhalt: 90 – 100 g
Tr. S. Gehalt: 17 %
ph-Wert: 1,5 – 2,0

Dünndarm

Gewicht: 60 g
Länge: 330 cm
Inhalt: 20 – 40 g
Tr. S. Gehalt: 7 %
ph-Wert: 7,2

Blinddarm

Gewicht: 35 g
Länge: 55 cm
Inhalt: 100 – 120 g
Tr. S. Gehalt: 20 %
ph-Wert: 6,0

Grimmdarm

Gewicht: 50 g
Länge: 40 cm
Inhalt: 10 – 30 g
Tr. S. Gehalt: 20 – 25 %
ph-Wert: 6,0

Mastdarm

Länge: 90 cm
Tr. S. Gehalt: 20 – 40 %
d. Inhalts

After

Abbildung 110: Die Verdauungsorgane des Kaninchens nach Fekete (31) und Lebas et al. (69) (Die Zahlenangaben beziehen sich auf ein 12 Wochen altes, mit Alleinfutter ernährtes Tier einer mittelschweren Rasse).

der Leistungen bei dem Einsatz von Mischfutter und bei kombinierter Fütterung zeigt, bei der letztgenannten Fütterungsmethode die Unterversorgung mit Nährstoffen weit verbreitet ist. Das gilt selbst für den Vergleich mit dem Wildkaninchen, bei welchem die Zahl der Nachkommen je Häsin und Jahr auf über 25 veranschlagt wird (9). Demgegenüber sind bei der Fütterung auf Grobfutterbasis selten mehr als 2 Würfe pro Jahr zu erwarten.

9.1 Verdauung

Mit Hilfe der Verdauung werden die in dem Futter enthaltenen Nährstoffe in den Verdauungsorganen so weit aufbereitet, daß sie die Darmwand passieren und in das Blut gelangen können. Von diesem werden sie zu den verschiedenen Organen transportiert, um zu Fleisch, Fett, Energie u. a., weiterverarbeitet zu werden (Stoffwechsel).

Zunächst wird die Nahrung mit den Zähnen zerkleinert. Der Fähigkeit, auch harte Nahrung zu zerkleinern angepaßt, besitzt das Kaninchen im Ober- und Unterkiefer jeweils zwei nachwachsende Schneidezähne, deren Wachstum täglich 0,3 bis 0,5 mm beträgt (75). Beim Kauen erfolgt auch die Durchmischung mit Speichel. Dieser enthält ein Enzym (Amylase), welches die Stärke in den resorbierbaren Traubenzucker spaltet. Anschließend erfolgt die Zwischenlagerung im Magen. Dort wird der Nahrungsbrei zur Fortsetzung des Verdauungsprozesses und zur Vermeidung von Gärungen im Magen mit Salzsäure versetzt. Im anschließenden Dünndarm werden die Nährstoffe in ihre Bausteine, das sind beim Eiweiß beispielsweise die Aminosäuren, zerlegt, damit sie die Darmwand passieren können. Dies geschieht mit Hilfe von Enzymen, die überwiegend von der Bauchspeicheldrüse produziert werden. Für den Aufschluß der als Gerüstsubstanz in den Pflanzen

Tabelle 31: Verdaulichkeit der organischen Substanz von Futtermitteln durch verschiedene Nutztierarten

Art des Futtermittels	Verdaulichkeit der organischen Substanz in %		
	Wiederkäuer	Kaninchen	Schwein
Hafer	74	72	69
Mais	84	90	90
Futterrüben	88	94	88
Kartoffeln	82	94	92
Wiesengras (nach dem Schossen)	83	67	42
Wiesenheu (nach dem Schossen)	67	43	–
Luzerne vor der Blüte	66	74	65
Luzerneheu vor der Blüte	59	55	38
Sojaextraktionsschrot	92	86	89

Im Vergleich zu den Wiederkäuern (Rind, Schaf, Ziege) verdaut das Kaninchen Getreide und Wurzelfrüchte besser und Grün- bzw. Rauhfutter schlechter. Bemerkenswert ist die wesentlich geringere Verdaulichkeit von Heu gegenüber Grünfutter. Sein Beitrag zur Deckung des Nährstoffbedarfes ist dadurch geringer.

enthaltenen Cellulose verfügt allerdings weder das Kaninchen noch ein anderes warmblütiges Tier über ein entsprechendes Enzym. Ähnlich wie die Wiederkäuer bedient sich hierzu auch das Kaninchen der Bakterien. Diese benutzen bei ihm den Blinddarm als Fermentationsraum. Der hierbei erzeugte leicht verdauliche und mit Vitaminen angereicherte Inhalt wird als sogenannter Weichkot (Coecotrophe) direkt vom After weg wieder aufgenommen und erneut im Dünndarm verdaut. Dieser Vorgang gleicht zwar der Pansenfermentation bei den Wiederkäuern. Der Einfluß auf die Verdaulichkeit der Rohfaser ist jedoch weit geringer, wie der Vergleich in Tab. 31 zeigt.

Wenn das Kaninchen trotzdem in der Lage ist, sich von den, im Vergleich zu Getreide, relativ nährstoffarmen Pflanzen zu ernähren, so verdankt es dies folgenden Eigenschaften:

– Der verhältnismäßig große Magen ermöglicht es, den durch einen höheren Rohfaser- und/oder Wasseranteil (Grünfutter) geringeren Nährstoffgehalt im Grobfutter durch die Aufnahme entsprechend größerer Futtermengen teilweise auszugleichen. Diese Fähigkeit ist allerdings um so weniger ausgeprägt, je schwerer die Tiere im Vergleich zum Wildkaninchen sind, da das Fassungsvermögen der Verdauungsorgane nicht in gleichem Maße zugenommen hat wie das Gewicht.

– Rohfaserreiche, schlechtverdauliche Futtermittel passieren den Darm schneller als leichtverdauliche.

– Der bakterielle Aufschluß des Futters im Blinddarm und die nochmalige Verdauung des Weichkotes verbessern, wenngleich in geringem Umfang, die Verdaulichkeit, die Vitaminversorgung

und die Synthese essentieller Aminosäuren.

Die *Verdaulichkeit* eines Futtermittels bzw. der in ihm enthaltenen Nährstoffe errechnet sich aus dem Unterschied zwischen dem Nährstoffgehalt des verzehrten Futtermittels und demjenigen im Kot. Nur die Menge der verdaulichen Nährstoffe, d. h. diejenigen, welche die Darmwand passiert haben, kann zur Deckung des Nährstoffbedarfes verwendet werden und bestimmt seinen Nährwert.

Für die am häufigsten in der Kaninchenfütterung eingesetzten Futtermittel geben die in Kap. 16 zusammengestellten Futterwerttabellen mit den Ergebnissen von am Kaninchen durchgeführten Verdauungsversuchen Auskunft über den Gehalt derselben an verdaulichem Eiweiß und Energie. Bei der Bewertung der Zahlenangaben ist zu berücksichtigen, daß der Gehalt an Nährstoffen, ebenso wie deren Verdaulichkeit, unter dem Einfluß des Alters der Futterpflanzen bei der Ernte, der Sorte, des Wetters bei der Ernte (z. B. Heuwerbung) u. a. erheblich schwanken kann. Leider sind beim Kaninchen im Vergleich zu Rind, Schaf und Pferd bislang noch relativ wenige Untersuchungen durchgeführt worden. Hierunter leidet sowohl die Allgemeingültigkeit der Zahlenangaben als auch die Vollständigkeit der erfaßten Futtermittel. Grundsätzlich ist davon auszugehen, daß die Verdaulichkeit eines Futtermittels mit zunehmendem Rohfasergehalt abnimmt.

Der Umbau der verdauten Nährstoffe in Körpersubstanz (z. B. Eiweiß in Fleisch oder Futterenergie in Depotfett) sowie deren Verwendung für die Aufrechterhaltung der Lebensfunktionen (z. B. Kraft, Wärmeerzeugung) wird als Stoffwechsel bezeichnet.

Tabelle 32: Der Einfluß der Schmackhaftigkeit verschiedener Futtermittel auf die tägliche Futteraufnahme durch 3 kg schwere Neuseeländer, w.

	Gefressene Frischsubstanz pro kg Lebendgewicht u. Tag g	Trockensubstanzgehalt %	Gefressene Trockensubstanz pro kg Lebendgewicht u. Tag g
1. Grünfutter			
Weidegras, vor dem Schossen 10 – 15 cm hoch	213	16,7	36
Mais, silierreif ohne Kolben	298	19,5	58
Luzerne	301	15,5	46
Futterrübenblatt	382	9,3	35
Lihoraps	388	12,8	50
Rotklee, vor der Blüte	532	13,7	73
Subterraneum-Klee, vor der Blüte	553	16,7	93
2. Wurzelfrüchte			
Topinambur, ad lib.* + 50 g Wiesenheu/Tag	98	23,7 + 87,4	31
Kartoffeln, ad lib.* + 50 g Wiesenheu/Tag	165	29,3 + 87,4	56
Gehaltsrüben, ad lib.* + 50 g Wiesenheu/Tag	306	10,7 + 87,4	37
3. Konserviertes Futter			
Luzerneheu	57	83,6	48
Wiesenheu, vor der Blüte, warmluftgetrocknet	58	87,4	51
Grassilage aus Weidegras, vor der Blüte, angewelkt + 5 % Gerstenstroh	179	38,7	69

* Zur beliebigen Aufnahme.
Die Menge des gefressenen Futters ist von dessen Schmackhaftigkeit abhängig. Diese ist jedoch kein Maßstab für die Nährstoffaufnahme. Der Nährwert wird im wesentlichen vom Trockensubstanzgehalt des Futters in Verbindung mit der Verdaulichkeit der organischen Substanz bestimmt. Von Rotklee wird etwa doppelt soviel an Trockensubstanz, und bei gleicher Verdaulichkeit auch an Nährstoffen, wie von Gras gefressen. Gut zubereitete Grassilage schmeckt dem Kaninchen besser als Heu. Von gern gefressenem Futter (hier Rot- und Subterraneum-Klee) wurden täglich mehr als 50 % des eigenen Gewichts gefressen.

9.2 Besonderheiten der Verdauungsorgane

Im Vergleich zu anderen Pflanzenfressern ist der Magen des Kaninchens mit etwa 35 % der Gesamtkapazität der Verdauungsorgane verhältnismäßig groß. Dies deutet auf die Fähigkeit hin, eine geringere Nährstoffkonzentration im Futter durch die Aufnahme größerer Futtermengen auszugleichen. Tatsächlich kann das Kaninchen bis zu 55 % seines eigenen Gewichtes täglich an Grünfutter (s. Tab. 32) fressen. Da der Magen selbst nur in geringem Umfang bemuskelt ist, erfolgt der Weitertransport aus dem Magen in den Dünndarm auch durch den Druck des neuaufgenommenen Futters. Dies hat bei feingemahlenem und nur in relativ geringer Menge aufgenommenem Alleinfutter zur Folge, daß das Futter länger als einen Tag im Magen verbleibt. Die beim Putzen mitabgeschluckten Haare können sich dann zu Haarballen (Trichobezoare) formen, sofern sie nicht von gröberen Partikeln des Futters aus dem Magen mit heraustransportiert werden. So wurden bei ausschließlicher Verabreichung von Alleinfutter an Angorakaninchen bei 75 % der Tiere Haarballen beobachtet, gegenüber nur 26 % bei kombinierter Fütterung (108). Die Haarballen können das Fassungsvermögen des Magens und damit auch die Futteraufnahme erheblich verringern und schließlich zum Platzen des Magens führen. Vorbeugende Maßnahmen sind daher vor allem bei Angorakaninchen zur Verhinderung ihres Auftretens erforderlich. Zusätzlich zu dem pelletierten Alleinmischfutter sollte Heu oder besser noch Grünfutter verabreicht werden.

Besonders groß ist im Vergleich zu den anderen Nutztierarten der Anteil des Blinddarms mit 40 bis 45 % der Kapazität der Verdauungsorgane. Er ist größer als der Magen. In ihm wird die enzymatische Verdauung im Dünndarm durch den mikrobiellen Aufschluß des vorverdauten Darminhaltes ergänzt, den die Bakterien nunmehr als Nährboden verwenden. Außerdem wird mit Hilfe eines von den Bakterien erzeugten Enzyms (Cellulase) die Verdaulichkeit der in der Rohfaser enthaltenen Cellulose durch Umwandlung in den resorbierbaren Traubenzucker verbessert.

In den Blinddarm gelangt nur der flüssige, mit feinen Partikeln (kleiner als 0,1 mm) durchsetzte Teil des Darminhaltes, der durch wellenförmige Zusammenziehung (Peristaltik) des Dünndarmes weiterbefördert wird. Die größeren Teile gelangen am Blinddarm vorbei in den Dickdarm (69). Dort werden im Darminhalt mit Hilfe der Darmperistaltik der Wassergehalt reduziert und die Hartkotballen geformt. Diese werden, bereits drei Stunden nach der Futteraufnahme beginnend, als unverdaulicher Rest des Futters ausgeschieden.

Der in den Blinddarm abgezweigte Teil des Nahrungsbreies dient den dort angesiedelten Mikroben für die Dauer von bis zu 12 Stunden als Nährboden. Der Blinddarminhalt wird vorwiegend nachts in Form von weichen mit Schleim ummantelten länglichen Pillen in den Dickdarm entleert und zum After transportiert. Dieser als Weichkot oder Coecotrophe bezeichnete Teil der Ausscheidungen besteht zu etwa je der Hälfte aus Bakterien und Teilen der Nahrung. Er wird vom After weg mit dem Mund abgesaugt und unzerkaut abgeschluckt. Anschließend wird die Coecotrophe im Dünndarm einer erneuten enzymatischen Verdauung unterworfen. Da die Weichkotpillen direkt vom

After weg wieder aufgenommen werden, können sie normalerweise nicht bemerkt werden. Sie gehen dadurch auch bei einer Haltung auf Latten- oder Drahtrostböden nicht verloren. Bei Angorakaninchen kann allerdings die lange Wolle am Ende des Schurintervalles die Aufnahme behindern. Die bei der versuchten Aufnahme verschmierten Weichkotballen verschmutzen dann die Hinterpartie der Tiere und wird häufig als Durchfall interpretiert.

Der erzeugte Weichkot wird in unterschiedlichem Maße erneut der Verdauung wieder zugeführt. Die aufgenommene Weichkotmenge erhöht sich mit zunehmendem Rohfasergehalt der Ration. Bei Energiemangel wird der gesamte ausgeschiedene Weichkot verzehrt (31).

Der im Blinddarm, ähnlich wie im Pansen der Wiederkäuer, erfolgende mikrobielle Aufschluß ist hinsichtlich der Rohfaserverdauung bei weitem nicht so wirksam wie bei den Wiederkäuern. Immerhin wird bei rohfaserreichen Rationen (z. B. Luzerneheu) die Verdaulichkeit der organischen Substanz durch die Blinddarmpassage um etwa 6 % verbessert (119). Ferner ist das Kaninchen dadurch, wenn auch in geringem Umfang, in der Lage, Harnstoff und andere nicht eiweißartige Verbindungen (z. B. Biuret) in Eiweiß umzuwandeln. Der Nutzen der Coecotrophie, die auch beim Meerschweinchen und dem Hasen sowie den Nagetieren zu beobachten ist, besteht vor allem darin, daß das Kaninchen von den Vitaminen des B-Komplexes sowie auch weitgehend von der Zufuhr von Vitamin K unabhängig ist. Ferner werden einige der essentiellen Aminosäuren synthetisiert. Beim Wildkaninchen verbessert die Aufnahme von Weichkot die Überlebenschancen beim Fortfall von Wasser und Nahrung. Bei Verabreichung von Mischfutter ist allerdings der Einfluß der Coecotrophie auf die Nährstoffversorgung unbedeutend, da die Zusammensetzung des Futters dem Bedarf in vollem Umfang Rechnung trägt.

In Abhängigkeit von der verzehrten Futtermenge, der Struktur des Futters und dessen Verdaulichkeit, kann die aufgenommene Nahrung mehrmals der Fermentation im Blinddarm unterworfen werden. Dadurch verzögert sich die Ausscheidung. Zwar werden 80 % des unverdauten Futters bereits innerhalb von 24 Stunden nach der Futteraufnahme wieder ausgeschieden. Die vollständige Ausscheidung ist jedoch erst nach 3 bis 7 Tagen abgeschlossen, wobei ein hoher Rohfasergehalt des Futters die Darmpassage beschleunigt.

Die für das Kaninchen typische Größendifferenzierung der Verdauungsorgane beginnt etwa im Alter von 3 Wochen und ist erst im Alter von 6 bis 7 Wochen beendet (69). Ab der 5. Lebenswoche beginnt die Ausscheidung von Weichkot. Bis zu einem Alter von 8 bis 9 Wochen sind die Jungtiere noch nicht in der Lage, eine geringere Nährstoffkonzentration im Futter durch eine entsprechende Mehraufnahme auszugleichen.

Die Fähigkeit, Stärke zu verdauen, entwickelt sich beim jungen Kaninchen erst allmählich durch die Aufnahme festen Futters. Die Bildung der diese Nährstoffe aufschließenden Enzyme (Amylasen) erreicht im Alter von 21 Tagen erst 12 % der im Alter von 32 Tagen festgestellten Menge (69). Das junge Kaninchen ist somit noch nicht in der Lage, Stärke in gleichem Umfange wie das ältere zu verdauen. Die Verabreichung hochverdaulicher und insbesondere stärke- und eiweißreicher Futtermittel (z. B. Getreide u. Hülsenfrüchte) führt deshalb bei bis zu 7 Wochen alten Tieren zu mit Blähungen und Durchfall verbundenen Darmerkrankungen (Dysenterien). Da die Anpassung an festes Futter erst ab einem Alter von etwa 6 Wochen annähernd abgeschlossen ist, ist es wegen des Risikos von Darmerkrankungen nicht möglich, die Jungtierentwicklung durch die Verabreichung von Futter mit hoher Verdaulichkeit zu beschleunigen und die Futterverwertung zu verbessern. Um den Futteraufwand auch bei Verabreichung von rohfaserreichem Absetzfutter niedrig zu halten, besteht die Möglichkeit der Zweiphasenfütterung: Ab der ersten Futteraufnahme bis zur 6. Lebenswoche wird den Jungtieren ein Absetzfutter mit einem relativ hohen (14 – 17 %) Rohfaser- und niedrigem Stärkegehalt (< 10 %) mit Probiotikumzusatz verabreicht (s. Tab. 34). Anschließend kann dann ein Mastfutter mit geringerem Rohfaser- und höherem Energiegehalt angeboten werden. Solange die Jungtiere noch gesäugt werden, sind sie hierbei von der Häsin zu trennen und nur einmal täglich noch zu säugen. Das regt sie gleichzeitig zur frühen Futteraufnahme an. Anderenfalls muß auch den Häsinnen ab der 3. Woche nach dem Werfen das Absetzfutter verabreicht werden, was sich bei frühem Absetzen (25. Lebenstag) erübrigt. Zum anderen wird das Risiko von Darmerkrankungen auch durch die Begrenzung der Alleinfutteraufnahme in den ersten 3 Wochen nach frühzeitigem Absetzen auf 60 bis 70 % der bei beliebiger Futteraufnahme verzehrten Alleinfuttermenge reduziert.

Vom Ferkel ist bekannt, daß die Enzymproduktion nach dem Absetzen vorübergehend absinkt, um später wieder anzusteigen. Wenn dies auch beim Kaninchen der Fall ist, könnte ein späteres Absetzen das Problem nur teilweise lösen. Der Zusatz von Enzymen (Amylasen) erzielte keinen Effekt (122).

9.3 Nährstoffe

Der Gehalt des Futters an den für die Ernährung des Kaninchens wichtigen Bestandteilen, den Nährstoffen, wird mit Hilfe der chemischen Analyse der Futtermittel festgestellt. Das hierfür angewendete Verfahren ist die sogenannte »Weender-Analyse«. Um nicht jeden einzelnen Nährstoff untersuchen zu müssen, werden in den einzelnen Untersuchungsgängen jeweils diejenigen Nährstoffe in Nährstoffgruppen erfaßt, die in ihrer chemischen Zusammensetzung Gemeinsamkeiten aufweisen. Beispielsweise wird bei der Bestimmung des Gehaltes an Roheiweiß lediglich der Stickstoffgehalt untersucht, wodurch alle stickstoffhaltigen Bestandteile des Futters erfaßt werden. Hierzu gehören nicht nur das Eiweiß, sondern auch nicht eiweißartige (NPN) Verbindungen wie der Harnstoff. Bei der »Weender Analyse« handelt es sich demnach um eine vereinfachte, zwar dem Zweck entsprechende aber ungenaue Ermittlung des Nährstoffgehalts. Darauf bezieht sich auch die Bezeichnung der mit dieser Untersuchung erfaßten Nährstoffgruppen als »Rohnährstoffe«, im Sinne einer groben Übersicht. In Tab. 33 wird am Beispiel des Wiesenheues der Verlauf der Untersuchung demonstriert.

Im einzelnen haben die bei der »Weender Analyse« erfaßten Inhaltstoffe des Futters für die Ernährung des Kaninchens folgende Bedeutung:

Tabelle 33: Beispiel für die Ermittlung der Zusammensetzung eines Futtermittels nach der Weender Analyse

100 g Wiesenheu,
1. Schnitt, Beginn bis Mitte der Blüte

Wasser = 13,0 g (%)
Gewicht des Wiesenheus abzüglich der Trockensubstanz

Trockensubstanz = 87,0 g (%)
Rest nach 24stündiger Trocknung bei 105 °C

Rohasche = 7,4 g (%)
Rest nach 24stündiger Erhitzung auf eine Temperatur von 400 °C

Organische Substanz = 79,6 g (%)
Trockensubstanz abzüglich der Rohasche

Rohprotein = 9,7 g (%)
Eiweiß, Harnstoff u. a. stickstoffhaltige Verbindungen

Rohfett = 2,1 g (%)
Öle, Fette u. a. ätherlösliche Verbindungen

Rohfaser = 26,8 g (%)
Zellulose, Holz u. a.

Stickstofffreie Extraktstoffe = 41,0 g (%)
entsprechen dem nicht zu den anderen Nährstoffen gehörenden Rest der organ. Substanz, z. B. Zucker, Stärke u. a.

Wasser- und Trockensubstanzgehalt

Da nur die Trockensubstanz Nährstoffe enthält, ist die vom Kaninchen aufgenommene Trockensubstanzmenge ein besserer Hinweis für eine ausreichende Nährstoffaufnahme als die Menge des Futters. Beispielsweise erscheint der Tagesverzehr von 1,2 kg Futterrübenblatt durch ein 3 kg schweres Kaninchen verhältnismäßig hoch (Tab. 32). Bei einem Wassergehalt von über 90 % wurden in diesem Versuch jedoch nur 120 g Trockensubstanz aufgenommen. Das sind im Vergleich zu 180 g Mischfutter/Tag mit 162 g Trockensubstanz um 26 % weniger Trockensubstanz und damit auch weniger Nährstoffe.

Der *Wassergehalt* der Ration kann bei kombinierter Fütterung mit Grünfutter und Wurzelfrüchten den Wasserbedarf des Kaninchens decken, sofern er bei einer Stalltemperatur von 20°C dem 2- bis 2,5fachen der Trockensubstanzaufnahme entspricht. Bei säugenden Häsinnen steigt er bis auf das Dreifache der aufgenommenen Trockensubstanzmenge. Das sind bei einer Alleinfutteraufnahme von 400 g/Tag 1,2 Liter. Mit steigenden Temperaturen nimmt der Wasserbedarf zu und liegt beispielsweise bei 30°C um etwa 50 % höher als bei 20°C (157). Ein unterschiedlicher Bedarf kann sich ferner durch die Verabreichung von Mineralfutter (z. B. Kochsalz) ergeben. Während bei ausschließlicher Verabreichung von Grünfutter und Wurzelfrüchten der Wasserbedarf noch aus dem Wassergehalt des Futters gedeckt werden kann, ist dies bei Verabreichung von Rauh- und Konzentratfutter sowie einem temperaturbedingten Mehrbedarf und bei säugenden Häsinnen nicht mehr der Fall. Ein Mangel an Wasser begrenzt dann die Futteraufnahme. Aber auch ohne Futteraufnahme (Transport, Ausstellungsteilnahme) beträgt die tägliche Wasseraufnahme eines mittelschweren Kaninchens bei 20°C 0,15 bis- 0,25 Liter/ Tag.

Wachstumseinbußen infolge Wassermangel sind bereits bei 3 bis 4 Wochen alten, gesäugten Jungtieren möglich, wenn diese zusätzlich Mischfutter oder Heu aufnehmen können (s. Tab. 30). Der Wassergehalt der Milch deckt dann bei beginnender Futteraufnahme nicht mehr den Bedarf. Bei längerer Säugezeit werden die Wachstumseinbußen noch dadurch verstärkt, daß auch der Anreiz für die zusätzliche Aufnahme von Trockenfutter entfällt. Beispielsweise war das Absetzgewicht der Jungtiere im Alter von 25 Tagen um 20 % geringer, wenn die Jungtiere bei 15 bis 20°C Stalltemperatur keinen Zugang zum Wasser hatten. Bei höheren Temperaturen ist eine noch größere Gewichtsdifferenz zu erwarten. Die ständige Bereitstellung von Wasser für die Jungtiere ist daher eine wesentliche Voraussetzung für eine zügige Jungtierentwicklung. Bei automatischen Tränksystemen (Nippeltränken) ist durch gelegentliches Vorsetzen von Wasser in Näpfen zu prüfen, ob die Jungtiere in der Lage sind bei evtl. zu hoher Anbringung der Tränke, diese zu bedienen.

Die lange vertretene Meinung, das Kaninchen benötige keine zusätzlichen Wassergaben, resultiert auch aus seiner Fähigkeit, einen mehrtägigen Wassermangel aufgrund des Weichkot-Recyclings unbeschadet zu überstehen. So wird vom Wildkaninchen berichtet, daß es einen bis zu 14tägigen Wasserentzug überlebt. Hauskaninchen verloren beim Transport nach fünftägigem Wasser- und Futterentzug nur 14 % des Lebendgewichtes.

Das rechtfertigt es jedoch keineswegs, nicht für die Deckung des Wasserbedarfes Sorge zu tragen. Dies kann zum Beispiel bis zu 2 Tage lang durch die Verabreichung von Möhren geschehen. Bei einem Wassergehalt von 88 % (s. Futterwerttabelle, Kap. 15) müßten täglich etwa 200–300 g von einem mittelschweren Tier gefressen werden, um den Wasserbedarf zu decken. Futterrüben sind wegen ihres Oxalsäuregehaltes hierzu weniger geeignet und können, als Alleinfutter verabreicht, zu Verdauungsstörungen führen. Bei mehrtägigen Ausstellungen müssen die Tiere, wenn nur Kraft- oder Rauhfutter zur Verfügung steht, auf jeden Fall täglich getränkt werden. Die Unterlassung der Wassergabe kann in diesem Fall als Verstoß gegen § 2 des Tierschutzgesetzes interpretiert werden:

»Wer ein Tier hält, betreut oder zu betreuen hat, muß das Tier seiner Art und seinen Bedürfnissen entsprechend angemessen ernähren, pflegen und verhaltensgerecht unterbringen.«

Grundsätzlich wird längerer Wassermangel weniger toleriert als mehrtägiges Fasten. Probleme können sich ergeben, wenn nach mehrtägigem Wassermangel die Tiere versuchen, ihr Flüssigkeitsdefizit durch die Aufnahme größerer Mengen von Saftfutter zu decken (Durchfall).

Auf die einwandfreie Beschaffenheit (Keimgehalt) des Wassers ist zu achten. Bei offenen Tränkgefäßen muß das Wasser täglich erneuert werden. Nippeltränken sind daher Napftränken vorzuziehen, obwohl bei letzteren die Tropfwassermenge geringer ist. Vor der Neubesetzung leerstehender Ställe sind die Wasservorratsbehälter und die -leitungen zu spülen.

Organische Substanz

Diese umfaßt alle kohlenstoffhaltigen, d. h. brennbaren Verbindungen, die, soweit verdaulich, auch als Energiequellen zur Verfügung stehen. Die Verdaulichkeit der organischen Substanz errechnet sich somit aus der zusammengefaßten Verdaulichkeit von Roheiweiß, -fett und -faser sowie der der stickstofffreien Extraktstoffe.

Roheiweiß (auch Rohprotein)

Diese Nährstoffgruppe ist durch ihren Gehalt an Stickstoff gekennzeichnet. Hierzu gehören neben dem Eiweiß auch nichteiweißartige Stoffe wie z. B. Harnstoff. Der Gehalt an Roheiweiß errechnet sich durch die Multiplikation des Gehalts an Stickstoff mit 6,25, entsprechend einem durchschnittlichen Stickstoffgehalt im Eiweiß von 16 %.

Das Eiweiß als Hauptbestandteil dieser Nährstoffgruppe ist ein durch keinen anderen Nährstoff zu ersetzender Bestandteil des Futters. Es dient vor allem der Muskelbildung, dem Organwachstum, dem Ersatz verbrauchter Körpersubstanz, dem Wachstum von Haaren und Krallen u. a. Wenn mehr verdauliches Eiweiß im Futter enthalten ist, als für den Aufbau von körpereigenem Eiweiß benötigt wird, kann das Futtereiweiß nach dem Entzug des Stickstoffs auch als Energiequelle verwendet werden.

Die in Pflanzen und Tieren enthaltenen verschiedenen Eiweißarten beruhen auf unterschiedlichen Kombinationen von 22 verschiedenen Aminosäuren als Eiweißbausteine. Bei der Verdauung wird das Futtereiweiß im Darm von den eiweißspaltenden Enzymen (Proteinasen) in seine Aminosäuren zerlegt. Diese können die Darmwand passieren und werden dann für den Aufbau von körpereigenem Eiweiß wieder neu zusammengesetzt (Stoffwechsel).

Hierfür kann zwar das Kaninchen auch in der Nahrung nicht enthaltene Aminosäuren selbst herstellen (synthetisieren). Bei den folgenden ist dies jedoch nicht, oder nicht in dem zur Bedarfsdeckung erforderlichen Umfang, der Fall. Man spricht hier *von essentiellen Aminosäuren*, die daher mit dem Futter zugeführt werden müssen. Es sind dies beim Kaninchen:

| Arginin |
| Glyzin |
| Histidin |
| Isoleucin |
| Leucin |
| Tryptophan |
| Lysin |
| Methionin und Cystin |
| Phenylalanin |
| Tyrosin |
| Tryptophan |
| Threonin |
| Valin |

Bereits das Fehlen einer dieser Aminosäuren verhindert bzw. ein nicht ausreichender Gehalt begrenzt die Neukombination von körpereigenem Eiweiß und mindert die Verwendungsfähigkeit der anderen Eiweißbausteine in der Nahrung für diesen Zweck. Je vollständiger diese essentiellen Aminosäuren in dem Eiweiß einer Ration enthalten sind, desto höher ist dessen *biologische Wertigkeit*. Die Menge des in einem Futtermittel enthaltenen Eiweiß allein ist daher kein zuverlässiger Maßstab für die Möglichkeit, damit den Eiweißbedarf des Kaninchens zu decken. Der Eiweißgehalt kann um so geringer sein, je höher die biologische Wertigkeit des Eiweiß ist.

Bei vielseitiger Zusammensetzung der Futterration sind die meisten der genannten Aminosäuren im Futter enthalten. Besondere Beachtung bzw. Ergänzung erfordert jedoch bei Hochleistungstieren vor allem der Gehalt an Lysin und dem schwefelhaltigen Methionin. Aus letzterem kann das Kaninchen das in den Haaren enthaltene Cystin synthetisieren. Dies gilt insbesondere für Angorakaninchen, bei denen das Wollwachstum durch einen zu geringen Gehalt an schwefelhaltigen Aminosäuren begrenzt wird (s. Kap. 2.3).

Das Kaninchen vermag das in den Pflanzen enthaltene Eiweiß gut zu verdauen. Während beispielsweise das Schwein das in Luzernegrünmehl enthaltene Eiweiß nur zu 50 % verdaut, ist das Kaninchen in der Lage, es zu 75 bis 80 % zu nutzen (21). Dies ist wahrscheinlich auch auf die Bakterientätigkeit im Blinddarm und die anschließende Coecotrophie zurückzuführen. Denn mit Hilfe der im Blinddarm vorhandenen Bakterien vermag das Kaninchen auch den in nichteiweißartigen Verbindungen enthaltenen Stickstoff für die Erzeugung von Eiweiß zu nutzen. Dies ist in um so stärkerem Maße der Fall, je geringer der Eiweißgehalt der Ration ist. In Versuchen wurden 1,5 % Harnstoff problemlos eingesetzt (153). Noch besser wurde Biuret genutzt (90).

Rohfett

Außer Fetten und Ölen werden in dieser Gruppe auch fettähnliche Stoffe (Lipoide) wie Harz, Wachs u. a. sowie die in geringer Menge in den Futtermitteln enthaltenen fettlöslichen Vitamine (z. B. Dunel E) sowie das Lecithin und andere ätherlösliche Bestandteile miterfaßt. Fette und Öle unterscheiden sich u. a. voneinander dadurch, daß der Anteil an ungesättigten Fettsäuren bei den letzteren höher ist. Sie werden im Dünndarm mit Hilfe von Gallensäuren für die Zerlegung in ihre Bausteine (Glycerin und Fettsäuren) durch fettspaltende Enzyme (Lipasen) präpariert und so für die Passage durch die Darmwand vorbereitet.

Fett dient der Energieversorgung für die Bewegung, die Tätigkeit der Organe, die Wärmeisolierung (z. B. Speck beim Schwein) und die Erhaltung der Körpertemperatur. Im Vergleich zu Zucker und Stärke enthält Fett mehr als das Doppelte an Energie. Dem Mischfutter wird Fett hinzugefügt, um den Energiegehalt des Futters auch bei Beibehaltung des Rohfasergehaltes zu erhöhen. Ferner wird Fett beigemischt, um die Stabilität der Mischfutterpellets zu verbessern und den Futterstaub zu binden. Von Fett, insbesondere dem im Leinsamen enthaltenen Öl, ist bekannt, daß es den Glanz des Felles positiv beeinflußt, was bei Ausstellungstieren von Bedeutung sein kann.

Vor allem aber dient Fett der Energieversorgung und bei überschüssiger Energiezufuhr auch dem Ansatz von Depotfett. Hierbei kann die Zusammensetzung des Futterfettes auch die Beschaffenheit (Farbe und Festigkeit) des Depotfettes beeinflussen. Das in den Futtermitteln enthaltene Fett stammt entweder aus den Keimen der Körnerfrüchte oder den Ölsaaten (z. B. Lein, Sonnenblumen, Raps) bzw. deren Rückständen nach der Ölgewinnung. Deren Fettgehalt ist bei den Preßrückständen (Kuchen) größer (5 bis 10 %), als bei den Extraktionsschroten (ca. 1 %), welchen das Fett mit Hilfe von fettlösenden Chemikalien entzogen wird.

Rohfaser

Diese Nährstoffgruppe umfaßt im wesentlichen die Stützsubstanzen der Pflanzen, die das Gerüst von Stengeln und Blättern bilden sowie die Samen als Schale umgeben. Hierzu gehören die Cellulose, Pentosane und Lignin. Wie unter 9.1-2 erläutert, ist das Kaninchen nur mit Hilfe der mikrobiellen Vorgänge im Blinddarm in beschränktem Umfang in der Lage Cellulose zu verdauen. Dies ist um so weniger möglich, je mehr diese durch die Einlagerung von Lignin verholzt ist, was bei Pflanzen am Ende und nach der Blüte in zunehmendem Maße der Fall ist.

Der verdauliche Anteil der Rohfaser kann hinsichtlich seines Energiegehaltes, wie Stärke oder Zucker, berücksichtigt werden.

Aufgrund der im allgemeinen durch den Cellulosegehalt bedingten schlechteren Verdaulichkeit ist der Rohfasergehalt eines Futtermittels auch Maßstab für den Energiegehalt des Futters. Mit steigendem Rohfasergehalt verschlechtert sich die Verdaulichkeit der organischen Substanz und damit die Futterverwertung. Allerdings kann dies bei Mischfutter durch eine Beimischung von Fett kompensiert werden.

Der Rohfasergehalt hat vor allem diätetische Wirkung, da er das Risiko von Darmerkrankungen verringert. Das wird unter anderem auch darauf zurückgeführt, daß die mit steigendem Rohfasergehalt schnellere Darmpassage des Futters einen Verdünnungseffekt auf die Darmbakterien hat.

Stickstofffreie Extraktstoffe

Hierzu gehören entsprechend Tab. 33 alle bei der Bestimmung von Roheiweiß, -fett und -faser nicht erfaßten Reste der zur organischen Substanz gehörenden Nährstoffe. Dies sind im wesentlichen Zucker, Stärke und Hemicellulose. Sie werden auch als Kohlenhydrate bezeichnet, da sie aus den Elementen Kohlen-, Wasser- und Sauerstoff bestehen. Hierzu gehören aber auch die bei der Bestimmung des Rohfasergehaltes miterfaßten Nährstoffe.

Die stickstofffreien Extraktstoffe dienen dem Kaninchen als Energielieferant und sind in Form des Zuckers schnell verfügbar. Bei Energieüberschuß werden sie in Depotfett umgewandelt.

Die Verdauung der Stärke beginnt bereits mit der Einspeichelung des Futters im Mund. Sie wird im Magen fortgesetzt und im Dünndarm weitgehend abgeschlossen. Bei Jungtieren kann die beliebige Aufnahme eines Futters mit einem hohen Stärke- oder Zuckergehalt dazu führen, daß aufgrund der noch nicht vollentwickelten Enzymproduktion größere Mengen an Stärke in den Blind- und Dickdarm gelangen. Von den dort angesiedelten Bakterien wird sie als Nährboden benutzt und fördert, begünstigt durch eine feine Vermahlung, deren schnelle Vermehrung. Sofern sich krankmachende und Giftstoffe (Toxine) produzierende Bakterienstämme darunter befinden (z. B. Coli 0 bis 103, Clostridium spiroformis), führt dies zum Auftreten von mit starkem Durchfall verbundenen Darmerkrankungen (s. Dysenterie, Enteritis, Kap. 15.4).

Diese sind eine der Hauptursachen für die bei Jungtieren häufig auftretenden hohen Verluste. Aus diesem Grunde sollten bei Jungtieren nach dem Absetzen Futtermittel oder Mischungen mit denselben eingesetzt werden, die einen relativ geringen Gehalt an Stärke (weniger als 10 %) aufweisen. Die geringere Verdaulichkeit von Stärke in Mais bei Jungkaninchen (8 Wo. alt) sowie die als Mischfutter-

komponente verwendeten Rückstände aus der Herstellung von Zitrussäften fördern das Auftreten von Darmerkrankungen. Sie erhöhen den ph-Wert im Dickdarm (24).

Rohasche

In dieser Nährstoffgruppe sind alle nicht brennbaren Bestandteile des Futters enthalten. Hierzu gehören einmal die für die Lebensvorgänge wichtigen Mineralstoffe. Zum anderen aber auch der vor allem an ungereinigten Wurzelfrüchten haftende Sand. Im Körper sind die Mineralstoffe am Aufbau des Skeletts, aber auch der Enzyme und des Blutes beteiligt. Man unterscheidet zwischen Mengen- und Spurenelementen.

Calcium, Phosphor und Magnesium – Sind als Mengenelemente Bestandteile der Knochen, aber auch an der Funktion von Blut und Lymphe beteiligt, wie dies auch beim Kalium und Natrium der Fall ist. Das Calcium ist Bestandteil der als Kalk bezeichneten Verbindungen mit Sauerstoff, Kohlen- oder Phosphorsäure. Das Calcium im Futter wird anders als bei anderen Tierarten beim Kaninchen vollständig resorbiert und, sofern die Aufnahme höher als der Bedarf ist, über den Harn wieder ausgeschieden. Dabei ist, ebenfalls abweichend von anderen Tierarten, die Calciumaufnahme aus kohlensaurem Kalk besser als aus phosphorsaurem oder den in Luzernegrünmehl enthaltenen Verbindungen. Calciumüberschuß ist an der dicken, kreidemehlartigen Beschaffenheit des Harns erkennbar. Dadurch, daß das gesamte verdauliche Calcium, unabhängig vom Bedarf, in das Blut gelangt, und nicht wie bei den anderen Tieren mit dem Kot ausgeschieden wird, ist das Kaninchen in

200

starkem Maße von der Verkalkung der Gefäßwände betroffen (Kalzinose). Das Auftreten von Kalzinose steht hierbei in engem Zusammenhang mit dem Alter der Tiere und der Versorgung mit Phosphor bzw. Vitamin D. Zur Vermeidung der Kalzinose wird ein Ca : P-Verhältnis von 2:1 bei einem konstanten Phosphorgehalt in der Ration von 0,5 % empfohlen (48). Ein zu hoher Calciumanteil in der Ration (2,5 bis 2,5 %) beeinträchtigt die Annahme der Jungtiere durch die Häsin nach dem Werfen und die Jungtierentwicklung. Im Hinblick auf die Anfälligkeit des Kaninchens gegenüber Gefäßverkalkungen sollte daher der Calciumgehalt in der Futterration nicht höher als 1 % sein.

Kalium – Verbessert die Verdaulichkeit der Rohfaser.

Schwefel – Ist Bestandteil der schwefelhaltigen Aminosäuren, welche das Kaninchen vor allem für das Wachstum der Haare benötigt (s. Kap. 2.3). Das Kaninchen ist mit Hilfe der mikrobiellen Vorgänge im Blinddarm in der Lage, in beschränktem Umfang aus Schwefel die schwefelhaltigen Aminosäuren (Cystin, Methionin) aufzubauen. Aus diesem Grund empfielt Fekete (31) den Zusatz von 0,1 bis 0,2 % Natriumsulfat zu Mischfuttermitteln. Inwieweit dies für die Realisierung des genetisch veranlagten Wollwachstums von Hochleistungstieren ausreicht, ist allerdings fraglich.

Kupfer – Hat aufgrund seiner bakterienhemmenden Wirkung vorbeugenden Einfluß gegenüber dem Auftreten von bakteriellen Darmerkrankungen. Es fördert ferner die Synthese der schwefelhaltigen Aminosäuren und wirkt dadurch auch als Wachstumsförderer. Bei hoher Dosierung

im Futter kann allerdings seine Ausscheidung im Kot und dessen Verwendung als Dünger die Bodenfruchtbarkeit dadurch beeinträchtigen, daß es auch die Bodenbakterien in ihrer Vermehrung hemmt.

Zink und Selen – Schaffen die Voraussetzungen für die Wirksamkeit der Enzyme für die Verdauung ebenso wie das **Kobalt** für den Bakterienaufschluß im Blinddarm.

Über den für Mischfutter empfohlenen Mineralstoffgehalt informiert Tab. 34.

9.4 Vitamine und andere Futterzusatzstoffe

Gemäß § 2, Abs. 2 des Futtermittelgesetzes (159) können Zusatzstoffe den Futtermitteln zugesetzt werden, um

– Aussehen, Geruch, Geschmack, Beschaffenheit oder Haltbarkeit zu beeinflussen

– technologische Eigenschaften zu verbessern

– die Leistung der Tiere zu fördern

– Krankheiten vorzubeugen

Die nachfolgenden Ausführungen beschränken sich hierbei auf diejenigen Zusatzstoffe, welche am häufigsten eingesetzt werden. In der Reihenfolge ihrer Bedeutung sind das die folgenden:

Vitamine

Sind für den normalen Ablauf der Lebensfunktionen unerläßlich, wenn Mangelkrankheiten vermieden werden sollen. Die meisten von ihnen können vom Tier

Tabelle 34: Empfehlungen für den Energie- und Nährstoffgehalt von Alleinfutter

Futtertyp		1 Ausge- wachsene Tiere	2 Jungtiere	3 Hochtragende u. säugende Häsinnen, Ergänzungs- futter f. kombin. Fütterung[3]
Verdauliche Energie	MJ/kg	8.5 – 9.0	10 – 11	10.5 – 13.0
Rohprotein	%	12 – 15	17 – 18	18 – 22
Verdauliches Rohprotein	%	8 – 11	12	13 – 16
Rohfaser	%	14	14 – 16	10 – 12
Rohfett	%	2 – 3	4 – 6	4 – 6
Calcium	%	0.4	0.4	1.1
Phosphor	%	0.2	0.5	0.8
Magnesium	%	0.2	0.25	0.3
Natrium	%	0.2	0.3	0.3
Kalium	%	0.5	0.5	0.7
Lysin	%	0.9	0.9	1.0
Methionin + Cystin[2]	%	0.5	0.6	0.7
Vitamin A	IE/kg	6000	10 000	12 000
Vitamin D	IE/kg	500	900	900
Vitamin E	mg/kg	50	50	50
Vitamin K	mg/kg	2	2	2

[1] mit 15- bis 20%iger Verdaulichkeit
[2] Angorakaninchen 30 % mehr
[3] Jungtiere sollten bis zu einem Alter von 6 Wochen möglichst wenig von dem Häsinnenfutter des Typs 3 erhalten. Ihr Verdauungsvermögen reicht noch nicht aus, um die im Futter enthaltene Stärke bei hohem Gehalt zu verdauen. Jungtiere erhalten Futter des Typs 2, dessen Stärkegehalt zumindest bis zu einem Alter von 6 Wochen nicht über 10 % liegen sollte, um Darmerkrankungen vorzubeugen (s. Kap. 1.3).

nicht selbst gebildet werden (Ausnahme: z. B. Vitamin C beim Kaninchen). Sie müssen deshalb mit der Nahrung zugeführt werden, sofern sie nicht durch mikrobielle Vorgänge, wie sie beim Kaninchen im Blinddarm ablaufen, erzeugt werden. Hierzu gehören beispielsweise die Vitamine des B-Komplexes sowie das Vitamin K. Eine Überdosierung von Vitaminen kann ebenso zu Krankheitserscheinungen führen, wie der Vitaminmangel. Über die Empfehlungen für den Vitamingehalt in Alleinfuttermischungen informiert Tab. 34. Bei kombinierter Fütterung und evtl. zusätzlicher Verabreichung eines Vitaminstoßes über das Trinkwasser sind folgende Besonderheiten beim Kaninchen zu beachten:

Vitamin A – Bei Verabreichung von Grünfutter sind keine Mangelerscheinungen, wie Augenveränderungen, Wachstumsverzögerung und Fortpflanzungsstörungen, zu erwarten. Bei langfristiger ausschließlicher Verabreichung von minderwertigem altem Heu und Wurzelfrüchten sowie Küchenabfällen können jedoch zusätzliche Gaben in Form eines Ergänzungsfutters oder Vitaminstoßes über das Trinkwasser erforderlich werden. Die zusätzliche Verabreichung eines pelletierten Mischfutters deckt den Bedarf nicht, wenn dessen Gehalt für eine beliebige Aufnahme als Alleinfutter (s. Tab. 34) berechnet wurde. Ein höherer Bedarf kann insbesondere dann vorliegen, wenn Belastungen (Trächtigkeit, Säugezeit) sowie Krankheiten (z. B. Kokzidiose) zu berücksichtigen sind.

Vitamin D – Dieses Vitamin steuert insbesondere den Calciumstoffwechsel und damit die Stabilität des Skeletts. Es kann vom Tier unter dem Einfluß des Sonnenlichts erzeugt werden. Wenn dies nicht ausreicht, kann Knochenweiche (Rachitis) die Folge sein. Diese wird jedoch bei Normalhaarkaninchen relativ selten beobachtet, während sie bei Kurzhaarkaninchen häufiger auftritt. Auf einen hohen Gehalt an Vitamin D im Futter reagieren Angorakaninchen mit dem Auftreten von Kalzinose.

Allerdings wird das Auftreten von Kalzinose in entscheidendem Maße vom Phosphorgehalt bzw. dem Verhältnis von Calcium-Phosphor bestimmt (48). So wurden beispielsweise bei einem Phosphorgehalt von 1,5 g/kg Futter und einem Calcium : Phosphor-Verhältnis von 1:1,3 bei 40 % der Tiere Kalzinoseerscheinungen beobachtet, obwohl der Vitamin-D-Gehalt nur 300 IE betrug. Andererseits blieben 6000 IE Vitamin D ohne Einfluß, wenn beim gleichen Ca : P-Verhältnis der Phosphorgehalt des Futters nur 0,5 g/kg betrug.

Vitamin E – Das Kaninchen reagiert gegenüber E-Mangel empfindlich mit einer Degeneration der Muskulatur. Ebenso wie beim Vitamin A erhöht sich der Bedarf an Vitamin E bei Leberkokzidiose.

Vitaminstoß – Von Vitaminmangel sind bei kombinierter Fütterung im Winter (da Grünfutter als Vitaminquelle entfällt) insbesondere Häsinnen vor und während der Deckperiode sowie während der Trächtigkeit und Säugeperiode betroffen, ferner auch abgesetzte Jungtiere. Wenn man sich nicht dazu entschließen kann, den Tieren während dieser Fütterungsabschnitte ein pelletiertes Alleinfutter zur beliebigen Aufnahme zu verabreichen, sollte zumindest den Häsinnen 3–4 Wochen vor und zwei Wochen nach dem Decken sowie drei Wochen nach dem Werfen und den Jungtieren beim Absetzen ein wasserlösliches Vitaminkonzentrat über das Trinkwasser verabreicht werden. Das gleiche gilt beim Auftreten von Krankheiten.

Spurenelemente – Werden in Form von Vormischungen dem Mischfutter hinzugefügt. Es handelt sich hierbei um chemische Elemente, deren durchschnittlicher Gehalt im Körper 50 mg/kg nicht überschreitet. Während die meisten der hierzu gehörenden Elemente in den Einzelfuttermitteln des Mischfutters in ausreichender Menge vorhanden sind, ist in den Bestimmungen des DLG-Mischfutterstandards die Einhaltung eines Mindestgehaltes im Futter an Eisen, Kupfer, Zink und Mangan vorgesehen.

Leistungsförderer (auch Leistungsvermittler)

Sind Stoffe, welche entweder die Zusammensetzung der Darmflora dahingehend beeinflussen, daß die Verdaulichkeit des

Futters verbessert wird, weniger Nährstoffverluste auftreten oder der Stoffwechsel im Sinne eines energieärmeren Stoffansatzes (z. B. höherer Wassergehalt im Fleisch) verändert wird. In Deutschland sind ausschließlich nur Leistungsförderer zugelassen, welche die Verdauung beeinflussen.

Hierzu gehören die Antibiotika, durch welche gleichzeitig das Risiko von Darmerkrankungen verringert werden kann. Zugelassen sind: Flavophospholipol, Spiramycin und Zinkbacitracin. Hierbei handelt es sich um Antibiotika, die nicht in der Humanmedizin eingesetzt werden. In gleicher Weise wirken die nicht zu den Antibiotika gehörenden Probiotika (z. B. Toyocerin). Hierbei handelt es sich jedoch um Kulturen lebender Mikroorganismen, welche die Zusammensetzung der Darmflora günstig beeinflussen. Im Gegensatz hierzu sind Prebiotika unverdauliche Substanzen (z. B. Inulin), welche die Aktivitäten der im Dickdarm angesiedelten Bakterien fördern. Beide Zusatzstoffe werden auch als Symbiotika bezeichnet.

Bindemittel

Werden im Handelsbeimischfutter eingesetzt, um die Festigkeit der Pellets zu gewährleisten. Dies ist beim Kaninchen besonders wichtig, da mehliges Futter und damit auch der mehlige Abrieb von Pellets vom Kaninchen nicht gefressen wird, wenn das Futter in beliebiger Menge aufgenommen werden kann. Steht Mehlfutter allein zur Verfügung, wird erst nach dreitägigem Hunger davon gefressen (31). Der mehlige Abrieb von pelletiertem Futter geht daher verloren, was den Futteraufwand und damit die Kosten erhöht. Als Bindemittel finden häufig Melasse

aber auch eigens zu diesem Zweck hergestellte Präparate Verwendung.

Aromastoffe

Werden dem Futter einmal beigemischt, um einen etwaigen vom Kaninchen als unangenehm empfundenen und damit die Futteraufnahme beeinträchtigenden Geruch einzelner Futterkomponenten im Mischfutter zu überdecken. Zum anderen werden sie auch unabhängig von der Notwendigkeit eines derartigen Effektes beigemischt. Dabei steht in den meisten Fällen der Kaufanreiz durch vom Menschen angenehm empfundenen Geruch mehr im Vordergrund, als das experimentell bestätigte Wissen um dessen appetitanregenden Effekt. Lediglich bei Thymianextrakt (30) wurde eine Verbesserung der Tageszunahmen um bis zu durchschnittlich 23 % (44,3 g : 35,9 g) sowie der Futterverwertung um 19 % (2,1 : 2,5) nachgewiesen. Dabei bestanden jedoch zwischen den einzelnen Tieren erhebliche Unterschiede in der Reaktion auf diese Beimischung.

Antioxydantien

Verzögern den Verderb insbesondere das Ranzigwerden (Oxydation), der im Futter enthaltenen Fette und hier insbesondere auch der fettlöslichen Vitamine A und E.

Krankheitsverhütende Zusatzstoffe

Sind für Kaninchenfutter bislang nur in Form der kokzidiosehemmenden Mittel (*Coccidiostatica*) Meticlorpindol und Robenidin zugelassen. Ihr Einsatz ist insbesondere bei Einstreuhaltung zur Verringerung des Infektionsrisikos, bei den Häsinnen nach dem Werfen bis zum Absetzen der Jungtiere und nach dem Absetzen bei den Jungtieren bis zu einem Alter von 16 Wochen (kombinierte Fütterung) zu empfehlen. Die Verfütterung eines Futters mit dem Zusatz eines Coccidiostaticums muß mindestens eine Woche vor dem Schlachten eingestellt werden, damit sich keine Rückstände desselben mehr im Fleisch oder den eßbaren Innereien befinden. Dem vorbeugenden Einsatz coccidiosehemmender Mittel kommt insofern eine besondere Bedeutung zu, als vor allem bei Einstreuhaltung das Auftreten von fütterungsbedingten Darmerkrankungen durch sub-

Tabelle 35: Täglicher Bedarf an Energie und verdaulichem Rohprotein

	Verdauliche* Energie Megajoule	Verdauliches* Rohprotein Gramm	Entspricht etwa Alleinfutter Gramm
*1. Erhaltung** (ausgewachsenes Kaninchen während Zuchtruhe)			
1,5 kg	0,80	5	75
2,0 kg	0,96	6	90
4 – 5 kg	1,5	10	130
*2. Trächtigkeit** (4 – 5 kg Lebendgewicht)			
1. – 21. Tag n. d. Decken	1,7 – 1,9	9,2	170
22. – 31. Tag n. d. Decken	1,9 – 2,2	10,2	200
*3. Laktation** 3. Laktationswoche	5,16	63,0	500
*4. Wachstum** (30 g Tageszunahme)			
0,8 kg Lebendgewicht	0,75	8,3	70
1,2 kg Lebendgewicht	0,93	10,3	90
1,6 kg Lebendgewicht	1,16	12,8	110
2,0 kg Lebendgewicht	1,37	15,0	130
2,4 kg Lebendgewicht	1,54	16,9	140
*5. Wollerzeugung** (4 kg Lebendgewicht)	1,58	20	140

*   n. Parigibini et al., 1974, (zit. v. 31)
++ Futtertypen s. Tabelle 34

Der Bedarf an Energie und verdaulichem Rohprotein wird durch die angegebenen Alleinfuttermengen gedeckt, wenn das Alleinfutter je kg 10,6 Mega Joule und 14 % verdauliches Rohprotein enthält. Er variiert unter dem Einfluß von Temperatur und individuellen Schwankungen. Eine laufende Gewichtskontrolle ist daher erforderlich. Die Verabreichung von Heu, Wurzelfrüchten und Grünfutter beschäftigt die Tiere. Sie ist bei mittelschweren Rassen, mit Ausnahme der Zuchtruhe, nicht in der Lage, den Bedarf zu decken.

klinischen Befall mit Coccidien begünstigt wird.

Der Zusatz von Enzymen (Amylase, Glucosidase) hatte auch bei hohem Stärkegehalt (20,8 %) keinen Einfluß auf Mobilität und Futterverwertung von Jungtieren (122).

9.5 Energie- und Eiweißbedarf

Das Kaninchen benötigt die im Futter enthaltene Energie für die Aufrechterhaltung folgender Lebensfunktionen: Muskeltätigkeit, Organwachstum, Erhaltung der Körpertemperatur, Energiespeicher in Form von Depotfett und Glykogen für Bedarfspitzen und Mangelsituationen. Maßeinheit für die Energiemenge sind die Kalorie oder das Joule. In den Futterwerttabellen (Kap. 16) wird der Gehalt an verdaulicher Energie in einem Kilogramm Futter in Megajoule (MJ) angegeben. Hierbei entsprechen 1000 Kilokalorien (kcal) = 4,184 Megajoule (MJ). Energiequelle ist die durch ihre Brennbarkeit gekennzeichnete organische Substanz der Futtermittel.

Bezüglich der dem Tier zur Verfügung stehenden Energiemenge ist zu unterscheiden zwischen:

Gesamte Energiemenge im Futter	= Brutto-Energie
abzüglich Energie im Kot	= Verdaul. Energie
abzüglich Energie im Harn	= Umsetzbare Energie
abzüglich Energie durch Wärmeverlust	= Netto-Energie

Von den in der organischen Substanz enthaltenen Nährstoffgruppen hat das Rohfett hierbei einen um etwa das Doppelte (ca. 2,3 mal mehr) höheren Energiegehalt als die Rohfaser sowie das Roheiweiß oder die stickstoffreien Extraktstoffe.

Die in den Futtermitteln enthaltene umsetzbare Energie ist um etwa 4 % geringer als die verdauliche Energie. Sie ist vom Kaninchen im Durchschnitt nur zu etwa 40 % als Kraftquelle und für den Fettansatz zu nutzen. Lediglich während der Laktation wird die Energie bis zu 69 % genutzt (87). Die vom Tier nicht zu verwertende Energie wird beim Stoffwechsel als Wärme (Abfallwärme) freigesetzt. Hierdurch darf sich jedoch die Körpertemperatur nicht erhöhen. Der Organismus steht hier vor dem gleichen Problem, wie ein Verbrennungsmotor, dessen Betriebstemperatur mit Hilfe eines Kühlsystems ebenfalls auf gleicher Höhe gehalten werden muß. Beim Kaninchen erfolgt die Kühlung über die Körperoberfläche, vor allem die unbehaarten Ohren sowie über die Atmung. Schweißdrüsen besitzt das Kaninchen praktisch keine.

Die Notwendigkeit, die Körpertemperatur auf gleicher Höhe zu halten, hat folgende Konsequenzen:

Wenn bei hohen Leistungen (wachsende Jungtiere, säugende Häsinnen) oder bei dichtem Fell und behaarten Ohren (Angora) sowie bei hohen Außentemperaturen die anfallende Abfallwärme nicht abgegeben werden kann, muß die Futteraufnahme eingeschränkt werden (s. Tab. 13).

Bei sehr niedrigen Außentemperaturen, fehlendem Wärmeschutz (geschorene Angorakaninchen) oder bei Futtermangel reicht die beim Stoffwechsel entste-

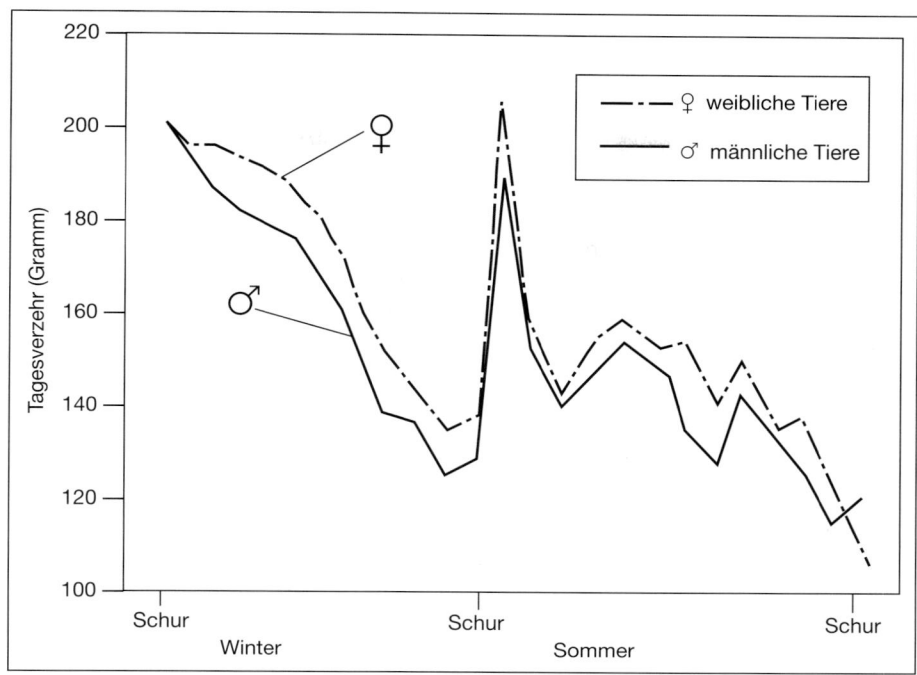

Abbildung 111: Verlauf der Alleinfutter-Aufnahme von Angorakaninchen in Abhängigkeit von der Jahreszeit (Temperatur). Schurintervall 13 Wochen. Im Sommer sinkt die Futteraufnahme mit zunehmender Haarlänge nach der Schur schneller als im Winter, da die Abgabe der Abfallwärme schwerer möglich ist und ein Anstieg der Körpertemperatur verhindert werden muß.

hende Abfallwärme nicht aus, um die Körpertemperatur auf gleicher Höhe zu halten. Es muß dann Nettoenergie im Futter für die Wärmeproduktion verwendet werden, welche bei rationierter Fütterung dann nicht mehr für die Muskeltätigkeit oder die Fettbildung zur Verfügung steht. Als Folge davon sinken die Leistungen, und die Futterverwertung verschlechtert sich.

Deckt die mit dem Futter aufgenommene Energie nicht den Bedarf, muß das Depotfett für die Wärmeerzeugung verwendet werden; das Kaninchen hungert und verliert an Gewicht.

Die erleichterte Abgabe der Abfallwärme erhöht bei ständiger Verfügbarkeit von Futter die Futteraufnahme und damit die Leistungen (s. Abb. 111).

Die für das wachsende Kaninchen optimale Außentemperatur liegt zwischen 15 bis 17 °C. Bei Unterschreitung erhöht sich die Futteraufnahme, bei Überschreitung sinkt sie.

Die in Tab. 35 wiedergegebenen Bedarfsnormen ermöglichen in Verbindung mit den Futterwerttabellen die Zusammenstellung von Futterrationen, welche dem jeweiligen Bedarf des Kaninchens an Energie und Eiweiß für die verschiedenen Leistungen entsprechen. Darüber hinaus ist der Vergleich mit anderen Nutztierarten möglich, welche gleiche Nutzleistungen vollbringen (s. Tab. 3). Bei Verabreichung

Abbildung 112: Für die rationierte Zuteilung von Kraftfutter empfiehlt sich die Benutzung eines Meßgefäßes (Futterschaufel, Meßbecher, Konservendose). Die »Handvoll« Futter als Maßeinheit ist zu ungenau.

eines Handelsmischfutters, welches dem DLG-Standard entspricht, kann davon ausgegangen werden, daß dieses bei freier Aufnahme sowohl den Bedarf an Eiweiß als auch an Energie deckt.

Im einzelnen sind bei der Bewertung der in der Tab. 35 gemachten Zahlenangaben folgende Gesichtspunkte zu beachten:

Der *Erhaltungsbedarf* ist dadurch definiert, daß er lediglich den Energie- und Eiweißbedarf des Kaninchens für die Verdauungstätigkeit, den Ersatz für verbrauchte Körpersubstanz (z. B. Haarwechsel, Krallenabnutzung) sowie die Erhaltung der Körpertemperatur und die Bewegung deckt. Der Erhaltungsbedarf ermöglicht jedoch keinen Gewichtszu-

wachs oder die Erzeugung anderer Produkte (Milch, Jungtiere, Wolle).

Der *Bedarf für Lebendgewichtszunahmen* steigt mit zunehmendem Alter unabhängig vom Gewicht des Tieres, da sich der Anteil des angesetzten Fettes im Verhältnis zum energieärmeren Eiweiß (Fleisch) erhöht.

Der *Energiebedarf* für wachsende, junge Tiere ist um so höher, je niedriger die Tageszunahmen sind, da der Anteil des Erhaltungsbedarfes an der aufgenommenen Energie steigt. Wenn daher bei der Jungtiermast vor dem Beginn der Geschlechtsreife (ca. 10 Wochen alt) die Nährstoffversorgung gedrosselt wird, ist dies Futterverschwendung!!

Eine *Futterrationierung* nach dem Eintritt der Geschlechtsreife kann jedoch den Energieaufwand je Kilogramm Zuwachs senken, weil dadurch weniger Fett angesetzt wird.

Der vom Lebendgewicht abhängige Erhaltungsbedarf hat zur Folge, daß

– Zwergkaninchen zur Erhaltung ihres Gewichts nur halb soviel Futter (Energie) wie Tiere mittelschwerer Rassen benötigen;

– bei unzureichender Futtergrundlage die Überlebenschancen kleinerer Tiere größer sind.

Dem letztgenannten Umstand verdankt das leichteste Kaninchen der Welt, das Porto-Santo-Kaninchen (s. Kap. 1), seine Entstehung. Aus dem gleichen Grund, ebenso wie auch die Wildkaninchen allgemein, sind die bodenständigen Rassen des Hauskaninchens in den nordafrikanischen Ländern oder in China kleiner. Auch aus Europa importierte Rassen werden unter den dortigen Bedingungen (Futtermangel durch eingeschränkte Futteraufnahme, hohe Temperaturen) leichter. Diese Entwicklung wird noch dadurch begünstigt, daß das Futteraufnahmevermögen nicht in gleichem Maße zunimmt, wie sich das Lebendgewicht erhöht. Große, aber auch mittelschwere Rassen, können daher in der Regel nicht die zur Ausschöpfung ihrer Wachstumskapazität notwendigen Nährstoffmengen aus

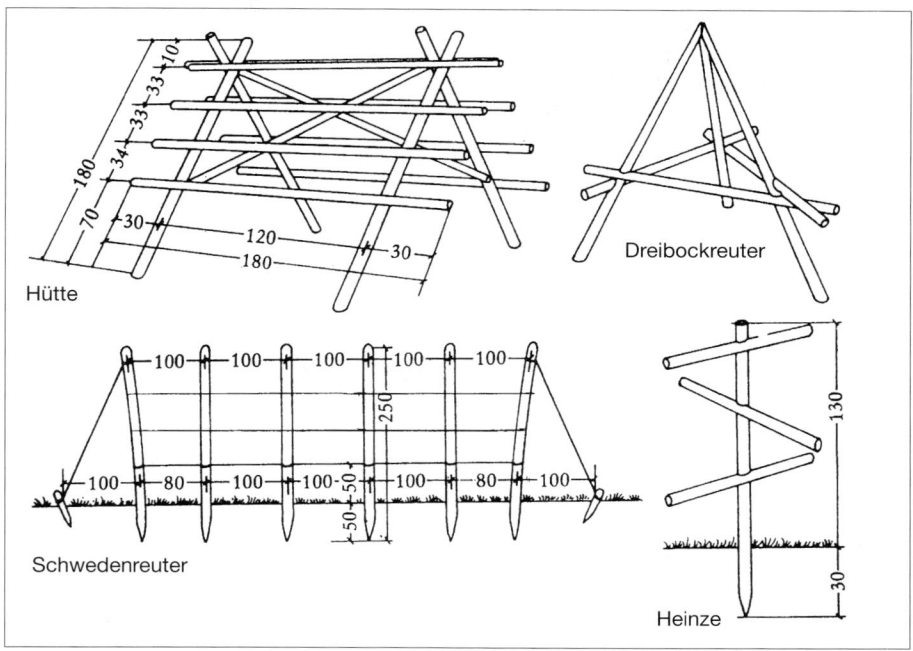

Abbildung 113: Verschiedene Reuter für die Heugewinnung. Bei der Bodentrocknung des Heues gehen die nährstoffreichen Blätter und Triebspitzen weitgehend verloren. Das Kaninchen kann jedoch die rohfaserreichen Stengel nur schlecht verdauen. Das auf mindestens 40–50 % Trockenmasse vorgewelkte Grünfutter sollte daher für die Heubereitung auf Reuter gehangen werden. Je weniger vorgewelkt und feinstengliger das Futter ist und je höher die Luftfeuchtigkeit, desto dünner muß das Trockengut aufgehangen werden (Schwedenreuter oder Heinze).

Grobfutter bestreiten, sondern müssen zusätzlich Konzentratfutter erhalten.

Die Angaben über den Bedarf an *verdaulichem Eiweiß* beziehen sich auf eine hohe biologische Wertigkeit desselben, d. h. auf einen ausreichenden Gehalt an essentiellen Aminosäuren (Kap. 9.3). Dieser ist jedoch nur bei Handelsmischfutter gegeben, bei welchem der Nährstoffgehalt den Empfehlungen in Tab. 34 entspricht. Bei ausschließlicher Verabreichung von Grobfutter oder auch kombinierter Fütterung mit selbstgemischtem Konzentratfutter ist ein um 20 bis 30 % höherer Bedarf an verdaulichem Eiweiß zu veranschlagen.

Ein geringer Energiegehalt des Futters kann durch eine entsprechend höhere Futteraufnahme weitgehend ausgeglichen werden. Dies ist beim Eiweiß nicht der Fall. Ein geringer Eiweißgehalt in der Futterration reduziert im Gegenteil die Futteraufnahme. Es ist daher erforderlich, daß das Verhältnis von Eiweiß und Energie dem Bedarf entspricht. Je MJ verdaulicher Energie sollte die Ration 15 bis 17 g verdauliches Rohprotein in optimaler Qualität enthalten. Bezogen auf pelletierte Alleinfuttermischungen mit einem Gehalt an verdaulicher Energie von 11 bis 12 MJ würde dies einem Rohproteingehalt von 16 bis 19 % entsprechen.

Beim Angorakaninchen kann der Eiweißgehalt der Ration im ersten Drittel des Schurintervalls an der unteren Grenze der angegebenen Werte liegen. Infolge der höheren Futteraufnahme (s. Abb. 109) ist die Deckung des Bedarfes trotzdem ge-

Abbildung 114: Mobiles Gehege für die Jungtieraufzucht (nach Prof. Finzi, Viterbo). Wasser kann mit Hilfe eines Tränknippels am Vorratsbehälter aufgenommen werden, pelletiertes Mischfutter aus dem daneben angebrachten Futterautomaten. Das weitmaschige Bodengeflecht ermöglicht nur eingeschränkt die Aufnahme von Grünfutter. Wichtig ist die Teilabdeckung zum Schutz vor Sonne und Regen.

währleistet. Im letzten Drittel des Schurintervalls sollte dagegen der Eiweißgehalt
höher sein, da infolge der erschwerten
Regulierung der Körperwärme die Futteraufnahme um bis zu 60 % niedriger als im
ersten Drittel ist (s. Abb. 109). Ähnliches
gilt bei hohen Temperaturen auch für
wachsende Jungtiere und säugende Häsinnen.

9.6 Futtermittel

Die für die Deckung des Nährstoffbedarfes zur Verfügung stehenden Futtermittel
und Mischfutterkomponenten lassen sich
in folgende Kategorien einteilen:

Grobfuttermittel – frische, silierte oder
getrocknete Pflanzen, Wurzelfrüchte,
Stroh, Spreu, Küchen- und Gartenabfälle.

**Kraftfuttermittel (auch Konzentratfut-
termittel)** – Samen aller Art, Abfälle aus
der Verarbeitung von Getreide, Öl- und
sonstigen Früchten, Fette und Öle,
Fisch-, Fleisch- und Tierkörpermehl,
Milchprodukte, Grünmehle.

Hinsichtlich der Eignung der verschiedenen Futtermittel für den Einsatz in der Kaninchenfütterung sind unter wirtschaftlichen und gesundheitlichen Aspekten folgende Kriterien zu beachten:

1. Nährstoffgehalt

2. Schmackhaftigkeit

3. Arbeitsaufwand für Futterwerbung
   und Fütterung

4. Futteraufwand je Produkteinheit (kg
   Fleisch oder Wolle)

5. Preis je Nährstoffeinheit

6. Notwendige Begrenzung der Mengen-
   aufnahme zwecks Vorbeugung von
   gesundheitlichen Schäden

Die Reihenfolge dieser Kriterien bei der
Beurteilung der Eignung von Futtermitteln
für die Verwendung im eigenen Tierbestand verändert sich zwangsläufig auch
unter dem Einfluß der Gründe, aus denen
die Kaninchenhaltung betrieben wird. In
der zu Erwerbszwecken betriebenen Kaninchenhaltung treten zwangsläufig die
unter 3 bis 5 genannten Kriterien stärker
in den Vordergrund als in der Rassekaninchenzucht oder der Heimtierhaltung.

9.6.1 Grobfutter (auch Wirtschaftsfutter)

Der Gehalt von Pflanzen an für das Kaninchen verwertbaren Nährstoffen ist abhängig von folgenden Einflüssen:

Alter bei der Ernte – Je jünger und blatt-
reicher die Pflanzen bei der Ernte sind,
desto höher ist ihre Verdaulichkeit. Bis
zum Ende der Blüte steigt der Trocken-
substanzanteil und damit auch der
Trockensubstanzertrag je Flächeneinheit
an. Gleichzeitig fällt jedoch der Rohproteingehalt stark ab, und der Gehalt an
Rohfaser nimmt zu. Die Verdaulichkeit aller Nährstoffe, vor allem die vom Eiweiß,
verschlechtert sich erheblich. Die Pflanzen sind daher zur Deckung des Nährstoffbedarfs immer weniger geeignet.

Konservierung – Grüne Pflanzen sind
besser verdaulich als das aus ihnen hergestellte Heu. Diese Unterschiede sind
um so größer, je mehr sich nach dem
Schnitt die Heubergung infolge von Niederschlägen verzögerte und je mehr das
Heu zwecks schnellerer Trocknung bewegt (gewendet) werden mußte. Letzteres erhöht den Anteil verholzter Stengel,
da die Blätter früher trocknen und abfal-
len. Das Heu mit dem höchsten Nährstoffgehalt liefert die Trocknung auf

Trockengerüsten (Reutern), auf welchen die angewelkten Pflanzen gehangen werden (s. Abb. 112) oder die Warmlufttrocknung. Der Futterwert von Heu schwankt, aufgrund der mannigfachen Einflüsse bei der Gewinnung, in weiten Grenzen (s. Kap. 16). Er wird meist überbewertet. Bei Bodentrocknung ist sein Beitrag zur Deckung des Nährstoffbedarfes, auch aufgrund der niedrigen Verzehrsmengen, gering (Tab. 32). Seine Bedeutung als Futtermittel liegt bei ergänzender Verabreichung eines pelletierten Alleinfutters in der Vorbeugung von Verhaltensstörungen durch die Beschäftigung bei der Futteraufnahme und der Verhinderung von Haarballenbildung, vor allem im Magen von Angorakaninchen. Sie treten aber auch bei in Gruppen gehaltenen Normalhaarkaninchen auf, wenn ein pelletiertes Mischfutter rationiert gefüttert wird und die Tiere aus Langeweile zum gegenseitigen Abfressen der Haare neigen.

Silage entspricht hinsichtlich ihres Nährstoffgehaltes, ihrer Verdaulichkeit und ihrer Schmackhaftigkeit (s. Tab. 32) mehr dem Grünfutter als dem Heu. Dies um so mehr, wenn der Wassergehalt des Siliergutes durch Vorwelken auf etwa 70 % reduziert wurde (Anwelksilage). Für die Silierung kleiner Futtermengen eignen sich Plastiksäcke oder -behälter, die sich luftdicht verschließen lassen. Silage stellt hohe Anforderungen an die Zubereitung, da das Kaninchen sehr empfindlich auf Qualitätsmängel reagiert. Bei Luftzutritt und Temperaturen über 10 °C sowie geringen Entnahmemengen verdirbt sie schnell. Aufgrund ihres geringeren Gehaltes an verdaulichen Nährstoffen und der geringeren Verzehrmengen sind weder Heu noch Silage allein als Leistungsfutter geeignet.

Blätter und Triebspitzen – Sie werden vom Kaninchen nicht nur lieber gefressen, sondern sie sind auch nährstoffreicher als die Stengel. Das Kaninchen sucht sich diese Pflanzenteile zuerst aus dem vorgelegten Futter oder bei Weidegang aus dem Aufwuchs heraus und nimmt die Stengel erst dann auf, wenn es seinen Hunger nicht anderweitig stillen konnte. Das hat zur Folge, daß beim Weidegang nahezu doppelt so hohe Tageszunahmen erzielt werden, wie bei rationierter Verabreichung des auf der gleichen Fläche geschnittenen Grünfutters, von welchem auch die Stengel gefressen werden müssen.

Da die Stengel wegen ihres höheren Anteils an Cellulose für das Kaninchen auch schlechter verdaulich sind, ist bei hohem Stengelanteil eine bedarfsgerechte Fütterung nicht möglich, wenn die Tiere gezwungen werden, auch diese zu fressen. Je mehr Stengel und Halme ohne Blätter liegen bleiben, desto weniger ist das Futter für die Erzielung hoher Leistungen geeignet.

Laub von Gehölzen hat den höchsten Nährstoffgehalt und die höchste Verdaulichkeit während der Wachstumsphase. Mit zunehmendem Alter nimmt der Futterwert ab. Das Laub von Hybridpappeln kann mit einem Anteil von 40 % Luzerne ersetzen (21). Der Nährstoffgehalt der sogenannten Akazie (Robinie) entspricht zwar dem von Luzerne. Ihr Futterwert wird jedoch durch ihren hohen Gehalt an Tanninen und Lektinen herabgesetzt, der bei ausschließlicher Verfütterung zu Vergiftungserscheinungen führen kann (4).

Die Schmackhaftigkeit – Bestimmt beim Kaninchen in stärkerem Maße als beispielsweise beim Rind die Menge des aufgenommenen Grobfutters. Sie ist zwar häufig mit dem Nährstoffgehalt der Pflanzen bzw. deren Blattanteil identisch. Es bestehen jedoch auch unabhängig davon erhebliche Unterschiede, wie die Ergebnisse von Schmackhaftigkeitsprüfungen in Tab. 32 ausweisen. Die Futteraufnahme ist höher, wenn verschiedene Futterpflanzen gleichzeitig angeboten werden und dem auch bei Wildkaninchen zu beobachtenden Bestreben des Tieres Rechnung getragen wird, sich eine Ration selbst zusammenzustellen.

Aufgrund des unterschiedlichen Wassergehaltes der Pflanzen ist die aufgenommene Trockensubstanzmenge für den Vergleich besser geeignet als die der Futtermittel selbst. Die bestehenden Unterschiede in der Schmackhaftigkeit weisen einmal darauf hin, daß sich durch die Auswahl vom Kaninchen gern gefressener Pflanzen sowohl hohe Leistungen erzielen, als auch in erheblichem Maße Futterkosten sparen lassen. Andererseits ist es bei weniger gern gefressenen Futterpflanzen erforderlich, mehr Kraftfutter zusätzlich zu verabreichen, damit der Nährstoffbedarf gedeckt werden kann. Grundsätzlich ist allerdings davon auszugehen, daß es auch mit dem Kaninchen am besten schmeckenden Pflanzenarten bei großen und mittelschweren Rassen nicht möglich ist, die gleichen Zunahmen und die gleich hohe Fortpflanzungsrate zu erzielen, wie mit einem pelletierten Handelsmischfutter (s. Tab. 5).

Damit beispielsweise eine mittelschwere säugende Häsin täglich die gleiche Nährstoffmenge wie mit 400 g Alleinfutter aufnehmen kann, müßte sie täglich mehr als 3 kg Grünfutter fressen, was 75 % ihres eigenen Gewichtes entspricht. Das würde jedoch ihr Futteraufnahmevermögen übersteigen, wie die Testergebnisse zeigen.

Vielfach wird die Schmackhaftigkeit überbewertet, wenn das Grünfutter, bei sonst überwiegender Fütterung mit Heu oder Kraftfutter oder bei unzureichender Wasserversorgung, vorgelegt wird. Die Tatsache, daß sich die Tiere bei erstmaliger Verabreichung auf das Grünfutter stürzen, besagt wenig über die Verzehrsmenge bei längerer und alleiniger Verabreichung sowie die sich daraus bei einzelnen Futtermitteln ergebenden gesundheitlichen Risiken (s. Kap. 9.8).

Zur Deckung des Energie- und des Eiweißbedarfes ist daher bei hohen Leistungserwartungen bei großen und mittelschweren Rassen die zusätzliche Verabreichung einer Konzentratfuttermischung notwendig.

Da bei kombinierter Fütterung infolge der Nichtbeachtung von Nährstoffbedarf und Schmackhaftigkeit des Futters die Zuchthäsinnen meist nicht bedarfsgerecht gefüttert werden, muß entweder die Zwischenwurfzeit länger sein, oder die Aufzuchtleistungen liegen bei den folgenden Würfen niedriger als beim ersten Wurf im Jahr.

Die vom ausgewachsenen Kaninchen aufgenommene Grobfuttermenge ist auch abhängig davon, inwieweit das Jungkaninchen Gelegenheit hatte, die Kapazität seiner Verdauungsorgane an die Aufnahme größerer Futtermengen anzupassen. Tiere, welche in der Jugend ausschließlich mit pelletiertem Alleinfutter gefüttert wurden, können später weniger Grobfutter aufnehmen.

Schmetterlingsblütler werden im allgemeinen vom Kaninchen nicht nur am liebsten gefressen, sondern sie haben auch den höchsten Eiweißgehalt. Zu ihnen gehören die Kleearten ebenso wie Wicken, Erbsen und Bohnen.

Von dem im Handelsmischfutter eingesetzten Grünmehl wird die Luzerne am häufigsten verwendet. Das geschieht einmal wegen ihrer durch hohen Flächenertrag und Eiweißgehalt begründeten Preiswürdigkeit. Zum anderen kann sowohl ihr Gehalt an Eiweiß als auch der an Calcium und Phosphor den Bedarf des Kaninchens weitgehend decken. Der Vitamin-A-Gehalt von Luzernegrünmehl ist viermal so hoch wie der von Mohrrüben (21). Ein häufiger Schnitt ist notwendig, da die Stengel schnell verholzen. Der durch den Saponin-Gehalt bedingte bittere Geschmack beeinträchtigt die Schmackhaftigkeit.

Bei gleichem Wachstumsstadium wird Rotklee noch lieber als Luzerne gefressen. Er reicht allerdings nicht an deren Flächenertrag heran.

Der in Tab. 32 am liebsten gefressene bodenfrüchtige (Subterraneum-)Klee stammt aus dem Mittelmeerraum. Er weist einen niedrigeren Flächenertrag als Rotklee und Luzerne auf und ist daher für die Schnittnutzung weniger geeignet. In den Subtropen wird er vor allem als eine die Trockenperioden überdauernde Weidepflanze geschätzt.

Kohlartige Pflanzen (Kreuzblütler) werden zwar gern gefressen (Tab. 32) jedoch sollten sie nur kurzfristig verfüttert werden, da die in ihnen enthaltenen Senfölverbindungen die Tätigkeit der Schilddrüse hemmen. Dies gilt nicht für 00-Raps-Sorten.

Gräser schneiden sowohl hinsichtlich ihrer Schmackhaftigkeit als auch ihres Nährstoffgehaltes schlechter als die kleeartigen Pflanzen ab. Das gilt auch für die aus ihnen hergestellten Grünmehle und das Heu. Ihre Stengel (Halme) verholzen schneller, und ihr Blattanteil ist geringer.

Grünfutter allgemein sollte möglichst frisch geschnitten verfüttert werden. Ist eine zwischenzeitliche Lagerung unvermeidbar, dann sollte sie kühl und nicht dem Sonnenlicht ausgesetzt in kleinen Haufen auf einem Latten- oder Drahtrost erfolgen. Durch die letztgenannte Maßnahme kann einer an der Erwärmung des Futters erkennbaren Zersetzung vorgebeugt werden, die Darmerkrankungen zur Folge hätte. Nasses Futter kann, frisch verabreicht, unbedenklich verfüttert werden. Bei einer Lagerung verdirbt es jedoch schneller als trocken geerntetes Grünfutter. Unproblematisch ist auch die Verfütterung von bei flacher Lagerung leicht angewelktem, wie auch gefrorenem Futter. Infolge der geringeren Aufnahme von letzterem kann allerdings nicht der Nährstoffbedarf damit gedeckt werden. Außerdem ist der Energiebedarf höher, da das gefressene Futter auf Körpertemperatur angewärmt werden muß.

Der Futterwert des Grünfutters liegt, abgesehen von seinem Nährstoffgehalt, auch in seiner appetitanregenden Wirkung bei der kombinierten Fütterung und der im Vergleich zu Kraftfutter leichteren Steuerung der Nährstoffzufuhr bei Tieren mit Erhaltungsbedarf. Der Nährstoffgehalt der Pflanzen ist vom Wachstumsstadium abhängig. Es ist daher nicht möglich, über eine längere Zeit hinweg von der gleichen Futterfläche den gleichen Futterwert und damit auch die gleiche Futteraufnahme zu gewährleisten, ohne den Schnittzeitpunkt zu staffeln.

Hygienische Probleme können auftreten, wenn das Grünfutter von Flächen stammt, zu denen an Myxomatose oder VHD (s. Kap. 15.4) erkrankte Wildkaninchen Zugang hatten, so daß eine Ansteckung des Hauskaninchens möglich ist. Die Verschmutzung des Grünfutters mit Hundekot birgt die Gefahr der Übertragung von Eiern des Hundebandwurms (*Taenia pisiformis*) in sich. Beim Kaninchen entwickeln sich daraus die als Bandwurmfinnen bezeichneten blasenförmigen Larven im Bereich der Leber.

Wurzelfrüchte (Möhren, Rüben, Kartoffeln, Topinambur) haben einen geringeren Gehalt an Eiweiß und Vitaminen als Grünfutter. Ihr gleichfalls geringerer Rohfasergehalt besteht nur in geringem Umfang aus schlechtverdaulicher Cellulose. Ihre Verdaulichkeit liegt daher sogar über der von Getreide (Tab. 31).

Da die Wurzelfrüchte einen hohen Wasser- sowie niedrigen Eiweißgehalt aufweisen und vom Kaninchen im allgemeinen nicht so gern gefressen werden, sind sie nur als Beifutter einzusetzen. Anhaftende Erde ist vor der Verfütterung zu entfernen. Die Schmackhaftigkeit und Verdaulichkeit gekochter Kartoffeln ist besser als die von rohen.

Küchen- und **Gartenabfälle** weisen in ihrem Nährstoffgehalt große Schwankungen auf, wobei ihr durchschnittlicher Nährstoffgehalt etwa auf dem Niveau der Wurzelfrüchte bei allerdings geringerer Verdaulichkeit liegt. Da sie meist schon mehrere Tage vor ihrem Anfall geerntet wurden, neigen sie zu Schimmelbildung und Fäulnis, sofern sie nicht schnell verbraucht werden. Bereits verdorbene Pflanzenteile dürfen auf keinen Fall verfüttert werden.

9.6.2 Kraftfutter (auch Konzentratfutter)

Die hierzu gehörenden Futtermittel sind im Vergleich zum Grobfutter durch einen höheren Nährstoffgehalt je Gewichtseinheit gekennzeichnet. Das hat zur Folge, daß das Kaninchen im Vergleich zum Grünfutter weniger Kraftfutter fressen muß, um seinen Nährstoffbedarf zu decken. Hohe Tageszunahmen und Fortpflanzungsleistungen sind daher nur mit Hilfe des Einsatzes von Kraftfuttermitteln oder des unter ihrer Verwendung hergestellten Mischfutters zu erzielen.

In Ergänzung zu den Angaben über den Nährstoffgehalt in den Futterwerttabellen ist beim Einsatz der zu dieser Kategorie gehörenden Futtermittel folgendes zu beachten:

Getreide – ist aufgrund des hohen Stärke- und niedrigen Eiweißgehaltes vorwiegend Energieträger. Hierbei hat der bevorzugt eingesetzte Hafer aufgrund seines hohen Spelzenanteiles den niedrigsten Energiegehalt. Auf den Gehalt an Energie und verdaulichem Eiweiß bezogen, ist er außerdem die teuerste Getreideart. Die schlechtere Verdaulichkeit der Spelzen hat insbesondere in der Jungtierfütterung den Vorteil, daß bei hohem Stärkegehalt in der Ration die Gefahr von mit Durchfall verbundenen Darmerkrankungen geringer ist als bei den anderen Getreidearten. Der gleiche Effekt ist allerdings kostengünstiger mit der Verabreichung von Grün- oder Rauhfutter bzw. billigeren Mischfutterkomponenten mit einem hohen Rohfasergehalt zu erreichen. Für die dem Hafer nachgesagte Förderung der Fruchtbarkeit, insbesondere bei männlichen Tieren, gibt es keine Bestätigung durch wissenschaftliche Untersuchungen. Wertbestimmend ist beim Hafer der hochverdauliche Anteil des Korns im Verhältnis zu den schlechtverdaulichen Spelzen. In Abhängigkeit von der Düngung und den Niederschlägen während des Wachstums bestehen beim Hafer die von allen Getreidearten größten Unterschiede im Mykotoxin- und Nährstoffgehalt. Haferflocken liegen in ihrer Verdaulichkeit etwa auf dem gleichen Niveau wie Weizen. Bei Darmerkrankungen kann die Verabreichung in gekochter Form, wie auch beim Menschen, positive diätetische Wirkung haben.

Die Gerste liegt mit ihrem Rohfasergehalt zwischen dem Hafer und den anderen Getreidearten (s. Kap. 16), von denen der Mais den höchsten Energiegehalt aufweist. Das ist vor allem auf den hohen Gehalt an Stärke zurückzuführen, der bei Jungtieren die Anfälligkeit gegenüber Darmerkrankungen erhöht.

Allen Getreidearten gemeinsam ist ein vergleichsweise geringer Gehalt an Calcium und Vitaminen.

Getreidekörner werden zerkleinert lieber gefressen. Bei alleiniger Verabreichung werden sie lediglich gequetscht, da Mehl nur ungern aufgenommen wird und zur Abnutzung der Schneidezähne Kauarbeit erforderlich ist. In geschroteter Form findet Getreide in pelletiertem Mischfutter Verwendung oder muß feuchtkrümelig verabreicht werden. Die durchschnittliche Größe der Schrotpartikel sollte 0,3 mm nicht unterschreiten. Eine feine Vermahlung begünstigt das Auftreten von Darmerkrankungen. Ganze Körner werden lieber gefressen, wenn sie in Wasser gequollen vorgelegt werden.

Kleie besteht im wesentlichen aus der äußeren Hülle des Getreidekorns und dem Keimling. Ihr Gehalt an Eiweiß, Fett und Rohfaser ist höher als im Korn, wobei der Gehalt an Energie mit zunehmendem Ausmahlungsgrad abnimmt, da dann der Mehlanteil geringer ist. Kleie ist ferner verhältnismäßig reich an Phosphor.

Ähnliches gilt auch für getrocknete Biertreber, bei welchen auch der Eiweiß- und der Rohfasergehalt höher ist.

Rückstände der Zuckerrübenverarbeitung sind die Diffusions- oder Trockenschnitzel, denen der Zucker nahezu vollständig entzogen wurde. Im Gegensatz hierzu weisen die getrockneten Zuckerrüben (Zuckerschnitzel) und die melassierten Trockenschnitzel ebenso wie die Melasse selbst einen mehr oder weniger hohen Gehalt an Zucker auf. Sie werden deshalb vom Kaninchen, wie alle süßschmeckenden Futtermittel, gerne gefressen. Bei Jungtieren kann allerdings die Aufnahme größerer Mengen zu den gleichen Darmerkrankungen führen, wie sie bei stärkereichen Futtermitteln auftreten. Allerdings ist das Risiko bei den Melasseschnitzeln infolge ihres höheren Anteiles an verdaulicher Rohfaser geringer. Der Anteil an Trockenschnitzeln sollte im Mischfutter 15 % nicht übersteigen. Bei höherer Beimischung ist eine Verschlechterung der Tageszunahmen und der Energieverwertung zu erwarten (24).

Ölsaaten sind in gleicher Weise Energie-, wie auch Eiweißquelle. Die Rückstände nach dem Entzug des Öles gleichen hinsichtlich des Energiegehaltes mehr dem Getreide, wenn es sich um Extraktionsschrote handelt, bei einem um das Mehrfache höheren Eiweißgehalt. Bei Ölkuchen, die als Rückstände anfallen, wenn das Öl durch das Auspressen der Ölsaaten gewonnen wurde, ist dagegen der Energiegehalt höher, da sie mehr Fett enthalten.

Die Sojabohne und vor allem das bei der Ölgewinnung anfallende Extraktionsschrot sind die am häufigsten eingesetzten Eiweißfuttermittel im Mischfutter für Kaninchen. Die Beeinträchtigung der Eiweißverdaulichkeit wird durch die Erhitzung mit Dampf aufgehoben (Toasten).

Leinsamen und Leinkuchen wird ein positiver Einfluß auf den Glanz des Felles nachgesagt. Außerdem ist ihr diätetischer Einfluß auf den Verlauf von Darmerkrankungen bekannt. Dabei ist offen, ob die erstgenannte Wirkung auch für das Extraktionsschrot gilt.

Sonnenblumensamen und deren bei der Ölgewinnung anfallende Extraktionsschrote weisen nicht nur den höchsten Anteil an schlechtverdaulicher Rohfaser auf, sondern sie haben auch einen geringen Gehalt an den für das Kaninchen wichtigen Eiweißbausteinen Lysin und den schwefelhaltigen Aminosäuren Methionin und Cystin. Als Vorteil einer zusätzlichen Gabe von Sonnenblumensamen, bei sonst ausschließlicher Pelletfütterung ist die durch die harte Schale geförderte Kauarbeit zu nennen.

Raps und dessen Extraktionsschrot ist hinsichtlich seines Einsatzes in der Kaninchenfütterung unbedenklich, wenn es sich um den sogenannten 00-Raps handelt. Die Bezeichnung steht hierbei für den durch die Züchtung herabgesetzten Gehalt an Bitterstoffen und an sogenannten Glucosinolaten, welche die Tätigkeit der Schilddrüse hemmen.

Grünmehle werden aus in jungem Wachstumsstadium geschnittenen und künstlich getrockneten Pflanzen hergestellt. Luzernegrünmehl wird vom Kaninchen lieber gefressen als Grasgrünmehl.

Futtermittel **tierischer Herkunft**, wie Fisch- und Tierkörpermehl werden ebenso wie Trockenmilchprodukte in der Kaninchenfütterung weniger eingesetzt. Bei verhältnismäßig hohen Kosten bringt ihre Verwendung beim Kaninchen als Pflanzenfresser weniger Vorteile als beim Geflügel und Schwein.

9.6.3 Mischfutter

Der Einsatz von Mischfutter hat in den letzten zwei Jahrzehnten auf Kosten der kombinierten Fütterung und der separaten Verabreichung von Einzelfuttermitteln zunehmend Eingang in die Kaninchenfütterung gefunden. Hierbei hat industriell hergestelltes Mischfutter in der gewerblichen Kaninchenfleischerzeugung und in der Versuchstierhaltung die Verfütterung von Grobfutter völlig verdrängt. In der Rassekaninchenzucht ebenso wie bei den Heimtieren hat Handelsmischfutter den größten Anteil an der Deckung des Nährstoffbedarfs. Jährlich werden in Deutschland bis zu 70.000 Tonnen Handelsmischfutter für Kaninchen produziert.

Während in der professionellen Kaninchenhaltung Mischfutter ausschließlich als Alleinfutter eingesetzt wird, überwiegt in den anderen Bereichen vielfach noch die kombinierte Fütterung mit Grob- und Handelsmischfutter als Ergänzung. Der zunehmende Einsatz von Handelsmischfutter ist im einzelnen auf folgende Gründe zurückzuführen

– Die Einzelfuttermittel entsprechen in ihrem Gehalt an Nährstoffen und Energie sowie an Vitaminen, Mengen- und Spurenelementen allein nicht dem Bedarf des Kaninchens für Fortpflanzung und Wachstum. Erst die Mischung verschiedener Futtermittel und Zusatzstoffe ermöglicht die Zusammenstellung einer vollwertigen Ration.

– Das Leistungsvermögen des Kaninchens wurde vor allem bei großen und mittelschweren Rassen erst durch den

Einsatz von Handelsmischfutter erkennbar. Im Vergleich zur alleinigen Verfütterung von Grobfutter sind die Tageszunahmen mehr als zweimal so hoch (s. Tab. 5). Die Aufzuchtleistung wurde durch den Mischfuttereinsatz um das 4- bis 5fache erhöht (von 2 bis 3 Würfen mit 12 bis 18 aufgezogenen Jungtieren pro Häsin und Jahr auf 7 bis 8 Würfe mit 50 bis 60 aufgezogenen Jungtieren).

- Die Mischung verschiedener Futterkomponenten ermöglicht auch die problemlose Verwendung von Futtermitteln, welche, allein verabreicht, entweder nur ungern gefressen werden oder einen negativen Einfluß auf die Gesundheit und das Leistungsvermögen haben.

- Sofern der Gehalt der Futtermittel an Nähr- und Wirkstoffen nicht für die Bedarfsdeckung ausreicht, ist die Einmischung entsprechender Futterzusatzstoffe (Vitamine, Aminosäuren u. a.) ebenso möglich wie die von Leistungsvermittlern und Fütterungsarzneimitteln (z. B. gegen Kokzidiose).

- Handelsmischfutter ermöglichen, weitgehend unabhängig von den Kenntnissen des Tierhalters, die Nutzbarmachung des aktuellen Erkenntnisstandes auf dem Gebiet der Tierernährung für die Zusammenstellung einer Futterration.

Als Nachteil des industriell hergestellten Handelsmischfutters ist zu werten, daß die Qualität des Futters und insbesondere der für seine Herstellung benutzten Mischfutterkomponenten weitgehend der Einflußnahme durch den Tierbesitzer entzogen sind. Mischfutterkauf ist daher Vertrauenssache.

Allerdings ist durch das Futtermittelgesetz vom 2. Juni 1975 (159), welches weltweit zu den besten gesetzlichen Regelungen der Mischfutterherstellung zählt, ein hohes Maß an Sicherheit gegenüber Übervorteilung gewährleistet.

Zweck des Futtermittelgesetzes ist es, gemäß § 1 u. a.

1. die tierische Erzeugung so zu fördern, daß

a) die Leistungsfähigkeit der Nutztiere erhalten und verbessert wird

b) die von den Nutztieren gewonnenen Erzeugnisse den an sie gestellten qualitativen Anforderungen, insbesondere im Hinblick auf ihre Unbedenklichkeit für die menschliche Gesundheit, entsprechen

2. sicherzustellen, daß durch Futtermittel die Gesundheit von Tieren nicht beeinträchtigt wird

3. vor Täuschung im Verkehr mit Futtermitteln, Zusatzstoffen und Vormischungen zu schützen

Das Gesetz verbietet aber auch dem Tierhalter, Futtermittel zu verfüttern, die geeignet sind,

a) die Qualität der von Nutztieren gewonnenen Erzeugnisse, insbesondere im Hinblick auf ihre Unbedenklichkeit für die menschliche Gesundheit zu beeinträchtigen, oder

b) die Gesundheit der Tiere zu schädigen.

Gesetzlich vorgeschriebene Normfuttertypen, wie sie für andere Nutztiere existieren, gibt es für das Kaninchen nicht. Seitens der Deutschen Landwirtschafts-gesellschaft (DLG) wurden »Bestimmungen für DLG-Standardmischfutter für Kaninchen« herausgegeben. Nach diesen wird zwischen folgenden Mischfuttertypen unterschieden:

Alleinfutter für Zucht- und Angorakaninchen

Absetzfutter für Kaninchen (Alleinfutter)

Alleinfutter für Mastkaninchen

Universalfutter für Kaninchen

Die hier angegebenen Futtertypen sind jedoch nur für diejenigen Hersteller verbindlich, welche sich der Kontrolle durch die DLG freiwillig unterwerfen. Grundsätzlich besteht jedoch für Handelsmischfutter aller Art die Kennzeichnungspflicht (Deklarationspflicht). Diese schreibt Angaben über den Gehalt an Rohnährstoffen sowie an Calcium, Phosphor und Natrium vor. Ferner müssen etwaige Futterzusatzstoffe (z. B. Vitamine) sowie die in dem Mischfutter enthaltenen Einzelfuttermittel in der Reihenfolge ihres abnehmenden Anteils in der Mischung angegeben werden. In der offenen Kennzeichnung sind auch die prozentualen Mischungsanteile der verwendeten Einzelfuttermittel (z. B. Weizen oder Luzernegrünmehl) enthalten. Die Kennzeichnung hat bei verschlossenen Packungen (Säcken) mittels eines mit der Packung fest verbundenen Aufklebers oder eines Sackanhängers zu erfolgen. Bei loser Anlieferung des Mischfutters sind die betreffenden Angaben auf den Warenbegleitpapieren zu machen.

Allerdings sagen diese Angaben weder etwas über die Verdaulichkeit der Nährstoffe noch über die Qualität der für das Mischfutter verwendeten Einzelfuttermittel aus. Auskunft über das Preis-Nutzen-Verhältnis gibt allein der Versuch am Tier selbst.

Abbildung 115: Die laufende Gewichtskontrolle gewährleistet bei künftigen Ausstellungstieren die Einhaltung der Standardgewichte und beugt bei Zuchttieren der Verfettung vor.

Abbildung 116: Der Weidegang ermöglicht, besser als bei der Vorlage des von der gleichen Fläche geschnittenen Futters, dem Kaninchen die Auswahl der am besten verdaulichen Pflanzen und Pflanzenteile und damit eher eine dem Bedarf entsprechende Nährstoffversorgung. Der Einsatz von Elektro-Knotengeflecht (im Bild »Europ-Netz«) ermöglicht auch bei häufigem Wechsel der Weideflächen eine sichere Einzäunung bei gleichzeitigem Schutz vor Hunden und Katzen. Voraussetzung für den Einsatz beim Kaninchen ist eine Maschenweite von weniger als 6 cm bis zu einer Höhe von 40–50 cm. Elektroknotengeflecht sollte dort nicht eingesetzt werden, wo Igel vorkommen. Diese reagieren bei Stromkontakt durch »Einigeln« und nicht durch Flüchten, so daß sie durch die wiederholten Stromstöße getötet werden.

Das heißt im Falle des Kaninchenmischfutters, die Leistung des eigenen Bestandes oder die Ergebnisse von Futterwertleistungsprüfungen, wie sie beispielsweise an der Hessischen Landesanstalt für Tierzucht, Neu-Ulrichstein, sowohl für das Kaninchenfutter als auch für die bei anderen Nutztierarten eingesetzten Mischfuttermittel durchgeführt werden.

Was ist bei der **Verwendung von Mischfutter** zu beachten?

Ein Alleinfutter ist für den Bedarf der betreffenden Leistungsgruppe (z. B. Zuchtkaninchen) optimal zusammengesetzt. Jede Beimischung zusätzlicher Einzelfuttermittel macht das Futter für den vorgesehenen Zweck weniger geeignet. Ausnahmen sind lediglich vertretbar, wenn durch eine rationierte Verabreichung des Mischfutters nur der Erhaltungsbedarf gedeckt werden soll oder die Zunahmen gesenkt werden müssen, damit das im Rassenstandard festgelegte Höchstgewicht nicht überschritten wird. Die zusätzliche Verabreichung von Futtermitteln mit geringer Nährstoffkonzentration (Heu, Stroh, Grünfutter) sorgt dann für Sättigung und die Vermeidung von durch Langeweile verursachtem Fehlverhalten (Haarfressen, Kannibalismus). Die häufig von Rassekaninchenzüchtern und Heimtierhaltern praktizierte Beigabe von Haferflocken, Nüssen oder anderem Kraftfutter ist dagegen sinnlos. Sie fördert nur die Verfettung.

Die Lagerung des Mischfutters soll trocken und möglichst kühl erfolgen. Die auf dem Sackanhänger angegebenen Fristen für die Haltbarkeit der beigefügten Vitamine dürfen nicht überschritten werden.

Wenn das Futter zur beliebigen Aufnahme verabreicht wird, muß der im Futtertrog verbliebene mehlige Abrieb der Pellets entfernt werden. Er bildet sonst mit dem Speichel oder den bei der Wasseraufnahme aus Napftränken am Mund hängengebliebenen Wassertropfen eine Paste, die schnell schimmelt und Giftstoffe (Toxine) bildet.

Bei Verdacht auf durch das Mischfutter verursachte Leistungseinbußen oder sonstige Schädigungen der Gesundheit empfiehlt es sich, sofort den Hersteller des Mischfutters zu informieren und in Gegenwart eines Firmenvertreters eine Mischfutterprobe zu entnehmen. Diese ist einem landwirtschaftlichen Untersuchungsamt zwecks Untersuchung auf Keimgehalt und Toxine zuzuleiten. Hierbei sollte zuvor geklärt werden, wer die Kosten für die Untersuchung trägt. Regreßansprüche sind ausgeschlossen, wenn ein nicht für Kaninchen bestimmtes Futter verfüttert wurde.

Das den DLG-Mischfutterstandards entsprechende Futter bietet die sicherste Gewähr für eine den Bedürfnissen des Kaninchens entsprechende Qualität des Futters, zumal das Futter der sich dieser freiwilligen Kontrolle unterwerfenden Hersteller laufend hinsichtlich der Einhaltung dieser Bestimmungen untersucht wird.

Der Mischfutterpreis wird in wesentlichem Umfang auch von der Bezugsmenge bestimmt. Je geringer diese ist, desto höher der Preis. Bei kleineren Beständen sind deshalb Sammelbestellungen empfehlenswert.

Der vom Futterhersteller angebotene Beratungsservice ergänzt die Qualität des verkauften Mischfutters und ist, zumindest für den Branchenneuling, ein wichtiger Bestandteil der Preiskalkulation.

Die Pelletierung von Kaninchenmischfutter gewährleistet eine hohe Futteraufnahme und verhindert die Entmischung bzw. die selektive Aufnahme einzelner Mischfutterkomponenten. Wenn das Futter beliebig aufgenommen werden soll, ist sie unverzichtbar. Die mit der Pelletierung des Futters verbundene Verdichtung erhöht bei energiearmen Rationen außerdem die Futteraufnahme. Bei rationierter Fütterung kann eine Entmischung nicht pelletierten, selbstgemischten Kraftfutters auch durch die feuchtkrümlige Beschaffenheit verhindert werden. Bei ausreichender Stabilität der Pellets (geringer Abrieb) ist auch die Abnutzung der nachwachsenden Schneidezähne gewährleistet.

Der optimale Pelletdurchmesser beträgt 3–5 mm. Ein im unteren Bereich der Variationsbreite liegender Durchmesser hat bei Jungtieren geringere Abriebverluste zur Folge. Die Länge der Pellets sollte etwa das Doppelte des Durchmessers betragen und der Abriebanteil unter 2 % liegen. Er wird durch zu lange Pellets und geringe Festigkeit derselben erhöht. Für den Nährstoffgehalt gelten die Empfehlungen in der Tab. 34. Die unter Ignorierung dessen gelegentlich geforderte zusätzliche Verabreichung von Grobfutter, insbesondere von Heu, ist daher, hinsichtlich der Deckung des Nährstoffbedarfs, unbegründet.

9.7 Futteraufnahme und Rationsgestaltung

Das Kaninchen verteilt die Aufnahme der täglichen Futtermenge auf eine Vielzahl von Mahlzeiten (30 bis 40), die überwiegend (60 bis 70 %) vor Tages- bzw. nach Nachteinbruch aufgenommen werden (31). Die Freßdauer ist hierbei abhängig von der Art des verabreichten Futters und variiert zwischen 2 bis 6 Stunden/Tag. Der höhere Wert wurde bei Wildkaninchen und alleiniger Grünfütterung beobachtet.

Die Zeit der Futteraufnahme einschließlich der Futtersuche ist genetisch programmiert. Ihre Unterschreitung bei ständiger Verfügbarkeit des Futters und fehlender Möglichkeit von Ersatzaktivitäten kann bei hoher Besatzdichte und monotoner Umgebung zu Fehlverhalten führen (Kannibalismus und Fressen von Haaren). Letzteres wiederum fördert insbesondere beim Angorakaninchen die Bildung von Haarballen im Magen. Dabei ist das Vorkommen dieses Fehlverhaltens auch vom Temperament der Tiere abhängig: Die ruhigen Angorakaninchen neigen hierzu weniger als Angehörige der Normalhaarrassen. Das pelletierte Mischfutter sollte bei derartigen Problemen durch Heu bzw. Stroh oder besser noch Grünfutter ergänzt werden. Auf diese Weise wird die

Dauer der Futteraufnahme der veranlagten Zeit hierfür, trotz Rationierung des Kraftfutters, angepaßt und außerdem die Gefahr eines starken Fettansatzes und Fehlverhaltens reduziert. Die ergänzende Verabreichung von Grobfutter zwecks Beschäftigung ist besonders bei Tieren angebracht, welche lediglich ihren Erhaltungsbedarf zu decken haben (Zuchttiere während der Zuchtruhe, ausgewachsene Jungtiere, Heimtiere), um sie zu beschäftigen und Fehlverhalten vorzubeugen.

Die Reduzierung der Nährstoff- und insbesondere der Energieaufnahme senkt bei wachsenden Tieren die Tageszunahme prozentual etwa in dem gleichen Umfang, wie die Nährstoffaufnahme verringert wird. In Abhängigkeit von dem durch Rassenzugehörigkeit und Alter (nach dem Beginn der Geschlechtsreife) bedingten Fettansatz kann die Rationierung der Futteraufnahme mit einer Verbesserung der Futterverwertung verbunden sein.

Wenn als Vorbeugung gegenüber dem Auftreten von Darmerkrankungen die Alleinfutteraufnahme nach frühzeitigem Absetzen reduziert wird, werden die Wachstumsrückstände bis zu einem Alter von 12 Wochen bei anschließend beliebiger Alleinfutteraufnahme weitgehend kompensiert, bei gleichzeitiger Verbesserung der Futterverwertung (143).

Die Aufnahme von Muttermilch begrenzt die Trockensubstanzaufnahme, wenn die Jungtiere am Ende der 3. Lebenswoche zu fressen beginnen. Dabei wird von den Jungtieren um so mehr festes Futter gefressen, je weniger Milch pro Jungtier zur Verfügung steht. Die frühzeitige Futteraufnahme senkt gleichzeitig auch das Risiko von Darmerkrankungen. Abgesetzte Jungtiere nehmen von pelletiertem Mischfutter mehr an Futtertrockensubstanz auf als noch gesäugte, welche zusätzlich Zugang zu Mischfutter haben. Die abgesetzten Jungtiere sind daher in der Lage, die unter dem Streß eines frühzeitigen (3 bis 4 Wochen alt) Absetzens erfolgten Wachstumseinbußen wieder aufzuholen (kompensatorisches Wachstum). Bei beliebiger Aufnahme eines pelletierten Alleinfutters bestehen im Alter von 12 Wochen keine Gewichtsunterschiede mehr zwischen den Jungtieren, welche im Alter von 3 oder 6 Wochen abgesetzt werden (143). Nur bei ausschließlicher Verabreichung von Grobfutter nach dem Absetzen kann eine Ausdehnung der Säugezeit bis zu einem Alter von 5 bis maximal 6 Wochen sinnvoll sein.

Unter dem Einfluß des zunehmenden Alters und eines steigenden Gewichtes sinkt die Trockensubstanzaufnahme je kg Lebendgewicht. Sie beträgt bei ausschließlicher Milchnahrung in der 1. Lebenswoche über 40 g/kg Lebendgewicht, um bis zur 3. Lebenswoche auf 30 g absinken. Bei ausschließlicher Pelletfütterung nach dem Absetzen folgt dann ein nochmaliger Anstieg der täglichen Trockensubstanzaufnahme/kg Lebendgewicht auf bis zu 90 g in der 6. Lebenswoche. Futterumstellungen sind bei Alleinfuttermischungen problemlos möglich. Bei kombinierter Fütterung sollte die Umstellung von Trockenfutter mit Heuergänzung auf Grünfutter unter Beibehaltung der freien Aufnahme von Heu allmählich, innerhalb von 2–3 Wochen erfolgen.

9.7.1 Fütterung mit Alleinfutter

Wie der Name besagt, handelt es sich hierbei um ein Mischfutter, welches hinsichtlich seines Nährstoffgehaltes so zusammengesetzt ist, daß seine alleinige Verabreichung den Nährstoffbedarf deckt. Jede zusätzliche Verabreichung anderer Futtermittel beeinträchtigt seine Aufnahme und gefährdet die beabsichtigte vollwertige Ernährung. Erst der Einsatz von pelletiertem Alleinfutter hat es ermöglicht, daß das Hauskaninchen die veranlagten Leistungen realisieren konnte und von den häufig unzureichenden Kenntnissen seiner Betreuer unabhängiger wurde.

Der Einsatz von pelletiertem Alleinfutter ist daher das Verfahren der Wahl in der aus Erwerbsgründen betriebenen Kaninchenhaltung.

Alleinfutter wird an tragende und säugende Häsinnen sowie an Jungtiere bis zur Geschlechtsreife in jeweils unterschiedlicher Zusammensetzung (s. Tab. 34) zur beliebigen Aufnahme verabreicht. Trotzdem ist es der tragenden Häsin in den letzten 10 Tagen der Trächtigkeit, unabhängig von der Nährstoffkonzentration im Futter, nicht möglich, den Nährstoffbedarf zu decken. Sie muß Körpersubstanz, insbesondere Depotfett, dazu verwenden, um das schnelle Wachstum der Feten zu decken. Etwa 20 % des Energiebedarfs werden in diesem Zeitabschnitt aus der Körpersubstanz bestritten. Von dieser Beanspruchung sind Junghäsinnen (4–5 Monate alt) stärker betroffen, da deren Futteraufnahme bis zur 3. Laktation noch um etwa 20 % niedriger ist.

Das Nährstoffdefizit wird noch vergrößert, wenn die Häsin, unmittelbar nach dem Werfen, wieder gedeckt wird. Zwar sinkt die Milcherzeugung nach der 3. Woche bereits bei der nichttragenden Häsin deutlich ab (Abb. 109) und versiegt bei gleichzeitiger Trächtigkeit etwa 3 Tage

Tabelle 37: Gewichtsentwicklung, Alleinfutteraufnahme* und Futterverwertung nach dem Absetzen (66)

Lebensalter	Neuseeländer, weiß				Zika-Hybriden			
	Gewicht	durchschn. Futteraufnahme pro Tag	Futterverbrauch je kg Zuwachs		Gewicht	durchschn. Futteraufnahme pro Tag	Futterverbr. je kg Zuwachs	
			n. d. Absetz.	in der Leb.wo.			n. d. Absetz.	in der Leb.wo.
Tage	g	g	kg	kg	g	g	kg	kg
28 (abgesetzt)	549	–	–	–	605	–	–	–
35	800	59	1.59	1.59	884	74	1.86	1.86
42	1066	72	1.98	2.29	1206	90	2.10	2.32
49	1430	93	2.25	2.62	1576	103	2.26	2.43
56	1739	109	2.59	3.52	1918	119	2.54	3.40
63	2035	119	2.81	3.71	2245	129	2.76	3.63
70	2338	126	2.96	3.71	2542	139	3.01	4.43
77	2594	132	3.17	4.66	2846	147	3.21	4.47
84	2810	138	3.39	5.25	3147	152	3.32	4.59
91	2941	138	3.63	5.69	3338	154	3.55	4.78

* Gehalt an verdaulicher Energie = 10,5 MJ. Die Futteraufnahme und der Futteraufwand je kg Zuwachs steigen mit abnehmendem Energiegehalt des Futters.

Der Futteraufwand je kg Zuwachs steigt mit zunehmendem Alter. Bezogen auf die gesamte Mastperiode nach dem Absetzen ist allerdings die Verschlechterung der Futterverwertung weniger gravierend, so daß die Erhöhung des Mastendgewichtes durchaus lohnend sein kann, zumal sich die Schlachtausbeute erhöht und die Kosten für Schlachten, Fleischbeschau usw. reduzieren.

vor der Geburt des nächsten Wurfes. Trotzdem müssen in diesem Fall etwa 30 % des Energie- und 5 % des Mineralstoffbedarfes durch Inanspruchnahme der Körpersubstanz der Häsin gedeckt werden (168). Diese Inanspruchnahme hat sich noch durch die infolge Zuchtfortschritt erhöhte Fruchtbarkeit und die höhere Milchleistung verschärft. Die Erhöhung des Energie- und auch des Eiweißgehaltes im Futter konnte dieses Defizit nur in geringem Maße reduzieren, da die Nährstoffe vor allem für eine weitere Erhöhung der Milchproduktion verwendet werden. Die Häsin gleicht zwar den Verlust an Körpersubstanz zumindest teilweise dadurch aus, daß sie nicht wieder trächtig wird oder die Feten dem embryonalen Fruchttod anheimfallen. Es muß jedoch davon ausgegangen werden, daß das Nährstoffdefizit auch ihre Vitalität (Krankheitsanfälligkeit) beeinträchtigt. Diesen Folgen ist dadurch zu begegnen,

daß die Säugezeit (wie beim Wildkaninchen) auf das unbedingt notwendige Maß begrenzt wird, das heißt, weniger als 28 Tage;

der Häsin ein Futter mit hohem Energie-, Eiweiß und Mineralstoffgehalt (Tab. 34) verabreicht wird;

Junghäsinnen bis zum 2. Wurf erst 11–15 Tage nach dem Werfen wieder gedeckt (besamt) werden.

Bei den Jungtieren ermöglicht die beliebige Aufnahme eines Alleinfutters die volle Ausschöpfung des veranlagten Wachstumsvermögens. Bis etwa zur 6. Lebenswoche sind jedoch die Jungtiere noch nicht in der Lage, die Nährstoffe, insbesondere die Stärke, in gleichem Umfang wie später zu verdauen (s. Kap. 9.2). Die unverdauten Reste dienen dann krankmachenden Coli-Bakterien als Nährboden und führen zu Darmentzündungen (s. Kap. 15.4). Diese sind dann, außer der Kokzidiose, die Hauptursache für hohe Jungtierverluste. Die Jungtiere sollten daher bis zu einem Alter von 6 Wochen ein Futter mit niedrigem Stärke- (< 10 %) und höherem Rohfasergehalt (Tab. 34) erhalten. Sofern wie üblich Häsin und Jungtiere während der Säugezeit in der gleichen Bucht gehalten werden und daher das gleiche Futter aufnehmen können, hätte dies jedoch zur Folge, daß das Nährstoffdefizit der Häsin vergrößert wird. Daher müßten die Jungtiere entweder so früh wie möglich abgesetzt werden oder keinen Zugang mehr zum Häsinnenfutter haben. Angesichts des mit der letzteren Maßnahme verbundenen Aufwandes ist die artgerechte Kürze der Säugezeit (25 Tage) die Methode der Wahl.

Die bei verlängertem Deckintervall (s. Kap. 7.5) häufig praktizierte Verlängerung der Säugezeit kann dem Auftreten von Darmentzündungen dadurch vorbeugen, daß von den Jungtieren weniger Häsinnenfutter (Typ 3) durch die längere Aufnahme von Milch, gefressen wird. Sie ist jedoch mit dem Nachteil verbunden, daß die Vitalität der Häsin durch das höhere Nährstoffdefizit beeinträchtigt wird (s. S. 223).

Rammler und künftige Zuchttiere sowie Schlachttiere mit höherem Mastendgewicht erhalten das Alleinfutter rationiert.

Bei Verabreichung eines pelletierten Alleinfutters ist das über 8 Wochen alte Kaninchen weitgehend in der Lage, einen niedrigen Gehalt an verdaulicher Energie im Futter durch eine entsprechende Mehraufnahme zu kompensieren. Die Reduzierung der Nährstoffaufnahme zur Verringerung des Fettansatzes bei

Rammlern und nicht in der Zucht eingesetzten Häsinnen oder zwecks Verzögerung des Wachstums bei künftigen Zuchttieren ist deshalb nicht durch die Verringerung der Nährstoffkonzentration im Futter möglich. Sie kann nur durch eine Rationierung des Mischfutters erreicht werden. Hierfür eignet sich, außer der relativ arbeitsaufwendigen Zuteilung des Futters nach dem Gewicht, der zeitlich begrenzte Zugang zum Futter.

Letzterer kann erfolgen durch:

Herausnahme des Freßnapfes;

einen von außen zu bedienenden Absperrschieber des Futterautomaten;

einen zentral gesteuerten Lift, der bei Gruppenfütterung die Rundfutterautomaten um ca. 30 cm über den Käfigboden hebt.

Bei Verabreichung eines pelletierten Alleinfutters an Jungmastkaninchen (500 g bis 2.700 g Lebendgewicht) werden bei einer Fütterungsdauer von 12 Stunden 90 %, 10 Stunden 85 %, 8 Stunden 83 %, 6 Stunden 76 % und 4 Stunden 62 % der bei 24stündigem Zugang aufgenommenen Futtermenge gefressen.

Die Futteraufnahme sinkt mit abnehmendem Eiweißgehalt der Ration sowie infolge Einengung der Verdauungsorgane bei starker Verfettung und am Ende der Trächtigkeit.

Einen begrenzenden Einfluß auf die Futteraufnahme hat auch die Umgebungstemperatur. Aufgrund der erschwerten Abgabe der beim Stoffwechsel entstehenden Abfallwärme sinkt die Futteraufnahme bei ansteigender Temperatur. Unter gleichbleibenden Temperaturen werden bei beliebiger Aufnahme eines pelletierten Mischfutters bei 30 °C nur 60 bis 70 % der Futtermenge wie bei 20 °C und bei 5 °C etwa 15 % mehr gefressen (156, 157). Dabei verringert sich (69) bei 30 °C sowohl die Zahl der Mahlzeiten pro Tag (von 37 auf 27) als auch die Menge des pro Mahlzeit gefressenen Futters (von 5,7 g auf 4,4 g).

Während bei 18°C 1,7mal mehr Wasser als Alleinfutter aufgenommen wurde, waren es bei 30 °C mehr als 3mal so viel. Bei einer Temperatur von 20 °C wird so viel Wasser aufgenommen, bis der durchschnittliche Wassergehalt des gefressenen Futters etwa 65 bis 70 % entspricht. Hierbei wird von älteren Tieren im Verhältnis zum Futterverzehr mehr Wasser aufgenommen als von jüngeren (120).

Bei Außenstallhaltung ist bei Temperaturen von unter 0 °C das Wasser täglich mehrmals zu verabreichen, damit eine ausreichende Aufnahme von Trockenfutter gewährleistet ist.

Im Vergleich zur beliebigen Wasseraufnahme wird bei ausgewachsenen Tieren und Verfütterung eines pelletierten Alleinfutters der Futterverzehr um bis zu 25 % gesenkt, wenn das Wasser täglich nur 10 Minuten zur Verfügung steht.

Die Versorgung mit ausreichend Wasser hat für das Kaninchen eine größere Bedeutung als die Nährstoffversorgung. Es kann 3 bis 4 Wochen ohne Futter überleben, wenn die Möglichkeit besteht, Wasser aufzunehmen. Dagegen überlebt es nur 4 bis 8 Tage (abhängig von der Temperatur) ohne Wasser (69).

Bei künftigen Ausstellungstieren reichen die angegebenen Möglichkeiten zur indirekten Begrenzung der Futteraufnahme nicht aus, um einerseits das Optimalgewicht nicht zu unter- und andererseits das Höchstgewicht im Rassenstandard

Tabelle 36: Tägliche Aufnahme von Alleinfutter durch Tiere mittelschwerer Rassen

	Futtertyp[1]) und Fütterungs- intensität[2])	Menge/Tier g	Bemerkungen[1])
1. Ausgewachsen 4,0 – 5,0 kg	1 80 %	130	Gewichtskontrolle!
2. Häsin ab 14. Tag nach dem Decken und positiver Trächtigkeitskontrolle	3 satt	180 – 200	n. längerer Zucht- pause m. ration. Füttg. 1 Wo. v. d. Decken beliebige Futteraufnahme
säugend		350 – 500	zuzügl. Jungtier- futter
3. Abgesetzte Jungtiere bis 12. Lebenswoche	2 satt	40 – 150	
Masttiere ab 12. Lebenswoche	2 80 %	100 – 120	
Zucht- u. Ausstellungs- tiere ab 12. Lebenswoche	1 70 – 80 %	100 – 130	zusätzlich Heu Gewichtskontrolle!
4. Angora	Angorafutter 80 % nach der Schur nicht rationieren	130 90 – 180	Durchschnitt vor u. nach der Schur

[1]) Siehe Tabelle 34
[2]) In bezug auf Sattfütterung

Die Mengenangaben sind Durchschnittswerte. Sie schwanken unter dem Einfluß vom Energiegehalt des Futters, der Temperatur und dem Ernährungszustand. Rammler im Zuchteinsatz (6 – 8 Deckakte/Woche) erhalten 90 % der bei beliebiger Futteraufnahme verzehrten Menge. Bei Zucht- und Ausstellungstieren ist mindestens vierwöchentliche Gewichtskontrolle notwendig. Die Verzehrmengen kleiner Rassen liegen um etwa 20 % unter diesen Werten. Die von großen Rassen um 20 – 30 % darüber.

nicht zu überschreiten. Die Futtermenge muß deshalb bei laufender Kontrolle des Tiergewichtes mittels eines Meßbechers zugeteilt werden. Um Sättigung zu erreichen, ist in gleichfalls begrenztem Umfang Grobfutter anzubieten.

Die Futteraufnahme kann erhöht werden, wenn bei hohen Außentemperaturen abends gefüttert wird. Ferner wird die Regulierung der Körpertemperatur durch Luftbewegung und bei Auslaufhaltung durch den Aufenthalt in der Höhle erleichtert. Letzteres ermöglicht dem Wildkaninchen das Überleben sowohl unter hohen (z. B. Australien) als auch niedrigen Temperaturen.

Die mit der Schur von Angorakaninchen verbundene Erleichterung der Regulation der Körpertemperatur führt zu einem Anstieg der Futteraufnahme um 40 % und mehr im 1. Drittel des Schurintervalls im Vergleich zum letzten Drittel (Abb. 111). Die hiermit verbundene Erhöhung des Wollertrages durch einen größeren Haardurchmesser und durch ein beschleunigtes Längenwachstum der Haare reicht jedoch nicht aus, um den Futteraufwand je kg Wolle auf gleicher Höhe zu halten, d. h. er steigt, wenn nicht der Futterverzehr in dieser Phase auf etwa 60 % der bei beliebiger Aufnahme gefressenen Futtermenge begrenzt wird. Das Kaninchen muß dann sein Depotfett für die Wärmeerzeugung verwenden. Mit einer Rationierung des Futters sollte allerdings erst eine Woche (Sommer) bzw. drei Wochen (Winter) nach der Schur begonnen werden, wenn der Schurstreß überwunden wurde.

Die bei einer Rationierung zuzuteilende Futtermenge ist einmal abhängig von dem Gewicht der Tiere und zum anderen von dem Energiegehalt des Futters. Deshalb muß jede Rationierung des Futters mit der laufenden Gewichtskontrolle verbunden sein.

9.7.2 Fütterung mit Grobfutter und Kraftfutterergänzung
(Kombinierte Fütterung)

Bei ausschließlicher Fütterung mit Grobfutter ist davon auszugehen, daß selbst mit dem schmackhaftesten und nährstoffreichsten Grünfutter (z. B. junger Klee oder Luzerne) von mittelschweren und großen Rassen nur wesentlich geringere Zuwachs- oder Fortpflanzungsleistungen erreicht werden können, wie mit einem pelletierten Alleinfutter.

Problemlos ist mit Grobfutter bei mittelschweren und großen Rassen lediglich die Deckung des Erhaltungsbedarfes möglich. Im übrigen entsprechen die Tageszunahmen auf Grünfutterbasis (z. B. Klee) etwa denjenigen, welche bei einer um 40 bis 50 % reduzierten Alleinfutteraufnahme erzielt werden (20 g/Tag gegenüber 40 g). Der Eiweiß- und Fettgehalt des Schlachtkörpers ist dabei bei beiden Fütterungsmethoden nahezu identisch (Tab. 5 und 9). Die Schlachtausbeute ist um nahezu 10 % schlechter (Tab. 45). Die Wolleistung beträgt bei der ausschließlichen Verabreichung von Grünfutter etwa 60 % im Vergleich zu pelletiertem Alleinfutter (700 bis 800 g gegenüber 1200 bis 1400 g bei weiblichen Tieren).

Bei Einsatz der im Winter verfügbaren Grobfuttermittel (Heu, Wurzelfrüchte) sind die Leistungsunterschiede noch größer, da die Trockensubstanzaufnahme geringer ist und bei Heu auch die Verdaulichkeit (Tab. 31, 32). Dementsprechend ist hier die Ergänzung mit Kraftfutter noch wichtiger. Der Einsatz von Handelsmischfutter verdient den Vorzug vor Eigenmischungen, da Erstgenanntes in der Regel auch das Defizit an Vitaminen und Eiweiß besser ausgleichen kann.

Das größte Defizit in der Deckung des Nährstoffbedarfes besteht im Vergleich zur Nährstoffaufnahme mit pelletiertem Alleinfutter bei säugenden Häsinnen. Die Milchleistung in der 3. Woche nach dem Werfen beträgt hier bei überwiegender Verabreichung von Grobfutter weniger als 50 % im Vergleich zur beliebigen Aufnahme von pelletiertem Alleinfutter (s. Abb. 109). Dabei muß die Häsin gleichzeitig noch Körpersubstanz für die Milcherzeugung abbauen. Dies hat zur Folge, daß bei dieser Fütterungsmethode die Befruchtungsquote bei anschließendem Decken und beim folgenden Wurf die Jungtiergewichte niedriger sind. Selbst bei sehr langem Wurfintervall können jährlich nicht mehr als 3 Würfe aufgezogen werden. Die Leistungsunterschiede sind größer bei weniger schmackhaftem und nährstoffarmem Grobfutter (insbesondere im Winter) sowie bei großen Rassen, da das Fassungsvermögen der Verdauungsorgane nicht in gleichem Maße wie das Körpergewicht zunimmt. Bei kleinen Rassen sind daher die Leistungsunterschiede zwischen Grob- und Alleinfutter geringer.

Um die Nährstoffzufuhr den erblich veranlagten Leistungen auch bei der Verfütterung von Grobfutter anzugleichen, muß dieses durch Kraftfutter ergänzt werden. Man spricht hier von **kombinierter Fütterung.**

Der Umfang der Kraftfutterergänzung (s. Tab. 38) ist einmal davon abhängig, inwieweit Leistungen erzielt werden sollen,

die denen bei Verfütterung eines Alleinfutters entsprechen; zum anderen auch vom Gewicht der Tiere. Mittelschwere und große Rassen benötigen eher eine ergänzende Verabreichung von Kraftfutter als kleine Rassen. Die Art der zu ergänzenden Nährstoffe und deren Menge ist hierbei abhängig von dem Nährstoffgehalt des zur Verfügung stehenden Grobfutters: bei jungem, eiweißreichem und gern gefressenem Grünfutter besteht in der Regel vor allem ein Energiedefizit. Dies insbesondere bei säugenden Häsinnen, welche eine Milch produzieren, deren Energiegehalt im Vergleich zur Kuhmilch um nahezu das Dreifache höher ist.

Als Ergänzung genügt in diesem Falle die Verabreichung von gequetschtem Getreide mit hohem Energiegehalt (z. B. Weizen, Gerste, Mais) jedoch nicht von Hafer, dessen Energiegehalt am geringsten von allen Getreidearten ist.

Bei wachsenden Jungtieren besteht demgegenüber meist ein Eiweiß- und Energiedefizit, wenn im Winter und zeitigen Frühjahr als Grobfutter nur Heu und Wurzelfrüchte (Rüben oder Kartoffeln) bzw. Küchenabfälle zur Verfügung stehen. Um sicherzugehen, empfiehlt es sich, anhand der Gewichtsentwicklung zu überprüfen, ob die Fütterung den Leistungserwartungen entspricht.

Die Fütterungstechnik wird bei kombinierter Fütterung dadurch erleichtert, daß das Kaninchen bei Wahlmöglichkeit das Futter mit dem höchsten Nährstoffgehalt (d. h. das Kraftfutter) entsprechend seinem Bedarf bevorzugt und die Aufnahme von Grobfutter entsprechend seinem Futteraufnahmevermögen einschränkt. Im Extremfall könnte daher pelletiertes Handelsmischfutter in den Phasen mit hohem Nährstoffbedarf zur beliebigen Aufnahme zur Verfügung gestellt und das Grobfutter als diätetische Ergänzung verfüttert werden.

Wenn die Winterfütterung im wesentlichen auf Heu und Wurzelfrüchten basiert, und als Kraftfutter nur Getreide verabreicht wird, kann es infolge von Vitaminmangel zu Fortpflanzungsstörungen kommen. Es empfielt sich unter diesen Voraussetzungen, vorbeugend 3 bis 4 Wochen vor Beginn der Zuchtsaison einen sogenannten Vitaminstoß über das Trinkwasser zu verabreichen. Als Kraftfutter sollte ab diesem Zeitpunkt ein vitaminiertes Handelsmischfutter (z. B. Typ 3 in Tab. 34) auch während der Trächtigkeit und Säugezeit verabreicht werden.

Nachfolgend einige Hinweise für die **Rationsgestaltung** kombinierter Fütterung in den wichtigsten Fütterungsabschnitten, als Ergänzung zu den Angaben in Tab. 38:

I. Trächtigkeit

In der 1. und 2. Woche nach dem Decken kann der Nährstoffbedarf mit Grünfutter in guter Qualität gedeckt werden. Es ist allerdings wichtig, daß hiermit kein Defizit in der Nährstoffzufuhr entsteht. Sonst wird in der 2. Trächtigkeitswoche ein mehr oder weniger großer Teil der befruchteten Eier nicht in der Gebärmutter eingelagert, sondern wieder resorbiert. Um sicherzugehen, empfiehlt es sich daher zum Grobfutter 50 bis 100 g Kraft- oder Mischfutter als Sicherungszusatz zu verabreichen. Außerdem sollte, sofern kein Grünfutter gegeben wird, nach dem Decken ein Vitaminstoß (A, E) über das Trinkwasser verabreicht werden. Am Ende der 2. Trächtigkeitswoche ist durch Abtasten des Bauches festzustellen, ob die Häsin tragend ist. Sofern dies nicht der Fall ist, muß die Begrenzung der Nährstoffaufnahme beibehalten werden, damit die Häsin nicht zu fett wird. Das hat sonst bei späterer Trächtigkeit eine höhere embryonale Sterblichkeit zur Folge, da die Futteraufnahme zu fetter Häsinnen infolge Einengung der Verdauungsorgane geringer ist.

In der 3. und 4. Trächtigkeitswoche bis zum Werfen werden 80 bis 90 % des Jungtiergewichtes und der Trächtigkeitsprodukte (Fruchthüllen, Plazenta u. a.) sowie des Gesäuges gebildet (s. Abb. 101); in den letzten Tagen vor dem Werfen auch die Milch für das erste Säugen des Wurfes. Die Deckung des Nährstoff- und Energiebedarfes in diesem Abschnitt ist daher eine wichtige Voraussetzung für ein hohes Geburtsgewicht und die Überlebensfähigkeit der Jungtiere. Hierfür ist die Verabreichung eines Futters mit hoher Nährstoffkonzentration erforderlich, denn nicht nur der Bedarf ist höher, sondern die Einengung des Verdauungsraumes infolge der Trächtigkeit hat auch eine geringere Futteraufnahme zur Folge.

II. Säugeperiode

Für die Milcherzeugung werden mehr Nährstoffe als für die Entwicklung der Feten während der Trächtigkeit benötigt. Allerdings haben in der letzten Trächtigkeitswoche bei Nährstoffmangel die Feten Vorrang vor der Milchbildung. Die Häsin braucht daher in diesem Abschnitt ein energie- und eiweißreiches Futter. Bei mittelschweren und großen Rassen kann der Nährstoffbedarf in diesem Fütterungsabschnitt selbst bei beliebiger Verabreichung eines pelletierten Alleinfutters nicht in vollem Umfang gedeckt werden (110).

Tabelle 38: Tägliche Kraftfuttergaben bei kombinierter Fütterung (Grobfutter satt) von Kaninchen mittelschwerer Rassen[1])

	Futtertyp[2])	Menge/Tier	Bemerkungen
1. Ausgewachsen[3]) 4,0 – 5,0 kg	1	30 – 40	Gewichtskontrolle!
2. Häsin ab 2 Wo. vor bis 2 Wo. n. d. Decken	3	60 – 80	50 % mehr, wenn zuvor gesäugt, Vitaminstoß
ab 3. Wo. n. d. Decken bis Geburt	3	150	bei festgestellter Trächtigkeit
Säugend bis 4 Wo. n. d. Werfen	3	200 bis satt falls nach dem Absetzen wieder ge- deckt werden soll	Jungtiere erhalten separat Mischfutter z. belieb. Aufnahme
5. + 6. Woche n. d. Werfen	3	100	w. o.
3. Jungtiere bis 10 Wo. alt	2	80 – 100	
ab. 11. Woche bis 25. Woche	2	60 – 80	Mischfutter nur im Winter, sonst Grünfutter satt
4. Angora	1	60	In den ersten 4 Wochen n. d. Schur; im Winter Mischfutter satt;

[1]) Rassekaninchen bzw. Ausstellungstiere
[2]) Siehe Tabelle 34
[3]) einschl. Rammler bei nur gelegentlichem Zuchteinsatz

Getreide oder Eigenmischungen ohne Vitamin- und Mineralfutterzusatz sollten nur verfüttert werden, wenn bei Grünfütterung die Versorgung mit Vitaminen und Mineralstoffen weitgehend gesichert ist. Alleinfutter für Zuchttiere ist als Ergänzungsfutter vorzuziehen, da es einen höheren Energiegehalt hat. Zum Teil wird allerdings ein spezielles Ergänzungsfutter angeboten. Bei kleinen Rassen sind die Kraftfuttergaben um etwa 20 % zu reduzieren und bei großen um 20 – 30 % zu erhöhen. Mindestens in vierwöchigem Abstand ist Gewichtskontrolle anzuraten.

Tabelle 39: Einfluß der separaten Kraftfuttergabe auf die Gewichtsentwicklung von gesäugten Jungtieren bei kombinierter Fütterung*

	Häsin und Jungtiere erhalten Kraftfutterration gemeinsam	Häsin erhält nur den nicht von den Jungtieren gefressenen Teil der Kraftfutterration**
	Grünfutter ad lib.	Grünfutter ad lib.
	Durchschnittliches Jungtiergewicht (Gramm)	
1. Lebenswoche	108	110
2. Lebenswoche	170	172
3. Lebenswoche	229	226
4. Lebenswoche	321	355
5. Lebenswoche	453	510
6. Lebenswoche	507	593

* 150 g Kraftfutter pro Tag, Futterrüben und Heu ad lib.
** Täglich einmaliges Zusetzen der Häsin zum Säugen

Wenn das Kraftfutter während der Säugeperiode rationiert wird, konkurrieren Häsinnen und Jungtiere darum. Letztere nehmen dann zuwenig Nährstoffe auf. Daher ist es sinnvoll, nach der 3. Woche nach dem Werfen die Jungtiere von der Häsin zu trennen und diese nur einmal täglich zum Säugen zuzusetzen. Das Kraftfutter wird dann zuerst den Jungtieren angeboten. Die Häsin erhält bei ohnehin abnehmender Milchleistung (s. Abb. 109) nur noch das von den Jungtieren nicht gefressene Kraftfutter. Die Gewichtsentwicklung der Jungtiere kann dadurch wesentlich verbessert werden. Nur praktikabel bei 2 – 3 Würfen/Jahr.

Dies trifft für Junghäsinnen in stärkerem Ausmaß zu, da die Futteraufnahme bei kurzem Wurfintervall bis zum 7. Wurf ansteigt (18). Da auch die Körperfettreserve (Depotfett) für die Milchbildung verwendet werden muß, sind Gewichtsverluste und eine Verringerung des Energiegehaltes im Körper die Folge. Letzterer kann bei Erstlingshäsinnen auch bei beliebiger Aufnahme eines Alleinfutters bis zu 30 % betragen. Die Beschränkung der Säugeperiode auf das für die Entwicklung der Jungtiere unbedingt erforderliche Maß ist daher um so wichtiger, je früher die Häsin nach dem Werfen wieder gedeckt wird und je weniger Kraftfutter zur Verfügung steht. Die Jungtiere können sich bereits ab der 4. Lebenswoche, d. h. ab 21. Le-

benstag ohne spätere Beeinträchtigung ihrer Entwicklung, von festem Futter mit hoher Nährstoffkonzentration (Typ 2) ernähren.

Bei hoher Fortpflanzungsrate und schneller Wurffolge ergibt sich daraus die Notwendigkeit, ein Alleinfutter mit hohem Gehalt an Energie, Nähr- und Wirkstoffen zur beliebigen Aufnahme zu verabreichen und die Säugezeit auf maximal 4 Wochen zu beschränken.

Bei begrenzter Verfügbarkeit von Kraftfutter und der Beschränkung der Fortpflanzung auf nur 1–2 Würfe pro Jahr in der Rassekaninchenzucht sollte das Kraftfutter spätestens ab der 4. Woche nach dem Werfen nur noch an die Jungtiere zur beliebigen Aufnahme gegeben werden. Dies ist auch dadurch gerechtfertigt, daß die Säugeleistung ab diesem Zeitpunkt ohnehin abnimmt (s. Abb. 109) und die Häsin dann das Futter als Fett ansetzt. Damit die Häsin nicht an das Kraftfutter gelangt, wird dieses in einer danebenliegenden Bucht, welche nur von den Jungtieren über einen Durchschlupf zu erreichen ist, zusammen mit Wasser angeboten. Eine andere Möglichkeit besteht darin, daß die Häsin von den Jungtieren spätestens nach dem 21. Tag nach dem Werfen getrennt und nur noch einmal täglich zum Säugen zugesetzt wird. Die Häsin erhält dann nur noch das Kraftfutter, welches von den Jungtieren nicht gefressen wird. Bei begrenzt verfügbarem Kraftfutter verdienen immer die Jungtiere den Vorzug, da Wachstumseinbußen in diesem Alter später kaum noch wettgemacht werden können. Sofern bei kombinierter Fütterung kein Handelsmischfutter ergänzend zur beliebigen Aufnahme verfüttert wird, sollte die Häsin erst nach dem Absetzen, welches dann erst spätestens 6 Wochen nach dem Werfen erfolgen sollte, wieder gedeckt werden (s. auch Kap. 8).

III. Aufzuchtfütterung von Zucht- und Ausstellungstieren

Die Gemeinsamkeiten in der Aufzuchtfütterung von Zucht- und künftigen Ausstellungstieren basieren darauf, daß die erwünschte Langlebigkeit und Fruchtbarkeit durch eine dem Alter entsprechend angepaßte Nährstoffversorgung gefördert werden, die einen übermäßigen Fettansatz vermeidet. Im einzelnen hat hierbei die Fütterung von Ausstellungstieren im Rahmen der Rassekaninchenzucht zu gewährleisten, daß diese Tiere zum Beginn der Ausstellungsperiode das Optimalgewicht (Höchstpunktzahl s. Kap. 17) erreichen. Hinsichtlich des Alters ist zu berücksichtigen, daß die Qualität des Felles als Bewertungskriterium erst im Alter von 6 Monaten ihre Vollendung erreicht (s. Kap. 2.4), d. h. 2 bis 3 Monate nach dem Beginn der Zuchtreife. Das Problem, diesen Vorgaben durch eine entsprechende Fütterung Rechnung zu tragen, wird noch dadurch vergrößert, daß es sich beim Optimal- und dem Höchstgewicht vorwiegend um Erfahrungswerte handelt, die

nicht aufgrund einer bedarfsgerechten Nährstoffversorgung festgelegt wurden;

nicht einer zwischenzeitlichen genetischen Erhöhung des Gewichtes Rechnung tragen;

geschlechtsbedingte Unterschiede im Größenwuchs (höheres Gewicht der Häsinnen) unberücksichtigt lassen.

Die Fütterung kann der obengenannten Zielsetzung in folgender Weise Rechnung tragen:

Bis etwa zur 10. und bei großen Rassen auch der 12. Lebenswoche übertrifft der Eiweißansatz (die Fleischbildung) den Ansatz von Fett (s. Kap. 2.2). Wachstumseinbußen infolge Mangelernährung können später nicht mehr aufgeholt werden. In diesem Altersabschnitt werden im Verhältnis zum Körpergewicht die höchste Nährstoffmenge aufgenommen und die höchsten Tageszunahmen erzielt (s. Tab. 37). Die Deckung des Nährstoffbedarfs in diesem Fütterungsabschnitt schafft die Voraussetzungen für

einen niedrigen Nährstoffaufwand je kg Zuwachs, d. h. eine gute Futterverwertung;

die Ausnutzung der erblich veranlagten Wachstumskapazität und damit für ein hohes Gewicht der ausgewachsenen Tiere;

das Organwachstum (z. B. Skelett, Muskulatur), dies ist besonders für spätere Zucht- und Ausstellungstiere, in Verbindung mit der Möglichkeit einer ausreichenden Bewegung, wichtig.

Im Alter von 10 Wochen wiegen dann die Tiere kleiner Rassen 1,6 bis 1,8 kg und die der mittelschweren Rassen etwa 2,6 bis 2,8 kg. Angehörige der großen Rassen wiegen im Alter von 12 Wochen 4,0 bis 4,3 kg. In der Fütterung brauchen somit bis zu diesem Zeitpunkt keine Unterschiede zwischen Jungmastkaninchen und späteren Zucht- oder Ausstellungstieren zu bestehen.

Es empfiehlt sich, in den ersten 2 bis 3 Wochen nach dem Absetzen zunächst ein rohfaserreiches Absetzfutter mit geringem Stärkegehalt sowie einem kokzidiosehemmenden Zusatzstoff (Kokzidiostatikum) einzusetzen.

Anschließend, d. h. ab der 11. bzw. 13. Lebenswoche, ist jedoch die Nährstoffversorgung späterer Zucht- oder Ausstellungstiere so weit zu begrenzen, daß die Tageszunahmen bei Tieren kleiner Rassen nicht höher als 10 g, bei mittelschweren Rassen nicht höher als 15 g und die der großen Rassen unter 25 g liegen.

Im Vergleich zur Verfütterung eines Alleinfutters zur beliebigen Aufnahme entspricht dies einer Futterrationierung auf etwa 60 % der vorherigen beliebigen Aufnahme eines Alleinfutters. Von Rindern und Schweinen her ist bekannt, daß eine derartige Begrenzung der Tageszunahmen sowohl die spätere Fruchtbarkeit als auch die Lebenserwartung positiv beeinflußt. Wichtig ist hierbei, daß gleichzeitig auch ausreichende Bewegungsmöglichkeit besteht, um Skelettschäden zu vermeiden und die Muskelentwicklung zu fördern.

Bei **Zuchttieren** die in der erwerbsorientierten Kaninchenfleischerzeung eingesetzt werden sollen, wird die Rationierung des Alleinfutters bis 2 Wochen vor dem Decken beibehalten. Das entspricht bei Hybridhäsinnen einem Alter von etwa 15 Wochen und bei Reinzuchthäsinnen mittelschwerer Rassen 15 bis 18 Wochen. Anschließend wird dann Alleinfutter wieder zur beliebigen Aufnahme verabreicht. Diese plötzliche Erhöhung der Nährstoffversorgung vor dem Decken (Flushing-Effekt) fördert die Deck- und die Konzeptionsbereitschaft. Sie kann durch einen zusätzlichen, über das Trinkwasser zu verabreichenden Vitaminstoß (A, E), unterstützt werden. In gleicher Weise läßt sich auch die Fortpflanzungsfähigkeit bei Häsinnen nach längerer Zuchtruhe, wie sie in der Rassekaninchenzucht dem Normalfall entspricht, fördern.

Bei **Ausstellungstieren** lassen sich hinsichtlich der Dauer und des Umfangs der Einschränkung der Nährstoffaufnahme keine allgemeinverbindlichen Aussagen machen. Hier besteht das Problem, daß die Gewichtsspanne zwischen dem mit der Höchstpunktzahl bewerteten Optimalgewicht der betreffenden Rasse und deren Höchstgewicht eingehalten werden muß, da bei dessen Überschreitung das Tier bei Ausstellungen disqualifiziert wird. Die der Bewertung zugrundeliegenden Idealgewichte für die verschiedenen Rassen wurden in der Regel nicht bei Tieren ermittelt, welche auf Alleinfutterbasis entsprechend den Bedarfsnormen

Tabelle 40: Beispiel für die Berechnung des Nährstoffgehalts einer Tagesfutterration für eine säugende Häsin bei kombinierter Fütterung
(Lebendgewicht 4 – 5 kg, 3. Woche nach dem Werfen)

	Menge	1 kg Futter enthält (s. Kap. 15)		Errechneter Nährst. geh. d. Ration		Bemerkungen
		verd. Energie	Roh-protein	verd. Energie	Roh-protein	
	g	MJ	g	MJ	g	
Alleinfutter für Häsinnen:	470	10,80	180	5,07	85	Energiebedarf gedeckt. Dsgl. Eiw.-Bedarf b. Verdaul. von 70 %
Kombinierte Fütterung:						
Futterrüben	500	2,38	10	1,2	5	
Wiesenheu	100	6,58	100	0,66	10	
Sojaextr.schrot	50	13,06	455	0,65	23	
Gerste	50	13,56	99	0,68	5	
Alleinfutter f. Häsinnen als Ergänzung (Typ 3, s. Tab. 34)	200	10,88	180	2,16	36	
Tagesration insgesamt				5,35	79	Energiebedarf gedeckt, geringes Eiweißdefizit, da Verdaulichkeit 70 %
Zum Vergleich: Bedarf entsprechend Tabelle 36				5,16	63	

Das Beispiel zeigt die Vereinfachung der Fütterung bei Einsatz eines Alleinfutters, welches in dieser Leistungsgruppe zur beliebigen Aufnahme verabreicht wird. Um im Winter und zeitigen Frühjahr eine bedarfsdeckende Nährstoffversorgung zu gewährleisten, ist bei kombinierter Fütterung eine vielseitig zusammengesetzte Ration erforderlich.

ernährt wurden. Die Gewichte im Rassenstandard liegen daher niedriger als bei Deckung des Nährstoffbedarfes.

Abgesehen davon bestehen innerhalb der Rassen erhebliche Unterschiede in der Wachstumskapazität. Ferner verbleiben den Tieren aus Winter- bzw. Frühjahrswürfen bis zum Beginn der Ausstellungsperiode noch bis zu 8 Monate. Es gilt daher, mit Hilfe von Kontrollwägungen die Fütterung so zu gestalten, daß sich das Gewicht der Ausstellungstiere in dem festgelegten Rahmen bewegt.

9.7.3 Weidefütterung

Wie das Wildkaninchen ist auch das Hauskaninchen in der Lage, den Aufwuchs von Grünland und Feldfutterflächen direkt zu nutzen. Die Fütterung auf der Weide ermöglicht ihm bei geringere Besatzdichte die Selektion von nährstoffreichen Pflanzen und Pflanzenteilen (Triebspitzen und -blätter). Dadurch bedingt, liegen die mit diesem Futter erzielten Zunahmen um bis das Doppelte höher als bei der Verfütterung des von der gleichen Fläche geschnittenen Grünfutters. Die Kaninchenfleischerzeugung je Hektar übertrifft mit dieser Methode die aller anderen Weidetiere. Bereits im Alter von 25 Tagen abgesetzte Jungtiere einer mittelschweren Rasse sind in der Lage, mit täglichen Zunahmen von 15 bis 25 g das Weidefutter zu verwerten.

Nach Angaben über die Gehegehaltung im vorigen Jahrhundert wurden je Hektar über 1.000 Wildkaninchen erzeugt (s. Kap. 1). Das entspricht bei einem Durchschnittsgewicht von ca. 1.300 g einer Produktivität von etwa 1,3 t Lebendgewicht/Hektar, einschließlich des Futters für die Elterntiere. In einem in Neu-Ulrichstein durchgeführten Versuch mit im Alter von 25 Tagen abgesetzten Weißen Neuseeländerkaninchen wurde ein Zuwachs pro Jahr von über 2.000 kg/Hektar errechnet.

Neben den genannten Vorzügen ist jedoch die Weidehaltung mit einer Reihe von Nachteilen verbunden:

Im gemäßigten Klima reichern sich bei mehrmaliger Beweidung der gleichen Fläche die Erreger der Kokzidiose an. Der zunehmende Infektionsdruck führt dann bei den folgenden Beweidungen zu hohen Verlusten.

Kaninchen aller Altersklassen sind durch Greifvögel, Marder, Hunde und Katzen gefährdet.

Bei leichtem Boden versuchen die Kaninchen, Schlupflöcher zu graben.

Das letztgenannte Problem kann durch die Haltung in versetzbaren Gehegen (z. B. mit Elektronetz) oder durch zeitlich begrenzten Weidegang unter Aufsicht gelöst werden. Grundsätzlich eignet sich das Verfahren zumindest unter hiesigen Klimabedingungen (relativ hohe Niederschläge) nicht für eine erwerbsorientierte Kaninchenhaltung.

9.8 Futterbedingte Gesundheitsrisiken

Das Auftreten von Gesundheitsschäden aufgrund von im Futter enthaltenen Giftstoffen oder Krankheitskeimen ist beim Kaninchen vor allem eine Frage der aufgenommenen Menge derartiger Substanzen. Beispielsweise kann bereits eine zu reichliche Nährstoffzufuhr zu Gesundheitsschäden infolge zu starker Verfettung führen. Desgleichen Mangel oder

Überversorgung mit Eiweiß, Vitaminen und Mineralstoffen.

Die folgenden Ausführungen beschränken sich auf Giftstoffe im Futter, welche bereits in relativ geringen Mengen krankmachend wirken. Wobei auch hier die längere Aufnahme von Mengen, die unterhalb der krankmachenden Schwelle liegen, unbedenklich ist, bzw. sogar die Verträglichkeitsgrenze erhöhen kann.

Das Wildkaninchen ist derartigen Risiken aufgrund seines Instinktes und der Möglichkeit, auf andere Futterpflanzen auszuweichen bzw. sich eine vielseitige Ration zusammenzustellen, weniger ausgesetzt als das Hauskaninchen. Dieses ist hinsichtlich der Versorgung mit Futter allein vom Wissen des Menschen abhängig. Selbst wenn noch instinktive Hemmschwellen vorhanden sind, werden diese durch den Hunger herabgesetzt. Im Falle des Mischfutters können sonst verschmähte Futtermittel darüber hinaus durch entsprechende Zusammenstellung der Einzelfutterkomponenten oder appetitanregende bzw. geruchsverbessernde Zusätze kaschiert werden. Allerdings sind die negativen Auswirkungen einzelner Mischfutterkomponenten weitgehend erforscht. Sie werden daher üblicherweise zwecks Vermeidung von Reklamationen bereits von den Mischfutterherstellern nicht verwendet (z. B. Baumwollsaat- Extraktionsschrot).

Grundsätzlich kann daher davon ausgegangen werden, daß hier das Risiko relativ gering ist. Der Vollständigkeit halber sei nachstehend auf einige **Mischfutterkomponenten** hingewiesen, deren Verwendung sowohl als Einzelfutter, als auch im Mischfutter Einschränkungen unterliegt:

Baumwollsaat-Extraktionsschrot enthält als giftige Substanz das Gossypol, welches Gewebeschäden und Sterilität verursachen kann. Sein Anteil in der Ration sollte daher auf weniger als 10 % begrenzt werden (21), sofern nicht ganz darauf verzichtet wird (31).

Samen von **Kreuzblütlern** (z. B. Raps, Senf) und deren Extraktionsschrote enthalten einen die Tätigkeit der Schilddrüse hemmenden Stoff, soweit es sich beim Raps nicht um die sogenannten 00-Sorten handelt (s. Kap. 9.6.1).

Die verschiedenen **Bohnen** – Arten enthalten sogenannte Hämagglutinine, welche die Darmwand schädigen können und dadurch den Übergang der Nährstoffe in das Blut behindern. Das hat eine Verschlechterung des Wachstums zur Folge. Die Erhitzung (Toasten) hebt diese Wirkung ebenso auf, wie die Behinderung des eiweißspaltenden Enzyms Trypsin. Das Toasten ist daher bei Sojabohnen-Extraktionsschrot allgemein üblich.

Das zuvor über die Samen von Kreuzblütlern und Bohnen Gesagte gilt auch für die grünen Pflanzen dieser Arten.

Aus **Harnstoff** wird von den Wiederkäuern (Rind, Schaf und Ziege) mittels der Pansenmikroben Eiweiß gebildet. Das Kaninchen ist hierzu nur in beschränktem Maße mit Hilfe der Bakterien im Blinddarm in der Lage. Die Freisetzung von Ammonium kann daher Vergiftungserscheinungen hervorrufen. Sofern wegen der geringeren Kosten Mischfutter für Rinder an Kaninchen verfüttert wird, sollte darauf geachtet werden, daß dieses, um Risiken auszuschließen, keinen Harnstoff enthält.

Mykotoxine werden durch Schimmelpilze auf Getreide und Ölsaaten sowie den bei deren Weiterverarbeitung anfallenden

Nebenprodukten (z. B. Kleie, Extraktionsschrote) gebildet. Am bekanntesten und wohl auch am giftigsten ist das Aflatoxin. Dieses wirkt bei Geflügel bereits bei einem Gehalt von etwa 18 Mikrogramm (0,000 018 g) je kg Futter tödlich. Beim Kaninchen verursacht Aflatoxin eine zum Tode führende Appetitlosigkeit, Verweigerung der Wasseraufnahme und mit Gelbsucht verbundene Schädigungen der Leber (21). In geringen Dosierungen wirkt es krebserregend, was insofern bemerkenswert ist, als es im Fleisch als Rückstand verbleibt und dadurch auch den Menschen gefährdet. Vergiftungen durch Pflanzenbehandlungsmittel können auftreten, wenn der unter Obstbäumen befindliche Aufwuchs unmittelbar nach deren Behandlung verfüttert wird.

Hinsichtlich des **Keimgehaltes** verdient bei pflanzlichen Futtermitteln vor allem das Vorhandensein von Pilzsporen Beachtung. Sie sind bei höherem Gehalt ein Hinweis darauf, daß das Futtermittel unsachgemäß gelagert wurde (Schimmelbildung) und sich von den Pilzen erzeugte Giftstoffe (Toxine) gebildet haben.

Bei **Grobfutter** sind es vor allem die in den Unkräutern enthaltenen Giftstoffe, welche Beachtung verdienen. Die hierdurch bestehenden Gefahren werden dadurch eingeschränkt, daß diese Pflanzen meist nur in geringem Umfang sowie im Gemisch mit anderen Pflanzen und nicht über längere Zeit verabreicht werden. Sofern Wahlmöglichkeit besteht, ist ihre Schmackhaftigkeit häufig auch weniger ausgeprägt. Die Tab. 41 gibt eine Übersicht über derartige Risikopflanzen.

Darüber hinaus verdienen die nachstehend beschriebenen negativen Auswirkungen einzelner Futterpflanzen besondere Aufmerksamkeit:

Comfrey enthält ebenso wie der **Lein** das Alkaloid Pyridoxin. Das Kaninchen ist zwar weitgehend dagegen resistent. Jedoch wurde durch die Verfütterung von Comfrey bei Ratten Krebs erzeugt (21).

Rübenblatt von Futter- und Zuckerrüben enthält ebenso wie die Blätter von Spinat, Mangold und Rhabarber Oxalsäure. Diese geht mit dem Calcium im Blut eine unlösliche Verbindung ein und ruft, in größeren Mengen verzehrt, Starrkrampf hervor.

Futterwechsel kann insbesondere beim Wechsel von der winterlichen Trockenfütterung zur Grünfütterung im Frühjahr Gesundheitsprobleme bereiten. Die Grünfuttermengen sind daher bei Beibehaltung des Trockenfutters allmählich zu erhöhen. Vorsicht ist insbesondere bei kleeartigen Pflanzen am Platze.

Tabelle 41: Die häufigsten Gifte in von Kaninchen gefressenen Futterpflanzen und Futtermitteln

Name deutsch/lat.	giftige Teile	Vergiftungserscheinungen	Giftstoffe
Roter Fingerhut (Digitalis purpurea)	Blätter	Speichelfluß, Durchfall. Starke Pulsbeschleunigung, Lähmungserscheinungen, Tod durch Herzstillstand	Glykoside; Digitoxin u. a.
Wasserschierling (Cicuta virosa)	Wurzel, Kraut	Speichelfluß, kolikartige Trommelsucht, Taumeln, Tod durch Atemlähmung	Cicutoxin u. a.
Bingelkraut – einjähr. (Mercurialis annua) – mehrj. (Mercurialis perennis)	Blätter Blätter	Durchfall, Trommelsucht, rot verfärbter Urin, Schiefhals, Tod Durchfall, Trommelsucht, rot verfärbter Urin, Schiefhals, Tod	Mercurialin Mercurialin
Gelbe Lupine (Lupinus luteus) sowie (Lupinus perennis)	alle Teile alle Teile	Verdauungsstörungen, Abmagerung, fettige Degeneration der Leber, Krämpfe, Tod dto.	Alkaloide Akaloide
Hundspetersilie (Aethusa cynapium)	Wurzel, Blätter	Magen- und Darm-Funktionsstörungen, nervöse Störungen	Cynapin
Zweihäusige Zaunrübe (Bryonia dioica)	Wurzel	Hautentzündungen, Geschwüre, Kolik, Durchfall, Tod durch Lähmung	Bryonidin
Weiße Zaunrübe (Bryonia alba)	Wurzel	Hautentzündungen, Geschwüre, Kolik, Durchfall, Tod durch Lähmung	Bryonidin
Schöllkraut (Chelidonium majus)	Kraut, Blätter	Haut- und Rachenschleimhautentzündung, Durchfall, Tod durch Atemnot	Chelidonin
Mohnblume (Papaver)	Samen, Saft	Schwindel, Atem-, Puls- und Herzschwäche, Tod durch Atemnot	Morphin Papaverin u. a.

Tabelle 41: Die häufigsten Gifte in von Kaninchen gefressenen Futterpflanzen und Futtermitteln (Fortsetzung)

Name deutsch/lat.	giftige Teile	Vergiftungserscheinungen	Giftstoffe
Wolfsmilchgewächse (Euphorbia)	alle Teile	Durchfall, Krämpfe	Euphorbinsäure
Nachtschatten (Solanum)	Blätter u. a.	Unruhe, Pupillenstarre, Tod durch Atemlähmung	Atropin u. a., Solanin
Hahnenfuß (Ranunculus)	alle Teile	Kolik, Blutharnen, Tod durch Herz- und Atemnot (getrocknet – nicht giftig)	Anemonol
Schwalbenwurz (Asclepias eriocarpa)	alle Teile	Fortschreitende Lähmung: erst Nackenmuskulatur (Stützstellung des Kopfes auf der Nase), dann Extremitäten (Unterkiefer-Bauch-Lage); Entzündungen des Darms und der Harnwege; Lebervergrößerung	Vinzeroxin, Asklepiadin, Zynanchin
Rhabarber (Rheum)	Blätter	Tetanische Zustände	Oxalate
Fuchsschwanz (Amaranthus)	Blätter	geringe Gaben unbedenklich; höhere Gaben: Tetanie	Oxalate
Spinat (Spinacia oleracea)	Blätter	geringe Gaben unbedenklich; höhere Gaben: Tetanie	Oxalate
Mangold (Beta vulgaris)	Blätter	geringe Gaben unbedenklich; höhere Gaben: Tetanie	Oxalate
Leucocaena (leucocephala)	Blätter	unbedenklich bei Gaben 10 % der TM, höhere Gaben: Haarausfall	Mimosin
Baumwollsaatmehl Baumwoll-Öl-Kuchen	–	Gewebeschäden, z. T. virile Sterilität bei mehr als 10 % in der Ration	Gossypol
Kohl, Raps, Senf Brassica	alle Teile	in mäßigen Mengen unbedenklich; exzessive und/oder ausschließliche Fütterung: kropfbildend	Goiterogene, Clucosinolate

Tabelle 41: Die häufigsten Gifte in von Kaninchen gefressenen Futterpflanzen und Futtermitteln (Fortsetzung)

Name deutsch/lat.	giftige Teile	Vergiftungserscheinungen	Giftstoffe
Soja-Bohne (Glycine soya) Weiße-, Dicke-, Pinto-Bohnen Pinto-Bohnen etc. (Phaseolus)	Samen, Laub	nur in rohem Zustand schädlich: Darmwandschäden, Wachsstumsstörungen; unschädlich nach Hitzebehandlung (Toasten)	Trypsin-Inhibitoren Hämagglutinine
Mycotoxine: Aspergillus flavus Aspergillus parasiticus	verschimmelte Ölsaat- und Getreideprodukte	Nahrungs- und Wasserverweigerung, Dehydration, Lethargie, Leberschäden mit Gelbsucht	Aflatoxin
Getreidepilze, Schimmel, Rost, Brand	Ähren, Halme, Körner	akute Nieren- und Leberschäden; z. T. Enteritis; Reproduktionsstörungen, Tod	Citrinin, Orchra-toxin T2 – Toxin Zearalenon
Mutterkorn Claviceps pururea	Ähren, Körner	Schäden am Zentralnervensystem und an glatter Muskulatur; Blutgefäßverengungen in den Extremitäten – Durchblutungsstörungen, Nekrosen; beständiges Scharren mit den schmerzenden Extremitäten; Fehlgeburten	Ergotin
Süßklee Hedysarum mit Schimmelpilzbefall	alle Teile	Vitamin-K-Mangel; Blutgerinnungsfähigkeit herabgesetzt, spontane Hämorrhagien; ggfs. Tod durch exzessive Blutungen	Dicumarol aus Cumarin durch Schimmelpilz gebildet.

10 Haltung

K. Lange

10.1 Anforderungen des Kaninchens an die Umwelt

Wenn man die in den Herkunftsgebieten des Wildkaninchens herrschenden klimatischen Bedingungen zugrunde legt, dann sind eine geringe Luftfeuchtigkeit und ein warmer, trockener Boden wesentliche Voraussetzungen für eine hohe Vermehrungsrate und gute Überlebenschancen. Dies gilt im übertragenen Sinne dann auch für eine erfolgreiche Hauskaninchenhaltung.

Hinsichtlich der Anpassungsfähigkeit an die jeweilige Umgebungstemperatur hat sich das Kaninchen als sehr tolerant erwiesen. Das Wildkaninchen hat sich sowohl in der Halbwüste Australiens als auch in den harten Wintern gemäßigter Klimazonen behauptet. Die Anpassungsfähigkeit setzt jedoch die ständige Verfügbarkeit von Futter voraus. Darüber hinaus benötigt es für sich und seine Jungtiere einen vor Nässe und anderen Witterungsunbilden schützenden trockenen Bau, der die Temperaturextreme puffert.

Die jahreszeitlich bedingten Temperaturunterschiede gleicht das Kaninchen durch den Aufenthalt im Bau sowie die Dichte des Felles, die Wärmeabgabe über die Atmung und die Ohren sowie die Sorgfalt des Nestbaues für die Jungtiere aus.

Unter Berücksichtigung der vorgenannten Grundsatzforderungen sind die Umweltanforderungen unserer Hauskaninchen darüber hinaus abhängig von der Rasse sowie von dem Haltungssystem und dem Produktionsverfahren bzw. -intensität.

Ausgehend von dem natürlichen Verbreitungsgebiet, besitzt das Kaninchen hinsichtlich der **Temperatur** eine relativ große Toleranzbreite. Diese wird beim Wildkaninchen durch die Möglichkeit erweitert, tagsüber die Temperaturextreme durch den Aufenthalt im Erdbau abzupuffern.

Beim Hauskaninchen haben ständig hohe Temperaturen (über 25 °C) einen negativen Einfluß auf die Fruchtbarkeit. Bei männlichen Tieren verschlechtert sich die Spermaqualität, bei tragenden Häsinnen kommt es zur Erhöhung der frühembryonalen Sterblichkeit. Wachsende Jungtiere haben infolge zurückgehender Futteraufnahme geringere Tageszunahmen. Angorakaninchen mit langer Wolle reagieren noch empfindlicher auf anhaltend hohe Temperaturen. Die Fruchtbarkeit ist in noch stärkerem Maße gestört als bei Normalhaarkaninchen. Zur Erzielung befriedigender Wurfleistungen sollten Angorakaninchen – und dies nicht nur bei hohen Temperaturen – zum Zeitpunkt der Verpaarung grundsätzlich frisch geschoren sein.

Darüber hinaus mindern hohe Temperaturen beim Angorakaninchen den Wollertrag und die Wollqualität (siehe Kap. 2.3).

Kurzzeitig hohe Temperaturen (bis 35 °C) mit geringer Luftfeuchtigkeit und entsprechenden nächtlichen Abkühlungen werden von den Kaninchen durchaus ohne gesundheitliche Schäden toleriert. Hingegen können länger anhaltende hohe Temperaturen in Verbindung mit hohen Luftfeuchtigkeitswerten zu einer dramatischen Erhöhung der Körpertemperatur und in deren Folge zum Hitzetod führen. Derartige Klimasituationen treten in unseren Breiten jedoch sehr selten auf. Sollte dies dennoch über einen längeren Zeitraum der Fall sein, so muß über geeignete Maßnahmen (Dachberieselung, Beschattung, Belüftung o.ä.) eine Minderung der Temperatur im Stall oder Transportkäfig versucht werden.

Die Toleranz niedrigerer Temperaturen (10 °C bis unter 0 °C) ist in hohem Maße abhängig von dem Haltungssystem, der Rasse, dem Alter der Tiere und der Fütterungsintensität. Aufgrund größerer Bewegungsfreiheit und besserer Isolationswirkung werden niedrige Temperaturen in Einstreuhaltungen von den Tieren besser vertragen als in Draht- oder Blechkäfigen. Hierbei werden mit Kunststoffrosten infolge geringer Wärmeleitfähigkeit dieser Böden niedrige Temperaturen ebenfalls besser toleriert als auf Drahtböden.

Um während der Säugeperiode die Aufzuchtverluste gering zu halten, müssen bei niedrigen Stalltemperaturen wärmegedämmte Wurfkästen (z. B. geschäumter Kunststoff) eingesetzt werden. Im Alter von 4 Wochen abgesetzte Jungtiere sind unmittelbar nach dem Absetzen ebenfalls gegen niedrige Temperaturen sehr empfindlich. Infolge der geringen Futteraufnahme in den ersten Tagen fällt wenig Abfallwärme an. Im späteren Alter (ab ca. 6. Lebenswoche) werden niedrige Temperaturen durchaus vertragen, erfordern aber einen höheren Futteraufwand für die Zuwachsleistung.

Wie schon vorn (Kap. 2.3) beschrieben, wirken sich niedrige Temperaturen für Angorakaninchen während der Wollwachstumsperiode durchaus positiv aus. Unmittelbar nach der Schur haben Angorakaninchen infolge des fast nackten Zustandes aber einen sehr hohen Temperaturbedarf. Ist dies nicht gewährleistet, so führt der Schurstreß in Verbindung mit dem Temperaturschock durch die wegfallende Isolierwirkung der Wolle – insbesondere bei Hochleistungstieren – nicht selten zum Tode (siehe Kap. 12.2).

Die Mindesttemperaturwerte sind in Tab. 42 dargestellt.

Im Gegensatz zur Temperatur ist der Toleranzbereich des Kaninchens gegenüber der **Luftqualität** wesentlich geringer. Es reagiert sehr empfindlich auf zu hohe Werte an Luftfeuchtigkeit, Schadgaskonzentration und Luftgeschwindigkeit.

Hohe relative Luftfeuchtigkeitswerte in Verbindung mit hoher Schadgaskonzentration (vorrangig Ammoniak) und Luftgeschwindigkeit im Tierbereich begünstigen in starkem Maße die Entstehung von Erkrankungen der Atmungsorgane, insbesondere dem ansteckenden Schnupfen (Pasteurellose) des Kaninchens.

Die wichtigsten Maßnahmen zur Erzielung guter Luftqualität mit tolerierbaren Schadgaskonzentrationen in geschlossenen Ställen entsprechend den in Tab. 42 dargestellten Grenzwerten sind folgende:

– Sofortige Trennung von Kot und Urin nach der Ausscheidung. Der Urin sollte möglichst sofort aus dem Stallbereich abgeleitet werden. Urin in Verbindung mit dem Kot ist der Hauptverursacher für die Entstehung des Schadgases Ammoniak (NH_3).

- Bei längerem Verbleib des Kotes im Stall kann die Ammoniakbildung durch wiederholtes (wöchentliches) Überstreuen des Kotes mit Superphosphat gemindert werden. Bei einstreuloser Haltung und hoher Besatzdichte im Stall ist jedoch eine kurzfristige (minde- stens wöchentlich) Beseitigung des Kotes aus dem Stallbereich im Interesse geringer Schadgaskonzentration ratsam.

- Bei Verwendung von Güllesystemen in größeren Beständen sind Schadgasrückflüsse durch dicht schließende

Tabelle 42: Stallklimatische Rahmenbedinungen für die Kaninchenhaltung

1.	Temperatur	
1.1	Zuchttierhaltung	
	Drahtkäfige mit offenen Wurfkästen	> 15 °C
	Drahtkäfige mit geschlossenen Wurfkästen	> 10 °C
	Bodenhaltung mit Einstreu	> 5 °C
	Maximaltemperatur für Normalhaarkaninchen	< 25 °C
	Angorakaninchen allgemein	< 25 °C
	Angorakaninchen nach der Schur	> 18 °C
1.2	Jungtierhaltung	
	Drahtkäfige; Absetzalter 3 – 4 Wochen	
	(erste 2 Wochen nach Absetzen)	> 20 °C
	Drahtkäfige ab 6-Wochen-Alter	> 10 °C
	Bodenhaltung auf Einstreu –	
	jeweils ca. 5 °C unter den Angaben für Käfighaltung	
2.	Luftfeuchtigkeit	
	Für alle Tiergruppen und Haltungssysteme	< 70 %
3.	Schadgaskonzentration	
	Ammoniak (NH_3)	< 10 ppm
	Kohlendioxyd (CO_2)	< 3500 ppm
	Schwefelwasserstoff (H_2O)	< 10 ppm
4.	Lüftung	
4.1	Luftmenge je kg Lebendgewicht und Stunde	2 bis 3 m³
4.2	Luftgeschwindigkeit im Tierbereich	< 0,2 m/s
5.	Beleuchtung	
5.1	Beleuchtungsdauer	
	Zucht- und Masttiere (ganzjährig gleichbleibend)	14 bis 16 Std.
	Angorakaninchen zur Wollproduktion	
	(abnehmende Lichtdauer während eines Schurintervalls)	16 bis 9 Std.
5.2	Beleuchtungsintensität	
	Zuchttiere	30 bis 40 Lux
	Masttiere	15 bis 20 Lux

Schieber zur Güllegrube hin zu verhindern.

Die relative Luftfeuchtigkeit sollte längerfristig 70 bis 80 % nicht übersteigen. Die optimale Luftfeuchte für Kaninchen liegt bei ca. 60 %. Zur Reduzierung der Luftfeuchtigkeit sollte in besetzten Ställen sehr sparsam mit Wasser umgegangen werden. Ausspülen des Kotes mit Wasser, tropfende Tränknippel u. ä. erhöhen unnötigerweise die Luftfeuchtigkeit und sollte demzufolge unterlassen bzw. abgestellt werden.

Geschlossene Ställe müssen bei entsprechender Besatzdichte mit einem leistungsfähigen Lüftungssystem mit einer Lüftungsrate von 2 bis 3 m³ Luft je kg Lebendgewicht und Stunde ausgestattet sein. Optimal ist hierfür die Abluftführung aus dem Kotbereich in Bodennähe, wenn die Zuluft von oben durch den Käfig einfließt. Die Luftgeschwindigkeit darf im Tierbereich 0,2 m/sec. nicht übersteigen.

Mit abnehmender Tageslänge nimmt im Herbst und Winter sowohl die Konzeptionsrate als auch die Libido ab. Daher empfiehlt sich im Interesse einer ganzjährigen kontinuierlichen Jungtierproduktion eine gleichbleibende **Beleuchtungsdauer** von 14 bis 16 Stunden pro Tag.

Das Wollwachstum des Angorakaninchens wird durch eine abnehmende Lichtdauer positiv beeinflußt. Durch die Simulierung eines abnehmenden Lichttages während eines Schurintervalles von 16 auf 9 Stunden kann dieser Effekt genutzt werden.

Als Dämmerungstier benötigt das Kaninchen grundsätzlich nur eine relativ geringe Lichtintensität. Dennoch muß bei künstlicher Beleuchtung zwischen Zucht-

und Masttieren unterschieden werden. Zuchttiere sollten als Voraussetzung für eine optimale Reproduktionsleistung eine Beleuchtungs-intensität von 30 bis 40 Lux haben. Für Masttiere sind 15 bis 20 Lux ausreichend. Dies entspricht etwa 2 bis 4 Watt je m² Stallfläche. Wegen ihres für das Tier angenehmeren Lichtspektrums und der technisch problemloseren Helligkeitsregulierung sind Glühlampen für die künstliche Beleuchtung von Kaninchenställen besser geeignet als Leuchtstofflampen.

Direkte Sonneneinstrahlung beeinträchtigt vor allem bei albinotischen Rassen das Wohlbefinden und sollte deshalb vermieden werden. Auch kann es bei direkter und anhaltender Sonneneinstrahlung bei bestimmten Rassen, z. B. Blaue Wiener oder Alaska, zu Veränderungen der Fellfarbe kommen.

10.2 Hygienische und tierschutzrechtliche*) Voraussetzungen

Für die Haltung von Tieren gelten die vom Deutschen Tierschutzgesetz in § 2 (82) vorgegebenen Rahmenbedingungen, die nachstehend im Wortlaut wiedergegeben werden:

Wer ein Tier hält, betreut oder zu betreuen hat

1. muß das Tier seiner Art und seinen Bedürfnissen entsprechend angemessen ernähren, pflegen und verhaltensgerecht unterbringen,

---

*) Vollständiger Gesetzestext in Broschüre »Tierschutz«. Kostenloser Bezug vom Bundesministerium für Ernährung, Landwirtschaft und Forsten, Referat Öffentlichkeitsarbeit, Postfach 140270, 53107 Bonn, Tel. (02 28) 5 29 35 70.

2. darf die Möglichkeit des Tieres zu artgemäßer Bewegung nicht so einschränken, daß ihm Schmerzen oder vermeidbare Leiden oder Schäden zugefügt werden.

Unter diesem vorgenannten allgemeingültigem Gesetzesgrundsatz ist jede Form der Kaninchenhaltung einzurichten und zu bewerten. Der Begriff der Art ist hierbei durch ihre Entwicklungs-, Anpassungs- und Domestikationsstufe definiert (82). Angesichts der mit der Domestikation einhergehenden erheblichen Veränderungen des Verhaltens und der Aktivitäten sowie des Körperbaues (s. Kap. 1) ist das Wildkaninchen hinsichtlich dieser Parameter weder ein Maßstab für die Anforderungen an eine artgerechte Haltung noch der Fütterung. Im Gegensatz zu den anderen Nutztierarten existieren leider keine detaillierten Verordnungen für die Haltung von Kaninchen.

Das Wohlbefinden beinhaltet in diesem Zusammenhang sowohl die Gesundheit des Tieres, als auch ein in jeder Beziehung normales Verhalten. Sofern sich hierdurch ein Zwiespalt ergibt, hat die Erhaltung und Förderung der Gesundheit aus der Sicht des Tierhalters Priorität. Sie ist einmal die Voraussetzung für die ökonomische Erzeugung qualitativ hochwertiger Nahrungsmittel, die frei von Arzneimittelrückständen sind. Zum anderen beugt die Einbeziehung hygienischer Maßnahmen in das Haltungsverfahren dem Auftreten von Krankheiten als Hauptursachen von Schmerzen und Leiden vor, die es auch im Sinne des Tierschutzgesetzes zu vermeiden gilt.

Hinsichtlich der verhaltensgerechten Unterbringung finden »die wissenschaftlich gesicherten Erkenntnisse der Verhaltensforschung im allgemeinen dann angemessen Berücksichtigung, wenn die angeborenen arteigenen und essentiellen Verhaltensmuster des Tieres nicht so eingeschränkt oder verändert werden, daß dadurch Schmerzen, Leiden oder Schäden an dem Tier selbst oder durch ein so gehaltenes Tier an einem anderen Tier entstehen (z. B. Kannibalismus). Die Einschränkung der Bewegungsmöglichkeit darf in keinem Fall Schmerzen nach sich ziehen.

Leider existieren außer diesen allgemeinen Vorschriften im Gegensatz zu anderen Nutztierarten (z. B. Geflügel, Schweine u. a.) zur Zeit für die Kaninchenhaltung noch keine detaillierten und gesetzlich verbindlichen Haltungsverordnungen.

In Anbetracht dieser fehlenden gesetzlichen Regelungen und der allgemeinen Diskussion über die in Deutschland gängige Praxis der Nutztierhaltung hat die »Deutsche Gruppe der World Rabbit Science Association« (WRSA) Empfehlungen zur tiergerechten und tierschutzkonformen Haltung von Hauskaninchen erarbeitet (78). An der Erarbeitung dieser Empfehlungen mit beteiligt waren Vertreter der landwirtschaftlichen Kaninchenproduktion (Ausschuß für Kaninchenzucht der DLG, Bundesverband Deutscher Kaninchenfleisch- und -wollerzeuger), und der Rassekaninchenhaltung (Zentralverband Deutscher Kaninchenzüchter – ZDK) sowie in der biologischen, veterinärmedizinischen und produktionstechnischen Forschung tätige Fachwissenschaftler.

Ziel dieser Haltungsempfehlungen ist es, Rahmenbedingungen aufzuzeigen und diese allen mit der Haltung und Züchtung beschäftigten Personen zur Verfügung zu stellen. Durch die laufende Anpassung an den jeweiligen Erkenntnisstand wird eine tiergerechte und tierschutzkonforme Haltung von Kaninchen ermöglicht.

Hieraus ergibt sich die Verpflichtung für jeden Kaninchenhalter, sich über alle die Haltung der Tiere betreffenden Fortschritte und Erkenntnisse in Wissenschaft und Praxis zu informieren. Im übrigen ist eine tierartgemäße und tierschutzkonforme Haltung von Kaninchen auch eine Voraussetzung für eine verlustarme und ökonomische Kaninchenzucht und -produktion.

Kriterien der tiergerechten und tierschutzkonformen Haltung nach den Empfehlungen der WRSA*):

Gradmesser für eine artgemäße und tiergerechte Haltung, Versorgung und Betreuung von in der Obhut des Menschen gehaltenen Kaninchen sind die körperliche Unversehrtheit, der körperliche Entwicklungs- und Ernährungszustand entsprechend dem Alter und Geschlecht sowie der Gesundheitszustand.

Das gesunde, unversehrte Kaninchen gibt Zeugnis dafür, daß es

– artgemäß und seinem Bedarf entsprechend ernährt und versorgt wird;

– seinen essentiellen Raumansprüchen entsprechend gehalten wird, und die körperliche Unversehrtheit durch Form und Beschaffenheit der Unterbringung weder direkt noch indirekt schädigend beeinträchtigt wird;

– von keinen Schmerzen, Leiden oder Schäden betroffen ist, welche die Funktion der Körperorgane und Gliedmaßen der Tiere auf klinisch erkennbare Weise beeinträchtigen;

– die aus der Umgebung auf den Tierkörper einwirkenden Belastungen und

*) World Rabbit Science Association

Schadstoffe durch körpereigene Abwehrmechanismen und -systeme auszugleichen, abzuwehren und zu überwinden in der Lage ist.

Tierschutzkonform ist die Haltung von Hauskaninchen, wenn

– die körperliche Entwicklung und der Gesundheitszustand der Tiere dem Alter, ihrem Geschlecht und den Rassenmerkmalen entsprechen;

– auftretende Schäden oder Leiden bei den Tieren nachweislich nicht auf fahrlässiges Handeln in der Versorgung, Betreuung oder Überwachung des Bestandes zurückzuführen sind.

Tierschutzwidrig ist die Haltung von Hauskaninchen, wenn

– Schäden, Schmerzen oder Leiden bei den Tieren auftreten, die, bei fachgerechter Sorgfalt in der Unterbringung, Versorgung und Betreuung der Tiere einschließlich gezielter Maßnahmen zur Gesundheitsvorsorge im Rahmen zugelassener Impfungen und Medikationen vermeidbar sind.

Zur Unterbringung von Kaninchen sind alle Haltungssysteme geeignet, in denen

– sich die dort eingesetzten Tiere ohne Gefahr für ihre körperliche Unversehrtheit und für ihre Gesundheit längerfristig aufhalten können;

– die bedarfsgemäße Versorgung mit einwandfreiem Futter und Wasser gewährleistet ist;

– die Entsorgung und Reinigung der Anlagen von Exkrementen, Futterresten und anderen potentiellen Schadstoffen (Staub, Schadgase) problemlos und wirksam ermöglicht ist;

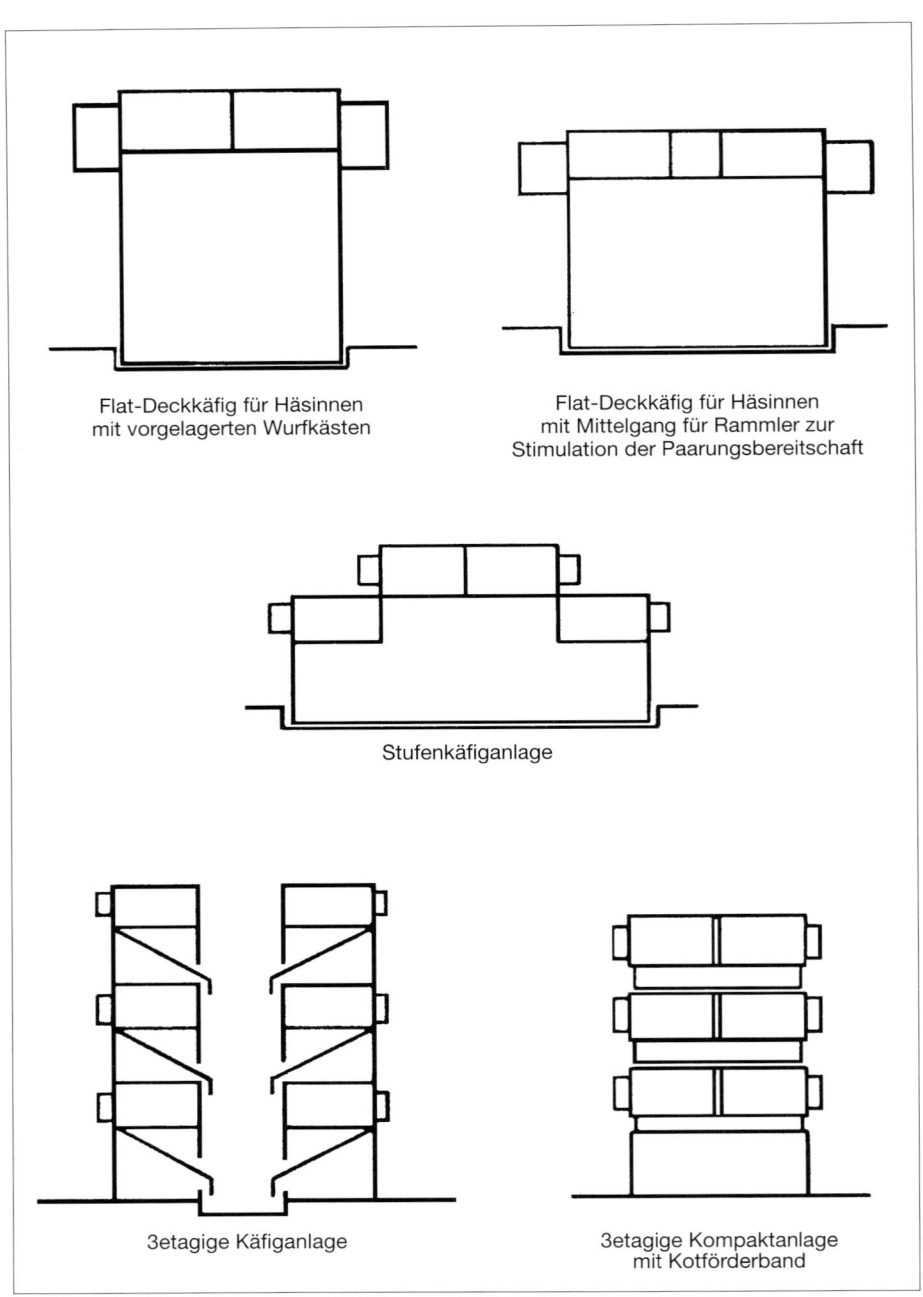

Abbildung 117: Käfigsysteme.
Flat-Deck- und Stufenkäfiganlagen werden wegen der besseren Übersichtlichkeit vor allem für Zuchthäsinnen und -rammler eingesetzt. Mehretagige Anordnungen der Käfige dienen vorzugsweise der Haltung von Mastkaninchen.

Tabelle 43: Richtwerte für die Käfig- und Bodenhaltung von Kaninchen (Stand: 1992). Empfehlung der World Rabbit Science Association (WRSA)

	Mindestfläche je Tier qm	Mindesthöhe cm
*Zuchtkaninchen** (Normalhaar und Angora)		
bis 4,0 kg Lebendgewicht	0,20	35
bis 5,5 kg Lebendgewicht	0,30	40
über 5,5 kg Lebendgewicht	0,40	40
Mastkaninchen		
a. Käfighaltung		
Aufzuchtphase		
(Absetzen bis 6. Lebenswoche)	0,04	35
Endmastphase		
(bis 3,3 kg Lebendgewicht)	0,08	35
b. Bodenhaltung (z. B. Tiefstreu)	0,12	
Angorakaninchen		
Wollerzeugung	0,25	40
Nestkasten	0,10	30
Stäbe für Bodenrost		
(Mindestdurchmesser)	2,5 bis 3,0 mm	

Die Abmessungen (Breite und Tiefe) der einzelnen Käfigkeinheit müssen so bemessen sein, daß die Diagonale des Käfigs mindestens der Länge des ausgestreckt liegenden Tieres entspricht. Dies sind z. B. für ein 5,0 kg schweres Zuchttier der Rasse Neuseeländer, weiß, ca. 65 cm.

* Die angegebenen Flächenmaße sind gültig bei vor- oder nebengelagertem Wurfkasten. Wird der Wurfkasten in den Käfig hineingestellt, so vergrößert sich der Flächenbedarf um die Grundflächengröße des Wurfkastens.

– die Tiere ausreichend Schutz vor Witterungsunbilden und vor natürlichen Feinden finden können;

– die Tiere problemlos eingesetzt und ohne die Gefahr einer Körperschädigung herausgenommen werden können.

Alle Haltungssysteme, in denen Kaninchen gehalten werden, müssen die regelmäßige Überwachung und Betreuung der Tiere mühelos ermöglichen.

Um den Kaninchenhaltern, aber auch der Veterinärverwaltung, Anhaltspunke für die Bewertung von Stalleinrichtungen für Kaninchen zu geben, wurden die in Tabelle 43 wiedergegebenen Mindestwerte für die Käfig- und Bodenhaltung von der WRSA festlegt. Diese entsprechen dem derzeitigen Erkenntnisstand und sind daher Veränderungen unterworfen.

In Anbetracht der relativ schmalen Erkenntnisbasis hinsichtlich optimaler Käfigabmessungen bzw. Besatzdichten

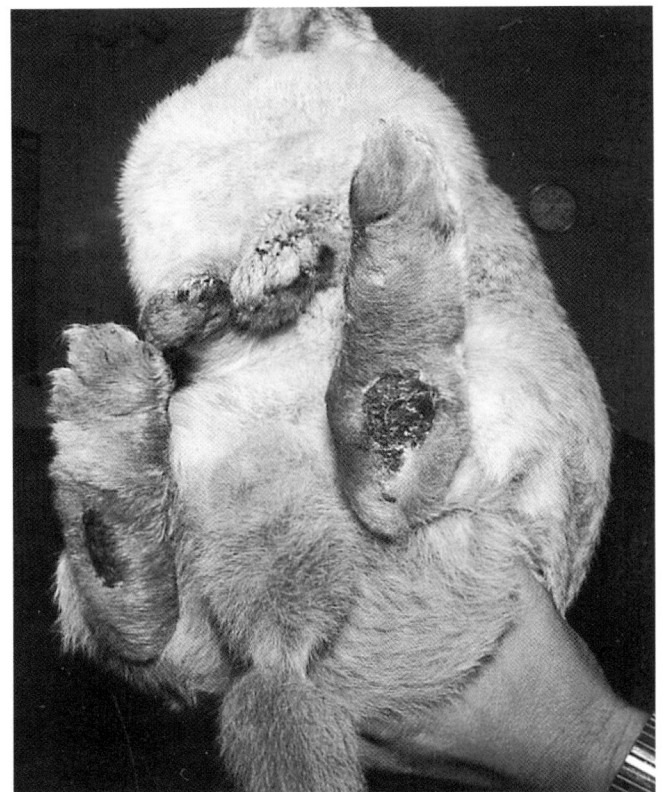

Abbildung 118: Verletzungen an den Sohlen der Hinterläufe, sogenannte »Wunde Läufe«, sind einmal die Folge ungeeigneter Böden bei einstreuloser Aufstallung. Sie treten jedoch auch bei Einstreuhaltung auf. Sie sind hier die Folge feuchter Einstreu, insbesondere bei schwacher Behaarung der Sohlen (z. B. Rexkaninchen) oder hohem Gewicht, da die Sohlenfläche nicht proportional zum Gewicht zunimmt.

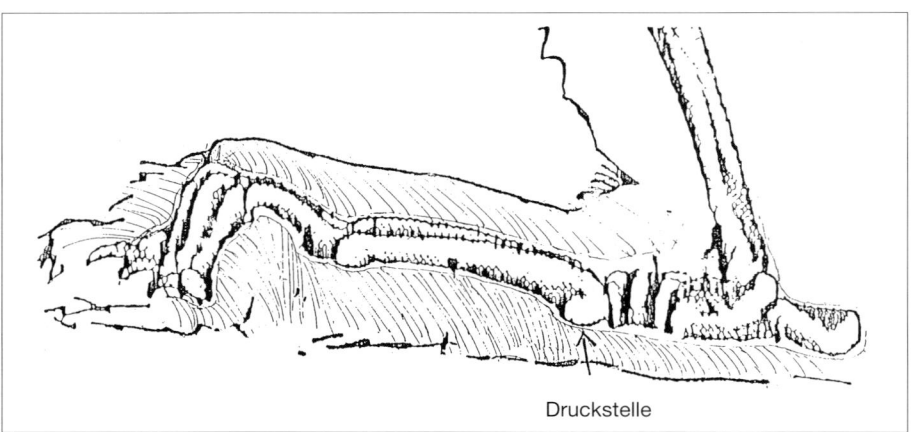

Druckstelle

Abbildung 119: Im Gegensatz zur Katze sind die Fußknochen beim Kaninchen nicht durch eine bindegewebige Sohle gepolstert. Der Druck auf die Sohlenhaut wird lediglich durch die Sohlenbehaarung gemildert. Daher treten Druckstellen und daraus resultierende Verletzungen dort auf, wo die Behaarung am dünnsten ist und die Haut direkt auf dem Knochen aufliegt.

sind sich die Autoren des Problems durchaus bewußt, das mit der Fixierung von Mindestwerten verbunden ist. Die vorliegenden Angaben entsprechen demzufolge lediglich dem derzeitigen Kenntnisstand und stecken nur den unteren Rahmen ab, der nicht unterschritten werden sollte.

Die seit der ersten Auflage der vorstehenden Richtwerte durchgeführten Untersuchungen haben ergeben, daß die Haltung in zu niedrigen Käfigen und auf ungeeigneten Böden bei einstreuloser Haltung Bewegungsmangel provoziert und dadurch sowohl Skelettschäden (140) als auch Verhaltensstörungen zur Folge haben kann. Dies gilt insbesondere für die längerfristige Haltung von ausgewachsenen Zuchttieren. Skelettdeformationen werden bei Häsinnen offensichtlich auch durch unzureichende Mineralstoffversorgung bei kurzen Wurfintervallen verursacht.

In diesem Zusammenhang verdienen insbesondere die Käfighöhe sowie die Gestaltung des Käfigbodens und hier vor allem der Durchmesser der Gitterstäbe für den Bodenrost besondere Beachtung. Letzteres beeinflußt sowohl die Bewegungsaktivität als auch das Auftreten von Technopathien (s. Kap. 15.3).

Den Bodenrost betreffend, verursachen Kunststoff- bzw. kunststoffummantelte Konstruktionen weniger Technopathien (z. B. wunde Läufe) als Drahtkonstruktionen. Dies gilt vorrangig für Tiere, die längerfristig auf derartigen Rostböden gehalten werden.

10.3 Haltungsverfahren

Das für die Kaninchenhaltung zu wählende bzw. einzurichtende Haltungsverfah-

ren wird vorrangig durch die Nutzungsrichtung bzw. Nutzintensität bestimmt. Weitere Bestimmungsfaktoren sind die Klimazone und die zu haltenden Rassen.

Grundsätzlich ist zwischen Freilandhaltung und hierbei zwischen stationärer oder mobiler Gehegehaltung sowie der Stallhaltung in Außen- und Innenställen zu unterscheiden.

10.3.1 Freilandhaltung

Die extensivste Form der Kaninchenhaltung ist die Freiland- bzw. Gehegehaltung. Sie ist die älteste und sicherlich auch die artgemäßeste Haltungsform für Kaninchen.

Diese Art der Kaninchenhaltung wurde bereits mit der Domestikation des Kaninchens von den Römern praktiziert. Die in weitläufigen und mit Mauerwerk abgegrenzten Gehegen – Leporarien genannt – gehaltenen Kaninchen dienten der Erzeugung des wohlschmeckenden und geschätzten Kaninchenfleisches. Im Mittelalter fand die Gehegehaltung in England und Frankreich weite Verbreitung (s. Kap. 1).

Für die Hobbyhaltung kann die Gehegehaltung unter Berücksichtigung der weiter unten beschriebenen besonderen Aspekte eine durchaus interessante Haltungsform sein. Sowohl für die wirtschaftlich orientierte Fleischkaninchenhaltung als auch für die Angorakaninchenhaltung ist die Gehegehaltung jedoch nicht geeignet. Aufgrund ungenügender Produktionsintensität insbesondere in den Reproduktionsleistungen ist unter diesen Haltungsbedingungen keine wirtschaftliche Kaninchenfleischproduktion möglich. Da unter wirtschaftlichen Gesichtspunkten auch eine hohe Besatzdichte pro qm Fläche praktiziert werden müßte, ergeben sich außerdem unvertretbar hohe gesundheitliche Risiken. Hierbei ist insbesondere an Coccidioseerkrankungen zu denken.

Wie schon erwähnt, bietet jedoch die Gehegehaltung im Freiland für Hobbykaninchenhalter durchaus attraktive Aspekte. So ist es sicherlich von besonderem Reiz, in derartigen Gehegen gehaltene Tiere in ihren mehr oder weniger freien Bewegungsabläufen zu beobachten. Entsprechend ihrer artspezifischen Eigenheiten ist bei der Einrichtung und Besetzung von Gehegen mit Kaninchen auf einige Besonderheiten zu achten:

– Geschlechsreife männliche Tiere sind für die Gruppenhaltung in Gehegen weniger geeignet, da es unter diesen Tieren zu Beißereien und daraus resultierenden Verletzungen insbesondere im Genitalbereich kommen kann.

– Geschlechtsreife weibliche Tiere neigen, im Vergleich zu ihren wild lebenden Artgenossen, weniger stark ausgeprägt dazu, unterirdische Baue anzulegen. Dies setzt besondere Maßnahmen für den Bau der Einzäunung (s. stationäre Gehegehaltung) voraus. Das unkontrollierte Graben von Bauen kann eingeschränkt werden, indem entsprechende künstlich angelegte Niströhren angeboten werden.

– Zur Vermeidung der in dieser Haltungsform besonders großen Gefahr der Erkrankung an Innenparasiten (z. B. Coccidiose) – besonders gefährdet sind hierbei heranwachsende Jungtiere – ist in periodischen Abständen bzw. nach entsprechenden Befunden (z. B. Kotuntersuchungen) eine medikamentöse

Behandlung über das Futter oder Trinkwasser zwingend erforderlich.

Grundsätzlich ist die Freilandhaltung von Kaninchen in stationären und mobilen Gehegen möglich.

Für die **stationäre Gehegehaltung** wird eine entsprechende Fläche mit einem mindestens 1,50 m hohen Zaun aus dichtmaschigem Drahtgeflecht oder Elektroknotengeflecht umzäunt. Um ein Untergraben der Einzäunung zu verhindern, muß das Drahtgeflecht mindestens 50 bis 60 cm tief eingegraben werden.

Wie schon erwähnt, ist ein zu starkes und unkontrolliertes Graben der geschlechtsreifen weiblichen Tiere durch das Eingraben künstlicher Niströhren (s. Abb. 123) bzw. Nistboxen zu mindern. Künstlich angelegte Niströhren bzw. -boxen sollten so konstruiert sein, daß eine einfache Kontrolle von außen möglich ist. Dies ist insbesondere dann zwingend notwendig, wenn in diesen Gehegehaltungen auch Jungtiere erzeugt werden sollen.

Die Beweidung wechselnder Flächen wird durch den Einsatz eines Elektroknotengeflechtes arbeitssparend ermöglicht (Abb. 129).

Zum Schutz gegen Witterungsunbilden sind den Tieren in Freilandhaltungen geeignete Unterschlupfmöglichkeiten anzubieten. Neben einfachen, nach 3 Seiten hin geschlossenen Schutzhütten aus Holz sind auch hohle Baumstämme bzw. aus Strohballen (mit entsprechend kürzerer Nutzungsdauer) geschaffene Unterschlüpfe geeignet (Abb. 131). Der mit derartigen Unterschlupfmöglichkeiten gewährleistete Schutz gegen Witterungsunbilden ermöglicht auch in unseren Breiten eine ganzjährige Haltung von Kaninchen in Freilandgehegen. Außerdem bilden diese Unterschlupfe vor allem für jüngere Tiere einen hinreichenden Schutz gegen Greifvögel.

In Abhängigkeit von der Gehegegröße bzw. Besatzdichte mit Tieren und den Bodenverhältnissen ist mit zunehmender Haltungsdauer infolge Keimanreicherung im Boden vermehrt mit Infektionserkrankungen der Kaninchen zu rechnen. Wenn dieser Zeitpunkt erreicht ist, sollten die Tiere aus dem Gehege herausgenommen werden. Über eine Stillegung des Geheges für mindestens 4 bis 6 Monate, bzw. geeignete Desinfektionsmaßnahmen (z. B. Branntkalk) ist das Gehege dann für eine Neubesetzung zu regenerieren.

Eine Weidehaltung mit Kaninchen ist – analog der Portionsweideführung von Rindern oder Schafen – **mit mobilen Gehegen** möglich. Geeignet sind insbesondere Jungkaninchen, die unter Verwendung von Grünfutter (Gras, Klee u. a.) aufgezogen bzw. gemästet werden sollen.

Fahrbare Gehege für Kleinstbestände und Heimtiere können leicht selbst gebaut werden. Ein aus Holz oder Metall gefertigter Rahmen in quadratischer oder rechteckiger Form (z. B. 1,5 x 2 – 3 m) wird mit einem engmaschigen Drahtgeflecht allseitig bespannt, so daß das Gehege allseitig geschlossen ist. Die obere Abdeckung muß aufklappbar sein. Gleichzeitig sollte mindestens ein Teilbereich der oberen Abdeckung aus einer geschlossenen Platte aus Holz oder Kunststoff gefertigt werden, um hiermit den Tieren Schutz vor direkter Sonneneinstrahlung und Regen zu bieten (Abb. 114). Als weiterer Schutz gegen Witterungsunbilden – und soweit eine Gefahr durch Raubtiere besteht – ist der Einbau eines verschließbaren Schlupfkastens er-

forderlich. Der Boden des Geheges ist mit einem grobmaschigen Drahtgeflecht zu versehen, damit die Kaninchen nicht entkommen und Beutegreifer nicht hineingelangen können. Dadurch wird die Aufnahme des Weidefutters jedoch behindert.

Die Größe des Geheges ist abhängig von der Anzahl der zu weidenden Tiere und vom Bewuchs der zu beweidenden Fläche. Wenn die Tiere die zur Verfügung stehende Fläche abgefressen haben, muß das mobile Gehege weitergerückt werden. Das ist in Abhängigkeit von der Besatzstärke und der Höhe der Konzentratfuttergabe bis zu mehrmals täglich erforderlich. Um dies problemlos handhaben zu können, sollte das Gehege in seiner Grundfläche die Größe von 2,0 mal 3,0 m nicht überschreiten. Damit die Tiere problemlos eingesetzt bzw. herausgenommen werden können, ist eine Höhe des Geheges von ca. 0,80 m angemessen.

Im Vergleich zur stationären Gehegehaltung ist das hygienische Risiko in der mobilen Gehegehaltung wesentlich geringer. Andererseits ist diese Art der Gehegehaltung weniger für reproduzierende Zuchttiere geeignet.

Als extensive Form der Mastkaninchenerzeugung und der damit verbundenen Verwertung von verfügbarem jungem Grünfutter ist die mobile Gehegehaltung jedoch aber durchaus geeignet. Dies gilt aus arbeitswirtschaftlicher Sicht aber nur für kleinere Bestände.

In Abhängigkeit der Zusammensetzung der zu beweidenden Fläche mit verschiedenen Pflanzenarten ist mit unterschiedlichen Zuwachsleistungen von auf diese Art gehaltenen Jungmastkaninchen zu rechnen.

Bei weniger gern gefressenem Grünfutter, wie z. B. Gras im Vergleich zu Klee, kann das Wachstum der Jungkaninchen über die rationierte Zugabe eines Konzentratfutters optimiert werden.

Der Platz an dem das Konzentratfutter angeboten wird, sollte aus hygienischen Gründen wöchentlich gewechselt werden, um damit einer Anreicherung mit Kot vorzubeugen. Wenn die Futtertröge (Automaten) in einem mobilen Pferch aufgestellt werden, können erforderlichenfalls hier auch die Tiere leicht herausgefangen werden. Hierzu erfolgt der Zugang über Pendelklappen, die sich im Bedarfsfall nur nach innen öffnen.

10.3.2 Stallhaltung

Entsprechend seiner relativ großen Anpassungsfähigkeit an unterschiedliche Umweltbedingungen ergeben sich für die Haltung von Hauskaninchen sehr vielfältige Stallvarianten bzw. Nutzungsmöglichkeiten vorhandener Gebäude. Einschränkungen bestehen jedoch in Abhängigkeit von der Nutzungsintensität und der gehaltenen Rasse.

Die wirtschaftlich orientierte Kaninchenhaltung mit einer sehr hohen Reproduktionsintensität (bis zu 10 Würfe pro Häsin und Jahr) setzt natürlich ein anderes Stallbau- bzw. Nutzungskonzept voraus als die Hobbyhaltung mit zwei oder drei Würfen im Jahr. Das gleiche gilt, die Rassenfrage betreffend, für die Haltung von Normalhaarrassen und Angorakaninchen.

Unabhängig von der vorgenannten Nutzungsart und Rassenfrage muß der Stall folgende Grundsatzfunktionen erfüllen:

– Schutz vor Witterungseinflüssen wie Extremtemperaturen, Sonneneinstrah-

lung, Regen usw., sofern diese Faktoren die Leistungen und das Wohlbefinden der Tiere beeinträchtigen.

– Schutz vor natürlichen Feinden (Beutegreifern) und Ungeziefer.

– Die stallklimatischen Rahmenbedingungen (siehe Tab. 42) müssen gewährleistet sein. Dies gilt insbesondere für die Schadgaskonzentration (z. B. Ammoniak) und die Luftfeuchtigkeit.

– Alle im Rahmen einer artgemäßen Haltung und Versorgung der Tiere anfallenden Arbeiten müssen problemlos und rationell zu erledigen sein.

Die vorgenannten Funktionen des Stalles gelten sowohl für die Außen- als auch für die Innenstallhaltung von Kaninchen.

10.3.2.1 Außenstallhaltung

Die Außenstallhaltung ist für die erwerbsorientierte Kaninchenhaltung in Deutschland nicht geeignet. Die hierbei fehlende Möglichkeit einer gezielten Klimaregelung und die Nichtdurchführbarkeit eines Lichtprogrammes beschränken beim natürlichen Deckakt die Jungtierproduktion im wesentlichen auf das erste Halbjahr. Die Wirtschaftlichkeit der erwerbsorientierten Kaninchenproduktion ist aber nur dann gewährleistet, wenn ganzjährig und kontinuierlich Jungtiere erzeugt werden.

Für die Hobbyhaltung ist eine Außenstallanlage aber durchaus eine geeignete und bei entsprechender Gestaltung auch optisch attraktive Form der Kaninchenhaltung. Sie läßt sich zudem harmonisch ins Gelände einfügen, und über entsprechende Bepflanzungen des Umfeldes mit geeigneten Gehölzen ist es möglich, optimale klimatische Bedingungen für die darin gehaltenen Tiere zu schaffen.

Die Standortwahl für die Aufstellung der Kaninchenställe hängt häufig vom Zuschnitt des verfügbaren Grundstückes ab, so daß man entsprechende Kompromisse machen' muß. Dennoch sollte die Wahl des Standortes so erfolgen, daß entsprechend der Geländegegebenheiten die Außenstallanlage für eine optimale Kleinklimagestaltung möglichst geschützt liegt und Nachbarn nicht belästigt werden.

Die Ausrichtung der Anlage ist so vorzunehmen, daß die Vorderfront in Ost- bzw. Südostrichtung liegt, und somit die geschlossene Rückfront zur Hauptwetterseite hin ausgerichtet ist. Auch wird mit dieser Ausrichtung vermieden, daß die Tiere insbesondere im Sommer der direkten Einstrahlung der Mittagssonne ausgesetzt werden.

Als Material für den Bau von Außenstallanlagen findet vorwiegend Holz (Bretter mit Nut und Feder, kunstharzverleimtes Sperrholz bzw. Hartfaserplatten u. a.) Verwendung. Aber auch konventionelles Mauerwerk bzw. Leichtbetonteile sind als Baumaterialien geeignet.

Beim Bau von Ställen in Holzbauweise sind geeignete Maßnahmen gegen das Zernagen der einzelnen Bauteile durch die Kaninchen zu ergreifen. Vorstehende Holzteile bzw. Kanten, die dem Kanin-chen eine Angriffsfläche für das Annagen bieten, sind gegebenenfalls mit Blech zu ummanteln.

Ställe aus Leichtbetonteilen, wie sie teilweise von einschlägigen Firmen als Bausätze angeboten werden, erfordern während der kalten Jahreszeit zusätzliche Wärmeschutzmaßnahmen in Form von z. B. stärkerer Einstreu.

Bestimmend für Gestaltung und den Bau einer Außenstallanlage sind vorrangig die Zahl der zu haltenden Tiere, die Rasse und die zur Verfügung stehenden finanziellen Mittel. Handwerklich geschickte Kaninchenzüchter können sich ihre Anlage durchaus in Eigenbau selbst erstellen. Aber auch der Kauf kompletter Anlagen bzw. der individuelle und maßgenaue Bau durch entsprechende Spezialfirmen ist möglich.

Entsprechend des verfügbaren Geländes und der Anzahl zu haltender Tiere bzw. Rassen ist eine ein- bzw. mehretagige Anordnung der Buchten innerhalb einer Außenstallanlage möglich. Im Interesse einer übersichtlichen und bequemen Tierversorgung und Betreuung sollten jedoch nicht mehr als 3 Etagen-Buchten übereinander gebaut werden.

Da in der Regel die Tiere in diesem Haltungssystem auf Einstreu gehalten werden, liegt die Größe der Buchten deutlich über der von Rostbodenhaltung. Auch spielen im Bereich der Hobbykaninchen-

Buchtengrößen bei Außenstallhaltung

Rasse	Breite cm	Tiefe cm	Höhe cm
groß	100 bis 120	70 bis 80	70 bis 80
mittelgroß	70 bis 80	60 bis 80	60
klein	50 bis 60	40 bis 60	50

haltung, im Gegensatz zur gewerbsorientierten Kaninchenhaltung, die Stallbaukosten eine untergeordnete Rolle. Als Orientierungswerte sind vorstehend die Größenmaße der Buchten, differenziert nach Rassengröße, dargestellt.

Für die Gestaltung der Gesamtanlage besteht eine Vielzahl von Lösungsmöglichkeiten, wie viele bestehende Hobbyzuchten und Gemeinschaftszuchtanlagen zeigen. Der interessierte Hobbyzüchter kann sich hier für den Bau der eigenen Anlage entsprechende Anregungen holen.

Unter Berücksichtigung artgemäßer Unterbringung der Tiere sowie der rationellen Erledigung der mit der Pflege und Versorgung verbundenen Arbeit sind die nachfolgend aufgeführten Grundsätze beim Bau einer Außenstallanlage zu beachten.

– Der Dachüberstand über der Vorderfront muß so bemessen sein, daß die darunter befindlichen Buchten vor direkten Witterungseinflüssen (Regen, Sonne) geschützt sind. Dies liegt ebenfalls im Interesse des Züchters für seine Betreuungs- bzw. Versorgungsarbeiten. In der Regel empfiehlt sich auch eine Befestigung (Pflasterung, Betonierung, o.ä.) des vorderen und gegebenenfalls auch hinteren Bedienungsganges mit entsprechenden Abflußeinrichtungen für Urin und anfallendes Abwasser von Reinigungsarbeiten der Buchten, das nicht unkontrolliert im Erdreich versickern darf.

– Um ein unkontrolliertes Einnisten von Ungeziefer (Mäuse, Ratten, o. ä.) unter der Stallanlage zu vermeiden, muß entweder der Untergrund betoniert werden, oder die Bodenfreiheit der untersten Buchtenreihe muß mindestens 50

bis 60 cm betragen. Dieser höhere Bodenabstand kommt im übrigen der Forderung nach einer möglichst bequemen und rationellen Arbeitserledigung durch den betreuenden Menschen entgegen.

– In Abhängigkeit von der gewählten Haltungsform – Einstreu oder Rostbodenhaltung – muß der Buchtenboden gestaltet bzw. beschaffen sein.

Bei Einstreuhaltung muß der Boden der Buchten wasserundurchlässig und mit einem Gefälle von mindestens 2% nach hinten ausgestattet sein. Auch muß der Boden 10 bis 15 cm über die Rückwand hinausragen. Der durch einen genügend breiten Schlitz in der Rückwand ablaufende Urin muß über querverlaufende Auffangrinnen oder durch andere geeignete Maßnahmen aufgefangen bzw. abgeleitet werden. Die Entmistung in solchen Anlagen erfolgt praktischerweise über eine genügend breite Klappe in der Rückwand.

Bei Rostbodenhaltungen hat sich der Einbau von Kotschubläden, die zur Frontseite hin entleert werden können, bewährt. Obgleich in solchen Systemen mit einer feuchtigkeitsaufnehmenden Schicht, z. B. Sägemehl, auf dem Boden der Kotschublade gearbeitet wird, sollte die Schublade aber dennoch wasserdicht gebaut sein. Geeignet hierfür sind Kunststoffschubläden oder mit verzinktem Blech ausgekleidete Holzkonstruktionen.

– Die Buchtentüren sollten mit kleinmaschigem Drahtgeflecht (15 bis 20 mm Maschenweite) bespannt werden. In myxomatosegefährdeten Gebieten empfiehlt sich eine zusätzliche Bespannung mit Fliegendraht.

Im Interesse einer rationellen Versorgung der Tiere sollte sowohl der Futterautomat als auch die Rauhfutterraufe so in die Buchtentür integriert werden, daß eine Beschickung derselben von außen, ohne die Tür ständig öffnen zu müssen, möglich ist. In gleicher Weise kann auch die Wasserversorgung über von außen angehängte Tränkeflaschen erfolgen.

Wenn auch für den Züchter selbst, sofern er die Kaninchenzucht als Hobby betreibt, die vorgenannten Aspekte einer rationellen Arbeitserledigung weniger wichtig erscheinen mögen, so ist dies aber für den Vertretungsfall durchaus von Bedeutung.

– Verschließbare Schlupföffnungen in den Trennwänden der Buchten ermöglichen die problemlose Erweiterung des Platzangebotes oder die Verwendung der Nachbarbucht für den Wurf, zu dem der Häsin nur während des Säugens Zutritt gewährt werden kann. Sofern die Trennwände aus Holz gefertigt sind, müssen die Schlußöffnungen mit einem verbißfesten Material, z. B. Zinkblech, ummantelt werden, um ein Zernagen zu verhindern.

– Um das Wohlbefinden und die Gesundheit der Tiere auch bei extremen Witterungslagen zu gewährleisten, sind geeignete Maßnahmen vorzusehen. Hohe Außentemperaturen und direkte Sonneneinstrahlung in den Sommermonaten sind am wirkungsvollsten über die Anpflanzung schattenspendender Gehölze zu mindern. Sofern dies aus Standortgründen nicht möglich ist, muß über geeignete Isolierungsmaßnahmen

in Verbindung mit einer reflektierenden Außenhautverkleidung (z. B. Aluminiumblech) der Außenstallanlage für erträgliche Temperaturen in den Boxen gesorgt werden. Das gilt in gleicher Weise für die Wintermonate. Zusätzlich muß in dieser Zeit durch verstärkte Einstreu, auch in Haltungen mit Rostbodenausstattung, und dem Verhängen der maschendrahtbespannten Boxentür mit Jutesäcken oder ähnlichem Material ein ausgeglichenes Klima in den Boxen geschaffen werden.

Sofern die vorgenannten Punkte beim Bau und Betrieb einer Außenstallanlage beachtet werden, ist eine erfolgreiche und gesunde Kaninchenzucht in solchen Anlagen möglich.

10.3.2.2 Innenstallhaltung

Während die Außenstallhaltung vorwiegend für die Hobbyhaltung geeignet ist, wird die erwerbsorientierte Kaninchenhaltung in unseren Breiten ausschließlich in Innenställen betrieben. Die hierbei besser kontrollierbaren Umweltbedingungen (Temperatur, Licht, usw.) ermöglichen im Vergleich zur Außenstallhaltung eine ganzjährige Jungtierproduktion, niedrigeren Futterverbrauch, geringeres hygienisches Risiko und eine hohe Arbeitsproduktivität.

Die Entscheidung, ob für den Aufbau einer erwerbsorientierten Kaninchenhaltung ein Neubau erstellt wird, oder ein vorhandenes Gebäude genutzt werden kann, hängt in erster Linie von dem erforderlichen Aufwand für den Umbau des bestehenden Gebäudes ab. Handelt es sich um Ställe für andere Nutztiere – besonders geeignet sind ehemalige Geflügelställe – so wird in der Regel der Um-

Tabelle 44: Stallflächenbedarf insgesamt bei unterschiedlicher Anordnung der Käfige

Haltungsform			Stallflächenbedarf in % der Käfigfläche
Zuchttiere	Flatdeck mit vorgesetzem Wurfkasten		170 – 200
Masttiere	Flatdeck und Stufenkäfige		160 – 190
	Batterie, zweietagig	Kotbrett	160 – 180
		Kotband	135 – 150
	dreietagig,	Kotbrett	145 – 170
		Kotband	125 – 135
	vieretagig,	Kotband	120 – 130
	Bodenhaltung		0,12 bis 0,15 qm/Tier bis 25 kg Mastendgewicht + 20 bis 40 % Ganganteil

bauaufwand erheblich unter den Neubaukosten liegen. Entsprechend der für die einzelnen Produktionsstufen vorgegebenen Temperaturansprüche (s. Tab. 42) ist eine optimale Wärmedämmung der raumumschließenden Bauteile vorzusehen, um den Heizenergieaufwand gering zu halten. Unter diesem Aspekt erfordern ungenutzte Geflügelställe – insbesondere Mastställe – in der Regel einen geringeren Aufwand an Wärmedämmung als z. B. nicht genutzte Rinderställe.

Bei den geschlossenen Ställen und einem entsprechend hohen Tierbesatz ist zur Gewährleistung der in Tab. 42 angegebenen Mindestnormen für die Luftqualität eine leistungsfähige Be- und Entlüftungsanlage erforderlich. Für die Berechnung der Leistungen solcher Lüftungsanlagen kann hierbei auf bewährte Normen des Geflügelstallbaues zurückgegriffen werden.

Für milde bzw. warme Klimastandorte sind auch sogenannte Jalousieställe geeignet, die hinsichtlich ihrer Lüftungsmöglichkeit einen wesentlich geringeren

Investitions- und Betriebsaufwand für die Lüftungstechnik erforderlich machen. Hierbei werden über beide Längsseiten des Stalles durchgehend Öffnungen belassen, die je nach Bedarf stufenlos mit dieser Jalousie aus Kunststoffolie oder einem windbrechenden Netz verschlossen werden können.

Die Gestaltung des Stallbodens, der aus Gründen der Hygiene und des Umweltschutzes eine betonierte und glatte Oberfläche aufweisen muß, ist in erster Linie abhängig von der Aufstallungsart. Unabhängig davon ist es zur Minderung von Ammoniakbildung in der Stalluft nötig, den anfallenden Urin möglichst umgehend vom Kot zu trennen und über eine verdeckte Jaucherinne aus dem Stall abzuleiten.

In Abhängigkeit von der Bestandsgröße und der Aufstallungsart ist die Kotentfernung aus dem Stall über mechanische Entmistungsanlagen wie Klappschieber und Kotbänder oder über Schwemmentmistungsverfahren möglich. Im Interesse geringer Luftfeuchtigkeitswerte in geschlossenen Stallungen, aber auch aus allgemeinen ökologischen Gründen sollte der mechanischen Entmistung und damit dem Festmistverfahren der Vorzug gegeben werden. Sollte dennoch ein Schwemmentmistungsverfahren zur Anwendung kommen, so ist unbedingt darauf zu achten, daß zwischen den einzelnen Stallabteilungen keine Verbindung über Kotgruben bzw. Gülle- und Luftkanäle besteht. Dies ist im Interesse der Begrenzung möglicher Infektionskrankheiten auf das jeweils betroffene Stallabteil zwingend erforderlich. Insbesondere bei Unterdrucklüftungssystemen ist bei mangelhaften Grubenverschlüssen eine Verbreitung entsprechender Krankheitskeime aus anderen Stallabteilen sehr leicht möglich.

Die Größe des Stalles ist neben der Zahl der unterzubringenden Tiere vor allem abhängig von der Aufstallungsart. Die maximale Tierzahl einer geschlossenen Stalleinheit wird vorrangig bestimmt durch die Höhe des hygienischen Risikos und aus arbeitswirtschaftlicher Sicht durch die Betreuungskapazität einer AK-Einheit. Unter diesem Aspekt sind je nach Mechanisierungsgrad, Produktionsintensität, Vermarktungsform u. a. ca. 300 Häsinnen und deren Nachkommen als Masttiere je Arbeitskraft (AK) die maximale Einheitsgröße. Für die Stallabmessungen sind neben dem effektiven Tierplatzbedarf (s. Tab. 43) noch 70 bis 100 cm breite Arbeitsgänge zu veranschlagen.

In Tabelle 44 ist für einige ausgewählte Aufstallungssysteme der Stallflächenbedarf in Prozent zur benötigten Käfigfläche aufgeführt.

In Abhängigkeit von der Käfiganordnung ergeben sich unter Einbeziehung der benötigten Bedienungsgänge Unterschiede im Stallflächenbedarf pro Tier. Einetagige Anlagen (Flatdeck) haben auf Grund ihres relativ hohen Anteils an Bedienungsflächen auch den höchsten Gesamtstallflächenbedarf. Um optimale Arbeitsbedingungen für das Betreuungspersonal zu schaffen, sollte dennoch zumindest für die Zuchttierhaltung der Flatdeck-Anlage der Vorzug gegeben werden. Die nutzbare Breite der Arbeitsgänge sollte 80 bis 100 cm nicht unterschreiten.

Beim Aufbau größerer Tierbestände (über 100 Häsinnen) sollten die Produktionsstufen Reproduktion und Mast bzw. Wollproduktion aus hygienischen, stallklimatischen und arbeitstechnischen Gründen in getrennten Stallabteilen bzw. Gebäuden untergebracht werden. Die Größe der verschiedenen Produktionsstufen sollte so kalkuliert werden, daß die Rein-raus(all in – all out)-Methode bei der Bestandesergänzung praktiziert werden kann. Dies gilt insbesondere für die Masttiere. Aber auch die Zucht- bzw. Elterntierställe sollten, um der sogenannten »Stallmüdigkeit« vorzubeugen, längstens nach 3jähriger Nutzung einmal total geräumt und von Grund auf gereinigt und desinfiziert werden, bevor sie wieder mit jungen Zuchttieren besetzt werden (all in – all out).

Bei der Planung und Einrichtung einer erwerbsorientierten Kaninchenhaltung sind außerdem ausreichend große und dem Verwendungszweck entsprechend eingerichtete Lager (für Futter, Stalleinrichtungsgegenstände, Transportbehältnisse u. a.) bzw. Arbeitsräume für die Schur einzurichten. Sofern die erzeugten Schlachtkaninchen selbst geschlachtet und vermarktet werden sollen, ist die Einrichtung geeigneter Schlachträume entsprechend den veterinäramtlichen Vorschriften vorzusehen (s. Kap. 12.1).

Abbildung 120: Das Auftreten von Druckstellen an den Sohlen wird durch zu dünne Stäbe des Bodenrostes und zu weiten Abstand derselben begünstigt.

Abbildung 121: Bo-
denroste aus ver-
bißfestem Plastik
beugen dem Auftre-
ten von Technopa-
thien (Wunde Läufe)
wirksam vor.

Abbildung 122: Sofern Plastik-, aber auch Drahtroste über breite Auflageflächen und engen Abstand der Drahtstäbe verfügen, werden sie gegenüber der Stroheinstreu bei Wahlmöglichkeit bevorzugt als Liegeflächen benutzt. Dies um so mehr, je wärmer es ist oder je höher die Tageszunahmen (Abfallwärme) sind, da sie bessere Abkühlung bieten.

Abbildung 123: Die Schaffung von Unterschlupfmöglichkeiten trägt nicht nur dem artgemäßen Schutzbedürfnis Rechnung, sondern ermöglicht, wie hier in Burkina Faso (Zentralafrika), auch den Ausgleich hoher Temperaturen. Das Grünfutter wird, um ein Erhitzen zu vermeiden, auf einem Drahtrost angeboten (links).

10.4 Haltungssysteme

Bei der Stalleinrichtung ist prinzipiell zwischen der Käfighaltung mit Rostböden ohne Einstreu sowie mit Einstreu und der Bodenhaltung mit Einstreu zu unterscheiden. Die Wahl des Haltungsverfahrens richtet sich vorrangig nach der Nutzungsform. Im einzelnen bestehen zwischen diesen drei Haltungsformen folgende Vor- bzw. Nachteile:

10.4.1 Käfighaltung mit Rostböden

Die Käfighaltung mit Rostböden eignet sich in der erwerbsorientierten Kaninchenhaltung für alle Nutzungsformen

Haltungssystem	Vorteile	Nachteile
1. Käfighaltung mit Rostböden, ohne Einstreu	Optimale hygienische Haltungsbedingungen; geringer medikamentöser Prophylaxeaufwand; hohe Besatzdichte; höhere Arbeitsproduktivität; Erzeugung einwandfreier (saubere) Angorawollqualität.	Hoher Investitionsaufwand; Käfigböden mit zu geringer Drahtstärke und zu großmaschigem Geflecht, ohne flachgewalzte Oberfläche, führen zu Verletzungen (Beinbrüche) und wunden Läufen; höhere Stalltemperatur erforderlich.
2. Käfighaltung mit Einstreu	Mit Ausnahme des Investitionsaufwandes Vorteile wie Bodenhaltung mit Einstreu.	Größerer Platzbedarf gegenüber der Käfighaltung mit Rostböden ohne Einstreu; sonst Nachteile wie Bodenhaltung mit Einstreu.
3. Bodenhaltung mit Einstreu	Geringer Investitionsaufwand; keine Tierausfälle infolge wunder Läufe; in gemäßigten und kalten Klimazonen keine zusätzliche Stallheizung erforderlich; unter bestimmten Bedingungen (Tiefstreu, kein Sichtkontakt zum Nachbarkäfig) kann auf Wurfkasten verzichtet werden.	Infolge stärkeren Infektionsdruckes höherer Aufwand an medikamentöser Prophylaxe; geringere Besatzdichte; geringere Arbeitsproduktivität; höhere Gefährdung durch Ungeziefer.

Abbildung 124: Das von Prof. Finzi, Viterbo (Italien), entwickelte Haltungssystem für Häsinnen trägt mit dem einstreulosen Freßplatz den hygienischen Anforderungen ebenso Rechnung ...

Abbildung 125: ... wie dem Schutzbedürfnis vor Beutegreifern und hohen Temperaturen mit dem dahinter liegenden, wärmeisolierend überdeckten Bereich der Wurfhöhle. Diese Haltungsform ist insbesondere für Regionen mit hohen Temperaturen geeignet. Sie erfordert allerdings auch entsprechende Vorbeugungsmaßnahmen gegenüber Außenparasiten und Beutegreifern.

Abbildung 126: Die gruppenweise Aufzucht künftiger Zuchttiere fördert die Entwicklung von Skelett und Muskulatur. Der Rundfutterautomat ermöglicht im Vergleich zum Längstrog die Halbierung der Freßbreite pro Tier und kann zur zeitlichen Begrenzung der Futteraufnahme hochgezogen werden.

(Zuchttiere, Jungtiermast, Angorawoller-zeugung) gleichermaßen. Es ist sowohl die Einzeltierhaltung (Zucht- bzw. Eltern-tiere) als auch die Gruppenhaltung (Jung-tieraufzucht und Mast) möglich.

Die derzeit in der Praxis üblichen Käfigsy-steme werden jedoch unter dem Aspekt eines tiergerechten Systems zunehmend kritisch bewertet. Andererseits fehlt es zu diesem Fragenkomplex eines art-gemäßen Haltungssystems noch an fun-dierten Untersuchungen.

Die in Tab. 42 aufgeführten Mindestricht-werte der WRSA zu den Käfigabmessun-gen und der Beschaffenheit des Rostbo-dens stellen den derzeitigen Wissens-stand dar, wonach keine körperlichen und gesundheitlichen Schäden entste-hen, wenn die Tiere nach diesen Mindest-normen gehalten werden.

Die Konstruktion von Kaninchenkäfigen wird vorrangig bestimmt von der Art des Stalles, dem Produktionsverfahren und dem Mechanisierungsgrad.

Grundsätzlich ist zu unterscheiden zwi-schen Einzel- und Gruppenhaltung. Re-produzierende Häsinnen, geschlechtsrei-fe Rammler und Angorakaninchen zur Wollerzeugung sollten möglichst immer in Einzelkäfigen gehalten werden. Bei der Gruppenhaltung von Häsinnen ist mit höheren Jungtierverlusten während der Säugezeit zu rechnen. Die Gruppenhal-tung geschlechtsreifer männlicher Tiere führt infolge von Beißereien zu erhebli-chen Verletzungen bzw. Ausfällen von Tieren (Verstoß geen Tierschutzgesetz). Angorakaninchen zur Wollerzeugung eig-nen sich wegen der Verschmutzungsge-fahr der Wolle ebenfalls nicht für die Gruppenhaltung. Jungtiere zur Aufzucht und Mast können bis zur Geschlechtsrei-fe in Gruppen gehalten werden. Die Grup-pengröße sollte jedoch max. 20–30 Tiere nicht übersteigen.

Beim Bau von Rammlerkäfigen ist darauf zu achten, daß zu den Nachbarkäfigen kein Sicht- bzw. Berührungskontakt be-steht, um das gegenseitige Beschmutzen durch Urin zu unterbinden. Runde Käfige (s. Abb. 92) erleichtern und beschleuni-gen bei natürlicher Verpaarung den Deck-vorgang.

Die Fütterungs- und Tränkeinrichtungen müssen im Käfig so plaziert werden, daß vom Arbeitsgang aus eine leichte Bedie-nung und Kontrolle möglich ist. Die Höhe der Tränken, insbesondere in Häsin-nenkäfigen, muß so bemessen sein, daß auch die Jungtiere nach dem Verlassen des Wurfkastens Wasser aufnehmen können.

---

1. Lattenrost aus Kunststoff
   Lattenbreite   15 bis 30 mm
   Spaltenbreite   12 bis 15 mm
   Vorteile: Relativ geringe Gefahr von wunden Läufen. Aufgrund schlechter Wär-meleitfähigkeit erhöhtes Wohlbefinden der Tiere bei niedrigen Stalltemperaturen (< 10° C).
   Nachteile: Reinigungsaufwand gegenüber Drahtkonstruktionen ist höher. Die Lebensdauer ist begrenzt, sofern Material verbissen wird. Stärkere Verschmut-zung der Tiere, wenn Urin auf den Latten stehenbleibt.

2. Kunststoffrost mit quadratischer, rechteckiger oder runder Lochung
   Stegbreite: 4 bis 5 mm
   Lochung: 18 bis 20 mm
   Vorteile: Gegenüber Lattenrost geringere Verschmutzung durch Kot und Urin. Sonst Vorteile wie Lattenrost.
   Nachteile: Im Vergleich zu Drahtkonstruktionen relativ teuer. Stärkere Verschmutzung.

---

3. Drahtgeflecht – quadratisch oder rechteckig – aus verzinktem Draht, möglichst Oberfläche nach dem Flechten flachgewalzt.
   Drahtstärke: 2,5 bis 3,0 mm
   Maschenweite: 17,0 bis 20,0 mm
   Vorteile: Gegenüber Lattenrost durch geringere Verunreinigung mit Kot und Urin hygienisch günstiger. Lange Lebensdauer.
   Nachteile: Gegenüber Drahtrost stärkere Verschmutzung durch ausfallende Haare und Wolle. Bei niedrigen Stalltemperaturen (< 10° C) durch starke Wärmeableitung, Beeinträchtigung von Gesundheit und Wohlbefinden der Tiere.

---

4. Rost aus verzinkten Drahtstäben
   Stabstärke: 3 bis 5 mm
   Stababstand (lichte Weite)   12 mm
   Vorteile: Geringer Reinigungsaufwand und leicht desinfizierbar. Übrige Vorteile wie Drahtgeflecht.
   Nachteile: Für schwere Tiere (über 5 kg) und Kurzhaarrassen ungeeignet (wunde Läufe). Sonst wie Drahtgeflecht.

Das für Gesundheit und Wohlbefinden der Tiere wichtigste Konstruktionselement an Käfigsystemen sind die Rostböden. Im folgenden sind die von der einschlägigen Industrie angebotenen Bodenkonstruktionen hinsichtlich ihrer Vor- und Nachteile aufgeführt:

Entsprechend ihrem Aufbau kann man die in der erwerbsorientierten Kaninchenhaltung eingesetzten Käfigsysteme in folgende Kategorien einteilen (s. Abb. 115):

1. Einetagige Käfiganlagen (Flatdeck-Käfige)

2. Stufenkäfiganlagen

3. Kompaktkäfiganlagen.

Unabhängig vom Käfigsystem ist bei der Aufstellung der Anlage dafür zu sorgen, daß der anfallende Urin möglichst umgehend vom Kot getrennt und aus dem Käfigbereich bzw. aus dem Stall abgeleitet wird. Dies mindert die schädliche Anreicherung von Ammoniak in der Stalluft.

Die Beseitigung des Kotes aus dem Stall erfolgt in kleineren Haltungen manuell. Für größere Einheiten stehen verschiedene mechanische Entmistungssysteme zur Verfügung.

Der Einbau eines Kotschiebers in eine unter den Käfigen eingebaute Kotgrube erfordert einen relativ hohen baulichen Aufwand. Ein weiterer Nachteil liegt in der

Abbildung 127: Käfigsystem »Devako«.
Eine optimale Luftqualität wird durch die Absaugung der Luft ...

bauseitigen Fixierung. Dies schränkt die Auswahl eines anderen Käfigsystems nach entsprechenden Abschreibungsfristen ein.

Neu auf dem Markt angeboten werden komplette Käfigsysteme mit integrierter v-förmig ausgebildeter Kotwanne, in der ein Kotschieber den Kot zur Stirnseite der Anlage in den dort befindlichen Querförderer (z. B. Kotschnecke) schiebt.

Kotbandanlagen, wie man sie aus der intensiven Geflügelhaltung kennt, sind, für die Kaninchenhaltung entsprechend mo-

difiziert, ebenfalls geeignet. Zur Ableitung des Urins sind zwei verschiedene Verfahren entwickelt worden. Eine Lösungsvariante besteht darin, daß das Band zu einer Längsseite hin, an der eine Auffangrinne für den Urin angebracht ist, mit einem gewissen Gefälle montiert wird, so daß der Urin vom Band in diese Rinne abfließt und von dort direkt aus dem Stall abgeleitet wird.

Bei der zweiten Variante (s. Abb. 127 und 128) ist das verwendete Kotband perforiert, so daß der anfallende Urin durch diese Perforation in eine unter dem Band befindliche Kunststoffwanne abfließen kann. Zusätzlich zu dieser Bandlösung wird von der einschlägigen Industrie eine Absaugvorrichtung der Luft aus dem Zwischenraum zwischen Kotband und Urinauffangwanne angeboten. Dieses System mindert in erheblichem Umfang die Ammoniakbildung, so daß das eigentliche Stallüftungssystem hinsichtlich seiner Leistung geringer dimensioniert werden kann.

Unabhängig vom Entmistungssystem (manuell oder mechanisch) ist bei der Berechnung der Leistungsfähigkeit der Lüftung das Entmistungsintervall zu berücksichtigen. Beim längeren Verbleib des Mistes im Stall (über ein bis zwei Wochen) ist auch die Schadgasentwicklung erhöht, so daß die Lüftungsleistung dementsprechend stärker ausgelegt werden muß.

Bei **einetagigen Käfiganlagen** (Flatdeck-Käfige) werden die Käfige in ca. 70 bis 80 cm Höhe über der Kotgrube bzw. -wanne auf Ständern stehend (Holz, Metall, Mauerwerk o. ä.) bzw. hängend aufgebaut. Der Zugriff zum Käfiginnern erfolgt über eine verschließbare Öffnung an der Käfigober- oder -vorderseite. Die Versorgungseinrichtungen (Futter- und Tränkeinrichtungen) werden leicht erreichbar im vorderen Käfigbereich angebracht. Bei Verwendung von Futterautomaten mit manueller Befüllung sind die Automaten so anzubringen, daß ein Befüllen von außen, ohne den Käfig öffnen zu müssen, möglich ist. Das gleiche gilt auch für die Anbringung von Rauhfutterraufen (s. Abb. 132, 139).

Der Wurfkasten wird zweckmäßigerweise vor dem Käfig zum Bedienungsgang hin angeordnet. Die Anbringung des Wurfka-

Abbildung 128: ...unterhalb des perforierten Kotbandes erreicht. Die Fütterung mit Alleinfutter erfolgt über den mit einer Futterkette automatisch beschickten Futtertrog.

stens erfolgt in der Praxis im allgemeinen auf zwei Arten:

1. Der Wurfkasten ist Teil des Käfigs und in diesen fest integriert. Für den Wurf werden herausnehmbare Nestschalen in den mit dem Rostboden des Käfigs ausgestatteten Wurfkasten hineingestellt. Ein Vorteil dieser Anordnung besteht darin, daß der Platz des Nistkastens während der Zeit des Nichtsäugens der Häsin als zusätzlicher Raum verfügbar gemacht werden kann. Nachteil ist die weniger gute Wärmeisolierung, wenn der Wurfkasten aus Blech gefertigt ist.

2. Der Wurfkasten ist als eigenständiger Kasten aus Holz oder Kunststoff gebaut und wird bei Bedarf vor den Käfig gehängt (Abb. 106, 117). Insbesondere die aus Hartschaumstoff bestehenden Wurfkästen bieten optimalen Wärmeschutz für den Wurf. Bei dieser Art der Wurfkastenanbringung bleibt der verfügbare Raum für die Häsin immer gleich.

Die einetagige Käfiganordnung eignet sich in erster Linie für die Haltung von Zuchttieren. Sie ermöglicht eine leichte und bequeme Bestands- und Wurfkontrolle. Im Vergleich zu mehretagigen Anlagen ergeben sich jedoch eine geringere Besatzdichte je qm Stallgrundfläche und damit entsprechend höhere Kosten je Tierplatz. Dennoch sollten für größere Bestände und bei Praktizierung intensiver Reproduktionszyklen (bis zu 10 Würfen/Häsin/Jahr) ausschließlich Flatdeck-Anlagen eingesetzt werden.

Stufenkäfiganlagen eignen sich vorrangig für die Jungtieraufzucht bzw. Mast und die Angorakaninchenhaltung (Wollträger). Bei diesem System werden die Käfige in bis zu 3 Etagen (in Abhängigkeit von der Käfigtiefe) übereinander angeordnet. Der jeweils obere Käfig wird so weit nach hinten versetzt, daß Kot und Urin aus der oberen Etage entweder direkt oder über eine schräge Teilabdeckung der unteren Käfige auf den Fußboden bzw. in das unter den Käfigen befindliche Entmistungssystem fallen (Abb. 117).

Die Käfigöffnungen werden in der Regel an der Frontseite angebracht und bei Verwendung von Futterautomaten mit diesen verschlossen. Der Zugriff in die Käfige über verschließbare Öffnungen an der Käfigoberseite ist ebenfalls möglich, für die oberen Etagen jedoch aufgrund der Höhe etwas beschwerlich.

Stufenkäfiganlagen ermöglichen im Vergleich zu den Flatdeck-Anlagen eine höhere Besatzdichte je qm Stallgrundfläche. Sie sind jedoch aus arbeitswirtschaftlichen Gründen weniger gut für die Elterntierhaltung geeignet.

Bei den sogenannten **Kompaktanlagen** sind die einzelnen Käfigelemente senkrecht in 3 bis 4 Etagen übereinander angeordnet. Neben der festen Verbindung von Käfig und Rahmen ist es auch möglich, die einzelnen Käfigelemente in eine Rahmenkonstruktion einzuschieben bzw. einzuhängen. Die Versorgungseinrichtungen für Futter und Wasser sind dabei in die Rahmenkonstruktion integriert. Dieser flexible Aufbau erleichtert die Reinigung und Desinfektion, zumal die herausnehmbaren Käfige von der Industrie auch aus verbißfestem Kunststoff angeboten werden. Dies ist jedoch eine sehr teure Lösung.

Es bietet sich bei dieser Konzeption ferner die Möglichkeit, den Käfig zum Trans-

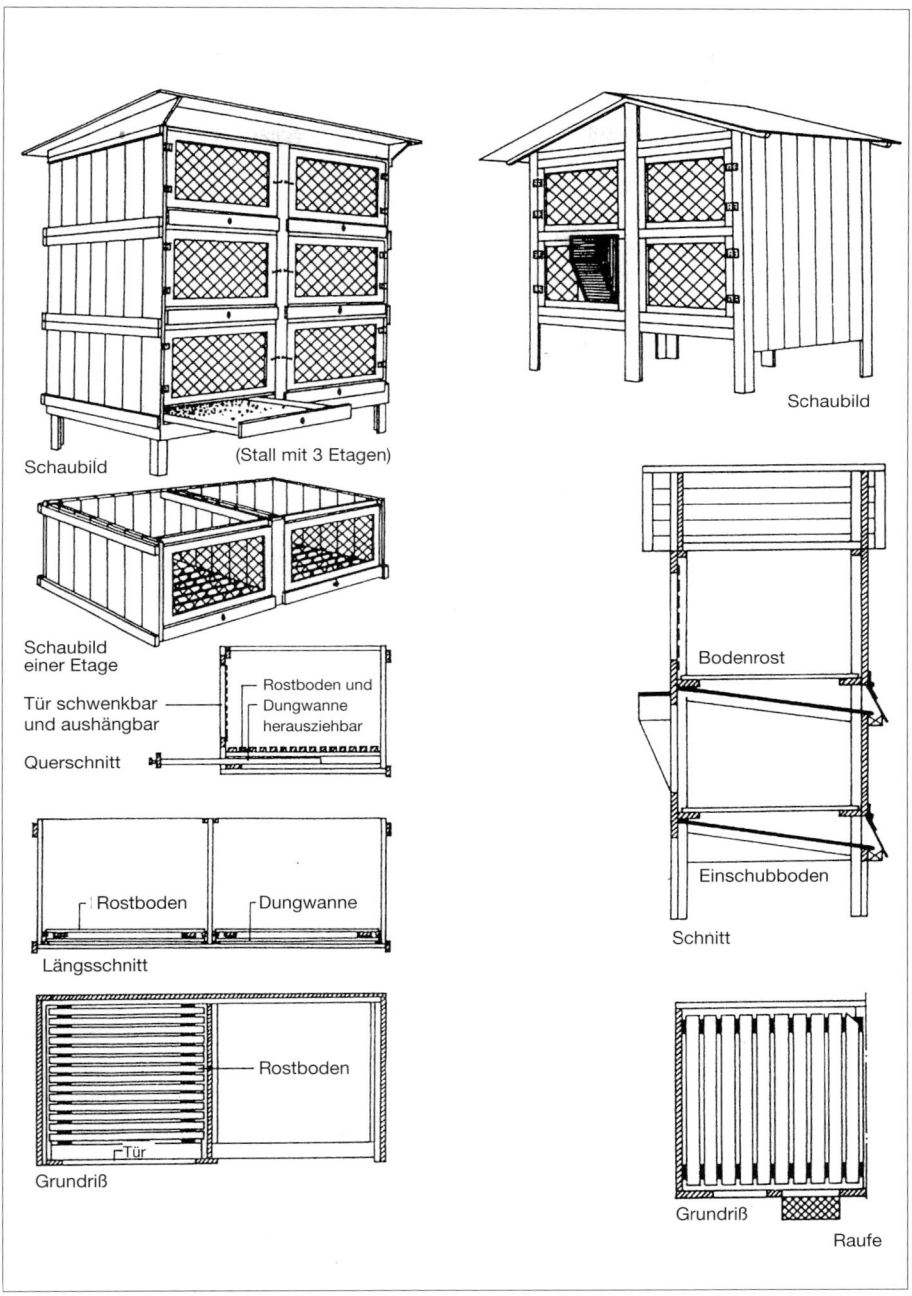

Schaubild (Stall mit 3 Etagen)

Schaubild

Schaubild einer Etage

Tür schwenkbar und aushängbar

Querschnitt

Rostboden und Dungwanne herausziehbar

Rostboden — Dungwanne

Längsschnitt

Rostboden

Tür

Grundriß

Schaubild

Bodenrost

Einschubboden

Schnitt

Grundriß

Raufe

Abbildung 129: 3etagige Außenstallanlage mit Pultdach; Rostboden und Kotschubladen (75).

Abbildung 130: 2etagige Außenstallanlage mit Satteldach sowie mit von außen beschickbarer Futterraufe (75).

port der Tiere zur Schlachterei oder zur Schur zu benutzen.

In Kompaktanlagen mit Rostböden werden Kot und Urin entweder über eine jeweils unter dem Rost schräg angebrachten Kotplatte (ähnlich wie bei der Stufenkäfiganlage) aus Eternit, Blech, Kunststoff o. ä. zu einem Kotgang hin abgeleitet und von dort mittels eines Entmistungssystems (z. B. Klappschieber) zur Stirnseite der Anlage hin befördert. Eine andere Lösungsmöglichkeit besteht darin, die anfallenden Exkremente in Wannen unter den Käfigen aufzufangen.

Diese müssen dann aber manuell entleert werden. Auch eine Bandentmistung, wie sie für die Flatdeck-Anlage beschrieben wurde, ist für die Kompaktanlage möglich.

Je nach Konstruktion der Anlage erfolgt der Zugriff zu den Tieren entweder durch eine Öffnung in der Frontseite des Käfigs oder durch das Herausziehen des Käfigs aus der Rahmenkonstruktion von oben. Aus Gründen der praktischen Handhabung sollte auch in den Kompaktanlagen die Käfigtiefe 60 cm nicht übersteigen.

Kompaktanlagen ermöglichen von allen drei beschriebenen Käfigsystemen die höchste Besatzdichte je qm Stallgrundfläche. Sie sind jedoch im Vergleich zu den zwei anderen Systemen unübersichtlicher in bezug auf die Bestandskontrolle, so daß sie aus diesem Grund nicht für die Zuchttierhaltung geeignet sind.

10.4.2 Käfighaltung mit Einstreu

Die Käfighaltung mit Einstreu wird vorrangig in der Hobbyhaltung praktiziert. Sie ist für die erwerbsorientierte Kaninchenhaltung aus arbeitswirtschaftlichen Gründen weniger geeignet. Hinzu kommt, daß im Vergleich zur Käfighaltung mit Rostböden mit einem höheren Infektionsrisiko, insbesondere mit parasitären Erkrankungen, gerechnet werden muß. Das Wildkaninchen verwendet für die Ausstattung seines Baues keine Einstreu, sondern lediglich für den Bau des Nestes in der sogenannten »Satzröhre«. Beim Hauskaninchen verbessert die Einstreuhaltung die Toleranz niedriger Temperaturen (bis zu unter -20°) und ersetzt den Schutz des Erdbaues beim Wildkaninchen.

In Käfigen mit Einstreu besteht der Boden aus einer geschlossenen Fläche, die bei mehrtägiger Anordnung wasserundurchlässig sein muß. Als Baumaterial sind Holz oder Kunststoffplatten geeignet. Der Boden sollte zur Ableitung des Urins ca. 2 % Gefälle nach hinten haben und ca. 10 bis 15 cm überstehen.

Neben der direkten Einstreu auf dem geschlossenen Käfigboden ist es auch möglich, einen Drahtrostboden ca. 6 bis 8 cm über dem Käfigboden einzubauen und auf diesem die Einstreu aufzubringen. Dies hat den Vorteil, daß der anfallende Urin sofort durch die Einstreu nach unten ablaufen kann und diese damit leichter trocken zu halten ist.

Als Einstreumaterial findet vorrangig Stroh Verwendung. Aber auch Holzspäne eignen sich, sofern sie trocken und saugfähig sind. Ungeeignet als Einstreu ist staubiges Material wie z. B. Torf und Sägemehl oder gar verschimmeltes Heu oder Stroh. Wichtig ist, daß die Tiere ständig auf trockener Einstreu sitzen. Dies ist sowohl durch häufiges Entfernen des Kotes aus dem Käfig, gegebenenfalls über eine Klappe in der Rückwand, möglich, als auch durch tägliches Überstreuen, so daß die sich bildende Tiefstreumatte nur in mehrwöchigen Turnus entfernt werden muß. Ein Nachteil dieser Tiefstreumethode ist allerdings die insbesondere bei höheren Temperaturen auftretende Insektenplage.

Die Haltung von Zuchthäsinnen auf Tiefstreu ermöglicht zudem, bei entsprechend abgeschirmten Käfigen (dunkle Ecke) den Verzicht auf den Wurfkasten. Die Häsin baut dann das Nest in die Tiefstreu (s. Abb. 104), so daß auch bei niedrigen Temperaturen gute Aufzuchterfolge erzielt werden.

Zur Gewährleistung einer ständig trockenen Einstreumatte muß die Käfiggröße bei der Einstreuhaltung etwa doppelt so groß im Vergleich zur Käfighaltung mit Rostboden bemessen werden. Bei Wahlmöglichkeit bevorzugen Kaninchen Draht- und Kunststoffroste gegenüber Stroheinstreu um so mehr als Liegeplatz, je wärmer es ist und je höher die Futteraufnahme bzw. die Tageszunahmen sind. Die einstreulose Haltung erleichtert die Abgabe der Abfallwärme (s. Abb. 122).

10.4.3 Bodenhaltung

Unter Bodenhaltung ist ein Haltungssystem zu verstehen, in dem die Tiere gruppenweise in Boxen bzw. Abteilen auf dem Boden mit Einstreu gehalten werden. Für diese Haltungsform von Kaninchen eignen sich Gebäude bzw. Räumlichkeiten, die ausreichenden Schutz gegen Witterungsunbilden, Beutegreifer und Ungeziefer bieten.

Da diese Haltungsform dem Anspruch nach artgemäßer Kaninchenhaltung in höherem Maße entspricht als die Käfighaltung, ist dies gegenwärtig seitens der einschlägigen Wissenschaft Gegenstand intensiver Untersuchungen. Dies betrifft sowohl die Zucht- als auch die Masttierhaltung.

Nach dem gegenwärtigen Kenntnisstand ist die Bodenhaltung in Gruppen für Zuchttiere in der erwerbsorientierten Kaninchenhaltung nicht zu empfehlen. Die erzielbaren Reproduktionsleistungen liegen erheblich unter denen der Einzeltierhaltung in Käfigsystemen. Sofern Zuchttiere dennoch in Bodenhaltungen gehalten werden sollen, so müssen sie in Einzelbuchten untergebracht werden. An Platzbedarf ist hierbei jedoch mindestens das Doppelte gegenüber der Käfighaltung zu veranschlagen.

Die Gruppenhaltung von Jungtieren zur Aufzucht bzw. Mast auf Tiefstreu ist hingegen möglich. Die Besatzdichte sollte 8 Tiere pro qm nicht übersteigen (s. Tab. 43). Bezüglich der optimalen Gruppengröße liegen derzeit noch wenig Erkenntnisse vor. Nach eigenen Erfahrungen scheinen bis zum Beginn der Geschlechtsreife Gruppengrößen von 20 bis 30 gleichgeschlechtlichen Tieren auch hinsichtlich ihrer sozialen Struktur eine sinnvolle Größenordnung zu sein.

Innerhalb des einzurichtenden Stallraumes werden die einzelnen Buchten mit Trennwänden aus Holz, Mauerwerk o. ä. aufgebaut. Die Trennwände müssen mindestens 80 bis 100 cm hoch sein und sollten nach innen einen Überstand aufweisen, um ein Überspringen der Tiere zu verhindern.

Ein Teil des verfügbaren Platzes (ca. ein Drittel) innerhalb der einzelnen Buchten sollte ca. 20 bis 25 cm erhöht als Kotgrube mit einem Rostboden (Drahtgeflecht oder Kunststoffboden) abgedeckt wer-

Abbildung 131: Bei Gehegehaltung gewährleistet bereits
ein Rundballen Schutz vor
den Witterungsunbilden.

Abbildung 132: Herausnehmbare Käfige erleichtern deren Desinfektion vor einer Neubelegung
zwecks Ersatz für ausgefallene Tiere im Zuchtstall. Sicherer ist es allerdings, den Stall jährlich total zu räumen und wieder neu zu belegen (All-out-all-in-System).

272

den (Abb. 122). Je unübersichtlicher der Boden der Bucht ist (Unterschlupfmöglichkeiten, halbhohe Unterteilungen) und je mehr Zufluchtsplätze vorhanden sind (z. B. erhöhte Liegeplätze), desto geringer ist die Gefahr von Rangordnungskämpfen.

Die übrige Haltungsfläche muß zum Aufbau einer trockenen Tiefstreumatte täglich mit etwas Stroh überstreut werden. Die Entmistung dieser Haltung erfolgt jeweils nach Abschluß einer Mastperiode (nach ca. 8–10 Wochen) vor der Neubelegung.

Die Futterautomaten und die Tränken werden über dem mit einem Rostboden abgedeckten Bereich der Bucht angebracht. Da während der Futteraufnahme der Tiere auch viel Kot abgesetzt wird, fällt dieser durch den Rostboden und damit außerhalb des Zugangsbereiches der Tiere. Infolgedessen mindert sich das Infektionsrisiko insbesondere im Hinblick auf Coccidioseerkrankungen.

In Abhängigkeit von der hygienischen Ausgangssituation der im Alter von 4 Wochen in die Bodenhaltung einzusetzenden Jungmasttiere ist unter Umständen eine prophylaktische Behandlung über 3 bis 4 Wochen gegen Coccidiose über das Futter oder Trinkwasser erforderlich.

Im Vergleich zur Käfighaltung bestehen für die Bodenhaltung von Jungmastkaninchen folgende Vorteile:

– Bei der Nutzung vorhandener Gebäude sind geringe Investitionskosten für die Einrichtung nötig.

– Versorgungseinrichtungen (Futterautomaten und Tränken) aus der Junggeflügelmast bzw. -aufzucht sind möglich. Für die Gruppenhaltung der Jungtiere ist deren Verwendung preiswerter, da

sie großer Stückzahl produziert werden.

– Die Tiefstreuhaltung ermöglicht niedrigere Stalltemperaturen.

Diesen Vorteilen stehen folgende Nachteile gegenüber:

– Die Besatzdichte je qm Stallgrundfläche ist geringer im Vergleich zu mehrtagigen Käfiganlagen.

– Unter intensiven Fütterungsbedingungen (pelletiertes Alleinfutter) während der Mastperiode ist infolge größerer Bewegungsfreiheit mit einer Verschlechterung der Futterverwertung um ca. 10 % zu rechnen.

– Tiere, insbesondere männliche, können über die Geschlechtsreife hinaus nicht in Gruppen gehalten werden, da es infolge von Rangordnungskämpfen zu erheblichen Verletzungen kommen kann.

– Infolge höheren Infektionsdruckes ist der Aufwand für medikamentöse Prophylaxe bzw. Therapie größer.

Insbesondere aus gesundheitlichen Gründen – die Mortalitätsrate liegt im Vergleich zur Käfighaltung mit Rostböden etwa doppelt so hoch – kann die Jungkaninchenmast in diesem Haltungssystem noch nicht generell empfohlen werden. Hierzu sind noch weitere Entwicklungs- und Forschungsarbeiten nötig.

10.5 Stalleinrichtungen und Geräte

10.5.1 Wurfkästen

Für die Aufzucht von Jungkaninchen bis zum Alter von vier Wochen ist ein Wurfka-

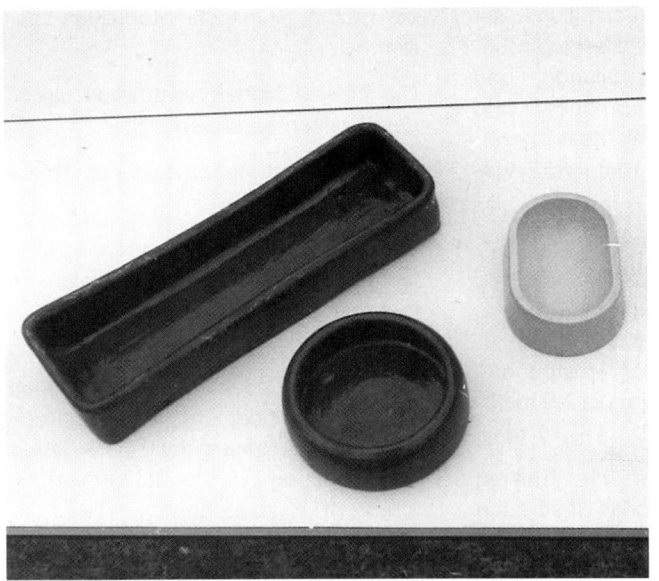

Abbildung 133: Steingutträge für die rationierte Verabreichung von Kraftfutter, Küchenabfällen und zerkleinerten Wurzelfrüchten. Um das Herausscharren des Futters zu erschweren, sollte der obere Rand des Troges nach innen überstehen.

Abbildung 134: Absperrbare Öffnungen in den Buchtentrennwänden ermöglichen sowohl die artgemäße Beschränkung des Zuganges der Häsin zu den Jungtieren, als auch die spätere Erweiterung der Jungtierbucht.

Abbildung 135: Der Plastikrost beugt durch eine größere Auflagefläche dem Auftreten von »Wunden Läufen« vor, wenn das Profil des Plastiks einen schnellen Abfluß des Harns ermöglicht. Der Rundfutterautomat ermöglicht bei gleicher Troglänge eine ausreichende Freßbreite für die doppelte Tierzahl.

sten erforderlich. Lediglich bei Einstreuhaltung und entsprechender Buchtengröße kann auf den Wurfkasten verzichtet werden.

Das wichtigste Funktionskriterium eines Wurfkastens ist eine geringe Wärmeleitfähigkeit der umschließenden Bauteile. Zur Vermeidung von Wärmeverlusten bei Stalltemperaturen von unter 20 °C – Jungtierverluste in den ersten Lebenstagen entstehen zu einem hohen Prozentsatz durch Unterkühlung – sollte zumindest der Boden des Wurfkastens aus einem gut isolierenden Material wie Hartschaumstoff, Holz, Preßspanplatten oder ähnlichem gefertigt sein. Zu optimieren ist dieses noch, indem der Wurfkastenboden in der Mitte als Mulde ausgebildet wird. Dies fördert das Zusammenliegen der Jungtiere im Nest und mindert dementsprechend den Wärmeverlust.

Da die Häsin, ihrem Instinkt folgend, für die Ablage ihrer Jungtiere einen dunklen Platz sucht, werden nach oben hin offene Wurf-

Mindestabmessungen des Wurfkastens:

	Fläche qm	Abmessungen in cm		
		Breite	Tiefe	Höhe
Häsin bis 4,0 kg	0,11	33	33	25
Häsin über 4,0 kg	0,12	30	40	30

kästen weniger gut angenommen. Allseitig geschlossene, nur mit einem aufklappbaren Deckel für die Wurfkontrolle und einer Schlupföffnung versehene Wurfkästen führen weniger häufig für die Häsin zu mütterlichem Fehlverhalten (z. B. Verwerfen, Kannibalismus u. a.). Im Sommer besteht allerdings die Gefahr zu hoher Temperaturen im Wurfkasten, wenn die Abdeckung nicht zumindest angehoben wird.

Die Schlupföffnung sollte mindestens 16 bis 18 cm (quadratisch oder rund) groß sein und mindestens 7 bis 10 cm über dem Kastenboden liegen, um ein frühzeitiges Herauskrabbeln bzw. Herausschleifen der Jungtiere durch die Häsin am Ge-

säuge zu erschweren. Bei Verwendung von nicht verbißfestem Material für den Wurfkastenbau muß die Schlupföffnung mit Blech oder ähnlichem ummantelt werden, um ein Benagen durch die Häsin zu verhindern.

Zusätzlich sollte die Möglichkeit bestehen, den Zugang zum Wurfkasten mit Hilfe eines Schiebers (eventuell perforiert, um einen Wärmestau im Wurfkasten zu verhindern) zu verschließen. Mit Hilfe dieses Schiebers ist es möglich, Häsinnen, die das Nest mit Kot und Urin beschmutzen, abzusperren. Solche Häsinnen werden dann nur einmal am Tag zum Säugen in den Kasten gelassen.

Abbildung 136: Die Tränkflasche gewährleistet in Kleinbeständen eine ausreichende Wasserversorgung bei leichter Kontrolle des Füllungsgrades und vermeidet eine Verschmutzung des Wassers.

Abbildung 137: In Verbindung mit einer Nippeltränke lassen sich auch größere Vorratsbehälter billig nutzen. Zur leichteren Kontrolle der Wasserfüllung wäre allerdings ein transparenter Behälter vorteilhafter.

Die Zuordnung des Wurfkastens zum Käfig sollte so vorgenommen werden, daß eine leichte und gründliche Nest- bzw. Wurfkontrolle möglich ist. Außerdem sollte die Unterkante der Schlupföffnung des Wurfkastens in der Höhe des Käfigbodens liegen. Damit liegt der Wurfkastenboden ca. 7 bis 10 cm tiefer als der Käfigboden. Dies hat den Vorteil, daß Jungtiere, die zu früh das Nest verlassen haben, leichter allein wieder in den Wurfkasten zurückkriechen können.

Bei oben offenen Wurfkästen, die in den Käfig integriert sind, sollte die Oberkante des Kastens mit dem Käfigboden abschließen.

Die frontseitige Anbringung des Wurfkastens am Käfigsystem erfordert neben dem arbeitstechnischen Vorzug auch weniger Platz. Bei einetagigen Käfiganlagen erfolgt die Wurfkontrolle durch Öffnen des Wurfkastendeckels, bei mehretagiger Käfigbauweise durch Öffnen der Wurfkastenfrontseite.

10.5.2 Fütterungseinrichtungen

Entsprechend der verschiedenartigen Struktur des Futters mit dem Kaninchen gefüttert werden können, werden verschiedene Fütterungseinrichtungen benötigt. Grundsätzlich ist zu unterscheiden zwischen Fütterungseinrichtungen für Konzentratfutter (mehliges oder pelletiertes Mischfutter, Körnergemische und anderes) und Grobfutter (Grünfutter, Heu, Silage usw.).

Fütterungseinrichtung für Konzentratfutter

Für kleinere Bestände sind für die Verabreichung von Konzentratfutter glasierte Ton- bzw. Kunststoffnäpfe in runder oder auch länglicher Form geeignet. Zur Vermeidung von Futterverlusten durch Herausscharren sollte der obere Rand dieser Näpfe eine ca. 10 bis 15 mm breite Kröpfung nach innen aufweisen. Um ein Umwerfen durch die Tiere zu vermeiden, ist darauf zu achten, daß diese Gefäße, insbesondere, wenn sie aus Kunststoff gefertigt sind, mindestens das Gewicht von Keramiknäpfen haben.

Futterautomaten aus verzinktem Blech und Kunststoff bestehen aus einem Vorratsbehälter (Fassungsvermögen bis zu 3 kg), aus dem das pelletierte Futter kontinuierlich in einen Trog nachrutscht. Der Trogboden ist vielfach perforiert, damit der ungern gefressene Abrieb der Pellets durchfallen kann. Zur Vermeidung von Futterverlusten durch Herausscharren durch die Tiere sollte der obere Trogrand in einem Bereich von 15 bis 20 mm nach innen überstehen. Tunnelautomaten, in die – konstruktionsbedingt – das Tier nur

Abbildung 138: Arbeitssparende Füllung der Futterautomaten. Nachteilig ist bei dieser Art der Automatenanbringung die erschwerte Kontrolle.

278

Abbildung 139: Die zwischen den Buchten angebrachten Grobfutterraufen beschleunigen die Futterzuteilung.

mit dem Kopf Zugang zum Futter hat, bieten die beste Gewähr gegen Futterverschmutzung durch Kot und Urin sowie gegen das Herausscharren von Futter.

Futterautomaten, die aus Kunststoff gefertigt sind – und diese sind aus hygienischer Sicht Blechautomaten vorzuziehen – müssen an allen Kanten, die Angriffsflächen für das Benagen bieten, mit verbißfestem Material (z. B. verzinktem Blech) ummantelt sein.

Rundfutterautomaten, wie sie in der Geflügelhaltung Verwendung finden, haben sich nach eigenen Erfahrungen in der Gruppenhaltung sehr gut bewährt.

Von der einschlägigen Industrie werden inzwischen auch automatische Fütterungssysteme (Rohr- bzw. Kettenfutteranlagen) angeboten. Um derartige Systeme wirtschaftlich einsetzen zu können, muß natürlich eine gewisse Bestandsgröße (> 200 Häsinnen) gegeben sein. Diese Systeme ermöglichen eine vollautomatische Futterversorgung der Tiere.

Die Futterplatzbreite beträgt bei rationierter Fütterung mit Konzentratfutter für mittelschwere Tiere (ca. 4 kg Lebendgewicht) mindestens

– 8 cm/Tier bei Längströgen

– 6 cm/Tier bei Rundtrögen

Sofern die Futteraufnahme beliebig erfolgt, reduzieren sich diese Werte um etwa die Hälfte.

Fütterungseinrichtungen für Grobfutter

Langfaseriges Grobfutter (Grünfutter, Heu, Stroh usw.) wird zur Vermeidung von Futterverlusten und Verunreinigungen in entsprechenden Raufen angeboten. In der Regel sind diese Raufen aus verzinktem Drahtgeflecht, Metallstäben oder verbißfesten Kunststoffstäben gefertigt. Der Abstand zwischen den senkrecht verlaufenden Stäben sollte je nach verabreichtem Futter 20 bis 40 mm nicht übersteigen. Die Größe der Raufe sollte so bemessen sein, daß sie mindestens die Hälfte des Tagesbedarfes aufnimmt.

Zur Vermeidung von zu hohen Grobfutterverlusten sollte bei Rostbodenhaltungen der Platz vor bzw. unter der Raufe ca. 10 bis 15 cm tief abgedeckt sein.

Die Anbringung der Raufe an oder im Käfig bzw. in der Bucht wird durch arbeitstechnische Gründe (leichter Zugang und Bedienung) bestimmt. Optimal unter diesem Aspekt ist die Anordnung an der Frontseite des Käfigs bzw. der Bucht, gegebenenfalls in der Tür integriert. Auch eine Anordnung zwischen zwei Käfigen, gleichzeitig als Trennelement dienend, ist möglich.

Zur Verabreichung von kurzfaserigem Grobfutter bzw. Wurzelfrüchten sind glasierte Ton- bzw. Kunststoffnäpfe, wie sie weiter oben beschrieben wurden, geeignet.

10.5.3 Tränken

Im Gegensatz zu weitverbreiteten Meinungen in Hobbyzüchterkreisen müssen Kaninchen unabhängig von der verabreichten Futterart (Frisch- oder Trockenfutter) ständig Trinkwasser zur freien Aufnahme zur Verfügung haben.

In Kleinbeständen werden zur Wasserversorgung einfache und offene Tränkgefäße aus Steingut, Glas oder Kunststoff verwendet. Um die Tiere mit hygienisch einwandfreiem Trinkwasser zu versorgen, müssen diese Tränkgefäße jedoch täglich gereinigt werden.

Selbsttränken verhindern die Verschmutzung des Wassers. Als Einzeltränken sind Flaschen (Inhalt ca. 0,5 l bis 1 l) mit einem Saugröhrchen aus Glas oder Nirostastahl verwendbar. Die Flasche wird außen am Käfig so aufgehängt, daß das Saugröhrchen auch für Jungtiere erreichbar ins Käfiginnere reicht. Bei einer anderen Konstruktion werden ein Kanister oder Flaschen mit der Öffnung nach unten ca. 10 bis 20 mm über dem Boden einer Schale gehängt. Bei Entnahme von Wasser aus der Schale strömt Luft in den Vorratsbehälter und läßt so das Wasser nachfließen.

Zentralversorgte Selbsttränken stellen für größere Betriebe die rationellste Wasserversorgung dar. Zur Druckreduktion wird das Wasser über einen mit Schwimmventil regulierten Vorlaufbehälter zu den einzelnen Tränkstellen geleitet. Zur Reduzierung des Tropfwasseranteils sollte sich der Vorlaufbehälter nur etwa 10 cm über den Niederdrucktränken befinden. Verschiedenartige Tränkventile (Beißtränke, Nippeltränke, Zugtränke usw.) geben durch Beißen, Drücken oder Ziehen den Wasseraustritt frei. Am problemlosesten ist das Nippeltränkeventil, wie es für die Käfighaltung des Geflügels entwickelt wurde.

Offene Tränkschalen, deren Wasserfüllung über ein Zulaufventil gesteuert wird, erfordern gegenüber den Tränkventilen einen höheren Reinigungsaufwand und sind hygienisch problematischer. Die Tropfwasserverluste sind jedoch geringer.

Die einwandfreie Funktion aller zentralversorgten Tränkventile ist nur bei sauberem, nicht mit Feststoffen verschmutzem Wasser gewährleistet. In transparenten Plastikschläuchen kann es zu Bildung eines Algenbelages kommen, der die Funktion der Tränkventile behindert. Er ist deshalb bereits bei beginnendem Ansatz durch Spülung mit einem das Algenwachstum hemmenden Desinfektionsmittel für Selbsttränksysteme zu entfernen. Daß alle Tränksysteme frostfrei installiert werden müssen, sei nur der Vollständigkeit halber erwähnt.

10.6 Transport

Zu bestimmten Anlässen werden Kaninchen häufig über längere Strecken transportiert. Hobbyzüchter transportieren mittels Pkw oder Lkw Tiere zu Ausstellungen.

Die von erwerbsorientierten Kaninchenhaltern erzeugten Mastkaninchen werden häufig in größeren Schlachtereien ge-

Maße für Transportbehälter

Mastkaninchen (nicht geschlechtsreif, max. 90 Tage alt, Transportdauer max. 12 Stunden)

	Lebendgewicht bis zu kg	Höhe des Transportbehältnisses cm	Fläche je Tier cm
	1	15	250
	3	20	500
über	3	25	600

Andere Kaninchen

	Lebendgewicht bis zu kg	Höhe des Transportbehältnisses cm	Fläche je Tier cm²	Höchstzahl der Tiere je Behältnis
	0,3	15	100	12
	0,4	15	150	12
	0,5	15	300	12
	1	20	500	4
	2	20	750	4
	3	25	900	2
	4	25	1000	2
	5	25	1150	2
über	5	30	1400	1

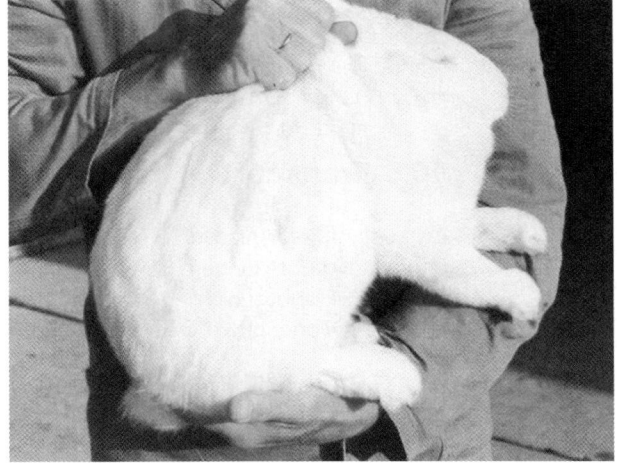

Abbildung 140: Richtig getragenes Kaninchen: Die rechte Hand erfaßt mit Daumen, Zeige- und Mittelfinger die Ohren, zieht den Kopf leicht nach hinten und erfaßt mit den anderen Fingern das Fell. Diese Fixierung hindert das Kaninchen am Strampeln bzw. Kratzen. Die linke Hand trägt das Tier. Das Tragen der Tiere an den Ohren ist Tierquälerei.

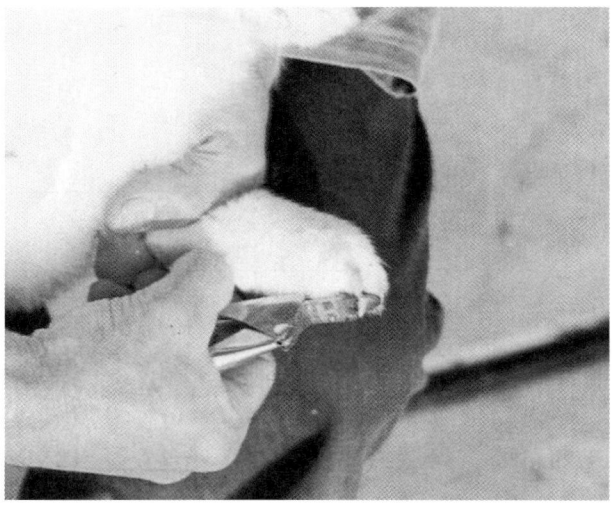

Abbildung 141: Mangels Abnutzung müssen die Krallen jährlich etwa zweimal geschnitten werden. Hierzu wird die Schere oder Kneifzange (im Bild eine Spezial-Krallenzange) so angesetzt, daß noch etwa 2 mm von dem nicht durchbluteten Teil der Kralle stehenbleiben.

Abbildung 142: Transportkarton für die einmalige Verwendung für den Tierversand. Die gesetzlichen Forderungen hinsichtlich des Platzbedarfes beim Tiertransport sind einzuhalten.

Abbildung 143: Transportkasten. Das mit Schlitzen versehene abgeschrägte Oberteil ermöglicht eine ausreichende Luftzufuhr auch bei aneinandergestellten Kästen.

schlachtet und müssen hierfür vom Mastbetrieb gewöhnlich mit einem Lkw zur Schlachterei transportiert werden.

Für sämtliche Tiertransporte, und damit auch das Kaninchen betreffend, gibt es eine bundeseinheitliche »Verordnung zum Schutz von Tieren beim Transport«. Hierin sind allgemeine Grundsätze für einen artgemäßen und tierschutzkonformen Transport von Nutztieren geregelt. Auf die Darstellung der gesamten Verordnung muß aus Platzgründen hier verzichtet werden.

Neben diesen allgemeinen Grundsätzen ist für den Transport von Hauskaninchen als Besonderheit vorgeschrieben, daß bei einer Transportdauer von über 12 Stunden Kaninchen während des Transportes ihren Flüssigkeits- und Nährstoffbedarf decken können. Bis zu 24stündiger Dauer ist dies durch die Beigabe von einer Ration Saftfutter (z. B. Rüben) in den Transportbehälter zu gewährleisten.

Für die Größe und Abmessungen der Transportbehälter werden in der von 1994 vorliegenden Gesetzesvorlage Mindestmaße vorgeschlagen (s. S. 281).

Neben der Einhaltung dieser Mindestmaße ist darauf zu achten, daß die Transportbehälter entsprechend stabil gebaut sind, um den Tieren auf dem Transport hinreichend Schutz zu bieten. Geeignet unter diesem Aspekt sind Kisten aus Holz oder verbißfestem Kunststoff mit eingelegtem Rost, damit die Tiere nicht im Harn sitzen.

Wichtig ist ferner, daß ausreichende Lüftungsöffnungen vorhanden sind, so daß auch bei einer Über- bzw. Nebeneinanderstapelung die Luftzufuhr in das Innere des Transportbehälters gewährleistet ist. Entsprechend geeignete Transportbehältnisse werden von der einschlägigen Industrie angeboten.

Über Auswirkungen des Transportes von Schlachtkaninchen auf Gewichtsverluste und Fleischqualität informiert Kap. 12.1.

11 Entscheidungshilfen für die Einrichtung einer Rassekaninchenzucht

W. Schlolaut

Die Rassekaninchenzüchter stellen unter den Kaninchenhaltern in Deutschland den größten Anteil (s. Kap. 3). Angesichts des anhaltenden Interesses an dieser Form der Freizeitgestaltung wird nachfolgend auf einige vor der Realisierung eines solchen Vorhabens zu klärende Fragen und zu treffende Entscheidungen ebenso hingewiesen, wie auf die Möglichkeiten der Risikominderung. Die Einrichtung einer erwerbsorientierten Kaninchenhaltung erfordert über eine solide fachliche Qualifikation (s. Kap. 13) hinaus vor allem auch die Einbeziehung der ökonomischen Voraussetzungen (Vorhandensein von Kapital, Absatz zu gewinnbringenden Preisen u. a.).

Gründe dafür: Kreative Freizeitbeschäftigung, Steigerung des Selbstbewußtseins durch Ausstellungserfolge, Kindererziehung zu verantwortlichem Handeln und biologischem Denken (z. B. Ernährung, Entsorgung) Bereicherung des Küchenzettels; Einbindung in eine Interessengemeinschaft (Vereinsleben).

Gründe dagegen: Einengung anderer Aktivitäten, da 365tägige Betreuung gewährleistet sein muß; Kosten für Unterbringung und Fütterung; zu erwartende

Abbildung 144: Der Lohn für Zuchterfolge – die Überreichung der Staatsmedaille auf der 43. Landesverbandsschau Hessen-Nassau.

Abbildung 145: Gemeinschaftsanlage des Kaninchenzuchtvereins Nidderau-Ostheim. In Hessen, wie auch in einigen anderen Bundesländern, wird die Errichtung derartiger Anlagen am Ortsrand bezuschußt, um auch in Siedlungsgebieten die Rassekaninchenzucht als sinnvolle Freizeitbeschäftigung zu ermöglichen.

Proteste wegen Geruchsbelästigung aus der Nachbarschaft; Entsorgung von Kot und Urin (s. Kap. 2.5).

Unterbringung: Das Halten von Tieren erfordert meist die Zustimmung des Vermieters und in reinen Wohngebieten auch die der Kommunalverwaltung. Die Belästigung durch Geruch und Insekten kann zwar sehr gering gehalten werden, jedoch ist sie witterungsbedingt (Luftdruck, Windrichtung) auch nicht vollkommen zu vermeiden; damit nicht die Fantasie sensibler Nachbarn angeregt wird, vorher klären. Die Besichtigung der Ställe anderer Kaninchenhalter ist auch im Hinblick auf die Bauausführung empfehlenswert. Außenställe sind zwar billiger, der Zeitaufwand für die Betreuung ist jedoch größer – Versorgung mit Wasser und Saftfutter

im Winter. Bei der Planung der Stallkapazität ist zu berücksichtigen, daß Ausstellungstiere einzeln gehalten werden müssen. Je Häsin ist mit jährlich durchschnittlich 1,5 Würfen und 8 bis 10 aufgezogenen Jungtieren zu rechnen.

In einzelnen Bundesländern werden Gemeinschaftsanlagen bezuschußt. Auskunft hierüber erteilen die Landwirtschaftsverwaltung oder auch der Zentralverband Deutscher Kaninchenzüchter und dessen Landesverbände (s. Kap. 3 und 18).

Arbeitsaufwand: Dieser wird meist unterschätzt. Da es sich zunächst ja um eine Arbeit handelt, die Spaß macht, scheint der Zeitaufwand keine Rolle zu spielen. Er wird jedoch zum Problem, wenn bei unvermeidbarer Abwesenheit

(Krankheit, Urlaubsreise) die Hilfe von weniger begeisterten Freunden oder Nachbarn in Anspruch genommen werden muß. Abgesehen davon läßt bei Kindern das Engagement mit zunehmendem Alter nach, und die Arbeit verbleibt dann den Eltern. Schließlich erfordert die Beteiligung an Ausstellungen und am Vereinsleben zusätzliche Zeit. Bei einer Umfrage in Schleswig-Holstein gaben 70 % der befragten Rassekaninchenzüchter einen täglichen Zeitaufwand von mehr als einer Stunde an. 15 % verbrachten täglich mehr als 3 Stunden mit dieser Freizeitbeschäftigung.

Auf jeden Fall sollten von vornherein alle stallbaulichen Möglichkeiten für die Verringerung des Zeitaufwandes genutzt werden. Hierzu gehören beispielsweise von außen (ohne Öffnung der Buchtentür) zu beschickende Futterautomaten/-tröge für Kraftfutter und Futterraufen für Grün- und Rauhfutter, Selbsttränken in Verbindung mit einem zentralen Vorlaufbehälter, von außen zu entleerende Kotschubladen. Es ist sinnvoller, die stallbaulichen Voraussetzungen bereits bei der Planung zu schaffen, als bei knapper Zeit die Betreuung der Tiere einzuschränken.

Je größer die Rasse ist, desto größer ist der Aufwand für die Fütterung und die Entsorgung von Kot und Harn, sofern kein Garten für das natürliche Recycling zur Verfügung steht. Angorakaninchen müssen mindestens viermal im Jahr geschoren werden. Demgegenüber kann auf ein Kämmen des Vlieses im Verlauf des Schurintervalls weitgehend verzichtet werden.

Kosten: Abgesehen von den einmaligen Ausgaben für den Stall haben die Futterkosten den größten Anteil, wenn Mischfutter eingesetzt wird. Diese Fütterungs-

methode ist jedoch der sicherste Weg, um die Tiere mit geringem Arbeitsaufwand vollwertig zu ernähren. Angesichts der niedrigen Leistungserwartungen sind allerdings in der Rassekaninchenzucht die Anforderungen geringer als bei der Ausschöpfung des Leistungsvermögens in gewerblichen Betrieben. Die Verabreichung von selbsterzeugtem Grobfutter verursacht zwar keinen finanziellen Aufwand, ist jedoch arbeitsaufwendiger. Positiv ist darüber hinaus bei Kindern und Jugendlichen der mit der kombinierten Fütterung verbundene erzieherische Effekt zu bewerten.

Bei Alleinfütterung sind je ausgewachsenes Tier einer mittelschweren Rasse etwa 60 kg Alleinfutter/Jahr zu veranschlagen. Bei Häsinnen je Wurf bis zum Absetzen im Alter von 5 Wochen zuzüglich 6 bis 8 kg. Pro Jungtier ist nach dem Absetzen mit durchschnittlich 130 bis 150 g pro Tag zu rechnen (s. Tab. 36 und 38). Tiere kleiner Rassen benötigen etwa 1/3 weniger an Futter und Angehörige großer Rassen 1/3 mehr. Der Mischfutterbedarf von Zwergkaninchen beträgt nur etwa 2/3 desjenigen von kleinen Rassen. Diese Zahlen dienen lediglich der Orientierung. Sie variieren unter dem Einfluß von Temperatur (Innen- oder Außenstall) und Bewegungsmöglichkeit (Buchtengröße, Gruppenhaltung). Abgesehen davon bestehen auch zwischen den Rassen der gleichen Rassengruppe erhebliche Gewichtsunterschiede (s. Kap. 4 und 17).

Rassenwahl: Sie ist im wesentlichen von den subjektiven Vorstellungen über Schönheitsideale abhängig. Sachlich bedingte Entscheidungskriterien sind:

Futterbedarf – siehe vorstehende Ausführungen zu den Kosten.

Schwierigkeitsgrad der Zucht – die Erreichung der Idealvorstellungen des Rassestandards und damit die Erzielung von Ausstellungserfolgen ist bei einfarbigen Rassen leichter möglich, als bei Rassen mit Fellzeichnungen (z. B. Schecken), spalterbigen Merkmalen (z. B. Marder), mehrfarbigen Rassen (z. B. Japaner) und Besonderheiten bei Exterieurmerkmalen allgemein (z. B. Widder, Lang- und Kurzhaarrassen). Gleichzeitig sind jedoch diese Schwierigkeiten auch eine Herausforderung an das züchterische Können und die Kreativität.

Nutzen – hinsichtlich der Fleischerzeugung wird die Größe bzw. das Gewicht der Rasse im wesentlichen von der Zahl der Familienangehörigen bestimmt. Für die Erzeugung von Kürschnerfellen sind mittelschwere und große Rassen besser geeignet als kleine. Angorakaninchen sind Zweinutzungstiere, da sie Wolle und Fleisch erzeugen. Allerdings können Wachstum und Futterverzehr durch die Wollänge negativ beeinflußt werden.

Auf jeden Fall empfiehlt es sich vor der Entscheidung für eine Rasse einen Überblick über das Rassenspektrum auf einer Landes- oder Bundesausstellung zu verschaffen. Je weniger Züchter eine Rasse halten, desto verdienstvoller ist das Bemühen um deren Erhaltung. Desto geringer ist aber auch die Zahl der auf den Ausstellungen konkurrierenden Züchter.

Tierkauf: Er schafft die Voraussetzungen für den späteren Zuchterfolg. Der günstigste Zeitpunkt ist das letzte Quartal des Jahres. In dieser Zeit besteht dann noch die größte Auswahl an Tieren und die ersten Informationen von Ausstellungen liegen bereits vor. Außerdem haben die angekauften Tiere Zeit, sich in dem neuen Stall einzugewöhnen. Ferner kann der neugebackene Kaninchenhalter erste Erfahrungen im Umgang mit den Tieren vor dem Beginn der Zuchtsaison sammeln.

Grundsätzlich sollte man sich den Stall ansehen, aus dem man Tiere kaufen will. Die Unterhaltung mit dem Züchter und der Einblick in seine Zuchtbuchführung vermittelt weitere Eindrücke über die Sorgfalt und Zuverlässigkeit, mit der der betreffende Züchter die Zuchtarbeit durchführt. Wichtig ist der Gesamteindruck den der Bestand vermittelt und die Ausgeglichenheit des Tiermaterials. Ein gelegentlicher Ausstellungserfolg besagt nichts über die Qualität der anderen Tiere des Bestandes und vor allem über deren Gesundheitszustand.

Sofern man keine Erfahrungen auf diesem Gebiet hat, empfiehlt es sich einen vertrauenswürdigen Kaninchenzüchter mitzunehmen. Das Risiko sich Krankheiten mitanzukaufen ist umso geringer, aus je weniger Beständen die Tiere stammen.

Wer ganz sichergehen will, kann sich, wie beim Kauf großer Nutztiere üblich, durch den Abschluß eines schriftlichen Kaufvertrages vor vom Verkäufer nicht erkannten oder gar verschwiegenen Mängeln schützen. Angesichts des relativ geringen Wertes von Einzeltieren ist dies allerdings nur dann sinnvoll, wenn eine größere Zahl von Tieren aus dem gleichen Stall gekauft wird. In einem solchen Vertrag müssen die betreffenden Mängel oder erwarteten Eigenschaften angegeben sein (Vertragsmängel). Da grundsätzlich Vertragsfreiheit besteht, beinhaltet der Begriff »Vertragsmangel« alle schriftlichen vertraglichen Festlegungen, die eine Rückgängigmachung (Wandlung) des Kaufes oder die Leistung von Schadenersatz zur Folge haben sollen. Hierbei sind auch die Gewährsfristen mit zu vereinbaren, innerhalb welcher der Mängel erkannt und gutachtlich (z. B. durch Tierarzt) bestätigt sein muß. Bei der Festlegung der Gewährsfrist ist davon auszugehen, daß der Mangel bzw. dessen Ursache (z. B. Infektion mit Schnupfen) schon bei der Übergabe des Tieres vorhanden war. Der Mangel muß dem Verkäufer bis zum Ablauf einer zweitägigen Anzeigefrist im Anschluß an die Gewährfrist schriftlich mitgeteilt werden (z. B. per Einschreibebrief). Die umfassendste Vereinbarung würde sich auf die Freiheit von gesundheitlichen Mängel und Fehlern, d. h. die Gewährleistung »gesund und fehlerfrei« beziehen. Hierunter fallen alle erblichen und verborgenen Mängel, die bei der Übergabe der Tiere an den Käufer vorhanden waren.

Die Forderungen des Käufers hinsichtlich des Ausgleichs wirtschaftlicher Nachteile (Wandlung oder Schadenersatz) müssen innerhalb von 6 Monaten nach der Feststellung der Mängel gestellt werden (Verjährungsfrist). Hinsichtlich der gesetzlichen Grundlagen wird auch auf die §§ 481 bis 493 des Bürgerlichen Gesetzbuches (BGB) verwiesen.

12 Produktgewinnung

W. Schlolaut

12.1 Fleisch

Nach § 17 des Tierschutzgesetzes gilt das Schlachten zwecks Fleischerzeugung als vernünftiger Grund, ohne den das Töten eines Wirbeltieres strafbar ist. Nach § 4 darf ein Wirbeltier nur unter Betäubung getötet werden. Töten darf nur, wer dazu die notwendigen Kenntnisse und Fähigkeiten hat.

Unter Schlachten ist jede Tötung eines Tieres zu verstehen, bei der eine Blutentziehung stattfindet. Der Umfang des Blutentzuges bestimmt hierbei im wesentlichen die Haltbarkeit des Fleisches. Er erfolgt um so vollständiger, je mehr die Muskulatur entspannt ist, d. h. psychischer und körperlicher Streß sind so weit als möglich zu vermeiden. Streß kann beispielsweise durch lange Dauer des Transportes, Wartezeiten vor der Schlachtung, Verweilen der Tiere im Schlachtraum, rohen Umgang vor der Schlachtung, unsachgemäße Betäubung u. a. Einwirkungen verursacht werden. Diese Einflüsse beeinträchtigen nicht nur den Blutentzug sondern auch andere die Fleischqualität bestimmende Merkmale, wie den pH-Wert des Fleisches sowie sein Wasserbindungsvermögen, seine Farbe und Festigkeit sowie seine Haltbarkeit.

Die Vorbereitung und Durchführung des Schlachtens ist jedoch nicht nur eine wesentliche Voraussetzung für die Erzeugung eines qualitativ hochwertigen Produktes. Die in diesem Zusammenhang durchzuführenden Maßnahmen sind dar-

über hinaus auch den Bestimmungen des Tierschutzgesetzes (82) unterworfen. Die nachfolgenden Hinweise auf gesetzliche Regelungen können angesichts der Fülle von diesbezüglichen Gesetzen und Verordnungen nur einen Überblick geben. Für detailliertere Informationen wird auf die einschlägigen Gesetzestexte (33, 34) verwiesen. Es empfiehlt sich im Bedarfsfalle darüber hinaus, das zuständige Veterinäramt sowie den Bundesverband der Kaninchenfleisch- und -wollerzeuger (s. Anschriften) zu konsultieren.

Entsprechend den zuvor genannten Zusammenhängen gelten für die Schlachtung von Tieren, die nicht nur zum eigenen Gebrauch verwendet oder nur an einzelne natürliche Personen zu deren eigenem Gebrauch abgegeben werden (gewerbliche Schlachtungen), die nachfolgend auszugsweise wiedergegebenen Bestimmungen:

Der Transport zum Schlachtbetrieb ist durch die Verordnung zum Schutz von Tieren bei der Beförderung in Behältnissen geregelt. In dieser sind u. a. auch die Größe der Behälter sowie die Zahl der in ihnen unterzubringenden Tiere in Abhängigkeit von ihrem Gewicht und die Besatzdichte vorgeschrieben (s. Kap. 10.6). Verletzte oder kranke Tiere dürfen nicht zur Schlachtung verbracht werden, wenn die Beförderung dem Tier zusätzliche Leiden verursachen würde.

Vor der Schlachtung von zum Verkauf bestimmten Kaninchen sind diese durch einen amtlichen Tierarzt der Schlachttieruntersuchung (Lebendbeschau) als Voraussetzung für die Erteilung der Schlachterlaubnis zu unterziehen (33). Mit dieser Untersuchung soll u. a. festgestellt werden, ob:

- das Tier eine Störung des Allgemeinbefindens oder Krankheitserscheinungen erkennen läßt;
- es ermüdet, stark aufgeregt oder durch den Transport erhitzt ist;
- Anzeichen vorhanden sind, daß es Stoffe aufgenommen hat, die das Fleisch für den menschlichen Genuß ungeeignet machen.

Ergeben sich bei der Schlachttieruntersuchung aufgrund der Herkunft, der äußeren Erscheinung, des Verhaltens der Tiere oder aufgrund anderer Tatsachen Zweifel an seiner Gesundheit oder der Genußtauglichkeit des Fleisches, sind weitergehende Untersuchungen durchzuführen.

Seitens des Erzeugers ist sicherzustellen, daß bei der Verabreichung von Medikamenten oder für das Kaninchen zugelassenen Futterzusatzstoffen (z. B. Antibiotika, Kokzidiostatika) die vorgeschriebenen Absetzfristen eingehalten werden.

Vor dem Transport werden die Tiere durch Futter- und/oder Wasserentzug zur Verbesserung der Schlachtausbeute genüchtert. Außerdem verringert die **Nüchterung** auch die Menge der zu entsorgenden Schlachtabfälle. Bei der Schlachtung im Erzeugerbetrieb erfolgt die Nüchterung üblicherweise nur durch Futterentzug 14 bis 18 Stunden vor der Schlachtung, bei fortdauerndem Zugang zu Trinkwasser. Der durchschnittliche Nüchterungsverlust beträgt bei dieser Handhabung 4,0 bis 6,5 %. Er ist bei Grünfütterung um 1 bis 2 % geringer. Der

Abbildung 146: Arbeitsablauf beim Schlachten (von rechts nach links).

290

Abbildung 147: In größeren Betrieben beschleunigt die arbeitsteilige Durchführung des Schlachtvorganges den Arbeitsablauf. Nach der Betäubung durch Elektroschock (rechts) werden die betäubten Tiere an der Transportkette hängend den nächsten Arbeitsgängen zugeleitet.

zusätzliche Wasserentzug erhöht den Nüchterungsverlust nur unwesentlich. Anders ist es jedoch, wenn die Transportdauer sich über mehrere Tage erstreckt (z. B. bei Zuchttierexporten und Versand zu Ausstellungen). Bei dreitägiger Transportdauer erhöht der zusätzliche Entzug von Wasser den durchschnittlichen Nüchterungsverlust um ca. 40 % (9,9 % gegenüber 6,8 %). Die fehlende Wassergabe kann durch die Beigabe von wasserreichem Futter (z. B. Möhre, Futterrübe) weitgehend ersetzt werden (s. Kap. 9.3).

Während bei der Verabreichung von Alleinfutter die Höhe des Nüchterungsverlustes unabhängig vom Mastendgewicht ist, sinkt er bei Grünfütterung mit steigendem Mastendgewicht auf den oben angegebenen niedrigeren Wert. Unabhän-

gig von der Nährstoffversorgung hat bereits der Streß eines kurzzeitigen Transportes Gewichtsverluste zur Folge. Diese liegen bei einer Temperatur von 19 °C nach französischen Angaben zwischen durchschnittlich 1,4 % bei zweistündigem und 2,6 % bei vierstündigem Transport. Eine Nüchterung vor dem Transport hat hierbei größere Nüchterungsverluste zur Folge als eine durchgehende Fütterung bis zum Transportbeginn.

Für die **Schlachtung** selbst gilt folgendes:

In den Schlachtraum verbrachte Schlachttiere müssen sofort geschlachtet werden.

Zum Zeitpunkt der Schlachtung sollten den Tieren unnötige Schmerzen und Leiden erspart werden.

Für das Verbringen, Unterbringen, Ruhigstellen, Betäuben und Töten der Kaninchen dürfen nach § 4 des Tierschutzgesetzes nur Personen eingesetzt werden, die über ausreichende Kenntnisse und Fähigkeiten verfügen, um die Arbeiten auf humane und effiziente Weise auszuführen. Seitens des ZdK und vom Bundesverband deutscher Kaninchenfleisch- und -wollerzeuger (s. Kap. 18) werden entsprechende Unterweisungen durchgeführt.

Personen, die das Fleisch mit Krankheitskeimen infizieren können, dürfen beim Schlachten sowie auch beim Bearbeiten und sonstigem Behandeln des Fleisches nicht mitwirken.

Für die **Betäubung** selbst sind in Deutschland folgende Verfahren zugelassen (40):

1. Genickschlag mit einem genügend starken Holzstück. Nachteilig sind die hierbei auftretenden Blutergüsse im Nackenbereich des Schlachtkörpers.

2. Schlag auf die Stirn

3. Schuß mit dem Bolzenschußapparat oberhalb der Stirn, direkt am Ohrenansatz. Wird der Apparat tiefer angesetzt, trifft der Bolzen lediglich die Nasen- oder Augenhöhle und betäubt nicht.

4. Elektroschock durch Kontakt der Elektroden im Kopfbereich. Dieses Verfahren wird überwiegend in größeren Schlachtbetrieben angewendet.

5. Betäubung mit Kohlendioxyd

Das betäubte Tier wird an den Hinterläufen in folgender Weise aufgehangen:

Beide Hinterläufe werden entweder in feststehende, an der Wand angebrachte Gabeln oder in freihängende Schlachtgalgen eingehängt. Die letztgenannte Konstruktion ist in größeren Schlachtbetrieben in ein Transportband integriert, welches die Tiere zu den anderen Stationen des Schlachtvorganges weitertransportiert.

Der linke Hinterlauf wird zwischen Laufknochen und Achillessehne an einen Haken oder beide Läufe an ein freipendelndes Querholz bzw. Eisenbügel gehangen.

Zum **Entbluten** wird die Halsschlagader mit einem Schnitt durchtrennt, oder der Kopf wird insgesamt abgetrennt. Letzteres erspart das zeitaufwendige Ablösen des Felles vom Kopf und ist angesichts der weiten Verbreitung der Pasteurellose (Kaninchenschnupfen) auch aus hygienischen Gründen sinnvoll.

In Deutschland muß jedoch bei kommerziellen Schlachtungen der Kopf am Schlachtkörper verbleiben.

Abziehen des Felles: Es werden Schnitte von den Sprunggelenken bis zur Schambeinfuge bzw. dem After und dem Geschlechtsteil zum Abtrennen des Felles von den Läufen geführt. Wenn das Tier nur an einem Lauf aufgehängt ist, kann gleichzeitig auch die Pfote von dem freien Lauf abgetrennt werden. Das Fell wird dann bis zum Schwanzansatz heruntergezogen und der Schwanz (Blume) abgeschnitten. Anschließend wird das Fell weiter nach unten gezogen. Durch entsprechende Schnittführung wird sichergestellt, daß die äußeren Geschlechtsteile und der After nicht am Fell haften bleiben. Das Abziehen des Felles wird, soweit erforderlich, durch Messerschnitte unterstützt, um das Bindegewebe zu durchtrennen. Es ist zu gewährleisten, daß kein Fett am abgezogenen Fell haften bleibt, sofern dasselbe später als Kürschnerfell gegerbt werden soll. Die

Tabelle 45: Schlachtausbeute bei unterschiedlicher Vermarktungsform und Mastmethode

		(Neuseeländer, weiß)						
		Alleinfuttermast			Grünfuttermast			
Alter	Tage	74			147			
Mastendgewicht	kg	2,50			2,60			
Schlachthofgewicht	kg	2,38			2,50			
Nüchterungsverlust (n. 12- bis 16stündiger Nüchterung)	kg	0,12 (= 4,8 %)			0,10 (= 3,8 %)			
		Gewicht	Teilstück-anteil	Schlacht-ausbeute kumulativ	Gewicht	Teilstück-anteil	Schlacht-ausbeute kumulativ	
		kg	%	%	kg	%	%	
Schlachtkörper (ohne Kopf und eßbare Innereien)		1,27	53,4	53,4	1,11	44,4	44,4	
Leber		0,07	2,9	56,3	0,10	4,0	48,4	
Herz, Lunge, Nieren		0,04	1,7	58,0	0,04	1,6	50,0	
Kopf		0,11	4,6	62,6	0,11	4,4	54,4	
Blut		0,08	3,4	66,0	0,08	3,2	57,6	
Haut ohne Haare		0,36	15,1	81,1	0,36	14,4	72,0	
Hinterpfoten		0,06	2,5	83,6	0,06	2,4	74,4	
Vermarktungsfähige Schlachtausbeute maximal (ohne Blut) mit Hinterpfoten		–	–	80,2	–	–	71,2	

Die Schlachtausbeute umfaßt den eßbaren Anteil des geschlachteten Kaninchens, wozu in einigen Ländern auch die Haut nach der Entfernung der Haare gehört. Die Schlachtausbeute ist bei ausschließlicher Grünfütterung geringer als bei der Verabreichung eines Alleinfutters.

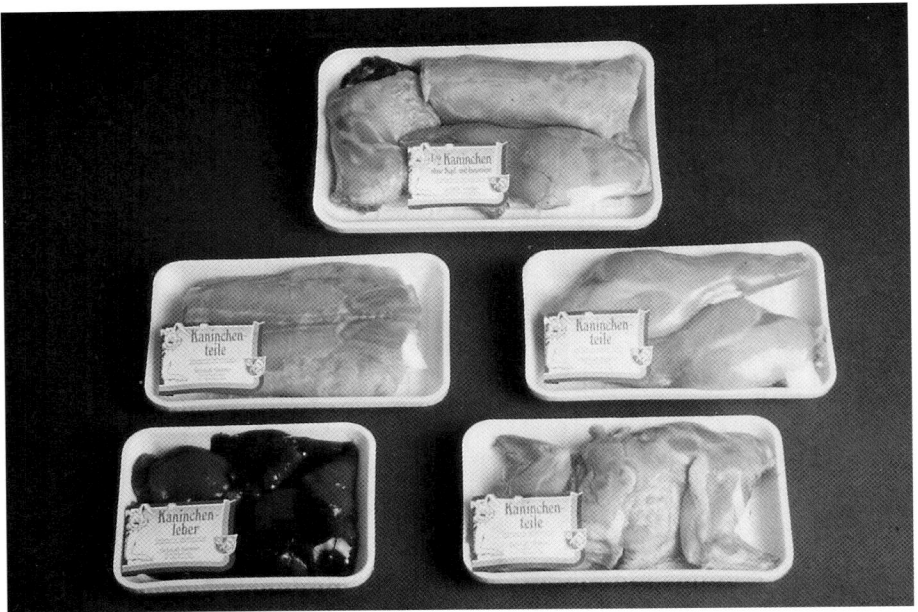

Abbildung 148: Die Portionierung des Schlachtkörpers senkt die Produktionskosten durch höhere Mastendgewichte und ermöglicht die Anpassung an die jeweilige Haushaltsgröße.

Vorderpfoten werden am Vorderfußwurzelgelenk abgeschnitten.

In einigen afrikanischen Ländern verbleibt das Fell am Schlachtkörper. Wie beim Schwein wird die Haut mitverzehrt, nachdem zuvor die Haare durch Absengen oder Brühen und Abschaben entfernt wurden.

Entfernen der Eingeweide: Unterhalb des Beckens wird die Bauchdecke leicht angehoben und ohne Verletzung der Eingeweide ein Einschnitt vorgenommen. In die Öffnung werden Zeige- und Mittelfinger der linken Hand gesteckt und gespreizt. Die auf diese Weise angehobene Bauchdecke wird einschließlich des Brustkorbes aufgetrennt. Anschließend wird die Schambeinfuge ohne Verletzung des Mastdarmes oder der Harnröhre mit dem Messer durchtrennt. Sodann wird das Becken mit beiden Händen aufge-

brochen und der Mastdarm und die Harnröhre nach dem Freischneiden der Geschlechtsteile und des Afters herausgezogen.

Anschließend werden dann die anderen Eingeweide aus der Bauchhöhle entfernt. Von der Leber ist die Gallenblase zu entfernen, desgleichen die zu beiden Seiten der Schambeinfuge liegenden Inguinaldrüsen.

Alle Teile des geschlachteten Tieres sind bei gewerblichen Schlachtungen nach dem Schlachten durch einen amtlichen Tierarzt (Tierarzt, dem von der zuständigen Behörde die Durchführung der amtlichen Untersuchungen und Überwachungen übertragen worden ist) auf ihre Genußtauglichkeit hin zu untersuchen (33). Hierzu müssen alle vom Tierkörper abgetrennten Teile in unmittelbarer Nähe des

Tierkörpers aufbewahrt werden, und ihre Zugehörigkeit muß erkennbar sein. Die Nieren sind aus der Fetteinbettung herauszulösen.

Diese landläufig als **Fleischbeschau** bekannte Untersuchung umfaßt u. a. die Feststellung pathologisch-anatomischer Veränderungen sowie die von Krankheitserregern und sonstigen Einflüssen, welche das Fleisch nachteilig beeinflussen können. Hinsichtlich der letztgenannten Qualitätsmerkmale sind besonders zu beachten: mangelhafte Ausblutung, abweichende Fleischreifung, Wäßrigkeit u. a. sowie Stoffe mit pharmakologischer Wirkung bzw. deren Umwandlungsprodukte, die in das Fleisch übergehen und gesundheitsbedenklich sein können. Von

den im Jahr 1992 untersuchten 410.310 Schlachtkaninchen wurden 0,75 % der Schlachtkörper und 1,71 % der Schlachtkörperteile als untauglich eingestuft. Hauptgründe hierfür waren mit 89,2 % erhebliche Veränderungen, wie Geschwülste, Abzesse und vollständige Abmagerung (40).

Der für tauglich befundene Schlachtkörper ist mit einem runden Stempel auf dem Rücken des Tieres oder einer Plombe zu kennzeichnen. Nicht zum Genuß für Menschen geeignetes Fleisch ist sofort in festverschlossene Behältnisse zu bringen. Die Beschau des lebenden Tieres, wie auch die des Schlachtkörpers, ist gebührenpflichtig. Die Höhe der Gebühr wird von der zuständigen Kreisverwal-

Tabelle 46: Einfluß von Mastendgewicht und Fütterungsmethode auf Teilstück- und Gewebsanteile am Schlachtkörper (146) – Neuseeländer, weiß

Mastendgewicht		2,2 kg		2,6 kg		3,0 kg	
Fütterungsgruppe		Allein-futter	Grün-futter	Allein-futter	Grün-futter	Allein-futter	Grün-futter
Zerlegungsanteile							
Kopf	%	8	10	8	9	7	9
Vorderteil	%	24	24	23	24	22	24
Rücken und Bauch	%	33	30	32	29,7	34	30
Keulen	%	33	35,8	34	37	33	36
Nierenfett	%	2	0,2	3,0	0,3	4	0,7
Gewebsanteile am Schlachtkörper ohne Kopf Fleisch, Fett, Sehnen (eßbarer Anteil am Schlachtkörper)	%	80	77	82	78	82	80
Knochen und Knorpel	%	20	23	18	22	18	20

Der Anteil der Teilstücke wird vom Mastendgewicht praktisch kaum beeinflußt. Bei Grünfütterung (Klee und Raps) wird der geringere Rückenanteil durch den höheren Keulenanteil kompensiert. Bei beliebiger Aufnahme eines Mastalleinfutters ist der Nierenfettanteil bis zu zehnmal so hoch und steigt bei beiden Fütterungsmethoden mit zunehmendem Gewicht.

Abbildung 149: Die Vermarktung von Fertiggerichten und anderen konsumfertigen Zubereitungen (z. B. Pasteten) sog. »convenience food« liegt im Zeittrend und erschließt dem Absatz von Kaninchenfleisch neue Käuferkreise. Im Bild das Angebot von Fertiggerichten in der Provinz Sichuan (VR China).

tung festgesetzt und schwankt zur Zeit zwischen 0,30 DM und 0,70 DM pro Tier.

Teilstückzerlegung – die Zerlegung des Schlachtkörpers in Teilstücke geschieht mit folgenden Zielsetzungen:

– Heranführung von Verbrauchern an den Konsum von Kaninchenfleisch, für welche der unzerteilte Schlachtkörper zu groß oder dessen portionsgerechte Zerlegung zu arbeitsaufwendig ist;

– Erzielung eines höheren Erlöses durch eine entsprechende Preisdifferenzierung für die Teilstücke;

– Nutzung der je Kilogramm Schlachtgewicht geringeren Kosten für die Erzeugung, Schlachtung und Fleischbeschau von schwereren Tieren.

Die Schnittführung hat die Aufgabe, einen möglichst hohen Anteil wertvoller, d. h. hochbezahlter Teilstücke zu gewährleisten. Als wertvolle Teilstücke gelten Rücken, Lende und Keulen. Der Anteil der wertvollen Teilstücke variiert unter dem Einfluß des Mastendgewichtes nur in geringem Maße (Tab. 46). Größer ist der Einfluß der Schnittführung und der Rasse. Beispielsweise präsentieren sich bei der Vermarktung ganzer, unzerteilter Schlachtkörper die Tiere mit kurzem Rücken besser, da sie einen höheren Muskelanteil vortäuschen (z. B. Weiße Neuseeländer, Dt. Widder). Demgegenüber ist die Ausbeute an wertvollen Teilstücken größer bei Rassen mit langem Rücken und schmalem, kurzem Vorderteil (z. B. Hasen- und Riesenkaninchen).

Über den Anteil der Teilstücke bei der in der Abb. 3 gezeigten DLG-Schnittführung informiert die Tab. 46.

Die Zerlegung des Schlachtkörpers darf nicht im Schlachtraum erfolgen. Das Gleiche gilt für das Zubereiten (z. B. Räuchern, Pökeln) einschließlich der Herstellung von Pasteten, Fertiggerichten u. a.

Die gesetzlichen Vorschriften über die Beschaffenheit und Ausstattung der Räume, in denen Fleisch gewonnen, zubereitet oder behandelt wird sowie die allgemeinen Hygienevorschriften für Personal und Arbeitsgeräte sind in den Kap. I bis V der Fleischhygieneverordnung (33) enthalten.

Beim **Handel** und der **Vermarktung** von Schlachttieren allgemein und damit auch von Schlachtkaninchen werden folgende Begriffe verwendet:

Mastendgewicht: Gewicht zum Zeitpunkt der letzten Futtergabe. Es schwankt in Abhängigkeit von der Mastmethode, der Rasse und den Anforderungen des Marktes.

Schlachthofgewicht: Gewicht der Tiere vor dem Schlachten nach mindestens zwölfstündiger Nüchterung.

Nüchterung: Entzug des Futters vor dem Schlachten unter Beibehaltung der Versorgung mit Trinkwasser.

Nüchterungsverlust: Differenz zwischen dem Maststendgewicht und dem Schlachthofgewicht.

Schlachtkörpergewicht: Gewicht des ungeteilten Schlachtkörpers ohne Abgang, aber mit Beckenhöhlenfett, Nieren und Nierenfett sowie Kopf. Entweder warm, unmittelbar nach der Schlachtung oder kalt, nach mindestens 24stündiger Kühlung. Dabei ist mit einem Kühlverlust von 1 bis 1,5 % zu rechnen.

Schlachtausbeute: Prozentualer Anteil des Schlachtkörpergewichtes am Schlachthofgewicht. Abhängig von Alter, Gewicht, Art des Futters sowie der Nüchterungsdauer.

Gesamtschlachtausbeute: Prozentualer Anteil des Schlachtkörpergewichtes und des Abgangs am Schlachthofgewicht.

Abgang: Differenz zwischen Schlachthofgewicht und Schlachtkörpergewicht.

Zum Abgang zählen: *Verwertbarer Abgang* – Leber, Lunge, Herz, Nieren. *Abfälle* – Magen- und Darminhalt, Augen, *Konfiskate* – Geschlechtsteile, ungeborene Tiere

Schlachtverlust: Prozentualer Anteil des Abgangs. Abhängig von der Verdaulichkeit des Futters und der aufgenommenen Futtermenge (Passagezeit), der Nüchterungsdauer und dem Alter.

Nettozunahme in Gramm pro Tag:

Schlachtkörpergewicht warm in g
Alter am Schlachttag in Tagen

Handelswert eines Schlachttieres: Entspricht dem erzielten Erlös. Der Handelswert ist einmal abhängig von Angebot und Nachfrage, welche unter dem Einfluß der marktwirtschaftlichen Gegebenheiten wie Beschickung des Marktes oder dem Einfluß von Konsumgewohnheiten, z. B. erhöhte Nachfrage vor Weihnachten, geringere im Sommer, variieren. Der Handelswert wird ferner von dem Preis bestimmt, zu welchem der Schlachtkörper und die verwertbaren Schlachttierabgänge verwertet werden können, dem **Schlachtwert**. Derselbe ist im wesentlichen von der Qualität des Schlachtkörpers abhängig.

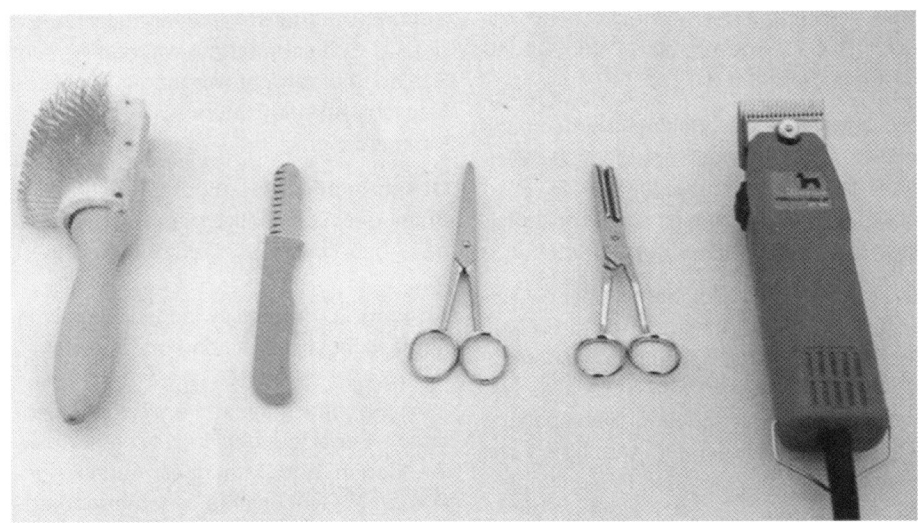

Abbildung 150: Geräte für die Gewinnung der Angorakaninchenwolle und die Pflege des Wollvlieses (von rechts nach links): Schermaschine mit Spezialscherkopf für Angorakaninchen, Schere mit Abstandsbügel für die Winterschur, Normalschere, stumpfes Messer mit Sägezahnklinge
für das Rupfen der Wolle (Frankreich), Drahtbürste für die Entfernung von Verunreinigungen und
Verfilzungen vor der Schur.

12.2 Angorawolle

Wollgewinnung

Das Vlies des Angorakaninchens wird mit
Hilfe folgender Verfahren geerntet:

1. Scheren

Bei dieser am meisten verbreiteten Methode werden die Haare mindestens viermal jährlich mit einer Schere oder elektri-
schen Haarschneidemaschine unmittelbar über der Hautoberfläche abgeschnitten. Der Vermeidung von Hautverletzungen dienen besondere Formen der Scheren wie z. B. gerundete Spitzen, leichte
Krümmung der Scherenklingen sowie
Abstandshalter an deren Unterseiten.
Letztere verhindern, daß die Scherenklingen näher als 3 mm an die Haut gelangen
können. Dadurch wird nach der Schur zumindest ein Minimum an Wärmeisolierung gewährleistet. Für die maschinelle
Schur sind spezielle Schneidköpfe mit einem engen Abstand der Schneidezähne
und einem Spezialschliff erforderlich. Zur
Erleichterung der Schur wird ein soge-
nanntes Schurbrett verwendet. Auf diesem wird das Tier in Rückenlage zum
Scheren der Bauchseite festgeschnallt.
Der Zeitaufwand für das Scheren beträgt
10 bis 20 Minuten/Schur.

Die Vorteile des Scherens im Vergleich
zum Rupfen lassen sich wie folgt zusam-
menfassen:

geringere Streßwirkung, da keine
Schmerzen und besserer Kälteschutz;

weniger Zeitaufwand, zumindest bei ma-
schineller Schur;

größere Ausgeglichenheit des Haar-
durchmessers, da das gleiche Haar im

Verlauf des Wachstums mehrmals geschoren werden kann.

Nachteilig kann sich bei unsachgemäßer Durchführung der Anteil wertloser Nachschnitte (Schnippel) und das Vorkommen von Hautstückchen auswirken, welche beim Scheren abgeschnitten werden. Durch Verletzungen besonders gefährdet sind die Zitzen. Der Anteil an juvenilen Grannen mit intakten Spitzen ist geringer.

2. Rupfen

Bei diesem fast ausschließlich in Frankreich angewandten und als »Epilation« bezeichneten Verfahren wird ein stumpfes Messer mit einer etwa 5 cm langen sägezahnartigen runden Klinge eingesetzt (Abb. 150). Das mit dem Daumen der das Messer haltenden Hand an die Klinge gedrückte Haarbüschel wird durch eine ziehende Bewegung abgetrennt oder aus dem Haarfollikel gezogen. Das Rupfen erfolgt etwa alle 100 Tage. Durch Selektion ist bei der französischen Angorakaninchenpopulation zu diesem Zeitpunkt der größte Teil der Haare einem Haarwechsel unterworfen und hat seinen Sitz im Follikel gelockert (127). Bei der deutschen Population ist dieses Verfahren nicht anwendbar, da der Haarwechsel weniger ausgeprägt ist. Versuchsweise wurde in Frankreich zur Lockerung des Haarsitzes auch Mimosin eingesetzt (Handelsname: Lagodendron). Hierbei handelt es sich um eine Aminosäure, die in den Samen und Blättern einer Mimosenart (Leucaena Leucocephala) vorkommt. Ihre Verfütterung bewirkt eine Lockerung des Haarsitzes. Versucht wurde ferner auch die chemische Schur mittels Cytostatika. Aufgrund der damit ver-

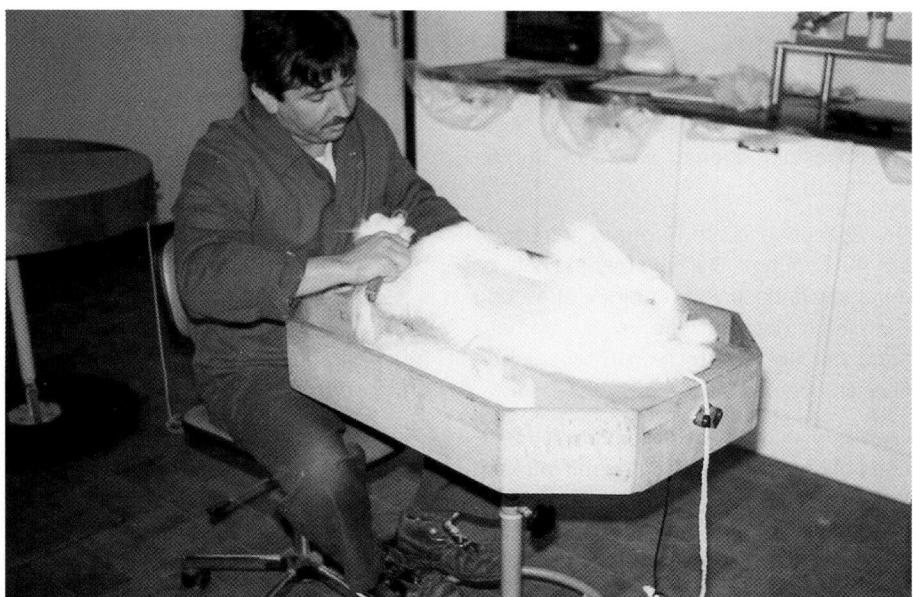

Abbildung 151: In Frankreich ist die Wollgewinnung durch das Ausrupfen der Haare üblich. Dieses Verfahren ist nur bei den Tieren der französischen Angorakaninchenpopulation möglich. Durch jahrzehntelange Selektion bedingt, beginnt sich etwa 100 Tage nach der vorherigen Rupfung der Haarsitz zu lockern.

Abbildung 152: Die bereits während der Schur des Angorakaninchens vorsortierte Wolle wird anschließend nochmals nachsortiert.

bundenen Nebeneffekte verstößt dies in Deutschland jedoch gegen das Tierschutzgesetz, ebenso wie das Rupfen überhaupt.

Der Zeitaufwand pro Rupfung beträgt 30 bis 40 Minuten. Der Wärmehaushalt ist durch die nahezu vollständige Entfernung der Haare gestört, was im Zusammenhang mit der Hautreizung Streßerscheinungen hervorruft.

Die Wollqualität ist beim Rupfen durch einen hohen Anteil von Haaren mit intakten Spitzen gekennzeichnet. Dies täuscht einen höheren Grannenhaaranteil vor, da diese in stärkerem Maße als bei der Schur die Wollhaare überragen.

Eine Variante des Rupfens wird in China praktiziert. Hierbei werden kleine Wollbüschel an den Haarspitzen zwischen Daumen und Zeigefinger erfaßt und herausgezogen. Damit sollen überwiegend die reifen Haare erfaßt werden, deren Sitz sich infolge des beginnenden Haarwechsels zu lockern beginnt. Das erfordert jährlich ein bis zu achtmaliges Rupfen.

3. Kämmen

Früher wurde die Wolle ausschließlich durch Kämmen mittels eines Kammes oder einer groben Bürste gewonnen. Hierbei fielen nur die Haare an, deren Sitz in der Haarwurzel sich gelockert hatte (s. Abb. 11) oder deren geringer Durchmesser (Wollhaare) sie abreißen ließ. Dieses Verfahren hatte zur Folge, daß sich im Vlies Haare befanden, die bis zu über 20 cm lang waren. Um Filzbildung zu vermeiden, mußte das Vlies alle 2 bis 3 Wochen zur Entfernung der abgängigen

300

Wollhaare gekämmt werden. Aus dieser Zeit hat sich die verbreitete Ansicht erhalten, daß Angorakaninchen regelmäßig gekämmt werden müßten, d. h. einen hohen Pflegeaufwand erfordern. Die Einführung des Scherens und die Selektion auf einen geringen Filzanteil hat jedoch zur Folge gehabt, daß sich deratige Pflegemaßnahmen erübrigen.

Vor der Haarernte sind unabhängig von dem angewandten Verfahren Verunreinigungen zu entfernen. Anschließend muß die Wolle einige Tage lüften.

Die unter 1 und 2 genannten Verfahren lösen aufgrund der Umstellung des Wärmehaushaltes und damit auch der Futteraufnahme (s. Abb. 109) beim Tier eine Schockwirkung aus. Diese ist beim Rupfen im Zusammenhang mit den hiermit verbundenen Schmerzen größer als beim Scheren. Als Folge davon ist in den ersten Tagen nach der Haarernte die Futteraufnahme zunächst noch niedriger als vorher. Um den höheren Energiebedarf für die Erhaltung der Körpertemperatur zu decken, muß daher das Tier auf seine körpereigenen Reserven (Fett) zurückgreifen. Diese Umstellung des Stoffwechsels bringt weitere physiologische Belastungen mit sich. Bei einer Außentemperatur von + 4 °C wurde ein Absinken der Hauttemperatur von 39,7 °C auf 22 °C beobachtet. Für jedes Grad unter einer Temperatur von 15 °C waren bei einem 4 kg schweren Tier zur Deckung des Energiebedarfes entweder 6 g Alleinfutter oder 1,6 g Körperfett erforderlich (162). Die mit der Entfernung der Wolle verbundenen Probleme sind um so größer, je niedriger die Außentemperaturen sind, je länger das Schurintervall und je höher die Wollleistung ist.

Folgende Maßnahmen sind zur Verbesserung des Schutzes gegen Abkühlung geeignet:

Unterbringung der Tiere in einem Raum mit über 15 °C in den ersten ein bis zwei Wochen nach der Schur. Stehenlassen von 3 bis 4 mm langen Haarstoppeln auf dem Rücken durch Schere mit Abstandshalter (s. Abb. 150). Einstreu verstärken bzw. Aufbringen von Stroh auf die Roste bei einstreuloser Haltung. Verhängen der Buchtentüren bei Außenställen.

Bei niedrigen Temperaturen, Krankheit oder einer durch Haarballen im Magen behinderten Futteraufnahme sind Tiere ohne Fettreserven den oben geschilderten Belastungen nicht gewachsen und gehen ein.

Die **Länge des Schurintervalls**, d. h. der Abstand von Schur zu Schur, ist bei ausschließlich der Wollerzeugung wegen gehaltenen Tieren abhängig von der gewünschten Haarlänge. Im Durchschnitt beider Geschlechter beträgt das wöchentliche Längenwachstum des Angoravlieses 5 bis 6 mm. Es beträgt in der 10. bis 12. Woche nach der Schur nur noch 70 % der in den ersten drei Wochen gemessenen Werte. Das Wachstum der Grannenhaare liegt hierbei über diesen Durchschnittswerten. Ab der 15. Woche nach der Schur setzt auch bei den Tieren der deutschen Population gelegentlich ein teilweiser Haarwechsel ein, der insbesondere die Wollhaare betrifft. Zum Teil beginnt sich der Haarsitz bereits ab der 10. Woche zu lockern, was Wollausfall zu Folge hat. Dies tritt jedoch sporadisch auf, ohne sich später beim gleichen Tier zu wiederholen. Die Ursachen sind unbekannt.

Im allgemeinen beträgt die Dauer des Schurintervalls 13 Wochen, was einer

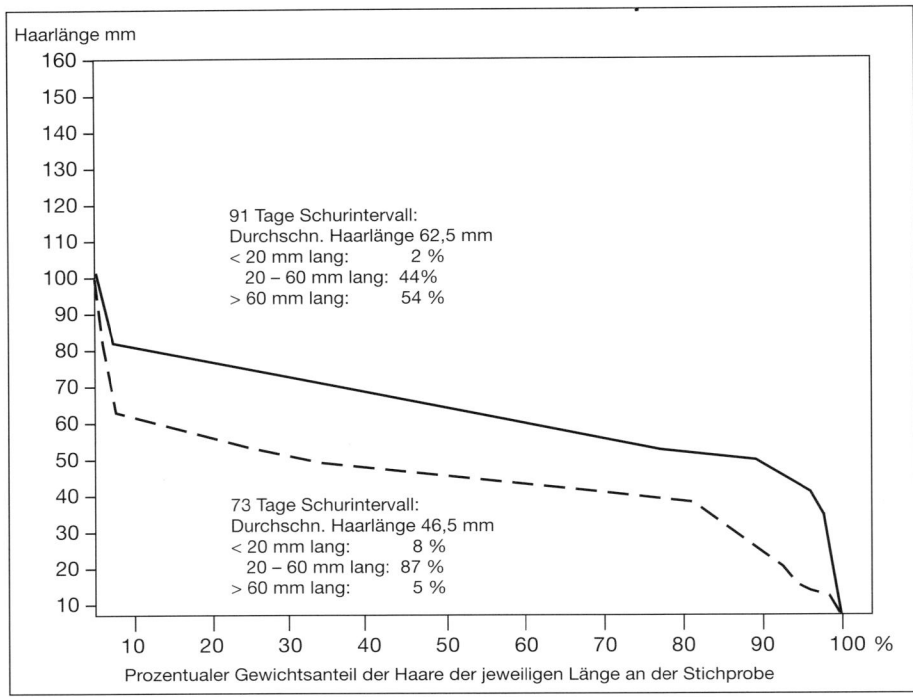

Haarlänge mm

160
150
140
130
120
110
100
90
80
70
60
50
40
30
20
10

91 Tage Schurintervall:
Durchschn. Haarlänge 62,5 mm
< 20 mm lang: 2 %
20 – 60 mm lang: 44%
> 60 mm lang: 54 %

73 Tage Schurintervall:
Durchschn. Haarlänge 46,5 mm
< 20 mm lang: 8 %
20 – 60 mm lang: 87 %
> 60 mm lang: 5 %

10   20   30   40   50   60   70   80   90   100 %

Prozentualer Gewichtsanteil der Haare der jeweiligen Länge an der Stichprobe

Abbildung 153: Beispiel des Einflusses der Länge des Schurintervalls auf die Haarlänge (dargestellt anhand eines Stapeldiagramms)

viermaligen Schur im Jahr entspricht. Die Verkürzung des Schurintervalls erhöht die Futteraufnahme durch die erleichterte Abgabe der beim Stoffwechsel anfallenden thermischen Energie und erleichtert damit auch die Regulierung der Körpertemperatur. Dies ist um so ausgeprägter, je höher die Außentemperatur ist, da einmal die Futteraufnahme nach der Schur in geringerem Maße steigt und zum anderen auch die Isolierung des Wollvlieses sich weniger nachteilig auswirkt.

Jedoch auch bereits im gemäßigten Klima

– verbessert eine Verkürzung des Schurintervalls von 90 Tagen auf 70 Tage den Wollertrag um 13 %;

– erhöht ein dreiwöchiges Schurintervall bei 10 bis 19 Wochen alten Angora-Jungtieren die Tageszunahmen um 16 % im Vergleich zu nur einmaliger Schur in diesem Zeitraum;

verbessert eine Schur weiblicher Tiere am Tage des Deckens die Befruchtungsrate und verringert die embryonale Sterblichkeit, und bei männlichen Tieren wird die Spermaqualität und die Decklust (15, 16) verbessert. Bei hohen Temperaturen sind die positiven Effekte noch größer.

Inwieweit die durch ein verkürztes Schurintervall bedingte Verkürzung der durchschnittlichen Haarlänge und der damit verbundene geringere Anfall an Angorawolle der Sortierungsklasse 1 den Vorteil eines höheren Wollertrages überwiegt, hängt von der Preisgestaltung für kürzere Wolle ab. In den letzten Jahren haben sich die Preisunterschiede zwischen der 1. und 2. Sorte weitgehend egalisiert. Bestehen bleibt der Nachteil eines höheren Arbeitsaufwandes.

Qualitätsbeurteilung

Die Beurteilung der Qualität von Angorakaninchenwolle als Grundlage der Preisbildung und der Weiterverarbeitungsmöglichkeiten basiert in erster Linie auf der durchschnittlichen Länge der Haare im Vlies. Da diese an den verschiedenen Körperteilen unterschiedlich ist, wird die Wolle bereits bei der Schur nach subjektiven Gesichtspunkten sortiert. Subjektiv, d. h. von der sortierenden Person abhängig, erfolgt auch die Schätzung der durchschnittlichen Haarlänge beim Ankauf der Wolle. Das wird nicht selten zur Manipulation des Ankaufspreises mißbraucht. Die Abgrenzung der einzelnen Sortierungsklassen erfolgt in Deutschland überwiegend auf der Grundlage der DIN (Deutsche Industrienorm – 60 40 7). Diese sieht folgende Sortierungsklassen vor:

Klasse 1: Reinweiß, vollkommen sauber, unverworren, mindestens 6 cm lang. Entsprechend den Ergebnissen der Angorakaninchenleistungsprüfungen in der Bundesrepublik Deutschland beträgt der Anteil dieser Klasse am Schurertrag bei 3monatigem Schurintervall 65 % (6 bis 90 %) bei den männlichen und 75 % (4 bis 89 %) bei den weiblichen Tieren.

Klasse 2: Reinweiß, vollkommen sauber, unverworren, unter 6 cm, jedoch mindestens 3 cm lang.

Klasse 3: Reinweiß, vollkommen sauber, unverworren, weniger als 3 cm lang.

Filz 1: Reinweiß, vollkommen sauber, verfilzt, verworren.

Filz 2: Weiß, verfilzt, verworren, verunreinigt und/oder mit Fremdkörpern durchsetzt.

Diese Einteilung entspricht der früher überwiegenden Verwendung von Angorawolle für die Herstellung von Oberbekleidung. Bei der nunmehr überwiegenden Verwendung für die Herstellung feinerer Garne (Tuche, Unterwäsche) erzielt vielfach kürzere Wolle den gleichen bzw. auch einen höheren Preis als die der Klasse 1. Die bei der Beurteilung des Wollertrages von Angorakaninchen aus den Ergebnissen von Stations- und Feldprüfungen errechnete und seit 1960 eingeführte Wollwertrichtzahl hat daher auch aus diesem Grund ihren Sinn verloren. Abgesehen davon war sie auch schon bislang wegen der bis zu über 20 % betragenden Unterschiede bei der subjektiven Beurteilung der Wollsortierung als vergleichende Bewertungsgrundlage ungeeignet. Im Hinblick auf den engen Zusammenhang zwischen dem Wollertrag und der durchschnittlichen Haarlänge ist der erstere ein zuverlässigerer Maßstab. Die Klassifizierung variiert von Land zu Land, wobei sich die Abstufungen von Klasse zu Klasse subjektiv vielfach nicht erfassen lassen.

Hinsichtlich der Problematik der subjektiven Einstufung wird auf die Ausführungen zur Haarlänge verwiesen (Kap. 2.3). Angesichts des hohen Zeitaufwandes (ca. 2,5 Stunden), der mit der objektiven Messung mittels des Stapelziehgerätes verbunden ist, wird vorgeschlagen, bei der Einstufung in die Sortierungsklassen lediglich den Anteil der Haare zugrunde zu

Tabelle 47: Einfluß der Meßmethode auf den Grannenhaaranteil bei französischen und deutschen Angorakaninchen

Methode		Französische Population	Deutsche Population
Gewichtsanteil	%	7,22	2,96
Zahlenmäßiger Anteil	%	2,46	1,82

Der unterschiedliche Grannenhaaranteil zwischen der französischen und der deutschen Angorakaninchen-Population ist im wesentlichen darauf zurückzuführen, daß in Frankreich das Gewicht der die Wollhaare überragenden Grannen zugrunde gelegt wird. Darüber hinaus ist dieser Wert auch erheblichen Schwankungen innerhalb der Rasse unterworfen (s. Tab. 11). Es kann somit nicht allgemein von einem höheren Grannenhaaranteil bei den französischen Tieren ausgegangen werden.

legen, welche die angegebene Länge überschreiten (148). Beispielsweise sollten in der Klasse 1 über 50 % der Haare länger als 6 cm sein. Diese Klassifizierungsmethode mittels des Stapelziehgerätes erfordert für die einmalige Messung lediglich einen Zeitaufwand von 10 Minuten.

Als weiterer Qualitätsmaßstab wird ferner der Grannenhaaranteil bewertet. Abgesehen von individuellen Unterschieden zwischen den Tieren ist derselbe auch von dem Meßverfahren abhängig (s. Kap. 2.3, Grannenhaar). Die bei Schauen gehandhabte subjektive Beurteilung ist mit erheblichen Fehlern verbunden, die im wesentlichen von der Länge der Grannen verursacht werden: Je länger diese im Verhältnis zu den Wollhaaren sind, desto höher wird ihr Anteil geschätzt.

12.3 Fell

Unter Beachtung der in Kap. 2.4 erläuterten Voraussetzungen läßt sich das Kaninchenfell für die Herstellung von Pelzbekleidung und modischen Artikeln (Pelzbesatz für Kleidung und Schuhe, Pelzfutter,

Kuscheltiere) verwenden. Die Produktschauen der Frauengruppen in den örtlichen Kaninchenzuchtvereinen geben hinsichtlich der Verwendungsarten vielfältige Anregungen.

Die Vorbereitung für die spätere Verwendung als Kürschnerfell beginnt bei der Ausschaltung von haltungsbedingten Fellschäden (Scheuerstellen, Narben usw.) sowie der Festlegung des Schlachttermins. Hierfür kommt ausschließlich die Zeit zwischen Mitte November bis Mitte Januar in Frage. Krankheiten, welche das Wohlbefinden der Tiere beeinträchtigen, haben gleichfalls negative Auswirkungen auf die Fellqualität. Dies gilt insbesondere für Mykosen (Hautpilzerkrankungen) und Außenparasiten.

Das Fell wird unter Vermeidung von Beschädigungen, wie Einschnitten und Blutflecken, vom Schlachtkörper abgezogen, wobei auf das Fell vom Kopf und den Pfoten verzichtet werden kann. Die Konservierung des Felles muß unmittelbar nach dem Abziehen erfolgen. Für die spätere Pelzverarbeitung und für Kleinhaltungen kommt das Trocknen in Frage. Fallen Felle in großer Zahl an, oder sind sie für die Haargewinnung und die Verarbeitung zu Leder bestimmt, können sie auch eingesalzen oder eingefroren werden. Bei verzögerter Konservierung bewirkt die schnell beginnende bakterielle bzw. enzymatische Zersetzung der Haut die Lockerung des Haarsitzes.

Zwecks Konservierung durch Trocknung werden die Felle mit der Haarseite nach innen über einen Fellspanner gezogen. Dies verhindert ein Schrumpfen des Felles bei der Trocknung. Allerdings darf durch das Spannen das Fell nicht vergrößert werden. Hierdurch würde sich zwangsläufig die Haardichte und die Festigkeit des Haarsitzes verringern. Der Fellspanner sollte deshalb in seiner Größe verändert werden können, damit er sich der Größe des Felles anpassen kann. Dies ist bei den in der Abbildung

154 gezeigten Konstruktionen aus Eisenstäben gewährleistet.

Die Verwendung verzinkter Stäbe vermeidet Rostflecken auf dem Fell. Als Fellspanner können auch im Kopfteil beweglich miteinander verbundene gehobelte Holzstäbe verwendet werden, die unten mittels eines Querholzes gespreizt werden. Es ist darauf zu achten, daß sich beim Aufziehen des Felles auf den Spanner keine Falten bilden, unter denen dann das Leder nur unvollkommen trocknet. Dies leistet der Bildung von Fäulnisherden und damit Kahlstellen Vorschub. Ungeeignet ist das Ausstopfen des Felles mit Stroh oder Heu. Hierbei erfolgt die Schrumpfung beim Trocknen ungleichmäßig und das Fell deformiert.

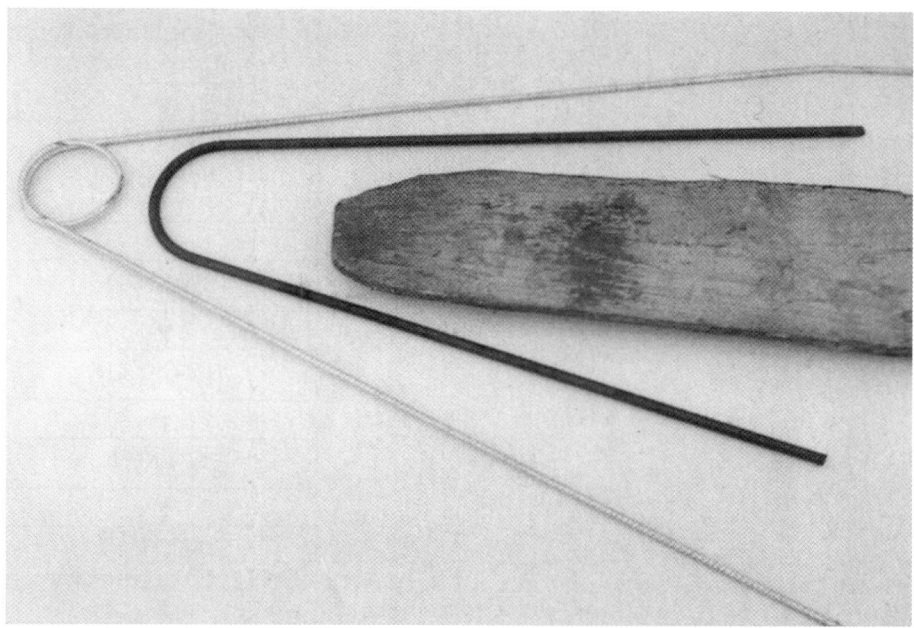

Abbildung 154: Für das Trocknen von Fellen sind die elastischen Fellspanner besser geeignet als das Brett, da sie sich der Größe des Felles anpassen können. Hierzu wurden die Stäbe unten mittels eines Abstandhalters gespreizt. Wird jedoch das Fell stärker gespannt, als es seiner normalen Größe entspricht, verringern sich die Dichte und der Halt der Haare in der Haut.

Tabelle 48: Arbeitsablauf bei der Gerbung von Kaninchenfellen

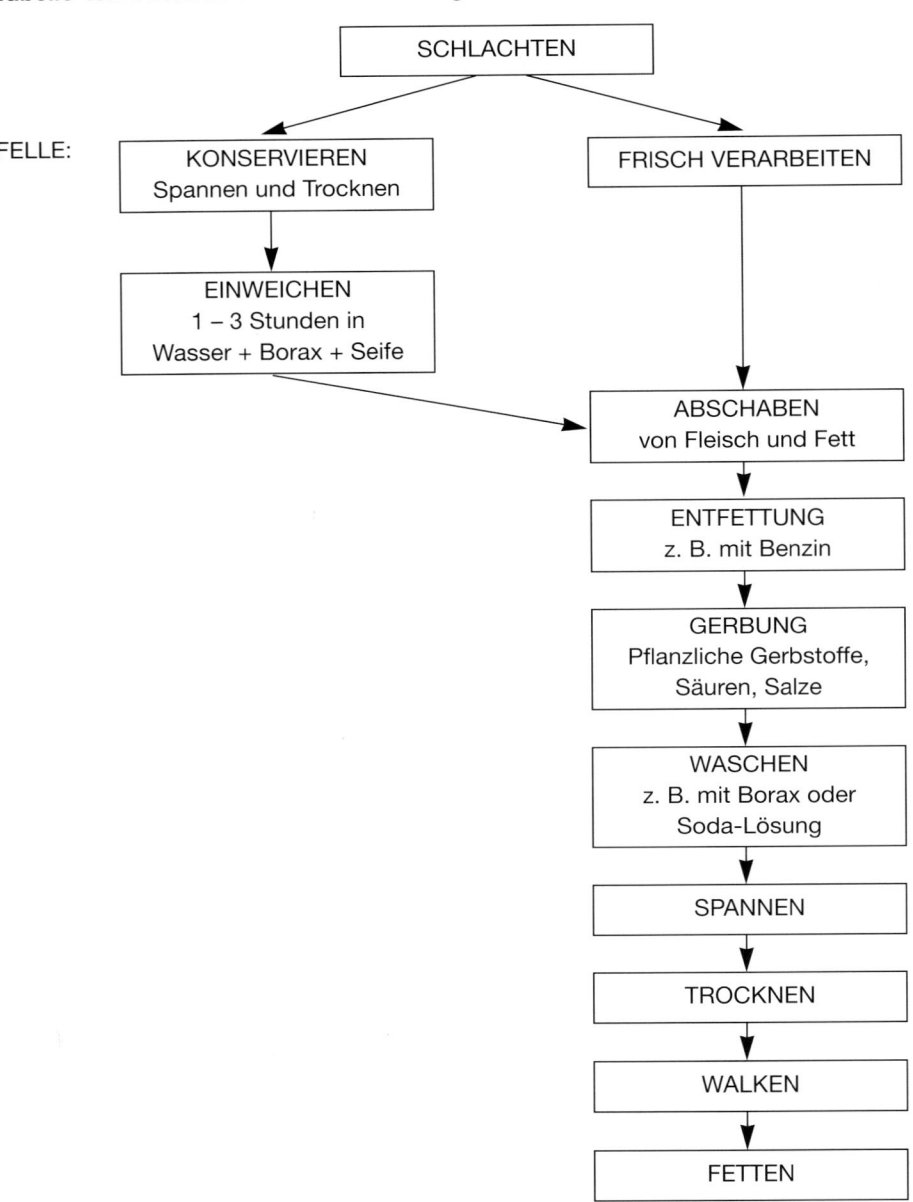

FELLE:

SCHLACHTEN

KONSERVIEREN
Spannen und Trocknen

FRISCH VERARBEITEN

EINWEICHEN
1 – 3 Stunden in
Wasser + Borax + Seife

ABSCHABEN
von Fleisch und Fett

ENTFETTUNG
z. B. mit Benzin

GERBUNG
Pflanzliche Gerbstoffe,
Säuren, Salze

WASCHEN
z. B. mit Borax oder
Soda-Lösung

SPANNEN

TROCKNEN

WALKEN

FETTEN

Nach dem Aufspannen werden noch anhaftende Fett- und Fleischteile mit einem stumpfen Gegenstand (Schaber, Messerrücken u. ä.) abgekratzt. Dadurch wird verhindert, daß diese in Fäulnis übergehen und Fellschäden (Haarausfall) verursachen.

Die Trocknung mittels Fellspanner ist der des aufgeschnittenen und auf ein Brett genagelten Felles vorzuziehen. Bei der letztgenannten Methode erfolgt die Aufspannung ungleichmäßiger, ferner kann das Fell dort, wo es festgenagelt wurde, beschädigt werden.

Zum Trocknen werden die Spanner mit den Fellen an einem schattigen, trockenen und gut gelüfteten Platz aufgehangen. Hohe Temperaturen (mehr als 40 °C) haben Schädigungen des Bindegewebes zur Folge.

Nach zwei bis drei Wochen können die getrockneten Felle vom Spanner genommen und an einem luftigen und trockenen Platz gelagert werden. Hierbei empfiehlt sich die Zugabe eines Insektizids oder zumindest eines Insekten vertreibenden Mittels (z. B. Mottenkugeln).

Vor der Weiterverarbeitung zu Pelzbekleidung oder als Leder wird das Fell durch das Gerben haltbar und geschmeidig gemacht. Die in diesem Zusammenhang durchzuführenden Arbeitsgänge sind in Tab. 48 schematisch dargestellt. Bei der professionellen Verarbeitung zu Kürschnerfellen wird außerdem noch ein Teil der Unterhaut entfernt, um das Fell leichter und geschmeidiger zu machen. Da die Durchführung der Gerbung sowohl Erfahrung als auch das Vorhandensein einer entsprechenden apparativen Ausstattung voraussetzt, empfiehlt es sich, von der in der Fachpresse angebotenen Lohngerbung Gebrauch zu machen. Allerdings sollte ausdrücklich Pelzgerbung gefordert werden.

Wer Mühe und anfängliche Enttäuschungen nicht scheut, kann die Gerbung auch selbst durchführen. Die entsprechenden Chemikalien werden auch in kleineren Gebinden nebst Arbeitsanweisungen von folgenden Firmen bereitgestellt: Zschimmer & Schwarz, 56112 Lahnstein, Tel. (0 26 21) 1 20; Dr. Th. Böhme, Geretsried 1, 82538 Gartenberg, Tel. (08 71) 62 80.

Fellschäden sind sowohl auf unsachgemäße Haltung der Tiere als auch auf Fehler beim Schlachten (Pelzen) sowie der anschließenden Behandlung des Felles zurückzuführen. Neben der von der Rassenwahl abhängigen oder durch unsachgemäße Fütterung verursachten geringen Größe des Felles und der Schlachtung während des Haarwechsels sind Beschädigungen die häufigste Ursache für die Nichtverwendbarkeit des Felles zur Pelzverarbeitung. Die nachfolgende Zusammenstellung (75) gibt einen Überblick über die Vielfalt der zu beachtenden Einflüsse:

Scheuerstellen: Beschädigung des Haarkleides infolge Scheuerns an der Käfigwand, wobei in leichten Fällen die Grannenhaare ausfallen und in schweren Fällen die Unterwolle deformiert wird.

Grinde, Narben, Wunden: Offene oder verwachsene Beschädigungen des Felles, hervorgerufen durch Krankheit oder Verletzung.

Chemische Verätzung: Schäden, die bei der Bearbeitung durch ätzende Chemikalien oder Farbe entstanden sind.

Löcher: Beschädigungen, die das Leder durchdringen.

Schnitte und Ausheber: Einschnitte oder Verdünnungen der Haut von der Fleischseite her, die das Unterhautbindegewebe durchdringen und die Lederhaut beschädigt haben.

Haarlässigkeit: Schäden, die sich durch Lösen der Unterhaut, durch Tiefschnitt oder bei nicht abgeschlossenem Haarwechsel ergeben und bei denen durch unsachgemäßes Entfetten der Lederhaut die Haarwurzeln beschädigt werden. Die Haare fallen aus, da die Haarwurzeln keinen Halt mehr haben.

Faulstellen: Beschädigung der Lederhaut durch Verwesung, sowohl von der Haar- als auch von der Fleischseite aus, infolge von nicht entferntem Fett, einer späten oder schlechten Konservierung bzw. unsachgemäßer Lagerung.

Verhornung, Verleimung: Schäden, die durch zu hohe Temperaturen beim Trocknen der Felle entstehen und als Brüchigkeit durch verminderte Zugfestigkeit erkennbar sind.

Fraßstellen: Schäden, die durch Speckkäfer, Motten und andere Schädlinge verursacht werden.

Rostflecken: Schäden haar- oder lederseitig, die durch Berührung mit rostigen Eisenteilen (Fellspanner) entstehen und sich als rotbraune Flecken zeigen.

Blutflecke: Rötliche Verfärbung des Haares durch Blut.

Bruchstellen: Schäden, die durch unsachgemäße Trocknung und Konservierung entstehen.

Kahlstellen: Teile der Haarseite, auf denen sich infolge krankhafter oder anderer Veränderungen keine Haare befinden.

Risse: Offene Beschädigungen des Leders infolge starker mechanischer Beanspruchung.

Filzstellen: Teile des Haarkleides, auf denen die Wollhaare verklebt sind und sich nicht ohne Beschädigung des Haarkleides entfernen lassen.

Wirbel: Stellen, an denen, bedingt durch das natürliche Haarwachstum, verschieden gerichtete Haarpartien entstehen, die sich deutlich vom normalen Wuchs abheben und sich nicht beseitigen lassen (Haarwirbel).

Nässestellen: Schäden, die durch Einwirkung von Urin verursacht werden.

13 Ökonomische Planung und Kontrolle der Kaninchenfleischerzeugung

W. Schlolaut

Die Entscheidung für die Aufnahme einer erwerbsorientierten Erzeugung von Kaninchenfleisch und -wolle ist häufig auf die Unterschätzung des hierfür erforderlichen Wissens und der wirtschaftlichen Risiken zurückzuführen. Dabei basiert die Motivation zur Nutzung dieser Marktnische nicht selten auch auf den Erfahrungen, welche mit der Haltung von Kaninchen in Kleinbeständen, sei es zur Selbstversorgung oder als Rassekaninchenzüchter gemacht wurden.

Übersehen wird hierbei, daß die professionelle Kaninchenfleischerzeugung hinsichtlich des Wissens um die produktionstechnischen Vorausetzungen in den letzten Jahrzehnten weitgehend das Niveau der anderen Zweige der Nutztierhaltung erreicht hat. Dieser Wissensstand bildet bereits die Produktionsgrundlage in den zur EU gehörenden Haupterzeugerländern (Italien, Spanien, Frankreich), die auch als Wettbewerber auf dem deutschen Markt auftreten (s. Tab. 4). Abgesehen davon unterliegt Kaninchenfleisch auch nicht den Importbeschränkungen, wie sie für andere landwirtschaftliche Erzeugnisse aus Nicht-EU-Ländern gelten. Wer daher mit einer Kaninchenhaltung zu Erwerbszwecken beginnen will, steht im weltweiten Wettbewerb mit Erzeugern,

Abbildung 155: Die in der Idylle von Kleinsthaltungen und der Zucht von Ausstellungstieren gesammelten Erfahrungen sind auf eine erwerbsorientierte Kaninchenfleischerzeugung nur in sehr beschränktem Umfang übertragbar. Um das Risiko von Fehlern und Fehlentscheidungen zu reduzieren, empfiehlt es sich, zuvor auf die Erfahrungen bereits bestehender Betriebe und der Beratung zurückzugreifen.

die sowohl über ein hohes Maß an Erfahrungen und produktionstechnischem Wissen verfügen, als auch bei ihrer Preiskalkulation einen zum Teil bedeutend geringeren Lohnanspruch und niedrigeren Investitionsaufwand zugrunde legen können. Hinsichtlich des letztgenannten Gesichtspunktes wird auf die VR China hingewiesen: Mit jährlich 40.000 bis 50.000 Tonnen Kaninchenfleisch und 7000 bis 8000 t Angorakaninchenwolle ist dieses Land weltweit der größte Exporteur von Kaninchenprodukten.

Als Pluspunkt für die einheimische Erzeugung ist die in Marktnähe erfolgende Erzeugung eines Qualitätsproduktes zu nennen. Das Argument einer dadurch gewährleisteten Frische der Ware wird ergänzt durch die für den sensiblen Verbraucher wichtige Transparenz der Produktionsbedingungen. Diese sind in Deutschland durch besonders strenge tierschutzrechtliche und hygienische Vorschriften gekennzeichnet. Dementsprechend basiert die Ausweitung der einheimischen Erzeugung in den letzten Jahren vor allem auf der Direktvermarktung ab Hof oder auf Wochenmärkten sowie dem Absatz an Gastronomie und Fachhandel.

Angesichts dieser Situation ist ein solides Fachwissen in Verbindung mit der Planung und Kontrolle des Produktionsablaufes und des Betriebsergebnisses unerläßliche Voraussetzung für den Erfolg in dieser Branche. Kaninchenzucht und -haltung ist ein anerkannter Lehrberuf innerhalb der Fachrichtung »Tierwirt«. Auskunft über die für die Ablegung der Gehilfen- oder Meisterprüfung zu erfüllenden Voraussetzungen erteilt die Landwirtschaftskammer Rheinland, Referat Kleintierzucht und -haltung, Endenicher Allee 60, 53115 Bonn, Tel. (02 28) 70 33 43 oder Fax: 70 34 96

Im Gegensatz zu Frankreich existiert in Deutschland kein staatlich gefördertes Programm für die Durchführung von Wirtschaftlichkeitskontrollen in den Betrieben. Dies ist insofern bedauerlich, als der zu einzelbetrieblichen Entscheidungen motivierende Vergleich mit anderen Betrieben ebenso entfällt wie der daraus resultierende Erfahrungsaustausch.

Wer die Kaninchenhaltung zu Erwerbszwecken betreibt, ist daher darauf angewiesen, die ökonomische Planung und Betriebskontrolle selbst durchzuführen. Voraussetzung hierfür ist die regelmäßige Erfassung der Einnahmen und Ausgaben sowie die Führung der in Kap. 6 beschriebenen Stalllisten und -karten. Dies ermöglicht nicht nur die Bereitstellung der für die Wirtschaftlichkeitskontrolle erforderlichen Daten, sondern ist auch eine Voraussetzung für die Erkennung von Schwachstellen im Betriebsablauf (z. B. unfruchtbare Tiere, zu hoher Futteraufwand, Verluste).

Maßstab für den wirtschaftlichen Erfolg ist der Deckungsbeitrag. Er ist sowohl als Entscheidungshilfe anhand einer Modellkalkulation vor der Einrichtung des Erwerbszweiges zu verwenden, als auch für den Jahresabschluß und die Zwischenauswertung im Verlauf des Jahres.

Im Rahmen einer Modellkalkulation bietet der Deckungsbeitrag die Möglichkeit, sich vor der Einrichtung eines Produktionszweiges einen Überblick darüber zu verschaffen, welcher Betrag zur Deckung des Lohnanspruches und der Unterhaltung von Gebäuden und Stalleinrichtungen zur Verfügung steht. Der diesen Aufwand übertreffende Betrag wird auch als Unternehmergewinn interpretiert.

Zu seiner Errechnung werden die in der Beispielsrechnung (Tab. 50) enthaltenen

Tabelle 49: Grunddaten für Modellkalkulation des Deckungsbeitrages/Jahr für eine Häsin mit Nachzucht (172)

Nutzungsdauer der Häsin	Jahre	1
Verkaufte Masttiere	Stück	50
Mastendgewicht	kg	2,8
Erlös je kg Mastendgewicht	DM*	4,0
Gewicht der Althäsin	kg	4,0
Erlös je kg Althäsin	DM*	2,0
Preis je Häsin für die Bestandesergänzung	DM*	40,0
Kosten für die Rammlerhaltung (Besamung)	DM*	1,0
Futterbedarf für die Häsin	kg	100,0
Futteraufwand je kg Mastendgewicht	kg	3,0
Preis je kg Michfutter	DM*	0,42
Kosten für Energie und Wasser	DM*	20,0
Kosten für Tierarzt, Medikamente und Hygiene	DM*	25,0
Häsinnenverluste	%	7
Verluste nach dem Absetzen	%	7
Kapitalzinsen	%	8
Preis der Käfige für Häsin und Nachzucht	DM*	330,0
Nutzungsdauer der Käfige	Jahre	10
Festlegungsdauer des Umlaufkapitals	Jahre	0,33

* inklusive Mehrwertsteuer

Angaben gemacht. Diese Zahlen sollten hinsichtlich der unterstellten Leistungen dem Niveau entsprechen, welches entweder bei dem künftigen Betriebsleiter nach eigener Einschätzung unterstellt werden kann oder aus Beispielsbetrieben vorliegt. Die Preise für die Stalleinrichtung und das Futter können einzuholenden Angeboten entnommen werden. Es empfiehlt sich für die Durchführung derartiger Modellkalkulationen, die Unterstützung der örtlichen Beratungsstellen bei Landwirtschaftsämtern oder -kammern in Anspruch zu nehmen. Auch für den Fall, daß dort noch keine Erfahrungen mit diesem Betriebszweig vorliegen, können Erkenntnisse aus anderen Bereichen genutzt werden.

Die in der Modellkalkulation unterstellten Grunddaten für die verschiedenen Einflußfaktoren (Tab. 49) basieren auf optimalen Verhältnissen und einem fachkundigen Management. Abweichungen können sich aufgrund der nachfolgend zusammengestellten Einflüsse ergeben:

Die **Nutzungsdauer der Häsin** ist vor allem vom Gesundheitsstatus des gelieferten Tiermaterials und den hygienischen Bedingungen in dem betreffenden Bestand abhängig. Sofern keine Infektionskrankheiten (z. B. Pasteurellose) mitgeliefert wurden oder im Bestand herrschen (was hinsichtlich der Pasteurellose vielfach der Fall ist), kann mit einer jährlichen Verlustquote von weniger als 5 % und der Merzung infolge Unfruchtbarkeit von 10 bis 15 % gerechnet werden. Eine durchschnittliche Nutzungsdauer von einem Jahr (wie in Tab. 49 unterstellt) setzt unter Berücksichtigung dieser Abgänge eine etwa eineinhalbjährige Zuchtverwendung der überlebenden bzw. nicht gemerzten Häsinnen zuzüglich des Alters beim Eintritt der Zuchtreife voraus. Im zweiten Jahr muß allerdings mit einer um etwa 15 % geringeren Aufzuchtleistung gerechnet werden. Unter ungünstigen Bedingungen, wie z. B. infektionsbelastetes Tiermaterial oder Ergänzung abgängiger Häsinnen durch Hinzusetzen fremder Tiere in den vorhandenen Bestand, können die Verluste durch Tod und Merzung erheblich höher sein. In den in der Wirtschaftlichkeitskontrolle in Frankreich angeschlossenen Betrieben müssen jährlich aus diesen Gründen 40 bis 50 % der eingestallten Häsinnen ergänzt werden (57).

Die **Zahl der verkauften Masttiere je Häsin und Jahr** ist bei Kreuzungshäsinnen (Rassenkreuzungen und Linienhybriden) höher als bei reinrassigen. Sie beeinflußt die wirtschaftlich wichtige Kaninchenfleischerzeugung je Häsin und Jahr am stärksten und ist gleichzeitig ein Maßstab für die Qualität des Managements und des Tiermaterials. Sie ist jedoch nicht nur abhängig von der Leistungsveranlagung der Häsin, sondern auch von der Zwischenwurfzeit und vor allem der Art der Berechnung. Hinsichtlich der letzteren bestehen folgende Möglichkeiten:

Anfangshäsin – Die Zahl der verkauften Masttiere pro Häsin bezieht sich hierbei auf die am Beginn des Rechnungsjahres eingestallten Häsinnen. Infolge der im Verlauf des Jahres erfolgenden Abgänge durch Tod und Merzung infolge Unfruchtbarkeit oder Erkrankung ist diese Leistung geringer als bei den folgenden beiden Berechnungsverfahren. Betriebswirtschaftlich ist diese Berechnungsmethode jedoch korrekter. Sie trägt der Nutzungsdauer der Häsin ebenso Rechnung wie den Kosten für die Bestandesergänzung.

Die in der Modellkalkulation (Tab. 50) unterstellten 50 verkauften Masttiere sind je Anfangshäsin nur unter günstigen Voraussetzungen zu erzielen. Die Zahl der aufgezogenen Jungtiere beeinflußt die wirtschaftlich wichtige Kaninchenfleischerzeugung je Häsin und Jahr am stärksten und ist gleichzeitig ein Maßstab für die Qualität des Managements und die des Tiermaterials.

Durchschnittshäsin – Dieser Leistungsmaßstab liegt der Modellkalkulation zugrunde (Tab. 50). Er wird aus der Dauer der Anwesenheit im Bestand (Futtertage) errechnet. Zur Errechnung der im Bestand innerhalb eines Jahres vorhandenen Durchschnittshäsinnen wird die Zahl der Futtertage aller Häsinnen des Bestandes im Jahresverlauf durch 365 dividiert. Die insgesamt verkauften Masttiere werden dann durch die Zahl der Durchschnittshäsinnen dividiert. Die Leistung je Durchschnittshäsin ist dadurch höher als die auf die Häsin des Anfangsbestandes berechnete. Sie gibt zwar eine bessere Information über das erbliche Leistungsvermögen der Tiere und das Management der Reproduktion. Sie informiert jedoch nicht über die Höhe der Abgänge im Jahresverlauf. Hierzu ist die Angabe der Zahl der Häsinnen erforderlich, welche zur Ergänzung des Bestandes eingesetzt werden mußten. In französischen Betrieben waren es 1992 (45) im Durchschnitt 1,4 pro Jahr je eingestallte Häsin. Die auf die Durchschnittshäsin bezogene Aufzuchtleistung ist neben den Verlusten vor allem auch von der Schnelligkeit abhängig, mit welcher Häsinnen mit geringer Leistung gemerzt werden.

Häsinnenkäfig – In diesem Falle bezieht sich die Aufzuchtleistung nicht auf das Tier, sondern auf den Häsinnenkäfig. Sie ist weitgehend unabhängig von der Nutzungsdauer. Die Zahl der je Häsinnenkäfig verkauften Mastkaninchen wird in erster Linie dadurch beeinflußt, wie schnell der durch Verluste und Merzung leergewordene Häsinnenkäfig wieder besetzt wird. Die darauf bezogene höchste Aufzuchtleistung wird erreicht, wenn eine bereits tragende Häsin wieder in den Käfig einer gemerzten oder eingegangenen Häsin gesetzt wird. Hierzu werden entsprechend der durchschnittlichen Konzeptionsrate zusätzliche Häsinnen zum gleichen Zeitpunkt gedeckt und in kleineren Reservekäfigen untergebracht. Die bei der Trächtigkeitskontrolle nicht tragenden Häsinnen des Zuchttierbestandes werden dann herausgenommen und gegen tragende Reservehäsinnen ausgetauscht. Auf diese Weise werden bei diesem in Frankreich, Italien und Spanien üblichen Berechnungssystem je Häsinnenkäfig 70 bis 80 Jungtiere aufgezogen. Die Haltungs- und Beschaffungskosten für die Ersatzhäsinnen bleiben unberücksichtigt. Sie lassen sich lediglich aus der prozentualen Remontierungsquote abschätzen und erhöhen den Futter- und Investitionsaufwand des Gesamtbestandes.

Das **Endgewicht der Masttiere** beeinflußt neben der Zahl der aufgezogenen Jungtiere bzw. der verkauften Masttiere die Kaninchenfleischerzeugung je Häsin und Jahr am stärksten. Abgesehen von dem Einfluß auf die anteiligen Haltungskosten der Häsin sinken mit steigendem Mastendgewicht die auf das Schlachttier bezogenen Kosten für die Schlachtung und die Fleischbeschau. Diese Vorteile überwiegen den Nachteil eines sich erhöhenden Futteraufwandes je kg Zuwachs mit steigendem Mastendgewicht.

Der **Erlös je kg Mastkaninchen** unterliegt insbesondere saisonalen Schwankungen: Schlachtereien zahlen den höchsten Preis im Winterhalbjahr. Dagegen ist häufig in den Monaten Juni bis August eine Absatzflaute zu beobachten. Die größte Preisstabilität ist mit der Direktvermarktung zu erzielen, wenn es gelingt, einen qualitätsbewußten, festen Kundenstamm aufzubauen. In der vorliegenden Modellkalkulation hat ein um 10 Pfennig höherer Lebendgewichtspreis eine Erhöhung des Deckungsbeitrages je Häsin um 14 DM zur Folge.

Der **Preis der Häsinnen** für die Bestandesergänzung ist einmal abhängig davon, ob diese zugekauft werden oder beim Einsatz von Reinzuchttieren aus dem eigenen Bestand entnommen werden können. Beim Zukauf der Zuchthäsinnen ergeben sich, abgesehen von Preisunterschieden zwischen den verschiedenen Zuchtunternehmen und Mengenrabatten, auch Kostenunterschiede, die durch die unterschiedliche Zeitdifferenz zwischen dem Ankauf und der ersten Zuchtverwendung bedingt sind (zusätzl. Futter- und Haltungskosten). Wenn Tiere aus Kreuzungszuchtprogrammen (Hybriden) eingesetzt werden sollen, ist der Zukauf obligatorisch. Infolge der genetischen Variation der Leistungen bei der F_2-Generation liegen die Leistungen von Tieren aus unkontrollierten Kreuzungen erheblich niedriger (s. Kap. 5.5.2).

Die **Kosten für die Rammlerhaltung** sind neben der Länge des Deckintervalles (Wurfintervall) vor allem abhängig davon, ob dem natürlichen Deckakt oder der künstlichen Besamung der Vorzug gegeben wird. Wenn die Häsinnen 1 bis 2 Tage nach dem Werfen wieder gedeckt werden, entfallen auf einen Rammler etwa 8 bis 10 Häsinnen, gegenüber 40 bis 50 bei der künstlichen Besamung. Dementsprechend liegen die Kosten für die Rammlerhaltung sowie den Ankauf und die Bestandesergänzung beim natürlichen Deckakt 5- bis 6 mal höher. Die Kosten für die Ovulationsauslösung und die Geräte für die Besamung werden durch die höhere Konzeptionsrate und deren geringere jahreszeitliche Schwankungen zum Teil kompensiert. Allerdings setzt die künstliche Besamung größere Sorgfalt, Fachkenntnisse und eine entsprechende Einarbeitung voraus.

Der **Futterbedarf der Häsin** ist abhängig von ihrem Gewicht, der Dauer der Säugezeit und der Zahl der Würfe pro Jahr, da während der Säugezeit die Nährstoffaufnahme mehr als das Dreifache im Vergleich zum Erhaltungsbedarf beträgt (Tab. 36). Außerdem nehmen mit zunehmender Dauer der Säugezeit auch die Jungtiere Futter auf, welches der Häsin zugeordnet wird, den Futteraufwand für die Mast jedoch reduziert.

Der **Futteraufwand je kg Zuwachs** bezieht sich auf die Zeit nach dem Absetzen bis Mastende. Er schwankt in Abhängigkeit von dem Energiegehalt des Futters, dem Mastendgewicht und der genetischen Veranlagung des Tiermaterials (s. Tab. 5 und 37). Schließlich ist bei einer Modellkalkulation auch das Futter zu berücksichtigen, welches von den eingegangenen Tieren bis zu ihrem Ausscheiden aus dem Bestand gefressen wurde. Es kann davon ausgegangen werden, daß hierdurch der Futteraufwand prozentual sich etwa um die Hälfte der Verlustrate erhöht. Das hat bei der in der Modellkalkulation unterstellten Verlustquote von 7 % eine Erhöhung des Futteraufwandes um 3,5 % = 0,1 kg zur Folge. Das entspricht in der Modellkalkulation einer Verringerung des Deckungsbeitrages um etwa 1 DM pro Masttier = 50 DM insgesamt. In Abhängig-

keit von Rasse oder Hybridherkunft sowie dem Mastendgewicht ergeben sich Unterschiede von bis zu 1 kg Futteraufwand je kg Zuwachs (Tab. 5, 9, 25, 26). Unter Berücksichtigung dessen und der oben erwähnten Einflußfaktoren entspricht der in der Modellkalkulation angenommene Futteraufwand für die Masttiere von 3,0 kg optimalen Verhältnissen. Angesichts der vielfältigen Einflußfaktoren ist ein Futteraufwand von 3,5 kg pro kg Zuwachs als Durchschnitt realer.

Der **Futterpreis** kann, abgesehen von herkunftsbedingten Unterschieden, in Abhängigkeit von der Bezugsmenge und der Art der Anlieferung (lose oder gesackt) schwanken. Versuchsweise wurden durch Einsatz von Rinderfutter ohne Harnstoffzusatz, die Futterkosten je kg Zuwachs um bis zu 40 % reduziert (67). Auf die hiermit verbundenen Risiken wurde in Kap. 9.6.3 hingewiesen.

In den **Veterinärkosten** ist das ovulationsauslösende Hormonpräparat mit 16,– DM enthalten, welches den Häsinnen vor der Besamung verabreicht wird. Diese Kosten entfallen bei natürlicher Bedeckung.

Die **Häsinnenverlust**e der Modellkalkulation setzen mit 7 % einen sehr guten Hygienestatus des Tiermaterials und überdurchschnittliche Haltungsbedingungen voraus. Sie schließen nicht die Abgänge durch Merzung von Häsinnen mit ein, welche nur unzureichende Fruchtbarkeitsleistungen (Trächtigkeitsrate, Zahl der aufgezogenen Jungtiere) erzielen. In diesem Zusammenhang wird auf die Ausführungen zur Nutzungsdauer hingewiesen.

Die **Verluste der Masttiere** nach dem Absetzen schließen nicht nur die Ausfälle infolge Tod mit ein, sondern auch die infolge von Verletzungen und Unterentwicklung

Tabelle 50: Modellkalkulation zur Errechnung des Deckungsbeitrages für eine Häsin (172)

Einnahmen	DM
Mastkaninchen	560,–
Abgängige Althäsin	8,–
Einnahmen insgesamt	568,–
Spezialkosten	
Häsinnenkosten für die Bestandesergänzung	40,–
Futterkosten für Häsin	42,–
Kosten für Rammlerhaltung	1,–
Futterkosten für Masttiere	139,–
Kosten für Energie und Wasser	20,–
Kosten für Tierarzt, Medikamente und Hygiene (einschließlich Besamung)	25,–
Kosten für Häsinnenverluste	2,–
Kosten für Masttierverluste	5,–
Zinsen für Umlaufkapital	8,–
Abschreibung und Zinsen für Käfigkosten	46,–
Spezialkosten insgesamt	328,–
Deckungsbeitrag* (Einnahme abzügl. Spezialkosten)	241,–

nicht vermarktungsfähigen Tiere. Deren Anteil beträgt durchschnittlich 2 bis 3 % (40). In französischen Betrieben betrugen 1992 die Verluste nach dem Absetzen im Durchschnitt 10 bis 15 % und von der Geburt bis zum Absetzen 15 bis 20 % (57).

Der **Zinssatz** entspricht den durchschnittlichen Zinsen, welche auf dem Kapitalmarkt für das eingesetzte Kapital zu zahlen oder zu erzielen wären.

Der **Preis für die Käfige** reduziert sich bei Bodenhaltung für die Masttiere um etwa ein Drittel. Nicht berücksichtigt wurde die Abschreibung für das Stallgebäude, da von der Nutzung von Altbauten ausgegangen wurde.

Angesichts der vorstehend erläuterten Einflüsse auf die der Berechnung des Deckungsbeitrages zugrunde liegenden

Grunddaten sollten bei Modellkalkulationen soweit möglich Zahlen eingesetzt werden, welche den in vorhandenen Betrieben ermittelten Leistungen und Kosten entsprechen. Für den Jahresabschluß des eigenen Betriebes werden die hier ermittelten Leistungen eingesetzt.

Hinsichtlich der Errechnung des sich aus dem Deckungsbeitrag ergebenden Erlöses für den Arbeitsaufwand je Häsin und Jahr, einschließlich Jungtiermast bei teilweiser Schlachtung, kann von folgendem Arbeitszeitbedarf ausgegangen werden (172):

Kleinbetriebe (unter 100 Häsinnen):
10 Arbeitsstunden
Größere Betriebe (über 100 Häsinnen):
8 Arbeitsstunden

Ohne Jungtiermast weniger als die Hälfte. Bei Ablieferung der Masttiere an einen

Schlachtbetrieb kann von ca. 400 Häsinnen je AK ausgegangen werden.

Wie die Modellkalkulation (Tab. 50) ausweist, wird die Höhe des Deckungsbeitrages am stärksten von der Fleischerzeugung je Häsin und Jahr und dem Erlös je kg Mastendgewicht bzw. Schlachtkörper bestimmt. Dabei hat die Zahl der aufgezogenen Jungtiere den größten Einfluß auf das Betriebsergebnis. Sie ist gleichzeitig auch am stärksten von den Fähigkeiten des Betriebsleiters abhängig. Sofern es jedoch gelingt, das Mastendgewicht zu erhöhen (beispielsweise bei Teilstückzerlegung), hat diese Maßnahme nahezu den gleichen Einfluß auf die Steigerung des Deckungsbeitrages wie die Erhöhung der Aufzuchtleistung. Der sich

mit steigendem Mastendgewicht erhöhende Futteraufwand je kg Zuwachs wird weitgehend durch die Verringerung des Kostenanteils für die Häsinnenhaltung kompensiert. Ferner sind der Arbeitsaufwand für die Schlachtung und die Kosten für die Fleischbeschau vom Mastendgewicht unabhängig.

Für die Errechnung des Deckungsbeitrages bei einer arbeitsteiligen Trennung zwischen der Häsinnenhaltung, für die Abgabe von 5 Wochen alten Jungtieren an spezialisierte Mastbetriebe entfallen in der Modellkalkulation (Tabelle 50) die Futterkosten für die Masttiere. Ferner verringern sich die Kosten für Energie, Wasser, Tierarzt und Medikamente sowie für Zinsen und Abschreibung.

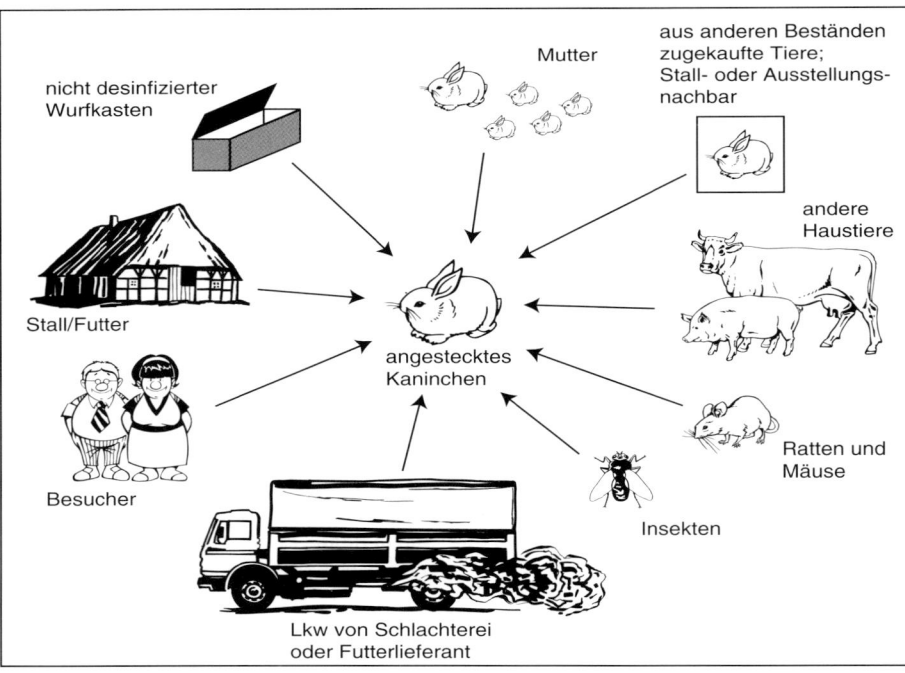

Abbildung 156: Infektionsquellen – Im Vergleich zu den anderen landwirtschaftlichen Nutztieren sind beim Kaninchen die Verluste am höchsten. Neben einer nicht dem Bedarf entsprechenden Ernährung (s. Kap. 8, 9 und 9.7.1), ist dies vor allem die Folge der verbreiteten Vernachlässigung hygienischer Grundsätze. Die Abbildung gibt einen Überblick über die Vielfalt der Infektionsquellen, die es auszuschalten gilt.

14 Heimkaninchen

W. Schlolaut

Die Domestikation des Kaninchens wurde, dem Selbsterhaltungstrieb des Menschen folgend, zunächst allein von dem mit seiner Tötung verbundenen materiellen Nutzen, der Fleisch- und Fellerzeugung bestimmt. Erst in der vom Hunger befreiten Wohlstandsgesellschaft nahm der Mensch das Kaninchen auch in seine Wohnung auf, damit es ihm im unmittelbaren Kontakt Gesellschaft leistet. Vorläufer und Wegbereiter dieser Entwicklung war die Rassekaninchenzucht. Hier hat sich die Beurteilung der Körpermerkmale von Zuchttieren, die früher der Verbesserung der Nutzleistungen ihrer Nachkommen diente, inwischen zur weitgehend ideell motivierten Voraussetzung für die Teilnahme an Schauwettbewerben gewandelt. Lediglich die hierfür nicht tauglichen oder die altersbedingt abgängigen Zuchttiere werden noch für die Erzeugung von Fleisch und Fellen genutzt.

Die Haltung als Heimtier verzichtet demgegenüber auf jegliche materielle Nutzung. Das Zusammenleben im Wohnbereich des Menschen macht das Kaninchen zum Hausgenossen, der durch sein possierliches Wesen und den möglichen Körperkontakt (Streicheln und Kuscheln) ein idealer Spielgefährte für die Kinder ist oder die Einsamkeit Erwachsener lindern hilft.

Die nachfolgenden Ergänzungen zu den Ausführungen in den anderen Kapiteln sollen dazu beitragen, das Zusammenleben in der Hausgemeinschaft für Mensch wie für Kaninchen möglichst problemlos zu gestalten:

– Vor der Anschaffung prüfen, ob Familienmitglieder allergisch gegen Tierhaare sind.

– Kaninchen werden bis zu über 10 Jahre alt. Sie können daher älter werden, als sie als Spielgefährten für die Kinder interessant sind, um dann der elterlichen Fürsorge anheimzufallen.

– Kaninchen haben an Urlaubsreisen wenig Freude und bleiben lieber zu Hause. Prüfen Sie vor der Entscheidung, ob die Versorgung in mindestens zweitägigem Turnus gewährleistet ist.

– Sollen gleichzeitig auch Hunde und Katzen als Haustiere gehalten werden, so kann das für das Kaninchen tragisch enden.

– Der Erwerb und die Haltung von Kaninchen, gleichgültig zu welchem Zweck, bedarf bis zu einem Alter von 16 Jahren der Einwilligung der Erziehungsberechtigten (§ 14c Tierschutzgesetz).

– Stehen die vorgenannten Gesichtspunkte einer Einbeziehung des Kaninchens in die Hausgemeinschaft nicht im Wege, gilt es, folgendes zu beachten:

– Vor der Kaufentscheidung empfiehlt sich der Besuch einer der im Herbst und Winter stattfindenden Kaninchenschauen, die einen umfassenden Überblick über das Rassespektrum geben (Termine bei den Rassekaninchenzüchtern erfragen, Anschriften s. Kapitel 18). Meist besteht hier auch die Möglichkeit des Ankaufs zu meist günstigeren Bedingungen als im Zooge-schäft, bei gleichzeitiger Beratung durch den kompetenten Züchter.

– Zwei Tiere überbrücken leichter die Zeit, in der der Mensch verhindert ist, dem Heimtier Gesellschaft zu leisten. Um Rangordnungskämpfe zu vermeiden, empfiehlt es sich, nur weibliche Tiere gemeinsam zu halten. Vorsicht! Bei der gemeinsamen Haltung von verschiedenen Geschlechtern erlebt man sonst hautnah die sprichwörtliche Fruchtbarkeit des Kaninchens …

– Angehörige von Zwerg- oder allenfalls Kleinrassen (s. Abb. 60–65) sind für die Heimtierhaltung am besten geeignet. Sie entsprechen am meisten den emotionalen Vorstellungen vom Kuscheltier, sind leichter unterzubringen, benötigen weniger Futter und dementsprechend weniger Aufwand, um die Exkremente zu entsorgen.

– Nicht zu empfehlen sind angorahaarige Varianten: Sie müssen mindestens alle drei Monate geschoren oder wöchentlich gekämmt werden. Als Kompromiß bieten sich Fuchskaninchen (Abb. 68 u. 69) und deren Zwerg- und Farbvarianten an. Ihr Haarkleid unterliegt dem saisonalen Haarwechsel, so daß sich die Schur erübrigt.

– Jungtiere 3–4 Wochen nach dem Absetzen kaufen. Sie gewöhnen sich leichter an die neue Umwelt als ältere oder unmittelbar nach dem Absetzen erworbene.

Für die Fütterung gilt das im Kapitel 9 Gesagte. Im Hinblick auf die Vielzahl der in den Zoohandlungen angebotenen sogenannten »Leckerbissen« nachfolgende Hinweise:

– Das Kaninchen legt weniger Wert auf Abwechslung bei seiner Ernährung als der Mensch. Wenn ihm etwas gut schmeckt, bleibt es am liebsten dabei.

– Sein Bedarf an Nähr- und Mineralstoffen sowie an Vitaminen wird am preiswertesten mit dem beim Landhandel erhältlichen pelletierten Mischfutter gedeckt. Die Preise für die in Kleinpackungen angebotenen »Leckerbissen« mit dem mehr oder weniger gleichen Nährstoffgehalt sind um ein Vielfaches höher. Zum Vergleich: Der Preis für 100 kg Kaninchenfutter variiert zwischen 50,– DM (im 50-kg-Sack) bis zu über 1000,– DM (in der 0,5-kg-Kleinpackung). Der Erzeugerpreis für 100 kg Wiesenheu beträgt nach der Ernte etwa 30,– DM. Im Zoohandel müssen für diese Menge in Kleinpackungen bis zu über 300,– DM angelegt werden.

– Problematisch sind bei alleiniger Verabreichung von pelletiertem Mischfutter die Verfettung und die Langeweile. Als Heimtiere haben Kaninchen keine Leistungen zu vollbringen und benötigen lediglich den Erhaltungsbedarf (s. Tabelle 35). Die zu dessen Deckung erforderliche Alleinfuttermenge kann in wesentlich kürzerer Zeit verzehrt werden, als die genetisch »programmierte« Zeit zur Futtersuche bei Weidegang beträgt. Das kann Fehlverhalten (z. B. Aggressivität, Haarefressen) zur Folge haben. Die Verabreichung von Grobfutter (Grünfutter, Heu, Wurzelfrüchte, Zweige von Obstgehölzen und Weichhölzern) dient der Beschäftigung. Kein Grünfutter oder Heu verfüttern, das von Flächen stammt, auf denen Hunde und Katzen ihren Kot absetzen (Bandwurmeier verursachen Finnenbefall, s. Kap. 14.4). Auf Giftpflanzen achten, da die Kaninchen sie nur teilweise als solche erkennen und verschmähen. Auch die Blätter mancher Zimmerpflanzen sind giftig!

– An ausgewachsene Tiere sollte das Mischfutter unter Berücksichtigung der zusätzlich zur Beschäftigung verabreichten Grobfuttermenge rationiert verfüttert werden. Das heißt, bei gelegentlichem Grobfutterangebot in Höhe der Mengenangaben für den Erhaltungsbedarf in Tabelle 35. Für jeweils 100 g Grünfutter, Obst oder Wurzelfrüchte kann die tägliche Mischfuttermenge um 10–15 g reduziert werden. Heu sollte, täglich erneuert, ständig verfügbar sein. Da es nur in relativ geringen Mengen aufgenommen wird und schlecht verdaulich ist (Tab. 31), braucht die Nährstoffaufnahme durch den Heuverzehr nicht berücksichtigt zu werden.

– Leckerbissen wie Nüsse, Haferflocken usw. fördern den Fettansatz und decken nicht den Bedarf an lebenswichtigen Nährstoffen und Vitaminen.

– Wichtig! Das Gewicht monatlich kontrollieren. Ausgewachsene Tiere dürfen nicht zunehmen! Zu starker Fettansatz schadet auch dem Kaninchen.

Auch in der Wohngemeinschaft mit dem Menschen bleibt das »Heimkaninchen« ein Lebewesen, auf dessen artgemäßes Verhalten Rücksicht genommen werden muß:

– Das Schutzverhalten des Wildkaninchens als Beutetier kommt beim Heimkaninchen im Aufsuchen von Unterschlupfmöglichkeiten, der schreckhaften Fluchtreaktion bei ungewohnten Geräuschen (z. B. Staubsauger, Türenschlagen u. a.) oder dem Drücken,

durch flaches Auf-den-Boden-Legen, bei vermeintlicher Gefahr, wie z. B. sich schnell bewegenden Objekten (Radfahrer, Flugzeuge), zum Ausdruck.

– Kaninchen erfreuen den Menschen durch ihren possierlichen Anblick sowie ihr Bedürfnis, gestreichelt zu werden. Ihre Lernfähigkeit und dementsprechend auch die Möglichkeit einer Dressur sind jedoch, im Vergleich zum Hund, ungleich geringer. Sie lieben die Pausen beim Umgang mit Kindern ebenso, wie sie von Zeit zu Zeit auch vor ihren Artgenossen in ihren Käfig oder einen Unterschlupf ausweichen. Diesem Verhalten trägt die Unterbringung in einem Käfig Rechnung, aus welchem sie tagsüber für einige Stunden herausgenommen werden, um sich unter Aufsicht im Zimmer, auf dem Balkon oder im Garten zu bewegen.

Entsprechend dem Wildkaninchen werden Kot und Harn vorzugsweise an der gleichen Stelle im Käfig oder des jeweiligen Aufenthaltsortes abgesetzt. Dieses Verhalten läßt sich für die Erziehung zur Stubenreinheit nutzen:

– Die Kotschublade nach dem Herausnehmen des Kaninchens aus dem Käfig in die vom Kaninchen bevorzugte Ecke des Zimmers etc. stellen.

– In die mit Einstreu versehene Kotwanne einige Kotballen oder mit seinem Harn angefeuchtete Erde hineingeben oder darin belassen.

– Nicht vor dem Hinaussetzen füttern. Die Fütterung nach dem Einfangen dient gleichzeitig als Lockmittel.

– Anfangs das Kaninchen nur jeweils für 20 bis 30 Minuten aus dem Käfig nehmen.

- Flecken auf dem Zimmerboden mit in Essig getränktem Lappen entfernen. Das Kaninchen versteht dies als Hinweis darauf, daß dort nicht mit Harn »markiert« werden darf.

- Die Aufstellung des Käfigs kann auch in einem ungeheizten Raum erfolgen, wobei der Sichtkontakt zur Außenwelt und auch zum Menschen gewährleistet sein sollte.

- Gegen niedrige Temperaturen (auch unter 0 °C) ist das Kaninchen durch das Fell geschützt, nicht jedoch gegen Nässe, Zugluft und direkte Sonneneinstrahlung im Sommer.

- Das »Heimkaninchen« nutzt seinen Auslauf im Zimmer dazu, um das Terrain zu erkunden und, wie das Wildkaninchen, seinen Einflußbereich zu markieren. Letzteres mit Hilfe von Harnspritzen (insbesondere Rammler) sowie den Exkreten der Kinn- und der, zwischen den Schenkeln befindlichen, Inguinaldrüse.

15 Krankheiten der Haus- und Wildkaninchen

H. Ch. Löliger

Erkrankungen, unter Einschluß von Miß-bildungen und Verletzungen, sind Folgen von angeborenen oder erworbenen Schäden an Körperteilen, Organen oder Organgeweben und den daraus sich ergebenden Störungen ihrer Funktionen. Sie können in allen Organen und Körper-teilen auftreten. Verlauf und Folgen von Krankheiten bzw. Körperschäden hän-gen ab von dem Ausmaß der entstande-nen Schäden und der Beeinträchtigung der Funktionen der betroffenen Körper-teile/Organe, von der Möglichkeit des Organismus, die Funktionsfähigkeit wie-derherzustellen oder, soweit dies mög-lich ist, den begrenzten Funktionsausfall zu kompensieren.

15.1 Anlaß und Ursachen von Krankheiten

15.1.1 Angeborene Erbkrankheiten

Folgen von Defekten an den Genen (s. Kapitel 5.2), die mit den Erbanlagen der Elterntiere in die Nachkommen gelangen und in diesen bereits während ihrer embryonalen Entwicklung im Mut-terleib entstehen (Tab. 20). Erbkrankhei-ten sind unheilbar. Sofern Föten mit genetischen Defekten nicht schon vor der Geburt absterben – embryonaler Frühtod –, ist die Lebensdauer dieser Tiere meist kurz.

15.1.2 Erworbene Erkrankungen

Die Mehrzahl aller bei Kaninchen vorkom-menden Erkrankungen und Körperschä-den gehen auf von außen – exogen – auf das Tier einwirkende – erworbene – Schadensursachen zurück. Exogen auf die Häsin einwirkende Schadstoffe kön-nen über das Blut auf den ungeborenen Embryo und durch die Milch auf den jun-gen Säugling einwirken.

15.1.2.1 Durch äußere Gewalt-einwirkung entstandene Körperschäden

Durch Unfälle oder Beißereien entstan-dene Körperschäden – Riß-, Schnitt- oder Bißwunden, Knochenbrüche, Ge-lenkluxationen (Verrenkungen).

15.1.2.2 Erkrankungen durch Störungen in der Fütterung und Nährstoffversorgung

Krankheitserscheinungen infolge Fehlern oder Störungen – Mangel, Überschuß, Zusammensetzung – in der Versorgung der Kaninchen mit den lebensnotwendi-gen Nährstoffen (s. Kap. 9.3–9.4) treten meist erst nach längerem Einwirken auf. Wachsende Jungtiere, tragende und säu-gende Häsinnen sind wegen höheren Nährstoffbedarfs anfälliger gegenüber Nährstoffmangel als ausgewachsene Kaninchen.

15.1.2.3 Schäden durch giftig wirkende und durch unverträgliche Stoffe

Entstehung nach oraler Aufnahme von verdorbenen Futtermitteln, von Giftstoffen in Futterpflanzen, von Schädlingsbekämpfungs-, Holzschutz- oder Desinfektionsmitteln, von unverträglichen Arzneimitteln oder von unverdaulichen Fremdkörpern. Die Schadwirkung – Symptome und Krankheitsverlauf – ist abhängig von dem Alter und der Größe der Tiere, sowie von der Art und Menge der mit dem Futter, aus der Einstreu oder beim Benagen/Belecken von Gegenständen im Stall aufgenommenen Schadstoffe.

15.1.2.4 Erkrankungen durch Mängel an Einrichtungen zur Unterbringung, Ver- und Entsorgung (Technopathien)

Körperschäden oder Erkrankungen, welche direkte oder indirekte Folgen von Mängeln – Konstruktionsfehler, technischer Schaden, Funktionsstörung – an Einrichtungen zur Unterbringung – Stall, Gehege, Käfig, Nest –, und zur Ver- und Entsorgung – Futter- und Tränkeeinrichtung, Lüftung, Kot- und Harnbeseitigung – der Hauskaninchen sind. Art und Häufigkeit ihres Vorkommens sind abhängig von dem Zustand der technischen Einrichtungen.

15.1.2.5 Erkrankungen durch mangelhafte Bestandsbetreuung

Vernachlässigung der Bestandskontrolle, der Sauberhaltung – Reinigung, Desinfektion –, der Funktionsüberprüfung der Stalleinrichtungen und Nichtbeachtung der zur Gesunderhaltung der Tiere erfor-

derlichen Bestandshygiene und vorbeugenden Krankheitsbekämpfung; Zunahme von Erkrankungen im Bestand, auch Todesfälle.

15.1.2.6 Erkrankungen durch Verhaltensstörungen – Ethopathien

Beeinträchtigungen der zum Überleben der Kaninchen erforderlichen Verhaltensweisen und Eigenschaften führen meist zu Unruhe und gesteigerter Erregung oder aggressiven Auseinandersetzungen, die häufig erhebliche Verletzungen zur Folge haben oder mit Störungen in der Körperentwicklung verbunden sind.

Anlässe hierzu können sein

– Abdrängen vom Futterplatz und Futterneid;

– Rivalitätskämpfe bei Gruppenhaltung von Jungböcken;

– Lärm und Unruhe in der Umgebung ohne Möglichkeit zum Rückzug in gesicherten Raum: Erregung, gesteigerte Schreckhaftigkeit, Fluchtversuche; bei Häsinnen vor der Geburt: Verwerfen, bei säugenden Häsinnen: Laktationsstörungen, Verschleppen der Nestjungen mit Bißwunden, Zertreten von Nestlingen, Unterkühlung der verschleppten Säuglinge.

15.1.2.7 Erkrankungen durch tierische Schmarotzer (Eingeweide- und Hautparasiten)

Tierische Schmarotzer – Parasiten – kommen bei Kaninchen vor als **Eingeweide- oder Endoparasiten** und als **Haut/Fell- oder Ektoparasiten.** Befall mit Parasiten kann direkt zu Erkrankungen – Parasitosen – führen oder indirekt die Entstehung anderer Krankheitsprozesse auslösen oder begünstigen – Malabsorptionssyndrom, Dysenterie, Enterotoxämie bei Befall mit Darmparasiten, eitrige Hautentzündungen bei Befall mit Räudemilben, Übertragung von Infektionserregern – Myxomatose, Tularämie durch blutsaugende Insekten.

Parasiten der Eingeweide (Endoparasiten)

1. Einzellige Parasiten – Sporozoa (Kokzidien, Mikrosporidien)

Mikroskopisch kleine, wenige tausendstel Millimeter messende Parasiten, welche verschiedene Gewebezellen der Kaninchen befallen und in diesen sich vermehren. Bestimmte Arten der Sporozoen – Kokzidienarten – sind wirtstierspezifisch und kommen ausschließlich nur bei Kaninchen vor, andere können verschiedene Tierarten und den Menschen befallen – Mikrosporidien, Toxoplasmen.

Kokzidien – Eimeria spez. –, bei Haus- und Wildkaninchen weltweit verbreitete und am häufigsten vorkommende Sporozoenart. Die Infektion beginnt mit der oralen Aufnahme der in eiförmigen Zysten – Oocysten – eingeschlossenen Sporen – Sporozoiten. Im Darm gelangen diese Sporozoiten aus den Oocysten und befallen je nach Kokzidienart entweder die Schleimhautzellen des Darmes – Darmkokzidien – oder nach ihrem Transport mit dem Blut der Pfortader die Deckzellen der Gallengänge – Gallengangskokzidien (Abb. 166). In diesen Deck-(Epithel-)zellen vermehren sie sich zunächst durch Teilung um ein Vielfaches. Die mit den neugebildeten Sporozoen gefüllten Zellen platzen, und

die freigesetzten Sporozoiten befallen weitere Deckzellen im Darm oder in den Gallengängen. An diese ungeschlechtliche Teilungsphase schließt sich eine geschlechtliche Vermehrungsphase – Gametogonie – in den Zellen an, die mit der Bildung von Dauerformen »Eizysten = Oozysten« abschließt. Die Oocysten werden mit dem Kot ausgeschieden. In diesen gegen Klimaeinflüsse sehr widerstandsfähigen Dauerformen der Kokzidien entwickeln sich innerhalb von 7 bis 10 Tagen neue infektionsfähige Sporen, mit denen sich weitere Kaninchen infizieren können. Im kotverschmutzten Stallboden erfolgt Anreicherung infektionsfähiger Kokzidienoocysten. Die in den Deckzellen erfolgenden Vermehrungsvorgänge führen zur Zerstörung dieser Zellen in Darm oder Gallengängen. Das Ausmaß der Schäden ist abhängig von der Stärke des Befalls.

Mikrosporidien

Infektionen mit anderen Mikrosporidienarten – Encephalitozoon, Toxoplasma – kommen in unregelmäßiger Häufigkeit bei Haus- und Wildkaninchen vor, sie haben bislang für die Hauskaninchenbestände in Deutschland noch keine größere Bedeutung. Ein Nachweis oder Ausschluß von Infektionen ist durch Untersuchung von Blutserum-Proben möglich.

2. Eingeweidewürmer – Helminthen

Würmer unterschiedlicher Länge – 5 mm (Zwergfadenwürmer) bis 80 cm (Bandwurm-Art) – und Form, die als Rundwürmer – Nematoden- oder Plattwürmer – Bandwürmer/Zestoden und Saugwürmer/Trematoden – in Magen und Darm, in den Gallengängen der Leber oder in den Bronchien und Hohlräumen (Alveolen) der Lungen parasitieren. Die Ansteckung der Kaninchen mit Würmern erfolgt durch Aufnahme übertragungsfähiger Larven oder Larventräger (Zwischenwirte) mit dem Futter oder vom kotverschmutzten Boden bzw. aus der Einstreu. Die Wurmlarven entwickeln sich aus den von den geschlechtsreifen Würmern ausgeschiedenen Eiern, die mit dem Kot abgesetzt werden. Aus den Eiern entwickeln sich in feuchter, frostfreier Umgebung innerhalb kurzer Zeit die Larven. Bei den meisten Rundwurmarten entstehen aus den Larven im Kaninchen wieder geschlechtsreife Würmer. Die aus den Eiern von Rundwürmern der Lunge und von Bandwürmern und Saugwürmern sich bildenden Larven müssen dagegen erst noch in einem anderen Tier als »Zwischenwirt« eine besondere Entwicklung durchmachen, bevor sie in der Lunge oder im Darm ihres »Endwirtes« zum »geschlechtsreifen« Wurm heranwachsen können.

Der Befall der Hauskaninchen mit Eingeweidewürmern erfolgt vielfach nach Einschleppung der von Wildkaninchen oder Wildhasen ausgeschiedenen Wurmeier bzw. deren Larven mit kontaminiertem Freilandfutter – Grünfutter, Heu oder bei Freilandhaltung von Hauskaninchen.

2.1 Rundwürmer/Nematoda

Rundwürmer kommen bei Wild- und Hauskaninchen als Parasiten des Magens und Darmes und als Parasiten der Lunge vor.

2.2 Plattwürmer – Platyhelminthes

Bandwürmer/Cestoda, ausschließlich im Dünndarm vorkommende Wurmarten; die Länge der aus zahlreichen »Gliedern (Gliederkette)« bestehenden Wurmarten variiert zwischen 10 mm und 800 mm; ihr Kopf enthält 4 Saugnäpfe, die sich in der Darmschleimhaut festsaugen; die letzten Glieder des Wurmes sind mit reifen Eiern gefüllt und werden mit dem Kot ausgeschieden. Die in den Eiern sich bildenden Larven haben an Pflanzen lebende Gras- und Moosmilben als Zwischenwirte, in denen sie sich zu übertragungsfähigen Finnen – Zysticerci – entwickeln. Nach Aufnahme finnenhaltiger Milben mit dem Futter entwickeln sich aus den Finnen im Dünndarm der Kaninchen neue Bandwürmer. Bandwurmeier bleiben in feuchter Umgebung bis über sechs Monate entwicklungsfähig, in ihren Zwischenwirten können die Finnen über zwei Jahre invasionsfähig bleiben.

Saugwürmer/Trematoda, bei Wildkaninchen in Mitteleuropa als Parasiten der Gallengänge in der Leber – Leberegel – gelegentlich vorkommende Wurmart, jedoch selten bei Hauskaninchen. Entwicklung der aus den Eiern schlüpfenden »Wimperlarven« – Miracidium – in Zwischenwirten zu übertragungsfähigen Larven oder Larvenzysten – Zerkarien, Metazerkarien. Leberegel sind nicht wirtstierspezifisch, kommen häufiger bei anderen Haus- und Wildtierarten – Rinder, Schafe, Rot- und Rehwild, Hasen u. a. – vor.

3. Finnen

Zystische Entwicklungsstadien von Bandwürmern aus dem Darm fleischfressender Tiere – Hund, Fuchs, Wolf, Dachs, Katze –, die nach Aufnahme der mit dem Kot ausgeschiedenen Eier im Kaninchen als Zwischenwirt entstehen. Nach Aufnahme der in den Organen von Kaninchen angesiedelten Finnen entstehen im Darm von Hund, Fuchs u. a. Fleischfressern wieder Bandwürmer.

4. Parasiten der Haut und des Felles (Ektoparasiten)

4.1 Milben, Zecken

Die permanent auf und in der Haut oder im Fell lebenden Milben und Zecken verursachen erhebliche Schäden am Fell und in der Haut und beunruhigen die Tiere durch Juckreiz. – Verstärktes Vorkommen in warmen Jahreszeiten und warmen Klimazonen. – Milben vermehren sich über Eier, aus denen Larven schlüpfen, die am selben Wirtstier wieder zu geschlechtsreifen Milben heranwachsen. Außerhalb des Tieres können Milben etwa drei Wochen, ihre Eier mehrere Monate überleben; Milbenbefall bei Kaninchen breitet sich bestandsweit aus.

Zecken können Überträger von Erregern der Myxomatose, Papillomatose, VHD, Tularämie sein.

4.2 Schadinsekten – Flöhe, Läuse, Fliegen, Mücken

Vorübergehend – temporär – zum Blutsaugen oder auch zur Eiablage am Tier sich aufhaltende Insekten verschiedener Gattungen, mitunter auch Dauerbewohner von Gehegen, Nestern und Kotplatten. Gesundheitsschäden durch Beunruhigung, Blutsaugen, Hautschäden und Erregerübertragung – Myxomatose, Papillomatose, VHD, Tularämie u. a.,

15.1.2.8 Erkrankungen durch Infektionen mit Viren, Bakterien und Pilzen – Infektionskrankheiten

Infektionskrankheiten entstehen durch Eindringen von übertragbaren Krankheitserregern – Viren, Bakterien, Pilze – in den Tierkörper und deren Ansiedlung und Vermehrung in den Organen. Die dabei entstehenden Gewebeschäden und Funktionsstörungen führen zur Erkrankung. Die Ansteckung der Tiere mit den krankheitsauslösenden – pathogenen – Mikroorganismen erfolgt über die Maulhöhle, mit der Atemluft, über Hautwunden, gelegentlich auch über die Harn- und Geschlechtsorgane – aufsteigende Harnröhreninfektionen, Deckinfektionen.

Infektionen können sich als **lokaler Krankheitsprozeß** in einem Organ oder Körperteil entwickeln, ohne dabei den Gesamtorganismus in Mitleidenschaft zu ziehen und von selbst ausheilen oder als isolierter Prozeß bestehen bleiben, z. B. bei Wundinfektionen. Die Erreger können sich aber auch innerhalb eines Organs ausbreiten mit deutlichen Einschränkungen der Organfunktionen und Folgen für den Gesundheitszustand des ganzen Körpers – **Organinfektion**. Bei Ausbreitung der Infektionserreger mit dem Blut in alle Organe des Tieres – **Septikämie** – kommt es zur akuten, fieberhaften **Allgemeininfektion** mit erheblicher Beeinträchtigung der Kreislauf- und Atmungsfunktionen, die häufig innerhalb kurzer Zeit zum Tod führen. Parallel- oder Mehrfachinfektionen durch mehrere Erregerarten sind möglich.

1. Art und Wirkung übertragbarer Krankheitserreger

1.1 Virus (Mehrzahl: Viren)

Spezifisch strukturierte Erregerform in der Größenordnung von Zellchromosomen und Eiweißmolekülen, zwischen 20–150 nm (1 nm/Nanometer = ein millionstel Meter). Viren sind wirts- und zellspezifische Infektionserreger, welche sich ausschließlich in lebenden und für die Virusart spezifischen Wirtstierzellen vermehren. Die aus den Zellen freigesetzten

Viren können mit dem Speichel, Nasenschleim oder Exkremente – Harn, Kot – ausgeschieden und durch direkten Kontakt mit den kontaminierten Ausscheidungen oder mit virushaltigem Blut durch blutsaugende Insekten auf andere Kaninchen übertragen werden. Außerhalb von Körperzellen sind Viren nur kurzfristig überlebensfähig. Virusinfektionen führen bei den überlebenden Tieren zur Bildung von erregerspezifischen Antikörpern (s. 15.1.2.9).

1.2 Bakterien und Pilze als Krankheitserreger bei Kaninchen

Bakterien und Pilze – Sproß- und Fadenpilze – sind in der Natur, in Erdböden und Wasser, an Pflanzen und bei Tieren weit verbreitet. Sie sind am Umbau und Abbau aller organischen Substanzen und pflanzlichen und tierischen Gewebe, wie auch bei den Verdauungsvorgängen im Magen und Darm zahlreicher Tierarten maßgeblich beteiligt. Im Blinddarm der Kaninchen sind bestimmte Keime lebensnotwendiger Bestandteil des Darmbreies für die verdauungsphysiologische Aufbereitung von Rohfaser und Kohlenhydraten, sowie bei der Synthese von Eiweiß, Aminosäuren und Vitaminen. Mit dem im Blinddarm gebildeten Weichkot – Zökotrophe – (Kap. 9.2) werden die durch mikrobielle Verdauung gebildeten Nährstoffe den Kaninchen wieder zugeführt.

Die Zahl der bei Kaninchen krankheitserregenden – **pathogenen** – Bakterienarten ist gering. Für die krankmachende Wirkung von bakteriellen Infektionen von Bedeutung sind die Menge der einwirkenden Krankheitskeime, ihre Ausbreitung und Vermehrung im Körper, die Art ihrer Schadwirkung und die Abwehrfähigkeit des tierischen Organismus ausschlagge-

bend. In geringer Zahl im Tier sich ansiedelnde Erreger bleiben häufig ohne Krankheitsfolgen. Die unverletzte Haut und Schleimhaut des gesunden Tieres und die Zusammensetzung des Magen-Darm-Breies gesunder Kaninchen geben den dort zufällig anwesenden pathogenen Keimen keine Möglichkeit zur stärkeren Vermehrung und zum Eindringen in die tieferen Gewebeschichten, welches die Voraussetzungen für die Entfaltung ihrer pathogenen Wirkung im Körper sind. Der unversehrte und funktionsfähige Organismus der Tiere verfügt außerdem über ausreichende Schutz- und Abwehrmechanismen, durch die eine Vermehrung und Verbreitung pathogener Bakterien im Körper verhindert werden kann (15.1.2.9).

Die meisten der bei Kaninchen als Krankheitserreger auftretenden Bakterienarten können auch bei anderen Haus- und Wildtierarten, gelegentlich auch beim Menschen vorkommen und bei diesen zu Erkrankungen führen (Zoonosen).

Die Einschleppung bakterieller Krankheitserreger in Hauskaninchenbestände kann erfolgen durch alle mit solchen Keimen infizierten Tiere und Ungeziefer, durch mit diesen Bakterien verschmutzte Geräte und Futterstoffe, aber auch durch Menschen, die Kontakt mit infizierten Tieren gehabt haben.

Bei Hauskaninchen als Krankheitserreger häufiger vorkommende Bakterienarten:

Kugelbakterien – Staphylokokken, Streptokokken –, sind häufig im Umfeld von Tieren und Mensch verbreitet und können in Einstreu und Staub über Monate infektionsfähig bleiben;

Stäbchenbakterien, 0,002 und 0,01 mm (2–10 μm = Mikrometer) lange – gerade oder gebogene – Stäbchen; einige Arten von ihnen bilden Sporen – Clostridien u. a. –, die als Dauerformen äußerst widerstandsfähig sind.

1.3. Pilze/Fungi, Sproß- und Schimmelpilze, in der Natur verbreitet vorkommende Mikroorganismen; Erreger von Haut- und Haarerkrankungen – Haut- und Schleimhautmykosen, Haarmykosen/ Trichophytie – bei zahlreichen Tieren und beim Menschen; einige Arten auch als Erreger von Organinfektionen/-mykosen oder als Ursache von Vergiftungen – Aflatoxin-Vergiftungen. Dauerformen (Sporen) der Pilze bleiben im Stallstaub, in der Einstreu, auch im Futter über Jahre vermehrungs- und damit infektionsfähig; Einschleppung in die Hauskaninchenbestände durch kontaminierte Einstreu oder Futterstoffe, auch durch infizierte Tiere möglich.

15.1.2.9 Infektionsabwehr, Schutzimpfungen – Immunität.

Auf das Eindringen gewebefremder Substanzen – **Antigene** –, zu denen Viren, Bakterien und deren Toxine, Körperzellen, Blutserum u. a. von fremden Tieren – gehören, reagiert der gesunde tierische Organismus mit der Bildung antigenspezifischer **Antikörper oder Antitoxine**. Diese binden die Antigene und machen sie damit unwirksam. Die mit der Antikörperbildung erworbene Fähigkeit zur Abwehr von Infektionserregern oder Toxinen wird als **Immunität** bezeichnet. Die Entwicklung einer belastungsfähigen Immunität benötigt etwa 5 bis 7 Tage und bleibt, abhängig von der Art und Menge der einwirkenden Antigene bei einmaliger Infektion – Antigenkontakt – für die Dauer von etwa 4 bis 6 Monaten bis längstens etwa ein Jahr bestehen. Durch Nachinfektionen von bereits immunen Tieren kann

die Menge der Antikörper erhöht und dadurch die Immunität verstärkt werden. In der Blutflüssigkeit vorhandene Antikörper tragender oder säugender Häsinnen werden mit dem Blut auf die ungeborenen Föten sowie über die Milch auf Säuglinge übertragen. Sie sind bei den Jungtieren in abnehmender Menge und Wirkung noch bis zur 4. Lebenswoche vorhanden. Die Bildung von Antikörpern und die Immunitätsentwicklung kann beeinträchtigt werden durch fütterungsbedingte Stoffwechselstörungen, durch Mehrfachinfektionen mit verschiedenen Erregerarten sowie durch haltungsbedingte Schäden – Unterkühlung, Überwärmung – mit nachteiligen Folgen auf Verlauf und Ausbreitung des Krankheitsprozesses unter Zunahme der Verluste.

Erstmals in einem Bestand auftretende Infektionserreger, nach Einschleppung aus fremden Beständen oder aus Wildkaninchenpopulationen, können sich in den infizierten, aber nicht immunen Tieren in kurzer Zeit ausbreiten und zu verlustreichen Infektionskrankheiten – Seuchen – führen. Tiere, welche die Infektion überstehen, weil sie nur geringen und allmählichen Kontakt mit den Erregern hatten, entwickeln Antikörper gegen diese und werden damit gegen erneute Infektionen immun. Die überlebenden, immunen Tiere scheiden für eine geraume Zeit noch Erreger aus, wodurch eine »natürliche« Nachimmunisierung anderer Tiere eines »durchseuchten« Bestandes erfolgt.

Schutzimpfungen sind -»künstliche« Infektionen mit abgeschwächten Erregern – Vakzine –, welche bei den geimpften Tieren die Bildung Erreger-spezifischer Antikörper veranlaßt. Die durch Antikörperbildung entwickelte Immunität entfaltet ihre volle Wirkung nur gegen Infektionen durch Erreger des gleichen

Antigentypus, der zwischen den einzelnen Bakterien-Stämmen gleicher Art unterschiedlich sein kann – spezifische Biotypen, Serovare.

15.2. Ermittlungen über Art, Ursachen und Folgen von Erkrankungen – Diagnose

Die Ermittlung der Ursachen erfolgt durch Auswertung aller zum Krankheitsgeschehen verfügbaren Angaben über Art der Veränderungen und Symptome, Verbreitung unter den Tieren, Krankheitsverlauf, Höhe der Verluste, Haltungs- und Fütterungsbedingungen, Vorerkrankungen und bisherige Behandlungen der Tiere – Impfungen, Arzneimittel. Aus den Befunden lassen sich meist Rückschlüsse und Hinweise auf die wahrscheinlichen Ursachen der Erkrankungen gewinnen.

Eine schnelle Aufklärung der Ursachen ist die Voraussetzung zur erfolgreichen Bekämpfung von Krankheiten durch ursachenwirksame Behandlungs- und Vorbeugemaßnahmen – 15.4 und 15.5.

15.2.1 Krankheitssymptome

Das Vorliegen von Erkrankungen oder Körperschäden beim Einzeltier und unter den Tieren eines Bestandes wird erkennbar durch

– **Störung der Körper- und Organentwicklung:** Wachstumsverzögerung, Abmagerung, Blutarmut – Schleimhautblässe –, fehlerhafte Haarbeschaffenheit, Haarmangel u.ä.

– **Änderungen oder Schäden am Körper:** Mißbildungen, Verletzungen an Gliedmaßen, Haut, Augen, Ohren, Maul, Nase, Harn- und Geschlechtsorganen, After; Knoten- und Geschwulstbildungen;

– **Beeinträchtigung der Bewegungsabläufe:** Belastungs- und Bewegungslahmheit, Nachhand (Querschnitts-)lähmung, Gleichgewichtsstörung;

– **Änderungen im Verhalten:** Benommenheit, Unruhe; Störung der Wurffürsorge durch das Muttertier, Beißereien innerhalb der Gruppe;

– **Organ- und Körperfunktionsstörungen:** <u>Futteraufnahme</u> – Freßunlust, Kaustörungen, Speichelfluß; <u>Harn- und Kotabsatz</u> – Harnträufeln, Kotverhaltung, Durchfall; <u>Atmung</u> – Atemnot, Hecheln; <u>Fortpflanzung</u> – Paarungsstörung, Unfruchtbarkeit, vorzeitiger Fruchttod, Verwerfen.

– **Veränderungen der Körperausscheidungen:** <u>Sekrete</u> aus Augen, Nase, Maul, Scheide, Milchdrüse – verstärkt, schleimig, eitrig, blutig; <u>Exkremente</u> – **Kot:** hart, ungeformt schleimig, flüssig, blutig; **Harn:** schleimig-trüb, blutig.

– **Todesfälle:** Einzelfall, wiederholt und in kürzeren Zeitabständen vorkommend, gehäuft auftretend.

15.2.2 Ausmaß der Krankheits- und Schadensfälle

Bei <u>Einzelfallerkrankungen</u> innerhalb eines Bestandes Ausschluß möglicherweise bestandsweit wirksamer Ursachen, wie Infektionen, Parasitenbefall,

Schäden durch das Futter oder Trinkwasser, Fehler im Stallklima (Be- und Entlüftung); mögliche Ursachen sind
– Unfälle und Verletzungen, häufig mit anschließenden Komplikationen;
– bei Häsinnen Komplikationen bei der Trächtigkeit, Geburt oder Aufzucht durch Fruchttod, Verwerfen, Geburtsstörung, Gebärmutter- und Milchdrüsenentzündung;
– Geschwulsterkrankungen.

Bei Häufung von Krankheitsfällen Verdacht auf bestandsweit wirkende Ursachen:
– Über Futter oder Trinkwasser wirkende Schadensursachen
– Schäden infolge Mängeln an den Ver- und Entsorgungseinrichtungen
– Schäden als Folge mangelhafter Bestandsbetreuung
– Schäden durch allgemeine Verhaltensstörungen in den Tiergruppen
– tierische Schmarotzer – Eingeweide- oder Haut-/Fellparasiten
– Infektionen durch übertragbare Krankheitserreger

15.2.2 Krankheitsverlauf

Plötzlicher Tod ohne Krankheitssymptome vor Todeseintritt – meist Einzelfall – bei Unfall, Blutgefäßriß, Herztod, Kreislaufkollaps;

akuter Verlauf mit innerhalb kurzer Zeit auftretenden und an Stärke zunehmenden Krankheitserscheinungen, häufig Todeseintritt nach kurzer Krankheitsdauer bei
– akuten Allgemein- und Organinfektionen;
– akuten Darmentzündungen;
– Erkrankungen im Zusammenhang mit der Geburt – Milchfieber; Geburts- und Milchdrüseninfektionen;
– Vergiftungen;

chronischer Verlauf bei länger bestehender Krankheitsdauer mit Wachstumsverzögerung, Abmagerung, Benommenheit, Bewegungsstörungen, Tod infolge Erschöpfung, oft in Bewußtlosigkeit (Koma) im Gefolge von
– Mangelernährung, chronische Vergiftungen;
– Befall mit Eingeweideparasiten oder Haut-/Fellschädlingen;
– Organerkrankungen – infektiöse, degenerative, Geschwulstbildungen.

Zur genauen Ermittlung der Erkrankungsart und der für die Krankheitsentstehung maßgebenden Ursachen sind tierärztliche Spezialuntersuchungen von lebenden oder toten Kaninchen, ihrer Sekrete und Exkremente oft unerläßlich. Hierzu ist entweder ein niedergelassener Tierarzt zu Rate zu ziehen oder der Körper toter Kaninchen an ein tierärztliches Untersuchungsinstitut einzusenden (Anschriften s. Kap. 18).

15.3 Übersicht über die bei Hauskaninchen vorkommenden Erkrankungen

Krankheit und Ursache	Symptome/ Organveränderungen	Behandlung/Bekämpfung

1. Erkrankungen mit Störung des Allgemeinbefindens

Allgemeine Symptome: Minderung der Bewegungsaktivität – Trägheit –, eingeschränktes Reaktionsvermögen – Benommenheit –, nachlassende bis ausgesetzte Futteraufnahme.

Akuter Verlauf: kurzfristig – innerhalb 1 bis 2 Tagen – sich entwickelnde Symptome, Tod durch plötzliches Kollaps-, Schock- oder ähnliches Kreislaufversagen – Agonie, Koma, durch Herzstillstand oder durch Ersticken – Atmungsstillstand –.

Chronischer Verlauf: allmählich sich entwickelnde Krankheitserscheinungen, Todeseintritt infolge Erschöpfung.

1.1 Infektionskrankheiten

Akute Allgemeininfektionen: Kurzfristige Erregerausbreitung auf dem Blutweg.

Chronische Infektionserkrankungen: Als örtliche Organinfektion beginnend, allmähliche Ausbreitung in den Organen.

1.1.1 Virus-Infektionen

Hämorrhagische Viruskrankheit – VHD (RHD) – Abb. 157

Akute, häufig seuchenartig bei Wild- und Hauskaninchen verlaufende Infektionskrankheit Erreger: Calici-Virus Diagnose: Krankheitsbild, Erregernachweis	Blutungen aus der Nase, Atemnot, Erstickungsanfälle Blutungen in Nase, Luftröhre, Lunge, Leber, herdförmige Nekrosen in der Leber; hohe Verluste	Behandlung: Notimpfung nicht erkrankter Tiere Vorbeuge: Schutzimpfung aller Kaninchen ab 4. Lebenswoche; unschädliche Beseitigung der Tierkadaver, Stall- und Gehegedesinfektion

Myxomatose – Abb. 158

Akut verlaufende, auch seuchenartig bei Wild- und Hauskaninchen auftretende Infektionskrankheit Erreger: Leporipoxvirus myxomatosis Diagnose: Krankheitsbefund spez. Serum-Antikörper	Weiche Anschwellungen – **Myxome** – in der Haut am Kopf, After, Genital; bei akutem Verlauf hohe Verluste; mitunter gutartige Verlaufsformen mit spontaner Heilung	Behandlung: Immunserum-Injektion mitunter erfolgreich Vorbeuge: Schutzimpfung aller Tiere im Frühjahr April/Mai

Allgemeininfektionen durch andere Virusarten mit akutem oder chronischem Krankheitsverlauf sind bei Hauskaninchen in Mitteleuropa nicht bekannt.

Krankheit und Ursache	Symptome/ Organveränderungen	Behandlung/Bekämpfung

1.1.2 Bakterielle Infektionskrankheiten

Häufig bestandsweite Ausbreitung – enzootische Infektionen – mit akutem oder chronischem Krankheitsverlauf.

Bordetellose

Chronisch verlaufende Atemwegsinfektion Komplikationen durch Zusatzinfektionen – Pasteurella u. a. – Erreger: Bordetella bronchioseptica; Diagnose: Erregernachweis	Katarrhalischer Schnupfen, gelegentlich auch Lungenentzündungen – s. 15.4.–3.2.12 –	Behandlung: Örtlich, antibiotische Nasensalbe, auch Injektion oder orale Medikation – Futter, Wasser – s. 15.4 –

Clostridiose

Akut verlaufende Darminfektion – Enterotoxämie; mit hämatogener Erregergeneralisation Erreger: Clostridium spec. Diagnose: Erregernachweis	Durchfall, hohe Sterblichkeit – vgl. Coli-Dysenterie 15.3 – 2.14.3	Behandlung: s. Dysenterie Enterotoxämie – s. 15.5. Vorbeuge: s. Enterotoxämie

Colibazillose

Akut verlaufende Allgemeininfektion im Verlauf von Dysenterie, auch durch Säugeinfektion bei Nestjungen; Erreger: Enteropathogene E.coli Diagnose: Erregernachweis in Kot, Organen	Blutstauung in Lunge, Leber, Milz, akute Dünn- und Dickdarmentzündung, hohe Sterblichkeit – 15.3 – 2.14.3. –	Behandlung: Antibiotika oder Sulfonamide über Injektion oder Trinkwasser – s. 15.4 – Vorbeuge: wie bei Dysenterie; ggfs. Ausmerzung der verstärkt E.coli über Kot ausscheidenden Häsinnen; Futterdiät (s. S. 194, Tab. 34)

Listeriose

Meist chronisch verlaufende Organinfektion nach oraler Infektion; akuter Verlauf im Zusammenhang mit infektionsbedingter Fehlgeburt – Abort – Erreger: Listeria monocytogenes Diagnose: Erregernachweis in Kot und Organen	Zahlreiche weißliche hirsegroße Herdnekrosen in Darm, Leber, Milz, auch in Hoden und Eierstöcken; Gleichgewichtsstörung bei Gehirninfektion s. Colibazillose und Dysenterie – s. 15.3 – 2.13.3	Behandlung: Fraglicher Erfolg; Langzeitmedikation über Futter s. 15.4 Vorbeuge: Ausmerzung der Keimträger, auf Mensch und andere Haustiere übertragbar

Tyzzer'sche Krankheit

Erreger: Bakt. piliformis, häufig zusammen mit E.coli (Coli-Dysbakterie) Diagnose: Erregernachweis	Weißliche Herde (weizenkorngroß) in der Leber häufig auch am Blinddarm – s. Abb. 164	

Krankheit und Ursache	Symptome/ Organveränderungen	Behandlung/Bekämpfung
Pasteurellose – Abb. 161, 162		
Akut verlaufende Allgemein-infektion nach Erregergenerali-sation aus bestehenden Organinfektionsherden – Nasen-Rachenraum, Lunge u. a. –; auch als Säugeinfek-tion bei Nestjungen Erreger: Pasteurella multocida Diagnose: Erregernachweis in Organen, Nasen-Rachen-Sekret	Hohe Sterblichkeit; Blutungen in Lunge, Leber, Milz, Nieren; häufig Lungenentzündungen eitrige Lidbindehaut und Mit-telohrentzündung mit Drehhals	Behandlung: Injektion von Antibiotika, orale Nachmedi-kation – s. 15.5 Vorbeuge: Ausmerzung der Keimträger Bestandssanierung
Pseudomonas-Infektion		
Meist chronisch sich ent-wickelnde Organinfektion nach oraler Erregeraufnahme; akutes Endstadium Erreger: Pseudomonas aerugi-nosa Diagnose: Erregernachweis in Organen	Akuter Verlauf mit blutigem Nasensekret; Herde in der Lunge; hohe Sterblichkeit – s. 15.3–2.2.1	Behandlung: Antibiotika-Injek-tion – 15.4 Vorbeuge: Saubere, trockene Einstreu, regelmäßige Tränke- und Futternapf-Reinigung, Trockenhaltung
Salmonellose		
Allgemeininfektionen, vorwie-gend bei Jungtieren, bei Alttie-ren meist chronische Darminfektion Erreger: Salmonella spec. Diagnose: Erregernachweis in Kot und Organen; Serum-Anti-körper	Durchfall, akuter Verlauf; Darmentzündung, Blutstauung in Leber, Milz, Herdnekrosen in Leber, Darm	Behandlung: Antibiotika Sulfonamide, orale Medikation über Trinkwasser oder Futter – 15.4 – Vorbeuge: Ausmerzung der Keimträger; Ungeziefer-bekämpfung
Staphylokokkose		
Akute Allgemeininfektion durch Keimverschleppung aus infizierten Wunden; Säuge-infektion bei Neugeborenen Erreger: Staphylococcus spec. Diagnose: Erregernachweis in Organen und Wunden	Bei Säuglingen meist der ganze Wurf betrof-fen, hohe Sterblichkeit eitrige Wunden, Abszesse in der Haut, eitrige Milchdrüsen-entzündung, Zahnfachentzün-dung, wunde Läufe	Behandlung: Antibiotika-Injek-tion, ggfs. Wundbehandlung – 15.4 – Vorbeuge: Beseitigung der Wundinfektionsherde; Käfig-reinigung und -desinfektion

Krankheit und Ursache	Symptome/ Organveränderungen	Behandlung/Bekämpfung

Streptokokkose

Akut verlaufende Allgemeininfektion: unter Nestjungen nach Infektion über erregerhaltige Muttermilch; bei älteren Tieren meist Infektion der Atemwege Erreger: Streptococcus spec. Diagnose: Erregernachweis in Sekreten und Organen	Bei Säuglingen meist Gesamtwurf betroffen, hohe Sterblichkeit. Blutig-eitriger Nasenausfluß, Lungenentzündung, Milchdrüsenentzündung, Gleichgewichtsstörungen	Behandlung: Antibiotika-Injektion oder orale Eingabe – s. 15.4.3 – Vorbeuge: Ausschaltung der Infektionsquellen. Gehegereinigung und Desinfektion

Yersiniose – Rodentiose, Nagertuberkulose – Abb. 159

Chronisch verlaufende Allgemeininfektion Erreger: Yersinia pseudotuberculosis Diagnose: Serum-Antikörper, Erregernachweis	Abmagerung, mitunter Durchfall oder Verstopfung; weizenkorn- bis kirschgroße Granulome in allen Organen, besonders in Milz und Blinddarm mit Wurmfortsatz	Behandlung: bei erkrankten Tieren erfolglos; Antibiotika-Medikation aller Tiere über Futter gegen latente Darminfekte Vorbeuge: Bestandssanierung durch Ausmerzung der Keimträger unter den Zuchttieren

Tyzzersche Krankheit – Abb. 160

Als Begleitinfektion bei akuter Dysenterie/Enterotoxämie gelegentlich vorkommend Erreger: Actinobazillus piliformis Diagnose: Erregernachweis in Organen	Keine spezifischen Krankheitssymptome; bis hirsekorngroße Herde in Leber und Darmwand 15.3. – 2.13.5	Behandlung: s. Dysenterie bzw. Colibazillose Vorbeuge: s. Dysenterie

1.4 Herz- und Gefäßerkrankungen – Verblutung, Herztod, Kreislaufkollaps –

Verblutung durch spontane Risse – Rupturen – von Blutgefäßen in Organen, Herzstillstand – Herztod –, Versagen des Blutkreislaufes im Bereich der Kapillar-Endgefäße – Kreislaufkollaps – oder Schäden an den Blutkapillaren mit Blutstauung und Blutaustritt – Blutungen – in den Organen.

Stauungsblutungen, Störung der Blutgerinnung – Vergiftungen

Ursachen: Blutstauung in den Blutkapillaren, Blutaustritt in das Gewebe; Folge der Vergiftung durch gerinnungshemmende Stoffe – Insektizide, Cumarin u. a. – Nitratdünger Diagnose: Vorbericht, Vergiftungsverdacht durch Befund, chem. Giftnachweis im Magen-Darm-Inhalt;	Blutstauung und Blutungen in Magen-Darm-Schleimhaut, Nieren, Lungen, Tod durch Kollaps, mehrfache Todesfälle bei Vergiftungen über das Futter	Behandlung: Wenig aussichtsreich, spezifische Gegenmittel; Vorbeuge: Sorgfalt bei Umgang mit giftigen Stoffen im Tierstall

| Krankheit und Ursache | Symptome/ Organveränderungen | Behandlung/Bekämpfung |

1.4.1 Herztod – innere Verblutung –

Plötzlicher Herzstillstand; Riß – Ruptur – eines Herzgefäßes oder des Herzmuskels mit anschließender Verblutung
Ursachen: Degenerative Veränderungen – Verfettung, Verkalkung – von Herzmuskelfasern oder Herzgefäßen, auch bei infektiöser Thrombenbildung in Herzgefäßen – Infarkt – oder an Herzklappen.
Diagnose: Klinischer Befund, Organbefund – Gefäß-/Herzruptur –

Plötzlicher Todeseintritt, meist Einzelfall bei Alttieren; Blutgerinnsel im Herzbeutel und Brustraum; Verkalkungen in Herzmuskel und Gefäßwand; Thromben im Herzkranzgefäß oder an Herzklappe; bei Verfettung gelblicher Herzmuskel

Behandlung: Keine
Vorbeuge: Bekämpfung bzw. Ausschluß der Ursachen (Verfettung, Verkalkungen)

1.4.2 Akutes Kreislaufversagen – Kollaps, Schock –

Ursache: Wärmestau im Körper bei hoher Lufttemperatur – über +32° – und erhöhter Luftfeuchtigkeit; dadurch ungenügende Abgabe von Körperwärme
Diagnose: Krankheitsbefund bei erhöhter Luft- und Körpertemperatur

Benommenheit, Hecheln, blau-rötliche Färbung der Haut/Ohren, Nase, Körper-Hyperthermie – über 41 °C Körpertemperatur – meist gehäuft auftretend

Bekämpfung: Erhöhte Luftbewegung zur Abkühlung, belüftbare Sitzflächen – Rostboden – Schattendächer bei Freigehege-Haltung, Schur

Trächtigkeitsschock, Milchfieber

Ursachen: Nicht ausgeglichener Verlust von Spurenelementen – Elektrolyte – durch Trächtigkeit und Milchsekretion (Säugen)
Diagnose: Klinischer Befund Abfall der Elektrolyt-, Natrium-, Calcium-, Blutwerte, Kalium erhöht

Benommenheit, krampfartiges Zittern, Atemnot; Blutaustritt aus der Scheide; Tod nach Kollaps
Einzelfall bei Muttertieren

Behandlung: Kreislaufaktivierung zusammen mit Elektrolyt-Glukose-Injektion: 8–10 ml
Vorbeuge: Reduktion des Energiegehalts im Futter, Salzlecksteine mit Kalzium

2 Erkrankungen der Organe

An einzelnen Körperteilen, Organen oder Organsystemen auftretende Erkrankungen mit organspezifischen Ausfallerscheinungen und Veränderungen; Beeinträchtigung des Allgemeinzustandes mit akutem oder chronischem Krankheitsverlauf möglich

2.1 Erkrankungen der Atmungsorgane

Nasenausfluß, Atmungsbeschwerden, akuter oder chronischer Krankheitsverlauf

Krankheit und Ursache	Symptome/ Organveränderungen	Behandlung/Bekämpfung

2.1.1 Nase und Nasennebenhöhlen

Blutiger Nasenausfluß

Ursachen: Akute, blutige Lungenentzündung bei VHD oder bakteriellen Infektionen – Unfall – nach Sturz o. ä.	Benommenheit, blutig verschmierte Nasenlöcher – Einzelfall – gehäufte Erkrankungsfälle – 15.3. – 1.1.1. – 1.1.2	Behandlung: Bei VHD: s. 15.3–1.1.1, bei bakterieller Infektion s. 15.3–1.1.2 Behandlung: Ruhigstellung, ggfs. schmerzlose Tötung

Katarrh der Nasenschleimhaut

Ursache: Reizung der Schleimhaut durch Ammoniak oder Staub, nach Abkühlung; bei Komplikationen durch Infektionen: eitriger Schnupfen	klarer Sekretfluß aus Nasenlöchern, gelegentliches Niesen, auch Lidbindehautkatarrh »tränende Augen«	Behandlung: Einzelbehandlung mit Nasentropfen Vorbeuge: Verbesserung der Belüftung, zugluftfreie, erwärmbare Ruheplätze

Eitrige Entzündung der Nasenschleimhaut – infektiöser Schnupfen

Keimverschleppung in Lunge möglich, auch Allgemeininfektion Erreger: Pasteurella, auch Bordetella – 15.1.2.8; Hilfsfaktoren: Abkühlung, Reizung der Schleimhäute (s. Katarrh der Nasenschleimhaut) Diagnose: Erregernachweis im Nasen-Rachenschleim, Lunge	Eitriger Nasenausfluß, häufig mit eitriger Lidbindehautentzündung, Kopfschiefhaltung; mitunter Lungenentzündung; ferner: eitrige Nasen-Nebenhöhlenentzündung; verbreitet vorkommend	Behandlung: Antibiotika-Medikation, örtlich und Injektion – 15.4.–3 Vorbeuge: Ausmerzung der Keimträger; Ausschaltung krankheitsbegünstigender Luftfaktoren – Staub, Ammoniak – Schutzimpfung mit antigenspezifischen Vakzinen

2.1.2 Lungenentzündungen – Pneumonie –

Auf Infektionen mit Virus, Bakterien und Pilzen – 15.1.2.8 – oder Invasionen durch Rundwürmer – 15.1.2.7 – zurückgehende Entzündungen der Lunge, häufig im Verlauf von Allgemeininfektionen

blutige Pneumonie im Verlauf akut septikämischer Infektionen – VHD/RHD, Streptokokkose, Pasteurellose	Blutungen aus der Nase, starke Blutfülle der Lungen akuter Verlauf	Behandlung: Meist erfolglos; Bekämpfung der Grundinfektion – 15.4.1

eitrig-fibrinöse Lungen-Brustfellentzündung; Pasteurellose, Staphylokokkose	Lunge marmoriert grau-rot, eitrig-fibrinöse Oberfläche, mit Brustfell verklebt	Behandlung: s. Infektionskrankheiten – 15.3.–1.1.2 – Vorbeuge: Bestandssanierung, Ausmerzung der Keimträger; Verbesserung des Stallklimas

Krankheit und Ursache	Symptome/ Organveränderungen	Behandlung/Bekämpfung
herdförmige, chronische Lungenentzündung durch Ansiedlung hämatogen verschleppter Keime: Yersinia spec., Listeria spec. Francisella spec. – 15.3. –1.1.2	Herdförmige Pneumonie; gelblich-weißliche Herde in der Lunge und anderen Organen; chronischer Verlauf	Behandlung: Bekämpfung der Grundinfektion – 15.4. – Vorbeuge: Ausmerzung der Keimträger; Bestandssanierung
Lungenmykose nach Inhalation von Pilzsporen – Aspergillus fumigatus – 15.2.2.8–1.3 Diagnose: Erregernachweise in der Lunge/Nase; Organbefund	Grau-gelbliche Herde in Lunge und Brustfell	Behandlung: Keine Vorbeuge: Trockene, nichtverschimmelte Einstreu

2.1.3 Parasitenbefall der Lunge – 15.1.2.7. – 2.1 –

Symptome nur bei stärkerem Befall – Husten, Abmagerung

Lungenwurmbefall

Wurmart: Rundwürmer der Gattung Strongylus – Komplikationen durch bakterielle Infektionen, Staphylokokken, Pasteurellen u. a. Diagnose: Nachweis der Wurmlarven im Kot, Wurmknoten in der Lunge	Grau-weißliche Wurmknoten in der Lunge, eitriges Sekret in den Bronchien	Behandlung: Injektion von IVOMEC oder CITARIN o. ä. – rezeptpflichtig – Vorbeuge: Kein Grünfutter aus Gebieten mit Hasen- und Wildkaninchenbesatz

Finnenbefall der Lunge

Ursache: Finnenblase Echinococcus hydatidosus – s. 15.2.2.7–2.3 Diagnose: Röntgenaufnahme Organbefund (Tiersektion)	Bis kirschgroße Blasen in den Lungen und anderen Organen	Behandlung: Keine Vorbeuge: Kein Freiland-Futter; Wurmkontrolle beim Haushund

2.1.4 Lungengeschwülste

Chronischer Krankheitsverlauf, Einzelfallerkrankung, –

Bindegewebsgeschwulst – Melanosarkom –, Metastasen in Lymphknoten, Milz, auch Leber möglich	Grau-rote Tumore; schwarzes Pigment	Behandlung: Keine, unheilbar

Drüsengeschwulst – Adenokarzinom –

Meist Metastasen von primärer Gebärmuttergeschwulst Ursachen: Unbestimmt Diagnose: Organbefund	Weißliche Knoten im Lungengewebe	

Krankheit und Ursache	Symptome/ Organveränderungen	Behandlung/Bekämpfung

2.2 Erkrankungen der Augen

Veränderungen an Augenlidern, Lidbindehaut und Augapfel; Mißbildungen, Tränenfluß, eitrige Sekretbildung, Anschwellung der Lider, Hornhauttrübung u. ä.

2.2.1 Lid und Lidbindehaut

Katarrhalische Lidbindehautentzüdung – feuchte Augen –

Ursache: Reizung durch Ammoniak-Gas, starke Staubbildung	Klares Sekret feuchte Augenwinkel Rötung der Lidbindehäute	Behandlung: Augenspülung mit reizmildernden Lösungen; Vorbeuge: Regelmäßige Stallüftung

Eitrige Lidbindehautentzündung

Ursache: Bakterielle Infektion aus der Nasenhöhle über den Nasen-Tränengang beim eitrigen Schnupfen Erreger: Pasteurellen, Staphylokokken Diagnose: Erregernachweis, Befund	Eitriges Sekret Lidspalt verklebt, eitriger Schnupfen	Behandlung: Antibiotische Augensalbe, Allgemeinbehandlung gem. Grundinfektion – 15.5 –

Verdickung der Augenlider – Myxome –

Ursache: Myxomatose, bei mehreren Tieren im Bestand gleichzeitig – s. 15.3.–1.1.1 –	Weiche Geschwulstbildungen an Ohren, Maulspalt, Augen	Behandlung: s. Myxomatose

2.2.2 Erkrankungen des Augapfels – Augenbulbus –

Veränderungen an/in der Hornhaut – Trübung, Defekte, Vorwölbung –, Veränderungen an der Linse und Regenbogenhaut/Iris oder des Augapfels

Hornhauttrübung

Ursachen: **Verletzungen** mit Wundinfektionen – Staphylokokken, E. coli u. a. – **eitrige Lidbindehautentzündung** im Verlauf des eitriginfektiösen Schnupfens; s. 15.3.1–1.1.2 Diagnose: Augenbefund, Begleitbefunde, Erregernachweis	Lokale Defekte meist einseitig; diffuse Trübung meist beidseitig, Lidbindehautentzündung, eitriger Nasenausfluß	Behandlung: Spülung mit Borwasser, Kamille o. ä.; Augensalbe Behandlung des Grundleidens

Krankheit und Ursache	Symptome/ Organveränderungen	Behandlung/Bekämpfung

Linsentrübung

Ursache: Erblicher Defekt – s. a. Glaukom – Diagnose: Augenbefund	Fleckenförmige bis diffuse weißliche Trübung	Behandlung: Keine Vorbeuge: Keine Zuchtverwendung

Glaukom – Augenkammerwassersucht –

Angeborene Fehlentwicklung der vorderen Augenkammer, Tiere sind lebensfähig Ursache: Gen-Defekt, s. Tab. 20 Diagnose: Augenbefund	Vergrößerung der Augäpfel, Vorwölbung der Hornhaut, zunehmende Hornhauttrübung an beiden Augen	Behandlung: Keine Vorbeuge: Keine Zucht mit Glaukom-Trägern und deren Geschwistern

Entzündung des Augapfels – Panophthalmie –

Einseitig oder beidseitig auftretend Ursachen: Nach Verletzungen – Bluterguß im Bulbus, Wunden in der Hornhaut –, bei eitriger Bindehautentzündung; Erreger: Staphylokokken, Pasteurella spec. Diagnose: Organbefund, Erregernachweis	Hornhaut weißlich trübe, Hornhautdefekte, Oberfläche uneben, matt; eitrige Lidbindehautentzündung	Behandlung: Ggfs. operative Entfernung des Augapfels, schmerzlose Tötung

2.3 Störungen der Bewegungsabläufe – Lahmheiten, Lähmungen, Gleichgewichtsstörung –

Beidseitige oder einseitig ausgeprägte Beeinträchtigung der Bewegung der Gliedmaßen und der Stützbelastung, Störungen der zielgerichteten Bewegung und des Gleichgewichts

2.3.1 Lahmheiten

Ein- oder beidseitige Beeinträchtigung der Bewegung oder der Belastung von Gliedmaßen

Knochenbruch

Ursache: Fraktur- von Gliedmaßenknochen oder Beckenknochen nach Unfall Diagnose: Krankheitsbefund	Einseitige Belastungs- und Bewegungsbehinderung, Schwellung im Bruchbereich	Behandlung: Ruhigstellung, unfallchirurgische Behandlung

Gelenkluxation

Ursache: Ausrenken der im Gelenk verbundenen Gliedmaßenknochen – nach Unfall – Diagnose: Gelenkbefund	Fehlerhafte Stellung der Gliedmaßen, Unvermögen der Beugung	Behandlung: Einrenken, Ruhigstellung des betroffenen Gelenks

338

Krankheit und Ursache	Symptome/ Organveränderungen	Behandlung/Bekämpfung

Gelenkentzündung

Nach Gelenkinfektion im Verlauf chronischer Allgemeininfektionen Erreger: Pasteurellen, Yersinien, Staphylokokken – 15.3.–1.1.2 Diagnose: Gelenkbefund, Erregernachweis	Verdickung von Gliedmaßengelenken, Beeinträchtigung der Beugung	Behandlung: Keine, schmerzlose Tötung; Vorbeuge: Bestandssanierung, Ausmerzen der Keimträger

2.3.2 Lähmungen – Parese –

Unvermögen der Bewegung von Gliedmaßenpaaren – Hintergliedmaßen, seltener Vordergliedmaßen –, unkoordinierte Bewegungen – Ataxie –

Syringomyelie, erbliche Ataxie und Lähmung

Ungleichmäßige Lähmung der Hinter- und Vordergliedmaßen Ursache: Erblicher Gendefekt; rezessives Merkmal, s. Tab. 20 Diagnose: Befund, Ausschluß anderer Ursachen – s. u. –	Fortschreitende Lähmung – ab 4. Lebenswoche –, Spreitzstellung der Gliedmaßen; Kot- und Harnverschmutzung; Verstärkung mit zunehmendem Alter	Behandlung: Keine, unheilbar; schmerzlose Tötung Vorbeuge: u. U. Ausschluß der Elterntiere und Geschwister von der Zucht

Querschnittslähmung

Lähmung der Hintergliedmaßen und Beckenorgane Ursache: Verletzung des Rückenmarks infolge Bruch von Lenden- oder Kreuzbeinwirbeln nach Unfall, als Technopathie 15.1.2.4 –; auch bei Gehirn-Rückenmark-Entzündungen infolge Infektionen durch Pasteurellen, Listerien, Enzephalitozoen möglich – 15.3–1.1.2 – Diagnose: Krankheitsbefund, Begleitumstände – Unfall, Infektionen –	Lähmung beider Hinterläufe, Verschmutzung um Harnröhrenöffnung und After sowie Schenkelinnenseite; Harnträufeln, Schleimfluß aus dem Darm	Behandlung: Keine, schmerzlose Tötung Vorbeuge: Ausschluß von Verletzungsmöglichkeiten – Greifen, Technopathien –

Krankheit und Ursache	Symptome/ Organveränderungen	Behandlung/Bekämpfung

2.3.3 Gleichgewichtsstörungen

Gehirnentzündung oder Schädigung des Gleichgewichtsorgans im Mittelohr Ursachen: Mittelohrinfektionen durch Pasteurellen, Streptokokken, Staphylokokken; auch bei Gehirninfektionen durch Listerien, Streptokokken, Encephalitozoen Diagnose: Krankheitsbefund, Erregernachweis	Torkelnde Bewegung, Schiefhalten des Kopfes, – auch eitrige Lidbindehautentzündung und Schnupfen; – Benommenheit, mitunter Lähmungen; mitunter mehrere Fälle	Behandlung: Keine Vorbeuge: Ausmerzung der Keimträger, Bestandssanierung

2.4 Erkrankungen von Gehirn und Rückenmark

Störungen des Wahrnehmungsvermögens, Gleichgewichts- und Bewegungsstörungen; chronischer Krankheitsverlauf

Angeborener Wasserkopf – Hydrocephalus –

Entstehung während der embryonalen Entwicklung; Anlaß für Schwergeburten Ursachen: Infektion des Embryos durch Mikrosporidien, s. 15.1.2.7–1.1 möglicherweise Gendefekt, s. Tab. 20 Diagnose: Infektionsnachweis beim Muttertier – Serum-Antikörper –	Schädelvergrößerung durch Flüssigkeitsansammlung im Ventrikel nur kurzfristig überlebensfähig	Vorbeuge: Ausschluß der Eltern von weiterer Zuchtverwendung

Gehirn-Rückenmarkentzüdung – Encephalomyelitis –

Ursachen: Infektionen durch Listeria, Pasteurella, Streptokokken u. a. – s. 15.3.–1.1.2 – auch Infektionen durch Enzephalitozoen und Toxoplasmen Diagnose: Krankheitsbefund, Erregernachweis durch Antikörper	Benommenheit, Taumelbewegungen, Kopfverdrehen, mitunter Erregungs- oder Krampfanfälle	Behandlung: Keine, schmerzlose Tötung Vorbeuge: Ausmerzung der Keimträger s. 15.5

Krankheit und Ursache	Symptome/ Organveränderungen	Behandlung/Bekämpfung

Drehwurmkrankheit, Coenurose

<u>Ursachen:</u> Befall des Gehirns mit Coenurus cerebralis, Finne des Hunde-/Fuchsbandwurmes Multiceps multiceps – s. 15.1.2.7–1.3 – <u>Diagnose:</u> Klinische Symptome, Finnen-Nachweis im Gehirn	Benommenheit, Dreh- (Kreis-)bewegungen, Torkeln	<u>Behandlung:</u> Keine, schmerzlose Tötung <u>Vorbeuge:</u> Bandwurmkontrolle des Haushundes

2.5 Erkrankungen der Geschlechtsorgane und Fortpflanzungsstörungen

2.5.1 Erkrankung der Begattungsorgane

Beeinträchtigung des Deckaktes bei	Veränderungen an Vorhaut und Scheide	<u>Behandlung:</u>
Kaninchen-Syphilis, Infektion durch Treponema cuniculi –	linsengroße Hautgeschwüre	Antibiotika-Injektion – s. 15.4.3 –
Nekrosebazillose, Infektion durch Fusobakt. necrophorum – 15.3.1.1.2 –	schmierige Hautschorfbildung	örtliche Wundbehandlung – s. 15.4.3 –
Myxomatose, Infektion durch Myxomatose-Virus – 15.3. – 1.1.1. <u>Diagnose:</u> Organbefund, Erregernachweis	myxomatöse Hautschwellungen an Vorhaut/Scheide	keine – s. 15.3. – 1.1.1.

2.5.2 Erkrankungen der Keimdrüsen – Hoden, Eierstock –

Mangelhafte Hodenentwicklung – Kleinhodigkeit, Hodenatrophie –

Folge ausbleibender Entwicklung des samenbildenden Keimepithels, keine Spermaproduktion <u>Ursache:</u> erblich-hormonale Entwicklungsstörung – s. Tab. 20 <u>Diagnose:</u> Organbefund	Ab 12. Lebenswoche feststellbar. Hoden klein und dünn; als Bauchhoden – Kryptorchismus – nicht zu fühlen.	<u>Behandlung:</u> Keine, als Zuchttier unbrauchbar, Verwendung als Masttier

Krankheit und Ursache	Symptome/ Organveränderungen	Behandlung/Bekämpfung

Hoden- und Nebenhodenentzündung

Ein- oder beidseitige Entzündung des Hodens und Nebenhodens nach Erregeransiedlung im Verlauf chronischer Allgemeininfektionen; <u>Erreger:</u> Pasteurellen, Yersinien, Listerien – 15.3–1.1.2 – <u>Diagnose:</u> Organbefund, Erregernachweis	Hodenschwellung vorsichtiger Gang; Abszeß- oder Granulombildung im Hoden und Nebenhoden Paarungsbereitschaft mitunter vorhanden	<u>Behandlung:</u> Ggfs. Kastration und Verwertung als Masttier; <u>Vorbeuge:</u> Ausmerzung der Keimträger – 15.5.5 –

Hodengeschwulst

Geschwulstbildungen verschiedener Form – Samenzellen –, Drüsenzellen –, Zwischenzellgeschwulst <u>Ursache:</u> unbekannt – Einzelfall – <u>Diagnose:</u> Organbefund	Diffuse Vergrößerung oder Knotenbildung in einem oder beiden Hoden; paarungsbereit, aber zeugungsunfähig	<u>Behandlung:</u> Erfolglos; u. U. Kastration und Verwendung zur Mast

2.5.3 Erkrankung der Eierstöcke – Ovarien –

Störung der Follikelreifung

meist beidseitig als Folge von – unzureichender Bildung von Follikel-Reifungshormonen bei ernährungs- oder hormonal bedingten Stoffwechselstörungen oder	Keine Paarungsbereitschaft, ungestörtes Allgemeinbefinden;	<u>Behandlung:</u> Injektion von Hormonen zur Follikelreifung – rezeptpflichtig – bedarfsgemäße Fütterung;
– Erkrankung der Eierstöcke im Verlauf bakterieller Infektionen mit Pasteurellen, Listerien, Yersinien u. a. – s. 15.3.–1.1.2 <u>Diagnose:</u> Krankheitsbefund, Erregerbestimmung	– Symptome wie bei chronischer Infektionskrankheit	<u>Behandlung:</u> Keine, Bestandsanierung durch Ausmerzung – 15.5.5 –

Eierstockzysten, Nymphomanie

<u>Ursache:</u> Durch verstärkte Dauersekretion von Follikelbildungshormonen Bildung von Dauerzysten im Ovar <u>Diagnose:</u> Krankheitsbefund	Gesteigerte Unruhe und Paarungsbereitschaft ohne Befruchtung	<u>Behandlung:</u> Injektion von »releasing«-Hormonen Erfolg fraglich

Krankheit und Ursache	Symptome/ Organveränderungen	Behandlung/Bekämpfung

2.5.4 Erkrankungen der Gebärmutter/Uterus

können entstehen als geburtsunabhängige Prozesse oder im Zusammenhang mit Trächtigkeit und Geburt.

Gebärmutterentzündung – Metritis –

Ursachen: Entzündungen infolge Infektion der Gebärmutter im Verlauf von a) hämatogene Erreger-Generalisation im Uterus; s. bakterielle Infektionskrankheiten 15.3.–1.1.2	Vorzeitiger Fruchttod ohne oder mit Abort, septikämischer Befund oder herdförmige Nekrosen im Uterus	Behandlung: Antibiotika-Medikation – 15.4.1.2 – fraglicher Heilungserfolg Vorbeuge: Bestandssanierung durch Ausmerzung
b) Infektionen der Geburtswege während oder nach der Geburt – **Puerperalinfektion** – durch Staphylokokken, E.coli, Pseudomonas u. a. Schmutzkeime – 15.1.2.8–1.2 Diagnose: Krankheitsbefund; Erregernachweis	Vorfall von Uterus und Scheide, akute Allgemeinerkrankung; Störung der Milchsekretion	Behandlung: örtliche und allgemeine Behandlung Antibiotika-Medikation künstliche Ernährung der Säuglinge Vorbeuge: Gehege- und Nestreinigung/-desinfektion

Geschwulstbildung an der Gebärmutter

Ursachen: In Uteruswand und Schleimhaut sich entwickelnde Geschwulstknoten – **Adenokarzinom** –; vorwiegend bei älteren Häsinnen Ursachen unbekannt Diagnose: Organbefund bei der Obduktion	erfolglose Paarung allmähliche Abmagerung – Uteruswand verdickt, weißliche Knoten; gelbl. Zysten; Metastasen in Lunge, Herz	Behandlung: Keine – unheilbar –

2.5.5 Erkrankungen der Milchdrüse

Vorkommen als entzündliche Prozesse – Mastitis – bei milchgebenden Mutterhäsinnen im Verlauf bakterieller Infektionen oder als Geschwulsterkrankung

Milchdrüsenentzündung/Mastitis

Ursachen: Entstehung nach hämatogener Erregergeneralisation – *Pasteurella, Listeria, Yersinia* – 15.4.–1.1.2 – oder durch Schmutzinfektionen – *E.coli,* Staphylokokken, Streptokokken – Diagnose: Erregernachweis im Drüsensekret	Fieberhafte Erkrankung, schmerzhafte Milchdrüsenschwellung oder Milchdrüsenabszeß Milchmangel bei Säuglingen und Infektionsgefährdung	Behandlung: Antibiotika-Injektion, u. U. Eutersalbe Vorbeuge: Bestandssanierung, Ausmerzung latent infizierter Muttertiere von der Zucht; Käfig- und Nesthygiene

Krankheit und Ursache	Symptome/ Organveränderungen	Behandlung/Bekämpfung

Milchdrüsengeschwulst

Krankheit und Ursache	Symptome/ Organveränderungen	Behandlung/Bekämpfung
Geschwulstherde auf der Haut und im Drüsengewebe **– Papillom/Hautwarzen** Erreger: Papillomvirus 15.2.2.8–1.1/15.3.–2.7.3 **– Adenokarzinom,** Drüsenzellgeschwulst, Metastasenbildungen Erreger: Unbekannt Diagnose: Organbefund	Erbsen- bis bohnengroße Hautwarzen am ganzen Körper Knoten im Drüsengewebe	Behandlung: Keine, spontane Heilung möglich Vorbeuge: Keine Behandlung: Keine, schmerzlose Tötung

2.5.6 Störungen der Trächtigkeit, Fehlgeburten

2.5.6.1 Scheinträchtigkeit

Krankheit und Ursache	Symptome/ Organveränderungen	Behandlung/Bekämpfung
Ursache: Bei Häsinnen nach spontanem Follikelsprung, ausgelöst beim Bespringen durch Häsinnen, unfruchtbare Rammler Diagnose: durch Abtasten des Bauches	Anzeichen einer Trächtigkeit Schwellung der Zitzen, Nestbau	Behandlung: Einzelhaltung Wiederholung der Paarung nach etwa 20 Tagen

2.5.6.2 Embryonyalsterblichkeit – Fruchttod, Verwerfen/Abort –

Absterben von im frühen Entwicklungsstadium befindlichen Embryonen, ca. 10 bis 20 Tage alt – vorzeitiger Fruchttod – mit und ohne Abtreibung (Abort) oder vorzeitige Geburt – Frühgeburt – nicht geburtsreifer Föten.

Vorzeitiger Fruchttod

Krankheit und Ursache	Symptome/ Organveränderungen	Behandlung/Bekämpfung
Absterben von Fruchtanlagen zwischen 10. und 20. Tag nach Paarung Ursachen: Unterbrechung der Blutversorgung (Thrombose), allergene Fruchtabstoßung, Nährstoffmangel Diagnose: Untersuchungsbefund, bei Häsin oder nach Obduktion	Vorübergehende Benommenheit, auch Scheidenausfluß; bis kirschgroße Fruchtanlage im Uterus; Föten mitunter »eingetrocknet (mumifiziert)« im Uterus oder in der Bauchhöhle; ausbleibende Geburt; gelegentliche Aborte	Behandlung: Da meist unerkannt, ohne Behandlung Vorbeuge: Optimierung von Fütterung und Absetzen von vorhergehendem Wurf – s. Kap. 8 und 9.7

Krankheit und Ursache	Symptome/ Organveränderungen	Behandlung/Bekämpfung

Verwerfen/Abort, Frühgeburt

Spontaner Fruchtabgang – Abort – zwischen 21. und 28. Tag nach Paarung Ursachen: Blutungen in der Plazenta infolge Gewalteinwirkung – Stoß, Schlag – oder durch Infektionen – Pasteurella, Streptokokken, Listeria u. a. – s. 15. 3.–1.1.2; Diagnose: Krankheitsbefund und Erregernachweis	Blutabgang aus der Scheide; Föten und Nachgeburtsreste – Blutgerinnsel – im Wurfnest; bei Infektionen akute Krankheitssymptome beim Muttertier, Todesfälle	Behandlung: Erst nach Abort möglich; Ruhigstellung; antibiotische Medikation s. 15.5. Vorbeuge: Verhütung der möglichen Ursachen

2.5.6.3 Erkrankungen der Neugeborenen und Säuglinge – Aufzuchtverluste –

Verluste unter den neugeborenen Kaninchen sind Folgen von Totgeburten oder von Schäden bei der Häsin, durch welche die lebenserhaltende Versorgung der Säuglinge mit Muttermilch oder die Fürsorge im warmhaltenden Nest lebensgefährdend gestört werden.

2.5.6.4 Totgeburten

Totgeburt geburtsreif entwickelter Jungtiere, meist infolge Geburtsverzögerung durch Fehllagen, geburtshemmende Mißbildungen oder Unruhe während des Geburtsvorganges	Tot geborene Jungtiere – einzeln oder mehrere –; Häsin erregt oder benommen	Vorbeuge: Überwachung des Geburtsvorganges, u. U. Geburtshilfe bei Schwergeburten; Vermeidung von Unruhe im Zuchtstall

2.5.6.5 Säuglingsverluste

Verluste durch spezifisch das Überleben von nesthockenden Säuglingen beeinträchtigende Schadfaktoren innerhalb von 15 Lebenstagen nach der Geburt.

Einzelfälle durch **Frühtod** innerhalb 3 Tagen – von lebensschwachen Tieren	– klein, unterentwickelt	
– infolge Lebensfähigkeit beeinträchtigende Mißbildungen	– Mißbildungen am Körper	
– bei Unfall – erdrückt, unterkühlt –	– kein besonderer Befund	
– aller Tiere des Wurfes infolge **Milchmangel** durch Störung der Milchsekretion – infolge Nachgeburtverhaltung oder Gebärmutterentzündung, Mastitis s. 15.4–2.5.3 Diagnose: Klinischer Befund bei Häsin und Wurf	Anfangs Unruhe der hungrigen Säuglinge zunehmend bewegungslos, Abmagerung; Tod des ganzen Wurfs	Behandlung: Abtreibung der Nachgeburt; Behandlung der Gebärmutterentzündung Ammenmilch oder künstliche Ernährung der Jungen Vorbeuge: Geburtüberwachung, Gehegehygiene

Krankheit und Ursache	Symptome/ Organveränderungen	Behandlung/Bekämpfung

Unterkühlung

| Fehlender Wärmeschutz durch Verschleppung aus dem Nest, Nestzerstörung, Nässe infolge Erregung der Häsin – Angst, Brunst –; mit zunehmender Behaarung Minderung der Unterkühlungsgefahr <u>Diagnose:</u> Situationsbefund | Zunehmende Bewegungslosigkeit, Tod innerhalb 2 bis 4 Stunden; Einzelfall oder Gesamtwurf | <u>Behandlung:</u> Erwärmung der Säuglinge, Nesterneuerung <u>Vorbeuge:</u> Wurfkontrolle, abgesonderter Nestkasten |

Infektionskrankheiten der Säuglinge

| Auftreten ab 5. Lebenstag und später <u>Ursache:</u> Infektion der Säuglinge durch bakterienhaltige Muttermilch – Pasteurella, Streptokokken, Staphylokokken, E. coli, Yersinia – s. 15.3–2.5.3 <u>Diagnose:</u> Erregernachweis im Tier | Benommenheit, plötzlicher Tod der meisten Tiere des Wurfes | <u>Behandlung:</u> Medikamentöse Therapie fraglich, orale Eingabe von Antibiotika-Emulsionen <u>Vorbeuge:</u> Behandlung des Muttertieres |

2.6 Erkrankungen der Harnorgane, Störungen des Harnabsatzes

Krankheiten infolge Störungen des Harnabsatzes aus der Harnblase oder durch Beeinträchtigung der Harnbildung und Ausscheidung in den Nieren

2.6.1 Harnträufeln

| Störung der Funktion des Harnblasenschließmuskels als Folge von **– Entzündung von Harnröhre und Harnblase** <u>Ursache:</u> Aufsteigende Infektion der Harnröhre mit Schmutzkeimen aus der Einstreu; häufig Bildung von Harnsteinen in der Blase | Ständiger Harnabsatz, Feuchtverschmutzung von Fell und Haut um die Harnröhrenöffnung und an der Schenkelinnen- und -rückseite | <u>Behandlung:</u> Antibakterielle Medikation, fragliche Wirkung, ggfs. schmerzlose Tötung <u>Vorbeuge:</u> Regelmäßige Käfig-/Nestreinigung, trockene, saubere Einstreu |
| **– Querschnittslähmung** – 15.3–2.3.2 <u>Diagnose:</u> Krankheitsbefund, Erregernachweis im Urin | wie oben, zusätzlich Lähmung der Hintergliedmaßen | <u>Behandlung:</u> Keine, schmerzlose Tötung <u>Vorbeuge:</u> Ausschluß der Lähmungsursache |

2.6.2 Harnverhalten

Geringer werdende Urinaus-scheidung bis zur Anurie (keine Harnausscheidung) infolge Schädigung der harn-bildenden und -ausscheiden-den Nierenzellen bei

Chronischer Verlauf, mitunter steifer Gang; Serumwerte Harnstoff, Ca, Na, Cl erhöht; Harnvergiftung

– Nierenentzündung
Ursachen: Allgemeininfektio-nen durch: Pasteurella, Yersi-nia, Listeria, Streptokokken, u. a. – s. 15.3.–1.1.2
Diagnose: Serumwerte, Organbefund

Organveränderungen je nach Erregerart:
Nieren geschwollen blutreich oder gelblich-weißli-che Herde, Narbenbildung

Behandlung: Fraglicher Erfolg; Bestandsbehandlung der Grundinfektion
– Futter- oder Trinkwasserme-dikation – s. 15.5.5;
Vorbeuge: Bestandssanierung

– Nierenfibrose, Schrumpf-niere
Ursachen: Längerfristige Ein-wirkung von Schadstoffen – Schimmelpilztoxine u. a. – aus dem Futter,
auch bei chronischer Infektion mit Mikrosporidien (Encephali-tozoen)
 – s. 15.1.2.7
Diagnose: Obduktionsbefund, Serumanalyse, erregerspezifi-sche Antikörper

Nieren verkleinert, höckerige Oberfläche, Narbenbildung; Serumwerte wie vor

Behandlung: Keine
Vorbeuge: Ausmerzung der mit Encephalitozoen infizierten Tiere

– Nierenverkalkungen
Ursachen: Entstehung zusam-men mit Verkalkungen der Schlagadern (Arterien) und im Herzmuskel infolge Störung des Calcium-Stoffwechsels – überhöhte Vitamin-D- und Phosphor-Zufuhr
Diagnose: chem. Serum-analyse, Obduktionsbefund

Symptome wie vor; Serum-werte von Calcium, Choleste-rin, Triglycerin erhöht – Abb. 164

Behandlung: Keine
Vorbeuge: Bedarfsgemäße Vitamin-D- und Mineralstoff-Zufuhr – s. Kap. 9.3 und 9.4

Krankheit und Ursache	Symptome/ Organveränderungen	Behandlung/Bekämpfung

2.6.3 Geschwulstbildungen in den Nieren

Geschwulstartige Zellwucherungen verschiedener Formen in der Rindenzone

Klinischer Befund nach Ausmaß der Veränderungen – wie vor (6.2.);

Behandlung: Keine, Feststellung durch Obduktion
Vorbeuge: Keine wirksamen Maßnahmen bekannt

Nierenzysten, nur in den Nieren anzutreffen, Nierenfunktion wenig beeinträchtigt

Einzelne bis zahlreiche Zysten von 1 bis 3 mm ø

Nephroblastom, Adenokarzinom, nur in den Nieren vorkommend, Metastasen selten

Einzelne, weißlich weiße Geschwulstherde in den Nieren

Lymphadenose/Leukose, generalisierte Zellwucherungen in Leber, Milz, Knochenmark, Lymphknoten
Ursachen: Unbekannt – Geschwulstvirus? –
Diagnose: Obduktionsbefund

Diffus-weißgraues Geschwulstwachstum in den Nieren

2.7 Haar- und Fellschäden

angeborener Haarmangel – Hypotrichose, Alopecie –

Von Geburt an bestehend; fehlende oder mangelnde Entwicklung von Haut und Haarfollikeln, mitunter Hautverdickung, Verhornung, Schuppenbildung, familiäre Häufung
Ursache: rezessiver Gendefekt, s. Tab. 20
Diagnose: Hautbefund, Begleitumstände – Alter, Begleitumstände –;

Dünne, faltige Haut oder Hautverdickung und -verhärtung; keine oder nur spärliche Behaarung;

Behandlung: Keine, schmerzlose Tötung
Vorbeuge: Keine Zuchtverwendung der Wurfgeschwister

Krankheit und Ursache	Symptome/ Organveränderungen	Behandlung/Bekämpfung

Schadstoffbedingter – toxischer – Haarausfall

Kurzfristig sich entwickelnder Ausfall von Grannen- und Wollhaaren – flächenhafte Fellverdünnung – Ursachen: Beobachtet nach Vergiftung durch – Ackerfarn, Buchweizen, Kartoffelkraut, Mimosin – Thallium- oder bleihaltige Ratten-/Mäusegifte – bestimmte Antibiotika nach oraler Eingabe – Penicilline u. a. – Diagnose: Hautbefund, Aufklärung der möglichen Giftaufnahme	Über den ganzen Körper sich ausbreitender Haarausfall, kleine Blutungen in der Haut, blutige Haare mitunter Durchfall – bei Tageslichteinwirkung mitunter verstärkt –	Behandlung: Nach Abstellen der Ursache vorübergehende Vitamintherapie mit Vitamin A, E und Biotin Vorbeuge: Ausschluß der hauttoxischen Wirkstoffe

Haarverfilzung

bei Angorakaninchen mitunter bestandsweit verbreitet, bei Normalhaarkaninchen weniger auffällig; Ursache: Befall mit Fellmilben, erbliche Veranlagung Cheylitella spec. Diagnose: Milbennachweis im Fell	Haarverfilzung, Ausfall von Wollhaaren Schuppenbildung; Milben im Haarkleid mitunter Pustelbildungen	Behandlung: Bekämpfung des Befalls mit Haarmilben – s. 15.4.2.–6. Vorbeuge: Kontrolle auf Milbenbefall; regelmäßige Käfigreinigung – Ausflammen – bei Besatzwechsel, Ausschluß von Zucht

2.8 Wunden, Entzündungen und Infektionen der Haut

2.8.1 Hautwunden

Frisch blutende oder verschorfte Hautwunden Ursachen: – **Kratzwunden** an Nestjungen durch erregte Muttertiere – **Bißwunden** als Folge von Rivalitätskämpfen unter Jungböcken, um Futterplatz, Verdrängungskämpfe – **Riß- und Schnittwunden** nach Verletzungen im Gehege, bei Wollschur Gefahr von Wundinfektionen mit Entstehung eitriger Entzündungen Diagnose: Wundbefund	Blutige Wunden am Körper strichförmige Hautwunden am Rumpf klaffende Haut-Muskel-Wunden am Körper, Kopf, Rumpf, Bauch – Wunden am Rumpf, Gliedmaßen, mitunter Abszeßbildung	Behandlung: Einzelhaltung, Wundversorgung; desinfizierende Wundbehandlung Vorbeuge: Ausschluß der Verletzungsanlässe; Verhütung von Wundinfektionen

2.8.2 Entzündungen der Haut

Pustulöse Hautentzündung – Akne, Impetigo –

Krankheit und Ursache	Symptome/Organveränderungen	Behandlung/Bekämpfung
Bei Kaninchen aller Altersgruppen als Einzelfall oder verbreitet im Bestand vorkommend Ursachen: Infektion durch Staphylokokken .	Kleine Hautrötungen, pockenartige Bläschen oder eitrige Pusteln	Behandlung: Bekämpfung der Hautinfektion durch Antibiotika-Medikation; Vorbeuge: Bekämpfung der Anfangsschäden
– 15.3.–1.1.2 – – bei Säuglingen über infizierte – Muttermilch – **Impetigo** – – bei mangelbedingten Haarwachstumsstörungen – **Akne** – s. Abs. 7.1	– über den ganzen Körper ausgebreitet –ungleichmäßige Haarbalginfektion	
– bei **Pockeninfektionen** – selten in Mitteleuropa	– Pockenbläschen am ganzen Körper	
– bei **Befall mit Hautmilben** – Haut-, Haarbalg- und Herbstgrasmilben –, s. Abs. 2.7.4 Diagnose: Hautbefund, Erregernachweis, Begleitbefund	– punktförmige Herde unregelmäßig, Milbenbefall	

2.8.3 Haarausfall, Dermatosen

als Einzelfall, mitunter auch gehäuft im Bestand vorkommend als Folge allmählich – chronisch – sich entwickelnder Stoffwechselstörungen oder kurzfristig einwirkender Vergiftungen.

Geschwürsbildende Hautentzündungen – Schmutzdermatitis –

Krankheit und Ursache	Symptome/Organveränderungen	Behandlung/Bekämpfung
Meist örtlich begrenzte Entzündungsprozesse in der Haut Ursachen: Bakterielle Schmutz- oder Schmierinfektionen bei	Eitrig-schmierige Wundflächen, Abszeß- oder Geschwürsbildung, Phlegmonen	Behandlung: Wunddesinfektion, antibiotische Puder oder Salbenverbände Vorbeuge: Trockene, saubere Einstreu, glatte, saubere Bodenroste; gelähmte Tiere ggfs. zur Behandlung in besonderen Käfig
– Hautwunden nach Verletzungen – Schnitt- und Bißwunden – Scheuerwunden auf der Sohlenfläche der Hinterläufe »wunde Läufe« in verschmutzten Käfigen	– eitrige Hautwunden, Abszeßbildung; – Hautgeschwüre auf Sohlenfläche am Hinterlauf,	
– Schmutzentzündungen der Haut infolge Querschnittslähmung mit s. 15.4.–2.3.2 Erreger: Staphylokokken, E. coli Pseudomonas spec., Fusobakt. necrophorum Diagnose: Hautbefund, Erregernachweis	– nässend-schmierige Hautwunde an Schenkelinnenseite	

Krankheit und Ursache	Symptome/ Organveränderungen	Behandlung/Bekämpfung

Fellbeißen – stoffwechselbedingter Haarausfall –

Bei Tieren aller Altersgruppen gelegentlich vorkommend; bei Häsinnen mit zunehmender Wurf- und Laktationsleistung.
Ursachen: Multifaktoriell, chronische Stoffwechsel-störung infolge Mangel an den für die Haarbildung erforderlichen Nährstoffen bei
– erhöhtem Bedarf während der Trächtigkeit und Säugezeit
– verminderter Nährstoffresorption (Malabsorption) infolge Darmentzündung, Parasitenbefall, Veränderung der Darmmikroflora, chronischer Organinfektionen,
s. 15.3.–1.1.2
Diagnose: Vorbericht und Begleitumstände der Haltung und Versorgung, klinischer Krankheitsbefund, Nachweis oder Ausschluß parasitärer oder infektiöser Ursachen

Struppiges Fell, Haarausfall, mitunter kleine Hautblutungen und Blutarmut, Hautpusteln, Haarbalgentzündungen, Milbenbefall, Darmstörungen, Unruhe
s. 2.8.2 und 2.7.1.1

Behandlung: Bekämpfung der Ursachen, zusätzlich Stoffwechselregulierung Vitamin A, Biotin B_6, Mineralstoff-Zusatz (Calcium, Eisen, Mangan)
Vorbeuge: Ausschluß der Malabsorptions-Ursachen bedarfsdeckende Nährstoffversorgung
– s. Kap. 9.7 –

2.8.4 Hautflechten, Hautpilzbefall/Mykosen

Mit Schuppenbildung verlaufende Erkrankung der oberen Hautschicht und Haare; mitunter gehäuft im Bestand auftretend
Ursache: Befall mit Haut- bzw. Haarpilzen – Trichophyton Microsporum spec.
– 15.1.2.8–1.3
Einschleppung durch infizierte Kaninchen und andere Haus- und Wildtierarten möglich
Diagnose: Haut- und Haarbefund, Pilznachweis

Flächenhaft ausgebreiteter Haarausfall, meist am Kopf beginnend, auf den Rumpf übergreifend; häufig ringförmige Flechtenbildung Augen, Nase, Maul – Ringflechte, »Brillenbildung« –; Schuppenbildung auf der Haut

Behandlung: Orale Medikation und äußerliche Anwendung von Antimykotika – rezeptpflichtig
Vorbeuge: Unterbindung der Erregereinschleppung; Kontrolle anderer Haustiere auf Hautflechten
sorgfältige Käfigdesinfektion –
15.6.5 –

2.8.5 Hautgeschwülste

Umschriebene Anschwellungen oder Knotenbildungen in der Unterhaut oder oberen Epithel-
schicht – Kutis – der Haut, selten in der Schleimhaut bei Kaninchen meist Folgen spezifischer
Virusinfektionen

Krankheit und Ursache	Symptome/Organveränderungen	Behandlung/Bekämpfung
– **Myxomatose** infektiöse Neubildungen – Myxome – im Bindegewebe durch Myxoma-tosevirus – 15.2.2.8 –	– umschriebene weiche Anschwellungen an Kopf, Genital	Behandlung und Vorbeuge: s. 15.4.–1.1.1
– **Fibromatose,** als örtliche Tumore nach Impfung mit Fibromvirus-Vakzine gegen Myxomatose möglich; spontane Infektion selten – s. 15.2.2.8–1.1	– umschriebene weiche Anschwellungen an Kopf, Genital – derbe Knoten in der Haut im Bereich der Injektionsstelle	Behandlung: Keine spontane Heilung
– **Papillome,** infektiöse Haut-warzenbildung, bei Hauska-ninchen kaum spontan vor-kommend Erreger: Papillomvirus s. 15.2.2.8–1.1	– bis erbsengroße feste Knöt-chen in der oberen Zellschicht von Haut und Schleimhaut (Maul)	Behandlung: Keine, meist spontane Rückbildung nach 3 bis 4 Wochen
– **Plattenepithelkarzinom** nur bei Alttieren vereinzelt beobachtet, bösartig; Diagnose: Organ- und Gewe-bebefund fallweise auch Erregernach-weis	– flächenhaft sich ausbrei-tende Geschwulst der Haut-deckzellen, Metastasenbildun-gen	Behandlung: Keine, schmerz-lose Tötung

2.8.6 Hautparasitenbefall – Ektoparasitosen –

Bestandsweit verbreitet, Unruhe, Hautveränderungen

2.8.6.1 Milbenbefall – s. 15.1 –

Fell oder Raubmilben – s. Haarverfilzung 15.3 – 2.7. –

Haut- oder Räudemilbenbefall

Krankheit und Ursache	Symptome/Organveränderungen	Behandlung/Bekämpfung
In der Oberfläche der Haut – Epithelschicht – lebende Para-siten am Kopf und Körper, über den ganzen Körper sich ausbreitend; häufig Begleitin-fektionen durch Staphylokok-ken;	Schuppen- und Borkenbil-dung mit Haarausfall; mitunter eitriges Ekzem und Dermatitis mit Pustelbildung	Behandlung: Innerlich und äußerlich anzuwendende, Mil-ben-wirksame Medikamente – Akarizide Vorbeuge: Käfigreinigung. Hochtemperatur-Desinfektion
Ohrenräude Erreger: Psoroptes cuniculi	– Kopfschütteln, Unruhe, Krat-zen am Kopf, Kopfdrehen	

Krankheit und Ursache	Symptome/ Organveränderungen	Behandlung/Bekämpfung
Hauträude Erreger: Sarcoptes scabiei Notoedres cati, Chorioptes cuniculi	– an Kopf oder Pfoten beginnend, auf Rumpf und Gliedmaßen übergreifend; Abmagerung;	
Haarbalgmilbenbefall Erreger: Demodex cuniculi parasitieren in den Haarbälgen Diagnose: Hautbefund, Milbennachweis in Schuppen, Pusteln	Kopf, Augen, Ohren Kahlstellen, eitrige Pusteln	

2.8.6.2 Zeckenbefall

Bei Hauskaninchen in Freigehegehaltung im Sommer möglich; Befallstärke unterschiedlich; Art: Ixodes ricinus – Holzbock – möglicher Überträger von Erregern bei Wildkaninchen auf Hauskaninchen – Myxomatose, VHD – Diagnose: Zeckennachweis in der Haut	Bei stärkerem Befall Unruhe Blutarmut	Behandlung: Vorsichtiges Abnehmen der in der Haut festsitzenden Parasiten

2.8.6.3 Befall durch Insekten – Flöhe, Fliegenmaden –

Flohbefall verschiedene Arten Vermehrung in der Einstreu der Gehege und im Stallschmutz, Jungtiere besonders gefährdet; Überträger von Krankheitserregern	Unruhe, Blutarmut Entwicklungsstörungen	Behandlung: Insektizide als Puder oder Spray Vorsicht wegen Giftwirkung Vorbeuge: Käfigreinigung und -desinfektion
Fliegenmadenbefall **– Myiasis –** Entwicklung der Larven (Maden) von Fleischfliegen in der Unterhaut von Kaninchen, besonders bei feucht-warmem Klima Diagnose: Madennachweis in den Unterhautabszessen	Eitrige Abszesse in der Unterhaut an Bauch und Hals mit den ca. 2 cm langen Fliegenmaden	Behandlung: Operative Entfernung der Larven desinfizierende Wundbehandlung Vorbeuge: Fliegenbekämpfung, trockene Einstreu bzw. Kotlager unter Käfigen

2.9 Erkrankungen der Leber und Gallengänge

Erkrankungen der Leber entstehen zusammen mit Schäden an anderen Organen bei Stoffwechsel- und Kreislaufstörungen – Leberverfettung, Stauungsleber –, im Verlauf von Allgemeininfektionen und infektiösen Darmentzündungen als akute oder herdförmig-granulomatöse Leberentzündungen und bei akuten oder chronischen Vergiftungen – degenerative Lebererkrankungen (Hepatosen). Das auftretende Krankheitsbild ist bei Kaninchen meist wenig organspezifisch.

Bei Störungen der Leberfunktion kann es zu Kotverhärtungen und Blinddarmblähungen kommen.

2.9.1 Leberverfettung

Krankheit und Ursache	Symptome/Organveränderungen	Behandlung/Bekämpfung
Bei älteren Kaninchen, besonders bei Häsinnen nicht selten Ursache: Aufnahme von Nahrungsenergie ist höher als Bedarf Diagnose: Blutfett-Bestimmung, Obduktionsbefund	Anfangs guter Ernährungszustand; Kotballen trocken langfristig Gewichtsverlust Leber vergrößert; Blutfett über 20 g/l	Behandlung: Futterdiät, Bewegungsaktivierung Vorbeuge: Reduzierung des Energiegehaltes, Futterrationierung, Gewichtskontrolle – s. Kap. 9 –

2.9.2 Parasitenbefall der Leber und Gallengänge

Gallengangskokzidiose – Abb. 166

Krankheit und Ursache	Symptome/Organveränderungen	Behandlung/Bekämpfung
In Hauskaninchenbeständen verbreitet vorkommender Befall, etwa ab 8. Lebenswoche Erreger: Eimeria stiedae s. 15.1.2.7 Diagnose: Oozystennachweis im Kot, Obduktionsbefund	Bei stärkerem Befall: trockenfeste Kotballen, Blinddarmaufblähung; – einzelne bis zahlreiche weizenkorngroße gelbliche, mit Kokzidien gefüllte Herde	Behandlung: Medikation von Kokzidiostatika Vorbeuge: Kokzidiostatika im Futter – s. 15.5.5 – Vermeidung der Ansteckung

Leberegelbefall

Krankheit und Ursache	Symptome/Organveränderungen	Behandlung/Bekämpfung
Bei Hauskaninchen selten vorkommender Saugwürmerbefall der Gallengänge Erreger: Großer oder kleiner Leberegel – 15.1.2.7–2.2 – Diagnose: Nachweis der Wurmeier im Kot oder der Egel in der Leber	Abmagerung; Verstopfung; mitunter Gelbsucht	Behandlung: Medikation des Egelbefalls Vorbeuge: Vermeidung der Ansteckung

Krankheit und Ursache	Symptome/ Organveränderungen	Behandlung/Bekämpfung
Leber- und Gekrösefinnen – Cysticercose –		
Bei Hauskaninchen häufiger vorkommende Finnen Cysticercus vom Hunde- und Katzenbandwurm Taenia pisifomis – s. 15.1.2.7–2.3 <u>Diagnose:</u> Organbefund nach Obduktion	Keine spezifischen Krankheitssymptome zahlreiche bis erbsengroße Zysten im Gekröse und an der Leberpforte	<u>Behandlung:</u> Keine <u>Vorbeuge:</u> Fernhalten von Hunden vom Kaninchenbestand, Untersuchung auf Wurmbefall
Blasenfinne – Echinococcose – Abb. 168		
Bei verbreiteter Hundehaltung vorkommend <u>Ursache:</u> Finnenblasen des Hunde- und Fuchsbandwurms Echinococcus hydatidosus – 15.1.2.7–2.3 <u>Diagnose:</u> Obduktionsbefund	Symptome wenig ausgeprägt; chronischer Verlauf, Abmagerung; bis kirschengroße Finnenblasen in Leber, Lunge und Muskulatur	<u>Vorbeuge:</u> Fernhaltung der Hunde vom Kaninchenbestand und Grobfutter; Verzicht auf Verfütterung von Grünfutter und Heu aus Gebieten mit stärkerem Fuchsbesatz

2.9.3 Geschwulstbildungen

Gelegentlich bei älteren Kaninchen als Einzelfall vorkommende Geschwulstbildungen in Form von – **Zystadenom** der Gallengänge – Metastasen gewebefremder Zellwucherungen – **Angiosarkom, Melanosarkom, Uterus-Adenokarzinom –** – **Leukose, Lymphadenose**, systemische Wucherungen lymphatischer Zellen in allen Bauchorganen <u>Diagnose:</u> Obduktionsbefund	Keine spezifischen Symptome; Abmagerung – zystische Tumore; – grau-weiße, feste, Tumore, z. T. mit schwarzen Pigmenten – Leber diffus vergrößert, grau-rot; Zellneubildungen auch in Nieren, Milz	<u>Behandlung:</u> Keine

Magenerkrankungen

Magenaufblähung, Magenverstopfung, Magenwanddurchbruch, Magenwurmbefall, s. Abschnitt Krankheiten der Verdauungsorgane – Magen, Darm 2.13

2.10 Erkrankungen der Maulhöhle – Lippen, Schleimhaut, Zunge, Zähne –

Kaustörungen, Speichelfluß (Sabbern), Neubildungen

2.10.1 Gebiß- und Zahnfehler

Krankheit und Ursache	Symptome/Organveränderungen	Behandlung/Bekämpfung
Fehlerhafte Gebißstellung – verkürzter Unterkiefer Brachygnathia inferior »Karpfengebiß« – verkürzter Oberkiefer Brachygnathia superior »Hechtgebiß« – Seitenverschiebung von Ober- zu Unterkiefer »Scherengebiß« Ursachen: auf Gendefekt zurückgehende Mißbildung der Kieferknochen – rezessives Merkmal – s. Tab. 20	Kaustörungen, – Überwuchs der oberen Schneidezähne – Überwuchs der unteren Schneidezähne – seitlich schräg abfallende Kauflächen	Behandlung: Wiederholtes Kürzen der überwachsenden Zähne; keine endgültige Maßnahme, da Gebißfehler bestehen bleibt Vorbeuge: Keine Zuchtverwendung von Tieren mit erblichen Gebißfehlern

2.10.2 Zahnfachentzündung

Krankheit und Ursache	Symptome/Organveränderungen	Behandlung/Bekämpfung
Durch Schäden an Backenzähnen und Zahnfleisch mit nachfolgender Infektion entstandene eitrige Entzündung des Zahnfaches; Übergreifen auf den Kieferknochen möglich – eitrige Knochenentzündung – Ursachen: Verletzung durch harte spitze Partikel im Futter	Kaustörungen, aus dem Maul fallende Futterteile; Schwellung des Zahnfleisches, u. U. auch Knochenauftreibung meist am Unterkiefer;	Behandlung: Bedingt möglich – örtliche Behandlung versuchsweise; bei fortgeschrittener Erkrankung schmerzlose Tötung Vorbeuge: Keine Holzsplitter oder Drahtstifte im Futter

2.10.3 Entzündungen der Maulschleimhaut, der Zunge und des Zahnfleisches

Krankheit und Ursache	Symptome/Organveränderungen	Behandlung/Bekämpfung
Örtlich begrenzte Entzündung bei Wunden in Schleimhaut, Zahnfleisch oder Zunge und nachfolgende Wundinfektion, ausgedehnte Entzündung der Maulschleimhaut, der Zunge und Lippenränder Ursachen: Infektion durch Stomatitis-vesicularis-Virus; Wundinfektionen durch Staphylokokken, Pseudomonas, Nekrosebakterien möglich, Speichelfluß – Abb. 165 Diagnose: Krankheitsbefund, Erregernachweis	Verminderte Futteraufnahme, Kaustörung, Speichelfluß aus dem Maul, örtliche Entzündungen; Einzelfall diffuse Rötung der Schleimhaut mit Bläschenbildung, weißliche Beläge; vermehrt Speichelbildung; eitrige Schleimhaut-Geschwüre bei bakterieller Infektion	Behandlung: Örtliche Wunddesinfektion – 15.4.3 vorsichtige Futtereingabe Brei- oder Körnerfutter Behandlung: Desinfizierende Maulspülung, Breifutter, künstliche Futtereingabe über 5–7 Tage; Heilung möglich

Krankheit und Ursache	Symptome/ Organveränderungen	Behandlung/Bekämpfung

2.11 Skelett-Erkrankungen – Knochen, Gelenke –

2.11.1 angeborene Mißbildungen – s. Kap. 5.2 – Erbkrankheiten

Bei Neugeborenen: Störung der Skelettentwicklung – **Achondroplasie** –; nicht überlebensfähig Ursache: Erblicher Gen-Defekt – s. Tab. 20	Stummelglieder unvollständige Skelettbildung Tod in 1–3 Tagen	Behandlung: Keine Vorbeuge: Ausschluß der Elterntiere von der Zucht
Robbenfüße durch Verbiegung der Vorderläufe; ab 2. Lebenswoche erkennbar Ursache: Gen-bedingte Entwicklungsstörung	Pfoten nach außen abgebogen; bedingt lebensfähig	Behandlung: Keine Vorbeuge: Ausschluß der Elterntiere von der Zucht
Spreizbeine durch Fehlbildung der Beckenknochen Ursache: Gen-bedingte Störung der Beckenbildung – s. Tab. 20	Hinterläufe gespreizt, keine Lauf- und Stützfähigkeit bedingt lebensfähig	Behandlung: Keine Vorbeuge: Ausschluß der Elterntiere von der Zucht
Stummelfüße durch Fehlen von Zehen- oder Unterfußknochen Ursache: Vermutlich toxische Einflüsse während Trächtigkeit	Meist an Vorderläufen, mitunter auch an allen Läufen; bedingt lebensfähig	Behandlung: Keine Vorbeuge: Ausschluß der Elterntiere von der Zucht
Rachitis, bei Jungtieren ab 5. Lebenswoche erkennbar Ursache: Vitamin-D-Mangel in der täglichen Futterration	Verbiegung der Gliedmaßenknochen Verdickung an den Rippenbögen und Gelenken	Behandlung: Vitamin-D-Medikation mehrmals Vorbeuge: Futter mit Vitamin-D-Zusatz – s. Kap. 9.4

2.1.2 Verletzungen der Knochen und Gelenke

Knochenbruch – Gliedmaßen und Becken (Lahmheit) – Wirbelsäule (Querschnittlähmung) **Gelenkluxation** (Lahmheit)	Bewegungsstörungen	

Krankheit und Ursache	Symptome/ Organveränderungen	Behandlung/Bekämpfung

2.12.3 Entzündungen der Gelenke und Knochen

Gelenkentzündung	Gelenkverdickung, Bewegungsstörung s. 15.3.–2.3.1	

Knochenentzündung

– am Kieferknochen bei Zahnfachentzündung	– harte, schmerzhafte Verdickung am Kiefer	Behandlung: s. 15.3.–2.9.3
– an Gliedmaßenknochen bei infektiöser Gelenkentzündung <u>Erreger:</u> Staphylokokken, Pasteurella spec. <u>Diagnose:</u> Organbefund, Erregernachweis	– schmerzhafte Verdickung im Gelenkbereich	Behandlung: Keine, schmerzlose Tötung

2.12 Geschwulstbildungen

Osteosarkom Knochengeschwulst meist am Kieferknochen auftretend Tochtergeschwulstbildungen – Kopf, Hals, Brust –; <u>Ursache:</u> Unbekannt	Harte Schwellung, zunehmende Vergrößerung; Störung der Futteraufnahme	Behandlung: Keine, schmerzlose Tötung

2.13 Erkrankungen der Verdauungsorgane – Magen und Darm –

Magenverstopfung – Magenatonie –

Durch gestörte Magenentleerung und Versagen der Funktion der Magenwandmuskeln <u>Ursache:</u> Bildung von Ballen unverdaulicher faserreicher Stoffe – **Bezoare** – aus Haaren, Trockengrasstengeln, Textilfasern u.ä. im Magen; chronischer Verlauf	Nachlassende Futteraufnahme, Trägheit Gewichtsverlust mitunter Unruhe, Ballenbildung im Magen, verminderter Kotabsatz; Mangelsymptome	Behandlung: Fraglich <u>Vorbeuge:</u> Rechtzeitige Schur von Angorakaninchen, Entfernung ballenbildender Fasern aus den Käfigen
– **Magenwandverletzung** <u>Ursache:</u> Fremdkörper – Drahtstifte o. ä. – häufig Perforationswunde mit Bauchfellentzündung <u>Diagnose:</u> Verdacht durch Krankheitsbefund; gesichert nach Obduktion	Akute Allgemeinsymptome Benommenheit, Bauchdecke gespannt; tödlicher Ausgang	Behandlung: Keine <u>Vorbeuge:</u> Entfernung von verletzungsträchtigen Fremdkörpern – Metallstiften – aus den Gehegen

2.13.1 Erkrankungen des Magens

akute Magenblähung – Tympanie, Trommelsucht –

Krankheit und Ursache	Symptome/Organveränderungen	Behandlung/Bekämpfung
Aufblähung des Magens Ursache: Gasbildung bei – Futtergärung im Magen, besonders nach Aufnahme von feucht-erhitztem Grünfutter; gleichzeitig bei mehreren Tieren möglich – bei akuter Dysenterie Diagnose: Krankheitsbefund	Umfangsvergrößerung des oberen Bauchs, trommelartige Blähung des Magens, Vorwölbung in den Brustraum; Atmungsnot; hohe Sterblichkeit wie vor; s.a.	Behandlung: Versuchsweise Ableitung der Magengase über Schlundsonde, Eingabe gärungshemmender Mittel, Kreislaufaktivierung Vorbeuge: Kein durch Lagerung erhitztes Grünfutter

2.13.2 Magenschleimhautentzündung

Ursachen:	Symptome	Behandlung
– akute Darmentzündungen s. Dysenterie, Abs. 13.3	Magen gebläht, mit flüssigem Inhalt; Schleimhaut gerötet mit flachen Geschwüren; Darmentzündung	Behandlung: s. Darmentzündung/Dysenterie, s.u.
– Befall mit Magenwürmern, Graphidium spec. meist bei Tieren über 8 Wochen Nachweis der Wurmeier im Kot Diagnose: Organbefund	– Abmagerung, Blutarmut; nachlassende Futteraufnahme Würmer im Magenschleim	Behandlung: Abtreibung der Würmer – Anthelmintika Vorbeuge: Vermeidung der Aufnahme von Wurmlarven durch Haltungshygiene

2.13.3 Darmentzündungen

Akute Dysenterie – Enterotoxämie – Mukoide Enteritis

Im Blinddarm beginnende, über die Schleimhaut aller Darmabschnitte sich ausbreitende Darmentzündung; häufig bei abgesetzten Jungtieren
Ursache: multifaktoriell durch Begünstigung der Vermehrung enteropathogener Bakterien in Blinddarm und Dünndarm –
Erreger: E. coli, Clostridium spec.;
Hilfsfaktoren: Hoher Stärkegehalt bei reduziertem Rohfasergehalt; Darmwandallergie nach oraler Eingabe bestimmter Antibiotika
Verfütterung von Pflanzen mit schleimhautreizenden Substanzen – s. a. Kap. 9.8 und Tab. 41; Darmkokzidiose, Unterkühlung
– nach Wollschur–;
Diagnose: Klinischer Befund, Erregernachweis – E. coli, Clostridum spec.

Dünnbreiig-flüssige Darmentleerung, mitunter blutig, starke Benommenheit; ausgeprägte Blinddarm-Veränderungen: Blutungen oder Ödem in Blinddarmwand, Blutungen, Nekrosen, Geschwürsbildungen in der Schleimhaut; Entzündungen auch in Magen-, Dünndarmschleimhaut; Blutungen und Nekrosen in der Leber; mitunter Darmwanddurchbruch mit Bauchfellentzündung; hohe Sterblichkeit

Behandlung: Immodium-Eingabe, Elektrolyt-Glukose-Injektion, kreislaufanregende Mittel; erregerwirksame Antibiotika und/oder Sulfonamide – 15.5.4 –
Futterdiät (s. S. 194, Tab. 34)
Vorbeuge: Ausreichendes Rohfaserangebot – Kap. 9.3. Keine darmunverträglichen Futterstoffe und Antibiotika im Futter oder Trinkwasser; Salzlecksteine zur freien Verfügung wirken vorbeugend gegen Dysenterie durch Ausgleich von Elektrolytverlusten im Anfangsstadium der Erkrankung

2.13.4 Dünndarmkokzidiose

Vorwiegend bei Jungtieren auftretend, bestandsweit verbreitet;
Erreger: Kokzidien der Gattung Eimeria
– s. 15.1.2.7; Erkrankungen nur bei Massenbefall, Komplikationen durch zusätzliche Infektion mit E.coli – enteropathogen.
Diagnose: Kokzidien-/Oozystennachweis im Kot

Kot mitunter weich, ungeformter Kotbrei; Dünndarmentzündung, Wachstumsverzögerung, Gewichtsverlust; bei E. coli-Infektionen: Diarrhoe – Dysenterie –

Behandlung: s. 15.5.
Vorbeuge: Kokzidiostatische Futterzusätze – Kap. 9.4 Vermeidung der Ansteckung mit Oozysten aus der Einstreu, einstreulose Haltung auf Kotdurchlässigen Gitterböden – s. Kap. 10.4.1
Käfigreinigung und Desinfektion vor Neubesatz;
s. a. Dysenterie-Vorbeuge

2.13.5 Chronische Darmentzündung

Vorwiegend bei abgesetzten und älteren Kaninchen, oft gehäuft in den Beständen vorkommend, Krankheitsbild vielfältig, abhängig von Ursache und Krankheitsdauer
Ursachen:

Bei Jungtieren;
Wachstumsverzögerung bei ausgewachsenen Tieren:
Abmagerung, Malabsorptionssymptome – 15.1.2.2 –

– Rund- oder Bandwurmbefall
– 15.1.2.7 – Dünn- und Blinddarm
Diagnose: Nachweis der Wurmeier im Kot oder der Würmer im Darm

Ungeformter Kot, teilweise Blässe der Schleimhäute, Blutarmut, Fellschäden; Darmschleimhaut glasig, blaß;

Behandlung: Bekämpfung des Wurmbefalls – 15.5. –
Vorbeuge: Verhinderung der Aufnahme invasionsfähiger Wurmeier und Wurmlarven – 15.6. –

– granulomatöse Darmentzündungen
im Verlauf chronischer, vom Darm ausgehender Allgemeininfektionen: Yersiniose, Listeriose
Tyzzer'sche Krankheit
15.3–1.1.2
Diagnose: Krankheitsbefund Wurm- oder Erregernachweis

– s. bakterielle Allgemeininfektionen; mitunter Darmwanddurchbruch mit Bauchfellentzündung
– s. 15.3.–13 –

Behandlung und Vorbeuge:
s. Infektionskrankheiten
15.3 – 1.1.2

2.13.6 Blinddarmblähung – Meteorismus –

Durch verstärkte Gasbildung im Blinddarm entstandene Blähung
– bei akuter Dysenterie oder Enterotoxämie
– s. oben –
– bei Störungen der Leberfunktion infolge Gallengangkokzidiose
– 15.3. – 2. 9.2 – oder bei Leberverfettung
– 15.3. 2.9.1 –
Diagnose: Krankheits- und Organbefund, Parasitennachweis

Umfangvergrößerung des Bauches

– Durchfall, Benommenheit; akuter Verlauf s. Dysenterie
15.3–2.13.3
– Kot fest-trocken auch Beimischung glasigen Schleims
Blinddarm mäßig gebläht; chronischer Verlauf

Behandlung: Bekämpfung des Grundleidens
s. Dysenterie

Behandlung: Abführende Medikamente – Buscopan, Glaubersalz u. ä.; Bekämpfung des Parasitenbefalls oder der Verfettung;
Vorbeuge: Verhütung der Ursachen

2.14 Erkrankungen des Bauchfelles und der Bauchhöhle

Bauchhöhlenwassersucht – Ascites –

Ursache: Austritt von Blutserum und Gewebeflüssigkeit
aus Gefäßen und Organen bei
chronischer Blutstauung in der
Leber infolge chronischer
Herz-Kreislauf-Erkrankung
Diagnose: Durch Obduktion

Ansammlung klargelblicher,
mitunter rötlicher Flüssigkeit in
der Bauchhöhle

Behandlung: Keine

Bauchfellentzündung

Ursachen:
Perforation – der Magen- oder
Darmwand, der Gebärmutter
oder nach durchbohrenden
Verletzungen der Bauchwand
und daran sich anschließender
Infektion des Bauchfells mit
Schmutzkeimen verschiede-
ner Art infolge
– Verletzungen durch Fremd-
körper
– Metallstifte – im Mageninhalt
– nekrotisierenden Darm-
entzündungen – bei
Enterotoxämie, Dysenterie,
Yersiniose u. a.
– Gebärmutterentzündungen
nach Fehl- oder Schwergeburt
– Bauchdecken-Verletzungen
nach Unfall
Diagnose: Untersuchungsbe-
fund, häufig erst durch
Obduktion

Je nach Ausmaß der Entzün-
dungsprozesse: akuter Verlauf
Benommenheit, Futterverwei-
gerung
gespannte Bauchmuskeln,
Tod nach 1–3 Tagen;
– s. Magenblähung –
Abs. 2.13.1
– s. chronische Darmentzündungen
15.4.–2.13.5
– s. Gebärmutterentzündung
– Wunde in der Bauchwand

Behandlung: Kaum erfolg-
reich;
Vorbeuge: Bekämpfung des
Ausgangsschadens

2.14.1 Gekrösefinnen

Im Gekröse oft massenhaft
angesiedelte Finnen – Cysticercus pisiformis – des Hun-
debandwurmes
s. a. Leberfinnen 15.3.
– 2.9.2 –

Erbsengroße Blasen im
Gekröse

Behandlung und Vorbeuge
s. Leberfinnen; 15.3; 29.2

15.4 Behandlung und Bekämpfung

Der Erfolg einer Behandlung kranker Kaninchen ist abhängig von der Art und dem Ausmaß der Körperschäden und krankhaften Veränderungen im Tier, von der Regenerationsfähigkeit des Organismus zum Zeitpunkt des Behandlungsbeginns und von der Wirksamkeit der zur Anwendung kommenden Maßnahmen. Für alle heilungsfähigen Krankheiten gilt, daß, je früher diese und ihre Ursachen erkannt werden, um so größer die Aussichten für einen Behandlungserfolg sind. Eine frühe Diagnose über Art und Ursache der vorliegenden Erkrankung und insbesondere auch über die mögliche Gefährdung anderer, noch gesund erscheinender Tiere eines Bestandes sind für die Auswahl der Behandlungsmaßnahmen und der anzuwendenden Medikamente von wesentlicher Bedeutung. Besteht der Verdacht auf eine möglicherweise bestandsweit sich ausbreitende Erkrankung, sind alle Tiere des gefährdeten Bestandes in die Behandlung einzubeziehen. Der Erfolg einer Behandlung hat zur Voraussetzung den Einsatz ursachenwirksamer Maßnahmen und Medikamente in ausreichender Menge und über einen ausreichend langen Zeitraum.

15.4.1 Arzneimittelanwendung

Arzneimittel für Kaninchen sind großenteils **rezeptpflichtig** und müssen von einem approbierten Tierarzt verordnet werden. Angaben über Dosierung und Anwendungsdauer sowie weitere zu beachtende Gebote über Absatzfristen – für Schlachttiere – oder Einschränkungen bei der Anwendung sind auf den Beipackzetteln angegeben.

Die Auswahl der für eine Behandlung kranker Kaninchen erforderlichen Präparate muß dem behandelnden Tierarzt überlassen bleiben, der mit seiner Verordnung auch die Verantwortung für die Zweckmäßigkeit der Therapie oder Krankheitsprophylaxe und für die Verträglichkeit der Präparate übernimmt.

Zur Krankheitsvorbeuge und zur Behandlung kranker Kaninchen verfügbare Impfstoffe und Arzneimittel:

1. **Impfstoffe** – Vakzine – zur vorbeugenden Schutzimpfung oder zur Notimpfung von Kaninchen gegen
– **hämorrhagische Viruskrankheit – VHD –** auf der Basis von inaktiviertem Organvirus oder nicht pathogenem Kulturvirus; Erstimpfung ab 5. Lebenswoche, Wirkungsdauer nach 1 mal Impfung bis 6 Monate.
– **Myxomatose** auf der Basis von Shope'schen Fibrom-Virus – Kulturimpfstoff – oder von abgeschwächtem Myxomatose-Kulturvirus; Wirkungsdauer nach 1 mal Impfung etwa 6 Monate.

Schutzimpfungen gegen **Pasteurellose** – infektiöser Schnupfen – oder gegen **Dysenterie** und **Enterotoxämie** sind nur wirksam bei Verwendung von Impfstoffen, welche die gleiche Antigen-Typen enthalten, wie sie im infizierten Tier vorliegen (spezifische Vakzine) oder im Bestand zu erwarten sind.

2. **Arzneimittel zur Bekämpfung von Infektionen durch Bakterien und Protozooen**

Antibiotika zur Behandlung bakterieller Infektionen;

Sulfonamide zur Behandlung von Infektionen durch Bakterien, Mikrosporidien und Kokzidien;

Kokzidiostatika zur Behandlung und zur vorbeugenden Bekämpfung der Darm- und Gallengangskokzidiose;

Antimykotika zur Bekämpfung von Pilzinfektionen – Mykosen – und des Befalles mit Haut-/Haarpilzen – Mykosen –.

3. Präparate zur Bekämpfung von tierischen Schmarotzern – Endo- und Ektoparasiten

Anthelminthika gegen Rund- und Bandwürmer, Leberegel, auch Finnen;

Akarizide, Insektizide gegen Milben, Flöhe, Läuse, Fliegenmaden;

Anwendung: Medikation von erkrankten Tieren mit gestörter Futter- und Wasseraufnahme nur durch Einzelbehandlung, Eingabe der Präparate durch Injektion oder in die Maulhöhle – per oral –. Medikation über das Trinkwasser oder Futter, zur gleichzeitigen Behandlung aller Tiere in einer Gruppe oder im Bestand, ist nur bei ungestörter Wasser- und Futteraufnahme aller Tiere angebracht. Berechnung der Wirkstoffdosierung entsprechend des durchschnittlichen Futter- und Wasserkonsums der einzelnen Tiere.

Nach Abschluß der medikamentösen Behandlung der Tiere müssen Käfige und die von den behandelten Tieren benutzten Versorgungseinrichtungen zum Ausschluß von Nachinfektionen sorgfältig gereinigt und desinfiziert werden – s. 15.6.

Wundbehandlung zur äußerlichen Anwendung bei Kaninchen;

Wundreinigung und Desinfektion von Haut- und Schleimhautwunden und oberflächlichen Entzündungen, auch zur Augenspülung; Kamillen-Aufguß, Borwasser (auch für Augen), Wasserstoff-Superoxyd-Lösung 2 %ig, Rivanol-Lösung, Kaliumpermanganat-Lösung u. a.;

Wundpuder mit Zusätzen von Antibiotika und/oder Sulfonamiden, zur Behandlung von infizierten Wunden, Entzündungen und Geschwüren der Haut und Schleimhäute;

Wundsalben mit antibiotischen, keimtötenden Zusätzen zur Behandlung infizierter Wunden, Entzündungen, Geschwüre und Abszesse der Haut und Schleimhäute; auch am Auge und in der Nase;

Wundemulsionen mit antibiotischen Zusätzen zur örtlichen Behandlung infektiöser Prozesse in Hohlräumen – Gebärmutter, Scheide, Nasenhöhle – und von Abszessen; auch zur oralen Eingabe bei Säuglingen mit infektiösen Erkrankungen geeignet.

Alle zur Behandlung oder Krankheitsvorbeuge vorgesehenen Präparate müssen trocken, kühl und dunkel aufbewahrt und sollen nach Ablauf des Verfallsdatums nicht mehr verwendet werden. Nicht mehr verwendete Arzneimittel sind über die Apotheken oder den Tierarzt zu entsorgen.

Ausführliche Informationen in Merkblatt »Tierarzneimittel-Vorschriften für Erwerb und Anwendung«. Kostenloser Bezug von: AID, Konstantinstr. 124, 53179 Bonn, Tel. (02 28) 8 49 90, Fax (02 28) 9 52 69 52.

15.5 Gesundheitsvorsorge und Krankheitsverhütung

1. Schutz gegen Einschleppung von Krankheitserregern – Viren, Bakterien, Kokzidien, Eingeweidewürmer, Hautparasiten

– Absperrung gegen unkontrollierten Zugang zum Stall,

– Vermeidung von Infektionskontakten mit Wildkaninchen bei Freigehegehaltung,

– Schutz vor Befall mit Ungeziefer – stechende Insekten, Ratten, Mäuse –,

– Vorsicht bei Verwendung von Grünfutter aus Gebieten mit Besiedlung durch Wildkaninchen; Gefahr der Einschleppung von RHD-Virus, von mit dem Myxomatose-Virus behafteten Zecken, Flöhen oder Stechmücken, von sogen. Moosmilben als Zwischenwirte – Finnenträger – des Kaninchenbandwurmes;

– Keine Verwendung von Grünfutter aus mit Hunden stark bevölkerten Gegenden, sogen. Hundepromenaden, wegen Gefahr der Aufnahme von Eiern (Onkosphären) von Hundebandwürmern und dadurch bedingter Entwicklung von Finnen im Kaninchen

– Zukauf von Tieren nur aus kontrollierten Beständen – frei von Magen-Darm-Würmern, von Seuchenerregern, von Erregern bakterieller Bestandsinfektionen – Pasteurella multocida, Listeria moncytogenes, Yersinia pseudotuberculosis –;

– Quarantänehaltung aller Zugänge aus fremden Beständen einschl. der von Aus-stellungen zurückgebrachten Tiere für mindestens eine Woche; krankheitsverdächtige Tiere tierärztlich untersuchen lassen.

2. Schutz vor Ausbreitung von Krankheitserregern innerhalb eines Bestandes

– Bei Haltung auf geschlossener Bodenfläche – mit oder ohne Einstreu: erhöhtes Risiko der Übertragung von Bakterien, Hautpilzen, Protozoen, Eiern und Larven von Eingeweidewürmern sowie des Befalls durch Ektoparasiten – Milben, Flöhen –; Vorsorge durch wiederholte Reinigung mit Entfernung von Kot und Einstreu aus Käfigen und Desinfektion;

– Vermeidung der Kot- und Harnansammlung auf dem Käfigboden (s. Kap. 10.4.1) durch einstreulose Haltung auf kot- und harndurchlässigen Rostböden beugt der Anreicherung von Keimen aus dem Kot vor und vermindert dadurch die Gefahr massiver Infektionen durch Bakterien, Protozoen (Kokzidien, Mikrosporidien) und Invasionen durch Eier und Larven von Eingeweidewürmern;

– Entstaubung, einschließlich Entfernung der Haare, der Käfige und Stalleinrichtungen – Futterbehälter, Tränkenippel und -schalen, Belüftungsanlagen/Ventilatoren – bei Bedarf, spätestens bei Räumung der Käfige bzw. des Stalles

– Reinigung und Desinfektion der Käfige für Häsinnen vor dem Werfen, ebenfalls der Nestkästen für die Säuglinge,

– Bekämpfung von Ungeziefer – Ratten, Mäuse –,

– räumliche Trennung von Zuchttieren und abgesetzten Gebrauchstieren – Mast- und Wollproduktion –,

– bei Nutzkaninchenhaltungen: gleichzeitig Stallräumung, Neubelegung erst nach Stallreinigung und Desinfektion – Rein und Raus/All-in-all-out-Verfahren – bei mindestens einer Woche Leerstand.

3. Überwachung und Wartung der Stalleinrichtungen

besonders in Kaninchenbeständen mit automatischen oder halbautomatischen Einrichtungen zur Ver- und Entsorgung des Stalles und der Tiere regelmäßig notwendig

– zur Vermeidung von Unfällen mit Verletzungen durch schadhafte Käfig- und Stalleinrichtungen,

– zur Aufrechterhaltung der Funktionsfähigkeit der Ver- und Entsorgungseinrichtungen – Futter- und Tränkeanlagen, Be- und Entlüftung, Entmistung –

4. Maßnahmen zur Futterhygiene

Zum Ausschluß fütterungsbedingter Erkrankungen

– Fertigfutter innerhalb der Haltbarkeitsdauer verfüttern – Wirkstoffabbau, Futterverderb (Verschimmelung);

– keine verdorbenen oder mit Ungeziefer – Milben, Käfer, Kot von Mäusen/Ratten – verunreinigte Futtermittel verwenden – Futterverderb, indirekte Übertragung von Räudemilben der Ratten und Mäuse –;

– Vorsicht bei Verfütterung feucht gestapelten Grünfutters – Gefahr der Gärung –,

– regelmäßige Reinigung der Futter- und Tränkeeinrichtungen zum Ausschluß der Anreicherung mit Schmutzkeimen – Gefahren durch Schmutz- und Schmierinfektionen –

5. Maßnahmen zur gezielten Krankheitsverhütung

in Zusammenarbeit und nach Absprache mit dem Tierarzt

– Verfütterung von kokzidiostatika-haltigen Alleinfuttermitteln,

– vorsorgliche Medikation von Antibiotika im Futter oder Trinkwasser während besonderer Belastungssituationen – Absetzen, Transport, nach Wollschur, Stallwechsel – zur Verhütung des Ausbruchs von Coli-Dysenterie,

– Schutzimpfung gegen seuchenhafte Erkrankungen – Myxomatose, Hämorrhagische Viruskrankheit – bei möglicher Infektionsgefährdung;

– Ausmerzung latent mit pathogenen Bakterien infizierter Tiere, speziell von Zuchttieren – Listeria spec., Pasteurella multocida- Yersinia spec. –,

– Kontrolle der Zuchttiere auf latente Infektionen mit pathogenen Infektionskeimen im Nasen-Rachen-Sekret – Pasteurella spec. – und Kot – Listeria spec., Yersinia spec. – und Ausmerzung der Keimträger und Dauerausscheider;

– Untersuchung verendeter Tiere und Ermittlung der Ursache zur rechtzeitigen Erkennung bestandsgefährdender Erkrankungen und ihrer Bekämpfung.

15.6 Reinigung und Desinfektion

Käfige und Stalleinrichtungen nach jeder medikamentösen Behandlung übertragbarer Erkrankungen – Infektionen, Parasitosen – und vor jedem Neubesatz reinigen – Entfernung von Kot und Einstreu – und desinfizieren;

– Gehege, Käfige und Nester mit Wasser unter Zusatz schmutzlösender Mittel auswaschen und an der Luft oder im nassen Zustand mit Heißluft trocknen lassen; Minderung der Keimvermehrung durch Trockenhaltung der Geräte und Einstreu;

– Freigehege (s. Kap. 10.3.1) im Zwei-Jahres-Rhythmus wechseln, Entfernen des abgesetzten Kotes;

– Wegflächen zum Stall in die Reinigung einbeziehen.

Desinfektionsverfahren (nur nach Stallreinigung wirksam):

Verfahren, Wirkstoff	Wirkungs-Konzentration	Wirksamkeit gegen
Dampfstrahl zur Reinigung und Desinfektion ggfs. entsprechende Zusätze für alle Materialien geeignet	mindestens + 80°C und 3 Minuten Einwirkungsdauer	Bakterien, Viren, Milben nicht gegen Sporen, Eier von Würmern, Milben und gegen Kokzidienozysten
Ausflammen nur bei nicht brennbaren Materialien – Metalle – anwendbar; bei durchnäßten Holzgehegen – Nest, Käfig – unter Vorsicht nur außerhalb der Stallräume	über 140°C kurzfristig etwa 3 – 5 Sekunden	alle Keime, Sporen und anderen Dauerformen
chemische Desinfektion – Aldehyde, Kresole, Phenole nur nach gründlicher Säuberung der Flächen wirksam, keine Tiefenwirkung bei Holz	2 – 4 %ig mindestens 30 Minuten Einwirkungsdauer, besser mehr	Bakterien, Viren, Pilze nicht gegen Sporen, Eier Kokzidienozysten und Ektoparasiten
– organische Lösungsmittel Chloroform, Schwefelkohlenstoff, chlorierte Kohlenwasserstoffe	bis 6 %ig mindestens 30 Minuten	gegen Eier von Würmern, Milben und Insekten nicht gegen Sporen und Ektoparasiten
– Insektizide, Akarizide Kontaktinsektizide/Akarizide meist hohe Giftigkeit für Tiere Käfige, Nester ggfs. Nachspülen vor Neubesatz	s. Beizettel kurzfristige Einwirkungsdauer	gegen Milben und Insekten nicht gegen deren Eier und Larven

Abbildung: 157 Hämorrhagische Viruskrankheit der Kaninchen – VHD – blutiger Nasenausfluß im Endstadium der Erkrankung, krankheitstypisch. – s. 15.3. – 1.1.1 –

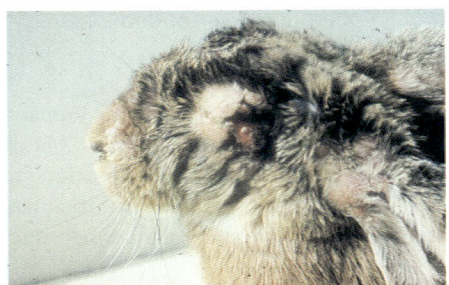

Abbildung 158: Akute Myxomatose – myxomatöse Schwellungen am Ohrgrund, am Augenlied und an der Nase; Begleitinfektion durch Eiterbakterien – Staphylokokken oder Pasteurella. – s. 15.3. – 1.1.1

Abbildung 159: Yersiniose/Pseudotuberkulose – Nieren mit zahlreichen gelblichen Gewebezerfallsherden. – s. 15.3. – 1.1.2 –

Abbildung 160: Yersiniose/Pseudotuberkulose – Leber mit zahlreichen gelblichen Gewebezerfallsherden.

Abbildung 161: Gelenkentzündung in beiden Kniegelenken; Zustand nach Infektion mit Pasteurella multocida; deutliche Verdickung beider Gelenke. – s. 15.3. – 2.3.1

Abbildung 162: Kopfverdrehen bei Mittelohrinfektion durch Pasteurella multocida; ähnliches Krankheitsbild auch bei Gehirnentzündungen nach Infektion mit Enzephalitozoon cuniculi möglich. – s. 15.3. – 2.3.3

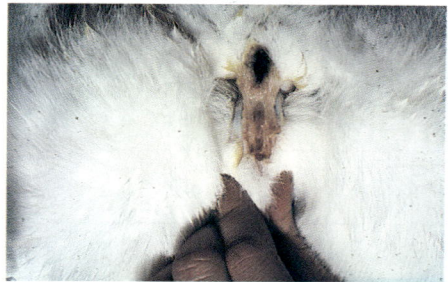

Abbildung 163: Spirochätose/Kaninchensyphillis – Rötung und Geschwürbildungen auf der Scheidenschleimhaut. – s. 15.3. – 2.5.1 –

Abbildung 164: Tyzzer'sche Krankheit – gelbliche Gewebezerfallsherde in der Leber, unscharfe Begrenzung. – s. 15.3. – 1.1.2 –

Abbildung 165: Speichelfluß, Sabbern bei Entzündung der Maulschleimhaut nach Verletzung und Wundinfektion. – s. a. 15.3. – 2.10.3 –

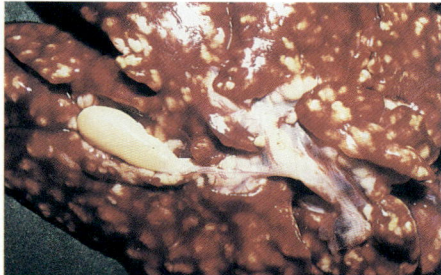

Abbildung 166: Befall einer Leber mit Gallengangskokzidien. – s. 15.3. – 2.9.2 –

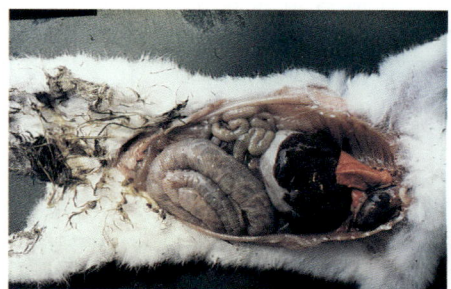

Abbildung 167: Akute Dysenterie – mit dünnflüssigem Kot verschmutzte Fellhaare um die Afteröffnung; grau-glasige Blinddarmwand – krankheitstypisch. – s. 15.3. – 2.13.3 –

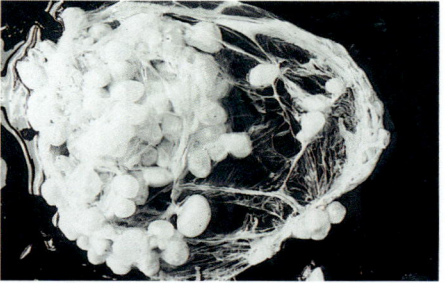

Abbildung 168: Bandwurmfinnen – Cysticercus pisiformis – im Gekröse (Netz) eines Kaninchens. – s. 15.3. – 2.9.2 –

16 Futterwerttabellen*
Zusammensetzung und Verdaulichkeit der Futtermittel

Futtermittel	TS	Rohnährstoffe in % des Futtermittels					Verdaulichkeit in %					Verdaul. Eiweiß	Verdauliche Energie/kg		
	%	Org. Sub. %	Roh-eiw. %	Roh-fett %	Roh-faser %	N-freie Extrakt-stoffe %	org. Sub. %	Roh-eiw. %	Roh-fett %	Roh-faser %	N-freie Extrakt-stoffe %	%	kcal	MJ
Grünfutter														
Ackersaudistel	8,8	7,2	1,2	0,3	1,2	4,5	86	75	63	77	93	0,9	286	1,20
Bärenklau	14,0	11,8	2,6	0,5	2,0	6,8	85	82	37	73	93	2,1	449	1,88
Futterkohl	13,6	12,3	2,2	0,5	2,1	7,5	89	92	78	72	94	1,5	506	2,12
Giersch	10,6	8,5	1,9	0,3	2,6	3,7	81	73	54	82	85	1,4	312	1,31
Gras, Wiese	25,0	22,9	3,0	0,8	6,0	13,1	67	75	60	35	80	2,0	670	2,93
Gras, Weide	20,0	18,0	3,5	0,8	4,0	9,7	49	62	26	26	56	2,2	400	1,68
Kohl	8,5	7,8	1,7	0,1	0,9	5,1	–	99	83	88	100	1,7	348	1,46
Landsbergergemenge	20,0	18,2	3,2	0,5	3,3	11,2	72	76	63	33	82	2,1	590	2,47
Luzerne v. d. Blüte	21,5	19,3	4,5	0,9	5,3	8,6	74	86	70	54	81	2,8	667	2,80
Markstammkohl	12,9	11,7	2,1	0,4	2,3	6,9	81	86	72	55	88	1,3	431	1,81
Melde	16,9	13,9	4,4	0,4	3,2	5,8	66	81	49	45	66	3,6	414	1,73
Süßlupine	12,5	11,1	3,8	0,5	2,9	3,9	79	91	73	57	84	2,7	405	1,69
Weißkohlblatt	13,5	11,5	2,6	0,4	1,2	7,4	97	96	91	96	98	2,5	515	2,16
Rotklee	19,7	17,1	2,8	0,8	3,3	9,8	76	77	73	65	80	2,1	589	2,41
Zuckerrübenblatt	20,4	14,1	1,8	0,5	2,5	9,3	90	83	72	89	92	1,5	576	2,36

* Berechnung des Nährstoffgehaltes einer Ration oder Futtermischung s. Tabelle 40. Der Gehalt an Asche in einem Futtermittel errechnet sich aus der Differenz zwischen der Trockensubstanz (TS) und der organischen Substanz (54, 88, 89, 97, 99, 105, 151, 163).

Futtermittel	TS	Rohnährstoffe in % des Futtermittels					Verdaulichkeit in %					Verdaul. Eiweiß	Verdauliche Energie/kg	
	%	Org. Sub. %	Roh-eiw. %	Roh-fett %	Roh-faser %	N-freie Extrakt-stoffe %	org. Sub. %	Roh-eiw. %	Roh-fett %	Roh-faser %	N-freie Extrakt-stoffe %	%	kcal	MJ
Grünfutter natürlich und künstlich getrocknet														
Barbarea vulg. Heu	86,3	79,7	14,3	3,1	28,2	34,1	–	78	62	26	66	11,1	2002	8,38
Brennesselheu	88,3	70,6	22,6	1,2	15,8	31,0	75	96	32	42	79	16,4	2363	9,89
Haferheu	93,2	85,9	7,1	3,1	35,4	40,3	35	61	54	10	50	3,7	1407	5,88
Haferstroh	86,0	81,7	3,8	1,8	39,7	36,4	30	30	30	25	35	0,9	1104	4,62
Hubhanklee	89,4	79,6	21,1	2,9	22,6	33,0	–	79	49	7	73	16,7	2006	8,40
Künstl. getrocknetes Weidegras	90,0	81,4	19,6	5,2	17,5	39,1	68	70	53	42	80	12,0	2583	10,81
Künstl. getrocknetes Wiesengras	89,6	80,2	13,9	5,1	18,9	42,3	66	69	55	41	78	8,2	2499	10,46
Kudzuheu	92,8	87,8	10,9	1,5	42,2	33,2	–	63	12	16	56	6,8	1434	6,01
Knaulgrasheu	88,2	82,1	10,2	2,8	28,1	41,0	46	76	65	15	59	6,9	1778	7,44
Lespedeza	89,5	84,3	14,8	2,8	27,7	39,0	–	67	46	11	59	9,9	1712	7,17
Luzernegrünmehl, 17 % Prot.	92,0	82,1	17,4	2,7	23,9	38,1	–	–	–	–	–	12,2	2332	9,76
Luzernegrünmehl, 20 % Prot.	92,0	81,1	20,2	3,2	20,3	37,4	–	–	–	–	–	15,0	2596	10,87
Luzerneheu, v. d. Blüte	90,2	80,6	16,1	2,3	25,2	37,0	55	70	50	28	68	10,5	2028	8,49
Luzerneheu, volle Blüte	88,0	81,0	13,3	1,6	30,6	35,5	–	–	–	–	–	9,1	1760	7,37
Melde, getr.	81,3	62,6	21,9	1,5	11,0	28,1	76	85	61	60	77	18,6	2156	9,03
Miloheu	90,0	78,8	19,3	3,7	21,6	34,2	–	71	46	16	47	13,7	1628	6,82
Obstgartengras, spärlich	88,6	81,7	6,8	2,2	29,2	43,5	–	72	63	12	59	4,9	1650	6,91
Obstgartengras, üppig	88,2	82,1	10,2	2,8	28,1	41,0	–	76	65	15	59	7,8	1769	7,41
Raygras	91,7	87,4	8,3	2,7	33,0	43,4	38	54	57	13	52	3,5	1531	6,41

| Futtermittel | TS | Rohnährstoffe in % des Futtermittels | | | | | Verdaulichkeit in % | | | | | Verdaul. Eiweiß | Verdauliche Energie/kg | |
| | | Org. Sub. | Roh-eiw. | Roh-fett | Roh-faser | N-freie Extrakt-stoffe | org. Sub. | Roh-eiw. | Roh-fett | Roh-faser | N-freie Extrakt-stoffe | Eiweiß | | |
	%	%	%	%	%	%	%	%	%	%	%	%	kcal	MJ
Rotkleeheu	86,7	81,1	13,5	3,0	24,3	40,3	53	64	69	27	68	7,0	2086	8,73
Sojabohnenheu	92,5	82,5	14,5	1,9	28,6	37,5	–	67	32	17	59	9,7	1672	7,00
Sudangrasheu	89,0	86,2	15,8	3,7	20,2	40,5	–	68	49	27	64	10,8	2037	8,53
Süßlupine, getrocknet	88,7	79,1	18,1	3,6	22,1	35,4	59	62	75	38	70	11,3	2218	9,28
Timothe, Heu	89,8	85,0	6,2	2,2	30,7	45,9	38	57	49	15	50	3,1	1478	6,19
Weißkleeheu	86,6	78,6	15,0	3,8	22,0	37,8	58	68	51	30	70	8,2	3073	12,87
Wickenheu	87,2	78,1	17,4	3,0	23,9	33,8	56	75	60	21	71	10,1	2033	8,51
Wiesenheu, gering	89,3	82,6	8,4	2,1	29,1	43,0	40	53	51	19	52	3,6	1531	6,41
Wiesenheu, mittelgut	85,5	78,5	10,0	2,5	25,0	41,0	43	55	51	22	53	4,5	1571	6,58
Wiesenheu, sehr gut	87,6	79,4	13,6	3,0	23,5	39,3	47	50	45	33	55	6,4	1729	7,24
Wruckenblatt, getrocknet	90,7	69,9	13,9	1,6	10,1	44,3	88	79	69	80	93	11,0	2768	11,59
Rotklee, künstlich getrocknet	87,3	80,2	13,2	2,9	20,8	43,4	71	85	77	55	75	11,2	2644	10,84
Zuckerrübenblatt, künst. getrock.	83,4	70,1	10,6	2,3	9,8	47,4	80	67	69	69	85	7,1	2543	10,42
Wickroggen, künstl. getrocknet	88,9	78,5	9,4	2,8	25,9	40,4	66	82	72	57	69	7,7	2411	9,89
Wickweizen, künst. getrocknet	89,2	83,7	9,3	2,2	23,3	48,3	63	77	64	44	69	7,1	2376	9,74
Grünfutter-Silage														
Kleegras	20,1	18,0	3,6	1,9	4,7	7,8	63	71	67	32	76	1,8	546	2,28
Luzerne	17,0	14,6	3,4	1,4	4,6	5,2	58	82	51	28	70	2,0	414	1,73
Mais	24,3	22,4	2,0	0,5	7,6	12,7	56	79	96	24	69	1,3	585	2,45
Melde	13,7	10,4	3,1	0,6	2,2	4,5	75	89	64	52	77	2,8	365	1,53

Futtermittel	TS %	Rohnährstoffe in % des Futtermittels					Verdaulichkeit in %					Verdaul. Eiweiß %	Verdauliche Energie/kg	
		Org. Sub. %	Roh-eiw. %	Roh-fett %	Roh-faser %	N-freie Extrakt-stoffe %	org. Sub. %	Roh-eiw. %	Roh-fett %	Roh-faser %	N-freie Extrakt-stoffe %	%	kcal	MJ
Wurzeln, Knollen														
Futterrüben	14,6	13,6	1,0	0,1	0,9	11,6	94	66	80	100	96	0,4	568	2,38
Kartoffeln, eingesäuert	25,0	23,8	2,0	0,1	0,8	20,9	95	78	85	83	97	1,1	999	4,18
Kartoffeln, gedämpft	25,0	23,5	2,3	0,1	0,8	20,3	94	68	85	83	98	1,1	981	4,11
Kohlrüben	13,1	12,4	1,3	0,1	1,2	9,8	97	89	83	100	98	0,4	537	2,25
Möhren	12,3	11,4	1,4	0,1	1,2	8,7	92	86	79	56	98	1,2	466	1,95
Sellerie	5,6	4,3	0,9	0,1	0,8	2,5	93	77	91	93	99	0,4	180	0,76
Süßkartoffeln	41,9	41,0	1,8	0,3	1,0	37,9	–	44	76	94	94	0,8	1672	7,00
Topinambur-Knollen	19,0	17,8	1,5	0,2	1,2	14,9	96	72	100	100	98	0,9	761	3,19
Wasserrüben	8,2	7,4	1,0	0,1	1,1	5,2	95	91	100	82	98	0,4	312	1,31
Körner, Samen														
Ackerbohnen	84,3	81,2	24,6	1,7	7,4	47,5	–	80	60	30	90	19,7	3050	12,75
Buchweizen	85,2	83,5	10,4	2,3	10,8	60,0	–	72	95	17	89	7,5	2988	12,51
Gerste	86,1	83,4	9,9	2,1	5,0	66,4	85	75	89	28	91	7,1	3228	13,56
Hirse (Tannin < 4 g/kg)	87,4	85,8	9,5	3,1	2,3	70,9	–	55	80	40	88	5,2	3110	13,00
Hafer	88,2	85,0	10,5	4,9	11,1	58,5	72	81	92	19	79	8,1	2957	12,38
Leinsamen	90,6	85,3	21,5	34,2	7,3	22,3	–	82	85	30	70	17,7	4350	18,20
Mais	86,8	85,3	10,1	3,9	2,1	69,2	90	81	92	45	92	7,6	3564	14,92
Milokorn	93,5	91,8	12,1	2,8	1,9	75,0	–	72	96	103	91	8,7	3731	15,62
Roggen	85,9	83,9	9,7	1,4	2,1	70,9	–	79	82	54	93	7,7	3406	14,26

Futtermittel	TS	Rohnährstoffe in % des Futtermittels					Verdaulichkeit in %					Ver-daul. Eiweiß	Verdauliche Energie/kg	
	%	Org. Sub. %	Roh-eiw. %	Roh-fett %	Roh-faser %	N-freie Extraktstoffe %	org. Sub. %	Roh-eiw. %	Roh-fett %	Roh-faser %	N-freie Extraktstoffe %	%	kcal	MJ
Weizen	85,3	83,6	12,1	1,9	2,0	67,6	92	83	92	28	95	9,1	3467	14,52
Baumwollsaatmehl	90,0	87,2	40,7	2,1	12,6	31,8	-	-	-	-	-	34,5	2948	12,34
Erbsen	91,1	88,7	24,3	0,9	5,3	58,2	91	90	87	53	95	20,8	3599	15,07
Erdnußkernmehl	92,0	91,3	49,9	2,4	10,5	28,5	-	-	-	-	-	45,2	3960	16,58
Lupinen	87,0	83,3	32,0	3,7	16,0	31,6	71	94	84	35	65	28,2	2790	11,68
Palmkerne	92,3	90,5	8,9	48,8	7,3	25,5	-	68	85	35	65	6,1	4870	20,40
Sojabohnen	93,2	88,1	40,9	17,1	5,6	24,5	87	88	95	35	91	32,4	4308	18,04
Gewerbliche Abfälle u. Produkte														
a) Müllerei														
Gerstenkleie	94,0	87,5	9,3	3,2	18,1	56,8	44	72	82	5	50	6,7	1844	7,72
Haferfuttermehl	85,8	82,4	12,6	3,5	7,9	58,4	75	84	96	20	79	9,9	2904	12,16
Haferschälkleie	88,5	87,5	5,3	2,4	26,4	43,4	-	25	80	12	15	1,3	640	2,65
Maisgries	86,6	85,5	9,0	3,0	2,3	71,2	91	77	87	42	94	6,7	3555	14,88
Maiskeime	89,8	86,9	11,2	2,3	7,5	65,9	-	65	77	40	75	7,3	2710	11,35
Maiskleber	89,8	85,1	21,2	4,7	7,9	51,3	-	75	87	42	68	15,9	2830	11,85
Maiskleie	89,4	86,6	9,2	8,4	9,2	59,8	-	60	87	40	70	5,5	2820	1180
Reiskleie (10 – 25 % Spelzen)	90,4	76,6	11,7	12,6	12,6	39,7	-	60	68	18	60	7,0	2240	9,40
Roggenkleie	88,0	83,9	14,1	3,7	6,3	59,8	74	80	91	26	76	10,2	2908	12,18
Weizenfuttermehl	86,5	83,0	17,2	4,6	3,9	57,3	-	77	75	20	90	13,2	3200	13,40
Weizenkleie	89,6	82,7	16,7	3,9	10,5	51,6	-	83	77	24	65	13,9	2508	10,50

Futtermittel	TS	Rohnährstoffe in % des Futtermittels					Verdaulichkeit in %					Verdaul. Eiweiß	Verdauliche Energie/kg	
	%	Org. Sub. %	Roh-eiw. %	Roh-fett %	Roh-faser %	N-freie Extrakt-stoffe %	org. Sub. %	Roh-eiw. %	Roh-fett %	Roh-faser %	N-freie Extrakt-stoffe %	%	kcal	MJ
b) Ölkuchen u. Extraktionsschrote														
Baumwollsaatkuchen	93,3	86,4	39,7	6,6	13,3	26,8	68	84	99	31	56	32,1	2970	12,43
Baumwollsaatextraktionsschrot	89,7	83,7	40,2	1,8	14,5	27,2	–	79	70	10	56	31,7	2600	10,90
Erdnußkuchen	90,0	83,5	42,8	7,7	5,5	27,5	91	91	100	49	96	37,6	3775	15,81
Erdnußextraktionsschrot	90,6	85,5	50,3	1,1	10,1	24,0	–	82	69	20	83	41,2	3310	13,85
Hanfsaatkuchen	87,0	79,1	29,3	9,3	27,7	12,8	41	78	92	9	3	21,7	1509	6,32
Kokoskuchen	88,0	82,5	21,3	8,5	14,8	37,9	87	96	99	45	95	19,9	3630	15,20
Kokosextraktionsschrot	90,8	82,8	22,8	2,7	15,5	41,8	–	58	80	59	65	13,2	2410	10,10
Leinextraktionsschrot	90,0	83,9	35,0	1,6	8,9	38,4	–	–	–	–	–	30,4	2992	15,53
Leinkuchen	88,3	82,4	33,3	6,8	8,2	34,1	78	87	97	23	78	28,5	3194	13,37
Mohnsaatkuchen	88,0	76,6	32,8	11,4	12,2	20,2	69	82	100	25	57	25,6	2979	12,47
Palmkernkuchen	90,3	86,3	17,7	8,6	23,8	36,2	79	93	98	64	78	16,0	3489	14,61
Palmkernextraktionsschrot	87,9	83,8	15,6	2,5	19,1	46,6	–	67	70	15	65	10,5	2100	8,80
Rapskuchen	90,0	83,3	30,2	8,6	12,0	32,2	72	79	85	40	73	20,7	3036	12,71
Rapsextraktionsschrot (00)	89,8	83,1	36,0	2,5	12,0	32,6	–	77	70	10	70	27,7	2720	11,40
Senfsaatextrakt, Schrot	94,2	87,7	40,8	0,7	10,1	36,1	76	75	100	32	87	30,8	2957	12,38
Senfsaatkuchen	90,0	83,5	34,0	10,1	7,9	31,5	76	80	100	25	76	24,0	3357	14,06
Sesamkuchen	94,5	81,3	39,4	8,7	6,7	26,5	86	91	100	45	84	33,0	3568	14,94
Sojaextrakt, Schrot	88,3	81,8	45,5	0,8	6,5	29,0	86	89	74	45	90	39,0	3119	13,06
Sojakuchen	90,7	85,0	43,5	4,6	6,0	28,9	88	90	96	52	96	38,1	3529	14,77
Sonnenblumenextrakt, Schrot	90,4	82,5	38,1	1,5	18,2	24,7	68	91	100	16	68	32,6	2543	10,65

Futtermittel	TS	Rohnährstoffe in % des Futtermittels					Verdaulichkeit in %					Verdaul. Eiweiß	Verdauliche Energie/kg	
		Org. Sub.	Roh-eiw.	Roh-fett	Roh-faser	N-freie Extrakt-stoffe	org. Sub.	Roh-eiw.	Roh-fett	Roh-faser	N-freie Extrakt-stoffe	Eiweiß	kcal	MJ
	%	%	%	%	%	%	%	%	%	%	%	%	kcal	MJ
Sonnenblumenkuchen	90,0	85,0	30,5	12,5	13,3	28,7	67	86	95	14	60	24,3	3194	13,37
c) Übrige gewerbliche Abfälle und Produkte														
Abfallkleie	87,6	80,0	14,5	4,0	13,5	48,0	59	82	80	30	59	11,9	2279	9,54
Biertreber, getrocknet	94,3	91,3	25,5	7,0	16,2	42,6	57	85	81	21	49	20,4	2596	10,87
Birntrester, getrocknet	88,9	87,3	4,0	2,1	29,3	51,9	39	60	52	19	53	2,4	1672	7,00
Diffusionsschnitzel, getrocknet	88,9	82,5	9,0	0,9	15,2	57,4	82	66	87	42	95	3,6	3023	12,66
Kartoffelflocken	89,0	80,5	6,8	0,4	0,9	72,4	91	60	41	67	95	3,2	3238	13,56
Kartoffelpülpe, trocken	89,2	86,0	3,6	0,4	17,0	65,0	81	75	75	58	87	2,6	3049	12,77
Malzkeime, getrocknet	92,6	85,8	27,6	3,1	12,8	42,3	–	76	85	18	66	20,9	2660	11,15
Sägemehl, frisch	49,8	49,6	0,5	2,2	37,2	9,7	12	–	78	6	18	–	356	1,49
Zuckerrohr-Melasse														
> 45 % Zucker	73,8	66,5	3,0	–	–	63,3	–	68	–	–	90	2,0	2440	10,20
Zuckerrüben-Melasse	76,4	68,0	10,7	–	–	57,3	79	–	–	–	95	8,5	2710	11,35
Zuckerrüben-Trockenschnitzel	88,5	85,9	8,3	0,3	21,8	55,5	–	48	52	72	92	4,0	3120	13,06
Futtermittel tierischer Herkunft														
Vollmilch	12,3	11,5	3,4	3,5	–	4,6	96	100	95	–	94	3,4	678	2,84
Magermilch	9,7	8,9	4,0	0,2	–	4,7	98	98	92	–	99	3,9	396	1,66
Tierfett	99,5	99,5	–	99,5	–	–	–	–	90	–	–	–	8090	33,85
Trockenmagermilch	94,8	86,4	33,8	0,8	–	51,8	99	98	92	–	99	33,1	3788	15,86

| Futtermittel | TS | Rohnährstoffe in % des Futtermittels | | | | | Verdaulichkeit in % | | | | | Ver-daul. Eiweiß | Verdauliche Energie/kg | |
| | | Org. Sub. | Roh-eiw. | Roh-fett | Roh-faser | N-freie Extrakt-stoffe | org. Sub. | Roh-eiw. | Roh-fett | Roh-faser | N-freie Extrakt-stoffe | Eiweiß | kcal | MJ |
	%	%	%	%	%	%	%	%	%	%	%	%		MJ
Trockenvollmilch	96,0	90,4	25,2	26,7	0,2	38,3	–	–	–	–	–	25,4	5192	21,74
Fischmehl	90,0	63,1	60,4	1,8	–	0,9	75	75	100	–	48	41,3	2196	9,19
Verschiedenes														
Brot mit 50 % Kleie	91,6	87,9	13,6	2,4	4,3	67,7	86	81	92	21	90	11,0	3419	14,31
Brot, getrocknet	95,6	92,1	15,8	2,5	0,3	73,5	–	95	99	–	101	15,0	4176	17,48
Brot, getrocknet, Abf.	95,6	91,9	15,0	2,5	2,4	72,0	92	91	96	21	95	11,4	3876	16,23
Eicheln, getrocknet	85,0	82,9	4,3	3,7	8,2	66,7	61	60	96	–	71	2,6	2556	10,70
Futterzellulose	92,8	92,6	0,3	1,3	77,4	13,7	36	–	90	38	20	–	15,31	6,41
Haushaltsabfälle	12,0	10,7	1,9	1,0	1,1	6,7	75	70	80	50	80	1,0	400	1,68
Kartoffelmehl	86,9	83,8	6,6	0,3	3,2	73,7	87	42	66	91	91	1,6	21	13,48
Sojaöl	99,5	98,5	–	99,5	–	–	–	–	95	–	–	–	8540	35,70
Tapioka, 57,5 – 62,5 % Stärke	86,3	78,9	2,8	–	5,2	70,9	–	40	–	31	95	1,1	2880	12,05
Tapioka, 62,5 – 67,5 % Stärke	86,6	81,4	2,4	–	4,0	75,0	–	40	–	31	96	1,0	3050	12,75
Tapioka, 67,5 – 73,0 % Stärke	88,3	83,9	2,1	–	3,5	78,3	–	40	–	31	97	0,8	3200	13,40
Trockenhefe	89,5	80,5	44,8	1,4	4,8	29,5	74	83	71	–	72	32,9	2671	11,18
Weizenstroh	88,0	80,0	3,5	1,1	42,0	33,4	–	55	50	7	27	1,9	640	2,70
Zitruspülpe, getrocknet	91,5	84,7	6,0	2,7	12,7	63,3	–	70	80	82	90	4,2	3170	13,25

17 Bestimmungen des Zentralverbandes Deutscher Kaninchenzüchter (ZDK) für die Beurteilung der Rassekaninchen und Erzeugnisse der Kaninchenhaltung auf Schauen[1])

17.1 Allgemeines

Geltungsbereich

Die folgenden Bewertungsbestimmungen sind gültig für alle vom Zentralverband Deutscher Kaninchenzüchter e. V. (ZDK) und dessen Unterorganisationen veranstalteten Kaninchen- und Erzeugnisschauen sowie Tischbewertungen.

Diese Bestimmungen sind in allen Veröffentlichungen, Ausstellungsprogrammen, Anmeldungen usw. anzuwenden. Alle Rassen und Erzeugnisse sind auf den Schauen nach der Reihenfolge dieser Bewertungsbestimmungen geordnet auszustellen.

Wettbewerb

Zulassung

Für den Wettbewerb und zur Beurteilung bei Kaninchenschauen und Tischbewertungen sind ausschließlich zur Zucht geeignete und gesunde Tiere anerkannter Rassen sowie Neuzüchtungen zugelassen. Auch jene ausländischen Kaninchenrassen, die in diesem Standard nicht enthalten sind, sofern für sie eine Musterbeschreibung in deutscher Sprache vorliegt.

Ausschlußbestimmungen

Kastraten, Zwitter und hodenlose Tiere sind in Position 2 von der Bewertung auszuschließen.

Offensichtlich kranke oder mit Ungeziefer jeglicher Art behaftete Tiere sind durch die Schauleitung oder auf Veranlassung des Preisrichters von der Ausstellung sofort enflernen zu lassen. Die Bewertungsurkunde solcher Tiere erhält den Vermerk »ohne Bewertung«. Er wird quer über die Bewertungsurkunde geschrieben. In die unterste Spalte bei »Bemerkungen zur Gesundheit und Kennzeichnung« ist die Begründung einzutragen.

Jede andere als die von der Organisation veranlaßte Kennzeichnung ist unzulässig. Ausgenommen sind importierte Tiere mit der Kennzeichnung einer ausländischen Organisation.

Jede Täuschung der Preisrichter durch die Veränderung des Aussehens der Tiere wie z. B. die farbliche Veränderung der Krallen, das Entfernen, Beschneiden oder Färben andersfarbiger Flecken ist untersagt.

Werden Täuschungsversuche festgestellt, so sind außer dem beanstandeten Tier auch alle übrigen Tiere und alle Ausstellungsgegenstände des Ausstellers von jeglicher Bewertung auszuschließen. Bereits vorgenommene Bewertungen

[1]) Auszug aus dem, vom ZDK herausgegebenen, »Standard '97« (170).

und Preiszuteilungen sind für ungültig zu erklären.

Zulassung zu Erzeugnisschauen

Bei Erzeugnisschauen jeder Art, gleichgültig, ob diese als Sonderschauen oder im Rahmen von Kaninchenschauen stattfinden, können ausgestellt werden:

1. Kaninchenfleisch

2. Pelzgegenstände aus Kaninchenfellen

3. Angorawoll-Erzeugnisse (gehäkelt und gestrickt)

4. Angora-Web-, -Stick und Knüpferzeugnisse

5. Lederwaren

6. Lehr- und Anschauungsmaterial, Bastelarbeiten

7. Fellsortimente

Die ausgestellten Gegenstände müssen Eigentum des Ausstellers und von ihm selbst angefertigt worden sein. **Bekleidung und Gegenstände mit deutlichen Gebrauchsspuren bleiben ohne Bewertung.**

Art des Wettbewerbs

Klasseneinteilung

Wettbewerb und Bewertung erfolgen bei allen Schauen grundsätzlich nach Klassen. Doch ist bei kleineren Vereinsschauen eine durchgehende Bewertung und Preisverteilung gestattet.

Geldpreise sind bei durchgehender Bewertung so zu vergeben, daß auf Tiere mit gleicher Punktzahl und gleicher Gesamtwertnote gleich hohe Preise entfallen; bei Klassenbewertung muß dies nicht der Fall sein.

Grundsätzlich hat die Klasseneinteilung nach folgenden Richtlinien zu erfolgen:

a) Jede Rasse bildet eine eigene Klasse, auch dann, wenn von einer Rasse nur ein Tier ausgestellt wird. Ferner können stammverwandte Farbenschläge wie z. B. hasen-, wild-, dunkel- und eisengrau in einer Klasse zusammengefaßt werden.

Eine Klasse ist in Unterklassen aufzuteilen, wenn in dieser mehr Tiere gemeldet sind, als ein Preisrichter beurteilen darf.

Die Einteilung in Unterklassen kann in solche für Rammler und Häsinnen erfolgen, auch diese können nach Jahrgängen in Altersklassen getrennt werden. Voraussetzung für die Bildung einer Unterklasse ist die Meldung von wenigstens 10 Tieren. Bei zu schwacher Besetzung der Klassen können mehrere Klassen zu einer zusammengelegt werden, sie sind von einem Richter zu bewerten.

b) Für Jungtiere sind Jungtierklassen zu bilden. Zugelassen sind nur Tiere des laufenden Zuchtjahres vom 3. Lebensmonat an. Keiner Begrenzung unterliegen die Altersklassen. So können in Altersklassen auch Tiere unter 8 Monaten gemeldet werden. Doch sind Alt- und Jungtiere stets in getrennten Klassen auszustellen.

Die Ermittlung des Alters erfolgt durch die Kennzeichnung. Als erster Monat gilt jener, der auf den Geburtsmonat folgt. Für die Bewertung der Tiere ist die Altersangabe (Tätowierung) maßgebend.

Tiere, die im März und früher geboren sind, dürfen bereits im Juni, Tiere, vom

April und früher im Juli und die vom Mai im August ausgestellt werden.

c) Häsinnen mit Jungtieren sind zur Bewertung nur bei Jungtierschauen und Sonder-Werbeveranstaltungen zugelassen. Für sie ist stets eine gesonderte Abteilung mit Klasseneinteilung zu bilden. Das Mindestalter der Jungtiere beträgt 6 Wochen. Jungtiere, die mit dem Muttertier zusammen ausgestellt werden, benötigen keine Kennzeichnung.

Reihenfolge der Rassen und Abteilungen

Für alle Schauen ist folgende Einteilung verbindlich:

I.   Große Rassen (Normalhaar)

II.   Mittelgroße Rassen (Normalhaar) Haarstrukturrassen

III. Kleine Rassen (Normalhaar) Zwergrassen (Normalhaar)

IV.   Kurzhaarrassen

V.   Langhaarrassen

VI.   Zuchtgruppen

VII. Herdbuchabteilung

VIII. Neuzüchtungen

IX.   Produkte und Erzeugnisse aus der Kaninchenzucht

Grundlagen des Richtens

Die Beurteilung der Tiere durch den Richter erfolgt nach den Bewertungsvorschriften aufgrund des Erscheinungsbildes am Tage der Bewertung.

Die Bewertung der Tiere in den einzelnen Klassen unterliegt nachstehender Gliederung, die bei den Rassemerkmalen eine entsprechende Differenzierung erfährt:

1. Gewicht

2. Körperform und Bau

3. Fell bzw. Wolle

4. Besondere Rassemerkmale (z. B. Kopfzeichnung)

5. Besondere Rassemerkmale (z. B. Rumpfzeichnung)

6. Besondere Rassemerkmale (z. B. Farbe)

7. Pflegezustand

Die Bewertung erfolgt nach der festgelegten Vorschrift, wobei folgende Wertnoten vergeben werden:

97–100 Punkte = vorzüglich

93–96,5 Punkte = sehr gut

89–92,5 Punkte = gut

85–88,5 Punkte = befriedigend

unter 85 Punkte = nicht befriedigend

Bei der Beurteilung ist für jede dieser 7 Positionen der Einzelwert festzustellen. Zuletzt ist eine Gesamtwertnote zu vergeben. Sie ist die Summe der Punktzahlen der 7 Einzelpositionen. Außer in Position 1 können in allen übrigen Positionen auch halbe Punkte vergeben werden.

Ein Tier ist von der Bewertung auszuschließen, wenn es in den Positionen 1 oder 2 unter 15 Punkte, in den Positionen 3, 4 oder 5 unter 11 Punkte, in der Position 6 unter 6 Punkte und in der Position 7 unter 3 Punkte erhält.

Jeder Ausschluß ist zu begründen. Dabei ist bei Schauen, auf denen mehrere Richter amtieren, ein zweiter Richter hinzuzuziehen.

Die Gesamtwertnote des Bewertungsergebnisses ist voll auszuschreiben, wobei sowohl das erhaltene Prädikat als auch die errechnete Gesamtpunktzahl festzulegen sind.

Die Punktzahlen 97–100 und die Note »vorzüglich« dürfen nur auf solchen Schauen vergeben werden, bei denen wenigstens 2 Richter amtieren, da für die Zuerkennung dieser hohen Punktezahlen und der Wertnote »vorzüglich«, die Bestätigung eines zweiten Richters bzw. eines Obmannes notwendig ist.

Jungtiere sind unter Berücksichtigung des Alters, für das die Monatskennzeichnung maßgebend ist, zu beurteilen gemäß den Merkmalen Entwicklung, Körperform und Bau; ferner Pflegezustand, besondere Rassemerkmale sowie Farbe und Zeichnung, soweit diese feststellbar sind. Jungtiere erhalten nur eine Gesamtbeurteilung mit folgenden Wertnoten:

sehr gut
gut
befriedigend
nicht befriedigend

Häsinnen mit Jungen werden ohne Punkte nach den gleichen Wertnoten beurteilt. Sie werden nach ihrem Gesamteindruck bewertet. Sichtbar schwere Fehler bereits bei **einem** Tier mindern die Wertnote. Ein Wurf, der aus verschiedenen Farbenschlägen besteht, ist von der Bewertung auszuschließen.

Gemeldet werden können:

A) Häsin mit mindestens drei Jungen bei Widderzwergen, Hermelin, Farbenzwergen, Rexzwergen, Fuchszwergen sowie alle Zeichnungsrassen der Klasse 2.

B) Häsin mit mindestens vier Jungen bei allen anderen Rassen.

Die Wertnote ist unabhängig von der Anzahl der ausgestellten Jungen, sofern die vorstehende Mindestforderung erfüllt ist. Häsinnen mit weniger als drei Jungen bei A) bzw. weniger als vier Jungen bei B) dürfen nicht bewertet werden.

Neuzüchtungen dürfen nur auf größeren Schauen, z. B. bei Landes- und Zentralverbandsschauen, ausgestellt werden. Die Bewertung ist von zwei Richtern gemeinsam vorzunehmen. Neuzüchtungen werden nicht mit Punkten, sondern mit folgenden Gesamtwertnoten beurteilt:

sehr gut

gut

befriedigend

nicht befriedigend

Vom Züchter bzw. Aussteller ist der Schauleitung rechtzeitig das Zuchtziel, ausführlich dargelegt, in doppelter Ausführung einzureichen. Gleichzeitig sind vorzulegen der Nachweis einer konstanten Vererbung wenigstens von 3 Generationen und die Genehmigung der Neuzüchtung durch eine Bescheinigung des zuständigen Landesverbandes. Die Schauleitung händigt den Richtern ohne Namensnennung des Ausstellers ein Exemplar dieser Niederschrift aus. Ohne deren Vorlage ist eine Beurteilung unzulässig.

Erzeugnisse aus der Kaninchenzucht sind nach eigens für diese Abteilung festgelegten Richtlinien zu beurteilen. Die Bewertung der einzelnen Positionen hat wie bei den Tieren sinngemäß nach Punkten zu erfolgen; die Berechnung der Gesamtwertnote wird nach dem gleichen Modus vorgenommen.

Durchführung
der Bewertung

Die Bewertung der ausgestellten Kaninchen und Erzeugnisse muß während der Ausstellung erfolgen. Ausnahmen sind vom Vorsitzenden des betreffenden Landesverbandes zu genehmigen.

Die Bewertung darf nur bei Tageslicht oder tageslichtähnlichen Bedingungen vorgenommen werden. Die Bewertungsurkunden sind vom amtierenden Richter zu schreiben und von ihm zu unterzeichnen. Die Verwendung eines Faksimilestempels durch den Preisrichter ist nicht zulässig. Die Bewertungsurkunde erhält der Aussteller. Dagegen können die Bewertungslisten von einem Beauftragten geschrieben werden. Das Original der Bewertungsliste wird der Ausstellungsleitung ausgehändigt; die Durchschrift verbleibt dem Preisrichter. Größere Punktabzüge in den einzelnen Positionen sind in den Bewertungsunterlagen zu begründen. »Bemerkungen auf den Bewertungsurkunden sind notwendig, wenn in den Positionen 1, 2 und 3 zwei und mehr Punkte, in den Positionen 4, 5 und 6 mehr als ein Punkt abgezogen werden. In der Position 7, Pflegezustand, ist jeder Abzug genau zu begründen.«

Bei der Erzeugnisbewertung (Abteilung IX) ist eine Bemerkung notwendig, wenn 2 und mehr Punkte abgezogen werden. Dies gilt für jede Position.

Auf der Bewertungsurkunde sind Radierungen nicht gestattet. Irrtümliche Eintragungen sind daher durchzustreichen, die gültigen darüberzuschreiben; sie sind abzuzeichnen. Vor Beginn der Bewertung sind durch die Ausstellungsleitung am Kopf der Bewertungsurkunde Käfignummer, Rasse, Geschlecht und Kennzeichnung einzutragen.

Falls vom Richter abweichende Kennzeichnungen festgestellt werden, muß er sich in Zweifelsfällen bei der Schauleitung vergewissern. Irrtümer bzw. Schreibfehler der Schauleitung sind von dieser zu berichtigen, vorgenommene Änderungen durch den Richter zu bestätigen.

Sind vom Aussteller ohne rechtzeitige Vereinbarung mit der Schauleitung andere als die gemeldeten Tiere eingeliefert worden, so werden diese als Ersatztiere behandelt und bewertet; sie sind jedoch von einer Preisverteilung ausgeschlossen, sofern die jeweiligen Ausstellungsbestimmungen keine Ersatztiere zulassen. Die vom Richter ermittelte Kennzeichnung eines Ersatztieres ist in der Kritikspalte »Bemerkungen« am Fuße der Bewertungsurkunde einzutragen und die Kennzeichnung an deren Kopf durchzustreichen.

Preisverteilung

Die zur Verfügung stehenden Sach- und Geldpreise sind den Richtern von der Ausstellungsleitung bekanntzugeben. Sofern die Aufteilung der Preise im Ausstellungsprogramm oder sonstwie nicht vorher bereits festgelegt ist, ist sie dem freien Ermessen des Richters anheimgestellt. Sieger- und Ehrenpreise können, wenn nicht durch Stiftungen, vom Kostenbeitrag finanziert werden. Die Sieger- und Ehrenpreise müssen stets den Wert der 1. Preise übersteigen. Siegerpreise dürfen für den besten Rammler oder die beste Häsin je Rasse nur bei Kreis- und größeren Schauen bei einer Mindestbeschickung von 30 Tieren je Rasse vergeben werden. Die Aufteilung der Rassen nach Farbenschlägen ist gestattet.

Sollten je Rasse weniger Tiere eines Geschlechtes ausgestellt werden, so sind Rammler und Häsinnen in einer Klasse zu bewerten. Bei weniger als 30 Tieren einer Rasse darf, wie erwähnt, ein Siegerpreis nicht vergeben werden. Ausgenommen sind seltene Rassen, die zu einer Klasse von mindestens 30 Tieren zusammengelegt werden können. Sie konkurrieren um die Siegerpreise mit den Tieren aller übrigen Abteilungen in gleicher Weise.

Klassensieger dürfen nur von den Landesverbandsschauen aufwärts vergeben werden, jedoch von jedem amtierenden Preisrichter nur einmal.

Über die Vergabe höchster Preise entscheidet bei gleicher Punktzahl und gleicher Wertnote der Vergleich folgender Positionen:

1. die höhere Bewertung in der Position 2 (Körperform und Bau),

2. die besseren Bewertungen in den Positionen 4, 5 und 6 (Rassemerkmale) zusammengenommen,

3. die höhere Bewertung in der Position 3 (Fell).

Der höchsten Auszeichnung, dem Siegerpreis, kann ein anderer Preis noch zusätzlich zugeteilt werden.

Bei der Vergabe höchster Preise in den Zuchtgruppen sind die Positionen wie bei den Einzeltieren zu vergleichen, und dementsprechend ist zu verfahren.

Gesamtleistungen werden durch die Addition der Punktzahlen aller Tiere ermittelt, deren Gesamtleistung festgestellt werden soll. Die höchste Punktzahl entscheidet. Bei Gleichheit der Punktzahlen wird sinngemäß wie bei den Zuchtgruppen verfahren.

Kombinierte Zusammenstellungen von Alt- mit Jungtieren sind nicht zulässig. Ist in einzelnen Abteilungen die Vergabe von Gesamtleistungspreisen vorgesehen, so sind die Berechnungen auf die ausgestellten Tiere bzw. Erzeugnisse in diesen Abteilungen zu beschränken.

Erzeugnisse werden bei Punktgleichheit entsprechend bewertet. Den Vorzug erhält jenes, das in der Position 2 (Verarbeitung) die meisten Punkte erhalten hat. Bei Punktgleichheit auch danach entscheidet die Position 5 (Gesamteindruck), schließlich die Position 3 (Arbeitsaufwand).

17.2 Einzelpositionen

I. Gewicht

Das Gewicht eines Tieres ist mit Hilfe einer Waage festzustellen. Deshalb ist dem Richter gmndsätzlich eine Waage zur Verfügung zu stellen. Sollten Tiere bereits vor der Bewertung gewogen werden, so hat dies verbindlich nur durch den Richter mit Namenszug zu erfolgen. Grundlage zur Bestimmung der Punktezahl ist die Gewichtsskala der einzelnen Rassebeschreibungen.

II. Körpertorm und Bau

In Position 2 ist die Gesamterscheinung des Tieres zu beurteilen, wobei gegebenenfalls Sonderbestimmungen zu berücksichtigen sind. Im allgemeinen sei der Rumpf ebenso breit wie hoch (tief), Rumpfbreite und -tiefe sollen etwa ein Drittel der Körperlänge betragen.

Die Brust sei also breit, ebenfalls breit und mit einem starken, muskulösen Nacken versehen sei der Rücken, breit und gut gerundet das Becken. Der Rumpf darf sich nach vorne nicht wesentlich verjüngen; eine gleichmäßige Körperbreite gilt als ideal. Im Vergleich zur Häsin hat der Rammler die markantere Form, den massigeren Kopf, die stärkeren Knochen, die kräftigere Muskulatur, ein strafferes Gewebe und eine stärkere Haut.

Der Unterschied der Geschlechter muß also bereits durch die unterschiedlichen Merkmale von Rammler- und Häsinnenkopf eindeutig zu erkennen sein. Die Geschlechtsmerkmale werden allgemein in Position 2 beurteilt.

Der Rücken verläuft ebenmäßig und bis zur Blume in einer gleichmäßig abgerundeten Linie. Die Brustpartie ist gut ausgebildet und voll gerundet. Gut gewölbt erscheint die Rippenpartie. Die Hinterschenkel liegen fest am Körper an. Der Hals ist kurz, der Kopf sitzt dicht am Rumpfe auf, ist kräftig und mit einer breiten Stirn- und Schnauzpartie, einem kräftigen Unterkiefer und gut ausgeprägten Backen versehen. Die Ohren, mit einem kräftigen Ansatz am Kopf ausgestattet, sind fleischig, oben schön abgerundet und aufrecht getragen. In ihrer Länge und Breite müssen sie – die Widder-Rassen ausgenommen – der Größe des Körpers entsprechen. Die Blume wird gerade, aufrecht und an den Hinterkörper angelegt getragen. Der Körper wird, frei vom Boden, von kräftigen und geraden Läufen getragen. Die Schulterblätter liegen fest am Körper an und dürfen sich in der Bewegung nicht auf- und abschieben; sie schneiden glatt mit der Rückenlinie ab. Die Hinterläufe stehen parallel zum Körper, die Schenkel werden fest angelegt.

Der Körperbau der Häsin ist im allgemeinen etwas feiner als der des Rammlers, so daß der Geschlechtscharakter auch auf diese Weise äußerlich erkennbar sein muß.

Eine Wamme bei Häsinnen ist in der Regel unerwünscht. Soweit eine solche aber zugelassen ist, darf sie nicht groß sein. Auch muß sie eine schöne Form besitzen (sog. Schwalbennestwamme) und unmittelbar am Hals gerade anliegen. Die Ausbildung von Wammen unterliegt neben einer Erbanlage auch Umwelteinflüssen; deshalb treten sie bei älteren Häsinnen häufiger auf. Als »älter« gilt eine Häsin vom 13. Lebensmonat an.

Diese Grundsätze für die Bewertung des Körperbaues sind bei der Beurteilung aller Rassen maßgebend, sofern sie in den einzelnen Rassebeschreibungen von dieser Norm nicht abweichen.

Bei Angorakaninchen in voller Wolle wird die Körperlinie durch das Wollvlies verdeckt. Ein Urteil über die Körperform gewinnt man durch das Abtasten des Körpers.

Bei den Kurzhaarrassen (Rexkaninchen) tritt deren Körperform als Folge ihres kurzhaarigen Felles überall schärfer in Erscheinung. Bei der Bewertung ist dies zu berücksichtigen.

Fehlerhafte Abweichungen in Pos. II Körperform und Bau

Leichte Fehler:

Schmaler oder nach vorne verjüngter Körper, schmale Brust, langer Hals. Hervortreten der Schulterblätter, abstehende Hinterschenkel, Hauffalten an den Hinterschenkeln, abfallende, eckige oder spitz verlaufende Hinterpartie, schmales Becken; lose Schultern, Knick hinter den Schulterblättern; Erhöhungen oder Vertiefungen in der Rückenlinie; Hängebauch; nicht parallel zum Körper stehende Hinterläufe; leichtes Durchtreten; schwache und dünne Vorderläufe; spielende, schleppend getragene, an der Spitze etwas krumme oder gebrochene, in der Länge nicht dem Körper entsprechende Blume; lose am Körper sitzendes Fell, schwache Kopfbildung, spitze Schnauze, schmale Stirn; breite oder flattrige, faltige, schlecht abgerundete oder leicht gekippte Ohren; kurze oder lange, nicht der Körpergröße entsprechende Ohren. Kleine Biß- oder Rißwunden an Kopf und Ohren; Hängehoden, leicht gespalteter Penis. Leicht schiefe Wamme und etwas große Wamme bei großen Rassen, etwas größere Wamme bei allen mittelgroßen Rassen (außer Hasen), Wammenansatz bei allen kleinen Rassen mit Ausnahme der Klein-Schecken, Deutschen Klein-Widder, Kleinchinchilla, Deilenaar, Marburger Feh, Sachsengold und Rhönkaninchen; leichter Kinnknoten bei Rammlern.

Schwere Fehler, die den Ausschluß bewirken:

Vollständige Abweichung vom Typ, starke Abweichung im Verhältnis von Länge, Breite und Tiefe des Rumpfes (außer bei Hasenkaninchen), ausgesprochener Steilrücken; X- oder O-Beine, starkes Durchtreten der Vorderläufe, starke Kuhhessigkeit, körperliche Mißbildungen und schwere Verstümmelungen; Biß- oder Rißwunden an Kopf oder Ohren bei großen und Mittelrassen von mehr als 15 mm, bei den kleinen Rassen von mehr als 10 mm und bei den Zwergrassen von

mehr als 5 mm Länge. Verletzungen, die während der Ausstellung verursacht werden, bleiben unberücksichtigt. Starker Kinnknoten; schiefe Blume, weniger als die Hälfte der normalen Länge der Blume; Kieferdeformationen, Zahnanomalien, Tränenabflußstörungen.

Ausgeprägter Rammlerkopf bei der Häsin, Häsinnenkopf beim Rammler; anatomische Augenfehler jeglicher Art; starke Kipp- oder Hängeohren, außer bei den Widdern; Fehlen eines oder beider Hoden, Schlepphoden, völlig gespalteter Penis; Fehlen einer oder mehrerer Krallen mit Ausnahme der Daumenkrallen; die Daumenkralle bleibt unberücksichtigt, wenn sie fehlt oder andersfarbig ist. Zottel-, Bein- oder Doppelwamme bei allen Rassen; schiefe Wamme, stark ausgeprägte Wamme bei allen Rassen. Wamme bei den Hasen und allen kleinen Rassen, Wammenansatz bei Widderzwergen, Hermelin, Farbenzwergen und Fuchszwergen. Ausnahmen lediglich bei Klein-Schecken, Separator, Deutsche Klein-Widder, Kleinchinchilla, Deilenaar, Marburger Feh und Sachsengold, bei denen als Folge ihres etwas höheren Gewichtes eine kleine Wamme bei älteren Häsinnen zugelassen ist. Wamme und Wammenansatz bei Rammlern aller Rassen.

III. Fell bzw. Wolle

Bei der Fellbewertung ist zwischen drei Gruppen zu unterscheiden:

1a. Normalhaarrassen

1b. Haarstrukturrassen (Satin)

2. Kurzhaarrassen

3. Langhaarrassen

Bei den Tieren dieser drei Gruppen sind die Beschaffenheit und die Haarstruktur des Felles verschieden. Wenn auch das Fellhaar der Normalhaarkaninchen bei den einzelnen Rassen etwas voneinander abweicht, so ist doch bei allen Rassen grundsätzlich ein dichtes Fell anzustreben. Im übrigen gelten für die Beurteilung des Felles die jeder Rasse eigenen und ihrer Eigenart entsprechenden Forderungen. Die Ohren sollen bei allen Rassen gut und dicht behaart sein.

Im Allgemeinen ist folgendes für die Beurteilung des Felles zu beachten:

1a. Normalhaarrassen

Der Hauptwert des Normalhaarfelles besteht in der Dichte der Unterwolle. Diese ist abhängig von der Haarmenge je Quadratzentimeter und von der Haarstärke. Ein dichtwolliges Fell wird sich nicht sofort in die ursprüngliche Lage zurücklegen, wenn man mit der Hand gegen das Haar streicht. Ein Fell mit kräftig entwickelter Unterwolle fühlt sich voll an, ist vollgriffig und somit am wertvollsten. Die Begrannung überragt die Unterwolle etwas, sie soll über den ganzen Körper gleichmäßig verteilt sein. Die Haarlänge wird nicht gemessen, sondern geschätzt.

Je nach der Größe der Rasse unterscheidet man zwischen einem längeren, mittellangen und kürzeren Normalhaarfell.

Das Fellhaar wird nach folgenden Merkmalen beurteilt:

a) Unterwolle

Für die Gesamtbeurteilung des Felles ist in jedem Falle die Unterwolldichte ausschlaggebend. Bei jeder Normalhaarrasse ist eine dichte Unterwolle zu verlangen. Die Qualität der Unterwolldichte wird dadurch festgestellt, daß man wiederholt mit voll aufgesetzter flacher Hand kräftig gegen das Haar streicht. Dabei hat das Auge die Hand zu unterstützen. Bei einem dichthaarigen Fell ist der Haarboden nur wenig sichtbar. Da es auch weichgrannige Felle gibt, deren Fellhaare trotz geringer Unterwolle ihre ursprüngliche Lage nur langsam wieder einnehmen, verdient die Unterwolle besondere Beachtung.

Die Fellqualität der in Haarung befindlichen Tiere ist, sofern diese nicht sehr stark haaren, an jenen Stellen zu beurteilen, die von der Haarung entweder noch nicht erfaßt sind oder an denen sich neues Fell bereits gebildet hat.

b) Deckhaar

Das Deckhaar (Granne) einer jeden Normalhaarrasse soll gleichmäßig sein. Es sei weder zu grob noch zu fein bzw. zu weich. Zu feines Deckhaar ist weniger erwünscht als etwas gröberes. Die Begrannung darf über die Unterwolle nicht vorherrschen. Bei der Bewertung des Deckhaares ist lediglich die Haarbeschaffenheit, nicht die Haarfarbe zu beurteilen. Der Glanz des Felles wird durch das Deckhaar bewirkt und ist mitzubewerten.

c) Fellzustand

Ideal ist der Zustand eines Felles dann, wenn es ausgehaart ist und keinerlei Kahlstellen besitzt. Haarungsstellen sind erkenntlich an der unterschiedlichen Farbe des alten abgestorbenen und des neuen nachgewachsenen Haares. Einige wenige lose Haare gelten nicht als Haarung; lediglich stärkerer Haarausfall schränkt die Qualität des Felles ein.

1b. Haarstrukturrassen (Satin)

Der Fellwert der Satinkaninchen wird im Prinzip in gleicher Weise wie jener der Normalhaarrassen bewertet, wobei die spezifischen Eigenschaffen des Satinfelles zu berücksichtigen sind. Das Fellhaar der Satinkaninchen ist mittellang; die Behaarung ist weich und dennoch dicht.

Hinsichtlich der Unterwolle bzw. Unterwolldichte und des Fellzustandes sind die gleichen Anforderungen wie bei den Normalhaarrassen (vgl. Abschnitte a und c) anzuwenden. Für die Beurteilung des Deckhaares (Begrannung) gelten infolge der Verdünnung des Haarschaftes (vgl. dazu Position 5, S. ????) zum Teil andere Anforderungen: Es soll wie bei den Normalhaarkaninchen gleichmäßig sein und nicht nach der Haarfarbe, sondern nach seiner Beschaffenheit beurteilt werden. Diese unterscheidet sich allerdings deutlich von der der Normalhaarrassen. Das Deckhaar ist beim Satinkaninchen deutlich feiner und bewirkt eine seidenartige (Satin = Seide), weiche Beschaffenheit der gesamten Behaarung. Dennoch ist das Fellhaar nicht gekräuselt und frei von Lockenbildung.

Das Fell ist insgesamt zu beurteilen, Unterwolle, Deckhaar und Fellzustand sind zu berücksichtigen.

Fehlerhafte Abweichungen in Pos. III Fell bzw. Wolle

Leichte Fehler:

Etwas kürzeres oder längeres Haar als in der Rassebeschreibung vorgesehen; wenig behaarte Ohren; wenig Unterwolle; etwas weicheres oder härteres Deckhaar als in der Rassebeschreibung vorgesehen, ungleichmäßige Begrannung; leichte Haarung, leichte Filzbildung (Strukturmangel). Leichte Lockenbildung, wenig oder kurze Spürhaare.

Schwere Fehler, die den Ausschluß bewirken:

Sehr wenig Unterwolle; grobe Begrannung beim Satinkaninchen, starke Haarung, die die Beurteilung von Unterwolle und Deckhaar nicht zuläßt; sichtbare Kahlstellen, die von den umstehenden Haaren nicht mehr bedeckt werden. Langhaar bei Normal- oder Kurzhaarrassen, Kurzhaar bei Normalhaarrassen. Gänzlich fehlende Spürhaare bei allen Rassen einschließlich Rexe, starke Filzbildung (Strukturmangel). Starke Lockenbildung.

Anmerkung: Filzbildung, die durch eine unsachgemäße und unreinliche Stallhaltung entstanden ist, wird weiterhin in Position VII Pflegezustand unter leichte bzw. schwere Fehler geahndet.

2. Kurzhaarrassen

Der Fellwert der Kurzhaarkaninchen wird in gleicher Weise wie jener der Normalhaarrassen beurteilt, wobei die spezifischen Rasseeigentümlichkeiten zu berücksichtigen sind. Das Fellhaar steht auf dem Haarboden senkrecht und muß auf der Mitte des Rückens etwa 17-20 mm lang sein. **Die sehr feinen, nicht gekräuselten Grannenhaare sollen mit dem Wollflaum (Unterwolle) in gleicher Höhe abgrenzen. Die Grannenspitzen dürfen aus dem Wollflaum höchstens 1 mm herausragen.** Infolge seiner feinen Begrannung greift sich das Fell der Kurzhaarkaninchen viel weicher, samtartiger an als das Fell der Normalhaarkaninchen. Auch hier ist die Dichte der Unterwolle von entscheidender Bedeutung für die Gesamtbeurteilung des Felles.

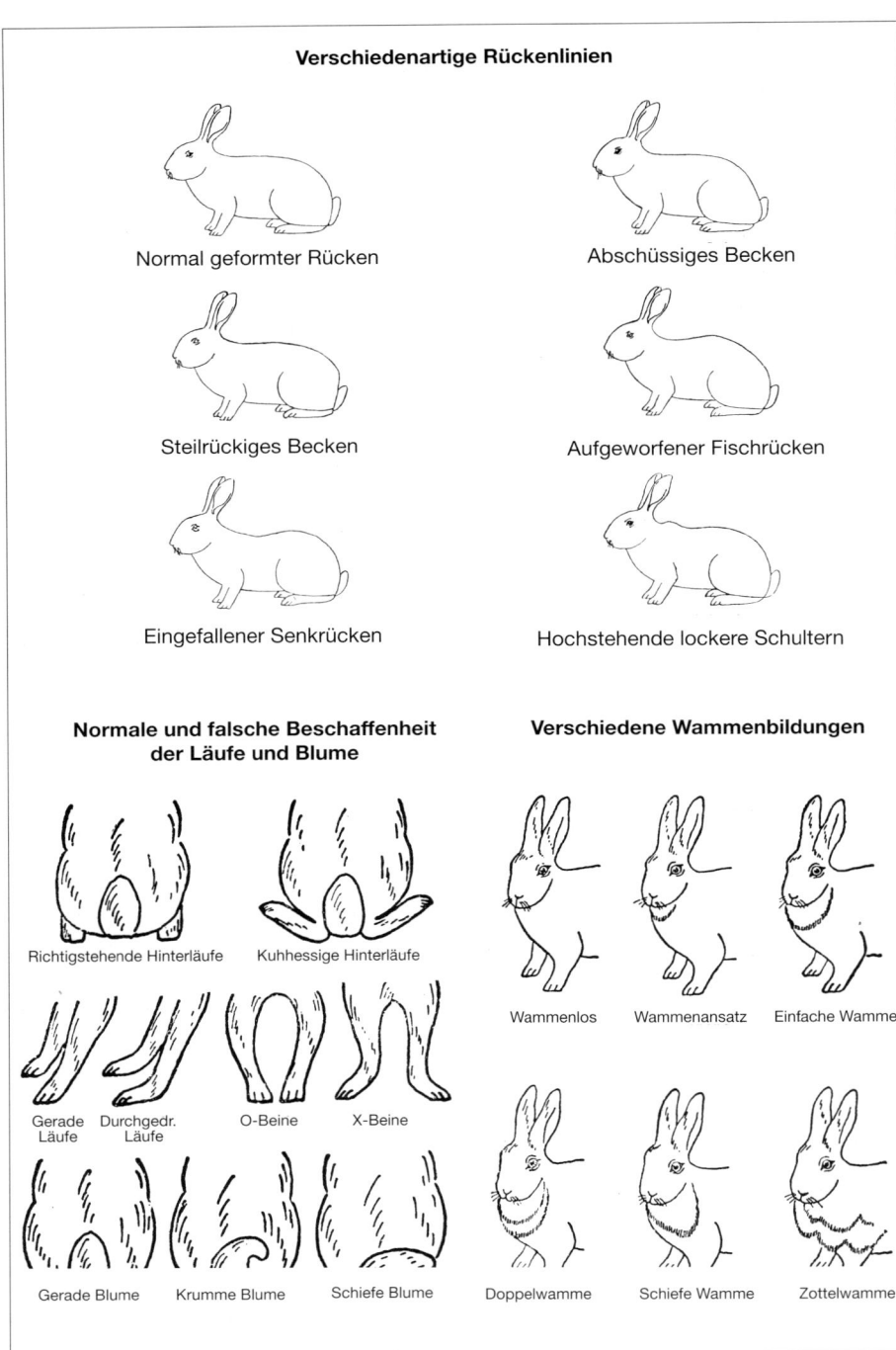

Abb. 169: Merkmale für die Beurteilung des Körperbaues

Als Fehler gelten sinngemäß die unter den Normalhaarrassen genannten Mängel.

3. Langhaarrassen

A) Angora

Im Gegensatz zu den übrigen Fellhaarrassen besitzt das Angorakaninchen das nur ihm eigentümliche Wollvlies, das am ganzen Körper (Rücken, Seiten, Brust und Bauch) gleichmäßig stark entwickelt und filzfrei sein soll. Das Vlies besteht aus Mischwolle, die von drei unterschiedlichen Haararten gebildet wird. Sie gehen ineinander über, sind also nicht scharf gegeneinander abgegrenzt.

a) **Unterwolle.** Sie muß stark vorherrschen und besteht aus dem feingekräuselten, weichen Wollhaar, das sich durch ein gutes Längenwachstum auszeichnen soll. Gewünscht wird ein mittelfeines, gleichmäßiges Wollhaar. das regelmäßig und kurz gewellt ist und einen seidigen Glanz besitzt.

b) Der **Grannenflaum** vermittelt in seiner Qualität zwischen der Unterwolle und dem Grannenhaar. Er ist länger und grober gewellt und endet in einer feinen, grannenartigen Spitze.

c) Das **Grannenhaar** überragt als ein etwas stärkeres, gerade durchgehendes Haar das Wollvlies. Die Grannenspitze ist kräftig. In der Regel besitzen die Häsinnen eine stärkere Grannenbildung als die Rammler, in besonderem Maße die älteren Häsinnen.

Den Wert der Wolle bestimmt die Dichte der Unterwolle in Verbindung mit einem gut ausgebildeten Grannenflaum und dem an Länge überragenden, stärkeren Grannenhaar.

Die volle Wollänge beträgt, im Stapel beurteilt, mindestens 6 cm. Bei Ausstellungstieren und in den Leistungsklassen ist die Mindestwollänge 3,5 cm. Die Wollänge wird geschätzt.

Die leichten und schweren Fehler hierzu sind in den Rassebeschreibungen des »Standard '97« (170) aufgeführt.

B) Fuchskaninchen

Im Gegensatz zum Angorakaninchen herrscht beim Fuchskaninchen das Grannenhaar vor. Es besitzt kein Wollvlies.

Als Fehler gelten sinngemäß die unter den Normalhaarrassen genannten Mängel.

IV. – VI. Besondere Rassemerkmale

(Zeichnung, Farbe usw.)

Diese Positionen regeln die Besonderheiten der einzelnen Rassen entsprechend ihrem jeweiligen Zuchtziel. In ihnen erfolgt die Beurteilung der spezifischen Eigentümlichkeiten der Farbe und Zeichnung sowie bei einer Reihe von Rassen jene körperlichen Merkmale, die in Position 2 Körperform und Bau nicht berücksichtigt werden. Auf die entsprechenden Forderungen wird bei den Rassen (s. Standard '97) gegebenenfalls detailliert eingegangen.

Die gleiche Regelung gilt für die Beurteilung der leichten und schweren Fehler, die in diesen Positionen zu beachten sind.

Sämtliche Augenfehler sind als schwere Fehler zu beurteilen und in folgenden Positionen zu berücksichtigen: anatomische

Abweichungen in Position 2, farbliche Abweichungen in Position »Farbe«. Andersfarbige Spürhaare als die Grund- bzw. Zeichnungsfarbe sind ein leichter Fehler.

Farbabweichungen an den Vorderläufen, sog. Binden, gelten als leichte bzw. schwere Fehler und werden entsprechend ihres Grades gestraft.

Hinweis zur Rostbildung! Zu unterscheiden sind drei Arten von Rost: 1. Der Erbrost, 2. Der Umhaarungsrost, 3. Der haltungsbedingte Rost (Urinrost). Je nach Grad des Rostbefalls wird bei Erbrost bzw. Umhaarungsrost der festgestellte Mangel als leichter oder schwerer Fehler, je nach Rasse in Deckfarbe, Farbe oder Gleichmäßigkeit geahndet. Diese Art von Rost kann bei allen farbigen sowie bei allen grauen oder silberfarbigen Tieren auftreten, nicht bei weißen Tieren.

Der haltungsbedingte Rost (zumeist an Hinterschenkeln, Hinterläufen oder im Blumenbereich) kann bei allen Rassen in Erscheinung treten und ist, da auf Haltungsfehler zurückzuführen, in der Position 7. Pflegezustand zu strafen.

Leichte Fehler:

Leichter Rostanflug auf der Decke, kleinere Roststellen an Seiten oder Flanken.

Schwere Fehler

Starker Rostanflug auf der Decke, größere Roststellen an Seiten, Flanken oder auf der Bauchseite.

Besonderer Hinweis zur Bewertung der Position 6 (Farbe) bei allen weißen Rassen:

Die Farbe ist am ganzen Körper gleichmäßig, oben wie unten, weiß-glänzend oder weiß-glänzend mit einer leicht elfenbeinfarbigen Tönung, vorwiegend an kurzbehaarten Körperteilen. Dieselbe darf nicht bestraft werden. (Elfenbeinfarbige Tönung ist ein Hinweis auf ein dichtes Fell, das in Position 3 Beachtung finden sollte.) Die Unterfarbe ist ebenfalls rein weiß, sie setzt sich gegenüber der Deckfarbe nicht ab. Die Augen der Rotaugen sind farblos (rot durchleuchtend), die der Blauaugen blau.

Leichte Fehler:

Farbabweichungen wie leicht grauer oder gelblicher Anflug am ganzen Körper oder einzelner Körperteile wie Kopf, Ohren, Hals (Halskrause), Backen, Rumpf, Bauch, Blume, Genital- und Aftergegend. Unreine Unterfarbe, schwacher Glanz.

Schwere Fehler:

Stark grauer oder gelblicher Anflug in der Deckfarbe, fehlender Glanz.

VII. Pflegezustand

Nur in hervorragendem Pflegezustand werden die Tiere zur Bewertung zugelassen. Es obliegt deshalb dem Züchter, seine Tiere mit Fleiß und Geschick gebührend vorzubereiten. Hierzu gehören: saubere Läufe, Ohren und Geschlechtspartie, gut beschnittene und reinliche Krallen usw.

Leichte Fehler:

Leichter Stallschmutz, geringfügig unsaubere Ohren oder Geschlechtsteile; lange Krallen. Leichte Filzbildung bei Normal-, Haarstruktur- und Kurzhaarrassen.

Schwere Fehler:

Stark verschmutzte Tiere, starke Filzbildung bei Normalhaar-, Haarstruktur und Kurzhaarrassen.

Anmerkungen

Beachtliche Fehler, die bei der Beurteilung der Tiere zu gravierenden Beanstandungen Anlaß geben, sind in den Einzelrubriken der Bewertungsurkunde stets zu vermerken.

Am Fuße der Bewertungsurkunden sind Beanstandungen in bezug auf die Gesundheit der Tiere einzutragen. Selbstverständliche Voraussetzungen eines hochwertigen Zucht- und Ausstellungstieres sind einwandfreie Gesundheit, beste Pflege und deutliche kennzeichnung. Gesunde Tiere präsentieren sich in einem normalen, guten Ernährungszustand, sind lebhaft und haben klare Augen. Gesundheit schließt eine entsprechende Pflege ein; sie ist an der Reinlichkeit des Felles und der Krallen zu erkennen.

Unerläßlich für die Zuchtbuchführung und somit auch Voraussetzung für ein Ausstellungstier ist ferner eine klare, gut lesbare Kennzeichnung. Bemerkt sei hier, daß eine nicht lesbare Tätowierung von der Bewertung ausschließt. Schaufertig sind daher nur Tiere, die diesen Ansprüchen genügen.

Nr. ____________ ____________ Preis

ZENTRALVERBAND DEUTSCHER KANINCHENZÜCHTER E.V. Z DK

Bewertungsurkunde

Rasse: ____________

Geschlecht ____________ Farbe ____________

Kennzeichnung rechts ____________ links ____________

____________/ Schau, in ____________ am ________ 19____

		Punkte
1. Gewicht	(20)	
2. Körperform und Bau	(20)	,
3. Fell	(15)	,
4.	(15)	,
5.	(15)	,
6.	(10)	,
7. Pflegezustand	(5)	,
Gesamturteil		,
Bemerkungen für Gesundheit und Kennzeichnung		

946099

Stempel ____________ Ausstellungsleiter ____________ Preisrichter

Eigentum des ZDK e. V.

Abbildung 170: Urkunde für die Bewertung von Kaninchen auf Ausstellungen des Zentralverbandes Deutscher Kaninchenzüchter und seiner Unterorganisationen. Die in Klammern gesetzten Zahlen kennzeichnen die bei der jeweiligen Position erreichbare Höchstpunktzahl.

Bei allen Zuchtveranstaltungen und Ausstellungen sind nur die von der Organisation herausgegebenen Drucksachen (Bewertungsurkunden, Bewertungslisten usw.) gültig, die mit dem patentamtlich geschützten ZDK-Warenzeichen versehen sind. Andere Bewertungsurkunden, auch Fotokopien etc., sind nicht anerkannt und dürfen vom Preisrichter nicht verwendet werden. Siehe auch Musterurkunde auf Seite 392.

Abteilung VI

Sammelleistungen – Leistungswettbewerb

In dieser Abteilung werden Zuchtgruppen bewertet, die aus Tieren einer Rasse und einer Farbe bestehen. Die verschiedenen Farbenschläge der Farbe Grau gelten als getrennte Farbenschläge.

Zuchtgruppe 1

Auszustellen sind: Entweder 1 Elterntier (1,0 oder 0,1) und 3 Nachkommen aus einem Wurf des laufenden Zuchtjahres. Das Geschlecht ist beliebig zu wählen. Das Elterntier kann auch Fremdzucht sein und muß am Anfang der Zuchtgruppe stehen.

Zuchtgruppe 2

Auszustellen sind: Entweder 4 Tiere eines Wurfes oder je 2 Tiere aus 2 verschiedenen Würfen. Die Tiere müssen aus dem laufenden Zuchtjahr stammen und das gleiche Vereinskennzeichen tragen. Das Geschlecht ist beliebig zu wählen. Nur Tiere aus eigener Zucht sind zugelassen.

Zuchtgruppe 3

Auszustellen sind vier Tiere aus beliebigen Würfen des laufenden Zuchtjahres, es müssen jedoch beide Geschlechter vertreten sein. Die Tiere müssen aus eigener Zucht sein und das gleiche Vereinskennzeichen tragen. Über die Zulassung der Zuchtgruppe 3 entscheidet der jeweilige Landesverband. Bei der Austragung von Meisterschaften ist bei Gleichheit der Endpunktzahl zwischen der Zuchtgruppe 1 oder 2 und der Zuchtgruppe 3 zugunsten der Zuchtgruppe 1 bzw. 2 zu entscheiden.

Tiere, die in einer der Zuchtgruppen ausgestellt werden sollen, sind nach den Vorschriften der Schauleitung zu melden und in der Anmeldung entsprechend kenntlich zu machen.

Bei der Berechnung von Leistungspreisen sind die Tiere eines Ausstellers nur einmal zu berücksichtigen, und zwar nur innerhalb der jeweiligen Zuchtgruppe. Die Preisverteilung erfolgt klassenweise. Dabei ist darauf zu achten, daß in den einzelnen Klassen keine verschieden starken Zuchtgruppen vertreten sind. Die Leistungspreise werden unabhängig von den Preisen für die in der Zuchtgruppe gemeldeten Einzeltiere vergeben.

Bei der Austragung von Meisterschaften konkurrieren die Zuchtgruppen 1 und 2 ohne Unterschied innerhalb der jeweiligen Klasse oder Rasse.

Im Leistungswettbewerb der Sammlungen wird zur Erringung von Leistungs- und Ehrenpreisen folgende Klassifizierung vorgenommen:

Klasse 1

Alle weißen Rassen bzw. weißen Farbenschläge der Normalhaarrassen sowie Satin, elfenbein:

Deutsche Riesen, weiß; Deutsche Widder, weiß; Weiße Wiener; Weiße Neuseeländer; Deutsche Kleinwidder, weiß; Widderzwerge, weiß; Hermelin; Satin, elfenbein.

Klasse 2

Alle Punktschecken und Plattenschecken der Normalhaarrassen sowie Japaner; ferner entsprechende Farbenschläge der Normalhaarrassen, soweit anerkannt:

Deutsche Riesenschecken; Rheinische Schecken; Japaner; Kleinschecken; Englische Schecken; Holländer; Widderzwerge, japanerfarbig; Farbenzwerge, japaner- und holländerfarbig.

Klasse 3

Alle Mantelschecken, alle weiteren Abzeichen- und Zeichnungsrassen sowie entsprechende Farbenschläge der Normalhaarrassen und Satin, soweit anerkannt:

Deutsche Widder, gescheckt; Englische Widder, gescheckt; Deutsche Kleinwidder, gescheckt; Widderzwerge, gescheckt; Mecklenburger Schecken; Weiße Hotot; Große Marder; Kalifornier; Weißgrannen; Thüringer; Rhönkaninchen; Lohkaninchen; Marderkaninchen; Siamesen; Russen; Deutsche Widder, thüringer- und rhönfarbig; Widderzwerge und Farbenzwerge, hotot-, weißgrannen-, thüringer-, loh-, marder-, siamesen- und russenfarbig; Satin, kalifornier-, thüringer- und siamesenfarbig.

Klasse 4

Alle übrigen Rassen bzw. Farbenschläge der Normalhaarrassen, einschließlich Widderzwerge und Farbenzwerge, soweit anerkannt, sowie Satin, schwarz, blau, rot, havanna-, feh-, hasen-, chinchilla-, castor- und luxfarbig.

Klasse 5

Rex-Kaninchen und Rexzwerge.

Klasse 6

Angora, Fuchskaninchen, Jamora und Fuchszwerge.

Bei schwach besetzten Klassen ist den Ausstellungsleitungen gestattet, diese mit anderen Klassen zusammenzulegen.

Jungtierbewertung

Bei Sammelleistungen und Leistungswettbewerben anläßlich Jungtierbewertungen sind folgende Leistungspunkte unverzichtbar und anzuwenden:

Bewertungsergebnis sehr gut = 8 Punkte

Bewertungsergebnis gut = 6 Punkte

Bewertungsergebnis befriedigend = 4 Punkte

Diese Punktanwendung gilt neben der Zuchtgruppe 2 auch für alle anderen Leistungswettbewerbe (z. B. Sammelleistungen für vorgemeldete Jungtiere, Einzel- und Vereinsmeisterschaften u.am.).

Für die Differenzierung bei Punktgleichheit von Sammelleistungen kommen folgende Hilfspunkte bei der Bewertung zur Anwendung:

Bewertung

sehr gut in allen Positionen	sg 7
bei 4 und 5 positiven Bemerkungen	sg 6
bei 3 positiven Bemerkungen	sg 5
bei 2 positiven Bemerkungen	sg 4
bei 1 positiven Bemerkung	sg 3
bei einer positiven und einer negativen Bemerkung	g 2
bei einer negativen Bemerkung	g 1
bei 2 negativen Bemerkungen	g 0
bei 3 und mehr negativen Bemerkungen	b 0

Stehen auf der Bewertungsurkunde positive und negative Bemerkungen, so sind diese voneinander abzuziehen. Aus der Zahl der verbleibenden positiven oder negativen Bemerkungen ergibt sich das Ergebnis der einzutragenden Hilfspunkte. Beispiel: Bei drei positiven und einer negativen Bemerkung verbleiben nach Abzug zwei positive Bemerkungen, demnach sg 4.

Die Leistungspunkte der Prädikatsbewertung und die ermittelten Hilfspunkte sind auf die Sammlungsurkunde zu übertragen. Bei der Auswertung entscheiden zunächst die Leistungspunkte in ihrer Gesamtheit, bei Punktgleichheit sodann die höhere Gesamtzahl an Hilfspunkten.

Abteilung VII

Herdbuch-Abteilung

Für diese gelten die Richtlinien des Herdbuches mit den entsprechenden Bewertungsvorschriften (wie Körordnung usw.).

Abteilung VIII

Neuzüchtungen

Hierfür gelten die in den »Allgemeinen Bestimmungen« enthaltenen Richtlinien.

Abteilung IX

Produkte und Erzeugnisse aus der Kaninchenzucht

Bewertungsbestimmungen für Erzeugnisse

Erzeugnisschauen können allein oder zusammen mit einer Kaninchenschau veranstaltet werden. Die Einteilung in Klassen ist nach folgendem Schema vorzunehmen. Die Klassen I–VII konkurrieren auf allen Schauen unter sich.

Klasseneinteilung

Klasse I: Kaninchenfleisch

a) Geschlachtete Kaninchen

b) Tafelfertige Gerichte aus Kaninchenfleisch

Klasse II: Gegenstände aus Kaninchenteilen

a) Große Bekleidungsstücke: Mäntel, Jacken

b) Kleinere Bekleidungsstücke: Garnituren (mit mindestens 3 Teilen), Westen, Stolen, Kindermäntel und ähnliches

c) Decken, Wandbehänge, Vorlagen und Kissen

d) Felltiere, Bastelarbeiten aus Fellen, Puppen

Klasse III: Angorawoll-Erzeugnisse

a) Große Bekleidungsstücke: Kleider, Röcke, Jacken, Pullover und ähnliches

b) Kleinere Bekleidungsstücke: Garnituren (mit mindestens 3 Teilen), Westen, Schals und ähnliches, Unterwäsche

c) Decken, Wandbehänge, Vorlagen und Kissen

d) Angoratiere, Puppen, Puppenbekleidung

Klasse IV: Angora-Web-, -Stick- und -Knüpfwaren

a) Große Bekleidungsstücke

b) Kleinere Bekleidungsstücke: Garnituren (mit mindestens 3 Teilen), verarbeitet wie IV a

c) Teppiche, Wandbehänge, Kissen, Bilder

d) Hardangerarbeiten: Tischdecken, Mitteldecken, Sets, Läufer, Kissen

Klasse V: Lederwaren

Klasse VI: Lehr- und Anschauungsmaterial sowie Bastelarbeiten

Klasse VII: Fellsortimente

Gliederung der Bewertung

Der Bewertung werden folgende 5 Positionen zugrunde gelegt:

1. Beschaffenheit des Materials		15 Punkte
2. Verarbeitung		25 Punkte
3. Arbeitsaufwand		20 Punkte
4. Reichhaltigkeit		20 Punkte
5. Gesamteindruck (Kl. I) und modische Gestaltung (Kl. II-V)		20 Punkte
		100 Punkte

Bewertungsforderung

Klasse I a. Kaninchenfleisch

Zu 1. Beschaffenheit des Materials:

a) Fettansatz: 1. Oberflächenfett (wenig Fettansatz erwünscht); 2. Nierenfett (Nieren sollen gut sichtbar sein)

b) Fleischfülle: 1. Hals, Brust, Vorderschenkel; 2. Rücken; 3. Keulen

Zu 2. Verarbeitung:

Sachgerechtes Betäuben und Entbluten, sauberes Ablösen des Felles, sachgemäßes Abtrennen der Läufe an den Gelenken, richtiges Ausnehmen, Beseitigung der Drüsen, der Augen und Nebennieren.

Zu 3. Arbeitsaufwand:

Berücksichtigung der erforderlichen Arbeitszeit.

Zu 4. Reichhaltigkeit:

Die Reichhaltigkeit ist erreicht bei mindestens 3 ausgeschlachteten Tieren. Ein einzelnes Kaninchen erhält in »Reichhaltigkeit« bis 5 Punkte Abzug.

Zu 5. Gesamteindruck

Hier ist die Art der Zusammenstellung und die saubere Aufmachung zu beachten.

Leichte Fehler:

mit Fett verdeckte Nieren, nicht fachgerecht abgetrennte Läufe; Fellhaare am Schlachtkörper.

Klasse 1b. Kaninchenfleischgerichte

Zu 1. Beschaffenheit des Materials:

Güte des Fleisches und Zerlegung.

Zu 2. Verarbeitung:

Geschmackliche Zubereitung, appetitliche Herrichtung.

Zu 3. Arbeitsaufwand:

Zur Herstellung von Rollbraten. Rouladen, Schnitzel, Gulasch, Hack u.a.m. wird knochenfreies Kaninchenfleisch benötigt, daher arbeitsaufwendig. Gebratene Schenkel oder Rückenstücke z. B. benötigen nicht soviel Zeit zur Herstellung. (Hier ist Punktabzug gegeben!)

Zu 4. Reichhaltigkeit:

Vielseitige Verwendungsmöglichkeit, Ausnutzung aller Teile eines Kaninchens.

Die Reichhaltigkeit ist erreicht, wenn mindestens 3 Kaninchen mittlerer Größe verarbeitet wurden.

Um dem Verderb der hergestellten Gerichte vorzubeugen, sollten Muster hübsch angerichtet werden. Der Rest der Fleisch- und Wurstwaren ist in Einmachgläsern zu zeigen. Kostproben für den Preisrichter müssen zur Verfügung stehen!

Zu 5. Gesamteindruck:

Hier sind Aufmachung und Dekoration der gedeckten Tische mitzubewerten, so z. B.

1. ein komplett gedeckter Frühstückstisch
2. ein vollständiger Mittagstisch
3. Platten, Fleisch und Wurst für ein Abendbrot
4. Vorratswirtschaft in Gläsern.

Anmerkung:

Kaninchenfleisch in Dosen kann nicht bewertet werden.

Klasse II. Gegenstände aus Kaninchenfellen

Zu 1. Beschaffenheit des Materials:

Fellbeschaffenheit, Zurichtung, Farbe und Weichheit des Leders. Bei geschorenen und gefärbten Fellen: Gleichmäßigkeit der Zurichtung. Hier ist die Haarlänge und die Haarfarbe zu beachten. Es ist zulässig, alle Kaninchenfellarten (Normalhaar einschl. Satin, Kurzhaar. Langhaar) oder auch geschorene Felle miteinander zu verarbeiten.

Leichte Fehler

Kleine Kahlstellen bis zu 3 Stück, dünnhaarige Fellstellen, Farbunterschiede in den einzelnen Fellen, harte Fellhaut, gelber Anflug bei weißen Fellen, brauner Anflug bei schwarzen Fellen. (Bedingt durch das Gerben bekommen schwarze Felle mitunter einen leichten braunen Anflug; sind alle Felle eines Gegenstandes damit behaftet, so sollte dies nicht als Fehler gewertet werden.) Rostanflug bei einzelnen Fellen.

Schwere Fehler

Drei oder mehr Kahlstellen in der Größe von etwa 2,5 cm oder größer in einem Gegenstand.

Zu 2. Verarbeitung:

Es ist auf eine gleichmäßige saubere Verarbeitung zu achten. Ungleichmäßige, flüchtige und lange Stiche sind zu strafen. Futter und Einlagen müssen passen. Für wertvollere Gegenstände sind geeignete Zutaten zu verwenden. Auch solchen Stücken ist erhöhte Beachtung zu schenken, die aus Naturfellen in gleichmäßiger Haarlänge und Farbe mit viel Geschick hergestellt wurden.

Felltiere sollten ein natürliches Aussehen zeigen (erkennbar sein).

Leichte Fehler

Ungleichmäßige Zusammensetzung der Felle, schlechte farbliche Zusammenstellung, schief gezweckte Nähte. Schlecht sitzendes Futter bei Bekleidung oder wenn das Futter seitlich von innen nicht angeheftet ist. Eine Dehnungsfalte ist erlaubt (Rücken), nur muß sie oben 7 cm und unten 3 cm mit einem Zierstich geheftet sein, sonst Punkteabzug. Das Ärmelfutter sollte mit der Hand und nicht mit der Maschine eingenäht sein. Maschinennaht = Punkteabzug. Falsch eingenähte Klips (Verschlüsse, diese sollten von oben nach unten laufen und nicht quer). Nur bei einzelnen Klips bei Abendroben ist eine Ausnahme gestattet. Fehlende Aufhänger; Nähgarn, das farblich nicht zum Futter paßt. Das Leder ist in der Farbe des Leders, nicht in der Farbe des Fells zu nähen.

Schlecht sitzender Kragen, Haarlauf! Nur bei Schalkragen kann der Haarlauf in beide Richtungen laufen.

Unterschiedliche Länge bei Bekleidung und Vorlagen. Schlecht eingenähte Taschen; es besteht jedoch keine Forderung nach Taschen.

Verzogene oder schiefe Rückwände bei Vorlagen, Wandbehängen und Kissen. Recht harte Füllungen bei Kissen und nicht ausgefüllte Ecken bei Kissen (Füllung zu klein). Schlecht geschlossene Verschlußnähte. (Reißverschlüsse sind erlaubt, müssen aber exakt eingenäht sein, sonst leichter Fehler.) Fehler im Haarlauf des Musters. Bei Felltieren unsaubere Verschlußnähte, lose sitzende Augen und Nasen, wenig Füllmaterial, schlecht stehende oder sitzende Tiere.

Zu 3. **Arbeitsaufwand:**

Die Herstellung großer Pelzstücke wie Mäntel und Jacken erfordert viel Zeit. Halbfellig und diagonal verarbeitete Jacken sowie Auslaßarbeiten bei einer Jacke von 55 cm Länge mit Kragen erhalten 20 Punkte. Kürzere und einfach gearbeitete Jacken erhalten Punktabzug.

Z. B. ein Kindermantel oder 2 Fellkissen mit einfachen Mustern erhalten Punktabzug.

Bei allen Gegenständen ist die Fellsortierung und die schwierige Musterherstellung bei der Punktvergabe zu berücksichtigen.

Schema zur Punktvergabe

3 a + b 20 Pkt. =
Mäntel, 7/8 Jacken, halbfellig oder diagonal verarbeitete Jacken, Mäntel und Jacken in Auslaßarbeit.

19 Pkt. =
Kürzere Jacken unter 55 cm mit Kragen, Kindermäntel.

18,5 Pkt. =
Abendjacken ohne Kragen, kleine Kindermäntel (bis ca. 7 Jahre), Stolen.

3 c 20 Pkt. =
Große Teppiche oder Decken, Rundteppiche von ca. 120 cm Ø. Eine Vorlage ca. 60 x 90 cm und ein Kissen oder 3 Kissen mind. 40 x 40 cm mit schwierigen Mustern (viele kleine Teile)!

19 Pkt. =
3 Kissen einfach gearbeitet, eine Vorlage und ein Kissen, ebenfalls einfach gearbeitet (große Fellteile)!

3d 20 Pkt. =
Mindestens 5 Tiere verschiedener Größe und Muster

19 Pkt. =
Bei kleineren Tieren und gleichen Schnittmustern

Zu 4. **Reichhaltigkeit:**

Diese ist erreicht, wenn mindestens 15 Felle zu einer Kollektion verarbeitet wurden.

Zu 5. **Gesamteindruck:**

Es entscheidet hier der allgemeine Eindruck, wobei die zeitlich der Mode entsprechenden Gesichtspunkte mit in Betracht gezogen werden sollten. Mit viel Geschick hergestellte Gegenstände aus verschiedenen Fellarten (Normal-, Kurz-, Langhaar oder geschorenen Fellen) erhalten die volle Punktzahl.

Klasse III. Angorawoll-Erzeugnisse
(gehäkelt und gestrickt)

Zu 1. Bei Industriegarn ist auf eine gleichmäßige Fadenstärke zu achten. Farbabweichungen und Ungleichmäßigkeiten im Faden sind zu strafen, falls es sich nicht um Noppengarn (Verdickung des Fadens im ganzen Gegenstand) handelt.

Beimischung anderer Spinnstoffe im Faden, wie Schurwolle, Perlon o.ä. sind bis zu einem Angorawollanteil von 50 % zulässig. Handversponnene Angorawolle kann leichte Unebenheiten im Faden zeigen, diese sind nicht zu strafen. Auch hier ist Noppengarn zulässig.

Die Gegenstände sind mit der %-Zahl zu kennzeichnen.

Bei einer Kollektion (alle Teile)

über 80% = 14,5-15 Pkt.,

70 + 80% je nach Flausch = 14-14,5 Pkt.,

50 + 60% = 13,5 Pkt.,

wenn die %-Angabe fehlt = 12 Pkt.

Bei handversponnener Angorawolle ist das Verspinnen oder Verzwirnen eines dünnen Kunststoffadens wie Perlon, Nylon oder Lurex zulässig, um die Haltbarkeit des Fadens zu erreichen.

Handversponnene Angorawolle:

verzwirnt mit Beilauffaden 14,5 Pkt.,

ohne Beilauffaden 15 Pkt.

Leichte Fehler

Farbabweichungen im Garn, Ungleichmäßigkeiten im Faden (Industriegarn), wenig Flausch bei hochprozentiger Wolle.

Schwere Fehler

Weniger als 50 % Angorawollanteil im Faden. Wolle von Angoraziegen kann wegen der Härte nicht bewertet werden, der Gegenstand verbleibt ohne Bewertung!

Zu 2. **Verarbeitung:**

Neben der gleichmäßigen, lockeren, sauberen und modischen Verarbeitung der Angorawolle ist auf sparsamen Verbrauch zu achten. Fest verarbeitete Gegenstände werden bestraft. Mit viel Arbeit hergestellte große Stücke sind bei sauberer Verarbeitung besonders wertvoll.

Leichte Fehler

Ungleichmäßige Maschen bei Häkeln und Stricken, Fehler im Muster, unsaubere Innennähte, Knoten an der Innenseite, nicht oder schlecht vernähte Fäden von innen. Die untere Kante bei Pullovern, Jacken oder Röcken sollte dehnbar sein, sich jedoch nicht umrollen. Bei Tieren und Puppen unsaubere Verschlußnähte, zuwenig Füllmaterial.

Zu 3. **Arbeitsaufwand:**

Für große Gegenstände wie Kleider, Kostüme, Morgenröcke, Decken oder Vorlagen ist die volle Punktzahl zu vergeben. Muster mit unterschiedlichen Farben erfordern ebenfalls viel Zeitaufwand und erhalten die volle Punktzahl.

Zu 4. **Reichhaltigkeit:**

4a: Große Bekleidungsstücke für Erwachsene, z. B. ein Strickkleid, ein Rock und ein Pullover oder 2 Pullover erhalten die volle Punktzahl. Zur modischen Gestaltung ist die Verarbeitung von Fremdgarnen erlaubt. Der Angorawollanteil muß bei 2 Pullovern mit langen Ärmeln, mittlerer Größe, überwiegen. (Je Pullover etwa 1/4 Fremdmaterial = eine Passe oder eingearbeitete Streifen oder Muster.)

4b: Kleinere Bekleidungsstücke, z. B. Garnituren für Kinder, sollten **mindestens aus drei Teilen** bestehen. Ebenso Westen, Stolen, Schals usw. für Erwachsene. Bei Unterwäsche sollte eine vollständige Garnitur, Hemd und Schlüpfer, mindestens aber 2 Teile für Erwachsene ausgestellt werden.

4c Hier erhalten auch große Gegenstände wie Decken, Wandbehänge, Vorlagen von mind. 80 x 120 cm oder eine Vorlage von 60 x 90 cm + ein Kissen die volle Punktzahl.

4d 5 Angoratiere oder Puppen von mindestens 20 cm Größe.

Zu 5. **Gesamteindruck und modische Gestaltung**

Hier entscheidet der allgemeine Eindruck, wobei eine geschmackvolle Verteilung der Farben, eine gute Aufmachung und die zeitlich der Mode entsprechenden Gesichtspunkte in Betracht zu ziehen sind. Es können daher auch 2 Pullover die gleichen Farben und Muster aufweisen (Partnerlook)!

Klasse IV. Angora-Web-, -Stick- und -Knüpferzeugnisse

Zu 1. **Beschaffenheit des Materials.**

1a **Webwaren**

Güte des selbstgewebten Angorastoffes. Gleichmäßigkeit des verarbeiteten Materials.

1b **Stick- und Knüpferzeugnisse**

Hier gelten die Bestimmungen der Klasse III, auch %-Angaben und Punktestaffelung.

1c: Bei gestickten Bildern ist die Verarbeitung nur in ganz geringem Maße erlaubt, z. B. Effekt bei Kerzenschein (Goldfaden); Gesichter im Petit-Point-Stich gestickt, dadurch wirken die Gesichter klarer und lebendiger. Der Fremdgarnanteil dient nur zur optischen Verbesserung der Stickbilder.

1d Hardanger-Arbeiten sind Stickarbeiten auf Handarbeitsstoffe aus Baumwolle (Geminder-Leinen), sogenannte Gitter-Zählstoffe. Die Stickmuster werden frei gestaltet und sind auf dem Handarbeitsstoff nicht vorgegeben. Der überwiegende Teil des Musters (mind. 2/3) muß mit Angorawolle gestickt werden. Kleine Teile des Musters (z. B. Spinnen, Madeira-Sterne oder Malteserkreuze) können wegen ihrer Feinheit mit Fremdgarn gearbeitet werden. Die Abschlußkante, gehäkelt oder gestickt, kann sowohl mit Angorawolle als auch mit Fremdgarn gefertigt werden.

Schwere Fehler

Größere mit Fremdgarn gestickte Flächen bei Bildern sind nicht zulässig und somit o. B. **Bei Hardangerarbeiten:** Verwendung von nicht vorgegebenem Material.

Zu 2. **Verarbeitung:**

2 a + b Neben der notwendigen sauberen und geschmackvollen Verarbeitung des Stoffes sowie der Stick- und Knüpfwolle ist auf sparsamen Verbrauch zu achten.

Leichte Fehler

Schlechte Außen- und Innenverarbeitung bei gewebten Sachen. Bei gestickten Gegenständen ungleiche Stiche, im Rahmen verzogene oder schlecht gerahmte Bilder Fest gestickte Stiche oder zu dünner Faden, so daß der Untergrund (Stramin) nicht bedeckt wird.

Bei geknüpften Gegenständen ungleicher Flor, schlecht gearbeitete Kanten. Bei Hardangerarbeiten: Ungleichmäßige Stege, Stoffreste in Löchern und an Kanten, verzogener Stoff, Zählfehler im Muster.

Zu 3. **Arbeitsaufwand:**

3a Die Herstellung eines Mantels, Kleides oder eines Kostüms aus Webstoff benötigt viel Zeit, daher volle Punktzahl.

3b Voll ausgestickte Wandbehänge und Decken mind. 60 x 90 cm oder 2 voll ausgestickte Kissenplatten mind. 40 x 40 cm sowie große Bilder erhalten bei schwierigen Mustern (Farbvielfalt) die volle Punktzahl. Für kleinere Gegenstände ist Punktabzug vorzunehmen.

3c Hardanger-Arbeiten sind sehr aufwendig, da dies eine vorwiegende Zählarbeit ist und es keine vorgezeichneten Vorlagen gibt. Volle Punktzahl ist erreicht bei Teilen mit Lochmustern. Dies ist ein hoher Arbeitsaufwand. Die volle Punktzahl ist erreicht bei: 2 Decken in den Größen 80 x 80 cm oder 1 Decke 140 x 180 cm, bzw. bei vergleichbaren Größen

mit viel Durchbruch (Lochmuster) oder reichlich ausgestickter Fläche und mit einer gehäkelten oder einer gestickten Abschlußkante nach Hardangerart.

Decken oder Kissenplatten mit einfachem Muster ohne Locharbeit sind weniger zeitaufwendig und erhalten Punktabzug.

Zu 4. **Reichhaltigkeit:**

4a Diese ist erreicht, wenn ein Mantel, ein Kleid oder ein Kostüm aus Angorawebstoff gezeigt wird. Wandbehänge, Kissen und Decken aus Webstoff sollten den Anforderungen von 3 b entsprechen.

4b Ein Wandbehang oder eine Brücke ca. 60 x 90 cm voll ausgestickt oder eine Tischdecke und ein Kissen mit großflächigen Angorawollmustern erhalten die volle Punktzahl. Bei Tischdecken und Läufern ist die gehäkelte Kante aus Angorawolle entsprechend mit zu bewerten. (Teilweise werden Fertigprodukte ohne Angorawollanteil verwendet.)

Bei gestickten Bildern ist die volle Punktzahl erreicht, wenn 5 Stücke in einer Größe von 16 x 40 cm voll ausgestickt gezeigt werden. Größere Bilder sind den Maßen entsprechend zu bewerten.

4c Volle Punktzahl bei Hardanger-Arbeiten ist erreicht bei:

Große Teile:

1 Tischdecke ca. 140 x 180 cm mit Abschlußkante oder 2 Decken 80 x 80 cm mit Abschlußkante oder vergleichbare Größen auch in anderen Formen

Kleine Teile:

Sets, Deckchen, Garnituren mit mindestens 8 Teilen; Kissen 40 x 40 cm mit mindestens 4 Teilen.

Leichte Fehler

Kissen und Decken, die nur wenig bestickte Flächen aufweisen, erhalten Punktabzug.

Hardanger-Arbeiten erhalten Punktabzug bei kleineren oder wenigeren Teilen; ebenso bei wenig bestickten Flächen.

Zu 5. **Gesamteindruck und modische Gestaltung**:

5a + b Hier ist auf eine gute und geschmackvolle Verteilung der Farben zu achten. Die der zeitlichen Mode entsprechende Aufmachung ist mit zu bewerten. Bei Bildern sollte der Rahmen zum jeweiligen Motiv passen, es können also unterschiedliche Rahmen verwendet werden.

Anmerkung: Angorasachen aus fabrikmäßig hergestellten Stoffen werden nicht bewertet. Diese können außer Wettbewerb ausgestellt werden. Leichte Beschädigungen an Bilderrahmen sind nicht zu strafen; größere Beschädigungen mit Punktabzug. Bei Hardangerarbeiten ist auf die Zusammenstellung der Teile, der Farbe, auf den Stoff und auf die Angorawolle zu achten.

Erzeugnisse von Mädchen aus den Jugendgruppen der Kaninchenzuchtvereine werden in nachfolgenden Jugend-Klassen ausgestellt und nach den vorstehenden Bewertungsbestimmungen bewertet:

Klasse I   6– 9 Jahre
Klasse II   10–13 Jahre
Klasse III 14–18 Jahre

Ab 16 Jahren können Mädchen in die Frauengruppe übernommen werden.

Klasse V. Lederwaren

Zu 1. **Beschaffenheit des Materials:**

Güte des Leders, frei von Löchern und Rissen, geschmeidig. Größe der Lederstücke.

Zu 2. **Verarbeitung:**

Es ist auf eine saubere Verarbeitung zu achten.

Zu 3. **Arbeitsaufwand:**

Zur Herstellung größerer Gegenstände, Schuhe usw. werden entsprechend viele Arbeitsstunden benötigt. Kleine Stücke werden weniger Zeit in Anspruch nehmen.

Zu 4. **Reichhaltigkeit:**

Hier ist keine besondere Forderung an die Stückzahl gestellt. Es ist dem freien Ermessen des Richters überlassen, je nach Art der ausgestellten Gegenstände die Reichhaltigkeit zu beurteilen.

Zu 5. **Gesamteindruck:**

Zusammenstellung der Ausstellungsstücke nach Farbe, modischen und praktischen Gesichtspunkten.

Klasse VI. Lehr-, Anschauungsmaterial und Bastelarbeiten (aus Kaninchenerzeugnissen)

a) Hier soll gezeigt werden, wie z. B. ein Rohfell behandelt werden muß und wie nicht. Ebenfalls können, um den Besuchern die Schwierigkeit des Anfertigens von Pelzgegenständen zu erklären, angefangene Pelzsachen in den verschiedenen Stadien der Herstellung demonstriert werden. Aufklärungstafeln erläutern, wie viele Felle zu welchen Gegenständen gebraucht werden, wieviel Gramm Angorawolle in welchen Sortierungen ein einzelnes Angorakaninchen erzeugt und wieviel Wolle für die Herstellung z. B. eines Pullovers erforderlich ist.

Lehrreich sind ferner Beispiele guter Stallbauten oder die Darstellung der Grundsätze, die für die Kaninchenzucht gelten. Nicht vergessen sollte man schließlich, auch auf den Wert des Kaninchendungs aufmerksam zu machen.

b) **Bastelarbeiten** (nur Prädikatsbewertung)

Bei den Bastelarbeiten gilt es, die gestalterischen Kräfte für unsere Sache nutzbar zu machen. Dabei soll das entstandene Werk nicht nur den ästhetischen Grundsätzen unterliegen, es soll einem bestimmten Zweck dienen, d. h. es soll auch verwendbar sein.

Bei allen Materialien soll darauf geachtet werden, daß sie auch materialgerecht verarbeitet sind. Die Gegenstände sollen in Beziehung zur Kaninchenzucht stehen.

Für hervorragende Bastelarbeiten kann von zwei Preisrichtern das Prädikat »vorzüglich« vergeben werden (keine Punkte). Professionell und nicht selbst gefertigte Arbeiten dürfen nicht ausgestellt werden.

Beispiele für zu erstellende Arbeiten:

Papier und Pappe: Formen und Schneiden von Tiergruppen, Anfertigung von Papierlaternen mit Tiermotiven u.a.m.

Bast: Tiere aus Bast u.a.m.

Stoff: Anfertigen von Applikationen (Tiere, Stallanlagen) u.a.m.

Leder: Verwenden von Lederabfällen zur Herstellung von Schlüsselmäppchen u.a.m.

Felle: Kleine Tiere aus Kaninchenfell in Stallanlagen, Bauernhöfe, Landschaften o. ä.

Holz: Anfertigen und Heraussägen von Tieren. Erstellen von Zuchtanlagenmodellen, Tierhofanlagen, Gebrauchsgegenstände u.a.m.

Gips, Ton und Stein: Schalen, Modelle, Tiere u.a.m.

Draht und Metall: Tiere aus Draht, Drahtketten mit Anhängern, Drücken in Metallfolie, Anfertigen von Ausstechern aus Blech, Treiben von Schalen u.a. aus Kupfer- oder Messingblech, Emaillierarbeiten u.a.m.

Leichte Fehler: Weniger gute Verarbeitung.

Schwere Fehler: Nicht sachgemäßes Verwenden von Werkstoffen. Schlechte Verarbeitung, Bastelarbeiten, die nicht in bezug zur Kaninchenzucht stehen (o. B.).

Ausgestellt und bewertet wird in folgenden Jugendklassen: 6 bis 9 Jahre, 10 bis 13 und 14 bis 18 Jahre.

Klasse VII. Fellsortimente

Gliederung der Bewertung

Für die Bewertung werden folgende 4 Positionen zugrunde gelegt:

Position 1 Größe der Felle	25 Punkte
Position 2 Fellgüte und Zustand	25 Punkte
Positon 3 Farbe	25 Punkte
Position 4 Ausgeglichenheit	25 Punkte
	100 Punkte

Ein Sortiment umfaßt 5 gegerbte Einzelfelle einer Rasse und Farbe als Einheit. Die Bewertung des Sortiments erfolgt als Ganzes in 4 Positionen.

1. Größe der Felle (25 Punkte)

Die Fellgröße entspricht der Größe beim lebenden Tier.

2. Fellgüte und Zustand (25 Punkte)

Gefordert wird ein gutes und für die Verarbeitung geeignetes Fell, das dicht und griffig ist. Die Beurteilung bei Wollvlies und Granne richtet sich nach den Forderungen an das lebende Tier. Die Felle der Kurzhaarrassen (Rexe) fühlen sich infolge des kürzeren Haares weicher an als die Felle der Normalhaarrassen.

3. Farbe (25 Punkte)

Die Farbe richtet sich nach der vom Standard geforderten Farbe beim lebenden Tier. Bewertet werden die Fellpartien, die für eine kürschnergemäße Verarbeitung in Frage kommen. Bauch, Flanken und Schenkelansatz werden nicht berücksichtigt.

4. Ausgeglichenheit (25 Punkte)

Alle Felle sollen in Größe, Güte und Farbe übereinstimmen und eine Einheit bilden.

Leichte und schwere Fehler

Sie richten sich nach den Standardforderungen. Abweichungen hiervon sowie sichtbare Unausgeglichenheit der Felle sind zu strafen.

Anmerkungen:

a) Die ausgestellten Felle müssen von eigenen Tieren des Ausstellers stammen.

b) Alle Felle sind vor der Bewertung mit dem Stempel der Schau und mit einem Datumsstempel zu versehen. Felle ohne Schau- und Datumsstempel dürfen nicht bewertet werden.

c) Jedes Fell darf nur innerhalb von 2 Ausstellungsjahren ausgestellt werden.

Gewerbsmäßig hergestellte Gegenstände können nicht ausgestellt werden.

Die Klassen II bis V dürfen nur von Mitgliedern der Frauengruppe beschickt werden.

17.3 Besondere Bestimmungen

Rasseneinteilung*)

ABT. I   Große Rassen

ABT. II   Mittelgroße Rassen

ABT. III Kleine Rassen

ABT IV   Kurzhaar-Rassen

ABT V   Langhaar-Rassen

Gewichtstabelle für die einzelnen Rassen (anschließend siehe Anlage S. 24 – 26)

---

*) Hinsichtlich der Rassenbeschreibungen wird auf Kapitel 4 und die detaillierten Ausführungen im »Standard '97« verwiesen.

Gewichtstabelle für die einzelnen Rassen

Rasse	Staffelung nach Gewicht und Punkten Berechnung nach Kilogramm						zulässiges Höchstgewicht
NORMAL-HAARRASSEN							
1. Deutsche Riesen, grau	5,50-6,00	bis 6,25	bis 6,50	bis 6,75	bis 7,00	über 7,00 kg	keine Grenze
	15	16	17	18	19	20 Punkte	
2. Deutsche Riesen, weiß	5,00-5,50	bis 5,75	bis 6,00	bis 6,25	bis 6,50	über 6,50 kg	keine Grenze
	15	16	17	18	19	20 Punkte	
3. Deutsche Riesenschecke	5,00	bis 5,25	bis 5,50	bis 5,75	bis 6,00	über 6,00 kg	keine Grenze
	15	16	17	18	19	20 Punkte	
4. Deutsche Widder	4,50	bis 4,75	bis 5,00	bis 5,25	bis 5,50	über 5,50 kg	keine Grenze
	15	16	17	18	19	20 Punkte	
5. Meißner Widder	3,50	bis 3,75	bis 4,00	bis 4,25	bis 4,50	über 4,50 kg	5,50 kg
	15	16	17	18	19	20 Punkte	
6. Helle Großsilber	3,50	bis 3,75	bis 4,00	bis 4,25	bis 4,50	über 4,50 kg	5,50 kg
	15	16	17	18	19	20 Punkte	
7. Groß-Chinchilla	3,50	bis 3,75	bis 4,00	bis 4,25	bis 4,50	über 4,50 kg	5,50 kg
	15	16	17	18	19	20 Punkte	
8. Mecklenburger Schecke	3,50	bis 3,75	bis 4,00	bis 4,25	bis 4,50	über 4,50 kg	5,50 kg
	15	16	17	18	19	20 Punkte	
9. Englische Widder	3,25	bis 3,50	bis 3,75	bis 4,00	bis 4,25	über 4,25 kg	5,25 kg
	15	16	17	18	19	20 Punkte	
10. Deutsche Großsilber	3,25	bis 3,50	bis 3,75	bis 4,00	bis 4,25	über 4,25 kg	5,25 kg
	15	16	17	18	19	20 Punkte	
11. Burgunder	3,25	bis 3,50	bis 3,75	bis 4,00	bis 4,25	über 4,25 kg	5,25 kg
	15	16	17	18	19	20 Punkte	
12. Blaue Wiener	3,25	bis 3,50	bis 3,75	bis 4,00	bis 4,25	über 4,25 kg	5,25 kg
	15	16	17	18	19	20 Punkte	
13. Blaugraue Wiener	3,25	bis 3,50	bis 3,75	bis 4,00	bis 4,25	über 4,25 kg	5,25 kg
	15	16	17	18	19	20 Punkte	
14. Schwarze Wiener	3,25	bis 3,50	bis 3,75	bis 4,00	bis 4,25	über 4,25 kg	5,25 kg
	15	16	17	18	19	20 Punkte	
15. Weiße Wiener	3,00	bis 3,25	bis 3,50	bis 3,75	bis 4,00	über 4,00 kg	5,00 kg
	15	16	17	18	19	20 Punkte	
16. Graue Wiener	3,00	bis 3,25	bis 3,50	bis 3,75	bis 4,00	über 4,00 kg	5,00 kg
	15	16	17	18	19	20 Punkte	
17. Weiße Hotot	3,00	bis 3,25	bis 3,50	bis 3,75	bis 4,00	über 4,00 kg	5,00 kg
	15	16	17	18	19	20 Punkte	
18. Rote Neuseeländer	3,00	bis 3,25	bis 3,50	bis 3,75	bis 4,00	über 4,00 kg	5,00 kg
	15	16	17	18	19	20 Punkte	
19. Weiße Neuseeländer	3,00	bis 3,25	bis 3,50	bis 3,75	bis 4,00	über 4,00 kg	5,00 kg
	15	16	17	18	19	20 Punkte	
20. Große Marder	3,00	bis 3,25	bis 3,50	bis 3,75	bis 4,00	über 4,00 kg	5,00 kg
	15	16	17	18	19	20 Punkte	

Rasse	Staffelung nach Gewicht und Punkten Berechnung nach Kilogramm						zulässiges Höchstgewicht
21.Kalifornier	3,00 / 15	bis 3,25 / 16	bis 3,50 / 17	bis 3,75 / 18	bis 4,00 / 19	über 4,00 kg / 20 Punkte	5,00 kg
22.Japaner	2,75 / 15	bis 3,00 / 16	bis 3,25 / 17	bis 3,50 / 18	bis 3,75 / 19	über 3,75 kg / 20 Punkte	4,50 kg
23.Rheinische Schecke	2,75 / 15	bis 3,00 / 16	bis 3,25 / 17	bis 3,50 / 18	bis 3,75 / 19	über 3,75 kg / 20 Punkte	4,50 kg
24.Thüringer	2,50 / 15	bis 2,75 / 16	bis 3,00 / 17	bis 3,25 / 18	bis 3,50 / 19	über 3,50 kg / 20 Punkte	4,25 kg
25.Weiß-grannen	2,50 / 15	bis 2,75 / 16	bis 3,00 / 17	bis 3,25 / 18	bis 3,50 / 19	über 3,50 kg / 20 Punkte	4,25 kg
26.Hasen	2,50 / 15	bis 2,75 / 16	bis 3,00 / 17	bis 3,25 / 18	bis 3,50 / 19	über 3,50 kg / 20 Punkte	4,25 kg
27.Satin	2,50 / 15	bis 2,75 / 16	bis 3,00 / 17	bis 3,25 / 18	bis 3,50 / 19	über 3,50 kg / 20 Punkte	4,25 kg
28.Alaska	2,25 / 15	bis 2,50 / 16	bis 2,75 / 17	bis 3,00 / 18	bis 3,25 / 19	über 3,25 kg / 20 Punkte	4,00 kg
29.Havanna	2,25 / 15	bis 2,50 / 16	bis 2,75 / 17	bis 3,00 / 18	bis 3,25 / 19	über 3,25 kg / 20 Punkte	4,00 kg
30.Klein-schecke	2,50 / 15	bis 2,65 / 16	bis 2,75 / 17	bis 2,85 / 18	bis 3,00 / 19	über 3,00 kg / 20 Punkte	3,75 kg
31.Separator	2,50 / 15	bis 2,65 / 16	bis 2,75 / 17	bis 2,85 / 18	bis 3,00 / 19	über 3,00 kg / 20 Punkte	3,75 kg
32.Deutsche Kleinwidder	2,50 / 15	bis 2,625 / 16	bis 2,75 / 17	bis 2,875 / 18	bis 3,00 / 19	über 3,00 kg / 20 Punkte	3,50 kg
33.Klein-Chinchilla	2,25 / 15	bis 2,375 / 16	bis 2,50 / 17	bis 2,625 / 18	bis 2,75 / 19	über 2,75 kg / 20 Punkte	3,25 kg
34.Deilenaar	2,25 / 15	bis 2,375 / 16	bis 2,50 / 17	bis 2,625 / 18	bis 2,75 / 19	über 2,75 kg / 20 Punkte	3,25 kg
35.Marburger Feh	2,25 / 15	bis 2,375 / 16	bis 2,50 / 17	bis 2,625 / 18	bis 2,75 / 19	über 2,75 kg / 20 Punkte	3,25 kg
36.Sachsengold	2,25 / 15	bis 2,375 / 16	bis 2,50 / 17	bis 2,625 / 18	bis 2,75 / 19	über 2,75 kg / 20 Punkte	3,25 kg
37.Rhön-kaninchen	2,25 / 15	bis 2,375 / 16	bis 2,50 / 17	bis 2,625 / 18	bis 2,75 / 19	über 2,75 kg / 20 Punkte	3,25 kg
38.Lux-kaninchen	2,00 / 15	bis 2,125 / 16	bis 2,25 / 17	bis 2,375 / 18	bis 2,50 / 19	über 2,50 kg / 20 Punkte	3,25 kg
39.Perlfeh	2,00 / 15	bis 2,125 / 16	bis 2,25 / 17	bis 2,375 / 18	bis 2,50 / 19	über 2,50 kg / 20 Punkte	3,25 kg
40.Kleinsilber	2,00 / 15	bis 2,125 / 16	bis 2,25 / 17	bis 2,375 / 18	bis 2,50 / 19	über 2,50 kg / 20 Punkte	3,25 kg
41.Englische Schecken	2,00 / 15	bis 2,125 / 16	bis 2,25 / 17	bis 2,375 / 18	bis 2,50 / 19	über 2,50 kg / 20 Punkte	3,25 kg
42.Holländer	2,00 / 15	bis 2,125 / 16	bis 2,25 / 17	bis 2,375 / 18	bis 2,50 / 19	über 2,50 kg / 20 Punkte	3,25 kg

Rasse	Staffelung nach Gewicht und Punkten / Berechnung nach Kilogramm	zulässiges Höchstgewicht
43.Loh-Kaninchen	2,00 (15) · bis 2,125 (16) · bis 2,25 (17) · bis 2,375 (18) · bis 2,50 (19) · über 2,50 kg (20 Punkte)	3,25 kg
44.Marder	2,00 (15) · bis 2,125 (16) · bis 2,25 (17) · bis 2,375 (18) · bis 2,50 (19) · über 2,50 kg (20 Punkte)	3,25 kg
45.Siamesen	2,00 (15) · bis 2,125 (16) · bis 2,25 (17) · bis 2,375 (18) · bis 2,50 (19) · über 2,50 kg (20 Punkte)	3,25 kg
46.Schwarz-grannen	2,00 (15) · bis 2,125 (16) · bis 2,25 (17) · bis 2,375 (18) · bis 2,50 (19) · über 2,50 kg (20 Punkte)	3,25 kg
47.Russen	1,75 (15) · bis 1,875 (16) · bis 2,00 (17) · bis 2,125 (18) · bis 2,25 (19) · über 2,25 kg (20 Punkte)	3,00 kg
48.Widder-zwerge	1,00 (15) · bis 1,10 (16) · bis 1,20 (17) · bis 1,30 (18) · bis 1,40 (19) · über 1,40 kg (20 Punkte)	2,00 kg
49.Hermelin	1,00 (17) · bis 1,05 (18) · bis 1,10 (19) · bis 1,35 (20) · bis 1,40 (19) · bis 1,45 (18) · bis 1,50 (17)	1,50 kg
50.Farben-zwerge	1,00 (17) · bis 1,05 (18) · bis 1,10 (19) · bis 1,35 (20) · bis 1,40 (19) · bis 1,45 (18) · bis 1,50 (17)	1,50 kg
51., 52., 53., 54., 55., 56., 57., 58., 59., 60.	**KURZHAARRASSEN** **a) Chin-; Blau-; Weiß-; Dreifarben-Schecken; Dalmatiner-; Gelb-; Castor-; Schwarz-; Havanna- und Blaugrauer Rex** 2,50 (15) · b is 2,75 (16) · bis 3,00 (17) · bis 3,25 (18) · bis 3,50 (19) · über 3,50 kg (20 Punkte)	4,50 kg
61., 62., 63., 64., 65.	**b) Feh-; Lux-; Loh-; Marder- und Russenrex** 2,375 (15) · bis 2,50 (16) · bis 2,625 (17) · bis 2,75 (18) · bis 3,00 (19) · über 3,00 kg (20 Punkte)	4,50 kg
66.Rex-Zwerge	0,8 (15) · bis 0,9 (16) · bis 1,0 (17) · bis 1,1 (18) · bis 1,2 (19) · bis 1,4 (20) · bis 1,45 (19) · bis 1,5 (18) · bis 1,6 (17)	1,60 kg
67.Angora	**LANGHAARRASSEN** 2,50 (15) · bis 2,75 (16) · bis 3,00 (17) · bis 3,25 (18) · bis 3,50 (19) · über 3,50 kg (20 Punkte)	5,25 kg
68.Fuchs-kaninchen	2,50 (15) · bis 2,625 (16) · bis 2,75 (17) · bis 2,875 (18) · bis 3,00 (19) · über 3,00 kg (20 Punkte)	4,00 kg
69.Jamora	1,50 (15) · bis 1,625 (16) · bis 1,75 (17) · bis 1,875 (18) · bis 2,00 (19) · über 2,00 kg (20 Punkte)	2,50 kg
70.Fuchs-zwerge	1,00 (17) · bis 1,05 (18) · bis 1,10 (19) · bis 1,35 (20) · bis 1,40 (19) · bis 1,45 (18) · bis 1,50 (17)	1,50 kg

18 Anschriften

Zentralverband Deutscher Kaninchenzüchter (ZDK)

Präsidium

Präsident
Franz Jakobs, Krefelder Straße 130,
41063 Mönchengladbach
Telefon (0 21 61) 60 23 31, Fax 65 83 39

Vizepräsident
Heinz Posthoff, Brakeler Hellweg 229,
44309 Dortmund
Telefon (02 31) 25 17 44

Schatzmeister
Heinrich Kuhn, Wellenburger Weg 5,
86391 Stadtbergen
Telefon (08 21) 43 25 30

Schriftführer
Oskar Leicht, Maulbronner Straße 21,
75248 Ölbronn-Dürrn
Telefon (0 70 43) 29 65

Referent für Öffentlichkeitsarbeit
Adolf Rudolph, Altenhof 12,
53804 Much
Telefon (0 22 45) 20 47, Fax 85 53

Referent für Schulung
Arno Dietrich, Bergstraße 5,
66957 Eppenbrunn
Telefon (0 63 35) 2 04

Leiterin der Frauengruppen
Irmgard Theel, Hamsterweg 72,
25335 Elmshorn
Telefon (0 41 21) 2 51 60

Obmann für Herdbuch im Normal- und Kurzhaar
Walter Sartor, Burgstraße 15,
35708 Haiger
Telefon (0 27 73) 33 33

Obmann für Angorazucht
Horst Geisel, Neuwiesenstraße 3
69514 Laudenbach
Telefon (0 62 01) 4 23 36

Obmann für Clubs
Hermann Lederer, Höhenweg 3,
91244 Reichenschwand
Telefon (0 91 51) 69 68

Obmann für Jugend
Klaus Zimmermann, Bierer Straße 9,
39221 Welsleben
Telefon (03 92 96) 2 02 75

Obmann für Preisrichter
Günter Rektor, Tengestraße 5,
26388 Wilhelmshaven
Telefon (0 44 21) 50 22 66

ZDK Standardkommission

Vors. Franz Jakobs, Krefelder Str. 130,
41063 Mönchengladbach

Geschäftsführer: Arno Dietrich,
Bergstr. 5, 66957 Eppenbrunn

Günter Rektor, Tengestraße 5,
26388 Wilhelmshaven

Hermann Lederer, Höhenweg 3,
91244 Reichenschwand

Heinz Posthoff, Brakeler Hellweg 229,
44309 Dortmund

Heinrich Kuhn, Wellenburger Weg 5,
86391 Stadtbergen

Vorsitzende der Landesverbände im ZDK

Landesverband Baden
Oskar Leicht, Maulbronner Straße 21,
75248 Ölbronn-Dürrn
Telefon (0 70 43) 29 65

Landesverband Bayern
Ludwig Göhringer, Weißdorferstr. 18,
95234 Sparneck/Ofr.
Telefon (0 92 51) 83 11

**Landesverband Berlin
Mark Brandenburg**
Ernst Schimanski, Avenue Charles de
Gaulle 27, 13469 Berlin
Telefon (0 30) 41 83 35 33

Landesverband Bremen
Johann D. Riekemann, Naumburger
Straße 20, 28755 Bremen
Telefon (04 21) 66 37 44

Landesverband Hamburg
Karl Kittendorf, Hohenhorner Weg 13,
21502 Geesthacht
Telefon (0 41 52) 7 16 73

Landesverband Hannover
Ulrich Lappan, Uetzer Straße 13,
38536 Meinersen
Telefon (0 53 72) 10 24

Landesverband Hessen-Nassau
Ronald Mertinkus, Von-Brentano-Str. 16,
63073 Offenbach/Main
Telefon (0 69) 89 40 00, Fax 89 40 47

Landesverband Kurhessen
Karl Daßler, Mönchweg 21b,
34225 Baunatal-Hertingshausen
Telefon (0 56 65) 66 97

Landesverband Mecklenburg-Vorpommern
Klaus D. Bindemann, Bahnhofstraße 11a,
18190 Sanitz

Landesverband Rheinland
Franz Jakobs, Krefelder Str. 130,
41063 Mönchengladbach
Telefon (0 21 61) 60 23 31, Fax 65 83 39

Landesverband Rheinland-Nassau
Edgar Hammann, Austraße 1,
56567 Neuwied
Telefon (0 26 31) 5 39 68

Landesverband Rheinland-Pfalz
Arno Dietrich, Bergstraße 5,
66957 Eppenbrunn
Telefon (0 63 35) 2 04

Landesverband Saar
Werner Nehren, Pappelweg 22,
66578 Schiffweiler-Heiligenwal
Telefon (0 68 21) 6 96 50, Fax 6 96 50

Landesverband Sachsen
Wolfgang Oehme, Feldstraße 1,
09227 Einsiedel
Telefon (03 73 09) 5 10

Landesverband Sachsen-Anhalt
Klaus Zimmermann, Bierer Straße 9,
39221 Welsleben
Telefon, (03 92 96) 2 02 75

Landesverband Schleswig-Holstein
Günter Mahrt, Legan 18,
24816 Stafstedt
Telefon (0 48 75) 4 49

Landesverband Thüringen
Günter Ewald, Hauptstraße 100,
07554 Pölzig
Telefon (03 66 95) 2 09 45

Landesverband Weser-Ems
Günter Rektor, Tengestraße 5,
26388 Wilhelmshaven
Telefon (0 44 21) 50 22 66

Landesverband Westfalen
Heinz Posthoff, Brakeler Hellweg 229,
44309 Dortmund
Telefon (02 31) 25 17 44

**Landesverband Württemberg und
Hohenzollern**
Karl-Heinz Halter, Klingenstraße 24,
74235 Erlenbach
Telefon (0 71 32) 29 86

Vorstand der Frauengruppen im ZDK

Leiterin:
Irmgard Theel, Hamsterweg 72,
25335 Elmshorn
Telefon (0 41 21) 2 51 60

Stellv. Leiterin:
Hedwig Goll, Dr.-Georg-Meier-Straße 6,
76703 Kraichtal Uö.
Telefon (0 72 51) 6 35 68

Kassiererin:
Karin Golus, Schulenburger Landstr. 62,
30165 Hannover
Telefon (0511) 3 52 49 62

Schriftführerin:
Inge Ganzleben, Hutschdorf 15,
95349 Thurnau
Telefon (0 92 28) 15 46

Anschriften

von Behörden, Instituten, Untersuchungsämtern und Verbänden

Bundesforschungsanstalt für
Landwirtschaft
Institut für Kleintierforschung Celle
Dörnbergstr. 25, 29223 Celle
Telefon (0 51 41) 3 84 60

Bundesministerium für Ernährung,
Landwirtschaft und Forsten
Postfach 14 02 70, 53107 Bonn
Telefon (02 28) 52 90
Tierische Erzeugung und Tierschutz
Telefon (02 28) 5 29 37 20

Bundesverband deutscher Kaninchen-
fleisch- und -wollerzeuger e. V.
Hinterhoben 149, 53129 Bonn
Telefon (02 28) 53 00 02 50

Centrale Marketing-Gesellschaft der
deutschen Agrarwirtschaft
(CMA), Koblenzerstr. 148, 53177 Bonn
Telefon (02 28) 84 70

Deutsche Landwirtschafts-
Gesellschaft e. V., (DLG)
Eschborner Landstraße 122,
60489 Frankfurt
Telefon (0 69) 24 78 80

Fachverband der
Futtermittelindustrie e. V.
Beueler Bahnhofsplatz 18, 53225 Bonn
Telefon (02 28) 97 56 80

Gesellschaft zur Erhaltung alter und gefährdeter Haustierrassen
Postfach 1218, 37202 Witzenhausen
Telefon (0 55 42) 18 64

VTV Vereinigte Tierversicherung
Gesellschaft a. G.
Sonnenberger Straße 2
65193 Wiesbaden
Telefon (06 11) 53 32 57

World Rabbit Science Association
(WRSA), Deutsche Gruppe,
Vors.: Prof. Dr. J. Petersen
Inst. f. Tierzuchtwissenschaft,
Endenicher Allee 15, 53115 Bonn
Telefon (02 28) 73 22 96

Baden-Württemberg

Ministerium für Ländlichen Raum,
Landwirtschaft und Forsten
Kernerplatz 10, 70182 Stuttgart
Telefon (07 11) 12 60
Ref. Tierzucht, Telefon (07 11) 1 26 22 70

Staatliche Landw. Untersuchungs- und
Forschungsanstalt
Augustenberg, Neßlerstr. 23,
76227 Karlsruhe
Telefon (07 21) 4 64 70

Veterinäruntersuchungsämter:

Czernyring 22a/b, 69115 Heidelberg
Telefon (0 62 21) 50 66
Azenbergstraße 16, 701174 Stuttgart
Telefon (07 11) 1 84 90

Löwenbreitestraße 18/20
88326 Aulendorf
Telefon (0 75 25) 20 20

Tierhygienisches Institut Freiburg
Am Moosweiher 2, 79108 Freiburg
Telefon (07 61) 1 60 11

Universität Hohenheim
70593 Stuttgart
Telefon (07 11) 45 90

Institut für Tierhaltung und Tierzüchtung
Fachgebiet Kleintierzucht
Telefon (07 11) 4 59 24 81

Bayern

Bayer. Staatsministerium für Ernährung,
Landw. und Forsten
Ludwigstr. 2, 80539 München
Telefon (0 89) 2 18 20

Ref. Schaf- und Kleintierzucht u.-haltung
Telefon (0 89) 2 18 24 46

Bayerische Landesanstalt für Tierzucht
Prof. Dürrwaechter-Platz 1, 85586 Poing
Telefon (0 89) 99 14 10
Abt. Kleintiere
Telefon (0 89) 99 14 13 50
Lehr- und Versuchsanstalt für Kleintierz.
Mainbernheimer Straße 101,
97318 Kitzingen
Telefon (0 93 21) 3 31 70

Veterinäruntersuchungsämter:

Nord-Bayern
Heimerichstr. 31, 90419 Nürnberg
Telefon (09 11) 3 71 45

Süd-Bayern
Veterinärstr. 2, 85764 Oberschleißheim
Telefon (0 89) 31 56 01

Tiergesundheitsdienst Bayern e. V.
Senator-Straße 23
85586 Grub, Post Poing
Telefon (0 89) 9 09 10
Geschäftsstelle Oberpfalz-Süd
An der Irler Höhe 3a, 93055 Regensburg
Telefon (09 41) 79 22 96

Berlin

Freie Universität,
Fachbereich Veterinärmedizin
Institut für Tierschutz, Tierverhalten und
Labortierkunde
Kramerstraße 5, 12207 Berlin
Telefon (0 30) 7 98 38 02
Klinik und Poliklinik für kleine Haustiere
Oertzenweg 19b, 14163 Berlin
Telefon (0 30) 81 08 23 56
Luisenstraße 56, 10117 Berlin
Telefon (0 30) 2 89 55 06

Humboldt-Universität
Landwirtschaftlich-Gärtnerische Fakultät
Invalidenstraße 42, 10115 Berlin
Telefon (0 30) 28 97 22 08
Fachgebiet Kleintierzucht
Telefon (0 30) 28 97 24 46

Tierzuchtamt
Martin-Luther-Str. 105, 10825 Berlin
Telefon (0 30) 7 83 34 39

Veterinäruntersuchungsämter:

Invalidenstraße 60, 10557 Berlin
Telefon (0 30) 39 70 51

Brodauerstraße 16, 12621 Berlin
Telefon (0 30) 5 27 97 11

Brandenburg

Ministerium für Ernährung, Landwirt-
schaft und Forsten
Heinrich-Mann-Allee 107
14473 Potsdam
Telefon (03 31) 86 60
Ref. Tierzucht und -haltung, Fischerei
und Futtermittelüberwachung
Telefon (03 31) 8 66 43 50

Veterinäruntersuchungsämter:

Fürstenwalder Poststraße 73
15234 Frankfurt/Oder
Telefon (03 35) 32 60 80

Schlachthofstraße 18, 03044 Cottbus
Telefon (03 55) 7 82 30

Pappelallee 2, 14469 Potsdam
Telefon (03 31) 31 20

Landwirtschafliche Untersuchungs- u.
Forschungsanstalt
Templiner Straße 21, 14473 Potsdam
Telefon (03 31) 32 62 40

Bremen

Veterinäruntersuchungsämter:

Utbremer Straße 67, 28217 Bremen
Telefon (04 21) 3 97 81 06
Freiladestr. 1, Halle X
27572 Bremerhaven
Telefon (04 71) 72 04 12

Hessen

Hess. Landesamt für Regionalentwick-
lung u. Landwirtschaft
Kölnische Straße 48, 34117 Kassel
Telefon (05 61) 7 29 90
Dezernat Zucht und Haltung von Scha-
fen, Ziegen und Kleintieren
Telefon (05 61) 7 29 92 63

Hess. Landesanstalt für Tierzucht,
Neu-Ulrichstein, 35315 Homberg/Ohm
Telefon (06 33) 8 61

Hessische Landw. Versuchsanstalt,
Landw. Untersuchuchungsamt
Am Versuchsfeld 11
34128 Kassel-Harleshausen
Telefon (05 61) 9 88 80

Justus-Liebig-Universität
Ludwigstr. 23, 35390 Gießen
Telefon (06 41) 70 21
Institut für Tierzucht und Haustiergenetik
Bismarckstraße 16
Telefon (06 41) 7 02 98 20

Hessisches Ministerium des Innern
und für Landwirtschaft, Forsten und
Naturschutz
Postfach 31 27, 65021 Wiesbaden
Telefon (06 11) 81 70
Ref. Tierzucht und -haltung
Telefon (06 11) 8 17 23 16

Veterinäruntersuchungsämter:

Druselstalstraße 67, 34131 Kassel
Telefon (05 61) 3 10 10
Marburger Straße 54, 35396 Gießen
Telefon (06 41) 3 00 60

Deutschordenstraße 48
60528 Frankfurt/M.
Telefon (0 69) 67 80 20

Mecklenburg-Vorpommern

Ministerium für Ernährung, Landwirt-
schaft, Fischerei u. Forsten
Paulshöher Weg 1, 19061 Schwerin
Telefon (03 85) 58 80
Ref. Tierzucht
Telefon (03 85) 5 88 64 30

Landestierzuchtamt
Neustrelitzer Str. 120
17033 Neubrandenburg
Telefon (03 95) 3 80 23 59

Veterinäruntersuchungsämter:

Thierfelderstraße 18, 18059 Rostock
Telefon (03 81) 4 00 15 94

Neumühler Straße 10, 19057 Schwerin
Telefon (03 85) 79 75 01

Demminer Straße 46
17034 Neubrandenburg
Telefon (03 95) 4 22 20 11

Niedersachsen

Landwirtschaftskammer Hannover
Johannsenstr. 10, 30002 Hannover
Telefon (05 11) 3 66 50
Ref. Schaf, Kleintier- u. Geflügelproduk-
tion, Tier- und Umweltschutz in der Tier-
produktion
Telefon (05 11) 3 66 54 93
Ministerium für Ernährung, Landwirt-
schaft und Forsten
Calenberger Straße 2, 30167 Hannover
Telefon (05 11) 12 01
Ref. Tierproduktion
Telefon (05 11) 1 20 22 31

Tierärztl. Hochschule
Bischofsholer Damm 15
30173 Hannover
Telefon (05 11) 85 66
Klinik für kleine Haustiere
Telefon (05 11) 8 56 72 51
Fachgebiet Erbpathologie u. Kleintierz.
Telefon (05 11) 9 53 88 74

Universität Göttingen
Goßlerstraße 5, 37073 Göttingen
Telefon (05 51) 3 90
Institut für Tierzucht u. Haustiergenetik
Albrecht-Thaer-Weg 3
Telefon (05 51) 39 56 00
Tierärztl. Institut, Groner Landstr. 2
Telefon (05 51) 3 91

Veterinäruntersuchungsämter:

Am Pferdemarkt 1, 26603 Aurich
Telefon (0 49 41) 25 01

Dresdenstr. 6, 38124 Braunschweig
Telefon (05 31) 4 84 12 00

Eintrachtweg 17, 30173 Hannover
Telefon (05 11) 28 89 70

Vahrenwalder Straße 133
30165 Hannover
Telefon (05 11) 3 66 50

August-Prieshof-Str. 1, 49716 Meppen
Telefon (0 59 31) 70 14
Mars-la-Tour-Straße 1
26121 Oldenburg i. 0.
Telefon (04 41) 80 46 44

Neuer Graben 19, 49074 Osnabrück
Telefon (05 41) 56 00 80

Heckenweg 6, 21680 Stade
Telefon (0 41 41) 21 90 und 38 69

Nordrhein-Westfalen

Landwirtschaftskammer Rheinland
Endenicher Allee 60, 53115 Bonn
Telefon (02 28) 70 30
Ref. Kleintierzucht
Telefon (02 28) 70 34 15
Versuchsanstalt für Geflügelwirtschaft u.
Kleintierzucht, Großhüttenhof,
Hüttenallee 235, 47800 Krefeld
Telefon (0 21 51) 5 89 40

Landwirtschafskammer Westfalen-Lippe
Postfach 5925, 48135 Münster
Telefon (02 51) 59 90
Ref. Kleintierzucht
Telefon (02 51) 59 93 84

Landwirtschaftliche Untersuchungsanstalt
Nevinghoff 40, 48147 Münster
Telefon (02 51) 2 37 67 45

Ministerium für Umwelt, Raumordnung
und Landwirtschaft
Schwannstraße 3, 40476 Düsseldorf
Telefon (02 11) 4 56 60
Ref. Tierzucht und -haltung, Futtermittel
Telefon (02 11) 4 56 65 87

Universität Bonn
Regina-Pacis-Weg 3
Telefon (02 28) 7 31
Institut für Tierzucht
Endenicher Allee 15
Telefon (02 28) 73 22 80
Abt. für Kleintierzucht und -haltung
Telefon (02 28) 73 22 96

Veterinäruntersuchungsämter:

Zur Taubeneiche 10, 59821 Arnsberg
Telefon (0 29 31) 80 90

Westerfeldstraße 1, 32758 Detmold
Telefon (0 52 31) 2 65 54

Deutscher Ring 100, 47798 Krefeld
Telefon (0 21 51) 84 90

von-Esmarch-Straße 12, 48149 Münster
Telefon (02 51) 8 90 30

Nevinghoff 40, 48147 Münster
Telefon (02 51) 2 37 67 07

Siebengebirgsstraße 200, 53229 Bonn
Telefon (02 28) 43 43 00

Rheinland-Pfalz

Landesanstalt für Tierzucht und
Qualitätsprüfungen
Neumühle, 67728 Münchweiler
Telefon (0 63 02) 23 06

Landwirtschaftliche Untersuchungs-
anstalt
Obere Langgasse 40, 67346 Speyer
Telefon (0 62 32) 13 60

Landwirtschaftskammer Rheinland-Pfalz
Postfach 55508, 55549 Bad Kreuznach
Telefon (06 71) 7 30

Ministerium für Landwirtschaft, Weinbau
und Forsten
Große Bleiche 55, 55116 Mainz
Telefon (0 61 31) 1 61
Ref. Tierzucht und -fütterung
Telefon (0 61 31) 16 26 06

Veterinäruntersuchungsamt:
Blücherstr. 34, 56073 Koblenz
Telefon (02 61) 40 40 50

Saarland

Landwirtschaftskammer
Lessingstraße 12, 66121 Saarbrücken
Telefon (06 81) 66 50 50
Abt. Tierische Erzeugung
Telefon (06 81) 6 65 05 33

Ministerium für Wirtschaft
Abt. Landwirtschaft
Rußhütter Straße 8a
66113 Saarbrücken
Telefon (06 81) 75 39 11

Veterinäruntersuchungsamt:
Staatl. Institut für Gesundheit und
Umwelt
Helwigstraße 8, 66121 Saarbrücken
Telefon (06 81) 60 41

Sachsen

Ministerium für Landwirtschaft,
Ernährung und Forsten
Albertstraße 10, 01075 Dresden
Telefon (03 51) 56 40
Ref. Tierzucht und -haltung
Telefon (03 51) 5 64 69 21

Sächsische Landesanstalt für
Landwirtschaft
Abt. Tierzucht und -haltung
Am Park 3, 04886 Köllitsch
Telefon (03 42 22) 4 02 28

Veterinäruntersuchungsämter

Reichenbachstraße 71, 01217 Dresden
Telefon (03 51) 8 14 40

Hohe Straße 27, 09112 Chemnitz
Telefon (03 71) 6 16 87

Postfach 826, 04008 Leipzig
Telefon (03 41) 3 95 60

Sachsen-Anhalt

Ministerium für Ernährung,
Landwirtschaft und Forsten
Olvenstedter Straße 4–5
39108 Magdeburg
Telefon (03 91) 5 67 01
Ref. Tierzucht
Telefon (03 91) 5 67 18 10

Universität Halle-Wittenberg
Universitätsplatz 10, 06099 Halle/Saale
Telefon (03 45) 83 20
Institut für Tierzucht und -haltung
Fachgebiet Kleintierzucht
Adam-Kuckhoff-Str. 35
Telefon (03 45) 81 83 20

Veterinäruntersuchungsämter:

Freiimfelderstraße 66, 06112 Halle
Telefon (03 45) 3 82 31

Hafenbreiter Weg 132, 39576 Stendal
Telefon (0 39 31) 40 61 64

Schleswig-Holstein

Landwirtschaftskammer
Holstenstraße 106, 24103 Kiel
Telefon (04 31) 9 79 70
Ref. Kleintierzucht
Telefon (04 31) 9 79 73 32

Ministerium für Ernährung,
Landwirtschaft, Forsten und Fischerei
Düsternbrooker Weg 104, 24105 Kiel
Telefon (04 31) 59 61
Ref. Tierzucht
Telefon (04 31) 5 96 42 85

Universität Kiel
Olshausenstraße 40, 24118 Kiel
Telefon (04 31) 8 80 00
Institut für Tierzucht und -haltung
Telefon (04 31) 8 80 25 86

Veterinäruntersuchungsämter:

Gutenbergstraße 77, 24118 Kiel
Telefon (04 31) 58 79 70

Max-Eyth-Str. 5, 24537 Neumünster
Telefon (0 43 21) 50 17 und 5 37 70

Thüringen

Landwirtschaftliche Untersuchungs- und
Forschungsanstalt
99817 Clausberg
Telefon (0 36 91) 7 75 05

Ministerium für Landwirtschaft und
Forsten
Hallische Straße 16, 99085 Erfurt
Telefon (03 61) 6 66 00
Ref. Tierzucht und -haltung
Telefon (03 61) 6 66 03 24

Thüringer Landesanstalt für
Landwirtschaft
Naumburger Straße 98a, 07743 Jena
Telefon (0 36 41) 48 47 06
Abt. Tierzucht
Telefon (0 36 41) 68 32 50

Veterinäruntersuchungsämter:

Tennstädter Straße 9a
99947 Bad Langensalza
Telefon (0 36 03) 5 11

Kleine Arche 3, 99084 Erfurt
Telefon (03 61) 6 46 11 02

Naumburger Straße 96, 07743 Jena
Telefon (0 36 41) 48 60

Johannes-Brahms-Straße 15
98617 Meiningen
Telefon (0 36 93) 7 62 12

19 Stichwortverzeichnis

20 Quellennachweis

20.1 Literatur

1. ALVARINO, J.M.R.; LOPEZ, F.J., DEL ARCO, J.A., BUENO, A., TORRES, R. (1996): Effect of semen concentration on rabbit artificial insemination with fresh or 24 hours stored semen. Proc. 6, WRSA Congr., Toulouse, Vol. 2, 33–35

2. ANGERMANN, R. (1979): Die Hasentiere. In Grzimeks Tierleben, Bd. 12, 419–465, dtv, München

3. AYERS, A. C., CHEEKE, P.R., PATTON, N.M. (1992): Effect on Weanling Rabbits of Black Locust (Robina Pseudoacacia) Bark, Oak Sawdust, Red Alder (Alnus Rubra) Bark and Red Alder Sawdust in the Diet. Proc. 5. WRSA Congr. Corvallis, Vol. 1166–1174

4. AYERS, A.C., CHEEKE, P.R., Patton, N.M. (1992): Evaluation of Hybrid Poplar Leaves as a Feedstuff for Rabbits. Proc. 5. WRSA Congr. Corvallis, Vol. B, 1033–1043

5. BAMBERG, F.B. (1987): Das Europäische Wildkaninchen (Oryctolagus cuniculus) in Australien, Jagd und Hege, 6, 16–19

6. BECHSTEDT, U., SCHRAMM, P., KNOLL, M. (1978): Eine neue Variante der künstl. Vagina zur Spermagewinnung beim Kaninchen. (Monatsh. f. Vet. med. 7, 265–267)

7. BELF (1993): Tierschutzbericht 1993, Drucksache 12/42 42 Dt. Bundestag

8. BLASCO, A., OUHAYOUN, J., MASOERO, G. (1993): Harmonization of criteria and terminology in Rabbit meat research. World Rabbit Sc. 1, 3–10

9. BOBACK, A.W. (1970): Das Wildkaninchen, Verlag Ziemsen, Wittenberg

10. BÖCKER, R. (1993): Untersuchungen über den Gehalt an Gesamt- sowie freien Aminosäuren und die grobgewebliche Zusammensetzung der Muskulatur von Hauskaninchen der Rasse »Weiße Neuseeländer«, Diss. Gießen

11. BOLET, G., BASELGA, M., MONNEROT, M., ROUVIER, R., ROUSTAN, A., BRUN, J.M. (1996): Evaluation, conservation and utilization of rabbit genetic resources: Situation and prospects in the Mediterranean region and in Europe. Proc. 6. WRSA Congr., Toulouse, Vol. 2, 249–253

12. BOUCHER, S., RENARD, J.P., JOLY, T. (1996): The »Alfort Jumpér« rabbit: Historic, description and characterization. Proc. 6. WRSA Congr., Toulouse, Vol. 2, 255–258

13. BRANDSCH, H., WUSSOW, W., (1964): Bestimmungen der Zucht- und Mastleistungsprüfung (ZMLP) für Kaninchen an der Universität Halle. Polykopie

14. BREM, G., KRÄUSSLICH, H., STRANZINGER, G. (1991): Experimentelle Genetik in der Tierzucht. Verlag Ulmer, Stuttgart

15. BROCKHAUSEN, P., PAUFLER, S., SCHLOLAUT, W. (1979): Untersuchungen auf Spermaqualitätsmerkmale beim Angorakaninchen. Züchtungskol. 51, 234–248

16. BROCKHAUSEN, P., PAUFLER, S., MICHELMANN, H. W., SCHLOLAUT, W. (1979): Untersuchungen des Einflusses der Wollänge und der Schurfrequenz auf Fruchtbarkeitskriterien beim weiblichen Angorakaninchen. Züchtungskol. 51, 315–325

17. BRUNNER, R., KNOPP, A., RUDOLPH, W. (1992): Rabbit chromosome analysis by image-processing. J. Appl. Rabbit Res. 15, 352–362

18. CASTELLINI, C., BATTAGLINI, M. (1991): Influenza della concentrazione energetica della razione e del ritmo riprodotto sulle performance delle coniglie. Proc. IX Congr. Nat. ASPA, Roma, Vol. I, 477–488

19. CASTELLINI C. (1996): Recent advances in rabbit artificial insemination. Proc. 6. WRSA Congr., Toulouse, Vol. 2, 13–26

20. CASTLE, W.E. (1905): Heredity of coat characters in guinea pigs and rabbits. Carnegie Inst. Wash., Publ. 196, 51–55

21. CHEEKE, P.R., PATTON, N.M., TEMPLETON, G.S. (1982): Rabbit Production. Interstate Printers and Publishers Inc., Danville, Illinois

22. COOK, C.W. (1977): Use of Rangelands for Future Meat Production. J. Anim. Sci.,45, 1476–1482

23. COPPINGS, R., EKHATOR, N., GHODRATI, A. (1989): Effects of antemortem treatment and transport on slaughter characteristics of fryer Rabbits. J. Anim. Sci. 67, 872–880

24. DE BLAS, C. (1992): The Roles of Fiber in Rabbit Nutrition. Proc. 5. WRSA Congr. Corvallis, Vol. B, 1329–1343

25. DLG (1994): Richtlinien für die Durchführung von Zucht- und Mastleistungsprüfungen bei Kaninchen. DLG, Frankfurt

26. DLG (1993): Richtlinien der Deutschen Landwirtschafts-Gesellschaft (DLG) für die Durchführung von Stationsprüfungen auf Wolleistung beim Angorakaninchen. DLG, Frankfurt am Main

27. DORN, F.K. (1949): Wege zum Erfolg in der Rassekaninchenzucht. Verlag H. Haase, Berlin

28. DORN, F.K. (1984): Rassekaninchenzucht. 5. Aufl. Verlag Neumann, Leipzig, Radebeul

29. ELMADFA, I., LEITZMANN, C. (1988): Ernährung des Menschen. Verlag Ulmer, Stuttgart

30. FEKETE, S., LEBAS, F. (1983): Einfluß eines natürlich vorkommenden Aromastoffes (Thymianextrakt) auf die freiwillige Futteraufnahme, den Verdauungskoeffizienten u. die Mastkennziffern beim Kaninchen (ungar.). Magyar Allatovossok Lapja, 38 (2) 121–126

31. FEKETE, S., (1993): Ernährung der Kaninchen. Kap. 4, 211–229. In: Ernährung monogastrischer Nutztiere. Verlag G. Fischer, Jena

32. FLEISCHHAUER, H., SCHLOLAUT, W., LANGE, K. (1990): Einfluß von Scheren und Rupfen auf quantitative und qualitative Parameter der Angorakaninchenwolle. Tag.-bericht 7. Arb. Tag.Dt. Vet. med. Ges., Celle

33. Fleischhygieneverordnung (1986): BGBL I. 56, 1678ff

34. Fleischhygienegesetz (1993): BGBL I. 36, 1189ff

35. FOX, R.R. (1972): Rabbit models of human disease, and their biochemical characterization. Proc. Hycel Vet. Symp., 9–23

36. FOX, R.R., Crary, D.D. (1971): Mandibular prognathism in the Rabbit. J. Hered. 62, 23-27

37. FOX, R.R. (1974): Taxonomy and genetics. In: Weisbroth, S.H., Flatt, R.E., Kraus, A.L. The biology of the laboratory rabbit. Academic Press, New York, San Francisco, London. S. 1–22

38. FOX, R.R. (1984): The rabbit as a research subject. Physiologist 27, 393–402

39. FOX, R.R. (1994): Taxonomy and genetics. In: MANNING, P.J., RINGLER, D.H., NEWCOMER, C.E.: The biology of the laboratory rabbit. 2nd ed. Academic Press, San Diego.

40. FRIES, R., KOBE, A. (1993): Fleischhygiene bei der Kaninchenschlachtung I u. II. DGS 43, 14–18; 47, 13–15

41. GALLAGHER, J.R., SHELTON, M. (1972): Efficiencies of conversion of feed to fiber of Angoragoats and Rambouillet sheep. J. Anim. Sci., 34

42. Gesetz über das Schlachten von Tieren (1974): BGBL 1, 469

43. GIDENNE, T. (1996): Nutritional and ontogenic factors affecting rabbit caeco-colic digestive physiology. Proc. 6. WRSA Congr., Toulouse, Vol. 1, 13–28

44. GLODEK, P., Marquardt, O.W. (1975): Indexselektion bei Schweinen. Zü.kde., 47, 458-469

45. GRÜN, P. (1989). Beitrag zur Silagefütterung bei Kaninchen. Diss. Bonn.

46. GRUHN, R. (1963): Mastleistung und Schlachtkörperwert beim Kaninchen. DKZ 72, 13

47. HERRLER, A., FISCHER, B. (1993): Reproduktionsbiologie des weiblichen Kaninchens. Ber. 8. Arb.-Tag. Dt. Vet. med. Ges., Celle, 52–56

48. HOFFMANN, R. (197J): Vitamin D und Kalzium beim Kaninchen. 5. Münchener Sem. Tierernähr.

49. HORVATH, M. (1980): Die künstl. Besamung beim Kaninchen. Tag.-Ber. Kolloquium Univ. Rostock, Sekt. Tierprod., 163–173

50. HUDSON, R., SCHAAL, B., BILKO, A., ALTBÄCKER, V. (1996): Just three minutes a day: The behaviour of young rabbits viewed in the context of limited maternal care. Proc. 6. WRSA Congr., Toulouse, Vol. 2, 395–406

51. JOLY, T., VICENTE, J., THEAU-CLEMENT, M., GARCIA-XIMENEZ, F., BESENFELDER, U., RENARD, J.P. (1996): Cryopreservation of genetic resources in rabbit species: Practical applications. Proc. 6. WRSA Congr., Toulouse, Vol. 2, 293–298

52. JOPPICH, F. (1967): Das Kaninchen. 3. Aufl., Dt. Landw. Verlag, Berlin

53. KALINOWSKI, T., RUDOLPH, W. (1974): Untersuchungen zur Vererbung der Oberkieferverkürzung (Brachygnathia superior) beim Hauskaninchen. Wiss. Z. Univ. Rostock, Math.-nat. R. 23, 131–135

54. KNIERIEM, W.V. (1898): Untersuchungen betreffend den Wert verschiedener Kraftfuttermittel. Landw. Jahrb. 27, 566-630

55. KETTNER, B. (1962): Untersuchungen über den Einfluß von Umweltfaktoren auf Wolleistung u. Wollstruktur bei Angorakaninchen verschiedener Zuchtgebiete. Kühn-Archiv, 76

56. KING-WILSON, W. (1935): Incidence of rickets in Rabbits. Nature 136, 434

57. KOEHL, P.F. (1993): Gestion Technico-économique. Cuniculture, 112

58. KOCH, T. (1981): Lehrbuch der Vet. Anatomie. Bd. II., 3. Aufl., Verlag Fischer, Jena

59. KOETTER, U. (1963): Über die Beziehungen zwischen Wollertrag und Wollqualität bei Angorakaninchen. Diss. Gießen

60. KTBL (1993): Datensammlung: Spezielle Betriebszweige in der Tierhaltung. Landw. Verlag Hiltrup.

61. KUTTNER, M., LÖHLE, K., SCHRAMM, R. (1975): Untersuchungen über die künstl. Besamung beim Kaninchen unter besonderer Berücksichtigung der Spermaverdünnung u. -konservierung. Arch. Tierz. 18, 4, 247–254

62. LA FAY, H. (1975): The Maya, children of time. Nat. Geographic, 148, 6, 728–767

63. LANG, K. (1979): Biochemie der Ernährung. Verlag Steinkopf, Darmstadt

64. LANGE, K. (1970): Ermittlung von Normalgewichten verschiedener Kaninchenrassen. HLT Neu-Ulrichstein, Kurzber. Kaninchen

65. LANGE, K. (1982): Untersuchungen über den Anteil der Wollmenge von Kopf und Extremitäten bei Angorakaninchen sowie Zusammenhänge mit der Wolleistung. HLT Kurzber. Kaninchen, 38–39

66. LANGE, K. (1987): Untersuchungen über den Einfluß der Rein- und Kreuzungszucht auf die Reproduktions-, Mast- und Schlachtleistung des Kaninchens. DGS, 39, 719–722

67. LANGE, K., CHRIST, B. (1993): Einsatz von Milchleistungsfutter für Rinder in der Jungka-ninchenmast. Ber. 8. Arb.-Tag., Dt. Vet. med. Ges., Celle, 130–134

68. LANGE, K. (1994): 42. Angorawolleistungsprüfung 1993 in Neu-Ulrichstein. Polykopie HLT

69. LEBAS, F., COUDERT, P., ROUVIER, R., DE ROCHAMBEAU, H. (1986): The Rabbit, FAO, Rom

70. LEBAS, F., OUHAYOUN, J. (1987): Incidence du niveau proteique de l'aliment, du milieu d'élevage et de la saison sur la croissance et les qualites boucheres du lapin. Ann. Zoo-techn., 36, (4) 421–432

71. LEBAS, F., COLIN, M. (1992): World Rabbit Production and Research. J. Appl. Rabbit Res., 15, 29–54

72. LEBAS, F., LAMBOLEY, B., FORTUN-LAMOTHE L., (1996): Effects of dietary energy level and origin (starch vs oil) on gross and fatty acid composition of rabbit milk. Proc. 6. WRSA Congr., Toulouse, Vol. 1, 223–226

73. LINDSEY, J.R., FOX, R.R. (1974): inherited diseases and variations. In: Weisbroth, S. H., Flatt, R.E., Kraus, A.L. The biology of the laboratory rabbit. Academic Press, New York, 377–402

74. LINDSEY, J.R., FOX, R.R. (1994): Inherited diseases and variations. In: MANNING, P.J., RINGLER, D.H., NEWCOMER, C.E.: The biology of the laboratory rabbit. 2nd ed. Academic Press, San Diego.

75. LÖHLE, K., WENZEL, U.D. (1987): Kaninchen und Edelpelztiere von A bis Z, Verlag Neu-mann, Melsungen

76. LÖHLE, K. (1991): Künstl. Besamung beim Kaninchen. In: Künstl. Besamung bei Nutztieren, Fischer Verlag, Jena

77. LÖLIGER, H.C., VOGT, H. (1980): Nieren- und Gefäßverkalkungen bei Kaninchen. Proc. 2. WRSA Congr. Barcelona

78. LÖLIGER, H.C., SCHLOLAUT, W., (1992): Empfehlungen zur tiergerechten und tierschutz-konformen Haltung von Hauskaninchen. DGS, 4, 112–115

79. LÖLIGER, H.Ch. (1990): Aktuelle Erkrankungen der Hauskaninchen. Prakt. Tierarzt, 71, 42-54

80. LÖLIGER, H. Ch. (1986): Kaninchenkrankheiten. Ferd. Enke Verlag

81. LOPEZ, J., ALVARINO, J.M.R., DEL ARCO, J.A., BUENO, A., SANZ, C. (1996): Effect of male rabbit management on semen production. Proc. 6. WRSA Congr., Toulouse, Vol. 2, 83–86

82. LORZ, A. (1992): Tierschutzgesetz-Kommentar. 4. Auflage, Verlag C.H. Beck, München

83. LUKEFAHR, S.D. (1981): Coat color genetics of the rabbit: The Satin breed. J. Appl. Rabbit Res. 4, 106–114

84. LUKEFAHR, S.D., ROBINSON, R. (1988): Coat color genetics and breeding plans for the commercial Rex breed. J. Appl. Rabbit Res. 11, 68–77

85. LUKEFAHR, S.D. (1988): Conservation of global rabbit germplasm resources. Proc. 4. WRSA-Congr., Budapest. Vol. 2, 129–136

86. LUKEFAHR, S.D. (1992): The Rabbit Project Manual. Heifer Project Publ., Little Rock

87. MAERTENS, L. (1992): Rabbit Nutrition and Feeding: A review of some recent develop-ments. Proc. 5. WRSA Congr., Corvallis, Vol. B. 889–913

88. MAERTENS, L., JANSSEN, W.M.M.; STEENLAND, E., WOLTERS, D.F., BRANJE, H.E.B., JAGER, F. (1990): Tables de Composition, de Digestibilité et de Valeur Énergetique des Ma-tières Premieres pour Lapins. 5. Journ. Recherche Cunicole, Paris, Comm. Nr. 57

89. MANGOLD, E., FANGAUF, R. (1949): Handbuch der Kaninchenfütterung. Verlag Neumann, Berlin

90. MATHIUS, I.W., CHEEKE, R.R., GROBNER, M.A. PATTON, N.M. (1988): Utilization of non-protein nitrogen for growth and reproduction of rabbits. J. Appl. Rabbit Res., 11, 192-200

91. MEINHARDT, G. (1969): Goethe und die Angorazucht. DKZ 13, 10

92. MEINHARDT, G. (1969): Die Kuhhasen des vorigen Jahrhunderts. DKZ 18, 18

93. MÖBES, W.K.G. (1946): Bibliographie des Kaninchens. Bd. 1, Halle

94. MULSANT, P., ROCHAMBEAU, H. DE (1996): Possible contribution of molecular genetics to the rabbit's future. Proc. 6. WRSA Congr., Toulouse, Vol. 2, 229–234

95. NACHTSHEIM, W. (1958): Erbpathologie der Nagetiere. In: Cohrs, P., Jaffe, R. Meesen, H. Pathologie d. Laboratoriumstiere. Bd. 2, Verlag Springer, Berlin, New York, S. 310-452

96. NACHTSHEIM, H., STENGEL, M. (1977): Vom Wildtier zum Haustier. 3. Aufl., Verlag Parey, Berlin

97. NEHRING, K., HOFFMANN, L., SCHIEMANN, R., JENTSCH, W., (1963): Die energetische Verwertung der Kraftfutterstoffe. 6. Die energetische Verwertung der Kraftfutterstoffe durch Rinder, Schafe, Kaninchen, Schweine und Ratten. Arch. Tierern. 13, 193-213

98. NEHRING, K., (1972): Lehrbuch der Tierernährung und Futtermittelkunde. Verlag Neumann, Radebeul.

99. NESENI, R., SCHEVEN, B. (1958): Fütterungsversuche bei Kaninchen mit verschiedenen konservierten Grünfuttermitteln. Arch. Gefl. Kleintierkde 7, 103-114

100. NICHELMANN, M. (1981): Geschlechtszyklus des Kaninchens. Garten u. Kleintierz., 14, 8-9

101. NICHELMANN, M. (1981): Embryonale u. fetale Entwicklung. Garten u. Kleintierz., 22, 8-9

102. NIEDZWIADEK, S., KAWINSKI, J. (1976): Untersuchungen über den Harnstoffeinsatz in der Kaninchenfütterung. Proc. 1. WRSA Congr. Dijon

103. NIEHAUS, H. (1986): Unsere Kaninchenrassen. Bd. 1. Vererbungslehre. Verlag Oertel & Spörer, Reutlingen

104. NIEHAUS, H. (1987): Unsere Kaninchenrassen. Bd. II. Rassebeschreibungen. Verlag Oertel & Spörer, Reutlingen

105. N.R.C., (1954): Nutrient Requirements of Rabbits. Nat. Acad. Sci., Washington D.C., Publ. 331

106. N.R.C., (1977): Nutrient Requirements of Rabbits. Nat. Acad. Sci., Washington D.C.

107. ORTIZ, M., BRESSANI, R., MATUTE, J., PENA, X. (1992): Effect of Alhucema (Achillea mil-lefolium) on Milk Production. Using a Rabbit Model. Proc. 5. WRSA Congr., Corvallis, Vol. 8, 1283–1290

108. PANALIS, J., SCHLOLAUT, W., LANGE, K., SCHLEY, P. (1985): Trichobezoare beim Angora-kaninchen – Untersuchungen zur Diagnose und Prophylaxe. Kleintier-Praxis 30, 209-213

109. PAPE, H. (1986): Speziesübergreifende Allelreihen der Fellfärbungsmuster. Tag.-ber., Biolo-gie des Kaninchens, 3. Intern. Kolloquium Univ. Rostock, Sekt. Tierprod. 26–30

110. PARIGI-BINI, R., XICCATO, G., CINETTO, M. (1990): Repartition de énergie alimentaire sur les performances de lapines reproductrices. 5e Journées Recherche Cunicole, Ed. ITAVI, Paris, Commun. 47

111. PARIGI-BINI, R., XICCATO, G., DALLE ZOTTE A., CARAZZOLO, A., CASTELLINI, C., ST-RADAIOLI, G. (1996): Effect of remating interval and diet on the performance and energy balance of rabbit does. Proc. 6. WRSA Congr., Toulouse, Vol. 1, 253–258

112. PATTON, N., GROBNER, M. (1989): Rabbit Management. J. Appl. Rabbit Res. 11, 241 -244; 12, 78–82

113. PAUFLER, S. (1974): Besamung u. Eitransplantation bei Tier u. Mensch, Bd. II, Verlag Scha-per, Hannover.

114. PAUFLER, S. (1978): Anwendungsmöglichkeiten und Grenzen der künstlichen Besamung beim Kaninchen. Prakt. Tierarzt, 59, 1, 32-33

115. PAUFLER, S., SCHLOLAUT, W., LANGE, K. (1979): Postpartale Insemination beim Kaninchen mit Ovulationsauslösung durch synthetische LH-Releaserhormone. Zuchthyg. 14, 37–42

116. PEREZ, J.M., FORTUN-LAMOTHE, L., LEBAS, F. (1996): Comparative digestibility of nutrients in growing rabbits and breeding does. Proc. 6. WRSA Congr., Toulouse, Vol. 1, 267–270

117. PETERSEN, A. (1992): Effect of Age on Priming and Fur Quality of Castor Rex Rabbit. Proc. 5. WRSA-Congr., Vol. C. Corvallis

118. PINGEL, H., EL-EZZ, Z.R.A., (1980): Brunstzyklus bei Kaninchen. Tag. Ber. Symp. Univ. Rostock, 145-152

119. PROTO, V. (1965): Esperienze di coprofagia nel coniglio. Prod. Anim. 4, 1–21

120. PRUD'HON, M., (1975): Le comportement alimentaire (du lapin) dépend beaucoup de l'abreuvement. Élevage: Une production d'avenir. Le lapin 55–59

121. RASCH, D., HERRENDÖRFER, G. (1990): Handbuch der Populationsgenetik und Züchtungsmethodik. Dt. Landw. Verlag, Berlin

122. REMOIS, G., LAFARGUE-HAURET, P., ROUILLERE, H. (1996): Effect of amylases supplementation in rabbit feed on growth performance. Proc. 6, WRSA Congr., Toulouse, Vol. 1, 289–292

123. ROBINSON, R. (1958): Genetic studies of the rabbit. Bibliogr. Genet. 17, S. 229–558

124. ROCHAMBEAU DE, H. (1988): Genetics of the Rabbit for Wool and Meat Production. Proc. 4. WRSA-Congr., Budapest, Vol. 2, 1–68

125. ROCHAMBEAU, DE, H., THEBAULT, R.G., (1990): Genetics of the Rabbit for wool production, Animal Breed. Abstr., 58, 1, 1-15

126. ROUGEOT, J. (1981): Herkunft und Geschichte des Kaninchens (Fr.) Ethnozootechnic, 27

127. ROUGEOT, J., THEBAULT, R.G. (1988): Le lapin Angora. Les éditions de point Vet., Maisons-Alfort

128. RUDOLPH, A. (1988): Die Rassekaninchenzucht in der Bundesrepublik Deutschland und Westeuropa in ihrer ökonomischen und sozialen Bedeutung. Ber. 6. Arbeitstag. Dt. Vet. Ges., Celle, 9–12

129. RUDOLPH, W. (1978): Das Kaninchen als Modelltier für die Haustier- und Humangenetik. Wiss. Z. Univ. Rostock, math.-nat. R. 27, S. 69–720

130. RUDOLPH, W. (1980): Variabilität und Erblichkeit von Merkmalen und Leistungseigenschaften beim Kaninchen. Tag.-ber. Kolloquium »Das Kaninchen als Modelltier und Züchtungsobjekt«, Univ. Rostock, Sekt. Tierprod., S. 71–78

131. RUDOLPH, W., KALINOWSKI, T. (1982): Das Hauskaninchen. Ziemsen Verlag, Wittenberg

132. RUDOLPH, W., SOTTO, V. (1984): A modified Janoschek equation for post-natal growth of New Zealand White rabbits. Proc. 3. WRSA-Congr., Rome, Vol. II, S. 562–569

133. RUDOLPH, W. (1985): Genreserven – notwendig für die Erhaltung der genetischen Variabilität? Tag.-ber. Genetik-Symp., Sekt. Tierproduktion u. Veterinärmedizin, Univ. Leipzig, S. 43–47

134. RUDOLPH, W., SOTTO, V., DUNKER, M. (1986): Wachstum und Schlachtkörperqualität bei Weißen Neuseeländer-Kaninchen. Arch. Tierz. 29, 1, 5–11

135. RUDOLPH, W. (1989): Genreserven in der Kaninchenzucht. Rostocker Agrarwiss. Beitr., 22, 19–23

136. RUDOLPH, W., SEFFNER, W., KNOPP, W., BERNHARD, W. (1992): Inherited skeletal deformity of the hind leg in Vienna Grey rabbits in conjunction with modified hair morphology (Angora). J. Appl. Rabbit Res. 15, 363

137. SANDFORD, J.C. (1992): Notes on the history of the Rabbit. J. Appl. Rabbit Res.,15, 1-28

138. SCHEPENS, K. (1968): Kritische Betrachtung zur Angoraleistungsprüfung. Diss. Göttingen.

139. SCHILKEN, E. (1993): Untersuchungen über die Fettsäurenzusammensetzung und den Cholesteringehalt im Fettgewebe von Schlachtkaninchen und die Beeinflussung durch Alter, Rasse, Geschlecht und Fütterung. Diss. Gießen

140. SCHILLING, E., DÖPKE, H. (1986): Menge und Qualität der Ejakulate von Kaninchenböcken nach unterschiedl. Absamungsintervallen. Tag-Ber. Kolloquium Univ. Rostock, Sekt. Tierprod., 149–154

141. SCHLEY, P. (1985): Kaninchen. Verlag Ulmer, Stuttgart

142. SCHLEY, P., SCHLOLAUT, W. (1988): Results and aspects of the Angora rabbit performance tests in Germany. Proc. 4. WRSA Congr. Budapest, Vol. 2, 209–217

143. SCHLOLAUT, W., LANGE, K. (1971): Untersuchungen über das frühzeitige Absetzen beim Kaninchen. Züchtungskol., 43, 130–143

144. SCHLOLAUT, W., LANGE, K., SCHLÜTER, H. (1978): Einfluß der Fütterungsintensität auf die Mastleistung u. die Schlachtkörperqualität beim Jungmastkaninchen. Züchtungskol., 50, 401-411

145. SCHLOLAUT, W., LANGE, K. (1983): Untersuchungen über die Beeinflussung quantitativer Merkmale der Wolleistung beim Angorakaninchen durch Geschlecht, Alter, Fütterungstechnik und Methioningehalt des Futters. Züchtungskol., 55, 69–84

146. SCHLOLAUT, W., WALTER, A., LANGE, K. (1984): Mastleistung und Schlachtkörperqualität beim Kaninchen in Abhängigkeit vom Mastendgewicht und der Mastmethode. Ber. 5. Arb. Tag. Dt. Vet. Ges., Celle, 10–20

147. SCHLOLAUT, W., DOPPLER, W., LANGE, K., LÖLIGER, H., PAUFLER, S., ZIMMERMANN, E. (1984): Kompendium der Kaninchenproduktion unter Berücksichtigung der Verhältnisse in der Dritten Welt. TZ-Verlags-Ges., Roßdorf

148. SCHLOLAUT, W. (1990): Problematik der Qualitätsbeurteilung von Angorakaninchenwolle. Ber. 7. Arbeitstag. Dt. Vet. Ges., Celle

149. SCHLOLAUT, W. (1992): The Angora Rabbit. GTZ-Verlag, Eschborn

150. SCHÖN, I. (1978): Fettgewebsparameter verschiedener Tierarten im Vergleich. Ber. 24. Europ. Fleischforsch. Kongr., Kulmbach

151. SCHÜRCH, A., (1949): Die theoretischen Grundlagen der Kaninchenfütterung. Schweizer. Ldw. Mon.hefte 27, 41-65

152. SHARKEY, M.J. (1973): Comparisons of the Efficiency of Energy and Nitrogen Retention in Weaned Lambs and Rabbits. Prod. III. World Confer. Anim. Prod. Vol. 1., Melbourne

153. SINGH, B., MAKKAR, H.P. S., KRISHNA, L. (1988): Utilization by growing rabbits of a low crude protein diet with or without urea and groundnut cake supplementation. J. App. Rabbit Res., 11, 25–29

154. SOUCI, S., FACHMANN, W., KRAUT, H. (1990): Die Zusammensetzung der Lebensmittel. Wiss. Verlagsges., Stuttgart

155. SPEDDING, C.R.W. (1975): The Biology of Agricultural Systems. Acad. Press., London

156. STEPHAN, E., SCHLOLAUT, W., LANGE, K. (1979): Schurleistung, Futter- und Wasseraufnahme bei männlichen Angorakaninchen unter verschiedenen Temperaturbedingungen. Ber. 3. Arb. Tag. Dt. Vet. Ges., Celle

157. STEPHAN, E. (1980): The influence of environmental temperatures on meat-rabbits of different breeds. Proc. II. WRSA Congr., Barcelona

158. STRANZINGER, G.F., BÜHLER, TH. A., WENT, D.F. (1988): Transgene Kaninchen als bio-medizinische Modelle. Altromin. Symps., Detmold, 82–92

159. SÜLFLOHN, K. (1991): Das geltende Futtermittelrecht. ASR-Verlag

160. SZENDRÖ, Zs., TAG-EL-DEN, T.H., N'EMETH, B. (1984): The effect of Double Mating on conception rate and litter size. Proc. 3. WRSA-Congr., Rom

161. THOMSON, J. (1970): Praktische Aspekte und Möglichkeiten der Zyklusorientierung beim Kaninchen. Tierzüchter 22, 75–80

162. VERMOREL, M., VERNT, J., DONNAT, J., THEBAULT, R.G. (1988): Thermorégulation du la-pin Angora, après é épilage. Cuniculture, 83, 249–256

163. VORIS, L., MARCY, L.F., THACKER, J., WANIO, W.W., (1940): Digestible Nutrients of Fee-ding Stuffs for the Domestic Rabbit. J. Agr. Res. 61, 673-684

164. WALLHEIMER, R. (1994): Kaninchenfleisch: Markt und Marktchancen. DGS 30, 9–12

165. WEIßENBERGER, K. (1982): Fortpflanzung und Vererbung in der Kaninchenzucht. 2. Aufl., Philler Verlag, Minden

166. WENDEL, T., LANGE, K. (1992): Das Skelett verrät das Alter. DGS, 21, 611–614

167. WOLF, D., KLOMBURG, S. (1979): Das Hauskaninchen. Berl. Münch. Tierärztl. Wschr. 92, 65–72

168. XICCATO, G. (1996): Nutrition of lactating does. Proc. 6. WRSA Congr., Toulouse, Vol. 1, 29–50.

169. ZDK (1960): Merkblatt für die Leistungsbewertung bei Angorakaninchen. Polykopie

170. ZDK (1997): Standard '97. Verlag ZDK, Mönchengladbach

171. ZELNIK, J. (1980): Zur Vererbung einiger Anomalien beim Kaninchen. Tag.-ber. Kolloquium, Univ. Rostock, Sekt. Tierprod., 105–119

172. ZIMMERMANN, E., GEKLE, L. (l994): Wirtschaftliche Kaninchenproduktion. DGS 46, 12-14

20.2 Fotos